Jan-Dirk Müller / Horst Wenzel, Hrsg.

Mittelalter
Neue Wege durch einen alten Kontinent

D1727236

Jan-Dirk Müller,
Horst Wenzel (Hrsg.)

MITTELALTER

Neue Wege
durch einen alten Kontinent

S. Hirzel Verlag · Stuttgart/Leipzig 1999

Die Deutsche Bibliothek - CIP-Einheitsaufnahme
Mittelalter : neue Wege durch einen alten Kontinent / Jan-Dirk
Müller ; Horst Wenzel (Hrsg.). – Stuttgart ; Leipzig : Hirzel, 1999
    ISBN 3-7776-0943-9

ISO 9706

© 1999 by S. Hirzel Verlag Stuttgart/Leipzig. Druck: Druckerei Proff, Eurasburg.
Printed in Germany

Inhalt

Zu diesem Buch

Die Mediävistik hat Hochkonjunktur, umgekehrt proportional zu der generellen Verschlechterung der Arbeitsbedingungen an den Universitäten und den Tendenzen, den Ausbildungskanon in den geisteswissenschaftlichen Disziplinen auf Kosten historischer Fächer zu ›verschlanken‹. Diese aktuelle Attraktivität, die sich in einem verstärkten Kooperationsinteresse der Neugermanistik, der Geschichtswissenschaft und der übrigen Kulturwissenschaften manifestiert, verbindet sich mit einer Neuorientierung der Philologien überhaupt, die aus ihrer inneren Dynamik heraus die Grenzen der Nationalphilologien überschreiten und zunehmend inspiriert sind von der Historischen Anthropologie, der Medienanthropologie und der Ethnologie. Die daraus resultierenden Konzepte und Forschungsprogramme werfen aber eine Reihe von Problemen auf, die nur historisch, u. a. von Mediävisten, beantwortet werden können, Fragen z. B. nach Analogien und Differenzen des Zeitalters vor und nach der Gutenberg-Galaxis, Fragen nach konkurrierenden Codes der Mitteilung im Zeitalter der primären (körpergebundenen) und der sekundären (technologisch) vermittelten Audiovisualität, Fragen nach medialen Umbrüchen vom körpergebundenen Gedächtnis zum Schriftgedächtnis, von der Manuskriptkultur zum Buchdruck, Fragen nach dem ›iconic turn‹, dem Wechsel des Leitmediums vom Buch zum Bild.

Das Mittelalter hat keine ausschließliche Lesekultur entwickelt. Lesen und Hören sind Rezeptionsmöglichkeiten, die den Texten bereits durch ihre Poetik eingeschrieben sind. Viele mittelalterliche Texte kommen aus der Mündlichkeit und sind nur schriftlich fixiert, um wieder mündlich realisiert zu werden. Das körpergebundene Gedächtnis relativiert den Vorrang des Buchstabens, überhaupt die Dominanz der verbalen Codes und rückt körpergebundene Zeichenträger stärker ins Blickfeld (Stimme, Gestik, Mimik, Habitus, Choreographie). Die Stimme ist die Spur des Körpers in der Sprache; der Text ›spricht‹, der Körper jedoch ›zeigt‹. Die Verschriftlichung der mittelalterlichen Laienkultur seit dem 12. Jahrhundert geht mit einem Verlust an nichtverbalen Zeichencodes einher. Dieser Verlust wird in vielen volkssprachigen Manuskripten durch die Ausstattung mit Miniaturen, durch die Kombination von Wort und Bild beantwortet, die auf die Theatralität sprachlichen Handelns zurückführt.

Die einfache Dichotomie Mündlichkeit – Schriftlichkeit erweist sich immer wieder als zu eng, da in der semi-oralen mittelalterlichen Gesellschaft vielfältige Interferenzen zwischen mündlichem und schriftlichem Sprachgebrauch, vielfältige Strategien der ›Zerdehnung‹ von Kommunikationssituationen und der ›Verdauerung‹ von Texten (Ehlich) nebeneinander bestehen und sich komplexe Übergangsformen zwischen ›Verschriftung‹ und ›Verschriftlichung‹ (Oesterreicher/Koch) entwickeln. Kulturwissenschaftlicher Hermeneutik stellen sich damit andere Aufgaben als in der schriftgebundenen Kultur der Moderne. Deshalb muß etwa der Begriff der Intertextualität, muß die Methodik ihrer Erforschung aus der Bindung an den Schriftbegriff gelöst werden, da literarisches Sprechen sich im Austausch nicht allein mit schriftlichen Texten, sondern mit einer vielfältigen, nicht nur verbalen Zeichenpraxis konstituiert.

Als problematisch erweist sich auch die Verwendung eines neuzeitlichen, an schriftliterarischer Überlieferung abgelesenen Textbegriffs für das Mittelalter. ›Text‹ meint jeweils etwas anderes in den verschiedenen Formen von face-to-face-Kommunikation, ›verdauerter‹ (mündlicher) Rede, deren schriftlicher Fixierung (›Verschriftung‹), ihrer Transformation nach den Regeln schriftsprachlicher Kommunikation (›Verschriftlichung‹), schließlich ihrer schriftlichen Reproduktion und ihrer Re-Oralisierung im Vortrag (›Aufführung‹). Nicht nur die Überlieferungsbedingungen sind daran schuld, daß es die *eine* authentische Gestalt des mittelalterlichen Textes nicht gibt, einen Text, in den sich, wie die ältere Forschung meinte, erst im Prozeß der Tradierung ›Fehler‹ und Varianten einschlichen, die ihn verdarben und die deshalb von Philologen rückgängig zu machen sind. Vielmehr muß zumindest für die volkssprachige Literatur das Konzept des geschlossenen, ein für alle Male vom Autor fixierten und in allen seinen Parametern kontrollierten Textes grundsätzlich in Frage gestellt werden. Die Möglichkeit der annähernden Rekonstruktion eines solchen Textes erscheint nicht nur illusorisch, sondern den vielfältigen Realisationsmöglichkeiten des Textes zwischen mündlicher Aufführung und schriftlicher Fassung häufig unangemessen: nicht nur in geringerem Maße bedeutungstragende Elemente eines Textes (z. B. Synsemantica, Epitheta u. ä.) konnten offenbar beim Wiedergebrauch ad libitum verändert werden, sondern auch Umfang, Aufbau, Abfolge, Argumentationsziel, Pointen usw. wurden wechselnden Gebrauchskontexten und wechselnden Redeanlässen und -absichten angepaßt. Dies gilt nicht nur für spätere Benutzer, sondern sogar für den Autor selbst. Man hat deshalb von ›variance‹ und ›mouvance‹ mittelalterlicher Texte gesprochen. Damit ist weder eine beliebige Veränderbarkeit des Textes noch die völlige Offenheit und Gleichwertigkeit aller seiner überlieferten Gestalten gemeint, wohl aber die je nach Gattung und Texttypus unterschiedlich weite Möglichkeit einer Adaptation an wechselnde Situationen. Texttheoretische Überlegungen öffnen für die Editionsphilologie und die Textkritik neue Aufgaben.

Wenn Texten also in bestimmtem Rahmen Adaptationen an neue Gebrauchssituationen offenstehen, wenn die ›Ganzheit‹ eines Textes nicht an seinem Verfasser, sondern an seinem Stoff festgemacht wird (»Tristan«, »Willehalm« und ihre Fortsetzungen!), wenn der Verfasser eines Textes sich nicht auf seine eigene Konzeption, sondern auf eine übergeordnete Instanz und die transpersonale Geltung seines Gegenstandes beruft, wenn die Verbindung von Verfassername und Text unfest ist, dann ist Autorschaft offenbar anders als in der Neuzeit zu bestimmen. Der in poststrukturalistischer Theorie proklamierte ›Tod des Autors‹ verleiht der Frage nach historischen Konzepten von Autorschaft Aktualität, doch gerade auch, um deren Andersartigkeit gegenüber scheinbar selbstverständlichen modernen Erwartungen zu profilieren. Es kann nicht mehr das, was das Selbstverständnis eines mittelalterlichen Autors ausmacht, einfach aus dem emphatischen Autorkonzept der Frühen Neuzeit und den es stützenden Subjektkonstruktionen übertragen werden.

Schließlich bedarf die Kontextualisierung mittelalterlicher Literatur neuer Aufmerksamkeit. Hier sind es vor allem zwei Konzepte, die die herkömmliche Betrachtungsweise herausfordern, der New Historicism und die Diskurstheorie. Grundtheorem ist beide Male – bei allen theoretischen und forschungsstrategischen Unterschieden – daß uns Geschichte immer nur als textuell verfaßte und meistens in schriftlicher Form zugänglich ist: als in Texten strukturierte und gedeutete Historio*graphie*. Das besagt selbstverständlich nicht, wie einige Kritiker in polemischer Absicht diesem Ansatz vorwerfen, daß jede ›Realität‹ sich in die Beliebigkeit konkurrierender Diskurse auflöse – es gibt Grenzen des Diskursivierbaren –, sondern nur, daß die sog. Realität nur in Repräsentationen faßbar ist. Die Rede vom ›historischen Faktum‹ erweist sich insofern als vortheoretische Naivität, denn das, was als Faktum eruiert werden kann, ist immer schon textuell vermittelt. Der New Historicism hat es mit solchen differierenden Vermittlungen zu tun, und die Diskurstheorie untersucht Strukturen oberhalb der einzelnen Texte, die dergl. Vermittlungen epochenabhängig steuern und den Status eines historischen Apriori gegenüber den in dieser Epoche möglichen Aussagen, Praktiken und Deutungsmustern haben. Beide Male muß ›Kontext‹ anders als in den traditionellen sozial- oder überlieferungsgeschichtlichen Studien bestimmt werden, wobei sich unterschiedliche theoretische und praktische Probleme (Diskurs und Institution/Praktik, Hierarchisierung von Kontexten usw.) stellen, die nur konkret und fallweise lösbar sind.

Damit ist das Problem einer Historischen Anthropologie berührt. Die Historizität mittelalterlicher Texte betrifft, wie man seit langem weiß, nicht nur die sozialen Verhältnisse, die Rechtsordnung, Lebensformen, kulturellen Institutionen usw., sondern auch Habitus, emotionale Einstellungen, Handlungs- und Verhaltensmuster, die sich nur langfristig ändern und die deshalb lange Zeit als anthropologische Konstanten angesehen wurden. Es gehört zu den Topoi mediävistischer Forschung, einen von der Moderne abgelesenen psychologischen, anthropologischen und soziologischen Begriffsapparat – etwa Begriffe wie Subjekt, Individuum, Identität, Rolle, Ideologie – als anachronistisch abzulehnen. Die daraus sich ergebende Aufgabe, historisch adäquatere Konzepte zu entwickeln, wurde dagegen noch kaum in Angriff genommen. Es reicht aber nicht aus, sich auf die Versicherung zu beschränken, daß im Mittelalter moderne Konzepte nicht greifen, denn sie leistet der stillschweigenden Annahme anthropologischer Universalien (die freilich nicht theoretisch ausgewiesen werden) letztlich dann doch Vorschub. Hier Abhilfe zu schaffen, ist ein immenses Unternehmen, und bisher gibt es wohl nur einige Fallstudien, die Wege aufzuzeigen suchen, auf denen dies geschehen könnte.

In diesen allgemeinen Kontext sind die Beiträge des Bandes eingeschrieben, die auf eine Tagung im Düsseldorfer KWI im Dezember 1996 zurückgehen.

Ziel der Tagung war es, neuere methodologische Ansätze an einzelnen Beispielen zu erproben und vorwiegend jüngere Kollegen zusammenzuführen, die sich für den aktuellen Fachdiskurs besonders aufgeschlossen zeigen. Der Band demonstriert die Öffnung der Nationalphilologie, die Grenzüberschreitungen in die verschiedenen Nachbarfächer und sucht die Verbindung mit der internationalen Forschung herzustellen. Dabei sollte der interessante und genau analysierte Einzelfall Vorrang haben vor abstrakt-theoretischen Ausführungen. Der Band bildet zwar kein vollständiges, aber doch ein breites Spektrum der Probleme ab, an denen zur Zeit gearbeitet wird. Geplant war, bestimmte ›Topoi‹ neuerer Fachdiskussion herauszugreifen und anstelle aufgeregter Theoriedebatten die Leistungsfähigkeit der entsprechenden Ansätze in concreto zu erweisen. Inwieweit dies im einzelnen gelungen ist, muß die Fachkritik überprüfen. Den Herausgebern scheint es jedenfalls, daß, unabhängig von Überzeugungskraft oder Anfechtbarkeit der Resultate im einzelnen, ein Ignorieren der hier aufgeworfenen Probleme nicht mehr möglich ist, will die Mediävistik nicht den Anschluß an andere Kulturwissenschaften verpassen.

Grundsätzlich diskutiert der Beitrag von Peter *Strohschneider* das Problem der Textualität der mittelalterlichen Literatur. Dabei korrigiert er eine Reihe von Annahmen über das Verhältnis von Mündlichkeit und Schriftlichkeit, indem er zwischen dem schriftlich fixierten Text und der mündlichen Alltagsäußerung einen Typus mündlicher Texte ansetzt, die sich von unmittelbaren Sprechsituationen gelöst haben (›Zerdehnung der Kommunikationssituation‹) und mittels verschiedener Strategien ›verfestigt‹ sind (›Verdauerung‹). In ›Aufführungen‹ finden nicht beliebige kommunikative Handlungen statt, sondern sie bestehen in der Performanz einer ›Wiedergebrauchsrede‹. Auf der einen Seite ist die literarische Kommunikation also wie Alltagskommunikation »durch die leibhafte Präsenz aller Kommunikationsteilnehmer« gekennzeichnet und – in Grenzen – von deren Reaktionen abhängig, auf der anderen Seite gibt es wie bei schriftlich fixierten Texten neben rein okkasionellen Momenten mehr oder minder feste Abläufe. Erst recht stellt dann der verschriftlichte Text »die Rede und das Wissen zur Wiederverwendung in gewandelten Kontexten zur Verfügung und entkoppelt sie insofern vom Hier und Jetzt aktueller Sprechhandlungen und deren situativen Rahmen« (S. 23). Doch kann im Mittelalter auch der Schrifttext wechselndem Gebrauch angepaßt werden. Mittelalterliche Literarität ist somit grundsätzlich von neuzeitlicher unterschieden. Der Begriff der ›Wiedergebrauchsrede‹ setzt die Möglichkeit der Veränderung ebenso voraus wie die Annahme eines – wie immer zu bestimmenden – Kerns, die sie als ›Wiedergebrauchsrede‹ zu identifizieren erlaubt.

Diese Überlegungen exemplifiziert Strohschneider am sog. »Wartburg-Krieg«. Er zeigt, wie die verschiedenen Komponenten dieses Textkonglomerats als eine Art von ›Speicher‹ zu betrachten sind, aus dem sich beim ›Wiedergebrauch‹ unterschiedliche Texteinheiten generieren lassen. Eine genaue Lektüre der überlieferten Texte nach Sprechsituation, Sprecherrollen, Sprechstrategien usw. erlaubt es, in Umrissen solche Wiedergebrauchsmöglichkeiten zu beschreiben. Die Überlieferungslage, die vom traditionellen Textbegriff her immer als korrumpiert angesehen wurde, erweist sich mithin als ein Signal für die spezifische Relation von Text und Aufführung im Spannungsverhältnis von Mündlichkeit und Schriftlichkeit.

Beate *Kellner* arbeitet die Bedeutung des literarischen Textes für das Projekt einer Historischen Anthropologie heraus. Literarische Texte sind nicht ›Quellen‹ für diese oder jene Anschauung, sondern verarbeiten vielmehr kurrente Ansichten, Einstellungen, Habitus und reagieren auf sie. Sie entwerfen also eine »textuelle Welt zweiter Ordnung« (S. 44); der einzelne literarische Text ist in ein Netzwerk von diskursiv vermittelten Regelsystemen eingebunden. Diese Überlegungen exemplifiziert Kellner an mittelalterlichen Zeitvorstellungen, wie sie sich im Kontext genealogischen Denkens auskristallisieren. Sie zeigt, daß Genealogie keineswegs nur eine familiengeschichtliche Kategorie ist, sondern im umfassenden Sinne mittelalterliches Denken über Dauer, Kontinuität und Transformation bestimmt. Mittels Genealogie können die ›Gegenwart von Gegenwärtigem‹ und die ›Gegenwart von Vergangenem‹ in eins fallen: als Vergegenwärtigung der Vorfahren in der physischen Präsenz des Nachfahren. Im Zentrum der Fallstudie steht die Dietrich-Genealogie des »Buchs von Bern«, die beispielhaft das Zusammenwirken von Amts- und Blutcharisma demonstriert, die Störung genealogischer Ordnung als ein generell ordnungsgefährdendes Prinzip erzählt, im übrigen aber – und hier liegt die Selbständigkeit und Besonderheit des literarischen Textes – ein von der Historiographie grundsätzlich unterschiedenes Bild Dietrichs und seiner Legitimität entwirft. Am Beispiel der mittelalterlichen Darstellungen von Dietrichs Ahnen läßt sich zeigen: mit Genealogie ist ein Feld möglicher Aussagen umrissen, in die sich der anonyme Verfasser des »Buchs von Bern« mit seinem Versuch, Legitimität unangreifbar zu machen, programmatisch einschreibt.

Auch Christian *Kienings* Untersuchung ist einem Problem Historischer Anthropologie gewidmet, dem Phänomen der Körperlichkeit und den verschiedenen Körperbildern, die mittelalterliche Texte entwerfen. Der Körper erweist sich als eine Konstruktion, die von unterschiedlichen Diskursen bestimmt ist, so etwa von hagiographischen Konversionsschemata, von theologischer Sündenlehre oder Erzählmustern des Mirakels. In einer genauen Lektüre der autobiographischen Darstellung des Guibert von Nogent kann Kiening zeigen, wie sich individuelle Erfahrung der eigenen Lebensgeschichte mittels solcher vorgedachter Ordnungen konstituiert und an ihnen abarbeitet. Es sind nur bestimmte Phasen des Lebens, die in diesem Rahmen überhaupt thematisiert werden können, und sie erweisen sich als spannungsreiches Gefüge konkurrierender Verlaufs- und Deutungsmuster, die jedoch alle darauf hinzielen, Individualgeschichte mit Heilsgeschichte zu verbinden. Der Körper ist dabei Ort der Gefahren für das Seelenheil, wird aber nicht durchgängig abgewertet und behält, oft nur im Modus der Negativität, sein Eigenrecht bis in die Kontingenz einzelner Lebensäußerungen hinein.

Urban *Küsters* fragt nach dem ›beschrifteten‹ Körper des leidenden Christus und nach den ›schmerzvollen Körperzeichnungen‹ von Heiligen und Visionären, nach Wundmalen, Striemen, Narben oder Tätowierungen. Seine Arbeit stellt den strukturellen Zusammenhang von Körperzeichnung und Schrift in den größeren Rahmen der Debatte um vorschriftliche Formen des Graphischen, die in der

Schriftlichkeitsforschung und der Medienanthropologie geführt wird, und demonstriert derart den Zusammenhang von Kunstgeschichte, Literaturgeschichte, Theologie und Anthropologie. Küsters verortet seine Zeugnisse im Spannungsfeld von charismatischer Laienfrömmigkeit und kirchlichen Verschriftungsprozessen des 13. Jahrhunderts. Er führt die Frage nach den verschiedenen Techniken der Memoria zurück auf den Zusammenhang von Gedächtnis und Opfer und deutet die Haut als eine der Oberflächen, die am frühesten mnemotechnisch bearbeitet werden. Der Beitrag entwickelt die These, »daß die Körperzeichnungen eine ›Schrift vor der Schrift‹ bilden und eine Art Bindeglied darstellen zwischen präliteralen religiösen Ausdrucksformen und literarisch-hagiographischer Fixierung« (S. 82).

Kronzeuge ist der »Dialogus miraculorum« des Cäsarius von Heisterbach (um 1222), der den Leib Christi als Buch ausdeutet, seine Haut als Pergament, in die das Passionsgeschehen eingeritzt und eingeschlagen ist, bevor die Evangelisten ihre schriftlichen Zeugnisse niederlegten. Auch in Bildzeugnissen sind Passion und Opfertod auf den Leib Christi geschrieben. Die Wundmale und Narben sind sichtbare, lesbare, ja sogar zählbare Notationen einer körpergebundenen Mnemotechnik. Ihr Text bildet auch für den Illiteraten ein rhythmisches Strukturgerüst, an dem sich seine Wahrnehmung, Erinnerungen und Gebete orientieren können. Korrespondierend dazu finden sich in zahlreichen Heiligenviten eindrucksvolle Zeugnisse dafür, daß die Mimesis an das Leidensbild so weit geht, daß die Leidensspur am eigenen Körper erscheint.

Haiko *Wandhoffs* Zugang zur mittelalterlichen Literatur ist mediengeschichtlich. An der Diskussion des Stummfilms, der von Béla Balázs als die Wiederkehr einer Kultur der Sichtbarkeit gefeiert wurde (1924), zeigt er, daß die Mediengeschichte selbst ein Medieneffekt ist, indem der Vergleich der visuellen Kultur vor Gutenberg mit der visuellen Kultur der neuen Medien als Resultat der technischen Entwicklung eben jener Medien im 20. Jahrhundert gedeutet werden kann. Während die Literaturgesellschaft des 19. Jahrhunderts primär auf Sprache und Schrift fixiert war, kann die medienorientierte Informationsgesellschaft des ausgehenden 20. Jahrhunderts auch die Bedeutung der nicht-schriftlichen und nichtsprachlichen Kommunikation in den Blick nehmen und so die Bedeutung der körpergebundenen Kommunikation vor und neben der Schrift angemessen würdigen.

Am Beispiel der Artusromane Hartmanns von Aue zeigt Wandhoff die literarische Ausdifferenzierung von Augen- und Ohrenwahrnehmung. Der ›epische Blick‹ reduziert die Einheit der Sinne auf einen spannungsvollen Dualismus von Sehen und Hören, in dem der Körper als zentrales Medium der aristokratischen Kommunikation hervortritt. Bevorzugt am »Iwein« wird das Zusammenspiel von Sprechen und Handeln analysiert, die Spannung, die zwischen dem Hörensagen, dem Versprechen, Mitteilen, Erzählen und der evident zu machenden, sichtbar vermittelten Tat besteht. Iwein hat einen Körper, den man sehen, und einen Namen, den man hören kann: die Ausbreitung des Namens verlangt nach der Epiphanie des Körpers, während die Sichtbarkeit des Körpers nach der Bezeichnung durch einen Namen verlangt. Dieser Zusammenhang wird im »Iwein« gerade durch die Trennung von Wort und Tat, von Name und Person eindringlich demonstriert. Die audiovisuelle Codierung bestimmt den Erwerb, den Verlust und die Verteidigung von Ehre. Der Beitrag macht einsichtig, daß mit dem zunehmenden Interesse an der Schrift eine gesteigerte Beobachtung der nichtschriftlichen Kommunikationsformen einhergeht. Indem die Literatur die Medialität des Körpers zu ihrem Gegenstand erhebt, gewinnt sie zugleich eine reflektorische Distanz, in der sich ihre genuine Qualität manifestiert.

Judith *Klinger* bemüht sich um eine historisch adäquate Modifikation des Begriffsfeldes Identität/Subjekt/Individuum, und zwar ausgehend von zwei literarischen Figuren, an denen man seit je Vorläufer moderner Identitätskonzepte festmachen zu können glaubte: dem Tristan Gottfrieds von Straßburg und dem Lancelot des Prosaromans. Dabei geht es ihr um die Subjektkonstitution im Liebesdiskurs. Ihre Analyse fördert zwei unterschiedliche Lösungsansätze zutage, die sich aber beide deutlich vom neuzeitlichen Konzept der Individualität und Identität unterscheiden: Die Virtuosität des Rollenwechsels bei Tristan, zu dem er gegenüber der Hofgesellschaft gezwungen ist, erhöht zunächst den Zwang zur Selbstreflexion des Helden und somit letztlich zu einer Stabilisierung seiner Identität. Indem aber der Liebestrank eine vorreflexive Einheit der Liebenden bewirkt, die sich gegen alle anderen abschließen und in dauernder Präsenz zur absoluten Identität verschmelzen, wird die Ausbildung einer »individualisierenden Subjektivität« Tristans verhindert. Klinger kann von hier aus den Schluß des Fragments, den Zerfall der Liebe und den Selbstverlust des Helden auf neue Weise deuten.

Lancelot erfährt die Liebe als eine Passion, die ihn von außen überwältigt, die ihn von einem Extremzustand in den anderen wirft und in seinen Reaktionen der Geliebten gegenüber zum unlösbaren Rätsel macht. Seine ›Identität‹ läge somit gerade in der Rätselhaftigkeit für alle anderen. Klinger zeigt jedoch, wie es dem Helden demgegenüber in der »Vergegenwärtigung des Vergangenen« gelingt, »das eigene Leben unter der Perspektive der Liebe« als Einheit zu beschreiben (S. 142), indem er seine eigene Geschichte und seine Liebe zu Ginover malt. Einheitsstiftend aber ist wieder das kollektivierende Sinngebungsmuster: der Minnedienst. So kann an den beiden Romanen gezeigt werden, wie unterschiedliche Identitätskonstruktionen im Mittelalter konkurrieren, die sich nicht zur Vorgeschichte des modernen Subjektes rechnen lassen.

Udo *Friedrich* konzentriert sich auf die diskursiven Felder der Gewalt. Agonalität ist ein grundlegendes Prinzip in der mittelalterlichen Gesellschaft, so daß Friedrich gegenüber der Vorstellung vom Krieg als episodischem Ereignis ein ubiquitäres agonales Strukturprinzip geltend macht, das die wichtigsten Ebenen der Gesellschaft charakterisiert: Geschlechterverhältnisse, Sippe, Feudalverband, Recht und Territorien. Dementsprechend differenziert er zwischen verschiedenen Feldern und Konfigurationen von Gewalt. Die Diskursivierung von Gewalt im 12. und 13. Jahrhundert öffnet die Literatur auf grundlegende Strukturen der laikal-feudaladeligen Welt.

Der diskursanalytische Ansatz setzt voraus, daß Texte immer schon mehrfach in übergeordnete Strukturen, in komplexe politische Strategien und Prozesse eingebunden sind. Sie sind dementsprechend als Schnittpunkte verschiedener Diskurse zu begreifen und aus dem Horizont ihrer verschiedenen Diskursbezüge zu deuten. Dabei kristallisieren sich zwei Typen heraus: Politische Theorie, Historiographie und Epik versteht Friedrich als Bestandteile eines Ordnungsdiskurses; diesem gegenüber behauptet sich ein alternativer Destabilisierungsdiskurs der Gewalt, der gleichfalls quer durch alle Disziplinen und Gattungen läuft.

In einem ersten Abschnitt über virulente Gewaltstrukturen thematisiert der Beitrag die Bedeutung von Pferd und Burg, in einem zweiten Abschnitt über staatliche und kirchliche Gewaltregulierung diskutiert er Fürstenspiegel, Viten und Chroniken. In einem dritten Abschnitt über Ordnungsstörung und feudaladeliges Kriegerethos geht er ein auf das Organismusmodell des politischen Körpers (caput-Repräsentation), speziell bei Otto von Freising (»Gesta Friderici«) und Gottfried von Viterbo (»Speculum regum«), um schließlich in einem letzten Abschnitt die Übercodierung feudaler Gewalt im höfischen Roman, vor allem in der »Eneit« Heinrichs von Veldeke, zu diskutieren. Die komplexe Diskursperspektive läßt in Veldekes Roman die unterschiedlichen Positionen adeliger Kriegspolitik besonders hervortreten: Territorial- und Fehdepolitik, Kriegsethik und Kriegsästhetik. Demgegenüber treten Fragen der Textkohärenz, Fragen nach den textimmanenten Erzählstrukturen im Feld eines ausschließlich literarischen Beobachtungssystems notwendig zurück.

Helga *Neumann* vergleicht zwei Versionen der Meerfahrt des Hl. Brandan, um die Ausdifferenzierung eines religiös-erbaulichen Diskurses gegenüber einem weltlich unterhaltsamen Diskurs in der volkssprachigen Literatur des späten 15. Jahrhunderts zu demonstrieren. Methodologisch stützt sie sich auf Michel Foucaults Diskursbegriff, wie er ihn in seiner »Archäologie des Wissens« entfaltet. In der »Navigatio« ist das Subjekt sicher, vertrauensvoll in Gott und seiner Welt geborgen, in der »Reisefassung« dagegen treten zwischenmenschliche Beziehungen zwischen Brandan und seinen Begleitern in den Vordergrund, die Beziehung zu Gott ist weniger persönlich, und damit wird der einzelne für das Handeln in der Welt stärker freigesetzt. Die »Navigatio« ist noch ganz in den Kontext religiöser Heilsuche eingebunden, in der Reisebeschreibung ist dieser Bezugsrahmen weitgehend suspendiert: es beginnt eine komplexere Bewältigung der Fremde; fremde Welten werden denkbar und beschreibbar. Die zeitgenössische Lektüre nahm diese Unterschiede allerdings nicht wahr, die sukzessive Trennung der Diskurse (des theologischen Diskurses und des Diskurses über Natur/Fremde) läßt sich erst retrospektiv auf der Grundlage der weiteren Entwicklung angemessen deuten. Das zeigt sich vor allem in der späten Rezeption von Brandans Meerfahrt, die im frühen 19. Jahrhundert als fabulierende Legende des hohen Mittelalters angesehen wird.

Bruno *Quast* wendet sich von der Diskussion des Kultbildes (Belting) und des Kulttextes (Assmann) der Spannung zwischen Offenbarungstext und Dichtung zu. Die Veronikalegende des Wilden Mannes schafft sich ihre eigene, von der biblischen Vorlage abgelöste Authentizität und eröffnet damit den Übergang vom Kultus zur Kunst. Sie reflektiert das Verhältnis des Bildes von Menschenhand zum gottgeschaffenen Kultbild. Dieses Thema der Erzählung ist gespiegelt in ihrer dreiteiligen Struktur – in der Verknüpfung eines Jesuslebens nach dem allein »sakrale Authentizität« verbürgenden Evangelientext mit der Legendenerzählung. Dank dieser Verknüpfung führt der Text die Möglichkeiten einer christlichen »Mythopoetik« vor. Der Wilde Mann »begreift das biblische Heilsgeschehen als eine Sequenz geschichtlicher Ereignisse, deren Sinnordnung [...] mit den Mitteln der Erzählung aufgedeckt werden muß« (S. 209). Im triptychonartigen Aufbau ist als Zentrum die Christus-Vita in die Legende von Veronika und die Geschichte des authentischen Christusbildes eingeschoben; während in der Legende die Defizienz menschlicher, am Äußeren orientierter Kunst das Thema ist, gelingt es dem Wilden Mann im mittleren Abschnitt, »das wahre Gesicht Christi« zu zeichnen. Damit ist dem Text eine Poetologie christlicher Kunst eingeschrieben. Durch die Abweichung von den kanonisierten Evangelien wird der Artefakt-Charakter der Textikone einsichtig; kein ›Himmelstext‹ liegt vor, sondern eine Dichtung des Wilden Mannes. Gerade im vermeintlichen Versagen des Erzählens leuchtet, wenn es um die Darstellung des Heilsgeschehens geht, eine mit genuin erzählerischen Mitteln zutage geförderte Wahrheit auf.

Stephen *Nichols* untersucht den Melusinen-Stoff in der literarischen Ausformung des Jehan d'Arras. Leitfaden ist dabei die Auseinandersetzung spätantiker und mittelalterlicher Denker mit dem Mythischen. Nichols kann zeigen, daß dessen theoretische Festschreibungen, wie sie etwa von Augustinus vorliegen, in der Narration der Melusinen-Sage durch Jehan d'Arras unterlaufen werden, indem nämlich Melusine keineswegs nur negativ als Dämon gekennzeichnet ist. Die Erzählung erlaubt, im Gegensatz zur einschlägigen theologischen und philosophischen Auseinandersetzung, gegensätzliche Optionen zur Sprache zu bringen, so daß eindeutig positive Setzungen, wie sie vor allem den Anfang der Geschichte auszeichnen, in deren Verlauf ambiguisiert und subvertiert werden, während umgekehrt die theologisch gebotene Festlegung der Zwittergestalt auf den Dämon später im intimen Verhältnis der Eheleute Melusine und Raimondin aufgehoben wird. Der literarische Text erweist sich als Organon einer Diskussion, die im Rahmen theologischen Schrifttums nicht geleistet werden kann und so in einer mythenfernen Zeit das mythische Potential der Sage bewahrt. Nichols demonstriert sodann – und dies knüpft an seine Arbeiten zur Materialität mittelalterlicher Überlieferung an –, wie die Mehrdeutigkeit des Ausnahmewesens in den Illustrationen des Romans in der Arsenal-Handschrift 3353 aufgenommen und künstlerisch raffiniert bewältigt wird: Bild und literarischer Text zusammen erlauben, die Komplexität des Sagenwesens zu entfalten, die der theoretische Diskurs vereindeutigt.

Niklaus *Largier* untersucht das Verhältnis von Text und Bild und setzt sich dabei ab von einer Auffassung, wonach das Bild stets über das Wort erschlossen werden muß. In der Zuordnung von Schrift und Bild illustrierter Handschriften wird das Alternieren von Lesen und Betrachten zur Bedingung adäquater Rezeption, indem sich Schrift und Bild spannungsvoll aufeinander beziehen, so daß beide verwandelt werden. Dabei tritt die Materialität der Handschrift in den Vordergrund, weil die physische Präsenz des Bildes so nachdrücklich auf die physische Präsenz der Schrift verweist, daß der Text nicht nur als Botschaft, also unabhängig von der Materialität der Schrift, gedeutet werden kann.

Untersuchungsgegenstand ist der Einsiedler Codex 710, eine Handschrift mit geistlichen Texten, die im letzten Drittel des 15. Jahrhunderts in Konstanz entstanden ist. Largier bestimmt die Handschrift als Initiations- und Betrachtungsbuch, das über die einleitenden brautmystischen Texte in das Werk von Heinrich Seuse einführt. Im Bildbestand lassen sich verschiedene Bildtypen unterscheiden: Titelbilder, narrative Bildszenen, schematische Bilder und ornamentale Bildelemente. Das narrativ darstellende und kommentierende Bildprogramm des »Exemplar« kulminiert in den schematischen Schlußbildern, »die auf wesentliche theoretische Aspekte des Textes Bezug nehmen« (S. 255) und in denen auf den ersten Blick die mnemotechnische Funktion zu überwiegen scheint, während Largier die meditative Identifikationsmöglichkeit hervorhebt. Deren Betrachtung, die Erinnerung und Vision verbindet, ermöglicht eine Intensität einer Textlektüre, wie sie für Gebete und für Gebetbücher erschlossen ist: Die Rezeption von Text und Bild, das Zusammenwirken von innerer und äußerer Wahrnehmung überführt die Kommunikation mit dem Buch in die körperliche Erfahrung der Andacht und der mystischen Vereinigung. Im Vollzug der Lektüre werden Bild und Text wechselseitig aufeinander projiziert, und diese oszillierende Wahrnehmung verweist auf Partizipation und Nachahmung, die sich auch als körperliche Einschreibung (Inkarnation) begreifen lassen, als eine Transformation von Bild und Schrift in Prozesse des Hörens und Sehens, deren Träger nicht mehr die Materie der Handschrift, sondern der Körper des Lesers ist.

Elaine C. *Tennant* wendet sich dem Geschlechterproblem im »Nibelungenlied« zu. Die sog. Genderforschung hat bisher nur ausnahmsweise Texte aus dem Mittelalter thematisiert, und da meist solche aus religiösem Kontext. Jenseits modischer Aktualisierung kann Tennant demgegenüber zeigen, wie intensiv gerade auch die feudale Epik das Problem der Geschlechterdifferenz verhandelt. Sie konzentriert sich dabei auf die elfte Aventiure des »Nibelungenliedes«, die auch der bislang am intensivsten mit Gender-Problemen in diesem Text befaßten Arbeit von Frakes vornehmlich das Anschauungsmaterial für die prekäre Stellung der Frau in der feudalen Männergesellschaft liefert. Tennant verbindet eine abgewogene, in der Adaptation neueren feministischen Schrifttums zurückhaltende Interpretation des Gender-Problems mit einer an Austin orientierten Analyse der Sprechakte. Dabei stützt sie sich nicht nur auf die sog. Vulgat-Version (nach B), sondern untersucht die konkurrierenden Fassungen in A bzw. C. Sie kann an den Varianten der Handschriften demonstrieren, daß die Position der Frau offensichtlich ein umstrittener Gegenstand war, an dem die Bearbeiter des Nibelungen-Epos in immer neuen Ansätzen sich um Lösungen bemühten.

Christoph *März'* Überlegungen zur Metrik entfernen sich nur scheinbar von den theoretischen Ansätzen der übrigen Beiträge. Wenn mittelalterliche Literatur überwiegend Zeitkunst ist, wenn sie im mündlichen Vortrag, in der Aufführung realisiert wird, wenn der literarische Text an die Materialität der Stimme gebunden ist, dann ist die Gliederung und die Artikulation von Zeit ein zentrales poetologisches Problem, und die Metrik, die – entgegen dem ursprünglichen Wortsinn – Zeit gerade nicht starr mißt, sondern ihre Gliederung konzeptionalisiert, ist nicht ein trocken-geistfernes Exerzitium oder ein Tummelfeld idiosynkratischer Spekulation, sondern ein unverzichtbarer Teil der Kunstlehre. Die Wiederholungsstruktur, die der Metrik und dem Reim eingeschrieben ist, erweist sich als integrierendes Element einer vor- oder halbschriftlichen Memorialkultur. Doch ist sie weit mehr als bloßes Gehäuse erinnerter Inhalte, nämlich selbst Sinnträger, der mittels Bauform, Rhythmus, Klang bestimmte Erwartungen hervorruft, die dann in der konkreten Realisation durch einen Text bestätigt, konterkariert, kritisiert, parodiert werden können. An drei knapp kommentierten Beispielen betreibt März eine ›Semiotik des Versbaus‹, wie sie in der Lyrik-Forschung der letzten Jahrzehnte vernachlässigt worden ist. Die Aufmerksamkeit, die sich in jüngster Zeit auf die Materialität der Zeichen richtet, rückt Metrik, Rhythmus, Reim, allgemein Artikulation von Zeit, das Artikulationsmedium der Stimme erneut ins Interesse der Forschung.

Christian *Kaden* fragt – entgegen der aktuellen Attraktivität der mittelalterlichen Musik als bloßem Schallereignis –, ob im Mittelalter die Musik nicht vielmehr auf die Bewahrung existentieller Ganzheit abzielte, indem sie nicht allein für die Ohren, sondern auch zum Sehen, Fühlen und Erspüren bestimmt war. Der Zusammenhang von Mikrokosmos und Makrokosmos verbindet den Schöpfungsentwurf Gottes mit dem Bild des Menschen, und beide spiegeln sich in der von ihm hervorgebrachten Musik. Für die mittelalterliche Kirchenmusik entwickelt Kaden aufgrund dieser Voraussetzungen die These, daß musikalisches Zeitgestalten und architektonische Raumordnungen intensiv miteinander verbunden werden, so daß sie sich wechselseitig bestätigen und deuten können. »Im Christ-Königs-Raum der Kathedrale und im Christ-Königs-Zeremoniell konnte das, was das Organum den hörenden Menschen vor Augen führte, gleichzeitig von ihnen gesehen werden« (S. 352).
   Mit dem Prozeß der Verschriftlichung beginne allerdings die Aufsprengung der ganzheitlichen Musik und die Zentrierung auf das Schallereignis, auf den isolierten Vorgang des Hörens. Die Zerlegung gesthafter musikalischer Einheiten und die schriftgesteuerte Konstruktion/Komposition ermöglicht die Umkehrung und Modifikation von körpergebundenen Zeitstrukturen. »[W]ährend Sehen und Hören, Singen und Spielen in oraler Tradition weitgehend gleichzeitig, in ›Realzeit‹ zusammentreten, werden sie im componere [...] auseinandergelegt« (S. 366). Daraus ergeben sich für das »Mittelalter *zwei kontrastierende Wahrnehmungsweisen* von Kunst [...]: eine ganzheitlich-körperfreundliche, getragen von Sehnsüchten nach Verleiblichung des Himmlischen im Irdischen« auf der einen Seite, und auf der anderen »eine analytisch-technomorphe Wahrnehmung, die zwar Neuheiten und Neuigkeiten die Fülle fand, immer weiter aber sich entfernte von deren Verkörperbarkeit, deren Lebbarkeit« (S. 367).

Stephen *Jaeger* stellt die neue Hinwendung zur Geschichte vor, die von den Arbeiten Stephen Greenblatts ausgeht (New Historicism), sich aber auch auf Hayden Whites literarische Geschichtskritik (linguistic turn) und die anthropologischen Arbeiten von Clifford Geertz (thick description) bezieht. Greenblatt sieht die Literatur beteiligt an der Zirkulation ›sozialer Energien‹ der Herausbildung und Neuformung sozialer Wertvorstellungen. Literarische Texte werden nicht allein im innerliterarischen Zusammenhang gedeutet, sondern im Konfliktfeld von sozialen, psychischen, politischen Themenfeldern, in denen sich soziale Energie verdichtet. Umgekehrt verwischen sich in der ›historischen Erzählung‹ die Grenzlinien von Literatur und Geschichte.

An der Gestalt des vorgeblichen Martin Guerre, der die Identität eines anderen usurpiert und mit dessen Frau im Einverständnis lebt, bis der richtige Martin wiederkehrt und seine Rechte beansprucht, zeigt Jaeger einige zentrale Tendenzen des New Historicism auf. Die Wiederentdeckung dieser Geschichte im Schnittfeld von Literatur und Geschichtsschreibung, Genderdiskurs und Identitätsproblematik hat zur Umsetzung in verschiedene Erzählversionen und Medien geführt, die das Spannungsfeld sozialer Energien erkennbar werden lassen. »The historicity of texts and the textuality of history« (Montrose) ergänzen sich in diesem Beispiel energischer Aneignung eines Themas ganz besonders eindringlich.

Es sind vielfältige Themen und vielerlei Methoden, die in diesem Sammelband erprobt werden. Doch ist es nicht der übliche für die raison d'être von Sammelbänden bemühte ›Pluralismus‹. Die Herausgeber hoffen vielmehr, daß jeder Beitrag auf seine Art etwas von den neuen Aufgaben erfaßbar macht, denen sich die Mediävistik zu stellen hat.

Schließlich gilt es, vielfältigen Dank abzustatten:

Ermöglicht wurde das Kolloquium dank der großzügigen Förderung durch das Land Nordrhein-Westfalen und den persönlichen Einsatz des Direktors des KWI, des Mediävisten Prof. Dr. Gert Kaiser. Ihm gilt zuvörderst der Dank von Beiträgern und Herausgebern, der Dank dafür, daß ein Institut, das zu seinen wesentlichen Aufgaben die Reflexion gegenwärtiger Wissenschaftstheorien und Wissenschaftskulturen zählt, einem Kolloquium über eine methodische Neuorientierung einer historischen Kulturwissenschaft seine Gastfreundschaft bot. Dies trägt der Einsicht Rechnung, daß gegenwartsbezogene Diskussion auf historische Erfahrungen vielfältiger Art nicht verzichten kann. Ebenso gilt der Dank Herrn Dr. Dirk Matejovski, der als Geschäftsführer des KWI den reibungslosen Ablauf der Tagung gewährleistete. Zu danken haben wir schließlich Elke Loenertz und Armin Schulz, die die Manuskripte für den Druck redigierten. Zu wünschen ist, daß aufgeschlossene Mediävisten einige der neuen Wege, die hier mutig erprobt werden, beharrlich weitergehen.

München und Berlin   Jan-Dirk Müller
Juli 1998   Horst Wenzel

Textualität der mittelalterlichen Literatur
Eine Problemskizze am Beispiel des »Wartburgkrieges«

von Peter Strohschneider (Dresden)

1.

Im Kreis der Mittelalterwissenschaften stellt sich die germanistische Mediävistik speziell die Aufgabe der Erforschung der deutschsprachigen mittelalterlichen Literatur. Dieser Objektbereich ist freilich keineswegs selbstverständlich bestimmt, wie schon die Frage nach der Relation von ›Literatur‹- und ›Text‹-Begriff zeigt. Wollte man nämlich beide Ausdrücke nicht einfach als Synonyme definieren, dann müßte man Regeln angeben, nach denen aus dem Gesamt der Texte ein ›Kanon‹ literarischer ›Werke‹ herauszuheben wäre. Dies setzte Antworten auf die außerordentlich schwierige Frage nach Kriterien für ›Literarizität‹, nach der ästhetischen Differenz solcher ›Werke‹ voraus. Allerdings sind entsprechende Antworten selbstverständlich allein als Ergebnisse, nicht jedoch als Voraussetzungen literaturwissenschaftlicher Forschungsprozesse denkbar. Und diese zeigen zunächst, daß ›Literatur‹ des Mittelalters auf fremd gewordene Weise in uneinholbar entschwundene kulturelle Praxen etwa der religiösen Heilssicherung, der Herrschaftsrepräsentation, der gesellschaftlichen Wissensreproduktion eingebunden ist.[1] Aus den Theoriebeständen neuzeitlicher ästhetischer Reflexion stammende Literarizitätskriterien wie Fiktionalität, Autonomie oder Polysemie müssen daher historisiert werden, wenn ihr mediävistischer Gebrauch nicht zu anachronistischen Verkürzungen führen soll.

Die altgermanistische Literaturwissenschaft hat derartige Schwierigkeiten der Unterscheidung von ›Text‹ und ›Literatur‹ in den letzten Jahrzehnten weniger bearbeitet als unterlaufen, indem sie ihr Erkenntnisinteresse auch für das Hoch- und Spätmittelalter von der ›Literatur‹ (›Dichtung‹) auf die Gesamtheit deutsch-

---

[1] Zum Konzept einer methodisch auf ›Alterität‹ setzenden Mediävistik vgl. Hans Robert Jauß: Alterität und Modernität der mittelalterlichen Literatur. Gesammelte Aufsätze 1956–1976, München 1977; Rainer Warning: Hermeneutische Fallen beim Umgang mit dem geistlichen Spiel, in: Mediävistische Komparatistik. Festschrift für Franz Josef Worstbrock zum 60. Geburtstag, hg. von Wolfgang Harms/Jan-Dirk Müller, Stuttgart/Leipzig 1997, S. 29–42; knapp zusammenfassend Peter Strohschneider: [Art.] Alterität, in: Reallexikon der deutschen Literaturwissenschaft, Berlin/New York, Bd. 1, S. 58f.; kritisch zum Konzept etwa: Modernes Mittelalter. Neue Bilder einer populären Epoche, hg. von Joachim Heinzle, Frankfurt a. M./Leipzig 1994, darin zum im folgenden zu verhandelnden Problem Karl Stackmann: Neue Philologie?, S. 398–427. – Hier und im weiteren sind die Fußnoten möglichst bündig gehalten, die angegebenen Beiträge werden aber Wege in die zum Teil komplexen Forschungssituationen weisen können. Dankbar erinnere ich mich der Diskussionen während des Düsseldorfer Colloquiums und vieler Gespräche mit Beate Kellner, die dieser Problemskizze zugute gekommen sind.

sprachiger Texte ausdehnte. Bei dieser Erweiterung des Literaturbegriffs[2] sind
die Ausdrücke ›Literatur‹ und ›Text‹ zunehmend indistinkt geworden, man hat
die eingangs angedeutete Problemstruktur zwar tiefer gelegt, doch keineswegs
aufgelöst.[3] Text, das heißt konkret: Schrift-Text, ist jetzt prinzipiell alles, was
(volkssprachlich) überliefert ist. Doch ist umgekehrt nicht jeder mittelalterliche
Text auch überliefert: Es gibt den Verlust schriftlicher Überlieferung, und es gab
Texte, auch solche von großer Bedeutung für Schrifttraditionen, die, nie verschriftlicht, allein mündlich im kulturellen Gedächtnis tradiert wurden und dem
Vergessen anheimfielen. Die mediävistische Literaturwissenschaft kann daher
ihre objektdefinierende Leitkategorie nicht an den Begriff der Schrift binden, und
so möchte es naheliegen, den Begriff des Textes auf jede Form sprachlichen
Handelns auszudehnen. Dabei indes kehrte das eingangs beobachtete Problem
nun im Verhältnis von ›Text‹ und Sprachverwendung wieder: Der Begriff des
Textes würde seine Distinktionsleistung einbüßen und von dem der Sprechhandlung ununterscheidbar.[4]

Demgegenüber gehe ich im folgenden von diesen beiden Sätzen aus: 1. Jeder
Text ist eine sprachlich verfaßte kommunikative Handlung.[5] Doch soll der Textbegriff so gewählt werden, daß der Umkehrschluß nicht gilt. Die Relation der

---

[2] Methodisch und sachlich wegweisend hierfür waren vor allem die Arbeiten von Hugo
Kuhn, besonders: Entwürfe zu einer Literatursystematik des Spätmittelalters, Tübingen 1980.

[3] Ganz abgesehen davon, daß sich Literaturwissenschaft von Grundfragen historischer
Literarästhetik nur um den Preis ihrer Selbstaufhebung würde dispensieren können.

[4] Vgl. Konrad Ehlich: Text und sprachliches Handeln. Die Entstehung von Texten aus dem
Bedürfnis nach Überlieferung, in: Schrift und Gedächtnis. Archäologie der literarischen Kom-
munikation, hg. von Aleida Assmann/Jan Assmann/Christoph Hardmeier, München 1983 (²1993),
S. 24–43, hier S. 25f.

[5] Vgl. etwa Karlheinz Stierle: Text als Handlung. Perspektiven einer systematischen Literaturwissenschaft, München 1975; Alexander Schwarz: Text als Handlung, in: ders./Angelika
Linke/Paul Michel/Gerhild Scholz Williams: Alte Texte lesen. Textlinguistische Zugänge zur
älteren deutschen Literatur, Bern/Stuttgart 1988, S. 125–166; Jürgen E. Müller: Literaturwissenschaftliche Rezeptions- und Handlungstheorien, in: Neue Literaturtheorien. Eine Einführung,
hg. von Klaus-Michael Bogdal, Opladen 1990, S. 176–200. Mit der genannten Bestimmung
grenze ich mich zugleich ab gegenüber einer (metaphorischen) Ausweitung des Textbegriffs auf
alle Zeichensysteme und jedwede kulturelle Praxis, wie sie gegenwärtig etwa unter den Stichworten ›writing culture‹, ›cultural studies‹, ›cultural poetics‹, ›New Historicism‹ und ›Interpre-
tative Kulturanthropologie‹ diskutiert wird; vgl. Clifford Geertz: Dichte Beschreibung. Beiträge
zum Verstehen kultureller Systeme, Frankfurt a. M. 1987; Stephen Greenblatt: Verhandlungen
mit Shakespeare. Innenansichten der englischen Renaissance, Berlin 1990; ders.: Grundzüge
einer Poetik der Kultur, in: ders.: Schmutzige Riten. Betrachtungen zwischen Weltbildern,
Berlin 1991, S. 107–122; Gabrielle M. Spiegel: Geschichte, Historizität und die soziale Logik
von mittelalterlichen Texten, in: Geschichte schreiben in der Postmoderne. Beiträge zur aktuellen Diskussion, hg. von Christoph Conrad/Martina Kessel, Stuttgart 1994, S. 161–202; New
Historicism. Literaturgeschichte als Poetik der Kultur, hg. von Moritz Baßler, Frankfurt a. M.
1995; Kultur als Text. Die anthropologische Wende in der Literaturwissenschaft, hg. von Doris
Bachmann-Medick, Frankfurt a. M. 1996; Christian Kiening: Anthropologische Zugänge zur
mittelalterlichen Literatur. Konzepte, Ansätze, Perspektiven, in: Forschungsberichte zur Germanistischen Mediävistik, hg. von Hans-Jochen Schiewer, Bern et al. 1996 (Jahrbuch für Internationale Germanistik C 5.1), S. 11–129.

Termini ›Kommunikationshandlung‹, ›Sprache‹ und ›Text‹ wäre also über eine Hierarchie von Ein- und Ausschlußverhältnissen zu bestimmen: 2. Nicht jede kommunikative Handlung ist sprachlich verfaßt, und nicht alle sprachlichen Kommunikationshandlungen vollziehen sich in Form von Texten. Die zweite der Bestimmungen dieses Satzes[6] ist in literaturwissenschaftlicher Perspektive zunächst die wichtigere. Zu ihrer Begründung kann etwa der von Konrad Ehlich vorgeschlagene Textbegriff[7] herangezogen werden. Er geht von einem vergleichsweise einfachen und abstrakten Schema elementarer Sprechsituationen aus, die bestimmt werden durch die gleichzeitige körperliche Gegenwart eines Sprechers und eines Hörers in einem Raum, den sie zugleich als einen (im wesentlichen) gemeinsamen Wahrnehmungsraum miteinander teilen. Sprachliche Handlungen sind unter diesen Bedingungen primär mündlich und daher flüchtig. Sodann fragt Ehlich, vermittels welcher Kulturtechniken sprachliches Handeln aus dieser unmittelbaren Sprechsituation sich lösen kann: Damit es zur diatopischen und diachronischen Ausdehnung der Rede über die gegebene Sprechsituation hinaus kommen kann, muß sie für eine andere oder spätere gespeichert werden. Speicherung in diesem Sinne heißt also »sprechhandlungsaufbewahrende[] Überbrückung zwischen zwei nichtidentischen unmittelbaren Sprechsituationen« (S. 32). Dies wäre zugleich ein Modell für das, was man auch als ›Überlieferung‹ bezeichnet, und es gibt dafür einerseits elementare Lösungen, insbesondere das individuelle Gedächtnis des Sprechers oder – in der Institution des Boten[8] sich verfestigend – das des Hörers. Es gibt andererseits hochentwikkelte, komplexe Lösungen mit kulturell weitreichendsten Leistungen und Folgen, vor allem die Schrift.

Ehlichs Definitionsvorschlag geht nun dahin, »für eine solche, aus ihrer primären unmittelbaren Sprechsituation herausgelöste Sprechhandlung, die für eine zweite Sprechsituation gespeichert wird, den Ausdruck ›Text‹ zu verwenden«. Texte sind demnach durch ihre »›sprechsituationsüberdauernde Stabilität‹ gekennzeichnet«, »die ›Überlieferungsqualität‹ einer sprachlichen Handlung« ist das »Kriterium für die Kategorie ›Text‹«.[9] Der Begriff des Textes ist damit von

---

[6] Die Unterscheidung von Kommunikationshandlungen überhaupt und Sprachhandlungen entspricht, man denke nur an Gestik und Mimik, dem allgemeinen Gebrauch.

[7] Ehlich (Anm. 4); hiernach die folgenden Zitate im Text; vgl. auch ders.: Funktional-pragmatische Kommunikationsanalyse. Ziele und Verfahren, in: Verbale Interaktion. Studien zur Empirie und Methodologie der Pragmatik, hg. von Dieter Flader, Stuttgart 1991, S. 127–143; ders.: Funktion und Struktur schriftlicher Kommunikation, in: Schrift und Schriftlichkeit. Writing and Its Use. Ein interdisziplinäres Handbuch internationaler Forschung, hg. von Hartmut Günther/Otto Ludwig, 1. Halbbd., Berlin/New York 1994 (Handbücher zur Sprach- und Kommunikationswissenschaft 10.1), S. 18–41.

[8] Vgl. Ehlich (Anm. 4), S. 30; Jan Assmann: Das kulturelle Gedächtnis. Schrift, Erinnerung und politische Identität in frühen Hochkulturen, München 1992, S. 22, hat im Anschluß daran vom »Boteninstitut« als der »Urszene des Textes« gesprochen. Zur mediävistischen Diskussion vgl. zuletzt: Gespräche – Boten – Briefe. Körpergedächtnis und Schriftgedächtnis im Mittelalter, hg. von Horst Wenzel, Berlin 1997 (Philologische Studien und Quellen 143).

[9] Ehlich (Anm. 4), S. 32. – Überlieferungsqualität ist bei einem schriftlich oder schriftgestützt kommunizierten Text medial immer schon gegeben. Auch bei nicht schriftgestützter Rede

demjenigen der Schrift abgelöst[10], denn vor – und neben – den skripturalen gibt es mündliche Überlieferungsformen.[11] Auf der Gegenseite entgeht dieses Konzept zugleich der Gefahr, den Begriff auf alle sprachlichen Handlungen auszudehnen: Von jederart sprachlich verfaßter und stets situationaler kommunikativer Handlung unterscheidet sich der Text dadurch, daß er eine relativ situationsabstrakte, freilich stets allein wieder situational aktualisierbare Form der Rede ist. Mit dieser Bindung des Begriffs des Textes an Überlieferungsqualität sind für ihn also die Kategorien des Gebrauchs der Rede (Sprachverwendung, Sprechhandlung, Pragmatik: Situationalität) und ihrer Wiederholung (Wiedergebrauch: relative Situationsabstraktheit) bestimmend. Man kann Ehlichs Klärungsvorschlag daher auch in die Formel fassen, daß Text eine Wiedergebrauchsrede ist.[12]

Damit ist zugleich impliziert, daß die theoretische Frage nach dem Text stets auch eine historische ist. Status und Geltung von Texten, ihre Textualität also ist prinzipiell abhängig von den kulturellen Bedingungen jenes Sprachhandelns und seinen epistemischen Voraussetzungen. Sie unterliegen historischem Wandel, und dieser ist im Forschungsfeld der germanistischen Mediävistik gegenwärtig besonders an den fremden medienanthropologischen und medientechnischen Gegebenheiten des Mittelalters beobachtbar, welche für seine Literatur, deren Textualität, deren kommunikatives Funktionieren, deren Formen der Welt- und Selbstauslegung bestimmend sind.

2.

Diese Gegebenheiten sind freilich in diachroner wie synchroner Perspektive auch im Mittelalter bei weitem zu differenziert, als daß sich hier anderes denn vielfach unzulässig vereinfachende Stichworte geben ließe. Diese beschränken sich zudem auf die volkssprachige laikale Adelskultur etwa des 12. bis 14. Jahrhunderts

kann sie linguistisch angezeigt sein (Metrum, Reim, Formeln und viele andere Weisen der Markierung), sie muß es nicht: Dann manifestiert sie sich in quasi kontraktuellen, gemeinsamen Situationsdefinitionen der Kommunikationsteilnehmer, in den nichtsprachlichen ›framings‹ (E. Goffman) der Sprechhandlung, darin nämlich, daß die Rede als Text gebraucht wird.

[10] Wenn auch »mit der Erfindung der Schrift die Spezifik des Texts« – seine Überlieferungsqualität – »materialisiert wird«, denn mit ihr »verselbständigt sich [die Tradierung des Texts] gegenüber den Tradenten« (Ehlich [Anm. 4], S. 39). Vgl. auch Haiko Wandhoff: Auf dem Weg zu einer Universalgeschichte des Textes: Die »Archäologie der literarischen Kommunikation« und das ›kulturelle Gedächtnis‹, in: ZfG N.F. 3, 1997, S. 599–606, hier S. 601.

[11] Vgl. hierzu insbesondere Assmanns (Anm. 8) Konzept des kulturellen Gedächtnisses.

[12] Vgl. auch Peter Strohschneider: Situationen des Textes. Okkasionelle Bemerkungen zur ›New Philology‹, in: ZfdPh 116, 1997, Sonderheft: Philologie als Textwissenschaft. Alte und neue Horizonte, hg. von Helmut Tervooren/Horst Wenzel, S. 62–86, hier S. 80ff. – Heinrich Lausberg: Elemente der literarischen Rhetorik. Eine Einführung für Studierende der klassischen, romanischen, englischen und deutschen Philologie, München ²1963, §§ 14ff., hat ›Wiedergebrauchsrede‹ von ›Verbrauchsrede‹ unterschieden, damit aber das Moment der Wiederholbarkeit und insofern relativen Situationsabstraktheit der stets situativen Sprechhandlung an eine Opposition von ›gebrauchen‹ und ›verbrauchen‹ sowie an eine Klassifikation von Situationstypen gebunden, die beide theoretisch schwer auszuarbeiten wären.

und versuchen die Prinzipien ihrer Kommunikationsverhältnisse auf den Begriff einer Kultur der Semi-Oralität[13] zu bringen. Das heißt etwa: Volkssprachliche Wiedergebrauchsreden, auch sogenannte poetische Texte, sind im Mittelalter wesentlich an die Stimme gebunden.[14] Ihre Instanzen sind kaum über Medienstrukturen und Marktmechanismen, die sich erst mit der Erfindung des Buchdrucks nachdrücklicher entwickeln, diatopisch und diachronisch auseinandergerückt und anonymisiert. Kommunikation ist vielmehr, und in der Regel zunächst unabhängig davon, ob sie schriftgestützt ist oder nicht, an Prozesse der Aufführung, der Performanz gebunden; sie funktioniert in Sprechsituationen, welche grundsätzlich bestimmt sind durch die leibhafte Präsenz aller Kommunikationsteilnehmer, welche andererseits, soweit man weiß, offenbar in relativ geringem Maße generalisiert oder auch nur institutionell gesichert, welche also vielfach hochgradig okkasionell, auch prekär sind.[15]

Auch für das, was man poetische Texte nennen mag, scheinen Sonderbedingungen nicht zu gelten, ihre Kommunikationszusammenhänge sind von anderen Formen sozialer Interaktion allenfalls schwach unterschieden. Man kommuniziert unter Anwesenden[16], in einem Zeigfeld[17], das als Raum wechselseitiger Wahrnehmung zu beschreiben ist. Kommunikationen sind hier v. a. reziprok, ihre Medien in sprachlichen wie nicht-sprachlichen Codes und ihre Speicher sind stets auch die gegenwärtigen Körper, und sie funktionieren daher immer auch synästhetisch, insbesondere audiovisuell. Zu ihren Prinzipien gehören demnach Visibilität und Formen der Partizipation, der gemeinschaftlichen Teilhabe, der sinnlichen Unmittelbarkeit, des Involviertseins der Situationsteilnehmer.

All dies schreibt sich auch der schriftgebundenen ›Literatur‹ des Mittelalters als Spur ein[18], kann aber allenfalls teilweise selbst mit verschriftlicht werden, und insofern könnte der schriftliche Text hier als eine Form von ›Partitur‹ aufgefaßt werden. Er stellt die Rede und das Wissen zur Wiederverwendung in gewandelten Kontexten zur Verfügung und entkoppelt sie insofern vom Hier und Jetzt aktueller Sprechhandlungen und deren situativen Rahmen. Die Schrift ist also in dem Sinne situationsabstrakt, daß die von ihr tradierten Texte und das darin

---

[13] Dazu in weitgespanntem Überblick: Horst Wenzel: Hören und Sehen, Schrift und Bild. Kultur und Gedächtnis im Mittelalter, München 1995; vgl. auch meine Rezension in: ZfdA 125, 1996, S. 93–104.

[14] Vgl. die unten (Anm. 19 und 26) genannten Arbeiten von Paul Zumthor sowie: Ursula Schaefer: Vokalität. Altenglische Dichtung zwischen Mündlichkeit und Schriftlichkeit, Tübingen 1992 (ScriptOralia 39); dies.: Zum Problem der Mündlichkeit, in: Modernes Mittelalter (Anm. 1), S. 357–375.

[15] Vgl. Strohschneider (Anm. 12), bes. S. 78ff.

[16] Ich verwende hier und im folgenden ›Interaktion‹ in diesem Sinne terminologisch; vgl. Niklas Luhmann: Soziale Systeme. Grundriß einer allgemeinen Theorie, Frankfurt a. M. ⁴1991, bes. S. 560ff.; ders.: Einfache Sozialsysteme, in: ders.: Soziologische Aufklärung 2. Aufsätze zur Theorie der Gesellschaft, Opladen ³1986, S. 21–38.

[17] Der Begriff von Karl Bühler: Sprachtheorie. Die Darstellungsfunktion der Sprache. Mit einem Geleitwort von Friedrich Kainz, Stuttgart/New York 1982 [Ungekürzter Nachdruck der Ausg. Jena 1934], S. 79ff.

[18] Vgl. etwa Wenzel (Anm. 13), bes. S. 193ff.

bewahrte Wissen in unterschiedlichen (wenngleich nicht beliebigen) Kommuni-
kationszusammenhängen je neu aktualisiert werden können. Jedoch verdichten
sich diese technisch-medial vermittelten Formen der situations- und damit kör-
perabstrakten Kommunikation im Mittelalter erst sehr allmählich zu einer von
konkreten Interaktionszusammenhängen sich ablösenden, sie dann auch substitu-
ierenden Schrifttradition, welche Texte und Wissen generalisieren sowie die
Kommunikationsteilnehmer in Raum und Zeit auseinanderrücken und gegeneinander isolieren kann. Selbst schriftliche Kommunikation bleibt vielmehr auf
lange hin an interaktive Verständigung unter Anwesenden gebunden.[19] Schrift ist
vorwiegend ein mnemotechnisches Verfahren, welches das kulturelle Gedächtnis
stützen, es aber erst ansatzweise substituieren kann: Insofern bleibt sie wesentlich subsidiär.[20]

   Nicht allein die Skripturalität allerdings, auch die Textualität des mittelalterlichen Textes wird mitbestimmt von den alle soziale, auch ästhetische Praxis
dominierenden Modalitäten mündlicher Kommunikation. Daher bleibt das kategoriale Instrumentarium traditioneller Philologie ihm gegenüber jedenfalls insofern anachronistisch, als es ein klassizistisches Autor-Werk-Paradigma[21] – wie

---

[19] Dies zunächst ganz konkret, insofern die Reproduktion und Rezeption schriftgestützter
Texte sich vorwiegend in körpergebundenen Aufführungszusammenhängen vollzieht, erst hier
aus der Schrift ein kommunizierbarer ›Text‹ ersteht – Paul Zumthor reserviert hierfür den
Ausdruck ›Werk‹ (vgl. ders.: La lettre et la voix. De la ›littérature‹ médiévale, Paris 1987; ders.:
Körper und Performanz, in: Materialität der Kommunikation, hg. von Hans Ulrich Gumbrecht/
K. Ludwig Pfeiffer, Frankfurt a. M. 1988, S. 703–713; ders.: Einführung in die mündliche
Dichtung, Berlin 1990, S. 72ff.).
[20] Dies hat zuletzt Wenzel (Anm. 13) zusammenfassend und eindrücklich dargestellt (bes.
S. 39, S. 72ff., S. 89ff., S. 357 u. ö.). Die Folgen sind zu beobachten sowohl an grammatischen
Merkmalen mittelalterlicher volkssprachiger Schrifttexte (vgl. zum Beispiel den Überblick von
Suzanne Fleischman: Philology, Linguistics, and the Discourse of the Medieval Text, in:
Speculum 65, 1990, S. 19–37, bes. S. 27ff.; Helmut Tervooren: Die ›Aufführung‹ als Interpreta-
ment mittelhochdeutscher Lyrik, in: ›Aufführung‹ und ›Schrift‹ in Mittelalter und Früher Neu-
zeit. Symposion Seeon 1994, hg. von Jan-Dirk Müller, Stuttgart/Weimar 1996 [Germanistische
Symposien: Berichtsbände 17], S. 48–66) als auch an deren rhetorischen und poetischen Strukturen, ihren Kommunikations- und Imaginationsstrategien oder den vor allem in metaphorischer
Rede sedimentierten Begriffen von Schrift und Codex (vgl. Wenzel [Anm. 13], bes. S. 193ff.,
S. 328ff., S. 414ff.). Die Bestimmung mittelalterlicher Skripturalität als in der Regel subsidiär
(nicht gegenüber ›reiner‹ Oralität, sondern gegenüber Interaktionszusammenhängen) trägt zugleich dem Sachverhalt Rechnung, daß schon früh genuin schriftsprachliche Kommunikationsformen beobachtbar sind: Auch sie bleiben weithin an interaktive Verständigungsformen gebunden; vgl. dazu Thomas Cramer: Der Buchstabe als Medium des gesprochenen Wortes. Über
einige Probleme der Mündlichkeits-Schriftlichkeitsdebatte am Beispiel mittelalterlicher Lyrik,
in: Logos und Buchstabe. Mündlichkeit und Schriftlichkeit im Judentum und Christentum der
Antike, hg. von Gerhard Sellin/François Vouga, Tübingen 1996, S. 127–152.
[21] Dazu in jüngster Zeit etwa Stackmann (Anm. 1); Joachim Bumke: Autor und Werk.
Beobachtungen und Überlegungen zur höfischen Epik (ausgehend von der Donaueschinger
Parzivalhandschrift G⁸), in: ZfdPh 116, 1997, Sonderheft (Anm. 12), S. 87–114; Strohschneider
(Anm. 12), bes. S. 64ff. Wie eine Apologie dieses Paradigmas heute noch aussehen mag, hat
Werner Schröder vorgeführt: Die ›Neue Philologie‹ und das ›Moderne Mittelalter‹, in: Georg
Machnik et al.: Germanistik in Jena. Reden aus Anlaß des 70. Geburtstages von Heinz Mettke,
Jena 1996 (Jenaer Universitätsreden 1), S. 33–50.

man es vielleicht abkürzend nennen darf – ausfaltet, also den aus der kreativen Subjektivität des Autors hervorgehenden, von ihm autorisierten und in seiner Wort- wie Sinngestalt authentisch fixierten Text zur Voraussetzung hat.[22] Vollziehen sich hingegen Gebrauch wie Wiedergebrauch von Rede in Situationssystemen körpergebundener reziproker Kommunikation, dann müssen sie diesen gegenüber gleichermaßen adaptationsfähig organisiert werden, dann darf auch Wiedergebrauchsrede nicht so situationsabstrakt sein, wie es ein klassizistischer ›Werk‹-Begriff unterstellen muß: Sie gehorcht vielmehr einem kategorial anderen historischen Paradigma von Textualität. Die Alterität seiner Konsistenz- und Kompletionsbedingungen für Texte wird in der Mediävistik zuvörderst unter den Stichworten ›Offenheit‹, ›Fragmentarizität‹ und ›variance‹ thematisiert.

Es sind dies die Leitbegriffe einer gegenwärtig vor allem unter dem Titel ›New Philology‹ geführten Debatte.[23] In sie münden auch ältere Forschungslinien ein, die – im Kontext kommunikations-, medien- und wahrnehmungsgeschichtlicher Ansätze nun Sukkurs erhaltend – vor allem von überlieferungsgeschichtlichen Gegebenheiten und editorischen Herausforderungen her den Begriff des mittelalterlichen Textes zu historisieren unternahmen. So hat man die »starke Fluktuation der Texte«[24], ihre Flexibilität von Handschrift zu Hand-

---

[22] Als Kritik eines solchen Textbegriffs läßt sich auch derjenige Ehlichs (Anm. 4 und 7), wiewohl historisch noch unspezifisch, verstehen: Er kehrt gewissermaßen die Hierarchie der Kategorien des Textbegriffs der traditionellen Mittelalterphilologie um. Diese versteht handschriftlich überlieferte Texte als – mehr oder weniger gute oder verderbte – Zeugnisse für etwas, was sie selbst nicht sind, für das ›Werk‹: Der rekonstruktive Weg der Textkritik und Editorik zurück zum ›Werk‹, auf welchem Wege die Besonderheiten der Überlieferungs›zeugen‹ schrittweise wie Schlacken zurückblieben – programmatisch zu erkennen geben das bis heute die verblaßte Metaphorik klassizistischer Textkritik und das Pathos ihrer ›Kritik‹ an der Überlieferung, deren Musterung (recensio), deren ›Reinigung‹ von Fehlern und deren Verbesserung (emendatio) –, dieser Weg konnte daher als »Königsweg der Philologie« gelten (vgl. Karl Stackmann: Die Edition – Königsweg der Philologie?, in: Methoden und Probleme der Edition mittelalterlicher deutscher Texte, hg. von Rolf Bergmann/Kurt Gärtner, Tübingen 1993 [Beihefte zu editio 4], S. 1–18). Dem liegt ein Paradigma zugrunde, das an den Anfang das (Original-) ›Werk‹ – und vor dieses den Autor der Dichtung – setzt, aus welchem sich die (stets depravierte) ›Überlieferung‹ ableitet; diesen Überlieferungsvorgang macht die traditionelle Philologie gewissermaßen rückgängig. Mit Ehlich läßt sich dem nun ein ganz anderer Begriff gegenüberstellen, der Überlieferung nicht als etwas Nachträgliches, Sekundäres, Akzidentielles dem Text nachordnet, sondern umgekehrt den Begriff des Textes gerade an das Kriterium der Überlieferungsqualität bindet.

[23] Vgl. Bernard Cerquiglini: Éloge de la variante. Histoire critique de la philologie, Paris 1989; The New Philology, hg. von Stephen G. Nichols, in: Speculum 65, 1990, S. 1–108; The New Medievalism, hg. von Marina S. Brownlee/Kevin Brownlee/Stephen G. Nichols, Baltimore/London 1991 (Parallax: Re-visions of Culture and Society); Towards a Synthesis? Essays on the New Philology, hg. von Keith Busby, Amsterdam 1993 (Faux titre 68); Stackmann (Anm. 1); Jan-Dirk Müller: Neue Altgermanistik, in: Jahrbuch der deutschen Schillergesellschaft 39, 1995, S. 445–453; ZfdPh 116, 1997, Sonderheft (Anm. 12); Alte und neue Philologie, hg. von Martin-Dietrich Gleßgen/Franz Lebsanft, Tübingen 1997 (Beihefte zu editio 8).

[24] Karl Stackmann: Mittelalterliche Texte als Aufgabe, in: Festschrift für Jost Trier zum 70. Geburtstag, hg. von William Foerste/Karl-Heinz Borck, Köln/Graz 1964, S. 240–267 [wieder in: ders.: Mittelalterliche Texte als Aufgabe. Kleine Schriften I, hg. von Jens Haustein, Göttingen 1997, S. 1–25], Zitat S. 253.

schrift, etwa in die wirkungsreiche metaphorische Formel vom ›offenen‹ Text gebracht.[25] Sie bleibt freilich auf ihren Gegenbegriff textueller ›Geschlossenheit‹ bezogen, und immer erscheint ›Offenheit‹ daher als ein Defizit an interner und externer Festigkeit, während andererseits ein Text überhaupt nicht als solcher identifizierbar wäre, erfüllte er nicht erhebliche Anforderungen an ›Abgeschlossenheit‹, also »sprechsituationsüberdauernde Stabilität« (K. Ehlich). Einer weitergehenden Historisierung mittelalterlicher Textualität ist also beim Konzept des ›offenen Textes‹ sein Ausgangspunkt im Wege: Es bleibt theoretisch im Horizont einer die technische Reproduzierbarkeit von Schrift voraussetzenden Kommunikationskultur und bekommt daher einen Schrifttext stets allein in Relation zu konkurrierenden Verschriftlichungen ›desselben‹ Textes in den Blick; es operiert im Rahmen einer Schrifttradition, wie wenn diese sich auch im Mittelalter gegenüber körpergebundenen Interaktionszusammenhängen längst verselbständigt hätte.

Derartige Fixierungen des Textes an skripturale Medien aufzulösen, hat in der Mediävistik vor allem Paul Zumthor mitgeholfen. Er beschreibt Texte, die an Stimme und Körper des Sprechenden gebunden sind (Oralität), als Elemente eines übergeordneten (grenzenlosen) und überpersonalen Traditionskontinuums des Sprechens, welches ein immer wieder Neu- und Weitersprechen sei. Gegenüber dieser Tradition verhalte sich der Einzeltext als eine von vielen und je partikularen Aktualisierungen, deren Strukturen stets variabel (›mouvance‹) und fragmentarisch seien. Die Spezifik insbesondere mittelalterlicher Textualität läge demnach im Verhältnis zwischen der Tradition aller Texte eines gegebenen literarischen Feldes und dem Einzeltext, das Zumthor in die Formulierung »texte-fragment« gefaßt hat.[26] Dieser freilich forcierte Vorschlag hat einerseits den

[25] Vgl. Jürgen Kühnel: Der »offene Text«. Beitrag zur Überlieferungsgeschichte volkssprachiger Texte des Mittelalters, in: Akten des V. Internationalen Germanisten-Kongresses Cambridge 1975, hg. von Leonard Forster/Hans Gerd Roloff, Bern/Frankfurt a. M. 1976, H. 2 (Jahrbuch für Internationale Germanistik A II.2), S. 311–321. Vergleichbar ist die Beschreibung des »Wartburgkrieges« als »offene Textstruktur« bei Hedda Ragotzky: Studien zur Wolfram-Rezeption. Die Entstehung und Verwandlung der Wolfram-Rolle in der deutschen Literatur des 13. Jahrhunderts, Stuttgart et al. 1971 (Studien zur Poetik und Geschichte der Literatur 20), bes. S. 48ff., S. 90f. Für ähnliche und in etwa gleichzeitige Tendenzen in der Neugermanistik könnte etwa einstehen: Peter Schmidt: Statischer Textbegriff und Textprozeß, in: Literaturwissenschaft. Eine Einführung für Germanisten, hg. von Dieter Breuer et al., Frankfurt a. M./Berlin/Wien 1972, S. 95–125. – Eine von apologetischen Zügen nicht ganz freie Übersicht über solche Forschungstraditionen mit Blick auf die ›New Philology‹-Debatte bietet jetzt Ingrid Bennewitz: Alte »neue« Philologie? Zur Tradition eines Diskurses, in: ZfdPh 116, 1997, Sonderheft (Anm. 12), S. 46–61. Joachim Bumke spricht neuerdings von der ›Unfestigkeit‹ des mittelalterlichen Textes; vgl. ders.: Der unfeste Text. Überlegungen zur Überlieferungsgeschichte und Textkritik der höfischen Epik im 13. Jahrhundert, in: ›Aufführung‹ und ›Schrift‹ (Anm. 20), S. 118–129; ders.: Die vier Fassungen der ›Nibelungenklage‹. Untersuchungen zur Überlieferungsgeschichte und Textkritik der höfischen Epik im 13. Jahrhundert, Berlin/New York 1996 (Quellen und Forschungen zur Literatur- und Kulturgeschichte 8), S. 53ff., und dazu meine Rezension in: ZfdA 127, 1998, S. 102–117.

[26] Paul Zumthor: Le texte-fragment, in: Langue française 40, 1978, S. 75–82, hier bes. S. 81; vgl. auch ders.: Intertextualité et mouvance, in: Littérature 41, 1981, S. 8–16; ders.: The Impossible Closure of the Oral Text, in: Yale French Studies 67, 1984, S. 25–42; ders., La lettre et la voix (Anm. 19); ders., Einführung (Anm. 19).

Vorteil, nicht in Absetzung von neuzeitlichen Schrift-Text-Paradigmata gewonnen – und via negationis an sie gebunden – zu sein: Er nimmt, indem er sich auf mündliche Kommunikation und deren Übergangsfelder zur Schriftlichkeit bezieht, die Medienebene selbst in den Textualitätsbegriff mit hinein, und sein Gegenbegriff ist daher nicht die ›Geschlossenheit‹ eines Textes, sondern die Totalität von Redetraditionen.

Im Maße des Erfolgs, mit welchem Zumthors Fragment-Konzept an der Auflösung eines klassizistischen Textbegriffs arbeitet, treten indes andererseits auch seine problematischen Implikationen deutlicher hervor: Die Vorstellung von der überpersonalen Totalität ›des Textes‹ als Inbegriff eines obendrein undifferenzierten Universums aller Redetraditionen weist diesen implizit einen ontologischen Status vor aller kommunikativen Realisierung zu, was von einer verdeckten Sehnsucht nach Einheit und Ursprünglichkeit jenseits des Partikularen und Kontingenten einzelner ›texte-fragments‹ gesteuert sein mag. Sodann geht das Konzept aber auch aus von der gewissermaßen totalen ›variance‹ mündlicher (oder an die Oralität gebundener verschriftlichter) ›texte-fragments‹ im Gegensatz zur ›invariance‹ genuin schriftkultureller Texte, während es tatsächlich in oralen wie semi-oralen Kulturen auch hochstabile Texte gibt, sakrosankte zum Beispiel[27], und umgekehrt in Schriftkulturen variable.

Der Begriff der ›variance‹ spielt schließlich auch die entscheidende Rolle in jener Provokation mediävistischer Philologie, die Bernard Cerquiglini 1989 mit seiner »Éloge de la variante« vorgetragen hat.[28] Gegenüber der Opposition von ›Offenheit‹ und ›Geschlossenheit‹ des Textes wechselt er – mit Zumthor und zugleich anknüpfend an die Terminologie der klassizistischen Textkritik – die Bildlogik und spitzt seinen Begriff von der Textualität mittelalterlicher Texte zu in der seither viel diskutierten These, verschriftlichte Texte des Mittelalters *hätten* nicht Varianten, sondern sie *seien* Varianz, seien ein kontinuierlicher Vorgang steter Textveränderung. Den Text gebe es überhaupt nur als den Prozeß seiner Veränderung. Diese These setzt freilich in historisch uneinholbarer Weise eine spezifische Beobachterposition – und damit historische Distanz – voraus: Sie kann, ob generalisierend oder fallbezogen, erst im Ergebnis einer Synopse der schriftlichen Manifestationen ›eines‹ Textes formuliert werden. Sie muß mithin von der unmittelbaren Situationalität kommunikativer Handlungen in einem je spezifischen ›Zeigfeld‹ absehen und ist daran gehindert, Schrifttexte als deren partiturhafte Manifestationen zu thematisieren. In der Situation der Aufführung aber – und ebenso in der (nichtphilologischen) Lektüre – ist der Text stets ein einzelner und darin unverwechselbar. Das heißt, die Varianz der Schrifttexte ist im Handeln der mittelalterlichen Kommunikationsteilnehmer in der Regel gerade nicht gegenwärtig.[29] Texte, die aus historischer und medialer Distanz als diffe-

---

[27] Vgl. etwa Assmann (Anm. 8), bes. S. 103ff.; Ehlich, Funktion und Struktur (Anm. 7), S. 27f.; Philip C. Stine: Writing and Religion, in: Schrift und Schriftlichkeit (Anm. 7), S. 604–610, hier S. 605ff.; Wandhoff (Anm. 10), S. 602.

[28] Cerquiglini (Anm. 23), hier S. 111.

[29] Vgl. auch Müller (Anm. 23), S. 449 und Anm. 6.

rente erscheinen, werden überwiegend als identische wahrgenommen.[30] Und entsprechend ist für die Produktionsseite festzuhalten, daß die Veränderung von Schrifttexten etwa in Abschreibeprozessen noch keineswegs dokumentiert, derartige Veränderungen seien auch als solche, etwa als Störung von Textintegrität und -identität aufgefaßt worden.[31]

In den hier skizzierten Ansätzen, die die Andersheit der Textualität von ›Wiedergebrauchsreden‹ im Bedingungsgefüge mittelalterlicher Semi-Oralität vermittels der Stichworte ›Offenheit‹, ›Fragmentarizität‹ und ›Varianz‹ diskutieren, wird der Status des Textes stets in der Relationalität von Textversionen bestimmt. Darin liegt die Gemeinsamkeit dieser Konzepte. Sie machen gewissermaßen den Textvergleich, der hermeneutisch freilich unumgänglich ist, zur Kategorie historisch fremder Textualitätsformen, sei es, daß der Vergleichstext eine konkurrierende Verschriftlichungsform, sei es, daß er ein überpersonales Universum der Rede überhaupt ist. Demgegenüber knüpfte der vorliegende Problemaufriß mit Konrad Ehlichs Begriff an ein Konzept an, das den Status des Textes – und ebenso den seiner Verschriftlichungen – von den Modalitäten pragmatischen Gebrauchs her definiert. Mit seiner Hilfe kann man versuchen, Textualität unter den medien- und kommunikationsgeschichtlichen Bedingungen des semi-oralen Mittelalters als spezifisches Ausbalancieren von Situationsabstraktheit und Situationsbezogenheit der verschriftlichten (und daher literaturwissenschaftlicher Analyse zugänglichen) Wiedergebrauchsrede zu beschreiben. Dabei scheinen solche Balancen nicht stets ›schon‹ stabil zu sein, es hat vielmehr den Eindruck, als ob sie von Fall zu Fall – von Text zu Text wie innerhalb von Texten – immer wieder neu justiert werden mußten und als ob systematisch unterscheidbare Relationen von Situationalität und Situationsabstraktheit direkt nebeneinander möglich waren.[32]

3.

Diese Hypothese nun soll im zweiten Teil dieses Beitrages von einem einzelnen Schrifttext her illustriert und plausibilisiert werden, dem »Wartburgkrieg«. Unter diesem Titel versammelt man ein außerordentlich schwer zu durchschauendes Geflecht von Strophen in zwei verschiedenen Tönen, das seit Karl Simrock[33] in

---

[30] Man kann sich dies zum Beispiel an mittelalterlicher Zitierpraxis verdeutlichen oder an der mittelhochdeutschen »Brandan-Legende«, die geradezu als Diskurs über die Identität verschiedener Schriftversionen ›eines‹ Textes lesbar ist; vgl. dazu: Peter Strohschneider: Der Abt, die Schrift und die Welt. Buchwissen, Erfahrungswissen und Erzählstrukturen in der Brandan-Legende, in: Scientia Poetica 1, 1997, S. 1–34.

[31] Historische Differenzierungen dieser Einschätzung werden sich am ehesten entlang der Unterscheidung von profanen und heiligen Texten (vgl. dazu oben, Anm. 27) erarbeiten lassen, und sie werden natürlich nicht das ganze Mittelalter als ein in seinen epistemischen Voraussetzungen geschlossenes Textuniversum auffassen dürfen.

[32] So ließe sich übrigens die spezifische Situation der mediävistischen Forschung verstehen, in welcher die Vertreter der ›alten‹ wie der ›neuen‹ Philologie gleichermaßen ihre im Einzelfall oft plausiblen Beispiele für unterschiedliche Textbegriffe gegeneinander stellen können.

[33] Vgl.: Der Wartburgkrieg, hg., geordnet, übersetzt und erläutert von Karl Simrock, Stuttgart/Augsburg 1858.

die sieben Spruchgedichte »Fürstenlob«, »Rätselspiel«, »Totenfeier«, »Aurons Pfennig«, »Zabulons Buch«, »Sprechen ohne Meinen« und »An Zeitgenossen« gegliedert wird. Dieses Textkonglomerat ist – teilweise unter den Autorennamen Heinrich von Ofterdingen oder Klingsor – in 30 Codices und Fragmenten überliefert[34], welche nicht nur nach Graphie und Wortlaut, sondern auch nach Strophenbestand und -anordnung so kraß divergieren, daß alle Versuche einer systematischen, textgeschichtlich oder editorisch insgesamt plausiblen Sortierung scheiterten.[35] Schon deswegen und überdies auf Grund der oben skizzierten theoretischen Vorüberlegungen beziehe ich mich im folgenden allerdings nicht auf eine der synkretistischen Textrekonstruktionen *des* »Wartburgkrieges«[36], sondern auf einen einzelnen, handschriftlich überlieferten Text: Darin nämlich sedimentiert sich in je eigener Weise die historische Realität der Strophen und Strophengruppen als Vollzugsformen vergangener kommunikativer Handlungen.

Es geht um den in der Großen Heidelberger Liederhandschrift C überlieferten »Wartburgkrieg«-Text, und zeigen will ich, daß er dann literarhistorisch rekonstruierbar wird, wenn man mit Abstufungen zwischen Situationalität und Situationsabstraktheit einzelner Strophengruppen und also mit wechselnden Formen ihres Wiedergebrauchs rechnet. Es ist, anders gesagt, darzutun, daß die Strophen in unterschiedlicher Weise auf kommunikative Praxen bezogen sind, die sich durch das Maß der Zerdehnung und Verdauerung ihrer Situationszusammenhänge unterscheiden. Insofern kommen hier ein systematisches und ein interpretatorisches Interesse zusammen. Ich gehe daher in zwei Schritten vor und skizziere zunächst knapp die Kohärenzstiftungs- und Komplettierungsstrategien dieses Textes. Sodann soll versucht werden, die in einer solchen Interpretation gleichwohl unauflösbaren Brüche und Inkohärenzen von Text und Schrift zu verstehen als Indizien einer Kontamination nicht so sehr – freilich nicht auszuschließender – textgeschichtlicher Traditionen als vielmehr komplexer Textualitätsverhältnisse in den Segmenten des Schrifttextes.

Zunächst also wäre zu zeigen, daß der in C überlieferte »Wartburgkrieg«-Text etwas anderes ist als eine Sammlung von 91 Einzelstrophen, daß man ihn also – in spezifischer Weise – als ›einen‹ Text lesen kann. Anstatt dies hier im einzelnen zu entwickeln, referiere ich lediglich die in dieser Hinsicht wichtigsten Ergebnisse einer andernorts begründeten Interpretation.[37] Ihr Ausgangspunkt

---

[34] Zur Übersicht vgl.: Repertorium der Sangsprüche und Meisterlieder des 12.–18. Jahrhunderts, hg. von Horst Brunner/Burghart Wachinger, Bd. 5: Katalog der Texte. Älterer Teil Q–Z, bearbeitet von Frieder Schanze/Burghart Wachinger, Tübingen 1991, S. 492–538; hinzu kommt jetzt: Klaus Klein/Helmut Lomnitzer: Ein wiederaufgefundenes Blatt aus dem »Wartburgkrieg«-Teil der Jenaer Liederhandschrift, in: PBB 117, 1995, S. 381–403.

[35] Am weitesten kommen die subtilen Untersuchungen Burghart Wachingers: Sängerkrieg. Untersuchungen zur Spruchdichtung des 13. Jahrhunderts, München 1973 (MTU 42), und um so nachdrücklicher ist auch sein Ergebnis zu betonen, daß die Textgeschichte nicht vollständig zu rekonstruieren ist (vgl. S. 86 zum »Rätselspiel«).

[36] Vgl. Anm. 33 sowie: Der Wartburgkrieg. Kritisch hg. von Tom Albert Rompelman, Diss. Amsterdam 1939; weitere Ausgaben im Repertorium (Anm. 34), S. 492f.

[37] Vgl. Beate Kellner/Peter Strohschneider: Die Geltung des Sanges. Überlegungen zum ›Wartburgkrieg‹ C, in: Wolfram-Studien 15, 1998, S. 171–195.

war die Beobachtung von Kohärenzstrategien auf der syntagmatischen wie der paradigmatischen Achse der Textkonstitution und auch auf der Ebene der graphischen Präsentation der Schrift.[38]

Hierher gehört zunächst der Zusammenhang der Redekonstellationen. Der »Wartburgkrieg« stellt den Sängerwettstreit am Hof und in Gegenwart des thüringischen Landgrafenpaares dar. Beteiligt sind am Anfang Heinrich von Ofterdingen, Reinmar von Zweter, Walther, Wolfram, Biterolf und der Tugendhafte Schreiber, später dann nur noch der von Eschenbach, der Zauberer Klingsor und zwischendurch als dessen Helfer der Teufel Nasion. Die Konkurrenz setzt ein mit einer Provokation des Ofterdingers, der den Herzog von Österreich über alle anderen Fürsten preist, wohingegen die übrigen Sänger – mit Ausnahme Biterolfs, der einen Grafen von Henneberg hervorhebt (C 12–16) – für den absoluten Vorrang des Landgrafen von Thüringen eintreten. Dieser ›Lob-Wettstreit‹, in welchem Walther schließlich gewinnt, indem er den Ofterdinger in einer Metaphernfalle fängt (C 22f.), wird sodann hineinverlängert in einen ›Rätsel‹- und schließlich einen ›Erzähl-Wettstreit‹ zwischen Klingsor und Wolfram. Eine Folge heute teilweise bis zur Unverständlichkeit komplizierter allegorischer Rätsel[39] ermöglicht es Wolfram, sich als meisterlicher Sänger von überlegener laikaler Kompetenz zu profilieren[40], bevor er seinen Vorrang vor Klingsor dann auch dadurch beweist, daß er sehr viel souveräner über den synkretistischen Zusammenhang heidnisch-jüdisch-christlichen Arkanwissens verfügt, den das Buch Zabulons und seine sukzessive entfaltete Geschichte hier repräsentieren.

Näherhin wird dieser auf der Ebene der Redekonstellationen gestiftete Konnex des von der Forschung stets als lose Zusammenfügung dreier unterschiedlicher Spruchgedichte – »Fürstenlob«, »Rätselspiel«, »Zabulons Buch« – aufgefaßten C-Textes stabilisiert durch einen insgesamt einheitlichen, bis ans Textende durchgehaltenen szenischen Rahmen. Nicht allein der ›Lob-Wettstreit‹ des Anfangs: bis zum Schluß vollzieht sich das Redegeschehen in der Öffentlichkeit des Thüringer Hofes vor den Augen und Ohren des Landgrafenpaares.[41] Und dies in einem Zeitraster, der erkennbar in vier aufeinanderfolgende Tage und eine Nacht gegliedert ist.[42] In diesem szenischen Zusammenhang agiert dementspre-

---

[38] Stellennachweise und Zitate folgen der Transkription in: Parodie und Polemik in mittelhochdeutscher Dichtung. 123 Texte von Kürenberg bis Frauenlob samt dem Wartburgkrieg nach der Großen Heidelberger Liederhandschrift C, hg. von Günther Schweikle, Stuttgart 1986 (Helfant Texte 5), S. 105–142.

[39] Vgl. dazu Tomas Tomasek: Das deutsche Rätsel im Mittelalter, Tübingen 1994 (Hermaea NF 69), S. 220ff.; sowie Burghart Wachinger: Rätsel, Frage und Allegorie im Mittelalter, in: Werk – Typ – Situation. Studien zu poetologischen Bedingungen in der älteren deutschen Literatur. FS Hugo Kuhn, hg. von Ingeborg Glier et al., Stuttgart 1969, S. 137–160.

[40] Vgl. Ragotzky (Anm. 25), bes. S. 54ff.

[41] Vgl. C 1.5, 4.13, 8.11, 10.13, 14.1, 15.3, 16.4, 17.1f., 25.2ff., vor 56, 59.1.7.10, 60.5, 61, 63.4ff., 67, 70.12, 83.1ff., sowie auch 89.9, 90.9. Die einzige Ausnahme ist die Nasion-Szene (C 51–55). Sie ist indes durch plausibel motivierende narrative Zwischentexte (vor C 51 und nach C 55) in den szenischen Zusammenhang integriert und vergegenwärtigt gerade als Konstruktion eines anderen Raumes (nachts, jenseits des Hofes, Kommunikation mit dem Teufel) die Integrität der sie umgebenden höfischen Szene.

[42] Vgl. C 3.1, 48.6, vor 51, vor 56; zur Rekonstruktion der Zeitstruktur des »Fürstenlobs«

chend ein funktional geschlossener Kreis von Akteuren. Denn für den im »Fürstenlob« unterlegten Sänger Heinrich von Ofterdingen tritt mit dem Beginn des sogenannten »Rätselspiels« Klingsor in die Konkurrenz ein (C 24ff.), während Wolfram als Repräsentant der Gruppe der übrigen Sänger aufgefaßt ist. Trotz Verschiebungen des Figureninventars bleibt dieserart die agonale Konfrontation meisterlicher Sänger durchgehalten, ja sie wird in einem dramaturgischen Prozeß entfaltet, der mit dem »Rätselspiel« ästhetischen und ethischen Rechtfertigungsdruck von Heinrich von Ofterdingen auf Wolfram und dann mit »Zabulons Buch« sukzessive wieder zurück auf seinen Stellvertreter Klingsor verschiebt.[43]

Thematisch geht es dabei zunächst, nämlich in dem unter dem Forschungstitel »Fürstenlob« zusammengefaßten ersten Teil, offensichtlich um Fragen herrscherlicher Ehre. Gleichzeitig damit und vor allem aber – und im »Rätselspiel« und in »Zabulons Buch« endlich ganz unverkennbar – verhandelt der Diskurs des Textes Probleme des höfischen Sangs: den Status meisterlicher Sänger[44] und die prekäre Geltung des Sanges sowie jene heiligen oder magischen Schrift- und Wissenstraditionen, im Rückgriff auf welche man ihn zu legitimieren versuchen kann. Und stets geht es dabei auch um ethische Kompetenz wie ästhetische Virtuosität, um das also, was man heute eine implizite Poetologie der Spruchdichtung nennen würde. Die Kohärenz der Redekonstellationen und des szenischen Rahmens wiederholt sich mithin als Einheit, sagen wir vorsichtiger: als Identifizierbarkeit eines Diskurses, in dessen Zentrum stets Fragen mündlicher (Wettstreit der Sänger) wie schriftlicher Rede (die mit den Namen Brandans und Zabulons verknüpften Buchtraditionen) stehen – und damit zugleich auch: Probleme des Status und der Geltung von Texten in einer semi-oralen Kommunikationskultur. Dieser Diskurs, um das hier nur anzudeuten[45], reagiert auf den prinzipiell gefährdeten Status poetischer Rede bei Hofe, indem er im »Fürstenlob« den Landgrafen und seine herrscherliche Freigebigkeit einerseits, die Sänger und ihren Fürstenpreis andererseits nach der Logik des Gabentausches einander zuordnet: Der Fürst *teilt uns ie sîn guot und wir im gotes lôn* (C 1.3f.). Gerade darin

---

vgl. auch Tomas Tomasek: Zur Sinnstruktur des ›Fürstenlobs‹ im ›Wartburgkrieg‹, in: PBB 115, 1993, S. 421–442, hier S. 424f., S. 429; zu derjenigen des gesamten Textes Kellner/Strohschneider (Anm. 37), passim (insbesondere auch die tabellarische Übersicht S. 173f.).

[43] Dazu im einzelnen Kellner/Strohschneider (Anm. 37), S. 185ff. – Im Horizont eines solchen dramaturgischen Geschehens gewinnen übrigens gerade einige jener Strophengruppen des C-Textes Sinn und Funktion, die man für ausgesprochen ›dunkel‹ oder desintegriert gehalten und daher mit den Instrumenten der Textgeschichte etwa als spätere Interpolationen ausgeschieden hat: C 24f. öffnet die Konstellation des »Fürstenlobs« auf das »Rätselspiel« hin; C 39–44 fungieren als Scharnier, indem auch Klingsor unter Legitimationsdruck gesetzt und damit die anfängliche Asymmetrie der Wolfram-Klingsor-Konstellation transformiert wird und indem zugleich mit der Einführung der Differenz von Lehre und Inspiration, also einer Dichotomie der Formen der Partizipation an Wissenstraditionen, die im folgenden wichtigste Ebene des Konfliktaustrags sich konstituiert; C 60, 62f. (dazu unten) verstehen sich als retrospektiver Kommentar zum Geschehen des »Fürstenlobs«, der den Konflikt zugleich für eine Fortsetzung in »Zabulons Buch« öffnet.

[44] Vgl. Ragotzky (Anm. 25), bes. S. 54ff., S. 74ff.; Wachinger (Anm. 35), bes. S. 30ff., S. 61ff., S. 83ff.

[45] Die Interpretation wird begründet bei Kellner/Strohschneider (Anm. 37).

wird nun aber zugleich ein Moment beginnender Disjunktion entdeckt – was aufwendig verklammert werden muß, gehört nicht mehr selbstverständlich zusammen: Die Institution des Tausches hat auf Seiten der fürstlichen Freigebigkeit eine nicht-ökonomische Dimension, denn die Gabe ist stets auch eine Gnade und darin für den Beschenkten unverfügbar, während umgekehrt die Kunst der Sänger, Preis und Ehre, die sie dem Fürsten im Modus der Panegyrik produzieren, dessen Verfügungsmacht ansatzweise entzogen wird. Was sich dabei im einzelnen beobachten ließe, ist ein Diskurs der Steigerung der Geltungsansprüche für den meisterlichen Sang, für die Kunst, im Zentrum höfischer Kommunikationskultur, zugleich auch ein Diskurs ihrer beginnenden Autonomisierung. So entsteht freilich neuer Legitimationsdruck: Kunst rechtfertigt sich nicht mehr allein aus ihrer funktionalen Zuordnung zu den Funktionsnexus von Herrschaftsrepräsentation, sie muß tendenziell aus ihrem eigenen Zusammenhang legitimiert werden. In dieser Problemfigur aber ist nun der diskursive Zusammenhang des »Wartburgkrieges« in C eigentlich gestiftet. Mit den Wechselreden in »Rätselspiel« und »Zabulons Buch« nämlich wird genau auf den angedeuteten neuen Legitimationsdruck reagiert, unter den die meisterliche Kunst im »Fürstenlob« geraten ist. Das Poetische wird hier gerade thematisch in den Dimensionen seiner Unverfügbarkeit für fürstliche Herrschaft – und seiner insofern ›autonom‹ werdenden Geltung: Es geht zwischen Wolfram und Klingsor um Verhandlungen über Wissenstraditionen und die in sie eingelagerten Legitimationsfonds, um deren abgestufte Verfügbarkeit für den meisterlichen Sänger und den gelehrten Pfaffen sowie um die Gültigkeit und Geltung ihrer jeweiligen Sprecherrollen.

All dies kann hier nicht vom Text her entwickelt werden. Worauf es ankommt, ist allein die Feststellung, daß der in der Großen Heidelberger Liederhandschrift überlieferte »Wartburgkrieg« auf verschiedenen Ebenen zu einer spezifischen Einheit gefügt ist. Und dem entsprechen auch die Formen seiner handschriftlichen Präsentation.[46] Die Strophen sind auf dem Pergament als im wesentlichen geschlossener Schriftblock angeordnet, dessen Zusammenhang überdies durch eine voranstehende Überschrift *klingesor von vngerlant*, durch eine den Sängerkrieg vor dem Thüringer Landgrafenpaar zeigende Miniatur, schließlich durch freien Schriftraum vor dem anschließenden Œuvre Kristans von Luppin markiert ist.[47]

[46] Zum neueren Interesse an der ›mise en page‹ vgl. etwa: Richard H. Rouse/Mary A. Rouse: Authentic Witnesses. Approaches to Medieval Texts and Manuscripts, Notre Dame, IN 1991 (Publications in Medieval Studies 17); Johann P. Gumbert: Zur ›Typographie‹ der geschriebenen Seite, in: Pragmatische Schriftlichkeit im Mittelalter. Erscheinungsformen und Entwicklungsstufen, hg. von Hagen Keller/Klaus Grubmüller/Nikolaus Staubach, München 1992 (Münstersche Mittelalter-Schriften 65), S. 283–292; Barbara Frank: Zur Entwicklung der graphischen Präsentation mittelalterlicher Texte, in: Osnabrücker Beiträge zur Sprachtheorie 47, 1993, S. 60–81.

[47] C, Lage XXI, fol. 219^v–226^r: Der Text ist durchgängig vom Grundstockschreiber A_s geschrieben (die Beschriftung des Bildes stammt hingegen von einem anderen Schreiber). Dieser rechnete mit weiteren Textzuwächsen, die indes ausblieben, so daß in einer späteren Phase die im Anschluß an den »Wartburgkrieg« zunächst freigebliebenen Seiten dieser Lage von einem Nachtragsschreiber mit drei weiteren ›thüringischen‹ Œuvres (Kristan von Luppin, Hetz-

Es ist dies zugleich die Einheit eines – in weiter zu klärender Weise – spezifisch schriftliterarischen Textes. Schon die Autorsignatur und die Miniatur, die zwar einen Sonderfall innerhalb des Codex darstellt, mit dessen typischen sogenannten Autorenbildern indes zumindest funktionsäquivalent ist, verweisen auf den Urheber des Textes als auf einen abwesenden und damit auf ein distinktes Merkmal von Schrift: Daß der Autor textuell und bildlich repräsentiert werden muß, zeigt, daß er nicht präsent ist. Ähnlich ist der Abstand von körpergebundener Performanz darin sichtbar, daß die wechselnden Sprecherrollen durch farbig hervorgehobene Beischriften identifiziert und daß die Strophen durch einige kurze narrative Zwischentexte verknüpft sind. Sie imaginieren implizierte Handlungszusammenhänge und lassen sich deuten als Explikationen solcher nicht-sprachlichen Momente, die im Zeigfeld einer Aufführungssituation ohnedies verständlich sein konnten. [H]*ie mite wâren si des tages gescheiden; und kam der tiufel Nasiôn und sang diz liet* (nach C 50). Dies eine Beispiel mag zeigen, daß es sich hier ähnlich verhält wie bei einem Theaterstück: Sprecherangaben und Regieanweisungen indizieren die Differenz des Schrifttextes gegenüber einer dramaturgischen Realisierung, sie erweisen ihn als eine skripturale Repräsentation performativen Singens. Diese zeigt sich als eine textuelle Einheit, die von allen anderen handschriftlichen »Wartburgkriegen« unterscheidbar und darin identifizierbar ist: als dieser spezifische Text und als spezifisch schriftlicher Text, welcher sich von den Modalitäten performativer Aktualisierung ›schon‹ relativ weit entfernt hat.[48] Freilich nicht durchgängig und in gleichem Maße: Vielmehr wird jede – und auch die eben referierte – Interpretation Brüche und Inkohärenzen des Textes unaufgelöst lassen müssen, die im folgenden kurz darzustellen sind[49] und die sodann gedeutet werden sollen als Indizien des Wechsels von Verschriftlichungsstrategien innerhalb dieses ›einen‹ Textes, als Momente von Verschiebungen der Balance zwischen Situationalität und Situationsabstraktheit.

bold von Weißensee, Der Düring) gefüllt worden sind. Hierzu wie überhaupt zu Geschichte und Prinzipien der Manessischen Handschrift jetzt sehr differenziert: Franz-Josef Holznagel: Wege in die Schriftlichkeit. Untersuchungen und Materialien zur Überlieferung der mittelhochdeutschen Lyrik, Tübingen/Basel 1995 (Bibliotheca Germanica 32), S. 140ff., zum »Wartburgkrieg« bes. S. 148, S. 158 (Anm. 84), S. 168f., S. 190f., S. 197, S. 205; zur ersten Orientierung dienen kann der photomechanische Nachdruck: Die Große Heidelberger »Manessische« Liederhandschrift. In Abbildung hg. von Ulrich Müller. Mit einem Geleitwort von Wilfried Werner, Göppingen 1971 (Litterae 1).

[48] Im Rahmen einer linguistischen Unterscheidung von (phonischem bzw. graphischem) ›Medium‹ und (mündlicher bzw. schriftlicher) ›Konzeption‹ des Textes handelt es sich also um einen nicht nur medial, sondern zugleich auch konzeptionell schriftlichen, durch relativ große ›kommunikative Distanz‹ gekennzeichneten Text; diese Termini nach Peter Koch/Wulf Oesterreicher: Sprache der Nähe – Sprache der Distanz. Mündlichkeit und Schriftlichkeit im Spannungsfeld von Sprachtheorie und Sprachgeschichte, in: Romanistisches Jahrbuch 36, 1985, S. 15–43; zusammenfassend dazu Wulf Oesterreicher: *Verschriftung* und *Verschriftlichung* im Kontext medialer und konzeptioneller Schriftlichkeit, in: Schriftlichkeit im frühen Mittelalter, hg. von Ursula Schaefer, Tübingen 1993 (ScriptOralia 53), S. 267–292, hier bes. S. 269ff.; Schaefer (Anm. 14).

[49] Insofern verhält sich diese Skizze gewissermaßen komplementär zu Kellner/Strohschneider (Anm. 37).

4.

Der vorangegangene Abschnitt bediente sich wiederholt eingeführter Forschungs-titel und sprach von den einzelnen ›Teilen‹ des »Wartburgkrieges« in C. Die prinzipielle Konventionalität auch von wissenschaftlichen Sprechhandlungen er-zwingt einen solchen Anschluß an die Redeweisen eines Interpretationspara-digmas, dem hier mit der Betonung der Kohärenz und Konnexität des in C überlie-ferten Textes einerseits gerade widersprochen werden sollte. Indes kommt darin andererseits zum Ausdruck, daß der vorliegende Text, allen angeführten Strategi-en der Sicherung seines Zusammenhalts ungeachtet, zugleich von Grenzen durch-zogen, ja unverkennbar – und schon auf ganz trivialen Ebenen – inkohärent ist: Es handelt sich um ›einen‹ Text, der in gewisser Weise aus verschiedenen ›Texten‹ besteht, und gerade um dieses vorerst nur in paradoxer Rede zu formu-lierende Problem seiner Textualität geht es hier.

Auf derartige Zäsuren stößt man zunächst beim Vergleich des vorliegenden Textes mit anderen handschriftlichen Überlieferungen, welche Strophen in je eigener Weise selegieren und gruppieren[50], und es sind diese Beobachtungen, welche die Philologie mit konkurrierenden Thesen über kompilatorische Verfah-ren der Sammler und Schreiber bearbeitete, mit Hypothesen über die Interpolati-on oder den Verlust einzelner Textteile oder auch, wo solches nicht gelang, mit Kritik an der Inkompetenz, an der Interesselosigkeit der Tradenten der Schrifttex-te. All dies freilich sind methodische Zugriffe auf die konkrete Überlieferung, welche mit ihren selbst historisch intransparenten Annahmen über den Status die-ses Textes operieren. Und von daher gesehen liegt ein erstes, vor jeder Kollation von Parallelüberlieferungen offensichtliches Skandalon des »Wartburgkrieges« in C schon darin, daß er nicht einmal auf der formalen Ebene von Reim und metrisch-musikalischer Gestalt derartigen Standards genügt. Was bislang in sei-ner spezifischen Integrität skizziert wurde, ist nämlich zugleich eine Folge von Strophen in zwei ganz unterschiedlichen Tönen: »Fürstenlob« und »Zabulons Buch« stehen im sogenannten Thüringer Fürstenton, das dazwischengeschaltete »Rätselspiel« in Klingsors Schwarzem Ton. Schon deswegen sind die Grenzen zwischen den von der Forschung auseinandergehaltenen und mit je eigenen Titeln versehenen großen Strophengruppen unübersehbar. Und auf ihrer Ebene könnte man einer solchen Spannung zwischen Zusammengehörigkeit und gleich-zeitiger Abgrenzbarkeit von Texten oder Textteilen etwa zu entsprechen versu-chen, indem man den »Wartburgkrieg« in C als eine Folge von Fortsetzungen auffaßt.

Doch gibt es andere Elemente – auch in kleineren Segmenten – und zudem andere Typen von Brechungen, welche den Standards anachronistischer Textbe-griffe hinsichtlich der ›Geschlossenheit‹ von Texten grundsätzlicher widerstrei-ten und angesichts derer man sich nicht mehr mit einem Hilfsbegriff wie dem der Fortsetzung wird beruhigen können. Insbesondere suspendiert der C-Text wie-derholt die skizzierten Kohärenz- und Kompletionsregeln, indem er den Kon-

---

[50] Vgl. die Tabellen bei Wachinger (Anm. 35), S. 11ff.

struktionen kohärenter Strophenfolgen solche Einzelstrophen oder kleine Strophengruppen aggregiert, welche – in der Schrift! – aus den skizzierten dramaturgischen, thematischen oder diskursiven Zusammenhängen herausfallen. Dies ist etwas detaillierter darzustellen, weil darauf diejenigen Schlußfolgerungen meines Beitrages beruhen, auf die es systematisch ankommen mag.

Zunächst: Wie die Strukturen textueller Einheit ihr Pendant haben in den Formen der ›mise en page‹, so läßt sich bei näherem Zusehen eben dort auch ein erster Hinweise darauf ausmachen, daß solche Einheit zugleich auch wieder suspendiert wird. Die letzte Strophe (C 91, fol. 226ʳ) ist durch eine Leerzeile – die einzige im hier interessierenden Teil der Handschrift – von den vorangegangenen abgesetzt, sie bricht unvollständig mitten im Satz ab, und nach ihr bleibt umfänglicherer Schriftraum frei – anscheinend für weitere Eintragungen. Der Text ist offensichtlich unabgeschlossen, es handelt sich, in einem ganz trivialen Sinne, um ein Fragment.

Nimmt man nun neben der Schriftgestalt auch die Sinngestalt des Textes in den Blick, so ist weiterhin zu bemerken, daß deren Ende sogar noch vor dem Abbruch der Schrift liegt. Was als die Einheit dieses Textes in szenischer und diskursiver Hinsicht beschreibbar ist, findet seine Grenze nämlich bereits mit Strophe C 84. Sie ist syntaktisch und strophisch zwar komplett, doch schließen die letzten sieben Strophen, teils zur sogenannten »Totenfeier«, teils zum »Rätselspiel« gehörig, an sie nur noch graphisch und darin an, daß der Wolfram-Klingsor-Dialog weiter fortgesetzt wird. Ein diskursiver Nexus aber fehlt völlig, so daß man von dieser letzten Strophengruppe als von einem »Anhang« gesprochen hat.[51] An dieser Stelle endet also der Erzähl-Wettstreit über Entstehung, Funktion und Archivierung von Zabulons Buch und über die damit in engstem Zusammenhang stehende Sage vom Zauberer Vergil (C 72–84). Dabei bleiben allerdings mehrere Erzählfäden unabgekettet hängen: Die Vergil-Geschichte, über die der Meister-Sänger und der Meister-Pfaffe gleichermaßen exklusives Verfügungswissen beanspruchen, versandet in zwei konkurrierenden, ineinandergeschachtelten, weiter aufgefächerten und je für sich unabgeschlossenen Versionen[52], und auch der Wettstreit der Antagonisten wird, wenngleich sich Wolframs Überlegenheit freilich deutlich abzeichnet, nicht explizit entschieden.

Darüber hinaus ist es freilich nicht nur das Ende des »Wartburgkrieges« und insbesondere die Differenz von ›Text‹-Ende und Schrift-Ende, von woher sich sein aller Kohärenzstrategien ungeachtet problematischer und kulturell fremder Status in den Blick bringen läßt. Vergleichbares begegnet wiederholt. Ich wähle die beiden wichtigsten Strophenkomplexe aus, an denen sich wohl besonders deutlich zeigen läßt, wie textuelle Inkohärenz historisch plausibel werden könnte auf dem Wege einer Historisierung des benützten Textbegriffs, und das heißt hier: einer Bestimmung des »Wartburgkrieg«-Textes C nicht im Vergleich mit

---

[51] Vgl. ebd., S. 18, S. 68.

[52] So relativ klar es ist, wie Zabulons Buch auf den Magnetberg kam (vgl. C 72–76), so unklar bleibt, wie die mit Vergil verknüpfte Tradition von Schrift und Wissen von dort aus weiterläuft (bes. C 77–84), weil davon im – auf der Ebene der Schrift – unentwirrbaren Wechsel von linear prospektiven, linear retrospektiven und sprunghaft assoziativen Partien erzählt wird.

handschriftlicher Parallelüberlieferung, sondern im Bezug zu den vorausgesetzten Situationen poetischer Kommunikation.

Mein erstes Beispiel ist die Textpartie C 56–63, eine vor das das »Rätselspiel« abschließende geistlich-allegorische Rätsel vom Sündentanz[53] inserierte Gemengelage von Einzelstrophen und Strophengruppen. In ihr wird die den Rätseldialog bestimmende diskursive Struktur von Rede und Gegenrede fortschreitend so weit zersetzt, daß eine syntagmatische Lektüre des Schrifttextes ausgeschlossen scheint. Schon ein kurzer Überblick kann dies zeigen:

In C 56 behauptet Klingsor seine überlegene Kompetenz als Astronom und Nigromant und stellt das sogenannte Lucifer-Rätsel.[54] Eine Antwort darauf gibt Wolfram im Abgesang von C 57, doch zuvor der Aufgesang dieser Strophe gehört in die ganz anderen Zusammenhänge der hier sonst nirgends gegenwärtigen Lohengrin-Geschichte und der dort im Hintergrund stehenden Sage vom Verschwinden des Königs Artus im Sybillenberg.[55] In C 58 rekurriert Klingsor dann erneut auf den Status seiner Gelehrsamkeit, bevor mit dem Abgesang dieser Strophe sowie mit C 59 und – so meine Hypothese – C 61, wiederum unvermittelt, ein dritter Erzählnexus hereingespielt wird: »die merkwürdig unklar bleibende Episode, die Klingsor […] von einem berühmten Meister aus Paris, den er fünf Tage lang verborgen hielt, erzählt«.[56] In sich opak genug, ist zudem in diesen Textabschnitt mit den Strophen C 60, 62, 63 ein weiterer teils hineinmontiert, teils an ihn angeschlossen, welcher an dieser späten Stelle einen retrospektiven Kommentar zum Geschehen des »Fürstenlobs« bietet[57] und zugleich die agonale Konstellation zwischen Wolfram und Klingsor für eine Weiterführung mit dem Rätsel vom Sündentanz (C 64–66) und sodann »Zabulons Buch« offenhält, ohne sie freilich zu erfordern.[58]

---

[53] Vgl. dazu Tomasek (Anm. 39), S. 234f.

[54] Damit schließt die Strophe zumindest insofern an die vorangegangene Nasion-Szene an, als es dort (C 51.1ff.) unter anderem um Wolframs astronomische Kenntnisse geht; vgl. Tomasek (Anm. 39), S. 225, S. 227.

[55] In einem syntagmatischen Zusammenhang ist diese Strophe lesbar in der Exposition des bayerischen »Lohengrin«-Romans, es geht um die Modalitäten der Aussendung des Schwanritters vom Artushof zur Hilfe für Elsa von Brabant; vgl. Thomas Cramer: Lohengrin. Edition und Untersuchung, München 1971, hier Str. 24ff.; dazu Ragotzky (Anm. 25), S. 84.

[56] Ragotzky (Anm. 25), S. 84. Im »Lohengrin« dient Str. 30 = C 61 als Anfangsmarkierung für Wolframs ›Binnenerzählung‹ von Elsa von Brabant und dem Schwanritter.

[57] Statt einer ausführlichen und angesichts von Voraussetzungsreichtum und Änigmatik der Partie notwendig umfänglichen Begründung dieser Interpretation im einzelnen hier nur soviel: Im Metaphernfeld von Buckel und Schild gibt Klingsor zu erkennen, daß Heinrich von Ofterdingen seine Niederlage im Sängerwettstreit durch die Wahl des falschen Urteilers, nämlich Wolframs, selbst herbeigeführt habe. Jetzt aber stehe er, Klingsor, auf seiten des Unterlegenen, während alle anderen Sänger, zumal der Tugendhafte Schreiber, Biterolf und Walther, sich einem *wilden wolf* (C 62.5: ein Wortspiel mit einem Namensbestandteil Wolframs, vgl. auch C 20.15) anvertrauten. Hier unter anderem wird also, bei aller Inkohärenz im Kleinen, nochmals der Handlungszusammenhang von »Fürstenlob« und »Rätselspiel« stabilisiert.

[58] Dies insbesondere dadurch, daß Wolfram auf Klingsors erneute Herausforderung (C 62.9) rücksichtsvoll zurückhaltend reagiert (C 63) und damit zugleich die definitive Feststellung seiner Überlegenheit über den Konkurrenten sistiert, die mit der Nasion-Szene (C 51–55) faktisch schon gefallen war.

Man sieht: Einzelne Sätze dieses Strophengefüges bleiben teilweise unverständlich, anderes läßt sich sozusagen ›für sich‹ noch interpretieren[59], doch kann vom Kohärenzzusammenhang ›eines‹ Textes hier eigentlich nicht mehr die Rede sein. Was die Schriftgestalt im Codex eben als solche zeigt, sind vielmehr Textsplitter, für welche der Kontext der sie umgebenden Strophen keinen zureichenden Verstehenshorizont mehr bildet, und ebensowenig tun dies die einzelnen Textteile je füreinander. Eine sukzessive Lektüre dieser Strophengruppe ist so ausgeschlossen, daß schon der Inhaltsüberblick des vorangegangenen Absatzes ihre Abfolge durchbrechen mußte, um auch nur zu einer ersten Strukturierung gelangen zu können. Möglich wäre allenfalls eine Lesart, die etwa den Lektüreformen von Hyper-Texten sich annähert: Ein Lesen, daß die von der Schrift fixierte Sukzession der Textteile ignoriert, sich seine eigenen, vor-, zurück- und seitwärtslaufenden Wege sucht und über ›links‹ Intertexte (›Parallelüberlieferung‹) relativ frei hereinspielt; ein Lesen also, daß die im Codex schriftlich verfügbaren Textteile als Material nimmt für vielleicht immer neue und andere Textkonstitutionen.[60]

Und dies wäre meine These über den Status des Schrifttextes an der hier betrachteten Stelle: Er läßt sich interpretieren als ein Materialfundus für unterschiedliche Realisierungen, d. h. Kontextualisierungen seiner Elemente; unter den für die Entstehung des Codex entscheidenden mediengeschichtlichen Bedingungen des frühen 14. Jahrhunderts werden dies zumal performative Weisen der Kontextualisierung in Interaktionsräumen gewesen sein. So gesehen handelte es sich bei dieser Strophengruppe um den (subsidiär verschriftlichten) Inhalt eines Text- und Wissensspeichers. Das in diesem ›script memory‹ aufbewahrte Textwissen abzurufen setzt mithin das in den ›brain memories‹ textexterner Sänger bewahrte ›Wissensorganisationswissen‹ voraus. Dieses nämlich erst regelt Selektionen und Kombinationen von Textteilen, und daß es an dieser Stelle in der Schrift nicht repräsentiert wird, erklärt – neben dem gewachsenen kulturellen Abstand – deren relative Unlesbarkeit für uns. Wohl handelt es sich um einen Text in dem Sinne, daß er durch »sprechsituationsüberdauernde Stabilität« (K. Ehlich) gekennzeichnet ist – diese wird ja schon von der Schrift gesichert –, doch

---

[59] Jedenfalls dann, wenn man sich von Parallelüberlieferungen, hier etwa derjenigen des »Lohengrin«, den Weg weisen läßt.

[60] Polemisch gesagt ist dies zunächst auch das Verfahren klassizistisch-textkritischer Leser: Sie schieben – freilich im Regelwerk einer virtuosen Methodik – die Strophen und Strophenteile innerhalb des Textes wie im Felde paralleler Überlieferungen hin und her, bis ein für sie plausibler Sinnzusammenhang konstituiert ist. Sie folgen gewissermaßen den Herausforderungen des Überlieferten solange, bis sich diese auflösen lassen und damit als Gegenstand historischer Erkenntnis verschwinden, dann nämlich, wenn – wie es unter den Bedingungen der Episteme der technischen Reproduzierbarkeit von Schrift nicht anders sein kann – eine gefundene Textkonfiguration editorisch und im Buchdruck fixiert wird als die einzige, ursprüngliche oder der ›originalen‹ doch möglichst nahekommende. – Zur Logik von Hyper-Texten vgl. jetzt zum Beispiel die Übersicht von Ernest W. B. Hess-Lüttich: HyperTextTheorie, in: Differenz und Integration. Die Zukunft moderner Gesellschaften. Verhandlungen des 28. Kongresses der Deutschen Gesellschaft für Soziologie im Oktober 1996 in Dresden, hg. von Karl-Siegbert Rehberg, Opladen/Wiesbaden 1997, Bd. 2, S. 239–244.

unser Problem mit ihm ist gewissermaßen seine zu geringe Situationsabstraktheit, seine überaus enge Verknüpfung mit längst vergangenen kommunikativen Handlungssituationen der poetischen Rede.[61]

Strophengruppen, welche den übergreifenden syntagmatischen und paradigmatischen Kohärenzordnungen sich nicht fügen, begegnen im »Wartburgkrieg« in C weiterhin aber auch in einer Form, die vielleicht nicht mehr von einer Memorialfunktion für wiederkehrende Situationen performativer Realisierung her plausibilisiert werden kann. Dies mag das zweite Beispiel zeigen, das den handschriftlichen Text beschließende Feld C 85–91, das durch einen erneuten Wechsel der Strophenform von den vorhergehenden Strophen von »Zabulons Buch« sich abhebt, ohne daß dies doch auch graphisch signalisiert würde. Wachinger hat auch dieses Textfeld demgemäß als einen »Anhang« gedeutet, »in dem offenbar aus einer dem Schreiber erst später zugänglich gewordenen Quelle einige Einzelheiten nachgetragen sind: außer den vier Strophen (C 85–88) zwei allgemeine Rätselstreitstrophen (C 89; 90) und der Anfang einer Lösung des Brandanrätsels (C 91), den der Schreiber womöglich als Ergänzung zum Tanzrätsel (C 64; 65) aufgefaßt hat. Die Beurteilung der in diesem Anhang von C überlieferten Texte ist äußerst schwierig.«[62]

Versucht man es gleichwohl, dann könnte man zunächst die beiden Rätselstreitstrophen C 89 und 90 in die Nähe der eben diskutierten Strophen C 56–63 rücken und gleichfalls als ›Material‹ für die anderen Kontextualisierungsmöglichkeiten in Aufführungssituationen verstehen.[63] Auch für C 91 läge eine solche Vermutung nahe – Wachinger deutet sie an, indem er auf möglichen Bezug zum Rätsel vom Sündentanz hinweist –, doch ist diese letzte Strophe fragmentarisch. Und es scheint, als habe der Schreiber, indem er zugleich vor dem Strophenbeginn eine Leerzeile ließ, signalisieren wollen, daß dies auch bereits für seine Vorlage galt.

Eine solche Vermutung allerdings würde zu dem passen, was über die ersten vier, ihrerseits zusammengehörigen Strophen in dieser disparaten Gemengelage zu sagen ist (C 85–88): Sie erzählen von einem Mantel und einer Krone. In der »Totenfeier«, deren von der Jenaer Liederhandschrift hergestellter Zusammenhang zwei dieser Strophen gleichfalls überliefert[64] und die eine Totenklage Biterolfs und des Tugendhaften Schreibers auf die verstorbenen Henneberger Grafen[65] und einen Thüringer Landgrafen bietet, dort gehören diese Requisiten in

---

[61] Im Sinne von Koch/Oesterreicher (Anm. 48) wäre dies also als konzeptionelle Mündlichkeit im Medium der Schrift zu beschreiben.

[62] Wachinger (Anm. 35), S. 68.

[63] Die beiden Strophen nehmen aufeinander Bezug und ließen sich etwa mit dem Rätsel vom schlafenden Kind (C 26–32) zusammenstellen; vgl. Wachinger (Anm. 35), S. 84f.

[64] Vgl. ebd., S. 13f.; dort sind die Strophen dem Tugendhaften Schreiber und Biterolf zugewiesen.

[65] Insofern gibt es zwar Zusammenhänge zwischen der »Totenfeier« und dem »Wartburgkrieg« in C, wo ebenfalls in Biterolf zugeschriebenen Strophen die Henneberger gepriesen werden (C 12–16, allgemein als spätere Interpolation gewertet; vgl. Wachinger [Anm. 35], S. 46), doch C 85–88 sind darüber noch nicht in ihre Umgebung integriert: In ihnen fehlt gerade jeder Hinweis auf die Henneberger.

eine Allegorie der Barmherzigkeit. In C allerdings gibt es dafür keine anschließbaren Kontexte. Das Strophenquartett im Schwarzen Ton wird graphisch sowie durch die Sprecherbeischriften *Wolfram* und *Klingsôr* in die strukturierende Ordnung des Erzählwettstreits eingefügt und bleibt doch derart isoliert, daß auch durch Neukonfigurationen in der oben angedeuteten Art, sie vollzögen sich im Akt der Lektüre oder in der Performanz, ihre Einknüpfung in die hier gegebenen textuellen Zusammenhänge nicht möglich wäre. Es scheint, als ob es darauf auch gar nicht angekommen wäre. Wie beim Strophenfragment C 91 ist auch bei dieser Vierergruppe die Schrift wohl nicht mehr bloß subsidiär gegenüber einem Text, hinter dem sich ein Raum interaktiven Sprechens öffnete, auf welchen er in engem funktionalem Situationsbezug verwiese. Vielmehr scheint es den Text an diesen Stellen auch seinem Status nach allein noch als schriftlichen zu geben.

So gesehen ist Wachingers Modell für die Entstehung dieser Strophengruppe sehr plausibel, wenn er sie als Nachtrag von Einzelheiten aus erst verspätet zugänglich gewordenen Vorlagen interpretiert. Doch sind damit die Bedingungen der Möglichkeit dieser Strophengruppe und ihr Status als synkretistische Zusammenstellung disparater Elemente noch nicht geklärt; das Verhältnis von Genesis und Geltung eines Textes ist unter den Textualitätsbedingungen des Mittelalters komplizierter. Insbesondere nämlich impliziert dieses textgenetische Modell spezifische Interessen von Sammler und Schreiber des Codex, die historisch keineswegs selbstverständlich sind und die es daher ihrerseits allererst zu beschreiben gälte. Voraussetzung für dieses Modell ist eine Lage, in welcher das Interesse an schriftlichem Verfügen auch über zersprengte Textsplitter und isolierte Fragmente (zunächst jedenfalls) dominieren kann über das Interesse an einer kohärenten Sinngestalt des Textes. Dieses Verfügungsinteresse könnte man proto-historisch oder proto-philologisch nennen, es richtet sich auch auf Textmaterial, das aus seinen sinnstiftenden Ko- und Kontexten herausgefallen ist, und es archiviert dieses Material nicht für aktuelle, sondern vorgreiflich für irgendwelche künftigen, noch unabsehbaren Sprechsituationen, für – im genauen Wortsinn – ›alle Fälle‹. Auf einen aktuell aktualisierbaren Sinn solchen Textmaterials kommt es anscheinend nicht mehr an, er versinkt in der Latenz des Speichers der Schrift, und deren Funktion ist nicht mehr die der mnemotechnischen Unterstützung kommunikativer Erinnerungszusammenhänge, sondern jene des Archivs. Gerade aber weil es auf eine gegebene kommunikative Aktualisierbarkeit des Textsinns hier nicht mehr ankommt, steigt die Speicherkapazität des Archivs[66], es kann – innerhalb gewisser Grenzen, die hier durch Ton, Dialogsituation und Sprecherpersonal gesteckt sind – alles aufnehmen für alle Fälle. Wie bei jedem archivalischen Interesse geht es hier um möglichst vollständige Erfassung des Überlieferten, und sei dieses auch im Prozeß der Überlieferung bis zur Unverständlichkeit fragmentiert. Man kann es daher wohl auch so sagen: Für das archivalische Interesse sind es nicht einfachhin der Text und seine Sinngestalt, welche erneute Aufzeichnung in einem Codex, welche Archivierung motivieren,

---

[66] Vgl. Peter Strohschneider: Das Gedächtnis der Bibliothek, in: Zeitschrift für Bibliothekswesen und Bibliographie 44, 1997, S. 346–357, bes. S. 352f.

sondern es ist die spezifische Überlieferungsqualität des Textes. Überlieferung
wendet sich hier auf sich selbst an, die Situationsabstraktheit des Textes poten-
ziert sich. Dies aber, wenn man denn die herangezogenen Strophen in der skizzierten Weise verstehen dürfte, weist auf den epistemischen Zusammenhang
durchgebildeter Schriftkultur voraus: auf Kommunikationsverhältnisse, unter denen sich Schriftüberlieferung zu Eigentraditionen verdichtet, welche nicht mehr
auf die konkreten Sprechsituationen performativer Praxis, sondern auf anonymi-
sierte und generalisierte Lektüresituationen ausgerichtet sind und welche eine
Lesekunst voraussetzen, die ohne interaktive Vermittlung seiner Schriftgestalt
zugleich auch die Sinngestalt eines Textes entnehmen kann. Im Bereich der
volkssprachigen Literatur und ihrer handschriftlichen Überlieferung um 1300 ist
das noch längst keine Selbstverständlichkeit.

                                        5.

Diese Problemskizze versuchte, am Beispiel des in der Großen Heidelberger
Liederhandschrift tradierten »Wartburgkrieges« einen Begriff des Textes als
Wiedergebrauchsrede, als durch sprechsituationsübergreifende Stabilität gekennzeichneten Modus der Rede, hier der poetischen Rede, durchzuspielen und historisch zu spezifizieren. Dabei war einerseits zu skizzieren, wie der Status dieses
einzelnen Textes sich weithin als spezifisch schrifttextueller darstellt: Es handelt
sich um einen Text, der eine distinkte Balance von Situationalität und Situationsabstraktheit gerade darin wahrt, daß er Performanzmomente schriftlich repräsentiert, körpergebundene Kommunikationshandlungen im multisensorischen Zeigfeld also als abwesende gegenwärtig hält. Andererseits aber war zu sehen, daß in
einzelnen Strophen oder Strophengruppen dieser distinkte Abstand des Schrifttextes von den Bedingungen der Kommunikation unter Anwesenden sich verändert[67], daß er also aufs Ganze des Textes gesehen nicht stabil bleibt. Dies tangiert
dessen Lesbarkeit für uns: Der Abstand kann sich verringern, der Text kann
durch besonders engen Situationsbezug gekennzeichnet sein, so daß er in der
Schrift seine Lesbarkeit einzubüßen droht – denn auf sie kommt es dann nicht
an –, weil er nur ein mnemotechnisches Hilfsmittel ist für jene Rede, die erst und
allein in Performanzsituationen ihren Sinn entfaltet. Der Abstand des Schrifttextes zu solchen Situationen interaktiven Sprechens kann aber auch stark anwachsen, dort nämlich, wo die Schrift den Text archiviert und dessen Sinngestalt latent
wird, wo deren Aktualisierung nicht ein für alle Mal ausgeschlossen, aber aufge-
schoben ist für ›alle Fälle‹.
    Bezogen auf die Frage nach der Textualität des »Wartburgkrieges« in C be-
deutet dies, daß er beschreibbar erst wird als spezifische Aggregation von Text-

---

[67] Vgl. Oesterreicher (Anm. 48), S. 269: »Während es sich beim [phonischen bzw. graphi-
schen] Medium um ein ›entweder – oder‹ handelt, existieren zwischen konzeptioneller Münd-
lichkeit/kommunikativer Nähe und konzeptioneller Schriftlichkeit/kommunikativer Distanz Abstufungen: es ist also ein *Kontinuum* anzusetzen.«

teilen, die unterschiedlichen Status haben. In dieser textinternen Abstufung der Textualitätsverhältnisse, in den Verschiebungen zwischen enger Gebundenheit an und relativer Abgelöstheit von konkreten Sprechsituationen kann man freilich nicht die ›Geschlossenheit‹ dieses besonderen Textes sehen, vielleicht aber doch seine historische Identität – sowie seinen historischen Ort: eine medien- und kommunikations- und textualitätsgeschichtlich komplexe Übergangslage im Prozeß der wachsenden Verschriftlichung volkssprachiger höfischer Literatur; eine historisch langdauernde Übergangslage, welche die Verhältnisse der mittelalterlichen Semi-Oralität bereits hinter sich zu lassen beginnt, ohne doch den Bedingungen einer entwickelten skriptographischen, dann typographischen Kommunikationskultur schon ganz unterworfen zu sein. Was uns als Widersprüchlichkeit oder Inkohärenz, als Fragmentarizität oder Unlesbarkeit des Textes entgegentritt, kennzeichnet jenen Ort und garantiert dort das kommunikative Funktionieren dieser Version des »Wartburgkrieges«.

Kontinuität der Herrschaft
Zum mittelalterlichen Diskurs der Genealogie am Beispiel des »Buches von Bern«

von Beate Kellner (Dresden)

I

I.1

Beim Stichwort ›Genealogie‹ dürften sich im abendländischen Kulturgedächtnis fast zwangsläufig die biblischen Geschichten vom Ursprung der Menschheit und der kontinuierlichen Zeugung der Geschlechter seit Adam einstellen. Sie bilden als ›große Erzählung‹ den Rahmen für die vielen verstreuten und kleineren Darstellungen von der Entstehung und genealogischen Entwicklung der Königs- und Adelsgeschlechter, wie sie sich – freilich ganz unterschiedlich akzentuiert und perspektiviert – seit der Antike bis in die Moderne quer durch die verschiedensten Textgattungen finden.

Der folgende Beitrag zur mittelalterlichen Genealogie setzt hier an und möchte zum einen eine historische Fallstudie an begrenztem Material aus der Dietrichdichtung bieten; zum anderen versucht er – und dies vor allem – in systematischer Hinsicht Problemstellungen und Konstruktionsprinzipien mittelalterlicher Vorstellungen von genealogischer Herkunft und damit verbunden von Kontinuität und Legitimität der Herrschaft zu diskutieren.

Systematisch gesehen, stellt Genealogie eine zentrale Kategorie des Humanen dar, weshalb es sich anbietet, die genealogische Fragestellung im Bereich anthropologischer Forschungsrichtungen zu verorten.[1] Als methodisch weiterführend erscheint gerade im Blick auf die genealogischen Konstruktionen des Mittelalters das im Kontext der sogenannten ›Historischen Anthropologie‹ entwickelte Programm einer konsequenten Historisierung von zumeist als überzeitlich konstant gedachten anthropologischen Phänomenen und Dispositionen – hier

---

[1] Die Ausführungen können hier unter Verweis auf die materialreichen und aktuellen Forschungsberichte von Ursula Peters und besonders Christian Kiening sehr knapp gehalten werden; vgl. Ursula Peters: Historische Anthropologie und mittelalterliche Literatur. Schwerpunkte einer interdisziplinären Forschungsdiskussion, in: Festschrift Walter Haug und Burghart Wachinger, hg. von Johannes Janota et al., Tübingen 1992, Bd. 1, S. 63–86; zur Verbindung von Familiengeschichte und Literaturwissenschaft siehe dies.: Familienhistorie als neues Paradigma der mittelalterlichen Literaturgeschichte?, in: Modernes Mittelalter. Neue Bilder einer populären Epoche, hg. von Joachim Heinzle, Frankfurt a. M./Leipzig 1994, S. 134–162; vgl. Christian Kiening: Anthropologische Zugänge zur mittelalterlichen Literatur. Konzepte, Ansätze, Perspektiven, in: Forschungsberichte zur Germanistischen Mediävistik, hg. von Hans-Jochen Schiewer, Bern et al. 1996 (Jahrbuch für Internationale Germanistik C 5.1), S. 11–129.

der Familie und Verwandtschaft.[2] Denn auch die Stabilität gewisser genealogischer Fragestellungen und Konstruktionsprinzipien darf nicht über die Formen ihrer historischen Varianz hinwegtäuschen. Entscheidend ist es deshalb gerade, anthropologische Kategorien als kulturelle Konstrukte sichtbar zu machen, die in diskursiven Ordnungen und Rahmenbedingungen gebunden sind.

Für literaturhistorische Analysen ist es dabei von zentraler Bedeutung, welche Systemstelle Literatur im Rahmen der Konzepte von ›Historischer Anthropologie‹ einnehmen soll. Wenn der Akzent allein auf der Erhebung von anthropologischem Wissen vergangener Epochen liegt, droht die ästhetische Dimension der Literatur, ihre spezifische materielle und mediale Form, also all das, was man als ihre ›Literarizität‹ beschreiben könnte, aus dem Blick zu geraten: Literarische Texte werden dann als Dokumente im zu erhellenden historischen Prozeß ausgewertet.[3] Dieser Effekt kann sich bei großangelegten strukturgeschichtlichen Untersuchungen mentalitätsgeschichtlicher Provenienz[4] wie auch bei den Lektüren der Anthropologen und Ethnologen einstellen.[5] Wird demgegenüber an der Interpretation einzelner literarischer Texte festgehalten, besteht die Gefahr, methodisch unzulässige Verallgemeinerungen auf letztlich als kollektiv verstandene anthropologische Einstellungen vorzunehmen.

Es dürfte schon aus diesen Andeutungen klar geworden sein, daß das Problem in der Verhältnisbestimmung von Literatur und Anthropologie liegt. Neue Impulse sind hier von der sich in der gegenwärtigen Diskussion profilierenden sogenannten ›Literarischen Anthropologie‹ zu erwarten.[6] Produktiv sind deren Ansätze gerade dann, wenn Literatur nicht zum anthropologischen Datenspeicher verkürzt wird, sondern ihrer vermittelten Wirklichkeitsreferenz Rechnung getragen wird: Das bedeutet, Literatur als textuelle Welt zweiter Ordnung anzuerkennen, als Probehandeln, das je zeitgenössische anthropologische Phänomene nicht nur reproduziert, sondern im Wortsinne die Spielräume bereitstellt für die Auslotung neuer anthropologischer Konstruktionen oder auch umgekehrt für die Revitalisierung bereits obsolet gewordenen anthropologischen Wissens.[7] Gerade weil

---

[2] Vgl. Kiening (Anm. 1), hier bes. S. 12–20, S. 30–38, S. 91–98, zu Facetten und Perspektiven der ›Historischen Anthropologie‹; vgl. Jan-Dirk Müller: Neue Altgermanistik, in: Jahrbuch der Deutschen Schillergesellschaft 39, 1995, S. 445–453, hier S. 452f.

[3] Vgl. Kiening (Anm. 1), S. 15–20; Peters, Historische Anthropologie (Anm. 1), S. 85f.; und Jan-Dirk Müller: Aporien und Perspektiven einer Sozialgeschichte mittelalterlicher Literatur. Zu einigen neueren Forschungsansätzen, in: Historische und aktuelle Konzepte der Literaturgeschichtsschreibung – zwei Königskinder? Zum Verhältnis von Literatur und Literaturwissenschaft, hg. von Wilhelm Voßkamp/Eberhard Lämmert, Tübingen 1986 (= Akten des VII. IVG-Kongresses Göttingen 1985, Bd. 11), S. 56–66, hier S. 63.

[4] Vgl. Peters, Historische Anthropologie (Anm. 1), S. 64–66, mit Literaturhinweisen.

[5] Siehe Kiening (Anm. 1), S. 24–28, mit Diskussion der Literatur.

[6] Siehe u. a. Howard Bloch: Etymologies and Genealogies. A Literary Anthropology of the French Middle Ages, Chicago/London 1983; Helmut Pfotenhauer: Literarische Anthropologie. Selbstbiographien und ihre Geschichte – am Leitfaden des Leibes, Stuttgart 1987 (Germanistische Abhandlungen 62); Literary Anthropology. A new interdisciplinary approach to people, signs and literature, hg. von Fernando Poyatos, Amsterdam/Philadelphia 1988; Wolfgang Iser: Das Fiktive und das Imaginäre. Perspektiven literarischer Anthropologie, Frankfurt a. M. 1991.

[7] Vgl. auch Bloch (Anm. 6), S. 17.

die Literatur – und das wird man mit aller Vorsicht, die angesichts der zum Teil noch geringen Ausdifferenzierung der Redeordnungen im Mittelalter geboten ist, auch für die mittelalterliche Literatur annehmen dürfen – mehr als andere Redeordnungen, z. B. die historiographische, von einer direkten Wirklichkeitsreferenz entlastet ist, vermag sie anthropologische Themen neu zu entwerfen oder auch zu rekonfigurieren und vermag sie utopisches Potential auch in der Charakterisierung anthropologischer Dispositionen zu entfalten.

I.2

An solche, hier nur silhouettenhaft skizzierte Perspektiven einer ›Literarischen Anthropologie‹ möchte ich meinen Beitrag zur mittelalterlichen Genealogie systematisch anschließen.

Gewinnbringend für die genealogischen Fragestellungen, aber in der historischen wie methodischen Durchführung nicht unproblematisch ist der Entwurf einer ›Literarischen Anthropologie‹ von Howard Bloch.[8] Genealogie wird hier – um an dieser Stelle nur die Leitthese seines Buches »Etymologies and Genealogies« zu zitieren – als zentrales, die verschiedenen Textsorten und Diskurse kreuzendes mittelalterliches Ordnungsmuster, ja letztlich als Repräsentation einer dominanten ›mental structure‹ gezeigt. Ausgehend von Bloch lassen sich Genealogien als historisch gebundene kulturelle Konstruktionen verstehen, als Selbstbeschreibungsmodelle, die in den mittelalterlichen epistemischen Ordnungen einer traditional organisierten Gesellschaft verankert sind, in Wissensformen also, in denen ›Wahrheit‹, ›Wert‹ und ›Legitimität‹ durch Kontinuität, lange Dauer, Alter und schließlich die Orientierung auf den Ursprung hin verbürgt werden.

Insofern ist es im Rahmen derjenigen genealogischen Diskurse, die den Herrschaftsanspruch einer Sippe bzw. eines Hauses begründen sollen (und um diese wird es in meinem Beitrag gehen), zum einen von Bedeutung, wie alt ein Geschlecht ist, zum anderen, wie kontinuierlich die Sukzession der Sippenmitglieder erfolgte. Die Legitimität der Herrschaft ist dabei primär über die gemeinsame Linie des Blutes der Vorfahren garantiert, beruht jedoch zugleich auch auf der Kontinuität der Amtsinhaber, der lückenlosen Kette der Vorgänger, die im Nachfolger jeweils vergegenwärtigt sind.[9] Die adelige Identität basiert, so ließe

---

[8] Vgl. Bloch (Anm. 6), bes. S. 14, und vgl. ders.: Genealogy as a Medieval Mental Structure and Textual Form, in: La littérature historiographique des origines à 1500, Bd. 1, hg. von Hans Ulrich Gumbrecht/Ursula Link-Heer/Peter-Michael Spangenberg, Heidelberg 1986 (GRLMA XI.1), S. 135–156. Blochs Ansatz läßt sich kaum mehr unter dem Label der ›Historischen Anthropologie‹ verorten.

[9] Grundlegend zur Blutsverwandtschaft: Karl Schmid: Geblüt, Herrschaft, Geschlechterbewußtsein. Grundfragen zum Verständnis des Adels im Mittelalter, Habil. masch., Freiburg i. Br. 1961; zur Kontinuität der Amtsinhaber Gert Melville: Vorfahren und Vorgänger. Spätmittelalterliche Genealogien als dynastische Legitimation zur Herrschaft, in: Die Familie als sozialer und historischer Verband. Untersuchungen zum Spätmittelalter und zur frühen Neuzeit, hg. von Peter-Johannes Schuler, Sigmaringen 1987, S. 203–309, bes. S. 214–221; zum Gedanken der

sich zuspitzen, gerade auf dem Wissen um diese genealogischen Zusammenhänge.[10]

I.3

Die skizzierte Orientierung an der ›Historischen‹, näherhin der ›Literarischen Anthropologie‹, die an dieser Stelle bereits auf die Genealogie perspektiviert wurde, bietet nun noch keine Methode, die in der konkreten Textarbeit umzusetzen wäre. Hier ist auf Konzepte der Diskursanalyse – diese verbinden sich etwa auch bei Bloch mit der Fragestellung der ›Historischen Anthropologie‹ – zuzugreifen. Bei der gegenwärtig inflationären Verwendung des Diskursbegriffs in den Kultur- und Textwissenschaften[11] sind einige Hinweise zur terminologischen Präzisierung unabdingbar. Da die Uneinheitlichkeit in der Begriffsverwendung bekanntlich schon bei Foucault selbst und besonders quer durch seine verschiedenen Werkphasen begründet ist, werde ich mich an die Entwürfe in der »Archäologie des Wissens« halten und hier wiederum besonders an die Vorstellung von Diskursen als Bündel von Aussagen, die einem gleichen Formationssystem angehören.[12] Ziel der Analyse zur Genealogie ist es damit, zu jener Schicht vorzudringen, die Foucault ›diskursive Formation‹ oder allgemeiner ›Wissen‹ genannt hat. Dieses ›Wissen‹ kann verschiedene Textfelder, Redeordnungen und Fachgebiete durchqueren und dort ähnliche Regeln ausprägen, die die Texte formieren. So wird in der Analyse des zweiten Teils nach dem genealogischen ›Wissen‹ und seinen Regeln zu fragen sein sowie danach, was sie in verschiedenen Textfeldern leisten. Erkenntnisziel sind also mittelalterliche epistemologische Konstruktionen, aber unlösbar damit verbunden auch politische und gesellschaftliche Konzepte. Da das genealogische ›Wissen‹ im Mittelalter in unterschiedlichen diskursiven Formationen auftritt, zugleich aber auch in seinen Problemkonstellationen ein relativ geschlossenes Paradigma ausbildet, bietet es sich als historischer ›Topos‹ für eine Diskursanalyse geradezu an.

Daß die Lektüre von Einzeltexten nicht der Gegenstandsbereich der Diskursanalyse sein kann, ergibt sich schon aus ihrem Anliegen der Vernetzung. Andererseits scheint sie ein sinnvoller Ausgangspunkt der Untersuchung zu sein, wenn der Einzeltext zugleich in seinen diskursiven Verbindungen perspektiviert und

Vergegenwärtigung vgl. ders.: Wozu Geschichte schreiben? Stellung und Funktion der Historie im Mittelalter, in: Formen der Geschichtsschreibung, hg. von Reinhart Koselleck/Heinrich Lutz/ Jörn Rüsen, München 1982 (Theorie der Geschichte. Beiträge zur Historik 4), S. 86–146.

[10] Vgl. Haiko Wandhoff: Der epische Blick. Eine mediengeschichtliche Studie zur höfischen Literatur, Berlin 1996 (Philologische Studien und Quellen 141), S. 41–43.

[11] Vgl. die Kritik von Manfred Frank: Zum Diskursbegriff bei Foucault, in: Diskurstheorien und Literaturwissenschaft, hg. von Jürgen Fohrmann/Harro Müller, Frankfurt a. M. 1988, S. 25–44, hier S. 25.

[12] Vgl. Michel Foucault: Archäologie des Wissens, übersetzt von Ulrich Köppen, Frankfurt a. M. ⁶1994, S. 115–190. Hier stellt sich die schwierige Frage nach dem Charakter der Aussage; vgl. dazu Joseph Vogl: Geschichte, Wissen, Ökonomie, in: Poststrukturalismus. Herausforderung an die Literaturwissenschaft, hg. von Gerhard Neumann, Stuttgart/Weimar 1997 (Germanistische Symposien: Berichtsbände 18), S. 462–480, hier S. 464f.

damit in übergeordneten Strukturen gesehen wird. Diskurse lassen sich als Rahmenbedingungen von Texten beschreiben[13], sie stellen eine Art Regelsystem dar, das für eine Reihe von Texten Verbindlichkeit besitzt, historisch variable Formalprinzipien, die festlegen, was in bestimmten historischen Situationen zu bestimmten Themen – wie hier der Genealogie – sagbar ist und was nicht.[14] Diskursanalyse könnte so als ein gangbarer Mittelweg zwischen seriellen strukturgeschichtlichen Untersuchungen und mikroskopisch angelegten Einzeltextanalysen verstanden werden.

Im nun folgenden zweiten Teil (II) will der Beitrag den skizzierten Analyseansatz an der mhd. Dietrichepik umsetzen. Ausgangs- und Fluchtpunkt der Überlegungen werden hier die genealogischen Konstruktionen des »Buches von Bern« sein. Die Interpretation des Einzeltextes soll diskursanalytisch aus einer immanten Betrachtungsweise herausgeführt werden, indem der Text im Rahmen des mittelalterlichen genealogischen Diskurses perspektiviert wird.

II

II.1

> »Eine Generation geht, eine andere kommt. [...] Es gibt nichts Neues unter der Sonne.«
> (Kohelet 1,4.9)

Die Kohelet-Passage könnte man geradezu als Motto des »Buches von Bern« bzw. seiner Vorgeschichte (v. 1–2518) lesen.[15] Diese präsentiert sich auf den ersten Blick als eine Serie von Brautwerbungsepisoden, eine Abfolge von Generationen, durch die ein überaus langer Zeitraum strukturiert wird, ohne daß die Verhältnisse sich ändern. Narrativ wird diese Monotonie im Gleichlauf der Werbungsgeschichten umgesetzt: Da sich nichts Neues ereignet, kann mit immer weniger Strichen immer schneller skizziert und über große Zeiträume mit stets rascherer Hand hinweggegangen werden. Die Dynamik des Erzähltempos konterkariert damit in gewissem Sinne das gemächliche Verlaufen der erzählten Zeit.

So wird nur die erste der Werbungen, diejenige Dietwarts um Minne, exemplarisch entfaltet (v. 1–1884). Der Herrscher handelt ganz im Einvernehmen mit seinem Rat (ab v. 785)[16], und die Braut kann erfolgreich und mit der Zustimmung

[13] Vgl. Udo Friedrich: Die Zähmung des Heros, in diesem Band, S.149–179, hier S.153f.

[14] Vgl. Foucault (Anm. 12), S. 31–112; vgl. auch Kurt Röttgers: Der kommunikative Text und die Zeitstruktur von Geschichten, Freiburg i. Br./München 1982, S. 28f.

[15] Vgl. Alpharts Tod. Dietrichs Flucht. Rabenschlacht, hg. von Ernst Martin, Berlin 1866 [Reprint 1967] (Deutsches Heldenbuch 2). Die Vorgeschichte ist nur in den beiden späten Handschriften P (Heidelberg, cpg 314) und A (Ambraser Heldenbuch, Wien, cod. Ser. Nova 2663) enthalten. Nähere Angaben zur Überlieferungslage bei Hugo Kuhn: [Art.] Dietrichs Flucht und Rabenschlacht, in: ²VL, Berlin/New York, Bd. 2, Sp. 116–127, hier Sp. 116f. Kuhn verzeichnet auch die ältere Literatur zu überlieferungs- und sagengeschichtlichen Fragen.

[16] Zum Verhältnis von Vasallen und Herrscher siehe Jan-Dirk Müller: Heroische Vorwelt, feudaladeliges Krisenbewußtsein und das Ende der Heldenepik. Zur Funktion des ›Buchs von Bern‹, in: Adelsherrschaft und Literatur, hg. von Horst Wenzel, Bern/Frankfurt a. M./Las Vegas

ihres Vaters König Ladiner von Westenmer heimgeholt werden. Der Drachenkampf (v. 1533–1679), den Dietwart dabei zu bestehen hat und der die Episode
vorübergehend dem Schema der ›gefährlichen Brautwerbung‹ angleicht[17], mutet
in der konfliktfreien Welt der Vorgeschichte fast wie ein Versatzstück an, eine
Zutat, die den idealen Verlauf der Handlung nur vorübergehend stört, ohne ihn
ernsthaft gefährden zu können.

Daß sich in Dietwart der Prototyp eines idealen Herrschers verkörpert, wird
dabei schon am Beginn der Erzählung verdeutlicht (v. 7–159): Er wird nicht als
Eroberer eines fremden Landes dargestellt, sondern als bereits angestammter
Herrscher in seinem Reich, als König in *Rœmisch lant* (v. 9). Zugleich wird er,
von dem die genealogische Erzählung ihren Ausgang nimmt (v. 8), auch nicht als
Ahnherr eines neuen Geschlechts gezeichnet. Auf diese Weise bleibt sowohl die
Frage nach der Gründung von Herrschaft ausgespart wie auch das Problem des
Ursprungs einer Genealogie. Herrschaft und Geschlecht sind vielmehr in ihrer
Existenz vorausgesetzt, die Geschichte tritt gewissermaßen in bereits bestehende
und offensichtlich als stabil vorausgesetzte Strukturen ein. Der Beginn der Erzäh-
lung inszeniert damit – zumindest in dieser ersten Lesart – eigentlich keinen
Neuansatz, sondern eine Art von Beginnlosigkeit, denn Dietwart erscheint letzt-
lich als bloßes Glied in der Reihe von Dietrichs Vorgängern und Vorfahren, die
man sich auch über ihn hinaus noch in die Zeittiefe fortgesetzt denken könnte.
Schon hier deutet sich an, worum es in der Vorgeschichte gehen wird: um die
Kontinuität im Zeitverlauf, um eine stabilitas, die über den quasi-institutionellen
Mechanismus der Genealogie garantiert zu sein scheint.

Von Dietwart und Minne schreitet die Generationenabfolge über Sigehêr und
Amelgart (v. 1904–2069) zu Otnit und seiner gefährlichen Werbung um Liebgart
(v. 2070–2242). Mit Otnits Tod durch einen Drachen gelangt die Genealogie an
eine ›Nullstelle‹. In Otnit scheint die Potenz des Geblüts gewissermaßen erlahmt,
was sich in seiner verminderten Mannes- und auch Kampfkraft zeigt. Während es
für seinen Großvater Dietwart noch ein leichtes gewesen ist, eine große Zahl von
Kindern zu zeugen oder auch einen mörderischen Drachen zu erledigen, bleibt er
kinderlos und wird schließlich schlafend und daher kampflos von einem Drachen
aus seiner Rüstung gesaugt (v. 2240).

So beginnt mit dem Helden Wolfdietrich, den Liebgart in zweiter Ehe heiratet, eine neue genealogische Reihe (ab v. 2243). Der Bruch wird im Text nicht als
Diskontinuität inszeniert: Wolfdietrich scheint schon durch die Ehe mit Liebgart
und die Kinderlosigkeit Otnits als Nachfolger der Herrscher in *Rœmisch lant*
akzeptiert zu sein, das entscheidende Instrument seiner Legitimierung ist jedoch
der Drachenkampf (v. 2281f.), der spätestens hier als Schlüsselmotiv der genealogischen Vorgeschichte erkennbar wird. Bruchlos kann Wolfdietrich mit seiner
erwiesenen Kampfeskraft wie übrigens auch mit seiner Zeugungskraft und seinem immensen Alter an seine nichtverwandten Amtsvorgänger, besonders an

---

1980 (Beiträge zur älteren deutschen Literaturgeschichte 6), S. 209–257; vgl. Michael Curschmann: Zu Struktur und Thematik des Buchs von Bern, in: PBB (Tübingen) 38, 1976, S. 357–383,
hier bes. S. 364–366.
   [17] Vgl. Curschmann (Anm. 16), S. 360.

Dietwart, anknüpfen. Im Blut Wolfdietrichs scheint die kontinuierliche Linie der Herrscher in *Rœmisch lant* weniger unterbrochen als vielmehr geradezu aufgefrischt zu sein.

Mit immer wenigeren Strichen eilt die Erzählung von hier über Wolfdietrichs Sohn Hugedietrich (v. 2323–2374), aus dessen Ehe mit Sigeminne der Herrscher Amelunc (v. 2375–2445) hervorgeht, auf die Generation seiner drei Söhne Diether, Ermrich und Dietmâr zu, die sich ihrerseits alle verehelichen und Kinder haben (v. 2446–2518). In der sechsten Generation von Diether, Ermrich und Dietmâr erfolgt erstmals eine Teilung des Reiches, die den zentralen Konflikt des »Buches von Bern« zwischen Dietmârs Sohn, dem Protagonisten Dietrich von Bern, und seinem Onkel Ermrich motiviert.[18] Wenn Ermrich Dietrich aus seinem Reich zu verdrängen versucht, ist für die Hörer bzw. Leser schon durch die genealogische Vorgeschichte evident, daß Dietrich und nicht sein Onkel der legitime Herrscher ist, denn: schon durch den Modus der Reichsteilung war festgelegt worden, daß Dietmâr und damit über ihn auch sein Sohn Dietrich, nicht Ermrich, die Herrschaft in *Rœmisch lant* zugesprochen bekamen. Die genealogische Konstruktion läßt also Dietrich, nicht Ermrich, als den idealen Herrscher im römischen Reich hervortreten, da in ihm die Reihe der blutsverwandten Vorfahren mit jener der Vorgänger im Amt des römischen Herrschers zusammengeführt wird. Ermrich dagegen fällt durch die Erbteilung aus der Reihe der Nachfolger für dieses Herrscheramt heraus.

In dieser genealogischen Vorgeschichte verhandelt der Text damit – so die These – die Frage nach der Legitimität von adeliger Herrschaft und zeigt Strategien, Bedingungen und Möglichkeiten ihrer Rechtfertigung. Um den rechtmäßigen Anspruch der Sippe Dietrichs zu fundieren und narrativ zugleich die entscheidende Konfliktkonstellation historischer Dietrichepik zu motivieren, muß – setzt man die oben ausgeführten Prinzipien der genealogischen Herrschaftsbegründung nun in der Interpretation um – weit in die Vergangenheit zurückgegriffen und gezeigt werden, wie das Heil der Sippe und die Herrschaft möglichst lückenlos von einer Generation in die nächste weitergegeben wurden.

Dementsprechend ist die genealogische Zäsur zwischen Otnit und Wolfdietrich, die von der Reihe der ›bloßen‹ Vorgänger Dietrichs jene scheidet, die seine Vorgänger und Vorfahren zugleich sind[19], zu überspielen. Die Inszenierung der Lückenlosigkeit wird schon durch den Namen Wolf*dietrichs* geleistet, da dieser sich nahtlos in die Genealogie der Sippennamen von Dietwart bis Dietrich einfügt, zudem garantiert die Einheit von Tugend- und Geblütsadel das vorbildliche Verhalten der jeweiligen Herrscher in der genealogischen Sukzession bis zur sechsten Generation.[20] Die Folge dieser Kontinuität ist Harmonie zwischen den

---

[18] Ermrich erhält *Püllen, Gâlaber* und *Wernhers marke*; Diether *Brisache* und *Beiern*; Dietmar *Lamparten, Rœmisch erde* und *Isterrich, Friûl* und das *Intal* (v. 2425–2444).

[19] Der Text differenziert hier terminologisch, denn erst im Blick auf Wolfdietrich und seinen Sohn wird von den *aldern* des Berners gesprochen: *Nû ist sin allez wol gedâht./ alrêrst hân ich iuch brâht/ an daz rehte mœre,/ wer aldern des von Berne wœre* (v. 2317–2320).

[20] Die einzelnen Herrscher scheinen sich in ihrer Idealität förmlich zu übertreffen; vgl. etwa v. 1921–1930, v. 2099–2103.

Königen und den Großen ihres Reiches[21] – und ist ein Reichtum, den man als
›Ökonomie des Überflusses‹ beschreiben könnte. Die Üppigkeit zeigt sich nicht
nur in der grandiosen *milte*[22], sondern gewissermaßen biologisch auch in der
Vitalität der Könige, ihrer immensen Zeugungskraft und ihrem hohen Alter (z. B.
400, 503, 550 Jahre). Durch die Altersangaben wird zum einen der intertextuelle
Effekt erzielt, daß Dietrichs Ahnen auf die Patriarchen der alttestamentarischen
Zeugungslisten und ihre ›qui genuit‹-Formeln hin durchsichtig werden (z. B. Gen
5,1–32); zum anderen stellt sich zwangsläufig der Eindruck einer überaus langen
Dauer ein, die den für sieben Generationen zu erwartenden Zeitrahmen bei weitem übersteigt. So ergibt sich eine gleichsam ›ahistorische‹ Zeittiefe, die Kontinuität versinnbildlicht. Paradox könnte man formulieren, daß die Generationenabfolge und die daran gebundenen Lebensalterindices die Dauer oberflächlich
betrachtet strukturieren, zugleich aber gerade entzeitlichen: Die Ereignisse der
Vorgeschichte erscheinen aus der Perspektive des Erzählers *insgesamt* als längst
vergangen, sie sind jedoch in einem letztlich amorphen Zeitkontinuum der Vergangenheit situiert.
     Die genealogische Sukzession ist zwar auf der Zeitachse linear organisiert,
zu dieser Linearität steht jedoch ein zyklisches Element in Spannung, da sich die
Genealogie im einzelnen jeweils verjüngen kann: Der Ahn vergegenwärtigt sich
in gewissem Sinne im Erben oder anders formuliert: die Erinnerung an den
Vorfahren kommt im Nachkommen zur Anschauung. Insofern ist der einzelne
durch seine genealogische Einbindung stets auch über den gegenwärtigen Augenblick hinausgehoben: Er verkörpert Gegenwart und Vergangenheit zugleich. So
gesehen wird es problematisch, *innerhalb* einer genealogisch gebauten und ganz
im Sinne der memoria organisierten Reihe überhaupt im strikten Sinne von
›Vergangenheit‹ zu sprechen. Weiterführen können an dieser Stelle augustinische Überlegungen zum Zeitbegriff und zur memoria, denen im Mittelalter – und
darüber hinaus bis Husserl und Heidegger – durchschlagende Bedeutung zukam:

> »Soviel aber ist nun klar und deutlich: Weder die Zukunft noch die Vergangenheit ›ist‹, und
> nicht eigentlich läßt sich sagen: Zeiten ›sind‹ drei: Vergangenheit, Gegenwart und Zukunft;
> vielmehr sollte man, genau genommen, etwa sagen: Zeiten ›sind‹ drei: eine Gegenwart von
> Vergangenem, eine Gegenwart von Gegenwärtigem, eine Gegenwart von Künftigem. Denn
> es sind diese Zeiten als eine Art Dreiheit in der Seele, und anderswo sehe ich sie nicht: und
> zwar ist da Gegenwart von Vergangenem, nämlich Erinnerung; Gegenwart von Gegenwär-
> tigem, nämlich Augenschein; Gegenwart von Künftigem, nämlich Erwartung.«[23]

Wenn Augustinus die *memoria* als *praesens de praeteritis*, ›Gegenwart von
Vergangenem‹, beschreibt, so ließe sich dies auch auf die Verschränkung von
Vergangenem und Gegenwärtigem im Prinzip der Genealogie beziehen, gerade
auch insofern, als Genealogie und memoria – wie beschrieben – aufs engste
verbunden sind. So ist, um konkreter auf den Text zurückzukommen, die ›Gegenwart von Vergangenem‹ in Dietrich von Bern gegeben, da er etwa seinen Vorfah-

---

[21] Zur Funktion dieser Konstellation vgl. Müller (Anm. 16), S. 220–225ff.

[22] Vgl. z. B. die Beweise von *milte*: v. 619–670, v. 1425ff., v. 7379ff.

[23] Augustinus: Bekenntnisse, lateinisch und deutsch, eingeleitet, übersetzt und erläutert von
Joseph Bernhart, Frankfurt a. M. 1987, Lib. XI, 20, 26. Zum Kontext vgl. Lib. XI, 18–20.

ren Wolfdietrich im Geblüt und damit auch in seinen Fähigkeiten und Charaktereigenschaften vergegenwärtigt. Die memoria Wolfdietrichs durch Dietrich ist also physisch verwirklicht und wird im Text in der Evidenz des Heldenkörpers inszeniert. Dietrich verkörpert damit beides: ›Gegenwart von Gegenwärtigem‹ (*praesens de praesentibus*), durch den ›Augenschein‹ (*contuitus*), d. h. hier seine sinnliche Präsenz, und ›Gegenwart von Vergangenem‹ (*memoria*), da der einzelne innerhalb der Sippe gewissermaßen ein Bild seiner Vorfahren darstellt.[24] Gerade diese Verschränkung von Vergangenheit und Gegenwart zwischen den einzelnen Gliedern der Genealogie gewährleistet die Kontinuität der Reihe.

Entscheidend ist – und dieses Ergebnis bestätigt sich an der Analyse des zugrundeliegenden Zeitbegriffs einmal mehr –, daß die genealogische Vorgeschichte des »Buches von Bern« funktional auf den Erweis von Herrschaftskontinuität zielt und Genealogie dabei die Rolle eines stabilisierenden Mechanismus spielt. Zweifellos waren die genealogischen Argumentationsstrategien, die Entwürfe von Eigengeschichten einer Sippe bzw. Dynastie, darauf ausgerichtet, Kontinuitätsprobleme von Herrschaftsansprüchen zu verbergen, gewissermaßen zu überdecken.

Bei der Fundierung von Kontinuität konnte die politisch-rechtliche Praxis im Hoch- und Spätmittelalter dabei offensichtlich von der wiederbelebten Aristotelischen Theorie der ›Ewigkeit der Welt‹ profitieren.[25] Im Kontext der Aristotelesrezeption des 13. Jahrhunderts verbreitete sich die Vorstellung, daß zwar der einzelne als Person sterblich sei, nicht aber die Spezies Mensch, deren Fortdauer durch Zeugungskraft garantiert sei. Die dahinterliegende Frage, die nicht nur für die Theorie, sondern auch für politische und rechtliche Institutionen einschlägig war, lautete, wie ›Beständigkeit‹ trotz personaler Vergänglichkeit zu garantieren sei. Im Spätmittelalter gewannen hier Überlegungen zur Transpersonalität von korporativ-institutionellen Einrichtungen an Gewicht. Das Grundprinzip lautete ›Identität trotz Wechsel‹.[26] Es läßt sich beispielhaft an Interpretationen des römischen Rechts illustrieren: So wurde etwa ein Volk als dasselbe betrachtet, das es vor 100 Jahren war, auch wenn die damals Lebenden verstorben waren, und so wurde die Identität eines Gerichts angenommen, wenn einzelne Richter aufgrund ihres Todes durch andere ersetzt wurden.[27] Abstrakt formuliert handelt es sich hier um das Prinzip der surrogatio, das auf unterschiedlichste korporativ-

---

[24] Das für die Genealogie zentrale Verhältnis zum mittelalterlichen Zeitbegriff kann hier nur angedeutet werden und ist andernorts auf breiterer Materialbasis auszuführen.

[25] Siehe Ernst H. Kantorowicz: Die zwei Körper des Königs. Eine Studie zur politischen Theologie des Mittelalters, übersetzt von Walter Theimer, München ²1994, S. 279–443. Die folgenden Überlegungen schließen sich hier an.

[26] Siehe dazu Otto von Gierke: Das deutsche Genossenschaftsrecht, Berlin 1868–1913, 4 Bde., hier Bd. 3, S. 277f. mit Anm. 92; vgl. auch S. 364–368 bes. mit Anm. 41, S. 430 mit Anm. 46; vgl. Kantorowicz (Anm. 25), S. 299.

[27] So schon Franciscus Accursius: Glossa ordinaria zum Corpus iuris civilis, Venedig 1584, zu D. 5,1,76, v: *proponebatur: Primum est, quia sicut idem dicitur populus Bononiensis qui erat ante-C-annos retro, licet omnes mortui sint qui tunc erant, ita debet etiam esse [idem iudicium] tribus vel duobus iudicibus mortuis, et aliis subrogatis […]*; zitiert nach Kantorowicz (Anm. 25), S. 299.

institutionelle Einrichtungen übertragen werden konnte.[28] Diese Korporations-
lehre erlaubte es schließlich, eine »überzeitliche Transpersonalität des Institutionellen«[29] zu postulieren. Auf diese Weise ließ sich die Kontinuität kollektiver
Körper sowie auch die juristischer Typen und Spezies legitimieren. Daß die
Lehre von der surrogatio für das Verständnis von Amtssukzession entscheidend
war, liegt auf der Hand. Für genealogische Konstruktionen scheint sie insofern
besonders bedeutsam zu sein, als der ideale Nachkomme ›im Blut‹ zugleich auch
der Nachfahre im Amt sein sollte. So sind, wie Gert Melville gezeigt hat, Genealogien nicht selten sogar primär nach dem Prinzip der Amtssukzession ge-
baut.[30] Eben dieser Strukturierung entspricht letztlich auch die Genealogie im
»Buch von Bern«, denn die von Dietwart auf Dietrich durchgängige und damit
dominante Linie ist die der Sukzession im Amt des römischen Herrschers. Die
Kontinuität der Reihe als ganzer beruht hier also auf eben jenem skizzierten
institutionellen Mechanismus der surrogatio.

Demgegenüber scheint eine Genealogie, die stringent auf der biologischen
Linie des Blutes aufbaut, gerade nicht von einer transpersonalen Instanz auszugehen, sondern von einem unmittelbaren, quasi naturgegebenen Konnex der einzelnen Personen. Dies würde für das »Buch von Bern« auf die Linie der genealogisch personal verbundenen Vorfahren seit Wolfdietrich zutreffen. Bei näherer
Betrachtung zeigt sich allerdings, daß auch in der Vorstellung von einer besonderen Qualität des Blutes ein Konzept von Überzeitlichkeit, ja Transpersonalität
verborgen liegt.[31] Die Idee von der Potenz des Blutes, in dem und durch das nach
der mittelalterlichen Genealogie personale Eigenschaften von Vorfahren auf die
Erben übertragen werden können, ist eine letztlich kulturelle Konstruktion.

Dies bestätigt sich im »Buch von Bern« nicht nur in dem erblichen Tugend-
adel der genealogischen Glieder, sondern auch und vor allem in der konsequenten
Steuerung der Linie des Blutes auf Dietrich hin. Zwar sind die einzelnen Vorgänger und Vorfahren Dietrichs in der Regel mit zahlreicher Nachkommenschaft
gesegnet, doch es überlebt bis zur sechsten Generation jeweils nur ein männli-
ches Kind. Durch diese Dezimierung auf je nur einen Erben wird ein reibungslo-
ser Generationenübergang garantiert. Was sich als ›natürliche Auslese‹ präsentiert, erweist sich als kulturelle Kodierung, die wiederum auf Kontinuität der
Herrschaft ausgerichtet ist. Mit Gert Melville könnte man hier von einer gezielten
»Kanalisierung des Blutes« sprechen.[32]

Die Frage nach der Genealogie führt also auch in dieser Perspektive wieder
auf das eingangs bereits angeschnittene Problem einer kulturellen Kodierung
angeblicher Grundtatsachen der conditio humana. Gerade die hier noch einmal

---

[28] Vgl. Odofredus zu D. 8,2,33 (Digesta, Lyon 1550, Bl. 263^r): *nihil in hoc seculo potest
esse perpetuum nisi per surrogationem.* Vgl. Kantorowicz (Anm. 25), S. 287f.; vgl. auch
Melville, Vorfahren und Vorgänger (Anm. 9), S. 249.

[29] So Melville, Vorfahren und Vorgänger (Anm. 9), S. 250; vgl. Kantorowicz (Anm. 25),
S. 306–316.

[30] Vgl. Melville, Vorfahren und Vorgänger (Anm. 9), S. 251.

[31] Vgl. ebd., S. 251–254.

[32] Vgl. ebd., S. 253.

erarbeitete und für die Genealogie maßgebliche kulturelle Konzeption des Blutes zeigt die Notwendigkeit einer Historisierung anthropologischer Kategorien. Im »Buch von Bern« verschränken sich die beiden Prinzipien der surrogatio und der Blutslinie in der Genealogie jedenfalls, um durch den Gleichlauf der Generationenabfolge die Kontinuität der Herrschaft bis auf Dietrich und seine Legitimität als Herrscher in *Rœmisch lant* zu erweisen.

II.2

Umso erstaunlicher ist es, daß eben dieser Gleichlauf in den prologartigen Versen mit dem Hinweis auf große und außergewöhnliche Neuigkeiten angekündigt wird (v. 1–8). In offensichtlicher Spannung zur Prologstrophe des »Nibelungenliedes« werden dem Publikum im »Buch von Bern« *diu starken niuwen mære* (v. 3) in Aussicht gestellt, während die wunderbaren Geschichten, um die es dort gehen soll, als die *alten mæren* (v. 1)[33] bezeichnet werden und der aktuelle Erzählvorgang (v. 4) selbst als einer inszeniert wird, der noch ganz im mündlichen Traditionsstrom der alten Geschichten verankert ist. Zugespitzt gesagt, zeichnet sich schon hier und gerade auf der intertextuellen Folie des »Nibelungenlied«-Prologes ab, daß das Verhältnis von ›Alt‹ und ›Neu‹ im »Buch von Bern« prekär wird: Zwar suggeriert die reibungslose Abfolge der Generationen in der Vorgeschichte, daß über Jahrhunderte hinweg alles beim alten bleibt, dennoch zeigt der Erzähler, daß der Akzent gerade auf etwas Neuem liegen soll. So gelesen erweist sich das Verhältnis des »Buches von Bern« zum unterstellten Subtext der »Kohelet«-Passage als besonders diffizil, denn es bestätigt die alttestamentarische Weisheit nicht nur vordergründig, sondern unterläuft sie auch, indem es schließlich gerade den Einbruch des Neuen in die ›alte Welt‹ des stets Gleichen vor Augen führt. Inszeniert wird also eine Verschränkung von ›Alt‹ und ›Neu‹, der im folgenden nachzugehen ist.

Der Befund läßt sich auf einen Nenner bringen: Als ideal gilt der Gleichlauf der Abfolge von Dietwart bis zur sechsten Generation, während mit und durch Ermrich in der sechsten Generation das Böse in die Welt tritt. Die Grenzlinie einer gleichsam mythischen Zeit, die Züge eines Paradieses bzw. goldenen Zeitalters getragen hat, markiert die Erbteilung zwischen Diether, Ermrich und Dietmâr. Sie stellt die crux der Genealogie dar, die den Mechanismus des einlinigen und daher konfliktfreien Generationenübergangs außer Kraft setzt und Zwietracht sät. So erwächst der Konflikt zwischen Ermrich und Dietrich, der die Haupthandlung des »Buches von Bern« und auch der »Rabenschlacht« bestimmt, gewissermaßen aus dem Körper der Sippe, was sich schon an den Verwandtschaftsbeziehungen ablesen läßt: Ermrich ist ein Intimus, insofern er Dietrichs Onkel ist, und seine Verbrechen richten sich gegen die eigenen Blutsverwandten

---

[33] Das Nibelungenlied, nach der Ausgabe von Karl Bartsch hg. von Helmut de Boor, 22., revidierte und von Roswitha Wisniewski ergänzte Auflage, Mannheim 1988 (Deutsche Klassiker des Mittelalters).

(v. 2159–2163, v. 2543–2564, ab v. 2565, v. 3907–3918). Ermrich verkörpert geradezu das Böse[34], und mit Recht hat man wohl gesagt[35], in ihm ereigne sich der ›Sündenfall‹ der Geschichte. Das Böse breitet sich in der heldenepischen Welt des »Buches von Bern« in einer Weise aus, die man mit der Zunahme der Sünde nach dem Verlassen des Paradieses in der Genesis (Gen 6,5) vergleichen könnte. Die Haupthandlung läßt sich so als Ursprungserzählung lesen, die erklärt, wie die *untriuwe* durch Ermrich in eine Welt der *triuwe* gelangen konnte: *untriuwe ist von im in diu rîch/ leider allerêrste bekomen* (v. 3508f.). Als unmittelbare Folge davon stellt sich eine Gefährdung des durch die bislang ideale Genealogie gestützten Kontinuitätsprinzips ein, sichtbar vor allem in den Vertreibungen Dietrichs. In und mit Ermrich entsteht eine Dichotomisierung der erzählten Welt in die genealogische Vorgeschichte, die gewissermaßen zeitenthoben zur utopischen Vorzeit wird[36], und eine neue Zeit, die korrumpierte Gegenwart. Vor der amorphen Zeittiefe jener gewinnen die Ereignisse um Ermrich und Dietrich, wie Michael Curschmann betont hat, an Aktualität.[37] Dies zeigt sich auch in der Verschränkung des *niuwen mære* um Ermrich mit den zeitgenössischen Verhältnissen des 13. Jahrhunderts, auf die der Erzähler in fürstenkritischen Exkursen verweist (v. 179–244, v. 7949–8018). Die ideale, durch eine reibungslose Genealogie kontinuierliche Vorzeit könnte dabei als positiver Spiegel für die zeitgenössischen Fürsten, die Taten Ermrichs als Warnung, als ihr negativer Zerrspiegel gedacht sein. Daß diese schlichten Fürstenspiegelrelationen, auf die hin sich die genealogische Vorgeschichte funktionalisieren läßt, letztlich keine plausiblen Strategien mehr zur Konfliktlösung in einer wesentlich komplizierter gewordenen Welt des 13. Jahrhunderts bieten, hat Jan-Dirk Müller umfassend gezeigt.[38]

Die »mythographische Konstruktion«[39] der genealogischen Vorgeschichte zeigt eine noch ideale Welt, die aus der Perspektive des korrumpierten Jetzt ohnehin uneinholbar geworden zu sein scheint. Nach der Reichsteilung und nach Ermrich führt kein Weg mehr in die mythische Vergangenheit der einlinig genealogischen Ordnung und ihrer Einheit von Tugend- und Geblütsadel zurück. Dietrichs heroische Handlungsweise, die im Wortsinn noch aus dieser Ordnung stammt, läuft letztlich ins Leere.[40]

---

[34] Vgl. z. B. v. 2111–2116, v. 2161–2166, v. 2531f., v. 2657, v. 3508f.

[35] Vgl. bes. Walter Haug: Hyperbolik und Zeremonialität. Zu Struktur und Welt von ›Dietrichs Flucht‹ und ›Rabenschlacht‹, in: Deutsche Heldenepik in Tirol. König Laurin und Dietrich von Bern in der Dichtung des Mittelalters. Beiträge der Neustifter Tagung 1977 des Südtiroler Kulturinstitutes, hg. von Egon Kühebacher, Bozen 1979, S. 116–134, hier S. 120–122.

[36] Haug (ebd.) betont im Blick auf die Vorzeit besonders die Verbindung von utopischer Dimension und höfischer Stilisierung.

[37] Vgl. Curschmann (Anm. 16), S. 363.

[38] Vgl. Müller (Anm. 16), S. 219–234, bes. S. 234. Müllers Argumentation beruht hier auf der Erhellung der historischen Verhältnisse im Raum des Herzogtums Österreich im 13. Jahrhundert (vgl. S. 214–218).

[39] Curschmann (Anm. 16), S. 363.

[40] Inwiefern auf diese Weise gattungsgeschichtlich Handlungsmuster der Heldenepik bereits distanziert reflektiert werden, diskutieren Curschmann (Anm. 16), S. 382f., und Müller (Anm. 16), S. 236–240.

II.3

Daß Ermrich und sein Sohn Friderich aus dem System der alten genealogischen Ordnung herausfallen, zeigt sich nicht zuletzt bereits auf der Ebene der Signifikanten. Hier läßt sich an die oben nur angedeutete Theoriebildung Blochs anknüpfen, nach der das genealogische Prinzip eine zentrale Rolle in der mittelalterlichen Sprachtheorie spielte. Dies wird schon in den spätantiken und für das Mittelalter maßgeblichen Interpretationen der Schöpfungsgeschichte deutlich, denn sie verbinden die Zeugung Evas und ihre Benennung aufs engste. Evas Gebein wird von Adam genommen und ihr Fleisch von seinem Fleische, analog wie auch ihr Name von seinem abgeleitet wird.[41] Sprachtheoretisch wird Evas Zeugung damit als Derivation umcodiert. Wie entscheidend bei der genealogischen Strukturierung der Sprache gerade die Eigennamen waren, läßt sich exemplarisch an der Interpretion des Namens ›Sem‹ in Isidors »Etymologiae« zeigen: Der Stammvater Sem sei so benannt worden, da sein Name, der etymologisch als mit semen zusammenhängend verstanden wird, bereits eine Vorahnung der künftigen Nachkommenschaft impliziere.[42] Genealogie erscheint hier gewissermaßen als Modell der Sprache und umgekehrt.

Auch im »Buch von Bern« lassen sich Reflexe einer quasi-verwandtschaftlichen Zusammengehörigkeit der Signifikanten ausmachen. Zu denken ist an die ›genealogisch verbundenen‹ Eigennamen der Vorgänger bzw. Sippenmitglieder von Dietwart bis Dietrich. Ihre überwiegende Zahl trägt das Element *diet* im Namen (Dietwart, Wolfdietrich, Hugdietrich, Diether [zweimal], Dietmâr und Dietrich).[43] In der sechsten und siebten Generation weichen nur Ermrich und Friderich von dieser Systematik ab. Schon auf der Ebene der Signifikanten wird auf diese Weise signalisiert, daß Dietmâr und sein Sohn Dietrich die legitimen Erben und Fortsetzer in der Reihe der Herrscher über *Rœmisch lant* sind. Die genealogische Ordnung der Vorgeschichte bildet sich systematisch verkürzt und schematisiert im Verweisungszusammenhang der Signifikanten noch einmal ab. Vorauszusetzen ist hier eine metonymische, d. h. substantielle Beziehung zwischen der Sprache und den Dingen, auf die sie verweist.[44] So scheinen die Genealogie der Wörter und die Genealogie der Herrschaft diskursiv miteinander vernetzt zu sein. Noch abstrakter formuliert heißt dies, daß die Regeln der

---

[41] Vgl. stellvertretend für viele andere z. B. Hieronymus: Interpretatio Chronicæ Eusebii Pamphili, in: PL 27, Sp. 33–676, hier Sp. 66: *Et dixit Adam: Hoc nunc os ex ossibus meis, et caro de carne mea. Hæc vocabitur Virago* [...], *quia de viro suo sumpta est.* Benannt wird Eva als virago, da sie von ihrem Mann genommen ist.

[42] Isidor: Etymologiarum sive originvm libri XX, hg. von W. M. Lindsay, Oxford 1957 (Scriptorum classicorum bibliotheca Oxoniensis), Bd. 1, lib. VII,VI: *Sem dicitur nominatus, quod nomen ex praesagio posteritatis accepit. Ex ipso enim patriarchae et apostoli et populus Dei. Ex eius quoque stirpe et Christus, cuius ab ortu solis usque ad occasum magnum est nomen in gentibus.*

[43] Das System ist allerdings nicht ganz konsequent durchgehalten, wie die Namen Sigehêr, Otnit und Amelunc zeigen.

[44] Vgl. Bloch (Anm. 6), S. 30–63, zur mittelalterlichen Sprachtheorie. Die Überlegungen müßten allerdings auf breiterer Materialbasis noch erheblich weiterdifferenziert werden.

Sprache und jene der gesellschaftlichen Organisation historisch und logisch zwar nicht in einem Kausalitätsverhältnis stehen, aber in funktionalen Relationen zu sehen sind.[45] Punktuell und ganz ausschnitthaft also läßt sich die Inszenierung einer Genealogie der Herrschaft im »Buch von Bern« auf den genealogischen Sprachdiskurs hin öffnen, und es wird sichtbar, wie genealogisches ›Wissen‹ verschiedene Felder und diskursive Formationen durchdringen kann.

Darüber hinaus arbeitet Genealogie auch im »Buch von Bern« als Intertextualitätsmodell, als kulturelles Zeichensystem, das nicht nur den Zusammenhang der Helden, sondern auch jenen der Texte garantiert. In diesem Sinne stellt Genealogie ein der literarischen Redeordnung selbst zugehöriges Prinzip dar, das größere Textcorpora nach den Modellen von Verwandtschaft organisiert: Es entstehen Filiationen von Texten im Modus der literarischen Selbstbeschreibung. Die Bezüge zwischen den Texten und damit auch zwischen den Stoffkreisen werden dabei über die Verwandtschaftsbeziehungen ihrer Figuren gestiftet: So lassen sich im Rahmen der genealogischen Vorgeschichte Dietrichs die Erzählungen von König Rother, den Nibelungen sowie von Otnit und Wolfdietrich ansippen. König Rother spielt in die Werbung Dietwarts um Minne hinein, da Ruother der Bruder Minnes ist (v. 1315–1319). Obgleich die Geschichte von Rother nicht ausgeführt wird, genügt die Andeutung doch bereits, um einen quasi verwandtschaftlichen intertextuellen Zusammenhang zwischen dem »Buch von Bern« und dem »König Rother« herzustellen. In der dritten Generation erfolgt die Ansippung der Nibelungen über Otnits Schwester Sigelint. Sie heiratet König Sîgemunt aus *Niderlande* und wird die Mutter des Helden Sîvrit, dessen Schicksal immerhin kurz anzitiert wird (v. 2041–2054). Für die Geschichte von Otnits Werbung um Liebgart, seinen Tod und Liebgarts zweite Ehe mit Otnits Rächer Wolfdietrich (ab v. 2258) bildet das Doppelepos »Ortnit/Wolfdietrich« ohnehin die Folie. Otnit und Wolfdietrich gehören – so stellt es jedenfalls das »Buch von Bern« dar – in die Vorgeschichte Dietrichs.[46]

Diese Genealogie der Texte bildet ein relativ einfaches Verweisungssystem aus, das die einzelnen Geschichten in einer Übergangssituation von Mündlichkeit und Schriftlichkeit einander zuzuordnen vermag und so die Vorstellung eines Kontinuums der literarischen Texte und mithin überhaupt eines Zusammenhangs innerhalb der literarischen Redeordnung hervorrufen kann. Auch in diesem Sinne fungiert die Genealogie im »Buch von Bern« als Mechanismus der Stabilisierung, hier der Stabilisierung von Texten in der Ordnung der Literatur.

II.4

Die Eigenart der genealogischen Vorgeschichte im »Buch von Bern« läßt sich nun in einem weiteren und letzten Analyseschritt profilieren, indem man die Ebene des Einzeltextes wiederum verläßt, um auf die Genealogien in anderen

---

[45] Vgl. Foucault (Anm. 12), S. 44–47.

[46] Vgl. auch die Hinweise zu Filiationen innerhalb der Dietrichepik bei Joachim Heinzle: Mittelhochdeutsche Dietrichepik. Untersuchungen zur Tradierungsweise, Überlieferungskritik und Gattungsgeschichte später Heldendichtung, München 1978 (MTU 62), S. 223–230.

Texten der Dietrichdichtung bzw. -geschichtsschreibung zu blicken. Systematisch zu rekonstruieren und auszuwerten sind hier die Genealogien in den ›Dietrichviten‹, wie sie sich etwa in den auch untereinander divergierenden Fassungen der »Gesta Theoderici«, der »Kaiserchronik« und des »Urschwabenspiegels«, der »Thidrekssaga« und des sogenannten »Prosa-Heldenbuchs« finden.[47] Hier lassen sich exemplarisch diskursive Verschränkungen, aber auch Diskontinuitäten erarbeiten, die bei der Ausdifferenzierung von vorrangig literarischen und eher historischen Texten bedeutsam sein können. Die Analyse wird sich dabei auf die Fragen nach den jeweiligen Kontinuitätsstrukturen der Genealogien und ihren möglichen Brüchen richten und damit unmittelbar verbunden auf das Problem der Legitimität des Herrschers Dietrich/Theoderich. Durch die Untersuchung der Reihen der blutsverwandten Vorfahren und der Vorgänger im Amt, ihr Verhältnis zueinander sowie auch die Raum- und Zeitstrukturen der Herrschaft soll das jeweilige ›Bauprinzip‹ der Genealogien offengelegt werden und damit jene Regeln, die als Ordnungsmuster den Diskurs bestimmen.

Die drei Fassungen der »Gesta Theoderici« nach dem sogenannten Fredegar, nach Aimon und der »Vita Fuldensis«[48] zeichnen ein völlig anderes Bild von Theoderich, als es in der deutschen ›historischen Dietrichdichtung‹ entworfen wird. Dies ist schon an Theoderichs Herkunft ersichtlich: Statt der langen Reihe von Vorgängern und Vorfahren, wie sie das »Buch von Bern« rekonstruiert hatte, wird hier nur bis auf die Elterngeneration Theoderichs zurückgegriffen. In allen drei Fassungen wird er als Sohn eines makedonischen Sklavenpaars und zugleich als Adoptivsohn eines kinderlosen Patrizierehepaars dargestellt.[49] Er hat damit gewissermaßen zwei Elternpaare, ein niedrig geborenes im Blut und ein vornehmes durch das Gesetz: Illegitimität qua Natur und Legitimität qua Gesetz fallen so auseinander. Signifikant ist die Abweichung der »Vita Fuldensis«, die den Sklavenvater Theoderichs immerhin als den im Knabenalter verschleppten Theodemer, einen Bruder des Ostgotenkönigs Walamer, bestimmt[50] und damit zeigt, daß an dem Problem der Illegitimität gearbeitet wurde. Alle Fassungen zeichnen die Kurve einer Aufsteigerkarriere, die Theoderich steil hinauf an Hof Kaiser Leos und schließlich zum Amt des Herrschers in Italien führt. Die bewegte Lebensgeschichte, die sich auch in den Ortswechseln von Makedonien nach Konstantinopel und schließlich nach Italien abbildet, zeigt den Helden ganz im Gegensatz zum »Buch von Bern« weder als angestammten noch legitimen Herrscher in Italien. Vielmehr wird seine Existenz einerseits durch die Illegitimität ins Zwielicht gerückt, während sie andererseits schon in der Traumvision seiner

[47] Weitere Texte bei Roswitha Wisniewski: Mittelalterliche Dietrichdichtung, Stuttgart 1986 (Sammlung Metzler 205), S. 58–92.

[48] Vgl. Chronicarum quae dicuntur Fredegarii scholastici liber II, c. 57–59, in: Fredegarii et aliorvm chronica vitae sanctorvm, hg. von Bruno Krusch, Hannover 1888 (MGH SS rer. Merov. 2), S. 78–83; Vita Fuldensis, ebd., S. 202–210; Vita ex Aimoino hausta, ebd., S. 210–214.

[49] Fredegar (Anm. 48), lib. II, c. 57, S. 78f.; vgl. Vita Fuldensis (Anm. 48), c. 1, S. 202; Vita ex Aimoino hausta (Anm. 48), c. 2, S. 210f.

[50] Vita Fuldensis (Anm. 48), c. 1, S. 202.

Mutter[51], aber auch in der ganzen Art seines Aufstiegs in einen nahezu übermenschlichen Bereich hinein gesteigert wird. Hier liegen Ambivalenzen in der Bewertung der Figur, die bei den integrierten christlichen Schilderungen von Theoderichs Tod noch einmal zum Austrag kommen.[52]

Solche Ambivalenzen in der Charakterisierung des Helden zeigt auch die Dietrichvita in der »Kaiserchronik« (v. 13825–14193), die kontextuell in die Biographie Kaiser Zenos und damit in die Kette der kaiserlichen Amtssukzessionen eingebunden ist. Sie weiß von einem Makel in seiner Abstammung, der in der Anschuldigung seiner Gegner, Dieterîch sei ein Kebsensohn (v. 13913: *kebeselinge*; vgl. v. 14115, v. 14148) – was im »Urschwabenspiegel« noch zum Vorwurf der Abkunft vom Teufel gesteigert ist[53] –, zum Ausdruck gebracht wird.[54] Dieterîchs daraufhin ausbrechender berserkerhafter Zorn hebt ihn wie sein dämonischer Tod (v. 14170–14175) über den menschlichen Bereich hinaus, wozu auch die Wertung als *ubel wuotgrimme* (v. 14154) am Ende der Vita paßt. Sie markiert einen bemerkenswerten Bruch in der Einschätzung Dieterîchs durch die »Kaiserchronik«, da dieser vorher als idealer Herrscher gezeichnet worden war.[55] Dieterîchs Vorfahren sind als Herrscher von Mêrân gerade nicht seine Vorgänger in der kaisergleichen Stellung als Herr des römischen Reiches, denn sein Weg führt aus der Heimat Mêrân über die Stellung am Kaiserhof Zenos in Konstantinopel zur Herrschaft in Italien. Funktional dient die Genealogie, die in drei Generationen entwickelt wird, also nicht dem Aufweis einer angestammten Herrschaft Dieterîchs über Italien, sondern vielmehr der historiographischen Klarstellung, daß nicht Dieterîch selbst, sondern sein Großvater Zeitgenosse Etzels war (v. 13839–13857, v. 14176–14187).[56]

Auch in der »Thidrekssaga«[57] wird die Dietrichvita in weltgeschichtliche Zusammenhänge eingebunden. Der Prolog ordnet sie zeitlich nach dem Tod Konstantins des Großen ein und erzählt von der Deszendenz des ursprünglich riesenhaften Menschengeschlechts seit der Zeit Noahs (S. 62f.). In der Schilderung des jungen Thidrek und seiner Vorfahren wird klar, daß sie zu den wenigen gehören

---

[51] Fredegar (Anm. 48), c. 57, S. 78; vgl. Vita Fuldensis (Anm. 48), c. 1, S. 202; Vita ex Aimoino hausta (Anm. 48), c. 2, S. 210.

[52] Fredegar (Anm. 48), c. 59, S. 83; vgl. Vita Fuldensis (Anm. 48), c. 19, S. 209f.; Vita ex Aimoino hausta (Anm. 48), c. 3, S. 214.

[53] Vgl. Studia iuris Suevici. I. Urschwabenspiegel, hg. von Karl August Eckhardt, Aalen 1975 (Bibliotheca rerum historicarum 4.I), S. 292.

[54] Die Kaiserchronik eines Regensburger Geistlichen, hg. von Edward Schröder, München 1984 [Reprint der Ausgabe Hannover 1892] (MGH Deutsche Chroniken und andere Geschichtsbücher des Mittelalters I.1), v. 14119–14124.

[55] Zur Frage der Bewertung Dieterîchs in der »Kaiserchronik« siehe jetzt Ernst Hellgardt: Dietrich von Bern in der deutschen ›Kaiserchronik‹. Zur Begegnung mündlicher und schriftlicher Traditionen, in: Deutsche Literatur und Sprache von 1050–1200, Festschrift für Ursula Hennig zum 65. Geburtstag, hg. von Annegret Fiebig/Hans-Jochen Schiewer, Berlin 1995, S. 93–110, hier S. 105–109, mit Diskussion der Forschung.

[56] Vgl. dazu ebd., S. 96–104.

[57] Zitiert nach: Die Geschichte Thidreks von Bern, Düsseldorf/Köln ²1967 (Thule 22); vgl. Þiðriks saga af Bern, hg. von Henrik Bertelsen, Kopenhagen 1905–1911, 2 Bde.

(S. 69f., S. 85), die über die Generationen hinweg an die Qualitäten der Menschen zur Zeit Noahs anschließen können. Thidreks Genealogie, die in der Saga in drei Generationen vom Großvater mit dem alttestamentarischen Namen Samson an entwickelt wird (S. 69–84), ist so an die große Erzählung von der Geschlechterfolge seit Noah gebunden: Die Genealogie des Einzelgeschlechts wird situiert in der Genealogie der Menschengeschlechter – und einmal mehr wird deutlich, wie sehr die Geschlechterfolgen des Alten Testaments den großen Intertext für die vielen genealogischen Einzeltexte bilden.

Im Unterschied zu den bisher vorgestellten Viten sind Thidreks Vorfahren hier wie im »Buch von Bern« bereits in Italien angesiedelt (S. 70–84, ab S. 319). Der Held wird somit zwar als rechtmäßiger Erbe und Nachfolger seines Vaters im Land um Bern dargestellt, dennoch bleiben offensichtlich auch hier gewisse Zweifel an seiner Legitimität, die sich im Vorwurf Högnis äußern, Thidrek sei ein Teufel bzw. stamme vom Teufel ab (S. 412). Zudem scheinen die Herrschaftsverhältnisse noch eher instabil zu sein, da die Königswürde überhaupt erst in der Generation Samsons gewaltsam errungen ist und Bern erst von Thidreks Vater erobert wird. Thidrek kann also nicht wie Dietrich im »Buch von Bern« auf eine lange Kontinuität und Stabilität garantierende Reihe von genealogischen Vorfahren und Vorgängern im Amt zurückblicken.

Griff schon die »Thidrekssaga« im Prolog in menschheitsgeschichtliche Zusammenhänge aus, so ist der genealogische Entwurf eines Heldenzeitalters, in dem die wichtigsten Figuren und Stoffe der deutschen Heldendichtung in einer historisch-geographischen Gesamtschau dargeboten werden, im sogenannten »Prosa-Heldenbuch« noch bedeutend umfassender.[58] Für seine Konzeption einer Herogonie läßt sich wiederum ein möglicher alttestamentarischer Intertext als Referenzpunkt ausmachen, Gen 6,4, wo auf die Zeugung der Helden aus der Verbindung von Gottessöhnen und Menschentöchtern in der Vorzeit eingegangen wird.[59] Die Genealogie der Helden, die zugleich eine Genealogie der deutschsprachigen Heldendichtung darstellt[60], wird mit einer Überschrift eingeleitet, die programmatisch eine Ursprungsgeschichte in Aussicht stellt: *In disem teile findet man wie die helden des ersten auff seind kummen* [...] (1[r]).

Es folgt eine Aufzählung der Helden, die bemüht ist, von genealogischen Zusammenhängen auszugehen, und in die auch die Geschichte der Abstammung Dieterichs von Bern integriert ist (1[v]–5[r]). Kaiser Otnit (2[r–v]) ist Dieterichs Vorgänger als Herrscher über das Land Bern; Wolfdieterich, dessen Genealogie über seinen Vater Hugdieterich noch bis auf den Großvater König Anzigus von Griechenland verlängert wird, ist Vorfahr des Helden. Die Geschichte des Ge-

---

[58] Vgl. Heldenbuch, nach dem ältesten Druck in Abbildung hg. von Joachim Heinzle, Bd. I: Abbildungsband, Bd. II: Kommentarband, Göppingen 1981–1987 (Litterae 75.I–II), Prosa-Heldenbuch, Bd. I, Bl. 1[r]–6[r].

[59] Zur Charakterisierung und Überlieferung des Prosa-Heldenbuchs vgl. Kurt Ruh: Verständnisperspektiven von Heldendichtung im Spätmittelalter und heute, in: Deutsche Heldenepik in Tirol (Anm. 35), S. 15–31, hier S. 17–21; vgl. Heinzle (Anm. 58), Bd. II; ders., [Art.] Heldenbücher, in: ²VL, Berlin/New York, Bd. 3, Sp. 947–956, hier Sp. 953–956.

[60] Vgl. Ruh (Anm. 59), S. 18.

schlechts führt damit vom oströmischen Reich nach Italien, und bereits Wolfdieterich wird als römischer Kaiser bezeichnet. Von ihm läuft die genealogische
Linie über Kaiser Dietmar (3^{r-v}) zu seinen vier Söhnen: Dieterich von Bern,
König Ermentrich, König Harlung und dem jungen Diether (3^v). Die Genealogie
zeigt Dieterich, nicht Ermentrich, als legitimen Herrscher in Bern, der zu Unrecht
von seinem Bruder vertrieben wird. Dennoch liegt auch hier ein Schatten über
seiner Herkunft. Während der Schwangerschaft erscheint Dieterichs Mutter ein
Dämon und weissagt, sie werde den *sterckest geist* gebären, einen Helden, der im
Zorn Feuer speien wird (3^v). Dieterichs Abstammung wird also auch hier in den
dämonischen Bereich gehoben. Insgesamt ist die Genealogie wesentlich weniger
auf Harmonisierung angelegt als jene im »Buch von Bern«. Dies zeigt sich schon
in den Konflikten Wolfdieterichs mit seinen Brüdern (3^r), die den Bruderzwist in
der Generation Dieterichs und Ermentrichs genealogisch vorprägen.

Die ideale Konstruktion der Vorgeschichte im »Buch von Bern«, die auf
Dietrich als legitimen römischen Herrscher zuläuft, erweist sich gerade im diskursiven Vergleich mit den anderen Dietrichgenealogien als singulär. Keiner der
anderen Texte zeigt eine ähnlich lange und konfliktfreie Genealogie der Vorgänger und Vorfahren Dietrichs, die schon in ihrem Konstruktionsprinzip durch die
Einlinigkeit und das biblische Lebensalter ihrer jeweiligen Vertreter in solch
hohem Maße auf die Kontinuität von Herrschaft ausgerichtet ist, und keiner der
anderen Texte verfolgt ein ähnlich ausgeprägtes Interesse an der Legitimität
Dietrichs bzw. Theoderichs im Amt des Herrschers. Vielmehr werden immer
wieder Ambivalenzen in der Person des Helden herausgestellt, Ambivalenzen,
die ihn nicht selten in einer Art Übergangszone zwischen menschlichem und
dämonischem Bereich situieren und mit dem Makel einer illegitimen, ja sogar
diabolischen Abstammung stigmatisieren. Die außergewöhnliche Herkunft, die
den Helden ins Zwielicht rückt, steht wohl mit dem Staunen über seine Taten in
Verbindung.[61] Sie kann insofern ein Legitimierungs- oder ein Delegitimierungs-
potential mit sich führen. Im Blick auf Dietrich mag sich hier besonders in den
historiographischen Texten christlicher Einfluß im Sinne einer Delegitimierung
bemerkbar machen.[62]

Divergierend wie die Bewertung des Helden in der Frage seiner Legitimität
sind auch die Raum- und Zeitstrukturen der genealogischen Versionen. Sind die
Genealogien nur kurz, so schiebt sich – etwas vereinfacht gesagt – der Aspekt der
Aufsteigergeschichte gegen eine mögliche Kontinuität in den Vordergrund. Einige Texte kennen Griechenland und das oströmische Reich als Herkunftsland der

---

[61] Vgl. Gunhild Pörksen/Uwe Pörksen: Die ›Geburt‹ des Helden in mittelhochdeutschen
Epen und epischen Stoffen des Mittelalters, in: Euphorion 74, 1980, S. 257–286, hier S. 275–
279.

[62] Daß die Legitimität des Helden öfter in Parallelversionen in Zweifel gezogen wurde,
zeigt u. a. die Alexandergeschichte; vgl. dazu Pörksen (Anm. 61), S. 263; vgl. jetzt auch Udo
Friedrich: Überwindung der Natur. Zum Verhältnis von Natur und Kultur im ›Straßburger
Alexander‹, in: Fremdes wahrnehmen – fremdes Wahrnehmen. Studien zur Geschichte der
Wahrnehmung und zur Begegnung von Kulturen in Mittelalter und früher Neuzeit, hg. von
Wolfgang Harms/C. Stephen Jaeger in Verbindung mit Alexandra Stein, Stuttgart/Leipzig 1997,
S. 119–136, hier S. 124–126.

Sippe Dietrichs und konstruieren den Weg des Helden bzw. seines Geschlechts als Eroberungsgeschichte. Gerade in solchen Ortswechseln sind Elemente einer Diskontinuität enthalten, die das »Buch von Bern« konsequent vermeidet.

Diese Regeln bzw. ›Bauprinzipien‹ der jeweiligen Genealogien ließen sich erst im diskursiven Vergleich umfassender erhellen. Es hat sich gezeigt, daß auch das Verhältnis der Reihen von Vorgängern und Vorfahren unterschiedlich profiliert sein kann. Steht etwa im »Buch von Bern« die Amtssukzession letztlich im Vordergrund, so spielt diese in den »Gesta«, der »Kaiserchronik« oder auch in der »Thidrekssaga« eine geringe Rolle. Wie kompliziert die Verhältnisbestimmung von Vorgängern und Vorfahren im einzelnen sein kann, zeigt auch ein Blick auf die ›Amaler‹-Genealogie in Jordanes' »Getengeschichte«: Sie gibt sich als Geschichte der Ostgotenkönige aus und beruht doch bei näherer Betrachtung eher auf dem Sippenzusammenhang der Amaler.[63]

Die im »Buch von Bern« besonders stark ausgeprägte, aber auch in der »Thidrekssaga« und im »Prosa-Heldenbuch« erkennbare Stilisierung der Genealogie nach biblischem Muster entspricht dem Befund, daß die Genealogien Christi und des Alten Testaments modellbildend gerade für die besonders im Hoch- und Spätmittelalter verbreitete Textgattung ›Genealogien‹ waren.[64] Hier liegen die ›Grammatik‹, die Konstruktionsprinzipien der Genealogie gewissermaßen offen und können zudem noch in häufig beigefügten graphischen Gestaltungen skeletthaft umgesetzt werden.[65]

III

Zusammenfassend läßt sich die besondere Idealität der Vorgeschichte Dietrichs im »Buch von Bern« als eine ›Übercodierung‹, ein Mehrwert dieses Textes gegenüber den anderen literarischen und historiographischen Texten verstehen. Bei der Analyse dieses Textfeldes konnten an begrenztem Material Problemstellungen und Konstruktionsweisen mittelalterlicher Genealogie erhellt werden. Den Fokus bildete das genealogische Leitprinzip der Kontinuität bzw. Stabilität von Herrschaft, das in seiner Vernetzung mit zeitgenössischen Kontinuitätskonzepten und mittelalterlichen Vorstellungen der Zeit erhellt wurde. Weiterhin ließ

---

[63] Iordanis Romana et Getica, hg. von Theodor Mommsen, Berlin 1882 (MGH Auctorum antiquissimorum V.1), S. 76–78: Getica, § 79–81.

[64] Vgl. dazu das reiche Material bes. bei Melville, Vorfahren und Vorgänger (Anm. 9); ders.: Geschichte in graphischer Gestalt. Beobachtungen zu einer spätmittelalterlichen Darstellungsweise, in: Geschichtsschreibung und Geschichtsbewußtsein im späten Mittelalter, hg. von Hans Patze, Sigmaringen 1987 (Vorträge und Forschungen 31), S. 57–154, hier S. 65–107, mit Abbildungen im Anhang ab S. 113; aber auch bei Leopold Genicot: Les Généalogies, Turnhout 1975 (Typologie des sources du Moyen Age occidental 15); und Birgit Studt: Gebrauchsformen mittelalterlicher Rotuli: Das Wort auf dem Weg zur Schrift – die Schrift auf dem Weg zum Bild, in: Vestigia Monasteriensia: Westfalen – Rheinland – Niederlande, hg. von Ellen Widder/Mark Mersiowsky/Peter Johanek, Bielefeld 1995 (Studien zur Regionalgeschichte 5), S. 325–350.

[65] Vgl. dazu Melville, Geschichte in graphischer Gestalt (Anm. 64).

sich der Text auf den mittelalterlichen Sprachdiskurs hin öffnen, insofern sich genealogische Verbindungen zwischen den Eigennamen, also auf der Signifikantenebene, zeigten. Und nicht zuletzt arbeitet Genealogie auch im »Buch von Bern« als Intertextualitätsmodell, das nicht nur den Zusammenhang der Helden, sondern auch jenen der Texte garantiert.

Versteht man Genealogien so als kulturelle Selbstbeschreibungsmodelle, die diskursiv mit den zeitgenössischen Wissensformationen verschränkt sind, werden die anthropologischen Kategorien von Familie und Verwandtschaft in ihrer historischen Bedingtheit erkennbar, und die Analyse läßt sich lesen als Beitrag zu einer in diesem Sinne verstandenen ›Historischen‹, näherhin einer ›Literarischen Anthropologie‹.

Regimen corpusculi
oder:
Die Körper und Zeichen des Guibert de Nogent

von Christian Kiening (München)

Phänomene der Körperlichkeit sind in den letzten Jahren im Rahmen einer kulturwissenschaftlich oder historisch-anthropologisch orientierten Mediävistik zunehmend in den Blick gerückt. Beschrieben wurden Praktiken des Umgangs mit dem Körper, domestizierende und entgrenzende, inszenierende und ritualisierende, die nicht einfach Variationen des biologisch Gegebenen, sondern Manifestationen komplexer soziokultureller Symbolisierungen erkennen ließen.[1] Körper sind, wo sie in schriftlicher und bildlicher Überlieferung begegnen, von Zeichen umgeben und fungieren selbst als Zeichen, als Markierungen situativer, ständischer, alters- und geschlechterspezifischer Zuordnungen. Sie stehen im Schnittpunkt verschiedener lebensweltlicher Sinnsysteme (Bewegung, Gestik, Kleidung, Ernährung, Sexualität etc.), die wiederum in Text und Bild auf verschiedene Weise konfiguriert werden können. Statt einer globalen Geschichte ›des‹ Körpers ergibt sich damit eine Vielzahl partikularer Geschichten:

>»Zu behaupten, mittelalterliche Ärzte, Rabbiner, Alchemisten, Prostituierte, Ammen, Laienprediger und Theologen hätten ›eine einheitliche‹ Vorstellung von ›dem Körper‹ gehabt, ist ungefähr so richtig wie die Behauptung, Charles Darwin, Beatrix Potter, ein Wilderer und ein Dorfmetzger hätten ›einen‹ Begriff von ›dem Kaninchen‹ gehabt«.[2]

Doch dieses Nebeneinander partikularer Körperbilder tritt erst für das hohe und vor allem das späte Mittelalter deutlich in Erscheinung. Erst hier lassen sich verschiedene Diskurse klarer voneinander abheben: ein höfischer, der in der

---

[1] Ältere und jüngere Literatur ist verzeichnet bei Barbara Duden: Body History – Körpergeschichte. A Repertory, New York 1990 (Tandem 1); weiterführend seitdem: Roy Porter: History of the Body, in: New Perspectives on Historical Writing, hg. von Peter Burke, Oxford 1991, S. 206–232; Fremdkörper – fremde Körper – Körperfremde. Kultur- und literaturgeschichtliche Studien zum Körperthema, hg. von Burkhardt Krause, Stuttgart 1992 (Helfant Studien S 9); Gepeinigt, begehrt, vergessen. Symbolik und Sozialbezug des Körpers im späten Mittelalter und in der frühen Neuzeit, hg. von Klaus Schreiner/Norbert Schnitzler, München 1992; Le corps et ses énigmes au Moyen Age, hg. von Bernard Ribémont, Caen 1993; Framing Medieval Bodies, hg. von Sarah Kay/Miri Rubin, Manchester 1994; Figures of Speech. The Body in Medieval Art, History, and Literature, hg. von Allen J. Frantzen/David A. Robertson, o. O. 1995 (Essays in Medieval Studies 11).

[2] Caroline Walker Bynum: Warum das ganze Theater mit dem Körper? Die Sicht einer Mediävistin, in: Historische Anthropologie 4, 1996, S. 1–33, hier S. 7; vgl. auch: Fragments for a History of the Human Body, hg. von Michel Feher/Ramona Nadaff/Nadia Tazi, New York 1989, 3 Bde.; Körper-Geschichten. Studien zur historischen Kulturforschung V, hg. von Richard van Dülmen, Frankfurt a. M. 1996 (Fischer 12685).

Literatur nicht selten das Spiel mit Abweichungen und Grenzüberschreitungen erprobt[3], ein theologischer, der die patristische Diskussion um die Form der leiblichen Auferstehung neu aufnimmt[4], ein spiritueller, der den Körper speziell als weibliches Erfahrungsmedium profiliert[5], ein medizinisch-chirurgischer, der Konkretheit und Symbolbedeutung des Körpers verbindet und sich im Wissenschaftssystem zwischen Arithmetik und Grammatik situiert.[6] Für die Zeit vor dem 12. Jahrhundert deuten sich solche diskursiven Differenzierungen nur an. Vieles bleibt blaß, entbehrt der situativ-historischen Dichte, die es erlauben könnte, Formen der Eigen- und Fremdwahrnehmung des Körpers zu unterscheiden, Relationen von Körper und Geschlecht zu rekonstruieren. Aus den (heidnischen) Stammesrechten kennt man Vorstellungen von Übergriffen gegen den menschlichen Körper, aus den (christlichen) Mirakelberichten Typen von Krankheit und Heilung, aus den Bußbüchern, negativ gebrochen, eine bunte Palette von Exzessen und Transgressionen im Spannungsfeld von Gewalt und Sexualität. Doch der Körper, von dem hier die Rede ist, hat überwiegend allgemeinen, theoretischen und normativen Charakter. Weder seine individuelle Konstitution noch seine – in traditionellen Gesellschaften durchaus zentrale – symbolische oder rituelle Aufladung in spezifischen Situationen und Kontexten[7] werden mehr als punktuell sichtbar. Als gefallener oder zerstückelter, beschädigter oder fragmentierter, zu heilender, zu kontrollierender oder zu neutralisierender ist der Körper primär Zeichen von Defizienz, nicht Quelle von Erfahrung.

Auch dort, wo sich, wie in den früh- und hochmittelalterlichen Autobiographien, Ansätze zur Subjektivierung zeigen, bleibt der individuelle Körper dem allgemeinen untergeordnet, seine Wahrnehmung an die dominante Codifizierung und Normierung des klerikalen Diskurses gebunden. Prägend wirkt nach wie vor

---

[3] Joachim Bumke: Höfischer Körper – Höfische Kultur, in: Modernes Mittelalter, hg. von Joachim Heinzle, Frankfurt a. M. 1994, S. 67–102; eine Synthese von literarischer Körperdarstellung (in französischer Epik) gibt Danielle Régnier-Bohler: Die Erfindung des Selbst: Auskünfte der Literatur, in: Geschichte des privaten Lebens, 2. Bd.: Vom Feudalzeitalter zur Renaissance, hg. von Georges Duby, Frankfurt a. M. 1990 [zuerst frz. 1985], S. 301–370, hier S. 341–355.

[4] Caroline Walker Bynum: The Resurrection of the Body in Western Civilisation, 200–1336, New York 1995 (Lectures on the History of Religions 15).

[5] Caroline Walker Bynum: Holy Feast and Holy Fast. The Religious Significance of Food to Medieval Women, Berkeley/Los Angeles/London 1987; dies.: Fragmentierung und Erlösung. Geschlecht und Körper im Glauben des Mittelalters, Frankfurt a. M. 1996 (edition suhrkamp 1731) [zuerst engl. 1991]; Christine Ruhrberg: Der literarische Körper der Heiligen. Leben und Viten der Christina von Stommeln (1242–1312), Tübingen/Basel 1995 (Bibliotheca Germanica 35).

[6] Marie-Christine Pouchelle: Corps et chirurgie à l'apogée du moyen âge. Savoir et imaginaire du corps chez Henri de Mondeville, chirurgien de Philippe le Bel, Paris 1983; vgl. auch: Die Geschichte des medizinischen Denkens. Antike und Mittelalter, hg. von Mirko D. Grmek, München 1996 [zuerst ital. 1993].

[7] Vgl. Mary Douglas: Ritual, Tabu und Körpersymbolik. Sozialanthropologische Studien in Industriegesellschaft und Stammeskultur, Frankfurt a. M. 1986 (Fischer 7365) [zuerst engl. 1970]; The Anthropology of the Body, hg. von John Blacking, London/New York/San Francisco 1977.

die Dichotomie von Körper und Geist/Seele[8], wirkt die heilsgeschichtliche Konzeption, dergemäß sich die Erhabenheit des Körpers – als Ebenbild Gottes und als mikrokosmischer Spiegel der makrokosmischen Ordnung – erst jenseitig und zukünftig entfalte, seine Bedeutung für menschliche Personalität erst in seiner Aufhebung realisiere: Erst als toter kann der Körper, integral bewahrt oder wiederhergestellt, in der leiblichen Auferstehung optimiert und spiritualisiert werden. Als lebendiger hingegen ist er vor allem Moment der Gefährdung: Von ihm »gehen natürliche und unkontrollierbare Triebe aus«, in ihm manifestieren sich »Bosheit und Verderbtheit – Krankheit und Ansteckung«, ihn unterwirft man »läuternden Strafen, um Sünde und Schande von ihm zu nehmen«, um aber auch die Beschaffenheit der Seele und die Optionen von Heil oder Verderben zum Vorschein zu bringen.[9]

Und doch bietet gerade der Modus von Ich-Aussagen spezifische Möglichkeiten, das Reden über den Körper zu verändern. In ihm bekommt die generell ambivalente Indikatorfunktion des Körpers – insofern dem äußerlich Häßlichen sowohl eine innerliche Verdorbenheit wie eine heilsgeschichtliche Auserwähltheit und dem äußerlich Schönen sowohl eine sittliche Vorbildlichkeit wie eine soteriologische Verworfenheit entsprechen kann – eine neue Dynamik. Der Körper, der als der Körper dessen erscheint, der spricht, ist nicht einfach ein Objekt, das in korrespondierendem oder kontrastivem Verhältnis zur Seele steht, sondern vertritt eine Grenze, die dem auktorialen Ich seinen Anhaltspunkt und seine Authentizität verleiht. Er fungiert als textuelles Phänomen, dessen Bedeutung sich in hermeneutischen Operationen entschlüsseln läßt, zugleich aber als ein nicht-textuelles Etwas, dessen Existenz Bedingung der Möglichkeit des Textes und damit der Konstitution des Autors ist. Das ändert nichts daran, daß auch dieser Körper in der Regel als zeichenhafter interessiert und nicht als konkret physischer, an dem die Mißlichkeiten des Alltags ihre Spuren hinterlassen. Doch es lenkt den Blick auf jene Zeichen, deren Semantik sich der Eindeutigkeit entzieht, deren Ort im Diskurs des Textes sich der klerikalen Diskursivierung des Körpers nicht restlos einfügt.

Genau solche Punkte des Textes, Momente des Widerständigen und Widerstimmigen, haben in den letzten Jahren zunehmend die Aufmerksamkeit der mediävistischen Literaturwissenschaft auf sich gezogen. In dem Maße, in dem Asymmetrien, Brüche und Verschiebungen nicht mehr als interpretatorische Nebensächlichkeiten ausgeblendet wurden, traten komplexere Textprofile ans Licht, wurden Grenzen der Versprachlichung sichtbar, die wiederum die Historizität literarischer Überlieferungen kennzeichnen. Das folgende Fallbeispiel erweist sich in dieser Hinsicht als besonders ergiebig. An ihm kann deutlich werden

---

[8] Zur frühchristlichen Ausbildung dieses Diskurses: Aline Rousselle: Der Ursprung der Keuschheit, Stuttgart 1989 [zuerst frz. 1983]; Peter Brown: Die Keuschheit der Engel. Sexuelle Entsagung, Askese und Körperlichkeit im frühen Christentum, München 1994 (dtv 4627) [zuerst engl. 1988]; Alvyn Pettersen: Athanasius and the Human Body, Bristol 1990.

[9] Georges Duby: Situationen der Einsamkeit: 11. bis 13. Jahrhundert, in: Geschichte des privaten Lebens, 2. Bd. (Anm. 3), S. 473–495, hier S. 484f.; vgl. auch Michel Sot: Mépris du monde et résistance des corps aux XIe et XIIe siècles, in: Médiévales 8, 1985, S. 6–17.

– und dies vielleicht zum ersten Mal im abendländischen Mittelalter in solcher
Klarheit –, daß Körper in Texten, jenseits einer bloß motivischen Funktion, in
spezifischer Weise lebensweltliche Bezüge aufbauen und in die Schreibbewe-
gung hineinnehmen können.

Guibert de Nogent, geboren vermutlich 1055 in Clermont-en-Beauvaisis, seit
etwa 1068 Benediktinermönch im Kloster Saint-Germer-de-Fly (Diözese Beau-
vais) und seit 1104 Abt des Konvents Nogent-sous-Coucy (Diözese Laon), verfaßte aller Wahrscheinlichkeit nach im Jahre 1115 ein dreiteiliges Werk, das er
selbst in einem späteren Traktat (zum Reliquienkult) als *libri monodiarum* bezeichnete.[10] Das erste dieser ›Bücher der Einzelgesänge‹ behandelt Guiberts
Leben vor der Abtwahl, das zweite berichtet von den früheren Äbten von Nogent,
das dritte erzählt die Ereignisse im Umfeld des Aufstands der Kommune von
Laon im Jahre 1112. Die *libri monodiarum* hatten, wie es scheint, nur begrenzte
Wirkung in den folgenden Jahrhunderten[11], galten aber der modernen Forschung
als »erste umfassende Autobiographie [...] der mittellateinischen Literatur«.[12]
Sie galten auch, vor allem in ihrem Eingangsteil, als psychohistorisches Dokument: als Thematisierung einer problematischen Mutterbindung, die Schuldge-
fühle, ja sogar einen Kastrationskomplex verursacht habe, als Rationalisierung
frühkindlicher Konflikte, die im Medium der Schrift therapeutisch bewältigt
worden seien.[13]

Das Problem einer solchen psychohistorischen Lektüre liegt darin, daß sie
selbst dann, wenn sie das übrige ausgedehnte (historiographische und theologische) Werk Guiberts hinzuzieht, über kein Material verfügt, das zum Entwurf
eines geschlossenen Psychogramms und zur Applikation moderner analytischer
Kategorien geeignet wäre. Sie steht damit in der Gefahr, einzelne Textelemente

[10] Ausgabe (zitiert mit Angabe von Buch-, Kapitel- und Seitenzahl): Guibert de Nogent:
Autobiographie. Introduction, édition et traduction par Edmond-René Labande, Paris 1981 (Les
classiques de l'histoire de France au moyen âge 34); wichtig für die Erschließung des Textes
bleibt auch die Übersetzung: Self and Society in Medieval France. The Memoirs of Abbot
Guibert of Nogent, hg. und eingeleitet von John F. Benton, Toronto/Buffalo/London ²1984 (Me-
dieval Academy Reprints for Teaching 15).
[11] Der Text ist vollständig nur in einer aus dem 17. Jahrhundert stammenden Abschrift einer
Handschrift (vermutlich) des 15. Jahrhunderts überliefert, doch gibt es einige Fragmente und
Auszüge (die in der Ausgabe von Labande nicht berücksichtigt sind); vgl. François Dolbeau:
Deux nouveaux manuscrits des ›Mémoires‹ de Guibert de Nogent, in: Sacris Erudiri 26, 1983,
S. 155–175; Constant J. Mews: Guibert of Nogent's ›Monodiae‹ (III,17) in an appendage to the
›De haeresibus‹ of Augustine, in: Revue des Etudes Augustiniennes 33, 1987, S. 113–127.
[12] Georg Misch: Geschichte der Autobiographie, 3. Bd.: Das Mittelalter, 2. Tl.: Das Hoch-
mittelalter im Anfang. 1. Hälfte, Frankfurt a. M. 1959, S. 108–162, hier S. 109; vgl. auch Aaron
J. Gurjewitsch: Das Individuum im europäischen Mittelalter, München 1994, S. 146–160.
[13] John F. Benton: The Personality of Guibert of Nogent, in: Psychoanalytic Review 57,
1970/71, S. 563–586; Jonathan Kantor: A Psycho-historic Source: the Memoirs of Abbot
Guibert of Nogent, in: Journal of Medieval History 3, 1976, S. 281–304; Chris D. Ferguson:
Autobiography as Therapy: Guibert de Nogent, Peter Abelard, and the Making of Medieval
Autobiography, in: Journal of Medieval and Renaissance Studies 13, 1983, S. 187–212, bes.
S. 194–199.

auf vermeintlich universale psychologische Kategorien zu reduzieren und zugleich ihre literarische Funktionalität zu verkennen.[14] Methodisch sicherer scheint es, die Analyse der im Text entworfenen Spannungen von Innen- und Außenwelt und ihrer kontextuellen Beziehungen der Projektion auf ein nicht textbezogenes Modell des menschlichen Seelenhaushalts vorzuschalten. Schon die zunächst heterogen wirkende Dreiteiligkeit der ›Autobiographie‹ gehorcht ja durchaus einem immanenten Formprinzip. Zwei etwa gleich lange Teile sind gruppiert um einen schmalen Mittelteil, der sie zugleich auktoriell verknüpft: Die autobiographisch-diachrone und die zeithistorisch-synchrone Perspektive besitzen ihren Drehpunkt eben in jener Einsetzung Guiberts zum Abt von Nogent, von der sich auf einen abgeschlossenen früheren Lebensabschnitt zurückschauen, aber auch eine neue Form der Teilhabe an der (zum Zeitpunkt der Niederschrift noch unentwirrten) ›Gemengelage‹ der Gegenwart entwickeln ließ. Jeder der drei Teile endet mit Visionen oder Mirakeln, die das irdische Geschehen immerhin punktuell als Zeichen göttlicher Gerechtigkeit erweisen.

Auch das, was in den »Monodiae« scheinbar autobiographisch-intimen Charakter hat, ist also in seiner Funktion für die Konstruktion einer spezifischen Wirklichkeit zu erfassen. Die Ich-Perspektive arbeitet mit dem Spannungsfeld von Einst und Jetzt und unterwirft zugleich das Frühere dem Gegenwärtigen, ohne beides klar zu scheiden. Guibert zielt nicht auf eine möglichst vollständige, psychoanalytisch verwertbare biographische Anamnese, sondern benutzt die augustinisch geprägte Unmittelbarkeit des Ichs zu Gott[15], um die Sündhaftigkeit individueller Existenz in einer als amoralisch, korrupt und gewalttätig gekennzeichneten Zeit zu profilieren, gleichzeitig aber aus der Gefährdung die spezifische Dynamik des literarischen Unternehmens zu gewinnen. Das Leben nicht einfach Schritt für Schritt erzählend, sondern im Wechsel von Bericht und Deutung, von Vorgriff, Rückgriff und Digression entfaltend, versucht er, ›die eigene narrative Autorität zugleich zu bestätigen und zu unterminieren‹.[16] Dabei entdeckt er den Körper als die sowohl hindernde wie nötige Lebensbedingung, in der Ich und Welt sich berühren, als den Widerpart einer conversio, der diese erst eigentlich ans Licht bringt, als das Element des Textes, das verschiedene Berichtsperspektiven, ungeachtet ihrer historiographischen Differenz, zu verbinden vermag.[17]

Bereits der Eingang des Textes nimmt auf die körperliche Verfassung Bezug: ›Ich bekenne die Schlechtigkeit meiner Kindheit und Jugend, die selbst im reifen

---

[14] Kritisch in diesem Sinne auch M. D. Coupe: The Personality of Guibert of Nogent Reconsidered, in: Journal of Medieval History 9, 1983, S. 317–329.

[15] Vgl. Frederic Amory: The Confessional Superstructure of Guibert de Nogent's ›Vita‹, in: Classica et Mediaevalia 25, 1964, S. 224–240.

[16] Seth Lerer: *Transgressio studii*: Writing and Sexuality in Guibert of Nogent, in: Stanford French Review 14, 1990, S. 243–266, hier S. 263.

[17] Lerer (ebd.) eröffnet wichtige Perspektiven auf die »association between literacy and sexuality« (S. 244), verengt diese aber zugleich – in einer (mittelbar) lacanistischen Lektüre weniger Textpassagen – auf »associations of the penis and the pen« (S. 264) und auf Formen von Autoreferentialität.

Alter noch glüht, und den nicht erloschenen Drang zum Verdorbenen, der selbst
aus der Stumpfheit des ermüdeten Körpers noch nicht gewichen ist.‹[18] Das
confiteor des reuigen Sünders, adressiert wie bei Augustinus direkt an Gott, folgt
jenem oben erwähnten dualistischen Grundgedanken, demzufolge sich im Körper
als einem Ort der Sündhaftigkeit und Hort des Bösen die ein Leben lang andau-
ernde Gefährdung des Menschen manifestiert. Der Geist hat den Begierden des
Körpers zu widerstehen, damit nicht die Seele selbst zugrunde gerichtet wird (I,1,
S. 6) und damit eben dieser Körper, von seinen irdischen Mängeln befreit und
dem Körper Christi angeglichen, Träger des menschlichen Heils werden kann.[19]
Schon die Tatsache aber, daß Guibert hier von den Auferstehungsleibern als
nostra electorum corpora spricht, macht deutlich, daß nicht nur generell die
christliche Dichotomie von Diesseits und Jenseits im Blick ist. Im Reden über
den Körper bleibt die Subjektposition präsent, auch wo sie zurückgenommen
scheint. Die Autobiographie verknüpft Individual- und Heilsgeschichte und versteht die Selbsterkenntnis als Basis der Gotteserkenntnis: ›Wie könnte ich auch
nur einen schwachen Schimmer Deiner Größe erhaschen, wenn ich mir selbst
gegenüber blind wäre?‹ (*Quomodo enim ad tui notitiam scintillarem, si ad me
videndum caecutirem?*; I,1, S. 6). Sich selbst zu verkennen hieße aber in diesem
Kontext auch, sich der Einsicht in die körperliche Gebundenheit des irdischen
Daseins zu verschließen. In diesem Sinne kennzeichnet die bereits am Beginn der
»Monodiae« akzentuierte Schwäche des Körpers das Programm eines Individuums, das die eigene Lebensspannung zum Paradigma eines grundsätzlicheren
Antagonismus erhebt, ohne sie völlig zu entindividualisieren. Sichtbar wird das
Problem der Sündenexistenz nämlich gerade an alltagsweltlichen Gegebenheiten
– zuvorderst am Kontrast von Mutter und Sohn.

Die zitierte Aussage über die Auferstehungsleiber (*nostra electorum corpora*) findet sich im Kontext einer Diskussion von Schönheit und Häßlichkeit, die
aus einer emphatischen Huldigung der Mutter heraus entwickelt ist. Im Kern geht
es um den Doppelcharakter des äußerlich Schönen, das trügerisch sein und doch
den Charakter eines *bonum* (I,2, S. 12) haben kann. Es droht im Irdischen das
Verworfene zu verdecken und vermag dieses doch, sub specie aeternitatis, zu
erhellen – so wie sich an der äußeren Erscheinung von Engeln und Teufeln, hier
der *pulchritudo*, dort den *vultus taeterrimi* (I,2, S. 12), verschiedene heilsgeschichtliche Zustände ablesen lassen. Das Schöne ist also, wie schon Augustinus
entwickelt hatte, zu akzeptieren nur im Falle der Korrespondenz von innerem und
äußerem Menschen.[20] Genau dies versucht Guibert im Falle der Mutter plausibel

---

[18] Autobiographie (Anm. 10) I,1 (S. 2): *Confiteor pueritiae ac juventutis meae mala, adhuc
etiam in matura hac aetate aestuantia, et inveterata pravitatum studia, necdum sub defatigati
corporis torpore cessantia.*

[19] I,3 (S. 12/14): *Ad hoc etiam nostra electorum corpora corporis claritati Christi configu-
randa dicuntur, ut foeditas, quae casu seu naturali corruptione contrahitur, ad regulam transfi-
gurati in monte Dei Filii corrigitur.*

[20] Guibert zitiert De doctrina Christiana IV,28: *is qui pulchrum habet corpus et turpem
animam magis* [Bentons Konjektur *minus* ist irrig] *lugendus est, quam si foedum haberet et
corpus* (I,2, S. 14).

zu machen: Deren *pulchritudo* sei eine uneingeschränkt positive, weil sie mit Tugendhaftigkeit, Keuschheit und Gottesfurcht zusammentreffe, der inneren *modestia* korrespondiere. Das Bild der Mutter – die Augen gesenkt, die Zunge beherrscht, mit Gesten sparsam, frivolen Reizen und skandalösen Geschichten abgeneigt (I,2, S. 14) – vermittelt eine Idealvorstellung beherrschter Körperlichkeit, die auch der höfische Diskurs der Folgezeit kultivieren wird.

Von dieser Idealgestalt her konturiert der Abt von Nogent die eigene Kindheit, und auf sie bezieht er zentrale Szenen der eigenen ›Körpergeschichte‹. Am Beginn steht die Schilderung der Geburt des Autors. Unter der Prämisse, daß die Beste den Schlechtesten hervorgebracht (I,3, S. 16) und dieser wiederum jene in Lebensgefahr gebracht habe, beschreibt Guibert ein dramatisches Ereignis mit schmerzhaft langen Wehen, Verzögerungen, Sorgen und Gebeten. Am Ende erblickt ein schwaches, mageres Etwas das Licht der Welt, das zwar keine wirkliche Frühgeburt darstellt, aber einer solchen gleicht: Die Finger sind dünner als Schilfrohre, das Gewicht ist so niedrig, daß das Neugeborene bei der (noch am gleichen Tag veranstalteten) Taufe wie ein Ball von Hand zu Hand geht.[21]

Die Szene, deren Authentizität Guibert mit dem Hinweis zu sichern versucht, die zur Anekdote gewordene Geschichte sei ihm als Junge immer wieder erzählt worden (*quod mihi puero et jam adolescenti saepenumero joci causa relatum est*; I,3, S. 18), mag wie andere Szenen des ersten Teils der Autobiographie als Zeugnis gelten für die Härten und Schwierigkeiten, denen eine Kindheit im Mittelalter ausgesetzt war.[22] Doch besitzt sie unabhängig von ihrer weder beweisbaren noch widerlegbaren Historizität symbolische Dimension: Die Zeit der Wehen fällt mit der Fastenzeit zusammen, die Geburt findet in der Nacht von Karsamstag auf Ostersonntag statt, also im Vorfeld jenes Tages, der als heiligster und ersehntester der Christenheit gilt (I,3, S. 18), und sie erfolgt in unmittelbarem Anschluß (*nec mora*) an das magisch funktionalisierte Gelübde des Vaters (Evrard), das Neugeborene später einem geistlich-spirituellen Dasein zuzuführen. Die Geburt ist Imitation und Initiation in einem: Sie steht, wie Guibert mit verschiedenen Wortspielen (*nasci/renasci*, *exitium/exitus/exilitas*) und mit der Betonung der Rolle Marias andeutet, in Parallelität zur christlichen Heilsgeschichte und bildet zugleich die Basis für den eigenen Weg zum Heil.[23]

Der Ursprungsmoment des autobiographischen Ichs hat also zeichenhaften Charakter. Jenseits von dessen Selbstbeobachtung liegend, repräsentiert er auf paradoxe Weise ein Ereignis, das sich – aus dem Rückblick – als Vorausdeutung

---

[21] I,3 (S. 18/20): *languidulum quiddam instar abortionis effunditur* [...]. *Erat illius homunculi recens editi adeo miseranda exilitas, ut cadaveruli extemporaliter nati species putaretur, in tantum, ut iduato ferme aprili junci, qui in ea oriuntur regione, pertenues digitulis apponerentur, ut corpulentiores viderentur. Ea ipsa die, dum salutifero fonti inferrer, mulier quaedam* [...] *de manu rotabat in manum me transferens.*

[22] Vgl. Shulamith Shahar: Kindheit im Mittelalter, Reinbek bei Hamburg 1993 (rororo 9343) [zuerst hebr. und engl. 1990], S. 54 u. ö. (Reg.).

[23] Vgl. Hedwig Röckelein: Zwischen Mutter und Maria: Die Rolle der Frauen in Guibert de Nogents Autobiographie, in: Maria, Abbild oder Vorbild? Zur Sozialgeschichte mittelalterlicher Marienverehrung, hg. von ders./Claudia Opitz/Dieter R. Bauer, Tübingen 1990, S. 91–109, hier S. 101.

auf einen späteren – und noch gegenwärtigen – Lebenszustand erweist: *Quae omnia* [...] *hujus mei, quo vivere videor, status portenta fuere* (I,3, S. 20). Mit der Überblendung der Zeitebenen gewinnt aber auch die Schwäche des Körpers eine doppelte Funktion: im Hinblick auf die Fragilität des menschlichen Daseins im allgemeinen und auf die Unsicherheit des kindlichen im besonderen. Sie ist damit Hypothek und Chance zugleich: Der neugeborene *cadaverulus* (I,3, S. 18) kennzeichnet die Sterblichkeit des Menschen und eröffnet zugleich die Möglichkeit, diese in den Lebensentwurf reflektierend aufzunehmen. Denn Einsicht, so Guibert, ergibt sich nicht aus dem Glanz und der Stärke, sondern aus dem Verfall und der Schwäche.[24]

Die Widrigkeiten der Physis bleiben in den folgenden Schilderungen der Kindheit und Jugend schon dadurch gegenwärtig, daß Guibert den eigenen Körper durchgängig als *corpusculum* bezeichnet. Das ›Körperlein‹ ist nicht nur ein physisch fragiles, sondern eines, das seiner eigenen Dynamik zu folgen droht, deshalb mit aller Anstrengung zu domestizieren und zu kontrollieren ist. In einem einige Jahre früher entstandenen antijüdischen Traktat hatte Guibert in einem Exkurs festgehalten, daß die intimen Partien des Körpers deshalb von Kleidern bedeckt seien, weil sie anders als Finger, Augen oder Lippen nicht dem Gesetz des Willens gehorchen:

> ›Da jene Teile, um die es uns hier geht, durch eine ungezügelte Freiheit, die den Regeln des Verstandes entgegenläuft, bewegt werden, ist es, als ob, wie Paulus sagt, in unseren Gliedern ein anderes Gesetz regiere, das dem Gesetz unseres Geistes widerstreitet und uns im Gesetz der Sünde, das in unseren Gliedern ist, gefangenhält [Rm 7,23].‹[25]

Das Körpermodell, das sich hier abzeichnet, ist ein reduziertes: Es kennt kein Innen und Außen, kein Oben und Unten, nur Kontrolliertes und Unkontrolliertes, Sichtbares und Unsichtbares, wobei von letzterem wiederum nur das (ungenannte) männliche Glied Bedeutung besitzt. Diese reduktionistische Polarisierung setzt aber zugleich im Blick auf das durch sexuelle Begierde Bewegte schemenhaft das Bild eines anarchischen Körpers frei, der im Verborgenen zu halten ist, weil er sich der normalen Gesetzlichkeit nicht fügt, weil er auch dem geläufigen Prinzip des Beherrschens durch Benennen nicht gehorcht. Die Kontrolle über diesen Körper ist, wie sich zeigen wird, von der Kontrolle des Redens (über ihn) nicht zu trennen.

---

[24] Vgl. die Bemerkung I,10 (S. 72), *ut major in imbecillibus tenerisque corporibus inveniretur fidei vivacitas, quam in illis, in quibus grandaevitatis ac scientiae floreret auctoritas*; außerdem das Exempel Simons, des Grafen von Valois, der bei einer Umbettung im Angesicht des sich auflösenden Leichnams (*corpus tapidum*) des toten Vaters die Vergänglichkeit irdischer Macht erfahren und das eigene Elend wahrzunehmen begonnen habe (*ad contemplationem miseriae conditionis se contulit*; I,10, S. 60).

[25] Tractatus de Incarnatione contra Iudæos, in: PL 156, Sp. 489–528, hier Sp. 496 D: *At quia partes, de quibus agimus, contra jura totius rationis effreni quadam libertate feruntur, et quasi quædam diversa lex est, juxta Apostolum, in membris nostris repugnans legi mentis nostræ, et captivos nos ducens in lege peccati, quæ est in membris nostris* (vgl. auch Self and Society [Anm. 10], S. 13f.; Augustinus, De civitate Dei XIV,17).

Als das Vorbild, das ihm nahegebracht habe, den inneren Menschen zu entwickeln und mittels der Fähigkeiten des Verstandes den Körper zu beherrschen (*regimen corpusculi*), nennt Guibert in den »Monodiae« den berühmten Anselm von Canterbury, zu diesem Zeitpunkt noch Abt von Bec und häufiger Gast im Kloster von Fly.[26] Die Umsetzung der Lehre jedoch erscheint in der Praxis als schmerzhafte Erfahrung: Guiberts Erzieher, von der Mutter ausgesucht, ein Mann, der selbst erst spät literate Bildung genoß (I,4), fordert strengste Selbstkontrolle in Worten, Blicken und Taten und macht aus dem Jungen, der, in klerikales Gewand gesteckt, den Altersgenossen beim Spielen nur zusehen kann, ein ›gelehrtes Tier‹ (*peritum animal*; I,5, S. 30).[27] Er behilft sich mit Schlägen, um die eigene Unsicherheit zu verdecken (I,5, S. 34/36), und verursacht damit, was Guibert retrospektiv zum biographischen Krisenmoment stilisiert: Als die Mutter eines Tages die Striemen entdeckt, welche die Rute des Erziehers auf dem Rücken des Jungen hinterlassen hat, verspricht sie ihm, er müsse niemals *clericus* werden und in Zukunft keine Qualen mehr leiden, um Latein zu lernen (I,6, S. 40). Doch der Junge selbst widerspricht energisch, hält an seiner klerikalen Bestimmung fest und findet schließlich Zustimmung.

Die zum Teil in direkter Rede vergegenwärtigte, scheinbar rührend innige Szene einer Mutter, die ihrem Sohn das Hemd hochstreift und mit Entsetzen darunter seine Blessuren entdeckt, folgt einem konstruktiven Kalkül im Sinne des die Autobiographie durchziehenden Leitmotivs der Abweichung vom rechten Weg. Nicht nur ist das sündige Ich generell auf seinem Weg zu Gott von der beständigen Gefahr des Abirrens bedroht, bedroht ist es auch in konkreter Weise davon, den Weg religiöser Existenz zu verfehlen, der ihm bei der Geburt vorgegeben wurde. Schon zuvor hatte Guibert den frühen Tod des Vaters nicht zuletzt deshalb begrüßt, weil dieser sich mit ziemlicher Sicherheit der Einlösung des Gelübdes widersetzt hätte (I,4, S. 24). Hier nun ist es die wohlmeinende Mutter selbst, die die spirituelle Entwicklung gefährdet, die aber genau damit auch den bedingten Widerstand repräsentiert, der die innere Bestimmung des Sohnes mit um so größerer Deutlichkeit hervortreten läßt.

Die Mutter, eine zweite Monica, ist solchermaßen für Guibert zwar die primäre Bezugsperson, aber auch die primäre Quelle von Differenz. Sie fungiert als die visionäre Instanz, die seinen Lebensweg prägt, aber nicht vollständig

---

[26] I,17 (S. 140): *Qui cum in prioratu praelibati coenobii adhuc ageret, suae me cognitioni ascivit et omnino puerulum, et in summa et etatis et sensus teneritudine positum, qualiter interiorem meum hominem agerem, qualiter super regimine corpusculi rationis jura consulerem, multa me docere intentione proposuit;* zu Anselms vor allem eucharistisch-christologisch geprägtem Körperdenken vgl. James Gollnick: *Flesh* as Transformation Symbol in the Theology of Anselm of Canterbury. Historical and Transpersonal Perspectives, Lewiston/Queenston 1985 (Texts and Studies in Religion 22); eine, verglichen mit seinen unmittelbaren Vorläufern, weniger negative Einstellung zum Körper bei Anselm betont Sot (Anm. 9), S. 14f.

[27] Zum erziehungshistorischen Kontext vgl. Hedwig Röckelein: Hochmittelalterliche Autobiographien als Zeugnisse des Lebenslaufs und als Reflexion über Erziehung. Das Beispiel Otlohs von St. Emmeram und Guiberts von Nogent, in: Vormoderne Lebensläufe – erziehungshistorisch betrachtet, hg. von Rudolf W. Keck/Erhard Wiersing, Köln/Wien/Weimar 1994 (Beiträge zur historischen Kulturforschung 12), S. 151–186, hier bes. S. 161–166.

bestimmt.[28] Ihre conversio erscheint zwar als exemplarisch, aber auch in so dezidierter Weise als geschlechtsspezifisch, daß sich eine unmittelbare Nachfolge verbietet. Guibert entwirft einen Konversionsweg in drei Etappen, die sich jeweils in körperlichen Aspekten manifestieren. Zunächst bleibt die Mutter nach der Eheschließung (aufgrund einer angeblich durch Verzauberung bewirkten Impotenz des Mannes) sieben Jahre lang Jungfrau, ohne damit wirklich Tugendhaftigkeit zu demonstrieren: Der Widerstand gegen die Versuchungen des Fleisches erwächst aus weltlichem Ehrgefühl, nicht aus dem Konflikt zwischen Körper und Geist (*nulla spiritus carnisque discretio*; I,12, S. 82).[29] Sodann bewahrt sie nach dem Tod Evrards die körperliche Einheit der Ehegatten (I,13) und verbleibt mehr als zehn Jahre in der Witwenschaft, ohne doch ihre Position in der adligen Welt aufzugeben: Unter dem reichen Obergewand trägt sie ein härenes Untergewand (*cilicium hispidissimum*), behält aber die Herrschaft über Haus und Familie (*domum atque natos praelato saeculi habitu sub viduitate curaverit*; I,14, S. 98). Erst spät vertauscht sie in einem (von Guibert als *revolutio* bezeichneten) Entschluß diese Lebensform durch eine dezidiert asketisch-spirituelle, durch ein semi-monastisches Dasein im Umkreis des Klosters von Fly. Erst in ihm wird der Körper, drastisch verändert, dem Feld geschlechtsspezifischer Spannungen endgültig entzogen:

> ›Obwohl sie noch auffallende Schönheit besaß und kein Zeichen des Alters an sich trug, gab sie sich Mühe […], zu erscheinen, als habe sie das Greisenalter schon erreicht. Ihre fließenden Locken, hier wie anderswo ein wichtiges Element weiblicher Attraktivität, fielen unter den Schnitten der Schere. Ihr Kleid, schwarz, unansehnlich aufgrund seiner ungewöhnlichen Weite und überdies aus unzähligen Flicken zusammengesetzt, zeigte […] zur Genüge, daß der in ihrem Inneren wohnte, dem sie in diesem unrühmlichen Aufzug zu gefallen wünschte.‹[30]

Die Charakterisierung bleibt ambivalent. Sie soll die Wahl der Lebensform nicht in Frage stellen und läßt doch Bedauern anklingen angesichts der Zerstörung einer körperlichen Schönheit, die zuvor mühsam als gottgegeben begründet worden war.[31] In der Anerkennung des neuen Lebens scheint dessen lebensfeindliche Radikalität mit auf. Die spirituelle ›Rettung‹ fordert Opfer, unter ihnen der zwölfjährige Guibert. Von seinen engsten Vertrauten (Mutter und Erzieher) verlassen, stürzt er in eine neuerliche Krise und nutzt die neugewonnene Freiheit, alle semi-klerikalen Zwänge abzuschütteln: Er verschmäht die Schule, liebäugelt

---

[28] Die Stilisierung der Mutter zu einer »reinen, überhöhten (Jung-)Frau« betont Röckelein (Anm. 23), S. 104.

[29] Zum maleficium ligationis, der ›Verzauberungsimpotenz‹, vgl. Peter Browe: Beiträge zur Sexualethik des Mittelalters, Breslau 1932 (Breslauer Studien zur historischen Theologie 23), S. 121–136.

[30] I,14 (S. 104): *Et cum multa adhuc niteret specie, nullumque praetenderet vetustatis indicium, ad hoc ipsa contendere, ut […] ad cernuos defluxisse putaretur annos. Defluentia ergo crinium, quae foemineis potissimum solent ornatibus inservire, crebro forcipe succiduntur, pulla vestis et amplitudine insolita displicans, innumeris resarcitionibus segmentata, prodebat […], quoniam interius erat, cui sub tam inglorio apparatu placere gestibat.*

[31] Vgl. auch I,18 (S. 146): [*mater*] *cui cum Deus speciem tantopere praestitisset, ita quidquid in se laudabatur posthabuit, acsi sese nullatenus pulchram scisset.*

mit den ritterlichen Übungen seiner Cousins und gibt einem zuvor unterdrückten Schlafbedürfnis nach – doch dies in solchem Übermaß, daß sein Körper zu degenerieren droht (*ut ex insolita nimietate tabescerem*; I,15, S. 108).

Wieder manifestiert sich die innere Gefährdung unmittelbar in der äußeren Erscheinung. Wieder aber tritt die Ambivalenz einer Semiotik in Kraft, die das Äußere zugleich zum Anzeichen und zum Trug machen kann. Die kostbaren klerikalen Gewänder, gedacht für kirchliche Prozessionen, werden von dem Jungen *ad lasciviam* (ebd.) mißbraucht. Der schwache Körper, Wohnstätte der Begierde nach Ansehen, Macht und Schönheit, welche dem Streben nach Innerlichkeit, Reinheit und Spiritualität entgegensteht, erweist sich, indem er von täuschendem Glanz verhüllt wird, als Ort der Verwechslung von Schein und Wesen. Und doch ist er zugleich dasjenige, das sich bemerkbar macht und eben damit die ›Rettung‹ vor der sich ankündigenden Weltlichkeit bewirkt. Die Mutter, erschreckt über die Mitteilungen, die sie erreichen, setzt durch, daß der Junge im Kloster wohnen darf, um seine Ausbildung fortzusetzen. In dieser Umgebung aber braucht es nicht lange, bis der Wunsch des Eintritts in den Orden wach und auch erfüllt wird.

Damit allerdings ist die Gefährdung des spirituellen Weges noch nicht beendet. Mit dem Wachstum des Körpers wachsen auch weltliche Begierden nach Macht und Ansehen – nicht zuletzt durch literarische Tätigkeit.[32] Der junge Mönch verfaßt Verse und kurze Prosastücke. Noch nachts ist er, während der Körper unter der Bettdecke zu ruhen scheint, mit Lesen oder Dichten beschäftigt.[33] Vor allem Ovid hat es ihm angetan. Er bemüht sich um höfische Sprache (*quod curialiter dicebatur*) und findet einen solchen Reiz in der Süße der fremden und eigenen Worte, daß sein Körper in Aufregung gerät.[34] Ein Traum, den Guibert seinem Erzieher zuschreibt, verlangt Rechenschaft über die lasziven (*obscaenula*) Verse und verheißt Hoffnung auf Besserung, denn der geheimnisvolle Traumsatz *manus quae literas ipsas scripsit non est sua ipsius quae scripsit* (I,17, S. 136) wird von dem Betroffenen dahingehend interpretiert, daß die Hand, die die verwerflichen Buchstaben geschrieben hat, keine weiteren der gleichen Art hervorbringen werde.

Die sündige Hand des Schreibenden – ein schillerndes *membrum*: gleichermaßen ausführendes Organ und selbständiges Subjekt, körperliche Manifestation des vom Wege abweichenden Geistes und Beispiel jener Glieder, vor deren Eigenbewegtheit Guibert an anderer Stelle gewarnt hatte.[35] In ihr konkretisiert

---

[32] I,16 (S. 122): *paulatim succrescente corpusculo, etiam animam in concupiscentiis pro suo modulo et cupiditatibus prurientem saecularis vita titillaret.*

[33] I,15 (S. 112): *O quotiens dormire putabar, et corpus sub pannulo fovere tenellulum, et spiritus meus aut dictaturiens artabatur, aut quippiam objecta lodice, dum judicia vereor aliena, legebam!*

[34] I,17 (S. 134): *Nimirum utrobique raptabar, dum non solum verborum dulcium, quae a poetis acceperam, sed et quae ego profuderam lasciviis irretirer, verum etiam per horum et his similium revolutiones immodica aliquotiens carnis meae titillatione tenerer.*

[35] Lerer (Anm. 16), S. 255, will in Guibert schon im Blick auf das Schreiben unter der Bettdecke »as much a masturbator as a writer« sehen.

sich das Spannungsfeld von Materialität und Sinnhaftigkeit des Körpers, das die »Monodiae« generell prägt. In ihr, die zugleich eine Metapher der Produktion und eine Metonymie des Autors darstellt, wird das Körperliche zum Zeichen, ohne sich zu verflüchtigen. Die geträumte Hand, erstmals einige Jahre früher im antijüdischen Traktat erwähnt[36], behält das Moment der Irritation schon deshalb, weil sich der Wandel zum Besseren, den Guibert andeutet, nicht in Konsequenz des Traumes vollzieht. Er wird vielmehr als Folge einer *infirmitas corporis* angesetzt, in der sich das strafende Eingreifen Gottes unmittelbar artikuliert habe (I,17, S. 138). Die *poena peccati* bringt den jungen Mönch auf den spirituellen Weg zurück, läßt aber nicht seinen literarischen Eifer erlahmen. Statt bedenklicher Verse produziert er nun einen ehrgeizigen Genesis-Kommentar (PL 156, Sp. 19–338). Auf die Konformität des monastischen Daseins jedoch schwenkt er deshalb nicht ohne weiteres ein. Die Bibelexegese hat, da der Abt vor dem Unternehmen warnt, im Geheimen und Stillen vor sich zu gehen und auf die üblichen Vorstufen zu verzichten – Guibert schreibt den Text direkt aufs Pergament, ohne Wachstafeln zur Konzeption zu benutzen.[37] Der vormals sündige Körper steht nun zwar im Dienste der Spiritualität, ist aber immer noch das Medium, in dem Widerständigkeit sich behauptet, in dem monastische Praktiken eigenwillige Züge annehmen.[38] Er ist gezähmt und auf den Akt theologisch-literarischer Produktion reduziert und trägt doch sogar in diese einen Gestus von Anarchie hinein, den Guibert als Lebens- oder Schreibprinzip (*haec et alia opera*) fixiert.

Kaum zufällig hält der autobiographische Rückblick an diesem Punkt inne und läßt dreißig Jahre Mönchsdasein auf die Nennung produzierter Texte zusammenschnurren. An diesem Punkt hat sich die Perspektive auf eine Konstitution des Autors verengt, die ihrerseits als Fluchtpunkt der Konstitution des autobiographischen Ichs erscheint. Von hier aus erweisen sich die Szenen exponierter Körperlichkeit – die Schwierigkeiten der Geburt, die Qualen der Erziehung, die Exzesse nach dem Weggang der Mutter und die literarischen Abwege im Kloster – als zentrale Stationen eines Weges, der, an Krisenmomenten entlang, von der Sündhaftigkeit zur Einsicht führt, der von einem religiös bestimmten Ursprung ausgeht, welcher zunächst bewahrt und sodann äußerlich wie innerlich realisiert wird. Das ›Körperlein‹ ist in diesem Zusammenhang ein zeichenhaftes, an dem Befindlichkeiten ablesbar sind, aber auch ein inszeniertes, an dem die Teleologie des retrospektiv konstruierten Ablaufs zum Vorschein kommt – eine Teleologie, die wiederum durch eine Bewegung vom Körper zur Schrift geprägt ist.

Der Körper, weder detailliert beschrieben noch durchgängig Medium der Selbstwahrnehmung, ›kontinuierlich‹ weder in seiner physiologischen Gesamtheit noch in seiner physische Entwicklung, gewinnt keine in Raum und Zeit klar abgegrenzten Konturen. Und doch markiert er die Grenze zwischen dem Inneren,

---

[36] Tractatus de Incarnatione (Anm. 25), Sp. 490 B: *manus quæ scripsit non est illius personæ quæ scripsit.*

[37] I,17 (S. 144): *Opuscula enim mea haec et alia nullis impressa tabulis dictando et scribendo, scribenda etiam pariter commentando immutabiliter paginis inferebam.*

[38] Vgl. Lerer (Anm. 16), S. 250–254.

das sich im biographischen Prozeß realisiert, und dem Äußeren, das die Realisierung einerseits hindert, andererseits ermöglicht. Ist für Guibert die Selbsterkenntnis Bedingung der Möglichkeit der Gotteserkenntnis, so ist der Körper wiederum Bedingung der Möglichkeit von Selbsterkenntnis (*caput ignorat, quod non censeatur in corpore*; I,19, S. 162) – wenn auch vielleicht nur im Sinne der für das Geistig-Seelische unerläßlichen materiellen Grundlage. Eben diese Materialität aber verleiht dem Körper im Text jene Widerständigkeit, die Guiberts Autobiographie insgesamt durchzieht: Die Erwähnung der zur Anekdote gewordenen Taufgroteske hält das Faktische (oder als faktisch Angenommene) im Symbolischen präsent, die Betonung der ungerechtfertigt harschen Erziehung gewährleistet eine authentische ›Mißlichkeit‹ der körperlichen Male, die Andeutung des erzwungenen Schlafdefizits verleiht dem folgenden Schlafexzeß immerhin einen Anschein von innerer Berechtigung, und der Hinweis auf die Erregung durch frivole Verse macht die lebensweltliche Dimension des Literarischen punktuell greifbar.

Unabhängig davon, ob sich die einzelnen Ereignisse eben so abgespielt haben, wie Guibert sie beschreibt, zeigt sich an ihnen, daß für den biographischen Ablauf der Körper, augustinisch gesprochen, *res* und *signum* (»De doctrina Christiana« I,2) zugleich darstellt. Der Körper im Text verweist auf jenen Körper jenseits des Textes, den dieser nicht wirklich repräsentieren, den er aber als das Subjektivität ermöglichende Objekt markieren kann. Das wird noch am Ende des Textes deutlich, wenn Guibert relativ unvermittelt ein letztes Mal auf ein eigenes Kindheitserlebnis zurückgreift, auf eine gefährliche fieberhafte Erkrankung (*febre quotidiana atrociter aestuabam*; III,20, S. 464), von der er nicht durch medizinische, sondern durch mirakulöse Hilfe (man verlegt sein Bett in die Kirche der Märtyrer St. Léger und Maclou) geheilt worden sei. Der Körper, Objekt wunderwirkender Kräfte, die seine Schwäche kompensieren, dient auch hier zugleich als Zeichen, das die heilsgeschichtliche Imprägnierung des Subjekts im Text verankert.

So verstanden, macht die skizzierte Heilungsgeschichte denkbar, daß die bislang ausgesparten Exempel, Mirakel und Visionen, die jedes der drei Bücher der »Monodiae« beschließen und die Guibert überwiegend auf die eigene Lebenswelt bezieht, keinen nur äußerlichen Annex bilden.[39] Sie drehen sich um die Manifestation des Übersinnlichen in der alltäglichen, vorwiegend monastischen Welt, um Dämonen- oder Geistererscheinungen, absonderliche Krankheiten oder mirakulöse Heilungen, wobei die Wirkungen der göttlichen oder teuflischen Mächte nicht selten am Körper sichtbar werden. In einer Vision der Mutter beispielsweise führt eine Jenseitsreise der sich vom (wachenden) Körper lösenden Seele (*sua ipsius anima de corpore sensibiliter sibi visa est egredi*; I,18, S. 148) zur Begegnung mit dem verstorbenen Vater, dessen Oberkörper schwere Blessuren aufweist (*brachio retecto cum latere adeo utrumque ostendit lacerum*; ebd., S. 150): nach Guiberts Interpretation Strafen für den Ehebruch, den Evrard

---

[39] Übersicht bei Jacques Paul: Le démoniaque et l'imaginaire dans le ›De vita sua‹ de Guibert de Nogent, in: Sénéfiance 6, 1979 (Le diable au moyen âge), S. 373–399.

begangen hatte und aus dem ein Kind hervorgegangen war (es erscheint im Zustand der Verdammnis neben dem Vater in der Vision).[40]

In anderen Geschichten tragen die Träumer oder Visionäre von den Begegnungen mit Dämonen Spuren davon, die in die Realität hineinwirken. Eine Nonne erwacht aus einer Traumvision durch ein plötzliches Schmerzgefühl: Ein Funke springt von den Hämmern zweier Dämonen, die im Traum eine verstorbene und verdammte Mitschwester traktieren, in ihr Auge, und der Schmerz kann geradezu als Beweis für die Richtigkeit des in der Vision Gesehenen gelten.[41] Ein Mönch wiederum hat im Gefolge einer Vision, in der ihn ein Stein an der Brust trifft, vierzig Tage lang schmerzhafte Beklemmungsgefühle (*anxietas* [...] *acsi Scotus vero eum lapide percussisset*; II,5, S. 254) und verletzt sich ein andermal beim Verlassen der Latrine, als er vor einem mit Kapuze verkleideten Teufel zu fliehen versucht: Auch hier, so Guibert, habe das Böse nur dem Körper, nicht dem Geist zu schaden vermocht (*spiritui* [Labande konjiziert *spiritus*] *inops, corpori insistebat*; ebd.).

In den genannten Beispielen sind Versehrungen nicht als Folgen direkter physischer Gewaltausübung der Dämonen, sondern als körperliche Konsequenzen spiritueller Erscheinungen gedacht. Kommt in ihnen die grundsätzliche Bedrohung des Menschen durch das Übel zum Ausdruck, so zeigen sich andernorts Krankheits- und Sterbefälle als Strafen für schlechten Lebenswandel oder schwerwiegende Transgressionen: Ein Mönch, schrecklichen, aber ungenannten Lastern ergeben, erleidet grausame Schmerzen, bevor er stirbt (*acsi ingens productile ferrum guttur ejus et praecordia, flamma excandescente, peruret*; I,24, S. 192); ein anderer, neugierig, ob sich der abgetrennte Kopf eines Märtyrers im Grab wieder mit dem Körper verbunden hat, trägt von der schändlichen Berührung des Heiligen eine Unbrauchbarkeit seiner Hände davon (III,20).

Dieses Beispiel mittelalterlichen Entsprechungsdenkens im Verhältnis von Vergehen und Strafe stammt ebenso aus einer vorliegenden Mirakelsammlung wie das Beispiel des jungen Mannes, der, als Pilger unterwegs nach Santiago de Compostela, vom Teufel, als St. Jakob verkleidet, verführt wird, sich zu entmannen und zu enthaupten, und der dank der Fürsprache Marias das Leben zurückerhält (III,19, S. 442–448).[42] Guibert behauptet, die Geschichte wörtlich nach der Erzählung eines alten Mönchs (Joffredus) wiederzugeben, und entledigt sich damit zugleich der Verantwortung für die gegenüber der Vorlage vorgenommene Pointierung: Die Einführung der (in der Vorlage fehlenden) Kastration erlaubt es

---

[40] Vgl. Jean-Claude Schmitt: Les revenants. Les vivants et les morts dans la société médiévale, Paris 1994, S. 65–68.

[41] I,24 (S. 196): *Qua ex re factum est ut, quod viderat in spiritu, pateretur in corpore, et veritati visionis verax congrueret testimonium laesionis.*

[42] Hermann von Bury: Liber miraculorum b. Eadmundi (um 1100; Memorials of St. Edmund's Abbey, hg. von Thomas Arnold, London 1890, Bd. I, S. 53f., S. 133f.; das Mirakel dann auch in Guiberts De sanctis et eorum pignoribus [Anm. 48]); Guaiferius von Salerno: [Gedicht] De miraculo illius qui seipsum occidit (11. Jh.; in: PL 147, Sp. 1285–1288); vgl. zum Ursprung des Mirakels Richard W. Southern: The English Origins of the ›Miracles of the Virgin‹; in: Mediaeval and Renaissance Studies 4, 1958, S. 176–216, hier S. 188–190, S. 208–213 (Texte).

nämlich, die Phänomene von Verstümmelung und Wiederherstellung, in denen
die zwei Funktionen des Körpers (als Objekt von Heil und Unheil) exemplarisch
repräsentiert sind, auf jenes Spannungsfeld von Körperlichkeit und Sexualität zu
beziehen, das auch an anderen Stellen der »Monodiae« eine Rolle spielt. Die
Verstümmelung trifft eben jenes Glied, an dem der Pilger, einer Frau in unehelicher Liebe zugetan, gesündigt hat und das von der Wiederherstellung ausgeschlossen ist. An der Stelle des abgetrennten Penis bleibt nur eine schmale Öffnung (*pertusulum*) für das Wasserlassen – (implizite) Konsequenz der Tatsache,
daß der junge Mann auf die sühnende Pilgerfahrt einen Gürtel seiner Geliebten
mitnimmt, der ihn an sie erinnert und der wiederum dem Teufel, vertraut mit der
Sprache der Bußbücher, entscheidende (argumentative) Macht verleiht.[43]

Der getrübten Intention entspricht also eine nur teilweise Rekonstitution. Der
gewaltsam fragmentierte Körper verwandelt sich, mirakulös begnadigt, in keinen
vollständigen zurück. Nur das lebenswichtige Teil, der Kopf, wird wieder angesetzt, seinerseits aber mit einer Markierung, einer an der Kehle deutlich sichtbaren Narbe, versehen, die das Mirakel präsent hält (*miraculum circumferret*;
S. 448) und die zugleich auf das (unsichtbare) Fortbestehen der Fragmentierung
verweist. Damit ist das Problem der Kontrollierbarkeit des sexuellen Organs, das
Guibert schon in seinen Überlegungen zur Bedeckung der Schamteile umkreiste,
definitiv gelöst. Der Körper, seiner geschlechtlichen Spezifik beraubt, wird zu
einem asexuellen Auferstehungsleib, an dem die Unmöglichkeit, daß der Erdenleib im Normalzustand Heilsmedium werde, in Verweisbeziehungen veranschaulicht ist. Die Spur am Hals, die das Mirakel ›verbreitet‹ (*circumferret*), sichert die
Zeichenhaftigkeit sowohl des Körpers wie des Erzählens von ihm. Sie indiziert in
Form einer markierten Leerstelle, daß der Körper nunmehr um jene libidinöse
Dynamik gebracht ist, die ein wesentliches Moment seiner Eigenbewegung ausmacht, und daß diese zugleich erst in der Ausschließung sprachlich repräsentierbar ist.

Der Text läßt damit im Changieren zwischen Eingrenzung und Ausgrenzung,
zwischen Benennen und Verschweigen den ambivalenten Modus seiner Bedeutungskonstitution erkennen: den Modus eines Sprechens, in dem das Ich gleichzeitig als ›énonciateur‹ und als ›sujet de l'énoncé‹ fungiert, in dem jede Aussage
von der Präsenz des Aussagenden gezeichnet ist. Das sündige Glied, um das sich
das Exempel des Santiago-Pilgers dreht, hat in diesem Sinne sowohl substitutive
wie konstitutive Funktion: Ähnlich wie die sündige Hand besitzt es als Metonymie des männlichen Körpers und als Metapher des menschlichen (= männlichen)
Zustands ›Bedeutung‹, ähnlich wie jene erzeugt es aber auch – als Hinzufügung
des Autors – erst jenes phallische Objekt, das die semiotischen Operationen
wiederum ausgrenzen können.[44] Vergleichbares wäre auch an anderen Stellen der

[43] Vgl. Lerer (Anm. 16), S. 256–260, der aus der eher undeutlichen Aussage: *eo [cingulum]
pro ejus recordatione abutitur, et recta ejus oblatio non jam recte dividitur* (S. 444) herauszulesen versucht, daß der junge Mann »masturbates into the sash during the service of the bread and
wine« (S. 257).

[44] Auf die vielfältigen Begriffe für den Penis verweisen Benton (Anm. 10), S. 218, Anm. 2,
und Lerer (Anm. 16), S. 243, S. 261.

»Monodiae« zu beobachten. Wenn Guibert beispielsweise berichtet, daß bei einem Unwetter durch Blitze, die das Kruzifix der Klosterkirche in tausend Stücke springen ließen, manchen Mönchen Scham- und Achselhaar versengt worden seien, bringt die explizite Deutung (Hinweis auf die Gerechtigkeit der *disciplina coelestis*; I,23, S. 180) gerade in ihrer Allgemeinheit die implizite Funktion der Szene für den Körperdiskurs des Textes zum Vorschein. Daß an verborgenen Stellen des Körpers das Wirken übersinnlicher Kräfte manifest wird, mag auf die in ihnen schlummernde und von Gott selbst gebändigte Anarchie verweisen, wird aber erst sichtbar durch den Blick des autobiographischen Erzählers, der das Verborgene erfaßt und sich beschreibend auch jene Körper aneignet, die nicht die eigenen sind.

Dem entspricht, daß Guibert in seinen Schilderungen der Unruhen im Umkreis von Laon immer wieder Szenen der Mißhandlung und Verstümmelung von Körpern einblendet.[45] Die Erwähnung von Augen, die herausgerissen, Zungen, die abgeschnitten, und Gliedern, die abgetrennt werden (v. a. III,3.7.10.14), gehört ebenso wie der Bericht von inzestuösen Heiraten (III,10), anormalen sexuellen Praktiken (III,17) und aus der Not geborenen Transvestismen (III,9) zu dem Bild einer gänzlich pervertierten Zeit, das Guibert entwirft. Die einzelnen Momente haben zeichenhaften Charakter im Hinblick auf die Verdorbenheit der Welt im allgemeinen. Sie dienen zugleich aber dazu, den Text mit gesteigerten ›Wirklichkeitseffekten‹ anzureichern – mit Effekten, die ihrerseits den Körper nicht primär als Hindernis auf dem Weg zum Seelenheil, sondern als Bedingung für menschliche Personalität einsetzen. Psychohistorisch mag man aus der auktorialen Unwilligkeit, das Materielle völlig zu spiritualisieren und zu moralisieren, eine ›Verstümmelungsangst‹ erschließen.[46] Textanalytisch wird man sich damit bescheiden müssen, festzustellen, daß die »Monodiae« mit einem Begriff körperlicher Integrität operieren, der sich nicht einfach daraus erklärt, daß im Blick auf einen zukünftigen idealen Körper die Bewahrung von dessen unvollkommenem irdischen Pendant erstrebenswert scheinen konnte.[47] Wenn Guibert im Rahmen der Mirakelberichte, soweit er sich nicht ohnehin auf nicht-körperliche Reliquien beschränkt (II,1; III,12f.), Zweifel äußert, ob die Mönche von St. Medardus in Soissons tatsächlich einen Zahn Christi besitzen oder der in Guiberts Heimatstadt aufbewahrte und der Feuerprobe unterzogene Arm tatsächlich der des Hl. Arnulf ist (III,20, S. 462/464), scheint anderes auf dem Spiel zu stehen als das Problem der spirituellen Restitution des Materiellen: die Frage nach der Identität und der Authentizität von Subjekten. Darauf jedenfalls zielt einige Jahre später die in schonungsloser Rationalität gehaltene Schrift zum Reliquienkult: Die systematische Fragmentierung von Körperreliquien, heißt es in ihr, widerspreche jeglicher

---

[45] Zum Kontext: François-Olivier Touati: Violence seigneuriale, quelle violence? Le point de vue d'un observateur révolté et partial au début du XIIe siècle: Guibert de Nogent, in: Violence et contestation au moyen âge, Paris 1990 (Actes du 114e Congrès national des Sociétés savantes), S. 47–57.

[46] Self and Society (Anm. 10), S. 26.

[47] Vgl. Bynum (Anm. 4).

Pietät und mache überdies die Unterscheidung von ›echten‹ und ›falschen‹ Reliquien zum Problem.[48]

In den verschiedenen, zwischen Distanzierung und Exponierung, Semantisierung und Konkretisierung oszillierenden Bewegungen, die Guibert im Reden über den Körper vollzieht, zeichnet sich also der Versuch ab, eine Wahrnehmungsdimension zu etablieren, die gegen die diskursive Vereinnahmung des Körpers dessen ›Eigenrecht‹ festhält. Man mag von ›Erfahrung‹ sprechen, ohne daß der Begriff eine psychohistorisch auch nur irgend rekonstruierbare Bewußtseinskohärenz implizieren könnte. Eine dilectio corporis, vor der zum Beispiel Guiberts Zeitgenosse Guigo, der Kartäuserprior, gewarnt hatte[49], bleibt auch in den »Monodiae« primär in der Negation faßbar. Gleichwohl bildet hier die Bezugnahme auf den Körper mehr als nur das würzende Element einer Konversionsgeschichte. Der irdische Körper zieht eine Aufmerksamkeit auf sich, die der Kartäuser kritisch beurteilt hätte.[50] Guibert entwickelt zwar selbst kritische Perspektiven auf das *corpusculum*, unternimmt es aber auch, geschult an Augustinus, die als sündhaft eingestufte eigene Vergangenheit in der Gegenwärtigkeit der Schrift zugleich zu überwinden und zu bewahren, zugleich zu beschreiben und zu erzeugen.

Die Opposition zwischen einem irdischen, sterblichen und einem himmlischen, unsterblichen Körper ist damit von einer Differenz durchzogen, die sich nicht in der Zeit (der Heilsgeschichte) schließt, sondern in der Sprache (der Autobiographie) erst eigentlich öffnet. Der gelehrte Abt von Nogent macht seinen Körper zum Text und eben damit jene Grenze sichtbar, die der Text selbst nicht überschreiten, aber im Festhalten an einer nicht-semantisierbaren Materialität als Spur markieren kann. Die hermeneutischen Akte der Produktion, Verrätselung und Verweigerung von Sinn umspielen die Unmöglichkeit, den Körper sowohl als Zeichen wie als Sache gegenwärtig zu machen. So wie im speziellen die poenitentiale Interpretation von körperlicher Versehrung an ihre Grenzen kommt, wenn ein Unheil Schuldige und Unschuldige gleichermaßen erfaßt (I,23), so kommt im allgemeinen die Moralisierung des Körpers an ihre Grenzen, wenn sie diesen zugleich zu beherrschen und aufzuheben trachtet. Guiberts ›Einzelgesänge‹ erhalten genau dadurch ihr spezifisches Profil: Sie erproben das Verhältnis von Bedeutungen und Bedingungen, von Textwelten und Lebenswelten, indem sie einerseits die Welt auf das autobiographische Ich hin verengen, andererseits dieses Ich in der es umgebenden Welt fast zum Verschwinden bringen. Sie

---

[48] Guibertus abbas Sanctae Mariae Novigenti: Quo ordine sermo fieri debeat – de bucella iudae data et de veritate dominici corporis – de sanctis et eorum pignoribus, hg. von R[obert] B. C. Huygens, Turnhout 1993 (CCCM 127); zum Text vgl. Klaus Guth: Guibert von Nogent und die hochmittelalterliche Kritik an der Reliquienverehrung, Ottobeuren 1970 (StMOSB, Ergänzungsbd. 21), hier bes. S. 90–92; Marie-Danielle Mireux: Guibert de Nogent et la critique du culte des reliques, in: La piété populaire au moyen âge, Paris 1977 (Actes du 99ᵉ Congrès national des Sociétés savantes), S. 293–301.

[49] Meditationes Gvigonis prioris cartusiae. Le recueil des pensées du B. Guigee, hg. von André Wilmart, Paris 1936 (Etudes de philosophie médiévale 22), Nr. 10: *Carni tuae non delectatione et amore, id est peccato, sed uegetatione sola iungi debes.*

[50] Vgl. ebd., Nr. 301: *Vide quam incomparabiliter plus quam ualet diligatur hoc corpus a te.*

versuchen also die grundsätzliche Differenz zwischen dem schreibenden und dem beschriebenen Ich gerade dadurch zu bewältigen, daß sie dieses im Spannungsfeld zentrifugaler und zentripetaler Bewegungen etablieren.

In diesem Sinne wären die historiographischen Brüche zwischen den verschiedenen Teilen der »Monodiae« nicht Ausdruck einer mangelnden Kohärenz des Textes, sondern Bedingung einer paradoxen Repräsentation des Subjekts – als eines sowohl Geschichte bildenden wie von der Geschichte gebildeten. Die Phänomene der Körperlichkeit wiederum, die nicht wenig Raum im Text beanspruchen, wären Momente eines Versuchs, Verbindungen zu stiften, die die Brüche übergreifen, die aber nicht selbst schon einen geschlossenen Redezusammenhang herstellen. Guibert übernimmt und überbietet im spannungsvollen Bezug zwischen Ich, Schrift und Körper das fragile augustinische Subjekt, konstituiert aber kein Modell einer Autobiographie ›am Leitfaden des Leibes‹ (Nietzsche). Er verdeutlicht am eigenen Körper die Gefahren, die dem Menschen in der Welt drohen, macht diesen Körper aber nicht zum durchgängigen Bezugspunkt von Selbsterfahrung. Nur der Ausführlichkeit mancher Schilderungen, der Veränderung von Vorlagen und der Fixierung auf Aggressionen und Transgressionen ist abzulesen, daß die Kategorien einer theologisch geprägten Semiotik das im Körper auf dem Spiel Stehende nicht völlig abdecken. Guiberts Körper fungieren als Zeichen und sind doch aufgeladen mit einer Präsenz, die ihr restloses Aufgehen im Zeichenhaften verhindert. Damit verschärfen die »Monodiae« die im 12. Jahrhundert auch ansonsten bemerkbare Tendenz, der Individualität neues Gewicht beizumessen, indem sie deren innere Ambivalenzen ans Licht bringen.[51] Sie begründen keinen neuen Diskurs des Körpers, haben aber teil an einer Bewegung, die die Möglichkeiten der Körperwahrnehmung vermehrt.[52] Zugleich lassen sie erkennen, welche Grenzen die mittelalterlichen Diskurse dem Reden über den eigenen Körper setzten. Nicht zuletzt darin liegt ihr Reiz für eine moderne Mediävistik.

---

[51] Zum textuellen Zusammenhang von Körper und Individualität in dieser Zeit vgl. Sarah Spence: Texts and the Self in the Twelfth Century, Cambridge 1996 (Cambridge Studies in Medieval Literature 30), bes. S. 55–83 (Guibert und Abaelard).

[52] Vgl. Sot (Anm. 9), S. 17.

Narbenschriften
Zur religiösen Literatur des Spätmittelalters

von Urban Küsters (Düsseldorf)

Der »gezeichnete Körper« (Jean Baudrillard) steht zweifellos im Zentrum der spätmittelalterlichen Passionsfrömmigkeit. Der leidende Christus rückt ins Blickfeld ikonographischer Programme, literarischer Darstellung und theologischer Betrachtung. Wundmale, Narben, Zeichen, auch Tätowierungen erscheinen laut Selbstbeschreibungen und hagiographischen Berichten nach dem Vorbild Christi auch auf dem Körper charismatisch auserwählter Menschen. Die im folgenden behandelten Textbeispiele entstammen der Mirakelsammlung des Caesarius von Heisterbach, den brabantischen Frauenviten der Lutgard von Tongeren und der Elisabeth von Spalbeek sowie der Lebensbeschreibung Heinrich Seuses, schlagen also einen zeitlichen Bogen vom frühen 13. bis ins 14. Jahrhundert. Ausgewählte Bildzeugnisse sollen die Fragestellung illustrieren.

Der Beitrag will der Bedeutung und Funktion dieser schmerzvollen Zeichensetzung vor dem Hintergrund der Körper-Diskussion in der neueren Medienphilosophie nachgehen. Das Thema des gezeichneten Körpers wird diskutiert im Blick auf »vor-schriftliche« Grundformen des Graphischen (Dietmar Kamper)[1] sowie im Vergleich mit Zeichenwelten fremder, vor allem fernöstlicher Kulturen (Roland Barthes).[2] Begleitet werden die philosophischen Ansätze von kulturgeschichtlichen Untersuchungen zu Tätowierungen, welche die Körperspuren im Spannungsfeld von Wildnis und Zivilisation, Ritus und Mode, schmückender Auszeichnung und Zwangsmarkierung verfolgen.[3]

Im folgenden geht es um den strukturellen Zusammenhang zwischen Körperzeichnung und Schrift – ein Gedanke, der bereits im Mittelalter reflektiert wird. Sind die Wundmale und Narben als Form einer Schrift lesbar, die nicht in der Alphabetschrift aufgeht? Werden vielmehr Grundfunktionen des Graphischen aufgerufen, die der sprachfixierenden Funktion phonetischer Schriftsysteme vorausgehen bzw. diese begleiten – zu nennen sind etwa Gedächtnisstütze, Gebetsmarke, Zählliste oder Zugehörigkeitszeichen? Wird schließlich ein alter Zusam-

---

[1] Dietmar Kamper: Zur Soziologie der Imagination, München 1986, S. 147ff.; vgl. ders.: Der Geist tötet, aber der Buchstabe macht lebendig, in: Schrift, hg. von Hans Ulrich Gumbrecht/ K. Ludwig Pfeiffer, München 1993, S. 193–200.

[2] Roland Barthes: Das Reich der Zeichen, Frankfurt a. M. 1987; kinematographisch hat das Thema der japanischen Körperschriften neuerdings aufbereitet Peter Greenaway in dem Film »Bettlektüre«, 1996.

[3] Stephan Oettermann: Zeichen auf der Haut. Die Geschichte der Tätowierung in Europa, Hamburg ³1994; zum Aspekt der Mode: Jean Baudrillard: Der symbolische Tausch und der Tod, Frankfurt a. M. 1990.

menhang von Gedächtnis und Opfer wachgehalten? Demnach bearbeitet die
früheste Mnemotechnik des Menschen zunächst die Haut, bevor sie sich andere
stellvertretende Oberflächen sucht. Offenbar haben ältere Kulturen eine größere
Empfindlichkeit gegenüber der Schriftoberfläche bewahrt, weil sie die Materiali-
en als Substitute der menschlichen Haut begreifen. Nietzsche hat für den »Gra-
phismus des Schmerzes« (D. Kamper) eine bündige Formel geprägt: »›Man
brennt etwas ein, damit es im Gedächtnis bleibt: nur was nicht aufhört wehzutun,
bleibt im Gedächtnis‹«.[4]

Diese Narbenschriften erscheinen im 13. Jahrhundert an einem kulturge-
schichtlich bedeutsamen Punkt – und zwar im Spannungsfeld von charismatischer Laienfrömmigkeit und kirchlichen Verschriftungsprozessen. Auf der einen
Seite entfaltet sich eine nova religio mit neuen Konzepten von Heiligkeit, die den
Bildungsstand des illitteratus zum religiösen Modell erheben und neben der
scriptura andere Vermittlungs- und Ausdrucksformen (Predigt, Bild, Körperlichkeit, Aufführung) entdecken. Franziskus ist hier die Leitfigur. Auf der anderen
Seite steht eine kirchliche Institutions- und Integrationsbewegung, welche die
Möglichkeiten der Schrift in vielfältiger Weise nutzt. Der Beitrag will die These
entwickeln, daß die Körperzeichnungen eine ›Schrift vor der Schrift‹ bilden und
eine Art Bindeglied darstellen zwischen präliteralen religiösen Ausdrucksformen
und literarisch-hagiographischer Fixierung.

1. Das Buch des Lebens auf Christi Haut

Ausgangspunkt der Überlegungen ist eine Stelle aus dem »Dialogus miraculorum« des Caesarius von Heisterbach, einem für die religiöse Kultur an der Wende
zum Spätmittelalter wichtigen Text. Der lateinische Lehrdialog wurde vom rheinischen Zisterzienser wohl um 1222 verfaßt, die mhd. Teilübersetzung Johann
Hartliebs – aus der ich im folgenden zitiere – ist um 1460 entstanden.[5] Die

---

[4] Friedrich Nietzsche: Zur Genealogie der Moral, in: Werke, München 1969, Bd. 2, S. 817f.:
»Vielleicht ist nichts furchtbarer und unheimlicher an der ganzen Vorgeschichte des Menschen,
als seine Mnemotechnik. ›Man brennt etwas ein, damit es im Gedächtnis bleibt: nur was nicht
aufhört wehzutun, bleibt im Gedächtnis‹ – das ist ein Hauptsatz aus der ältesten (leider auch
allerlängsten) Psychologie auf Erden. [...] Es ging niemals ohne Blut, Martern, Opfer ab, wenn
der Mensch es nötig hielt, sich ein Gedächtnis zu machen; die schauerlichsten Opfer und Pfänder
[...], die widerlichsten Verstümmelungen [...], die grausamsten Ritualformen aller religiösen
Kulte [...] – alles das hat in jenem Instinkt seinen Ursprung, welcher im Schmerz das mächtigste
Hilfsmittel der Mnemotechnik erriet. [...] Je schlechter die Menschheit ›bei Gedächtnis‹ war,
um so furchtbarer ist immer der Aspekt ihrer Bräuche; die Härte der Strafgesetze gibt insonder-
heit einen Maßstab dafür ab, wieviel Mühe sie hatte, gegen die Vergeßlichkeit zum Sieg zu
kommen«. Zur Kulturgeschichte des Schmerzes vgl. jetzt Elaine Scarry: Der Körper im Schmerz.
Die Chiffren der Verletzlichkeit und die Erfindung der Kultur, Frankfurt a. M. 1992.

[5] Caesarii Heisterbacensis Monachi Dialogus miraculorum, hg. von J. Strange, Köln 1851,
Neudruck 1966, Bd. II, Dist. 8 Cap. 35, S. 108f.; Johann Hartliebs Übersetzung des Dialogus
miraculorum von Caesarius von Heisterbach, hg. von Karl Drescher, Berlin 1929 (DTM 33), hier
S. 131f. (alle folgenden Zitate).

8. Distinctio bzw. das 2. Buch (bei Hartlieb) bietet einen frühen zeitgenössischen Kommentar zur Entfaltung der Passionsfrömmigkeit, die vornehmlich aus zisterziensischen und franziskanischen Impulsen gespeist wurde.

Das Kapitel »De passione Christi« nimmt seinen Ausgang von einer *quaestio* des Novizen zur Wertigkeit der Passion Christi, die zentral das Verhältnis von kirchlichem Dogma und zeitgenössischem Frömmigkeitsstil betrifft. Wenn doch – so der Novize – nach kirchlicher Lehre die österliche Auferstehung zweifellos würdiger sei als die Passion Christi, wie sei es dann zu erklären, daß die Passion in den Visionen und Revelationen auserwählter Menschen eine weit größere Bedeutung habe als die Auferstehung? Der monachus führt in seiner Antwort diese Umwertung von Ostern und Karfreitag zunächst auf die *humilitas Christi* zurück. Außerdem gäbe es keine heilige Übung, die in den Herzen der Menschen eine solche *zundung* der Gottesliebe (*incentio amoris*) verursachen könne wie die Betrachtung des Leidens. Er verweist auf Paulus (1. Kor 2,2), der, statt auf Beredsamkeit und Weisheit zu setzen, erkläre, nichts anderes zu kennen außer den gekreuzigten Christus. Ebenso wie Paulus begehre auch der alttestamentarische Hiob, im Buch des Leidens Christi zu lesen, wenn er in Hiob 31,35 von dem Buch spreche, das der Richter selbst schreiben solle, damit er es auf seine Achsel legen und wie ein Diadem tragen könne.

Es ist kein Zufall, daß Caesarius hier Hiob in den Kontext der Passionsfrömmigkeit stellt; auch in der Bildkunst des Spätmittelalters wird Hiob als typologische Gegenfigur zu Christus betrachtet – was vor allem den Bildtypus Christus im Ellende bzw. in der Rast betrifft.

Im folgenden legt Caesarius das Motiv des Buches auf den »Liber vitae« der Offenbarung (5,1) aus – auf jenes *puoch des lebens*, das mit sieben *signacula* (*zaichen*) versiegelt (*beslossen*) und bezeichnet (*gemerckhet*) ist. Dieses Grundbuch des Glaubens hätten die Apostel zunächst den schriftgelehrten Juden (*die dy geschrifft verstuonden*) in verschlossener Form vorgezeigt; die Gelehrten aber hätten es abgelehnt und verschmäht. Daraufhin hätten es die Apostel den Heiden eröffnet und ausgelegt, die *ungelert der schrifft* waren – ein Missionsvorgang, den Caesarius exemplarisch an die Bekehrung des Eunuchen durch Philippus (Apg 8) bindet. Wichtig für die folgende Argumentation sind der Kontrast von Schriftgelehrtheit und Schriftunkundigkeit und der Bezug des »Liber vitae« zur Laienpredigt.

Caesarius hat nämlich ein besonderes Buch im Auge:

Das vorbenant puoch des lebens hatt Christus selber geschriben, wann er wolt mit aygem, guotten willen gemartert werden umb unnser erloszung willen. Er hatt an seiner menschlichen hawt die geschrifft der chlainen swarczen puochstaben gehabt durch die gaiselsleg, die im an seiner heyligen hawt swarcz fleck, mosen und pluotvarb straym gemacht hetten, und die groszen roten puochstaben bedewttent die wunden, die im mit den nageln und sper durch seinen heyligen leichnam gestochen wurden, und punckt und stricklein der virgeln [lat. virgulae] durch underschaydung willen bedeuttent die loechlein durchstochen mit der durneyn kron. Auch was die selbe heylig hawt und sein chlares fel seins mynniklichen anplicks vor hin und des ersten mit manigerlay achtung, verratung und smehung durchpunctirt und durchstopphet mit halsslegen, packenslegen und mit verspiczen der unflatigen, falschen juden spaicheln bestrichen und beflecket und mit den roren durchzeilet und lynirt (S. 132).

Aufs genaueste werden im Rahmen einer Allegorese Passionsgeschehen und Schreibvorgang auf der Produktionsseite, Betrachtung des Leidens und Lesen einer Schrift auf der Rezeptionsseite analogisiert. Christus hat das erste Evangelium selbst auf die eigene Haut geschrieben, als er sich aus freien Stücken und eigenem Willen (*propria voluntate*) martern und kreuzigen ließ. Die Autorschaft des »Liber vitae« gründet in der Freiwilligkeit der Passion, die eben kein passives Geschehen, sondern Erlösungstat und zugleich gezielter, eigenverantwortlicher Akt der Selbstformung war. Das erste Blutzeugnis des göttlichen Heilswillens wurde dem menschlichen Körper Christi eingeritzt, eingekerbt und eingeschlagen. Es konturiert sich ein Zusammenhang von Opfer und Gedächtnis in dem von Nietzsche benannten Sinne.

Die Male, Spuren und Zeichen auf der Haut sind Formen einer blutigen Mnemotechnik; sie bilden das erste greifbare, sichtbare und lesbare Dokument des Heilsgeschehens, noch bevor die Evangelisten ihre schriftlichen Zeugnisse niederlegen.

Die Haut Christi hat die Textur und Struktur eines Schriftstückes; sie ist wie ein altes Pergament beschmutzt, durchstoßen und liniert, wobei Haut und Pergament über die metaphorische eine reale Verbindung haben. Wichtig ist die graphische bzw. kalligraphische Strukturierung der Wundmale und Passionsspuren. Während die Schrunde und Striemen der Geißelungsspuren die schwarzen Minuskeln (*litterae minores et nigrae*) bilden, sind die fünf Wundmale an den Händen, Füßen und an der Seite die durch rote Farbe initialenförmig ausgezeichneten Großbuchstaben (*litterae rubeae et capitales*). Die Abdrücke der Dornenkrone sind die *puncta* und *virgulae*, also jene Interpunktionszeichen, die im Kontext der Briefe- und Urkundenlehre der ars dictaminis seit dem 12./13. Jahrhundert verstärkt reflektiert werden.

Gerade in den Punkten und Strichen der *underschaydung* entspricht die Markierung der Haut dem vergleichsweise modernen Schriftbild der Scholastik, das im Bestreben nach Ordnung (ordinatio) des Textes nach graphischen Gliederungsprinzipien drängt und eine »Semiotik der Textgestalt« (W. Raible)[6] entwickkelt. Folgt man den Ausführungen des Caesarius, dann bilden Wundmale, Geißelungsspuren und Abdrücke auf der Haut – entsprechend den Groß- und Kleinbuchstaben, Strichen, Punkten und Linien auf der Buchseite – eine wohlgeordnete, rubrizierte und interpungierte Textgestalt. Wie dem Leser einer Buchseite werden dem Betrachter optische Anhalts- und Gliederungspunkte vorgestellt, welche die Wahrnehmung rhythmisieren, strukturieren und sich seinem Gedächtnis einprägen. Die wichtige mnemotechnische Funktion, die man den Initialen in mittelalterlichen Codices zuerkennt, gilt auch für die initialenförmig herausgehobenen fünf Hauptwunden. Die Zeichnung auf der Haut hat einen klaren, einprägsamen Bauplan.

Für Caesarius' detaillierte Verknüpfung von Wundmalen und Schriftzeichen sind mir bisher keine unmittelbaren Quellen bekannt geworden. Sicherlich fügt

---

[6] Wolfgang Raible: Semiotik der Textgestalt, Heidelberg 1991; vgl. auch Ivan Illich: Im Weinberg des Textes. Wie das Schriftbild der Moderne entstand, Frankfurt a. M. 1991.

sich die Vorstellung ein in die reiche religiöse Buchmetaphorik des Hoch- und Spätmittelalters, die vor allem die Gestalt der Maria betraf.[7] Die Buch-Körper-Metaphorik des Mittelalters führt nicht einfach entfernte Bildbereiche zusammen, sondern sie artikuliert eine größere Empfindlichkeit der mittelalterlichen Kultur gegenüber dem Akt und der Oberfläche des Schreibens.[8] Das Pergament ist selbst ein Stück Haut und steht somit der menschlichen Haut beinah metonymisch nahe.

Parallelen für die Gleichsetzung des leidenden Christus mit einem Buch finden sich im franziskanischen Umkreis bei Bonaventura: [*Secundus liber*] *est humanae in Christo naturae, in quo sunt scripta stigmata clavorum et passionum et omnia genera exemplorum et meritorum.*[9]

Ähnlich spricht der »St. Georgener Prediger«, eine mhd. Predigtsammlung aus der Mitte des 13. Jahrhunderts, vom *lebend buoch* Christus und den *rosvarwen buochstaben* seines Blutes:

> *daz dritte ist daz lebend buoch, únser herre Jhesus Christus, daz buoch siner hailgen mentschait, daz an dem karfritag geschriben wart. an dem buoch liset man gedult, demuot, senfti, minne, rainkait und maenig ander tugend, die da geschriben sint mit den rosvarwen buochstaben sinez rainnen bluotez.*[10]

Neben den franziskanischen Parallelen – Caesarius ist freilich zeitlich vor Bonaventura anzusetzen – lassen sich möglicherweise typologische und eschatologische Verweisungsbezüge ausmachen. Caesarius beruft sich ja auf den »Liber vitae«, der auf sogenannten Gnadenstuhl-Bildern von Gottvater zusammen mit dem gekreuzigten Christus vorgezeigt wird. Die Vorstellung einer Körperschrift könnte Impulse empfangen haben vom signum tav oder signum tau – jenem heiligen Buchstaben auf der Stirn der Gerechten, der seit dem frühen 13. Jahrhundert insbesondere im franziskanischen Kontext ein enorme Verehrung erlebt.[11] In

---

[7] Klaus Schreiner: *Wie Maria geleicht einem puch.* Beiträge zur Buchmetaphorik des hohen und späten Mittelalters, in: Archiv für Geschichte des Buchwesens 11, 1971, S. 1437–1464; Peter Kesting: Maria als Buch, in: Würzburger Prosastudien I. Wort-, begriffs- und textkundliche Untersuchungen, München 1968 (Medium Aevum 13), S. 122–147; zur Schriftmetaphorik im weltlichen Kontext vgl. Horst Wenzel: Hören und Sehen, Schrift und Bild. Kultur und Gedächtnis im Mittelalter, München 1995, S. 431–441.

[8] Vgl. zur frühneuzeitlichen Diskussion um Buchdruck und Handschrift Jan-Dirk Müller: Der Körper des Buchs. Zum Medienwechsel zwischen Handschrift und Druck, in: Materialität der Kommunikation, hg. von Hans Ulrich Gumbrecht/Karl Ludwig Pfeiffer, Frankfurt a. M. 1988, S. 203–217.

[9] Bonaventura: Dom. XXIV. p. Pent. Sermo 1, in: Opera Omnia, Quaracchi 1882–1902, Bd. IX, 454a. Bonaventura kennt wie Caesarius auch den Gedanken des Buches, das den Toren verschlossen bleibt: *Liber sapientiae est Christus, qui scriptus est intus apud Patrem, cum sit ars omnipotentis Dei; et foris, quando carnem assumit. Iste liber non est apertus nisi in cruce; istum librum debemus tollere, ut intelligamus arcana sapientiae Dei. [...] Multi istum librum tenent clausum et sunt insipientes* (fer. VI in Par. Sermo 2, Opera Omnia IX, S. 263–265). Zum Themenkomplex vgl. Winthir Rauch: Das Buch Gottes. Eine systematische Untersuchung des Buchbegriffs bei Bonaventura, München 1961, bes. S. 184f.

[10] Der sogenannte St. Georgener Prediger, hg. von Karl Rieder, Berlin 1908 (DTM 10), S. 315,26–30.

[11] Zur Auslegung in Patristik und Mittelalter vgl. Hugo Rahner: Antenna Crucis V. Das

Konzils- und Kreuzzugspredigten sowie in Meßbetrachtungen betont Innozenz III. den heilsgeschichtlichen, eschatologischen Rang des signum tau. Wohl im Anschluß an den Antoniter-Orden hat Franziskus das signum tau zum charakteristischen Zeichen seines Ordens gestaltet. Wie bereits der frühe Bericht des Thomas von Celano überliefert, läßt er es auf Kirchenwände malen und benutzt es auf Urkunden als Unterschriftszeichen in der Funktion eines Siegels.[12]

Die Vorstellung vom signum tau wird im Mittelalter aus Exodus- und Ezechiel-Stellen kombiniert, die wiederum mit der eschatologischen Auszeichnung der Gerechten (Offb. 7,2–8)zusammengebracht werden. Das Buch Exodus (12,3) zitiert eine Vorschrift Gottes im Rahmen des Pascha-Festes vor dem Auszug aus Ägypten, die Türpfosten und Giebel der Israeliten zu bestreichen und zu markieren – und zwar mit dem Blut der gerade geschlachteten Lämmer. In Ezechiel 9,3f. geht es um Gottes Strafgericht an der Stadt Jerusalem. Gott befiehlt »dem Manne, der in Linnen gekleidet war und ein Schreibzeug an der Hüfte trug«: »Gehe mitten durch die Stadt und mache ein Tav auf die Stirn der Männer, die seufzen und wehklagen über all die Greuel, die in ihr verübt werden«. In der griechischen Version heißt dies semaion, in der Vulgata: signum thau. Gemeint ist der ursprünglich letzte Buchstabe des semitischen Alphabets, das sogenannte Tav-Zeichen, das die Form eines aufrechten Kreuzes (›+‹) oder gestürzten Kreuzes (›x‹) haben konnte. Im Mittelalter wurde das Tav-Zeichen mit einem ›T‹ wiedergegeben.

Im Alten Testament hat das Signum die Funktion eines Schutzzeichens, das an kultische Zeichen, aber auch an Besitz- und Stammeszeichen erinnert: Die Gerechten werden durch das göttliche Schutzzeichen vor dem Gericht bewahrt – was im Sinne einer praefiguratio in eschatologischen Texten der jüdischen und christlichen Tradition aufgegriffen wurde. E. Dinkler bringt das Tav-Zeichen in Zusammenhang mit hebräischen Praktiken der körperlichen Kult-Stigmatisierung auf Stirn oder Händen, die an Marken zu Bezeichnungen des Eigentums oder der Stammeszugehörigkeit erinnern.[13]

Im Mittelalter wurde das signum tau als praefiguratio des Kreuzzeichens begriffen. Die franziskanische Kreuzform übernimmt die Figur des ›T‹, ja sogar ihre Gebetshaltung formt den Buchstaben nach. Exegeten wie Rupert von Deutz haben den Zusammenhang der alttestamentarischen Stirnzeichnung mit dem Kreuz und dem Gekreuzigten betont; demnach schreibt Christus das signum crucis den Gläubigen mit seinem Blut ein.[14]

mystische Tau, in: Zeitschrift für katholische Theologie 75, 1953, S. 385–410; zum Vorkommen in der deutschen Kreuzzugsdichtung: Dieter Kartschoke: Signum Tau. Zu Wolframs Willehalm 406,17ff., in: Euphorion 61, 1967, S. 245–266.

[12] Zur Tau-Devotion bei Franziskus vgl. Oktavian A. Rieden: Das Leiden Christi im Leben des heiligen Franziskus. Eine quellenvergleichende Untersuchung im Lichte der zeitgenössischen Passionsfrömmigkeit, Rom 1960 (Pontificia Universitatis Gregoriana), S. 14ff.

[13] Erich Dinkler: Signum crucis, München 1967, S. 26ff.

[14] Im Bezug auf Ezechiel 9,4–6 schreibt Rupert von Deutz (De Trinitate et operibus eius, in: PL 167, Sp. 197–1828, hier Sp. 1458f.): Nam hoc est quod Dominus noster ex hoc mundo transiturus ad Patrem, et signum crucis suæ scripturus in frontibus nostris, non atramento, sed sanguine suo et Spiritu sancto, primum prædicare cœpit.

Caesarius scheint an solche typologischen und eschatologischen Zusammenhänge anzuknüpfen, wenn er nicht nur die Zeichen auf Christi Haut beschreibt, sondern auch von einem Novizen erzählt, dem während der Betrachtung des leidenden Christus ein *zaichen des heyligen creucz an sein styrn gedruckt* [lat.: *impressum*] *war* (Hartliebs Übersetzung II,23, S. 121). Dies ist ein bemerkenswert früher Fall einer körperlichen Stigmatisierung – wenn man bedenkt, daß nach den franziskanischen Berichten Franziskus die Stigmata der Hauptwunden erst im Jahr 1224 empfangen hat.

Wenn Caesarius die Wundmale und Striemen auf Christi Haut als einen eigenständigen Schrifttext begreift, impliziert dies m. E. mehr als ein Metaphernspiel. Christi Körper wird als genuines Medium der Offenbarung entdeckt, die Körperzeichnung wird der scriptura gleichgestellt, ja sogar als genuine erste Schriftform, als erstes Evangelium anerkannt. Der Buchtext auf Christi Haut wird gerade den Schriftunkundigen aufgeschlagen. Und die Vorstellung, daß Christi Wundmale und Narben wie Schriftzeichen zu lesen sind, berührt ganz entscheidend die spätmittelalterliche Weise der Wahrnehmung des leidenden Christus.

2. Der Text der Wunden. Zur Semiotik des Christusbildes

Angeleitet durch Caesarius' Strukturmodell der Verknüpfung von Körper und Schrift möchte ich einen Blick auf Bilddarstellungen des leidenden Christus wagen. Caesarius' Verknüpfung von Schrift und Körper steht zweifellos der zeitgenössischen imago crucifixi nahe. Es ist durchaus möglich, daß er ein Bildnis des leidenden Christus vor seinem Auge hatte.[15]

Ohne hier in die kunstgeschichtlichen Debatten um Herleitung und Verzweigung bestimmter ikonographischer Typen eingreifen zu wollen, könnte dieser Aspekt doch einiges präzisieren, was Zeichenfunktion und Wahrnehmungsweise des Passionsbildes angeht. Insbesondere die neueren Forschungen von H. Belting haben die Funktion der Passionsbilder, die man früher relativ unscharf als An-

---

[15] Viele Kapitel der 8. Distinctio bzw. des 2. Buches (bei Hartlieb) behandeln die Heilsfunktion der imago crucifixi im Rahmen des zeitgenössischen religiösen Bild- und Reliquienkultes. Dem aufgemalten oder skulpturierten Christusbild werden religiös-magische Wirkungen zugemessen; Personen geistlichen oder weltlichen Standes, die mit dem Leidensbild in Berührung kommen oder es betrachten, erfahren eine Restitution oder Vervollkommnung im Heil. Auch verweist der Lehrdialog auf bekannte Bildwerke, wie das metallene Kreuz mit einem Bildnis Christi (*effigies*) aus St. Georg in Köln (Cap. 25, S. 122), das im Reliquiensepulcrum ein Stück aus dem Originalkreuz beherbergt. Möglicherweise ist dieses Bildnis mit jener erhaltenen Skulptur aus Köln identisch, die man in die Anno-Zeit rückte, die nach neueren Forschungen aber eher ins frühe 13. Jahrhundert gehört. Interesse verdient die Tatsache, daß der Magister des Lehrdialoges die Künstler der Kruzifixe (*gestaltmacher oder maler seiner marter pildnusz*) ausdrücklich belobigt (Cap. 24, S. 122). Noch bemerkenswerter, daß der Novize die Künstler als *scriptores et pictores* bezeichnet: *Ich main und gedenck mir, das die schreiber und maler der heyligen pilde besundern lon davon empfahen* (Cap. 23, S. 121). Diese beinahe synonyme Verwendung von scriptor und pictor zeigt die noch bestehende enge Verbindung von Bildnis und Schrift.

dachtsbilder bezeichnete, näher erfaßt und neben den meditativen auch die kultischen, auch paraliturgischen Verwendungskontexte der Passionsbilder sowie ihre Verwandtschaft mit dem religiösen Spiel herausgearbeitet.[16] Imago crucifixi und Passionsbild rücken in den Zusammenhang der elevatio der Eucharistie, oder sie werden im Rahmen von szenischen Darstellungen der Passion – etwa in Form der Grablegung (depositio crucifixi)[17] – in paraliturgische Spielhandlungen integriert. Daneben ist die Bedeutung des Passionsbildes für die Entwicklung von Meditationstechniken zu beachten, wie sie vor allem die franziskanische Tradition ausarbeitet.[18] In eine solche von Belting betonte ›Rhetorik des Bildes‹ könnte sich dieser Aspekt einer Narbenschrift einfügen – als Teil einer Semiotik des Christusbildes.

Da ist zunächst die Nähe von Schrift und Körper in Passionsszenen. Der leidende Christus neben dem Buch – dies knüpft sich in Kreuzigungsdarstellungen oft an die Figur des Evangelisten Johannes, der traditionell unter dem Kreuz steht und dabei oft ein Buch – Evangelium, »Liber vitae« – in der Hand hält.[19] In Gnadenstuhlbildern seit dem 12. Jahrhundert zeigt Gottvater den Gekreuzigten zusammen mit dem »Liber vitae« vor.

Deutlicher werden Passionsgeschehen und Schreibvorgang szenisch zusammengerückt in einer Geißelungsszene aus dem bekannten Stundenbuch des Herzogs von Berry, das im Musée Condé in Chantilly aufbewahrt wird (Abb. 1). Die Miniatur (fol. 144) stammt wohl von einem der bekannten Brüder von Limburg. Die Geißelung nimmt auch im geistlichen Spiel einen wichtigen Platz ein. Vom richtenden Pilatus beobachtet, wird der an eine Säule gebundene Christus von den Schergen geschlagen und gegeißelt. Rechts am Bildrand ist eine Schreiberfigur erkennbar, die offenbar wie ein Gerichtsschreiber die Geißelung protokolliert. Obwohl die Figur keinen Nimbus trägt, wird sie in den Kommentaren als Evangelist Johannes gedeutet, »der sich Notizen zu seinem Evangelium macht«.[20] Dies wird nahegelegt durch den Vergleich mit dem Johannes in anderen Minatu-

[16] Hans Belting: Das Bild und sein Publikum im Mittelalter. Form und Funktion früher Bildtafeln der Passion, Berlin 1981, bes. S. 218ff. (etwa zur Spielanleitung von Cividale). Zu beachten ist weiterhin die Arbeit von Erwin Panofsky: Imago pietatis, in: Festschrift für Max J. Friedländer, Leipzig 1927, S. 261–308; zur Verwendung des Bildes im Visionskontext vgl. Jeffrey Hamburger: The Visual and the Visionary: The Image in Late Medieval Monastic Devotions, in: Viator 20, 1989, S. 161–182.

[17] Solange Corbin: La déposition liturgique du Christ au Vendredi Saint. Sa place dans l'histoire des rites et du théâtre religieux, Paris/Lissabon 1960.

[18] Wichtig sind hier vor allem die franziskanischen »Meditationes vitae Christi«, vgl. hierzu den Artikel von Kurt Ruh, in: ²VL, Berlin/New York, Bd. 6, Sp. 282–290; Übersichten über die einschlägigen zisterziensischen und franziskanischen Passionstraktate jetzt in diversen Beiträgen des Sammelbandes: Die Passion Christi in Literatur und Kunst des Spätmittelalters, hg. von Walter Haug/Burghart Wachinger, Tübingen 1993.

[19] In Grünewalds bekannter Darstellung am Isenheimer Altar ist es Johannes der Täufer, der ein Buch, wohl das Alte Testament, in der einen Hand hält und mit der anderen auf den grausam entstellten Gekreuzigten zeigt.

[20] Kommentar von Edmond Pognon, in: Das Stundenbuch des Herzogs von Berry. Ausgemalte Handschrift des 15. Jahrhunderts, Chantilly o. J., S. 96.

Abb. 1: Christi Geißelung, aus dem Stundenbuch des Duc de Berry, fol. 144 (1410–1416),
         Musée Condé, Chantilly

ren des Stundenbuches; auch ist Johannes ja der einzige Jünger gewesen, der dem Passionsgeschehen als Augenzeuge beiwohnte.

Was mag Johannes notieren? Schreibt er wirklich Buchstaben und Sätze auf, oder sind es tachygraphische Kürzel oder stenogrammförmige Notizen? Oder macht er nur Striche, um die Hiebe abzuzählen? Interessant ist die Parallelisierung von Feder und Rutenbündel, Pergament und Haut, Schreibakt und Geißelungsvorgang. Der Schreibprozeß scheint dem Takt, um nicht zu sagen: dem Diktat der Schläge zu folgen. So wie die Feder des Schreibers Striche und Punkte in das Pergament ritzt, so werden der Haut Christi die Zeichen und Male seines freiwilligen Opfers förmlich eingeschrieben. Greifbar wird der Zusammenhang von Schrift, Körper und Gewalt, der in der modernen Kunst, Literatur und Philosophie von Bataille bis zu Genet reflektiert wird.

Interessant ist zudem der Aufzeichnungscharakter beider Formen: Während der Zeuge Johannes das beobachtete Ereignis genauestens erfaßt, protokolliert und für die Nachwelt festschreibt, ist die Haut das erste authentische Medium, das die Spuren der Opfertat festhält und überliefert. Man erinnert sich nur an das, was andauernd wehtut.

Es ist aufschlußreich, einen Blick zu werfen auf Bilddarstellungen des Corpus Christi, vornehmlich die Bildtypen Crucifixus dolorosus und Schmerzensmann. Auf Kruzifixen werden seit dem 13. Jahrhundert neben den fünf Hauptwunden auch die kleineren Wunden der Geißelung und Dornenkrönung bedeutsam – in einer Zeit, als sich allgemein ein Wandel vollzieht von den Triumphkreuzen älteren Typs, welche die maiestas Christi in typologische und neutestamentliche Bildkontexte (in den sogenannten Lettner-Gruppen) stellen, hin zum Leidensbildnis (effigies) des Gekreuzigten, welches den Betrachterblick ganz auf die körperlichen Aspekte des gepeinigten und sterbenden Menschensohnes konzentriert.[21] Oft wurde dieser Wandel als Hinwendung zu einer realistischen bzw. naturalistischen Gestaltungstendenz gedeutet. M. E. überwiegt aber der Zeichenaspekt: Christi Körper wird zum Zeichenträger transformiert.

Sichtbar wird dies an der Gestaltung der Kreuzeswunden und Geißelungsspuren der polychromen Crucifixi dolorosi – ein Bildtypus, der im maasländischen, rheinischen, oberrheinischen und später auch im ostdeutschen Raum begegnet.[22] Beispielhaft ist der Kölner Crucifixus (um 1370) aus dem Schnütgenmuseum (Abb. 2). In Köln erscheinen Kreuze dieses Typs – oft in Gabelkreuzform – seit 1304. Ich möchte den Blick hier auf die Geißelungsspuren lenken, die seit dem 13. Jahrhundert auf Kruzifixen zu finden sind. Sie entsprechen keiner realistischen Ausgestaltung, bilden vielmehr abstrakte Formen (Striche/Kreise), geometrische Muster (Linien/Diagonale) und über den Körper verteilte eigenartige Dekorationssysteme.

---

[21] Reiches Bildmaterial bei Gertrud Schiller: Ikonographie der christlichen Kunst, Bd. 2: Die Passion Jesu Christi, Gütersloh 1968, bes. S. 98ff.

[22] Siehe vor allem die Spezialuntersuchung von Monika von Alemann-Schwartz: Crucifixus dolorosus. Beiträge zur Polychromie und Ikonographie der rheinischen Gabelkruzifixe, Diss. Bonn 1976; zum Vorkommen des Bildtypus im ostdeutschen und böhmischen Raum: Die Parler und der schöne Stil 1350–1400, hg. von Anton Legner, Köln 1978, Bd. 2, S. 496 bzw. S. 683.

Abb. 2: Crucifixus dolorosus mit Gabelkreuz aus Köln (1370), Schnütgen-Museum, Köln

Abb. 3: Tafelbild mit Schmerzensmann (1. Viertel 14. Jh.), Casa Horne, Florenz

Interesse verdient, daß die Geißelungsspuren teils aufgemalt, teils aber regelrecht eingestanzt wurden. Offenbar wurde ein Stempel verwendet, der die gleich-
artige runde Formung der inneren Wundmale erklärt. Der Künstler will offenbar
kein realistisches Abbild von Wunden darstellen, sondern den Körper markieren
und damit auch Marken schaffen für Blick und Gedächtnis des Betrachters. Der
runde Stempeleindruck gibt den Geißelungsspuren den Charakter kleiner Siegel,
was durchaus signifikant sein könnte. Nach Spezialuntersuchungen (Alemann-
Schwartz [Anm. 22]) waren die inneren Geißelungsspuren oft in der Mitte schwarz
gefärbt, während die Hauptwunden immer rot gefärbt waren. Dies läßt natürlich
an Caesarius' Vorstellung einer besonderen Rubrizierung der Hauptwunden denken.

Unter die gestanzten Marken der Geißelung oder unter gemalte Querstriche
der Hiebe wurden kleine Blutrinnsale aufgemalt, die ein merkwürdig gleichmäßi-
ges Muster bilden. Denn es sind in aller Regel drei Rinnsale, wobei der mittlere
Strich durchgehend länger ist als die beiden äußeren. Diese Form der Wundmale
ist keineswegs singulär, sondern findet sich über die Kruzifixe hinaus auf Ves-
perbildern[23] und auf Bildtafeln des Schmerzensmann-Motivs. Bisweilen, wie auf
einer florentinischen Tafelmalerei des Schmerzensmannes des 14. Jahrhunderts
(Abb. 3), hat die übergroß herausgehobene Seitenwunde diese charakteristische

---

[23] Vgl. »Die Beweinung Christi unter dem Kreuz« vom Meister der Lindauer Beweinung
(um 1410), Abb. in: Stefan Lochner Meister zu Köln. Herkunft – Werke – Wirkung, hg. von
Frank Günter Zehnder, Köln 1993, S. 231.

Abb. 4: Lindauer Beweinung (1410–1420), Städtische Kunstsammlungen, Lindau

Gestalt (drei Längsstriche unter einem Querstrich oder eine breite Blutspur unter dem Querstrich der Seitenwunde) – eine graphische Figur, die an ein ›T‹ erinnert. Dies scheint auf oberitalienische, franziskanisch geprägte Bildmuster zurückzugehen.[24]

Eines der schönsten Zeugnisse ist die sogenannte Lindauer Beweinung Christi von ca. 1410–1420 (Abb. 4), die das Bildprogramm des Schmerzensmannes variiert.[25] Christus steht als Schmerzensmann aufrecht im offenen Sarkophag, wird von Maria, Johannes und einem Engel gehalten und dem Betrachter vorgezeigt, wobei der anwesende Engel auf die apokalyptische Dimension der Passion verweist. Wie auf den Kruzifixen bilden die Wundmale ein eigenartiges dekoratives System, das an japanische oder chinesische Kalligramme des Körpers erinnert. Ganz deutlich ist die charakteristische Zeichnung der einzelnen kleinen Wundmale. Von dem oberen Querstrich gehen drei Blutrinnsale aus, deren mittlere Spur deutlich länger ist als die äußeren.

Dahinter könnte ein ikonographisches, um nicht zu sagen: kalligraphisches Programm stehen, wozu ich im folgenden eine Deutung vorschlagen möchte. Neben den trinitarischen Konotationen könnte dieses blutige Mal auf das signum tau verweisen und damit auf einen typologischen und eschatologischen Hintergrund referieren.

Die christliche Auslegung hat das hebräische Tav-Zeichen seit jeher mit dem Kreuz in Verbindung gebracht und hierin das alttestamentarische Vorbild des Kreuzes gesehen. Interessant ist nun, daß die alttestamentarischen Vorgänge der Bezeichnung von Türen und Körpern mit dem ›T‹ ausgerechnet auf den Querbalken bzw. den Sockeln von Kreuzen des 12. Jahrhunderts dargestellt sind. Aus dem Maasraum aus St. Bertin in St. Omer ist ein emaillierter Kreuzsockel von 1170 bekannt (Abb. 5), worauf dargestellt ist, wie das *SIGNVM TAV* – so auch die Inschrift – im Rahmen der *TRACTATIO SIGNI* an den Türgiebeln angebracht wird. Der Pfeiler desselben Sockels illustriert, wie Aaron die Häupter der Juden mit einem ›T‹ markiert. Aaron als Tav-Schreiber erscheint auch auf einem Hildesheimer Altarkreuz aus London (2. Hälfte 12. Jh.).[26]

Der naheliegende typologische Bezug zwischen Pascha-Fest und Passion, der Opferung der Lämmer und der Kreuzigung, wird also auf den Bildwerken des 12. Jahrhunderts selbst hergestellt. Wenn seit dem 13. Jahrhundert im Zuge der Steigerung der Passionsfrömmigkeit die expliziten typologischen Bezüge der Kreuzigung zurücktreten und der Blick ganz auf den leidenden Christus selbst konzentriert wird, scheint der Körper des Gekreuzigten das sakrale Zeichen in sich selbst aufgenommen zu haben. Auch die an den Crucifixi dolorosi beobach-

---

[24] Beispiele bei Schiller (Anm. 21), S. 606f. Möglicherweise geht diese Form der Seitenwunde schon auf die frühen florentinischen Darstellungen des Schmerzensmannes mit den vor der Brust verschränkten Armen zurück. Beispiele bei Belting (Anm. 16), S. 169, Abb. 60; S. 57, Abb. 10; S. 58, Abb. 11; vgl. auch das Vesperbild des Giovanni da Milano in Paris, Sammlung du Luart (ebd., S. 133, Abb. 64). Auch auf der Kreuzesdarstellung von Giotto, einer Tafelmalerei vor 1312, ist diese charakteristische Gestalt zu erkennen (Abb. bei Schiller [Anm. 21], S. 520).

[25] Kommentar und Literaturangaben in: Stefan Lochner (Anm. 23), S. 228f.

[26] Abb. bei Schiller (Anm. 21), S. 483.

Abb. 5: Kreuzsockel aus St. Bertin in St. Omer (1170), Musée archéologique, St. Omer

tete Siegelform der Wundmale könnte vor dem eschatologischen Hintergrund der Versiegelung der Gerechten eine Bedeutung gewinnen, gilt doch das Kreuz als stauros christou.

Wenn diese Vermutung stimmt, dann sind die Leidensspuren am Körper Christi z. T. tatsächlich als blutgeschriebene Buchstaben lesbar – zumindest für den schriftkundigen Betrachter, der über das geeignete bibelexegetische Hintergrundwissen verfügt.[27] Zu beachten ist, daß die Passionsbilder unterschiedliche Verstehensangebote je nach Bildungsstand des Publikums machen.

So braucht es nicht unbedingt der elaborierten typologischen Signifikationsformen; auch auf den semiliteraten oder illiteraten Betrachter wirken die Wundmale als indexikalische Zeichen und Spuren des Heilsopfers Christi. Dieses indexikalische Moment wird insbesondere in den Schmerzensmann-Darstellungen deutlich, die den Körper Christi mit den arma Christi, den Leidenswerkzeugen, umgeben.[28] Bei diesen eigentümlichen Piktogrammen ist jede realistische Darstellungsebene aufgehoben, statt der einzelnen Kreuzwegstationen erscheinen nur noch die dinglichen Relikte (Geißelbündel, Säule, Nägel, Lanze, Schweißtuch) und Körperteile (Köpfe und Zungen, die Christus verspotten; Hände, die bestimmte Gebärden ausführen wie das Waschen in einer Schüssel). Alle diese Dinge und Körperteile sind – wie in einer surrealen Gestaltung – ringförmig um das Zentrum, den Körper Christi, gruppiert. Der Gegenstand steht pars pro toto für die Situation – eine Zeichenstruktur, die an das mittelalterliche Recht erinnert, mit seiner Betonung bestimmter Ding- und Körperzeichen, die pars pro toto für ein Stück Land oder auch einen Straftatbestand stehen. Oft ist in unmittelbarer Umgebung der Seitenwunde Christi eine freischwebende Hand angebracht, die wie in einer Zeigegebärde auf die Seitenwunde verweist. Damit sind wohl in erster Linie die Spottgebärden der Schergen gemeint, möglich ist auch ein Bezug zur Hand des ungläubigen Thomas.

Wichtig ist, daß der Körper mit seinen Narben im Zentrum dieser indexikalischen Zeichen steht. Das gilt auch für die Ikonographie des ohne arma dargestellten sogenannten ›wundenzeigenden‹ Schmerzensmannes.[29] Im Rahmen seiner ostentatio-Gesten öffnet der Schmerzensmann zum Vorzeigen der Wundmale die Handflächen nach außen oder aber legt die eigene Hand auf die Seitenwunde. Das Zeichenarrangement dieser Bildprogramme hat eine wichtige Schau-, Signal- und Appellfunktion, die gegebenenfalls – allerdings nicht notwendig – durch Spruchbänder (Attendite et videte oder Recollecte) unterstrichen werden kann. Allein schon durch die Rhetorik des Bildes wird der Blick des Betrachters ganz gezielt auf die Wundmale gelenkt.

[27] Eine tiefere typologische Bedeutung gilt auch für die oft traubenförmig geformten Blutstropfen der Hand- und Seitenwunden, die auf das Motiv der mystischen Kelter Christi nach Isaias 63,1–3 verweisen.

[28] Zu den semiotischen Bezügen der arma-Darstellungen vgl. Robert Suckale: Arma Christi. Überlegungen zur Zeichenhaftigkeit mittelalterlicher Andachtsbilder, in: Städel-Jahrbuch 6, 1977, S. 177–208.

[29] Zu den verschiedenen Bildmustern vgl. Gert von Osten: Der Schmerzensmann, Berlin 1935. Inwieweit literarische Texte wie das »Speculum humanae salvationis« die Ikonographie beeinflußt haben, bleibt zu prüfen; vgl. Panofsky (Anm. 16), S. 288f.

Die Narben und Wunden sind optische Anhaltspunkte und rechtserhebliche Spuren des Heilsopfers. Indem sie zu abstrakten Formen (Strich, Kreis) gestaltet und zu einfachen geometrischen Mustern (Linien, Diagonale) angeordnet sind, strukturieren und rhythmisieren sie die visuelle Wahrnehmung des Betrachters und erfüllen eine mnemotechnische Funktion.

Wichtig ist der Bezug der Wunden zur Zahl. So wird in der mhd. Legendendichtung »Der Saelden Hort« (um 1300)[30] Christus während der Geißelung mit *zwo und sybenzig wunden* überzogen, was auf die Zahl der Jünger (Lk 10,1.17) verweisen könnte. In der mhd. Dichtung »Gottes Zukunft« (um 1300)[31] wird Christi Haupt durch die Dornenkrone mit *dusent wuonden ode me* verletzt. Beim Endgericht zeigt Christus alle diese Wunden vor. In Visionen von Mystikerinnen werden die Wunden Christi regelrecht ausgezählt. Die Zisterzienserinnen Gertrud und Mechthild von Helfta kommen auf die Summe von 5466 Wunden.[32] Birgitta von Schweden zählte 5475 Wunden.[33]

Die Fünfzahl der Hauptwunden bietet ein klares visuelles Ordnungsmuster, das sich Vorstellung und Erinnerung leicht einprägt, zudem – wie die Gebete zu den fünf Wunden belegen – bestimmte mündliche Gebetseinheiten rhythmisch gliedert.[34] Wie die Initialen auf einer Buchseite in einem Meßbuch markieren die fünf Wunden den jeweiligen Anfang einer Gebetseinheit. Die Zählliste wird also hier in eine Art Gebetsmarke überführt.

Das Auge des Betrachters kann auf den Malen verweilen, sie isolierend in einem bestimmten Wahrnehmungsrhythmus abtasten, der Betrachter kann die Prägemale des Leidens auszählen und in sein Gedächtnis eingraben, sich meditativ und imaginativ damit auseinandersetzen. Diese memorative und imaginative Auseinandersetzung reicht bis hin zur mimetischen Empathie – ein Vorgang, der in literarischen und ikonischen Darstellungen der Stigmatisierung thematisiert wird.

Man könnte Verbindungen von der Narbenschrift auf Christi Körper zu Urformen des Graphischen ziehen, die noch nicht sprachfixierende Funktion im Sinne der phonetischen Schriftsysteme haben: zu Formen des Einkerbens, Einritzens, Markierens, die außer religiös-sakralen Funktionen (Gebetsmarken) auch

[30] Der Saelden Hort. Alemannisches Gedicht vom Leben Jesu, Johannes des Täufers und der Magdalena, hg. von Heinrich Adrian, Berlin 1927 (DTM 26), v. 9425.

[31] Gottes Zukunft, in: Heinrichs von Neustadt ›Apollonius von Tyrlant‹, [...] ›Gottes Zukunft‹ und ›Visio Philiberti‹, [...] hg. von S[amuel] Singer, Berlin 1906, Neudruck 1967 (DTM 7), S. 330–452, hier v. 2647.

[32] K. Hofmann, [Art.] Wunden Christi, in: ¹LThK, Freiburg i. Br., Bd. 10, Sp. 708f.; zum frömmigkeitsgeschichtlichen Kontext des Zählens vgl. Arnold Angenendt et al.: Gezählte Frömmigkeit, in: FMSt 29, 1995, S. 1–71.

[33] Leben und Offenbarung der Heiligen Brigitta von Schweden, hg. von L. Clarus, Regensburg 1856, Bd. 4, S. 113.

[34] Dies bereits in frühen Frauengebeten des 12. Jahrhunderts, etwa in den Vatikanischen Gebeten, in: Denkmäler deutscher Prosa des 11. und 12. Jahrhunderts, hg. von Friedrich Wilhelm, Neudruck München 1960, S. 71f.; auch in den Benediktbeurer Gebeten, ebd., S. 106f.; vgl. Das St. Trudperter Hohe Lied, hg. von Hermann Menhardt, Halle 1934 (Rheinische Beiträge und Hülfsbücher zur germanischen Philologie und Volkskunde 21–22), Bd. 2, hier 34,22.

die Funktion der Gedächtnisstütze, der Zählliste bzw. der Besitzanzeige haben.
André Leroi-Gourhan stellt im Blick auf prähistorische Zeichen- und Schreibformen fest:[35]

>»Der Graphismus hat seinen Ursprung nicht in der naiven Darstellung der Wirklichkeit,
sondern im Abstrakten. [...] Die ältesten bekannten bildlichen Darstellungen stellen daher
keine Jagdszenen, Tiere oder ergreifende Familienszenen dar, es sind vielmehr graphische
Pflöcke ohne deskriptiven Bezug, Stützpunkte eines mündlichen Kontextes, der unwider-
ruflich verloren ist. [...] Die Bedeutung dieser parallelen Striche, die auf Steinplättchen
oder großen Knochen eingraviert sind, ist unbekannt. Zuweilen hat man darin Zähllisten für
Jagdwild gesehen, zuweilen einen Kalender. Soweit sich überhaupt etwas sagen läßt,
scheint ihr Zweck die Aufzeichnung von Wiederholung, also Rhythmus zu sein. [...]
Abstrahieren heißt im etymologischen Sinn >etwas im Denken isolieren<, einen Teil betrachten, indem man ihn aus dem Ganzen herauslöst. [...] Dem entsprechen die ersten
Jahrtausende der prähistorischen Kunst aufs genaueste. Erst in den folgenden Jahrtausen-
den entfaltet sich langsam der Realismus.«

Nun sind die graphischen Pflöcke und Stützpunkte nicht ohne Kontexte, stehen nicht außerhalb der Geschichte, sondern sind bereits eingebunden in Heilsgeschichte, oder besser: -geschichten. Die Narben rufen in verkürzter Form – ähnlich wie die Säule, die Lanze oder das Rohr mit dem Essigschwamm – einzelne
Leidensepisoden auf, ohne allerdings eine lineare Erzählung der gesamten Passionsgeschichte zu bieten. Der Funktionsaspekt der isolierenden Betrachtung zeichenhafter und situativer Elemente scheint den einer fortlaufenden Erzählung zu
überlagern. Leroi-Gourhan spricht im Blick auf graphische Grundformen, die auf
dem Weg zu linear erzählenden Bilderschriften sind und den phonetisierten
Schriftsystemen vorausgehen, von >Mythogrammen<.
    Interessant ist, daß die Verstehenskontexte dieser Zeichen dem illiteraten
Publikum im Mittelalter nicht so sehr über die scriptura als vielmehr über mündliche Formen und Spielhandlungen nähergebracht werden. So ist die Geißelungssäule eben nicht in den >heiligen< Evangelientexten überliefert, sondern eine
Zutat der Tradition, die gleichwohl zum unverzichtbaren Bestandteil der szenischen oder ikonischen Darstellung wird. Ähnliches gilt für die Zahl der Geiße-
lungswunden.
    Passion und Opfertod – dieser Kern des göttlichen Heilswerkes – sind Chri-
stus regelrecht auf den Leib geschrieben. Die Wundmale und Narben sind sichtbare, lesbare, ja sogar zählbare Notationen einer grausamen Erinnerungsarbeit.
Ihr Text bildet auch für den Illiteraten ein rhythmisches Strukturgerüst, an dem
sich seine Wahrnehmung, Erinnerung und sein Gebet orientieren kann.

---

[35] André Leroi-Gourhan: Hand und Wort. Die Evolution von Technik, Sprache und Kunst,
Frankfurt a. M. 1980, S. 240f.

3. Zeichenwert und Rechtsbedeutsamkeit der Narbe

Der Zeichenwert der Narbe basiert ganz entscheidend auf ihrer Rechtsbedeutsamkeit. Bereits in der Antike ist die Narbe wichtiges Erkennungszeichen (»Odyssee«), was auch in mittelalterlichen Dichtungen wie dem »Iwein« aufgegriffen wird.

Auch dieser Rechtszusammenhang läßt sich an den Wundmalen Christi belegen. Das Motiv des ungläubigen Thomas, der seine Finger in die Seitenwunde legt, ist seit dem 12. Jahrhundert in Passionsspielen bekannt. Die Ikonologie des Passionsbildes hat über ihre kultischen, sakramentalen und meditativen Bezüge hinaus eine ins Eschatologische weisende Rechtsfunktion. Der gekreuzigte Christus ist ohne den wiederkehrenden und richtenden Christus nicht zu denken.[36]

Der Schmerzensmann geht häufig eine Bildverbindung mit dem Weltenrichter ein, das Öffnen der Handflächen ist charakteristische Richtergebärde. In vielen Bilddarstellungen tritt der halbbekleidete, wundenzeigende Christus als Richter auf zum allgemeinen Weltgericht – ein Tableau, das häufig mit einer realen Gerichtsszene verbunden wird.[37] Auch fanden Schmerzensmann-Skulpturen ihren Platz nicht nur an oder in Kirchen, sondern auch in Gerichtsgebäuden.[38] Auch in Texten wie in »Gottes Zukunft« des Heinrich von Neustadt ([Anm. 31], v. 6384ff.) erscheint Christus zum Endgericht, bedeckt mit seinen Wunden und umgeben von den Leidenswerkzeugen. Der leidende Christus ist der iudex iustus, der seine Wunden fürbittend, aber auch anklagend und triumphierend vorweist. Wie sehr sich das Moment der Klage mit dem der Anklage verband, zeigt das oft als Spruchband im Sinne einer Anruflegende verwendete Bibelzitat aus den Jeremiaden (Klgl 1,12): *o vos omnes qui transitis per viam / attendite et videte si est dolor sicut dolor meus*! H. Belting hat auf die Tradition dieses Verses hingewiesen, der entscheidend den Realitätscharakter des Passionsbildes definiert und an den Rezipienten appelliert.[39]

Nicht nur Christus weist seine Wunden am Tag des Jüngsten Gerichts vor, sondern auch die Gerechten zeigen ihre Zeichen auf der Stirn und die Märtyrer ihre Narben. Wunden und Narben sind in den spätantiken Märtyrerakten wichtige Beweismittel der Heiligkeit, die für die Kultverehrung auf Erden bedeutsam waren. Während aber die Verstümmelungen am Jüngsten Tag geheilt und beseitigt werden, bleiben die Narben der Märtyrer sogar über den Jüngsten Tag und die glorificatio der Leiber hinaus – als sichtbare Triumphzeichen. Augustinus diskutiert dieses Problem von fragmentatio und resurrectio der Körper im »Gottesstaat« (22,19):[40]

---

[36] Zum theologischen Umkreis vgl. Reinhard Schwarz: Die spätmittelalterliche Vorstellung vom richtenden Christus. Ein Ausdruck religiöser Mentalität, in: Geschichte in Wissenschaft und Unterricht 32, 1981, S. 526–553; zur bildenden Kunst vgl. vor allem die Arbeiten von Panofsky und Belting (Anm. 16).

[37] Beispielhaft das Tafelbild aus Würzburg, Bischöfliches Ordinariat, Abb. in: Die Parler (Anm. 22), Bd. 1, S. 358.

[38] So der Schmerzensmann aus dem Neustädter Rathaus in Prag; Abb. ebd., Bd. 2, S. 694.

[39] Belting (Anm. 16), S. 288ff.

[40] Zitiert nach der Übersetzung von Wilhelm Thimme: Vom Gottesstaat, Zürich/München 1978, Bd. 2, S. 797. Bei Christus selbst bleiben zumindest die fünf Hauptwunden zurück.

»Wie es zugeht, weiß ich nicht, aber in unserer großen Liebe zu den Märtyrern möchten wir
gern in jenem Reiche an den Leibern der seligen Märtyrer die Narben der Wunden sehen,
die sie um des Namen Christi willen erlitten, und vielleicht werden wir sie auch sehen.
Denn sie verunstalten nicht, sondern verleihen Würde und lassen eine Schönheit erstrahlen,
die, obschon am Leibe, doch eine Schönheit nicht des Leibes, sondern der Tugend ist. [...]
Aber wenn es sich in der neuen Welt gehört, daß die Male der glorreichen Wunden an dem
unsterblich gewordenen Fleisch sichtbar sind, werden da, wo die Glieder, um abgetrennt zu
werden, durchbohrt oder durchschnitten waren, Narben erscheinen, die Glieder selbst
jedoch wieder an ihrem Platz und nicht verloren sein. Sämtliche dem Leib widerfahrenden
Schädigungen sind dann beseitigt, aber die Tugendmale darf man nicht für Schädigungen
halten oder sie so nennen.«

Diese Funktion der rechtsbedeutsamen Sichtbarkeit der Narben, die von
Augustinus im Blick auf das eschatologische Gericht diskutiert wird, betrifft
auch die Erscheinungsformen des gezeichneten Körpers in der Passionsmystik
seit dem frühen 13. Jahrhundert. So beschreibt der wirkungsmächtige Passions-
traktat Ps.-Anselms (in: PL 159, Sp. 271–290, hier Sp. 286–288), daß der Körper
Christi nach der Kreuzabnahme in den Armen Mariens vollständig glorifiziert
wurde, bis auf die Narben der fünf Wunden (*quinque vulnerum cicatrices*; Sp. 287).
    Die Begegnung mit dem Bildnis des leidenden Christus hinterläßt auch auf
dem Körper auserwählter Menschen sichtbare Spuren. Dies korrespondiert mit
einem neuen analytischen Interesse am Körper, das sich in verschiedenen, einander überschneidenden Diskursen des Spätmittelalters (Theologie, Naturkunde,
Recht) konturiert.[41]
    Ich gehe im folgenden ein auf die Vitenliteratur zu den mulieres sanctae des
Lüttich-Brabanter Raumes. Prägendes hagiographisches Strukturmuster ist das
Gegenüber von illiterater Charismatikerin und gelehrtem Mentor und Biopraphen
– eine Konstellation, die sich musterbildend zu Beginn des 13. Jahrhunderts bei
Maria von Oignies und Jakob von Vitry (ca. 1170–1240) findet. In der Vita der
Maria begegnet auch früh und ungefähr zeitgleich mit den einschlägigen franziskanischen Texten die Betonung körperlicher Zeichen im Rahmen der Passionsmystik.[42] Die Passion ist das Grundprinzip ihrer Bekehrung: *Principium conver-
sionis eius ad te, Crux tua, passio tua fuit* (1,16, S. 640). In der Betrachtung und
der mimetischen Nachahmung der Passion peinigt Maria ihren Körper so sehr,
daß die Mitschwestern nach dem Tode Wundmale auf ihrer Haut finden, die sie
offenbar selbst angebracht hat: *Loca vero vulnerum, cum corpus eius in morre
lavaretur, mulieres invenerunt* (1,22, S. 641f.). Der Hagiograph bringt dies in
Zusammenhang mit den Wundmalen der Märtyrer und fragt, warum nicht auch
am schwachen Geschlecht solche Zeichen zu bewundern seien, die indizierten,
wie stark sie durch die Liebe verwundet gewesen sei (*caritate vulnerata*) und um
der Wunden des Herrn willen die eigenen Wunden vergessen hätte?

---

[41] Vgl. dazu insbesondere Caroline Walker Bynum: Fragmentation and Redemption. Essays
on Gender and the Human Body in Medieval Religion, New York 1991; vgl. auch: Gepeinigt,
begehrt, vergessen. Symbolik und Sozialbezug des Körpers im späten Mittelalter und in der
frühen Neuzeit, hg. von Klaus Schreiner/Norbert Schnitzler, München 1992.
[42] Vita Mariae Oigniacensis, in: AASS Tom IV, Juni II (23. Juni), S. 630–678.

Deutlicher noch wird die Zeugnisfunktion der Narbe in der Vita der Lutgard von Tongeren, die in der ersten Redaktion 1248 von Thomas von Cantimpré niedergeschrieben wurde.[43] (Eine zweite Redaktion wurde im Jahr 1262 abgeschlossen, die ersten mndl. Bearbeitungen entstanden 1263–1274.) Der Dominikaner Thomas von Cantimpré hat ähnlich wie sein Vorbild Jakob von Vitry in Paris studiert und ist neben seinen hagiographischen Schriften – u.a. hat er ein Supplementum zur Vita der Maria von Oignies und andere Viten von Äbten und mulieres sanctae verfaßt – durch seine naturkundlichen Schriften (»De natura rerum« [Plinius], »De apibus«) hervorgetreten. Lutgard ist eine mulier sancta, die zunächst in semireligiöser Gemeinschaft gelebt hatte, dann ins Benediktinerinnenkloster S. Catharina bei St. Truiden eingetreten, später zum Zisterzienserorden übergetreten war. Wie Maria von Oignies wird auch Lutgard mit dem Passions- und Kreuzigungsbild (imago crucifixi) in enge Beziehung gebracht; bekannt und auch in Bilddarstellungen abgebildet ist die Szene (1,14, S. 240), wo ihr bei der Betrachtung des Kruzifixes (fixis oculis imaginem inspexisset) Christus erscheint und ihr seine Seitenwunde zeigt (videbat Christum cum vulnere lateris cruentato). Dort wird die Schmerzensmann-Ikonographie in das beschriebene Visionsgeschehen integriert, ein Vorgang, der sich in der Mystik des 13. und 14. Jahrhunderts wiederholen wird. Auch hier geht die Mimesis mit dem Leidensbild so weit, daß sie die Leidensspur am eigenen Körper trägt.

Als sie nämlich über Christi Leiden und das Martyrium der Hl. Agnes meditiert (2,21, S. 248f.), bricht ihr eine Ader über dem Herzen, und sie vergießt Blut aus dieser Wunde. Der Hagiograph nennt für dieses Wunder zwei Zeugen (testes), nämlich zwei namentlich festgehaltene Nonnen des Konventes, die die blutigen Kleider der Lutgard gewaschen hatten. Der entscheidende Zeuge (testis) aber war die Narbe der gebrochenen Ader (cicatrix ruptae venae), die bis zu ihrem Tod an Lutgarts Körper sichtbar blieb.

Die mndl. Version erzählt eine ähnliche Episode[44]: Während der Betrachtung der Passion beginnt Lutgard wiederholt zu bluten; wenn sie aus dem ekstatischen Zustand erwacht, ist dieses Blut abgewaschen und verschwunden. Ein Priester, der dieses Wunder nicht glauben will, schleicht ihr heimlich nach, beobachtet das Leidenswunder und schneidet zum leiblichen Beweis (litteeken) eine blutige Locke von ihrem Haar, die er aufbewahrt. Das sichtbare und haptisch greifbare Leibzeichen als Beleg und Beweismittel, den Zweifler von der Echtheit des Wunders zu überzeugen – dieses Motiv hat nicht nur im ungläubigen Thomas sein neutestamentliches Vorbild, sondern auch seine zeitgenössische Parallele in der Franziskus-Legende.[45] Dort wird – Giotto hat das in Assisi dargestellt – der

[43] Vita Lutgardi, in: AASS Tom IV, Juni II (16. Juni), S. 231–262; zur Entstehungsgeschichte vgl. die Vorrede zur mittelniederländischen Teilausgabe: Het leven van Lutgard. Bloemlezing uit het Kopenhaagse handschrift, hg. von Yolande Spaans/Ludo Jongen, Hilversum 1996, S. 7ff.; zum Verfasser vgl. Christian Hünemörder/Kurt Ruh: [Art.] Thomas von Cantimpré OP, in: ²VL, Berlin/New York, Bd. 9, Sp. 839–851.

[44] Het leven van Lutgard (Anm. 43), 2,23, v. 7994ff.

[45] André Vauchez: Les stigmates de saint François et leurs détracteurs dans les derniers siècles du moyen âge, in: Mélanges de l'Ecole Française de Rome 80, 1968, S. 595–625.

Papst Gregor IX., der an der Echtheit der Stigmatierung des Franziskus zweifelte, überzeugt, als ihm der Hl. Franziskus erscheint und ihm Blut aus seiner Seitenwunde in eine Ampulle füllt.

Für die Darstellung bei Thomas von Cantimpré sind meines Erachtens zwei Aspekte zu beachten, die auf das gestiegene Interesse am Körper, insbesondere am fragmentierten Körper in den wissenschaftlichen und rechtlichen Diskursen der Zeit verweisen. Auf die theologischen Konsequenzen dieses Einstellungswandels hat vor allem Caroline W. Bynum aufmerksam gemacht. Einmal konturiert sich beim Hagiographen Thomas ein neues analytisches Interesse am Körper, das durchaus analog zu sehen ist zu seinen naturkundlichen Studien. So lehnt er in der »Vita Lutgardi« (2,19, S. 248) im Sinne der diätetischen Vorstellung der cura corporis übertriebene asketische Mißhandlungen des Körpers mit Verweis auf Paulus (Eph 5,29) ab: *Corpus, etiam quod corrumpitur, aggravat animam.*

Zum zweiten entspricht das Interesse am Körper und seinen Teilen dem mittelalterlichen Recht. Bereits das ältere Recht kennt Formen der leiblichen Beweisung, die Klage mit dem toten Mann bzw. mit einer Hand aus Wachs.[46] Intensiviert wird der analytische Blick auf den Körper im neuen Recht; so finden die ersten Sektionen im 13. Jahrhundert in Bologna statt und stehen im unmittelbaren Kontext der juristischen Beweislehre vom Corpus delicti.[47]

Es ist kein Zufall, daß die Hagiographie, die sich an die seit ca. 1200 mit Innozenz III. normierten juristischen Richtlinien der Kanonisation zu halten hat, verstärkt die körperlichen Zeichen als wichtige Elemente ihrer Beglaubigungsstrategien entdeckt. Wundmale und Leidensspuren werden zu authentischen Ausweisen der charismatischen Begabung, die ihrerseits durch andere Kontrollinstanzen (Augenzeugen, Visitationen, schriftliche Berichte) zu überprüfen sind. Augenzeugenbeweis, Körperbeweis und Schriftbeweis spielen zusammen und verstärken sich gegenseitig.

4. Vor-Schriften des Körpers in der Passionsmystik

Der folgende Punkt betrifft die Beziehung zwischen Körperzeichen und dem Prozeß hagiographischer Verschriftung. Ich möchte die Körperzeichen interpretieren als Möglichkeit einer vor-schriftlichen Selbstthematisierung, die vor dem Beginn der hagiographischen Fixierung liegt und eine erste Stufe der Dokumentation der Heiligkeit markiert. Die brabantische Vitenliteratur des 13. Jahrhunderts führt in ein Milieu, in dem eine reformierte Kirche und Ordensreligiosität versuchen, charismatische Formen von Laienfrömmigkeit zu integrieren. In den Viten werden Modelle einer vita nova immer wieder behandelt und gerade im Blick auf den Bildungshintergrund diskutiert. Exemplarisch vorgestellt wird der Typus der illiteraten oder semiliteraten Charismatikerin. Von literarischen Ambi-

---

[46] Vgl. U. Kornblum: [Art.] Blickender Schein, in: HRG, Berlin, Bd. 1, Sp. 452–454.
[47] Vgl. Michael Sonntag: Die Zerlegung des Mikrokosmos. Der Körper in der Anatomie des 16. Jahrhunderts, in: Transfigurationen des Körpers, hg. von Dietmar Kamper/Christoph Wulf, Berlin 1989, S. 59–96, hier S. 64.

tionen und Schreibaktivitäten ist selten die Rede – ganz im Gegensatz zur späteren deutschen Frauenmystik, wo der Schreibanstoß – etwa im Sinne eines göttlichen Schreibbefehls – oft in den mystischen Prozeß hineingerückt ist.[48] Dagegen sind es im besprochenen Milieu gelehrte Hagiographen, die Lebenslauf und spirituelle Erfahrungen der mulieres sanctae in literarischer Form aufzeichnen. Den Prozeß der Verschriftung muß man sich über Stufen und Redaktionen vorstellen; zugrunde liegen oft Visitationsberichte oder kurze Aufzeichnungen von Ordensgeistlichen und Beichtvätern, die dann in Gestalt der Vita zusammengefaßt und nach hagiographischen Schreibmustern angeordnet werden. Auch die Vita selbst kann mehrere Redaktionen erfahren.

Bietet nun der gezeichnete Körper den Illiteraten eine Möglichkeit der religiösen Selbstartikulation und Dokumentation – analog zur Vorstellung vom leidenden Christus, der den »Liber vitae« auf die eigene Haut schrieb?

Wie stark solche Körpermale im Kontext körperlicher und ikonischer Ausdrucksformen den Frömmigkeitsstil bestimmen, zeigt modellhaft die Vita der Elisabeth von Spalbeek oder Erkenrode, die der Zisterzienser Philipp von Clairvaux kurz nach 1267 auf der Basis von Visitationsberichten verfaßte.[49] An der Begine, die in der Nähe des Zisterzienserklosters Erkenrode in der Diözese Lüttich als Inclusa an einer Kapelle lebte, konnte man die Stigmata der Passion Christi finden – der erste Fall einer Stigmatisierung nach der umstrittenen Stigmatisierung des Hl. Franziskus. Wie im Falle des Franziskus, dessen Stigmatisierung insbesondere von Dominikanerkreisen beargwöhnt und abgelehnt wurde, stößt auch diese Stigmatisierung auf Kritik und Ablehnung. Möglicherweise spielen in diese Problematik auch Ordenskonkurrenzen zwischen Zisterziensern und Franziskanern hinein.

Philipp von Clairvaux betont, daß er die Stigmata – die Hand- und Fußwunden waren rund, die Seitenwunde länglich – ohne Falsch und Täuschung auf seiner Visitation mit eigenen Augen geprüft habe (*occulata et sic indubitata fide percepi*). Wichtig ist, daß die Wundmale – ähnlich wie in den Berichten über Franziskus – regelrecht der Haut eingedrückt (*impressa*) sind (Cap. 3, S. 363).

In der Vita dominieren auch sonst gestische und sogar pantomimische Frömmigkeitsformen im Kontext der Passionsmystik, die sich zu einer elaborierten Sprache des Körpers verdichten. Wie bei Lutgard nimmt die religiöse Erfahrung ihren Ausgang vom Passionsbild. Elisabeth trägt eine *tabula* mit dem Leidensbildnis bei sich, das sie anblickt und betrachtet. Die Rhetorik des Bildes setzt eine Rhetorik des Körpers in Szene. Sie stilisiert sich selbst zur vera icon, wenn sie während ihrer Ekstasen die Geschehnisse der Passion mit Körperbewegungen wie in einem Ballett nachstellt. Im Bemühen um eine memoria passionis spielt sie

---

[48] Zusammenfassend zu den Entstehungsbedingungen frauenmystischer Texte: Ursula Peters: Religiöse Erfahrung als literarisches Faktum, Tübingen 1988 (Hermaea NF 56).

[49] Vita Elisabeth sanctimonialis in Erkenrode, in: Catalogus codicum hagiographicorum Bibliothecae regiae Bruxellensis I, Brüssel 1886, S. 362–378; zu Konzepten und Umfeld der Vita vgl. W. Simons/J. E. Ziegler: Phenomenal Religion in the 13th Century and Its Image: Elisabeth of Spalbeek and the Passion Cult, in: Women in the Church, hg. von W. J. Sheils/Diana Wood, Oxford 1990, S. 117–126.

die Kreuzigungsszene nach, wobei sie sämtliche Rollen, auch die von Maria und Johannes, in ihren Trauergebärden einnimmt. Sie choreographiert die Geißelungsszene, indem sie ihre Arme um eine imaginäre Säule windet, sie formt in einem tableau vivant die Gestalt des Kreuzes mit ausgebreiteten Armen nach[50], ja sie vollführt auch die Spottgebärden der Schergen.

Inmitten dieser ikonischen und pantomimischen Formen der significatio und repraesentatio, die erstaunliche Parallelen zum geistlichen Spiel und zum theatralischen Frömmigkeitsstil des Franziskus verraten, werden auch die Körperzeichen und Spuren bedeutsam. Elisabeth zieht mit genau beschriebenen vertikalen und horizontalen Bewegungen ihrer Hände zahlreiche Linien in Form der signa crucis über Gesicht und Oberkörper, es bleiben nach Ekstasen Abdrücke von Zeichen in Kreuzform an ihrem Körper (*crucis insignia in membris et corpore*) sichtbar (Cap. 10). Neben den genannten Stigmata der fünf Wunden finden Mitschwestern auf ihrem Gesicht und rings um ihr Haupt blutige Punkte (*puncturas*) und Striemen (*rubricatas*), welche als Abdrücke der Dornenkrone zu verstehen sind (Cap. 23). Manches erinnert an die von R. Barthes untersuchten Formen des japanischen Theaters, wo neben der Gebärde und Kleidung auch das beschriebene Gesicht eine bestimmte Rolle spielt.

Diese neuen Ausdrucksformen, die ihre Fortsetzung in späteren Viten finden[51], werden vom Autor der Vita reflektiert (vor allem Cap. 16, S. 373). Er nimmt sie in Schutz vor Anfeindungen, stellt sie in den Kontext eines neuen, auf die Bedürfnisse von Illiteraten zugeschnittenen Frömmigkeitsstils und vergleicht Elisabeth mit dem Hl. Franziskus. Nicht nur am Zeugnis der Schrift (*non solum ex testimonio Scripturarum*) ist die Göttliche Heilsbotschaft erkennbar, sondern auch an den lebenden Bespielen der Verehrung und Imitation des Leidens Christi. So sagt der einfache und nicht schriftkundige Fromme (*simplex et illitteratus*) mit Recht: Ich kann die Geheimnisse des Glaubens nicht lesen und verstehen (*legere et intellegere*), da ich keinen Buchstaben verstehe (*quia nescio litteram*) oder da das Buch verschlossen ist (*liber clausa est*). Deshalb – so der Autor weiter – vermag der Ungelehrte nicht auf Pergamenten und Urkunden (*non in membranis et chartis*), sondern auf den Gliedern und dem Körper (*in membris et corpore*) des Mädchens, wie auf einer lebenden und offenen Veronika, das lebendige Bild des Heils (*suae salvationis vivam imaginem*) und die belebte Geschichte der Erlösung (*redemptionis animatam historiam*) abzulesen (*legere*); und so lernt der Ungelehrte genauso zu lesen wie der Schriftkundige (*sicut litteratus ita valeat legere idiota*).

---

[50] Zur Gebetshaltung in modum crucis gibt es Parallelen zu den Franziskanern und auch zur Vita Christi des Ludolf von Sachsen (hg. von A. C. Bolard/L. M. Rigollet/J. B. Carnandet, Paris 1865, S. 652).

[51] In der Vita der Christina von Stommeln des Petrus von Dacien (1279–1287) finden sich solche Leidensspuren, die dort mit Münzen und Medaillen verglichen werden. In späteren Redaktionen erscheinen sogar Inschriften auf dem Körper; vgl. dazu Christine Ruhrberg: Der literarische Körper der Heiligen. Leben und Viten der Christina von Stommeln (1242–1312), Tübingen/Basel 1995, S. 396ff. Die literarischen Beziehungen zur Vita der Elisabeth sind einer näheren Untersuchung bedürftig.

Was der Vitenautor Philipp von Clairvaux programmatisch im Blick auf die körperlichen Ausdrucksformen der Leidensnachfolge formuliert, ist dem verwandt, was Caesarius in bezug auf die Haut Christi selbst schreibt. Der Körper wird zum genuinen Medium der Heilsbotschaft erklärt und der scriptura und der Predigt – den beiden traditionellen, männlich besetzten Formen der Offenbarung und Überlieferung – gleichrangig an die Seite gestellt. Die Gebärden, Zeichen und Spuren des Körpers sind für den illiteraten Betrachter wie eine Schrift lesbar, ja sie sind die Schrift des Illiteraten. Sie bilden die imago, aber auch die historia des Heilsgeschehens[52], d.h. sie haben über das ikonische Moment hinaus auch Zeugnis- und Dokumentfunktion.

In diesem Kontext werden die Leidensmarken bedeutsam, weil sie anders als die gestischen und pantomimischen Formen die Christusnähe der Auserwählten über die kurze Dauer der Vision und Ekstase hinaus wie Traumreste bezeichnen und festhalten. Diese konservierende und dokumentierende Funktion haben sie mit der Buchstabenschrift aus der Feder des Hagiographen gemeinsam. Bevor das Pergament der Vita eine Lebensspur hinterläßt, bietet die Oberfläche des Körpers eine blutgeschriebene Leidensspur. Die Auszeichnung geht zusammen mit der ersten Aufzeichnung der Heiligkeit.

5. Körperschrift, Autographie und Autobiographie bei Seuse

Ich möchte schließen mit einem Blick auf Heinrich Seuse, einen der bekanntesten Vertreter der Passionsmystik, der bereits dem frühen 14. Jahrhundert angehört. Seuses Hauptschrift über sein Leben gilt als erste religiös fundierte Autobiographie in der Volkssprache – freilich ist der autobiographische Ansatz stark zurückgenommen und gebrochen. Dies belegt die außerordentlich verrätselte Entstehungsgeschichte. Nicht damit genug, daß die Lebensbeschreibung in zwei Redaktionen abgefaßt ist (nur die zweite Redaktion, das sogenannte »Exemplar«, reklamiert Seuse für sich), sie ist dazu nicht in der ersten, sondern der dritten Person gehalten. Die Autorschaft der ursprünglichen Lebensaufzeichnungen wird im Prolog der geistlichen Freundin Elsbeth Stagel zugeordnet, die mit der heimlichen Aufzeichnung seiner Biographie gegen seinen Willen gehandelt und einen ›geistlichen Diebstahl‹ begangen habe. Der Anteil der Elsbeth Stagel ist in der Forschung sehr umstritten und wird eher gering angesetzt.[53] Offenbar hat Seuse selbst über die Entstehung und Autorschaft des Textes einen Schleier gelegt – was möglicherweise motiviert ist in dem Vorhaben, die literarischen Ansätze von Subjektkonstitution im Sinne christlicher humilitas zurückzudrängen.

Der literarische Text handelt – so die Anfangssätze – von dem *brediger* […], *dez nam geschriben sie an dem lebenden buoch*.[54] Um den Eintrag in den »Liber

---

[52] Dies sind Leitbegriffe der franziskanischen Bildtheologie; vgl. dazu Panofsky (Anm. 16).

[53] Zusammenfassend Alois M. Haas: [Art.] Stagel, Elsbeth, in: ²VL, Berlin/New York, Bd. 9, Sp. 219–225.

[54] Zitiert nach: Heinrich Seuse: Deutsche Schriften, hg. von Karl Bihlmeyer, Stuttgart 1907, Neudruck 1961, S. 7.

vitae« zu legitimieren, rückt die büßende Leidensnachfolge Christi ins Zentrum[55], die sich gleichermaßen im Herzen und am Körper vollzieht. Die Leidensnachfolge, die häufig vom ikonischen Motiv der imago crucifixi ihren Ausgang nimmt, die beschriebenen asketischen Selbstmißhandlungen bieten Lebensgeschichte als Geschichte des gepeinigten Körpers. Nicht zufällig sieht Seuse wie Caesarius im leidenden Christus *ein lebend buoch* (S. 256).

Interesse verdient das Motiv der Körperschrift. Und zwar erscheint dieses Motiv bereits in den wichtigen Partien des Anfangs der Hinwendung zu Christus (Kap. 4, S. 15–17): *Wie er den minneklichen namen Jesus uf sin herz zeichente* (S. 15). In einer Betrachtungsübung, die in der Heimlichkeit der Zelle stattfindet, beginnt Seuse, über ein *minnezeichen* nachzudenken, das den Hohlied-Vers 8,6 *pone me ut signaculum super cor tuum* erfüllen könnte:

> *koend ich etwas minnezeichens erdenken, daz ein ewiges minnezeichen weri enzwischan mir und dir ze einem urkúnde, daz ich din und du mins herzen ewigú minne bist, daz kein vergessen niemer me verdilgen moehti!* (S. 16)

Er nimmt daraufhin einen Schreibgriffel zur Hand und ritzt auf seine Brust mit blutigen Buchstaben den Namen *IHS* (ebd.). Er betet zu Gott, den Namen in den Grund seines Herzens einzudrücken und einzuzeichnen. Tatsächlich bleiben, als die Wunden verheilt sind, die vernarbten Buchstaben – sie haben die Breite eines Halmes und die Länge eines Fingergliedes – auf seiner Brust bis zu seinem Tode erhalten. Der Träger zeigt sie allerdings niemandem außer der bekannten geistlichen Freundin. In einer Vision sieht er später ein goldenes Kreuz, das auf seinem Herzen aufleuchtet – ein Motiv, das wohl der mittelalterlichen Ignatius-Legende entstammt. Auch dieses Zeichen verbirgt er vor der Umwelt.

Deutlich wird das Vorhaben, das Christusmonogramm wie ein autographes Urkundenzeichen zur Befestigung und Besiegelung des Christusbundes auf Körper und Herz einzuschreiben. Das ›JHS‹ ist gebräuchliches Kürzel für Jesus Hominum Salvator und hat sich wohl aus dem griechischen ichthys-Zeichen entwickkelt. Interessant ist, daß dieses Christusmonogramm auf südwestdeutschen Notarssigneten erscheint[56] – daß es also in der Realität des spätmittelalterlichen Geschäftsverkehrs als beglaubigendes autographes Urkundenzeichen verwendet wird. Wie in der biblischen Tradition des Tav-Zeichens und in der apokalyptischen Szene der Versiegelung der Auserwählten ist das Monogramm rechtserhebliches Gedächtnis-, Kult- und Besitzzeichen: Die Person gibt sich dauerhaft in den Besitz Christi (*ich bin din*) und macht diese Zugehörigkeit und Auserwählung lesbar. Die äußere Körperschrift korrespondiert mit der inneren Herzensschrift, die Gott selbst anbringt und damit den Vertrag gegenzeichnet. Paulus (2. Kor 3,2) spricht von den »fleischernen Tafeln des Herzens«, worin die wahre Urschrift des Geistes eingeschrieben ist.

Seuses Selbststigmatisierung verrät, indem er Buchstaben und Monogramme auf seiner Haut formt, den spezialisierten Literaten, der mit der Alphabetschrift

---

[55] Zum Kontext Alois M. Haas: Sinn und Tragweite von Heinrich Seuses Passionsmystik, in: Die Passion Christi (Anm. 18), S. 94–112.

[56] Peter-Johannes Schuler: Südwestdeutsche Notarszeichen, Sigmaringen 1976, S. 22.

und den Zeichenverwendungen der pragmatischen Schriftlichkeit vertraut ist. Zudem geht er dezidiert von der scriptura, nämlich dem Hoheliedvers, aus. Wenn nun – anders als in der Frauenmystik – in einem formellen Schreibakt beschriebener Körper und schreibende Hand zusammenkommen, eröffnet sich ein eigentümlicher Zusammenhang von Autographie und Autobiographie. Wie Christus bei Caesarius von Heisterbach ist Seuse zumindest für die äußere Schrift auf seiner Haut eigenverantwortlich. Die autographe Tätowierung – ich folge hier einem Aufsatz von Alois Hahn[57] – ist eine Form der Autopoiesis, der bewußten, gezielten Selbstformung (›self-fashioning‹) im Sinne der von M. Foucault für die Antike herausgearbeiteten Techniken des Selbst. Es ist ein erster Impuls zur schriftlichen Aufzeichnung, die erste Stufe des Schreibprozesses, der in die autobiographische Fixierung einmündet. Freilich ist auch hier der Verheimlichungszwang zu spüren, der über der Textentstehung liegt: Bereits die erste Stufe literater Subjektwerdung wird im Sinne christlicher humilitas in die äußerste Heimlichkeit verlegt und damit zurückgenommen. Wirksam mag hier das Vorbild des Franziskus sein, der seine Stigmatisierung auch lange verborgen hielt und sie dann nur wenigen Gefährten eröffnete.

Allerdings verbleibt auch die Herzensschrift nicht in der Heimlichkeit, sondern wird auf eigentümliche Weise publiziert – eine Weise, welche die Publikation der Lebensbeschreibung vorwegnimmt. Die Episode ist erzählt im »Leben« (Kap. 44, S. 154f.; sie ist auch enthalten in den Zusätzen zum Briefbuch, S. 393). Die allein eingeweihte geistliche Freundin Elsbeth Stagel ist von der Namensschrift derart fasziniert, daß sie das ›IHS‹ mit roter Seide auf weißen Tüchern aufnäht. Eines dieser Tücher bewahrt sie an der eigenen Kleidung auf, die anderen (*unzalich vil*) läßt sie von Seuse berühren und an einen Kreis von Gottesfreunden versenden – eine merkwürdige Form der Vervielfältigung und Distribution der Schrift, die Stagels Rolle bei der Publikation der biographischen Aufzeichnungen antizipiert. Die Schrift beginnt sich also vom Körper zu lösen und findet eine neue Oberfläche. Das Tuch bietet nicht mehr Veronikas Bild, sondern den geschriebenen Namen Christi.

Damit kann das Monogramm geradezu zum Erkennungszeichen Seuses in bildlichen Darstellungen werden. Meist trägt es Seuse auf der entblößten Brust, bisweilen kann das Monogramm auch selbständig, vom Körper getrennt, als charakteristisches Signet neben einem Wappen erscheinen (vgl. die Abb. bei Bihlmeyer [Anm. 54], S. 151). Je mehr sie an Buchstäblichkeit gewinnt, desto mehr löst sich die ursprünglich inkorporierte Schrift vom Körper ab und kann ihn ersetzen – ein Prozeß der Vermittlung und Mediatisierung, der sich parallel in der Verschriftung der Autobiographie vollzieht.

In der beigelegten Miniatur (Abb. 6) ist Seuse im unteren Bildfeld neben dem leidenden Christus abgebildet. Der sitzende Seuse mit dem *IHS* auf der Brust berührt den gemarterten Christus zu seiner Rechten, der von der Geißelungssäule losgebunden ist und in der Manier des Schmerzensmannes die Arme verschränkt hält. Christus ist mit Wunden übersät, die auf der Brust ein vernarbtes Kreuz

---

[57] Alois Hahn: Handschrift und Tätowierung, in: Schrift (Anm. 1), S. 201–218, bes. S. 209.

bilden. Zur Linken Seuses steht ein Engel, der dem Diener ein verschlossenes Buch reicht. Die Inszenierung des Bildes bietet eine signifikante Reihe der besprochenen Vermittlungs- und Ausdrucksformen: den gezeichneten Körper Christi, den beschrifteten Körper Seuses und den Körper des Buches. Seuse hat – wie seine Handgebärde zeigt – sowohl an der Buchschrift als auch an der Körperschrift Anteil.

Offenbar braucht der Literat Seuse auf dem Weg zur religiösen Subjektwerdung die Haut als Oberfläche und den Körper als charismatischen Beglaubigungsgrund, um sich – wie Nietzsche sagt – »ein Gedächtnis zu machen«. Offenbar ist das Schreiben immer noch Teil einer blutigen, schmerzvollen Mnemotechnik, die das Vergessen mit Wunden und Narben bekämpft.

Abb. 6: Miniatur aus der Seuse-Handschrift A (UB Straßburg, L. germ. 75), Bl. 109ᵛ (15. Jh.);
Abb. bei: Heinrich Seuse: Deutsche Schriften, hg. von Karl Bihlmeyer, Stuttgart 1907,
Neudruck 1961, S. 255

Iweins guter Name
Zur medialen Konstruktion von adliger Ehre und Identität in den Artusromanen Hartmanns von Aue

von Haiko Wandhoff (Humboldt-Universität Berlin)

Der mediengeschichtliche Zugang zur mittelalterlichen Literatur, den es hier vorzustellen gilt, stützt sich nicht auf eine festumrissene Methode oder ›Schule‹. Er gründet vielmehr in einer konsequenten Historisierung von Schriftkultur, wie sie durch die neuen Medientechnologien des 20. Jahrhunderts möglich geworden ist. Wurde bereits mit der Entwicklung und Verbreitung von Grammophon, Film, Radio, Telefon, Fernsehen etc. das Monopol der Schrift auf serielle Datenverarbeitung hinfällig[1], so verliert die typographische Datenverarbeitung heute angesichts der expandierenden Computertechnologie immer mehr an Bedeutung. Damit kann sich aber auch die Einsicht durchsetzen, daß Schrift- und Drucktechnologien historisch bedingte Formen der Informationsverarbeitung neben anderen sind. Medien*geschichte* entsteht also selbst als ein Medien*effekt*: Erst vom Ende des Buchzeitalters, von einem konkreten Medienwechsel her, kann die Historizität von Informations- und Kommunikationstechnologien überhaupt gedacht werden. Dies läßt sich etwa daran zeigen, auf welche Weise der Film ein neues Interesse an der Sichtbarkeit des menschlichen Körpers hervorgebracht hat. So feiert 1924 der ungarische Filmtheoretiker Béla Balázs in seinem Essay »Der sichtbare Mensch« die Erfindung des Stummfilms als Durchbruch zu einem Zeitalter, in dem das neue Medium des Kinematographen »der Kultur eine neue Wendung zum Visuellen« gebe, mit der der menschliche Körper endlich wieder *sichtbar* werde.[2] Genau diese Sichtbarkeit des Menschen, seine tiefe Verwurzelung in einer »visuellen Kultur« (S. 52), in der Gesicht und Körper als wichtige Zeichenträger fungieren, sei vordem weitgehend »unleserlich gemacht« worden – und zwar durch die »Erfindung der Buchdruckerkunst« (S. 51). Das optische Medium Film verhelfe nun dem »unter Begriffen und Worten verschütteten Menschen wieder zu unmittelbarer Sichtbarkeit« (S. 54) und setze die Sprache des Körpers und der Gebärden, die in der typographischen »Kultur der Worte« (S. 53) fast völlig vergessen worden sei, wieder an ihren angestammten Platz. An dieser Argumentation fällt besonders ihre doppelte Stoßrichtung auf, denn im Schatten des neuen Mediums Film wird nicht nur ›der sichtbare Mensch‹ als Zeichen- und Datenträger entdeckt, sondern diese Entdeckung wird auch als eine *Wieder*entdeckung ausgegeben, d. h. die neue medienbedingte Einsicht wird hi-

---

[1] Vgl. Friedrich Kittler: Grammophon Film Typewriter, Berlin 1986.

[2] Béla Balázs: Der sichtbare Mensch, in: ders.: Schriften zum Film, hg. von Helmut H. Diederichs/Wolfgang Gersch/Magda Nagy, München 1982, Bd. 1, S. 51–58, hier S. 52.

storisch-anthropologisch ausgeweitet. Die Erfahrung einer neuen Sichtbarkeit *nach* dem Buchdruck stimuliert bei Balázs die Vision einer »visuellen Kultur« auch *vor* der schriftgestützten ›Wortkultur‹. Die Beobachtung einer Mediendifferenz hat somit einen medienhistorischen Effekt: Geschichte wird als Abfolge medial unterschiedlich geprägter Epochen konfiguriert. Das gleiche Wahrnehmungsmuster ist zu beobachten, wenn etwa Walter J. Ong eine »primäre Oralität« *vor* der Schrift von einer technisch vermittelten »sekundären Oralität« der Radios und Telefone unterscheidet, die am Ende des Buchdruckzeitalters Konturen annimmt.[3] Beide Konzepte, Ongs ›primäre Oralität‹ ebenso wie Balázs' ›primäre Visualität‹, sind letztendlich, mit den Worten Friedrich Kittlers, »technologische Schatten der Apparate, die sie, nach Ende des Schriftmonopols, überhaupt erst dokumentieren«.[4]

An dem Fall Balázs ist nun besonders interessant, wie hier der Blick eines frühen Filmtheoretikers auf die vor-typographischen Kommunikationsformen des Mittelalters etwas vorwegnimmt, das heute allerorten im Mittelpunkt des kulturwissenschaftlichen Interesses steht, nämlich die Bedeutung des Körpers als Zeichenträger in vor- und semi-literalen Gesellschaften. Sein Beispiel zeigt daher nicht nur, in welchem Ausmaß neue Technologien unser Denken, unsere Vorstellungen und unser Sensorium steuern; vielmehr macht es auch deutlich, daß die medientechnisch präformierten Wahrnehmungsmuster den Geistes- und Literaturwissenschaften ganz neue Gegenstandsbereiche öffnen können. Denn wo die *schriftfixierte* ›Literaturgesellschaft‹ des 19. Jahrhunderts notwendig immer nur auf Sprache und Schrift rekurrieren konnte, dort kann die *medienorientierte* ›Informationsgesellschaft‹ des ausgehenden 20. Jahrhunderts auch die Bedeutung der nicht-schriftlichen und nicht-sprachlichen Datenflüsse in den Blick nehmen und so die Bedeutung der körpergebundenen Kommunikation vor, in und neben der Schrift kenntlich machen. Ein in diesem Sinne mediengeschichtlicher Zugang zu älteren Kulturen formuliert dann auch die ältere Diskussion um Mündlichkeit und Schriftlichkeit um. Ging es dort, etwa in der forschungsgeschichtlich wichtigen ›oral poetry theory‹ von Milman Parry und Albert B. Lord[5], vorrangig darum, der schriftlichen Literatur ein mündliches Pendant, eine ›orale Literatur‹ an die Seite zu stellen, so steht im Mittelpunkt der medienhistorischen Forschung heute das umfassende Repertoire körperlich-sinnlicher Kommunikationsformen, in dem die Verbalisierung von Wissen nur eine Technik unter anderen ist.[6] Vielleicht ist es sogar erlaubt, hier von einem medientheoretischen Paradigmenwechsel zu reden, in dem das (akustische) Modell Stimme – Ohr – Gedächtnis ersetzt worden ist durch ein (synästhetisches) Modell vom Körper und seinen multisensorischen Wahrnehmungs- und Kommunikationsfunktionen. Die Differenz von Mündlichkeit und Schriftlichkeit wird dabei in den Gegensatz

---

[3] Walter J. Ong: Oralität und Literalität. Die Technologisierung des Wortes, Opladen 1987, S. 135–137.

[4] Kittler (Anm. 1), S. 15.

[5] Vgl. Albert B. Lord: Der Sänger erzählt. Wie ein Epos entsteht, München 1965.

[6] Vgl. Haiko Wandhoff: Der epische Blick. Eine mediengeschichtliche Studie zur höfischen Literatur, Berlin 1996 (PhStQ 141), S. 51–67.

von körpergebundener und schriftgebundener Kommunikation überführt, und die vermeintliche Dominanz des Ohres tritt zurück zugunsten einer Dominanz des Auges. Denn die körpergebundene Kommunikation, die in der Regel in face-to-face-Situationen gründet, ist – auch dies konnte erst mit Hilfe von Film- und Videotechnologie *sichtbar* gemacht werden – von der Augenwahrnehmung viel stärker geprägt als von anderen Sinnesaktivitäten: Etwa 80 % der Informationen, die ein Mensch in der Interaktion verarbeitet, werden mit den Augen aufgenommen.[7]

Wie lassen sich diese Einblicke in die Kommunikationskanäle oraler Kulturen aber für die Arbeit mit mittelalterlicher Literatur nutzen, die uns ja immer schon in schriftlicher Form vorliegt? Die höfische Dichtung um 1200, der meine Textbeispiele entstammen, basiert auf einer exklusiven Form von Schriftlichkeit, die in eine kulturprägende Oralität eingebunden ist; Joachim Bumke hat hier von dem »Paradox einer schriftlich konzipierten Literatur für eine weitgehend schriftlos lebende Adelsgesellschaft«[8] gesprochen. Indem der mediengeschichtliche Zugang die höfischen Texte in ihren Bezügen zu den körpergebundenen Kommunikationsformen untersucht, mit denen sie konkurrieren, aber auch interagieren müssen, kann er ihre Schriftlichkeit ebenso wie ihre Literarizität überhaupt erst historisch bestimmen. Wenn ich im folgenden zu zeigen versuche, in welchem Ausmaß die im Medium der Schrift komponierten, übersetzten und bearbeiteten Artusromane Hartmanns von Aue diese ›anderen‹ Techniken zu ihrem Gegenstand machen und dabei vor allem die mediale Dominanz der adligen Körper und ihrer sensomotorischen Sinneskanäle thematisieren, dann fällt daran besonders auf, daß hier dem Zusammenspiel von Augen- und Ohrenwahrnehmung ein großes Gewicht zugemessen wird. Die Texte entwerfen das Bild einer aristokratischen Gemeinschaft, in der dem Sehen (von Körpern) und dem Hören (von Namen und Erzählungen) oberste Priorität zukommt. Denn im Schauraum der Literatur, so wird zu zeigen sein, können gerade die körpergebundenen Formen der Kommunikation besonders gut beobachtet werden.

I

Die zentrale Rolle, die die Problematik der Ehre in den Artusromanen Hartmanns von Aue spielt[9], ist gleich zu Beginn der Texte greifbar, wo die Abenteuerfahrten der Protagonisten durch öffentliche Ehrverletzungen überhaupt erst angestoßen

---

[7] Vgl. Irenäus Eibl-Eibesfeldt/Wulf Schiefenhövel/Volker Heeschen: Kommunikation bei den Eipo. Eine humanethologische Bestandsaufnahme im zentralen Bergland von Irian Java (West-Neuguinea), Indonesien, Berlin 1990, S. 46.

[8] Joachim Bumke: Höfische Kultur. Eine Bestandsaufnahme, in: PBB 114, 1992, S. 414–492, hier S. 486.

[9] Vgl. Hildegard Emmel: Das Verhältnis von êre und triuwe im Nibelungenlied und bei Hartmann und Wolfram, Frankfurt a. M. 1936, S. 30–42; Hubertus Fischer: Ehre, Hof und Abenteuer in Hartmanns »Iwein«. Vorarbeiten zu einer historischen Poetik des höfischen Epos, München 1983 (FGdädL 3); Ludgera Vogt: Ehre in traditionalen und modernen Gesellschaften, in: Ehre. Archaische Momente in der Moderne, hg. von ders./Arnold Zingerle, Frankfurt a. M. 1994 (stw 1121), S. 291–314; Horst Wenzel: *Jâ unde nein sint beidiu dâ.* Zu konfligierenden Ehrvor-

werden. Es handelt sich um Beleidigungen, die nicht nur das Ansehen der direkt betroffenen Ritter verletzen, sondern auch die gesellig-festlichen Umgangsformen am Hof von König Artus stören.[10] In Hartmanns erstem Artusroman ist es der junge und noch unerfahrene Erec, dessen Ehre schwer getroffen ist, als er vor den Augen der Königin von einem unhöfischen Zwerg mit einer Peitsche geschlagen wird, ohne sich dagegen wehren zu können. Seine Reaktion, den Aggressor sogleich zu verfolgen, obwohl er dafür nur unzureichend ausgerüstet ist, macht deutlich, daß er den Angriff auf seine Ehre als eine Herausforderung begreift, »die, dem Prinzip von Gabe und Gegengabe folgend, unweigerlich Gegenherausforderungen nach sich zieht«.[11] Erecs Ausfahrt ist also durch die selbstauferlegte Verpflichtung motiviert, derartige Beschädigungen seiner Ehre auf der Stelle zu rächen und die Befleckung seines Ansehens im ritterlichen Zweikampf wieder ›abzuwaschen‹.

Am Anfang des »Iwein«[12], um den es im folgenden vor allem gehen soll, steht ebenfalls eine Beleidigung des Protagonisten, und auch sie geschieht hochöffentlich, nämlich – wie im »Erec« – in Anwesenheit der Königin. Verändert ist hier aber der Informationskanal, über den diese Beleidigung transportiert wird, denn diesmal handelt es sich um eine *verbale* Verhöhnung, die Iwein über seine Ohren erreicht und die auch die höfische Öffentlichkeit, allen voran die Königin, mitanhören muß.[13] In einer Gesprächsrunde am Artushof nämlich, am Rande eines Pfingstfestes, berichtet der Ritter Kalogrenant von einer lange zurückliegenden und gründlich mißlungenen âventiure, die er aus Furcht vor Ehrverlust seitdem verschwiegen hat. Darauf meldet sich sein Vetter Iwein zu Wort und

stellungen am Hof und in der höfischen Dichtung, in: Verletzte Ehre. Ehrkonflikte in Gesellschaften des Mittelalters und der frühen Neuzeit, hg. von Klaus Schreiner/Gerd Schwerhoff, Köln/Wien/Weimar 1995, S. 339–360, hier S. 351–357. Auf einzelne Nachweise zur Hartmann-Forschung verzichte ich im folgenden und verweise hier stattdessen auf die umfangreichen Gesamtdarstellungen von William Henry Jackson: Chivalry in Twelfth-Century Germany. The Works of Hartmann von Aue, Cambridge 1994 (Arthurian Studies 34), und besonders Christoph Cormeau/Wilhelm Störmer: Hartmann von Aue. Epoche – Werk – Wirkung, München [2]1995.

[10] Zum Kodex der Ehre, der im Mittelalter besonders im Fall ihrer Bedrohung und Beschädigung greifbar wird, siehe vor allem die Beiträge in: Verletzte Ehre (Anm. 9). Vgl. auch Friedhelm Guttandin: Das paradoxe Schicksal der Ehre. Zum Wandel der adeligen Ehre und zur Bedeutung von Duell und Ehre für den monarchischen Zentralstaat, Berlin 1993; Wolfgang Haubrichs: Ehre und Konflikt. Zur intersubjektiven Konstitution der adligen Persönlichkeit im früheren Mittelalter, in: Spannungen und Konflikte menschlichen Zusammenlebens in der deutschen Literatur des Mittelalters, hg. von Kurt Gärtner/Ingrid Kasten/Frank Shaw, Tübingen 1996, S. 35–58; sowie – aus soziologischer Sicht – Vogt/Zingerle (Anm. 9).

[11] Klaus Schreiner/Gerd Schwerhoff: Verletzte Ehre. Überlegungen zu einem Forschungskonzept, in: Verletzte Ehre (Anm. 9), S. 1–28, hier S. 12.

[12] Hartmann von Aue: Iwein, hg. von G[eorg] F[riedrich] Benecke/K[arl] Lachmann, neu bearbeitet von Ludwig Wolff, Berlin [7]1968.

[13] Zum Öffentlichkeitscharakter der Ehre Schreiner/Schwerhoff (Anm. 11), S. 12; Martin Dinges: Die Ehre als Thema der Historischen Anthropologie, in: Verletzte Ehre (Anm. 9), S. 29–52, hier S. 50. – Zum Folgenden ausführlicher Haiko Wandhoff: Âventiure als Nachricht für Augen und Ohren. Zu Hartmanns »Erec« und »Iwein«, in: ZfdPh 113, 1994, S. 1–22, hier S. 11ff.

bekundet die Absicht, die Schmach seines Verwandten durch einen eigenen
Ausritt an den Ort des Geschehens alsbald zu rächen. Dem widerspricht jedoch
der Truchseß Keie, der kurz zuvor bereits Kalogrenant beleidigt hat, aufs schärf-
ste. Er verhöhnt Iweins Worte in Anwesenheit der Königin und unterstellt ihm,
mit der rede ze gâch (v. 827) zu sein. Eine solche Kühnheit könne er sich
überhaupt nur anmaßen, weil er betrunken sei:

> *›ez schînet wol, wizze Krist,*
> *daz disiu rede nâch ezzen ist.*
> *irn vastet niht, daz hœr ich wol.*
> *wînes ein becher vol*
> *der gît, daz sî iu geseit,*
> *mêre rede und manheit*
> *dan vierzec unde viere*
> *mit wazzer ode mit biere.*
> *sô diu katze gevrizzet vil,*
> *zehant sô hebet sî ir spil:*
> *herre Îwein, alsô tuot ir.[‹]* (v. 815–825)

Anders als der von einem Peitschenschlag verunstaltete Erec wird Iwein also
nicht an seinem Körper, sondern an einer anderen, ebenso verletzlichen Stelle
seiner ritterlichen Identität getroffen, nämlich in seinem guten Ruf. Wo Erec
einer *Realinjurie* ausgesetzt war, die seinen Körper öffentlich sichtbar verletzte,
dort wird Iwein von einer *Verbalinjurie* getroffen, die seinen Namen und das
daran haftende Renommée öffentlich hörbar beschädigt.[14] Wie schwer dabei
insbesondere der Vorwurf wiegt, Iwein werde seinen vorschnellen Worten niemals die versprochenen Taten folgen lassen, läßt sich an dem hohen Stellenwert
gerade dieser Tugend im mittelalterlichen Kodex der Ehre ablesen: »Eines der
wesentlichen Elemente dieses Kodex«, so Jean-Marie Moeglin, stellte nämlich
»die Fähigkeit dar, Wort zu halten«.[15] Von dem Moment an, da ihm diese
Fähigkeit vor den Ohren der Königin abgesprochen wird, ist der Name ›Iwein‹
mit einem Makel behaftet.

Diese gleich im Initialkonflikt aufgeworfene Spannung zwischen Wort und
Tat bleibt für Iweins Ausritt auch weiterhin bestimmend. Nachdem es ihm
schnell gelingt, den Herrn des Wunderbrunnens, dem Kalogrenant einst schmäh-
lich unterlegen war, im Kampf zu besiegen, sieht er zunächst keine Möglichkeit,
diese ohne Augenzeugen vollzogene Tat am Artushof, wo er im Wort steht, zu
erziugen (v. 1069, v. 1527). Da er überdies in der Burg des getöteten Askalon
festsitzt, muß er sogar weiterhin den Spott Keies fürchten, solange es ihm nicht
gelingt, seinen Erfolg mit *schînlichen dingen* (v. 1526) bei Artus zu vermelden.[16]

---

[14] Zur Unterscheidung von Real- und Verbalinjurie Harald Weinrich: Mythologie der Ehre,
in: Terror und Spiel. Probleme der Mythenrezeption, hg. von Manfred Fuhrmann, München
1971 (Poetik und Hermeneutik 4), S. 341–356, hier S. 342.

[15] Jean-Marie Moeglin: Fürstliche Ehre und verletzte Ehre der Fürsten im spätmittelalterlichen deutschen Reich, in: Verletzte Ehre (Anm. 9), S. 77–91, hier S. 77.

[16] *swie wol im was gelungen,/ sô wœrer doch gunêret,/ wœr er ze hove gekêret/ âne geziuc
sîner geschiht:/ wan man geloubet es im niht* (v. 1726–1730).

Das ehrrelevante Grundproblem des Im-Wort-Stehens konkretisiert sich hier zu einem medialen Problem: Entscheidend ist für Iweins Gelingen nämlich, daß er seinen Erfolg visualisieren kann. Die vor den Ohren der Artusgesellschaft mit seinem Wort eingegangene und mit seinem guten Namen besiegelte Verpflichtung, Kalogrenant zu rächen, kann nur mit einer Tat eingelöst werden, die vor ihren Augen stattfindet. Auf keinen Fall jedoch darf Iwein am Artushof wieder nur reden. Frappierend ist nun, wie dieses Dilemma aufgelöst wird. Nachdem Iwein durch eine unter kuriosen Umständen zustande gekommene Heirat mit Laudine, der Witwe des Brunnenherrn, selbst zum Herrscher über dessen Reich avanciert ist, bekommt er die Gelegenheit, den Erfolg seines Ausritts endlich vor den Augen der Artusrunde zu dokumentieren. Denn als der König, wie versprochen, selbst den Brunnen aufsucht, tritt ihm Iwein – durch eine neue Rüstung unkenntlich gemacht – als derjenige entgegen, den alle erwarten, nämlich als der aus Kalogrenants Erzählung bekannte Brunnenherr. Durch sein Inkognito bringt Iwein in den nachfolgenden Kampf daher nur seine *körperlich-visuelle* Identität als ritterlicher Landesherr ein, wohingegen seine *personale* Identität völlig ausgeblendet bleibt. Man sieht ihn, ohne ihn zu erkennen, und man kann genau beobachten, wie dieser namenlose Ritter den angreifenden Keie, der zuvor noch einmal Iweins vermeintlichen Wortbruch angeprangert hatte, in der Tjost zu Boden sticht. Iweins Renommée, das durch Keies Worte lädiert worden ist, wird nun durch den Einsatz seines Körpers wiederhergestellt – und zwar bei gleichzeitiger Ausblendung seines Namens. Erst nachdem er sein Ehrvermögen kraft seines ritterlichen Auftretens öffentlich unter Beweis gestellt und seinen Beleidiger Keie überdies dem allgemeinen Spott ausgesetzt hat, nennt der unerkannte Landesverteidiger Artus seinen Namen: ›ich bin ez Îwein.‹ (v. 2611)

II

Bereits hier wird eine zweigeteilte Konzeption von Iweins ritterlicher Identität kenntlich, bestehend aus einem Körper, den man sehen, und einem Namen, den man hören kann, die auch für seine Begegnung mit Laudine von grundlegender Bedeutung ist. Als er dem schon besiegten, aber flüchtenden Askalon einen tödlichen Schlag versetzt, um nicht völlig ohne Beweis für seinen Erfolg dazustehen, gerät er in das Falltor der Burg. Gerettet wird er dadurch, daß ihn die junge Lunete entdeckt, die in ihm denjenigen Königssohn wiedererkennt, der sie am Artushof einst sehr höflich behandelt hat. Daß sie ihn mit Hilfe eines unsichtbar machenden Rings aus der Gefahrenzone bringt – wenn auch nicht aus der Burg –, verdankt Iwein also allein seiner persönlichen Identifizierung. Während er dann in seinem Versteck darüber nachdenkt, wie er seine Ehre doch noch retten und Artus seinen Erfolg *erziugen* könne, verliebt er sich in die schöne Laudine. Eine Lösung seines Dilemmas ist erst in Sicht, als Lunete ihre Herrin davon überzeugt, daß es das Beste für sie und das Land sei, den Mörder ihres Mannes zum neuen Landesherrn zu machen. Sie, Lunete, könne ihn auf dem schnellsten Wege herbeiholen. Nach anfänglichem Zögern stimmt Laudine diesem Vorschlag zu, weil sie die Notwendigkeit einsieht, zum Schutz des Landes und damit auch ihrer Ehre schnellstens einen neuen Verteidiger aufzubieten. Daß gerade Iwein dafür gut geeignet ist, machen ihr zwei Argumente plausibel. Zum einen hat er den alten Herrn im Kampf besiegt und dadurch seine Tauglichkeit als Landesherr hinreichend unter Beweis gestellt. Um aber nicht durch eine unstandesgemäße Heirat ihre eigene Ehre aufs Spiel zu setzen, muß Laudine darüber hinaus Gewißheit über die Herkunft und das nicht zuletzt darin begründete Ehrvermögen ihres zukünftigen Gatten erlangen.[17] Genau in dem Moment aber, als Lunete ihr den Namen des Unbekannten nennt, sind ihre Bedenken ausgeräumt:

> >vrouwe, er heizet her Îwein.<
> zehant gehullen sî in ein.
> sî sprach: >deiswâr, jâ ist mir kunt
> sîn name nû vor maneger stunt:
> er ist sun des künec Urjênes.
> entriuwen ich verstênes
> mich nû alrêrst ein teil:
> und wirt er mîr, so hân ich heil.[<] (v. 2107–2114)

Es ist Iweins weithin berühmter Name, der ihm schließlich den Weg zu Laudine und damit zur Landesherrschaft bahnt. Obwohl sie ihn zuvor noch nie zu Gesicht bekommen hat, reicht das an seinem guten Namen haftende Renommée aus, um ihre Entscheidung zu seinen Gunsten zu treffen.[18] Erst nachdem der Heiratsbeschluß gefallen ist, tritt Iwein auch mit seinem Körper vor Laudine und ihrem Hof in Erscheinung (v. 2371ff.). Als sich darauf nicht nur der erwünschte Minne-Affekt einstellt, sondern der neue Landesherr das Brunnenreich bald auch gegen Artus erfolgreich verteidigt und den berühmten König sogar als Gast an ihren Hof bringt, da hat Laudine endlich die Gewißheit, daß ihre Entscheidung richtig war: *si gedâhte >ich hân wol gewelt.<* (v. 2682)

III

Iweins durch eine öffentliche Beleidigung initiierter Ausritt ist am Ende also zu einem Erfolg geworden, aber sein Gewinn – das Land, seine Ehefrau und die Festigung der Ehre – steht bald wieder auf dem Spiel. Als Artus und sein Gefolge nach einwöchigem Fest bei Laudine und Iwein zum Aufbruch rüsten, gibt der höfische Musterritter Gawein dem neuen Landesherrn den freundschaftlichen Rat, den Fehler Erecs zu vermeiden, dem nach erfolgreicher *âventiure* die Schön-

---

[17] Vgl. zum Zusammenhang von Ehre und adliger Geburt Dinges (Anm. 13), S. 32ff.

[18] Auf diese besondere Bedeutung des Namens hat für Chrétiens »Yvain« Joseph Duggan: Yvain's Good Name. The Unity of Chrétien de Troyes' »Chevalier au Lion«, in: Orbis litterarum 24, 1969, S. 112–129, hier S. 121, hingewiesen: »This immediate recognition of the name, of *nom* and *renommée*, is an important step in the evolution of Laudine's sentiments, without which it would be difficult to justify her rapid conversion from weeping widow to eager bride.«

heit seiner Frau Enite zum Verhängnis wurde, indem er seine Zeit nur noch mit ihr verbrachte und so seine *êre* bald vollends verlor (v. 2770ff.). Damit Iwein nicht ebenfalls seine *ritterschaft* durch einen Rückzug aus der Öffentlichkeit aufs Spiel setze, solle er gemeinsam mit dem Artusgefolge seine Ehre auch weiterhin auf Turnieren unter Beweis stellen. Damit wird in Abweichung von Hartmanns französischer Vorlage die Erfahrung des jungen Erec in den »Iwein« hereingeholt, daß das einmal errungene Ansehen eines aristokratischen Herrn in der mittelalterlichen Gesellschaft unweigerlich verfällt, wenn es nicht ständig »in permanenten demonstrativen Akten unterstrichen wird«.[19] Gaweins Vorschlag, Haus und Hof in regelmäßigen Abständen zu verlassen, um *der rîterschefte bî* (v. 2857) zu sein und *rîters muot* (v. 2855) zu beweisen, liest sich in diesem Kontext als durchaus sinnvolle Anweisung zur Aufrechterhaltung der aristokratischen Ehre unter den Bedingungen von Landesherrschaft.[20] Für Laudine indes bedeutet die Abwesenheit ihres Mannes eine potentielle Gefährdung ihrer Herrschaft wie ihres Ansehens. So gibt sie seiner Bitte um *urloup* zwar nach, erlegt ihm aber für seine Rückkehr die Frist von einem Jahr auf und betont noch einmal, was bei dieser Abmachung auf dem Spiel steht, nämlich *unser êre und unser lant* (v. 2936). Iwein gibt ihr jedoch sein durch einen Eid befestigtes Wort, die Frist auf jeden Fall – und schon aus Liebe – einzuhalten. Was ihm aber auf seiner zurückliegenden *âventiure* gelungen war, nämlich sein Wort gegenüber der Artusrunde allen Widerständen zum Trotz doch noch rechtzeitig einzulösen, das mißlingt ihm jetzt. Mehr als ein Jahr vergeht, während er auf Turnieren äußerst erfolgreich um Ehre streitet, und als ihm eines Tages bewußt wird, *daz er der jârzal vergaz/ und sîn gelübede versaz* (v. 3055f.), da spürt er zwar heftige Reue, die jedoch seine Schmach nicht mehr abzuwenden vermag. Lunete ist bereits unterwegs zum Artushof, um ihn im Namen ihrer Herrin des Wortbruchs anzuklagen und zu verstoßen. Sie verlangt von König Artus und seinem Gefolge, daß der Ritter mit dem Namen *Îwein* (v. 3119) ihnen allen aufgrund seiner großen *untriuwe* fortan *unmære/ als ein verrâtære* (v. 3117f.) sein solle. Einmal mehr wird Iweins guter Name dadurch vor den Ohren der Artusrunde schwer beschädigt, und wenn Lunete dabei über Iwein sagt, *sîniu wort diu sint guot:/ von den scheidet sich der muot* (v. 3125f.), dann wiederholt sie mit anderen Worten denselben Vorwurf, mit dem Keie einst Iweins Wortmeldung verhöhnt hat. Indem Hartmann hier – gegen seine Vorlage – die in der Initialaventiure eingeführte Problematik des Worthaltens wiederaufnimmt[21], wird Lunetes *bœsiu mære* (v. 3096) als Steigerung der einstigen Vorhaltungen Keies lesbar: Waren die beleidigenden Worte dort als Herausforderung an Iweins Ehre aufzufassen, die er annehmen und sogar mit einem Zugewinn abschließen konnte, so formulieren Lunetes Worte ein Verdikt, die rechtsrelevante Aufkündigung einer nicht nur

[19] Gerd Althoff: *Compositio*. Wiederherstellung verletzter Ehre im Rahmen gütlicher Konfliktbeendigung, in: Verletzte Ehre (Anm. 9), S. 63–76, hier S. 64; vgl. Schreiner/Schwerhoff (Anm. 11), S. 12; Dinges (Anm. 13), S. 53f.

[20] Vgl. zu den Änderungen gegenüber Chrétien Jackson (Anm. 9), S. 217–226.

[21] Chrétien beschreibt Yvains Versäumnis dagegen in der Metaphorik des Herzensdiebstahls, ihn selbst als Räuber und Laudine als enttäuschte Liebhaberin; vgl. Jackson (Anm. 9), S. 227.

ehelichen Verbindung, die jede Wiedergutmachung in der Zukunft ausschließt. Richtete sich Keies Spott gegen Iweins *vorschnelle* Worte, so beklagt Lunete nun sein definitiv *gebrochenes* Wort.

Durch die Thematisierung der für den mittelalterlichen Adel in höchster Weise ehrrelevanten Fähigkeit, auch unter schwierigen Bedingungen Wort zu halten, wird in Hartmanns zweitem Artusroman die Ehrproblematik des »Erec« fortgeführt und ergänzt. Im »Iwein« zeigt sich insbesondere, daß es zur Aufrechterhaltung der aristokratische Ehre nicht genügt, seinen Status nur oft genug auf Turnieren unter Beweis zu stellen. Als Landesherr wird Iwein vielmehr mit den Anforderungen konfrontiert, soziale Bindungen einzugehen und die daraus resultierenden Verpflichtungen zu erfüllen. Und da im Mittelalter »die Fähigkeit eines Menschen, Verpflichtungen einzugehen, auf der Ehre beruhte, die er in die Waagschale warf, wenn er seine Treue zusicherte«[22], verliert er genau in dem Moment seine Ehre, da er seine Treueverpflichtung bricht. Dem *slac sîner êren* (v. 3204), den Iwein durch die Veröffentlichung seines Wortbruches erfährt und der ihn in eine tiefe, todesähnliche Krise stürzt, korrespondiert die im Mittelalter verbreitete Praxis, solch schwere Verstöße gegen die Ehre wie den Bruch von Treuepflichten oder von feierlichen Worten juristisch zu sanktionieren und mit Ehrenstrafen zu belegen.[23] Besonders gravierend sind so auch im Text die Folgen von Iweins Wort- und Treuebruch dargestellt: Durch sein Fehlverhalten verliert er nicht nur sein Ansehen, sondern er stürzt auch seine Frau und sein Land in eine existentielle Gefahr; außerdem wird Lunete für sein Versagen zur Rechenschaft gezogen, denn aufgrund ihrer einstigen Fürsprache für Iwein gilt auch sie nun als *meineide/ und triuwelôs* (v. 3185f.).

IV

Wenn Iwein den Artushof daraufhin wieder heimlich in Richtung Wald verläßt, dann wartet dort keine *âventiure* mehr auf ihn, mit der er die Beschmutzung seines Ansehens ›abwaschen‹ könnte; es folgt nun vielmehr der Abstieg eines ehemals höfischen Ritters auf die Stufe eines Waldmenschen, der sich die Kleider vom Leib reißt und seinen Verstand wie seine höfischen Sitten verliert. Als er nach einiger Zeit der Verwilderung schließlich von drei Damen schlafend am Wegesrand aufgefunden wird, kommt es ihm zugute, daß eine der Frauen ihn sofort anhand einer Narbe – er ist nackt – erkennt. So kann sie ihrer Herrin, die sich in großer Bedrängnis befindet, den Namen des leblosen Ritters mitteilen[24],

---

[22] Moeglin (Anm. 15), S. 77. Vgl. Guttandin (Anm. 10), S. 77.

[23] R. Scheyhing: [Art.] Ehre, in: Handwörterbuch zur deutschen Rechtsgeschichte, hg. von Adalbert Erler/Ekkehard Kaufmann, Berlin 1971, Bd. 1, Sp. 846–849, hier Sp. 848; vgl. Moeglin (Anm. 15), S. 84; Jackson (Anm. 9), S. 228–232. Im »Sachsenspiegel« heißt es: *Sve to truwelos beredet wirt oder hervlüchtig ut des rikes denste, dem verdelt man sin ere und sin lenrecht unde nicht sinen lif* (I,40, zitiert nach Moeglin [Anm. 15], S. 84). Im Glossar zum »Sachsenspiegel« findet sich dazu der Kommentar, daß *alle ehre von der trewe und glauben herkompt* (ebd.).

[24] *›vrouwe, lebet her Îwein,/ sô lît er âne zwîfel hie/ ode ichn gesach in nie.‹* (v. 3384–3386)

und dieser Name entpuppt sich sofort als gute Nachricht. Denn trotz seines
erbärmlichen Körperzustands erkennt die Zofe in Iwein aufgrund seines Renom-
mées den geeigneten Ritter, der die Rechte ihrer Herrin, der Gräfin von Narison,
schützen könne. So wird das *sichtbare Bild* eines verwahrlosten Mannes, das die
Damen vor Augen haben, überblendet von einer Verheißung, die von seinem
guten Namen ausgeht. Allein aufgrund der Bekanntheit seiner Person und ausdrücklich gegen seine augenscheinliche Verfassung erhält Iwein die Chance, sich
im Kampf gegen den zudringlichen Grafen Aliers zu bewähren.[25] Er wird durch
eine Wundersalbe geheilt, mit Kleidung und Waffen versorgt, worauf er den
Angreifer wie erhofft besiegt. In diesem Szenario scheint nun kaum verhüllt das
Muster von Iweins Rettung und Erwählung durch Lunete bzw. Laudine durch. In
beiden Fällen befindet sich Iwein ohnmächtig an der Schwelle zwischen Wildnis
und höfischer Zivilisation, unfähig, diese Schwelle ohne fremde Hilfe zu überschreiten; und wie auf der Burg Laudines verschafft ihm auch bei der Gräfin von
Narison schließlich sein guter Name die nötige Hilfe – obwohl das daran haftende
Ehrvermögen in krassem Gegensatz zur sichtbaren Präsenz seines Körpers steht:
Laudine bekam Iwein überhaupt nicht zu Gesicht und mußte ihre Entscheidung
allein auf das Renommée seines Namens stützen, und die Dame von Narison hat
einen offensichtlich kranken Körper vor Augen, von dem kaum etwas zu erwarten wäre, trüge er nicht diesen vielversprechenden Namen. Indem sie nun dafür
sorgt, daß dieser ritterliche Körper geheilt und statusgemäß eingekleidet wird,
ihm überdies die Gelegenheit zur ritterlichen Bewährung gibt, leitet sie seine
Reintegration in die höfische Zivilisation ein. So wird Iwein ein Weg aus der
Verwilderung gewiesen, seine Krise jedoch noch nicht vollständig überwunden.
Denn die Wiederherstellung des berühmten Artusritters bleibt in dieser Episode
noch ganz auf den *körperlich-sichtbaren* Teil seiner aristokratischen Identität
beschränkt: Während er sich in seinen neuen Kleidern und Waffen vor den Augen
der Öffentlichkeit schnell wieder bewegt, wie man es von ihm erwartet, bleibt
ihm seine *personale* Identität weiterhin fragwürdig. Durch seine gelungene Performance wird die Frage, *ob er ie rîter wart* (v. 3565) oder ob die Erinnerung
daran bloß ein Traum gewesen sei, schnell beantwortet. Die andere Frage jedoch,
die Iwein nach seinem Erwachen aus der Ohnmacht stellt, die Frage nach seinem
Namen, bleibt vorerst noch offen: *bistûz Iwein, ode wer?* (v. 3509)

                                      V

Als er sich wieder auf den Weg in den Wald macht, trifft Iwein auf einen Löwen,
dem er im Kampf gegen einen Drachen beisteht. So gewinnt er einen treuen
Gefährten, der ihn auch begleitet, als er kurze Zeit später zufällig in sein verlore-
nes Land gelangt. Vom Schmerz über den großen Verlust überwältigt, beklagt
Iwein laut sein Leid, und diese Worte kommen einer jungen Frau zu Ohren, die in
einer nahegelegenen Kapelle gefangensitzt:

---

[25] ›*vrouwe, ir muget wol schouwen/ daz er den sin hât verlorn./ von bezzern zühten wart
geborn/ nie rîter dehein/ danne mîn her Îwein,/ den ich sô swache sihe leben* (v. 3398–3403).
[...] *mir ist sîn manheit wol kunt*[‹] (v. 3414).

> *sî sprach ›wer claget dâ? wer?‹*
> *›wer vrâget des?‹ sprach aber er. (v. 4021f.)*

Durch einen Spalt in der Tür entspinnt sich ein Gespräch, in dessen Verlauf
die Unbekannte Iwein ausführlich ihre Leidensgeschichte erzählt, die darin gipfelt, daß sie als *verrâtærinne* (v. 4048) zum Tode verurteilt worden sei, weil sie
ihrer Herrin einst zur Heirat mit einem Mann geraten habe, der sie dann ins
Unglück stürzte. So erfährt Iwein die ganze Geschichte seines Versagens aus dem
Mund einer fremden Frau, und als ihm dabei schließlich auch sein eigener Name
zu Ohren kommt, meldet sich plötzlich sein personales Selbstbewußtsein zurück:

> *›Welhen Îwein meinet ir?‹ sprach er.*
> *sî sprach: ›herre, daz ist der*
> *durch den ich lîde disiu bant.*
> *sîn vater ist genant*
> *der künec Urjên.*
> *[…]‹*
> *dô sprach er ›heizet ir Lûnete?‹*
> *sî sprach ›herre, jâ ich.‹*
> *er sprach ›sô erkennet mich:*
> *ich binz Îwein der arme.[‹]* (v. 4179–4213)

Nach der vorhergehenden Wiederherstellung seines Körpers gewinnt Iwein
in diesem Zwiegespräch endlich auch die Gewißheit über seinen Namen zurück.
So wie er nach seinem Erwachen aus dem Todesschlaf einem diffusen Traum
folgend in die Kleider geschlüpft ist, die man für ihn bereitgelegt hatte, so
›schlüpft‹ er nun in den Namen, den Lunetes *mære* für ihn bereitstellt. In der
narrativen Sukzession wird die ritterliche Identität ausgefaltet in einen körperlichen Teil, der Gegenstand der Augenwahrnehmung ist, und einen personalen
Teil, einen Namen, der Gegenstand verbaler Kommunikation und somit der
Ohrenwahrnehmung ist. Seine körperliche Identität restituiert Iwein im Schau-
Kampf der Narison-Episode, die ganz darauf abgestellt ist, seinen Körper sehen
zu lassen[26]; seine personale Identität gewinnt er im Gespräch mit Lunete zurück,
bei dem es keine Möglichkeit zum optischen Erkennen des Gesprächspartners
gibt. Die Folge ist, daß die Wiedergewinnung seines Namens ganz dem akustischen Medium der Erzählung vorbehalten bleibt. Erst nachdem sich ihre gegenseitige Identifizierung verbal vollzogen hat, gibt sich Iwein auch optisch zu
erkennen, indem er seinen Helm abnimmt.[27]

Mit dieser Episode hat die Erzählung einen Wendepunkt erreicht. Konnte
Iwein mit seinem guten Namen bisher stets über ein Ehrvermögen verfügen, das
ihn selbst aus kritischen Situationen hinausmanövrierte, so steht ihm dieses
Kapital fortan nicht mehr zur Verfügung. Sein Name ist durch sein Versagen
schwer beschädigt, aber Iwein braucht gleichwohl Gewißheit über seine persona-

---

[26] Vgl. v. 3717ff., v. 3721, v. 3723f., v. 3788.
[27] *Nu entwâfent er sîn houbet:/ dô wart ez im geloubet/ daz erz her Îwein wære* (v. 4261–
4263).

le Identität. In dem Moment, da er den Namen Iwein als einen *schlechten* Namen hört und annimmt – *Îwein der arme* –, erhält er aber nicht nur diese Gewißheit, sondern zugleich auch die Souveränität über sein Handeln zurück. Iweins zielloses Umherirren weicht von nun an einem zielgerichteten Streben.

VI

Seine Verpflichtung, Lunete aus ihrer Notlage zu befreien, führt Iwein bald an Laudines Hof zurück. Dort stellt sich eine merkwürdige Situation ein: Als er nämlich in einem öffentlichen Gerichtskampf gegen die Ankläger Lunetes anzutreten hat, kann ihn Laudine nicht erkennen, obwohl er direkt unter ihren Augen kämpft. Sie kann ihn zwar in aller Deutlichkeit sehen und dabei – zum ersten Mal überhaupt – seine Kampfkraft direkt beobachten, aber sie ist aufgrund seines Inkognitos nicht in der Lage, dem ritterlichen Körper, der vor ihren Augen für das Recht eintritt, auch einen Namen zuzuweisen. Damit aber liest sich die Szene wie eine spiegelverkehrte Wiederholung seiner ersten ›Begegnung‹ mit Laudine, bei der nun die Informationskanäle vertauscht sind: War Iwein dort körperlich unsichtbar und wurde aufgrund seines guten Namens zum Landesherrn erwählt, so ist er hier für Laudine ausschließlich optisch präsent, wohingegen sein Name abwesend ist. Iweins demonstrative *Sichtbarkeit* im Gerichtskampf vor Laudine weist somit spiegelbildlich zurück auf seine *Unsichtbarkeit* während ihrer ersten Begegnung, und die *Namenlosigkeit* des Ritters mit dem Löwen spiegelt die handlungsbestimmende *Namhaftigkeit* Iweins ebendort. Auch Lunetes Rolle unterstreicht die kontrastive Anlage beider Szenen: Sie, die einst als einzige über Iweins Anwesenheit am Hof Bescheid wußte und ihn vor dem Zugriff Laudines schützte, weiß auch hier als einzige um Iweins Anwesenheit – und nun verbirgt sie ihn vor ihrer Herrin durch ihr Schweigen.[28] Wo sie einst seinen Körper vor den Augen des Hofes verbarg, dort verheimlicht sie nun seinen Namen. Als Laudine nach Beendigung des Kampfes den siegreichen Ritter schließlich fragt, wer er denn sei, verweist dieser bloß auf sein Erkennungszeichen:

> er sprach ›ich wil sîn erkant
> bî mînem lewen der mit mir vert.
> mirn werde ir gnâde baz beschert,
> sô wil ich mich iemer schamen
> mins lebens und mîns rehten namen:
> ich wil mich niemer gevreun.
> îch heize der rîter mittem leun:
> und swer iu vür dise tage
> iht von einem rîter sage,
> des geverte ein lewe sî,
> dâ erkenet mich bî.‹ (v. 5496–5506)

[28] So schon Peter Wapnewski: Hartmann von Aue, Stuttgart ⁶1976 (SM 17), S. 70: »Zweimal tarnt sie ihn vor der Welt, erst durch den Ring, dann durch ihr Schweigen (als niemand ihn an seinem eigenen Hof erkennt).«

Iwein legt vor Laudine seinen ramponierten Namen ab und schlüpft in die Rolle eines noch ganz unbekannten Ritters, der sich ein weithin bekanntes Renommée erst durch Taten erarbeiten muß. So wird er die folgenden Abenteuer allesamt als Namenloser absolvieren, der einzig an seinem spektakulären Begleiter, dem Löwen, zu erkennen ist, und er wird sich in einer Reihe von Kämpfen zu bewähren haben, die stets der Wahrung des Rechts verpflichtet und einer breiten Öffentlichkeit zugänglich sind. Auf diese Weise muß er unter Beweis stellen, daß er auch als Namenloser, der nichts hat außer seinem ritterlichen Körper, in der Lage ist, dasselbe zu erreichen, was er schon einmal besessen hat: Laudine, die Herrschaft über das Brunnenreich und höchstes Ansehen am Artushof.

VII

Aus dem unermüdlichen Einsatz für die Wiederherstellung des Rechts erwächst dem unbekannten Löwenritter bald ein guter Ruf. Seine wachsende Bekanntheit schlägt sich darin nieder, daß man von ihm zu erzählen beginnt: Es entsteht eine fama vom *ritter, der des lêwen pflac*, die besonders durch das spektakuläre Auftreten des Löwen überall in guter Erinnerung bleibt. Schließlich prägen sich, worauf Walter J. Ong hingewiesen hat, ungewöhnliche und bizarre Figuren dem Gedächtnis in oralen Kulturen viel tiefer ein als alltägliche, blasse Handlungen und Gestalten.[29] So wird das Aufsehen, das Iwein in seiner neuen Gestalt erregt, transformiert in ein *mære* und also – medientheoretisch gesprochen – von optischen auf akustische Informationskanäle übertragen. Erst durch die Verbalisierung seiner Taten ist eine landesweite Verbreitung seines Ruhms überhaupt möglich, der bald nicht nur dem Artushof, sondern auch der jungen Dame vom Schwarzen Dorn zu Ohren kommt, die einen kampfstarken Vertreter im Erbstreit mit ihrer älteren Schwester sucht. Aufgrund der allenthalben kursierenden Erzählungen vom Löwenritter macht sie sich auf die Suche nach dem Helden dieser Geschichten, den sie allerdings selbst noch nie gesehen hat und dessen Namen sie nicht kennt.[30] Als sie dabei an die Stätten gelangt, an denen die Grundlagen für seine fama gelegt worden sind, wird ihr die Richtigkeit der bloß gehörten Informationen von denjenigen persönlich bestätigt, die der Löwenritter aus ihrer Not befreit hat. Die Gültigkeit der verbalen Informationen wird dadurch sichergestellt, daß sie sich auf das Urteil von Augenzeugen zurückführen lassen (v. 5831ff.). Als die Dame vom Schwarzen Dorn Iwein endlich gefunden hat, ergibt sich für ihn daraus die Möglichkeit, an ihrer Seite zum Artushof zurückzukehren, wo der

---

[29] Ong (Anm. 3), S. 73. »Auch nicht-menschliche Figuren erlangen heroische Dimensionen und das Bizarre liefert noch weitere mnemonische Stützen: Einen Zyklopen merkt man sich eher als ein zweiäugiges Monster, einen Cerberus eher als einen gewöhnlichen einköpfigen Hund« (S. 73f.).

[30] ›ich suoche den ich nie gesach/ und des ich nicht erkenne./ ichn weiz wie ichn iu nenne:/ wandern wart mir nie genant./ ern ist mir anders niht erkant/ wan daz er einen lewen hât./ nune hab ich sîn deheinen rât:/ man saget von im die manheit,/ und sol ich mîn arbeit/ iemer überwinden,/ sô muoz ich in vinden.‹ (v. 5820–5830)

Gerichtskampf stattfinden soll und wo Gawein als Vertreter der Gegenseite auf ihn wartet. Weil aber auch dieser inkognito antritt, bleibt das Zusammentreffen der beiden Freunde zunächst von wechselseitigem Nicht-Erkennen gezeichnet. Iwein, der seinen Löwen zurückgelassen hat, verbirgt seine Identität dabei gleich zweifach: Weder als Iwein noch als mittlerweile weitgelobter Löwenritter ist er am Artushof zu erkennen. So kann sich das Interesse der zahlreichen Zuschauer ganz auf die sichtbare *maht* der Kämpfenden konzentrieren, wird der Gerichtskampf zu einem regelrechten Schau-Ereignis, bei dem das Urteil der Juroren durch kein personenbezogenes Vorwissen beeinflußt wird.[31] Die Identifizierung der Freunde findet im Gegensatz dazu – und in Analogie zur Wiederbegegnung mit Lunete – im Medium des gesprochenen Wortes statt. Während einer Ruhepause entspinnt sich am Rand des Rings ein Gespräch zwischen ihnen, in dessen Verlauf Gawein sein Inkognito preisgibt und so die gegenseitige Wiedererkennung der Freunde einleitet. Durch den selbstlosen Einsatz für die jüngere Dame vom Schwarzen Dorn und das Remis im Kampf gegen Gawein, der, wie sich herausstellt, für das Unrecht Partei ergriffen hat, ist Iweins Ehre soweit restituiert, daß er seinen Namen am Artushof wieder aussprechen kann. Kurze Zeit später wird dieser Name sogar mit zusätzlichem Renommée versehen, denn als plötzlich der Löwe auftaucht und sich zu seinem Gefährten gesellt, wird jedermann sofort klar, daß es sich bei dem weitberühmten Löwenritter, *von dem sî wunder hôrten sagen* (v. 7743), um denselben Iwein handelt, den sie gerade im Kampf beobachten konnten. Indem sich so die *optischen* Eindrücke des Gerichtskampfes mit den *akustischen* Informationen der Heldenerzählungen vom Löwenritter vereinen, ist Iweins lädierte ritterlich-höfische Identität in ihrer audiovisuellen Gesamtheit wiederhergestellt: Körper und Name bilden eine ehrenhafte Einheit. Als Artus schließlich den Erbstreit zugunsten der jüngeren, von Iwein vertretenen Schwester entscheidet, hat dieser sich sogar einen Ruf als Wahrer des Rechts erworben, der seine rechtswidrige *untriuwe* gegenüber Laudine vergessen läßt.

VIII

Auf dem Höhepunkt seiner neuen Artusehre – hier hatte er einst die Verpflichtung gegenüber Laudine vergessen – erinnert sich Iwein nun seiner Frau und verläßt ein weiteres Mal heimlich den Hof. Da er in ihrem Land als unbekannter Herausforderer auftritt, gerät Laudine in große Bedrängnis, denn ihr fehlt seit Iweins Weggang ein kampfstarker Landesherr. Indem nun Lunete, die erkennt, daß es sich bei dem Herausforderer um Iwein handelt, in listiger Absicht vor

---

[31] *ouch sach disen kampf an/ manec kampfwîse man:/ ir deheines ouge was für wâr/ weder sô wîse noch sô clâr,/ heter genomen ûf sînen eit/ ze sagenne die wârheit/ weder irz des tages ie/ gewunnen hete bezzer hie/ alsô groz als umb ein hâr,/ desne möhter vür wâr/ ir dewederm nie gejehen:/ ezn wart nie glîcher kampf gesehen* (v. 7261–7272). Zur Sichtbarkeit des Kampfes vgl. v. 6913, v. 6933, v. 6936, v. 6996, v. 7012, v. 7105, v. 7291.

schlägt, den Ritter mit dem Löwen zum Brunnenverteidiger zu bestellen, wozu Laudine sich schließlich per Eid verpflichten läßt, variiert der Text ein Schema, das aus dem ersten Zusammentreffen von Iwein und Laudine hinlänglich bekannt ist: Iwein, der Herausforderer in mißlicher Lage, wird durch einen listigen Rat Lunetes von Laudine zum Landesverteidiger erwählt. Wenn diese sich nun allerdings verpflichtet, dem Ritter mit dem Löwen, so er ihr denn beistehen wolle, ihrerseits zu helfen, die Huld seiner Herrin zurückzugewinnen, dann entscheidet sie sich anders als zuvor für einen Ritter, den sie selbst im ehrenhaften Kampf in aller Deutlichkeit zwar gesehen hat (v. 7872) und von dessen ruhmreichen Taten sie überdies gehört hat, dessen Name ihr aber völlig unbekannt ist. So bezieht auch die Schlußepisode ihren Sinn aus der veränderten Gewichtung der Informationskanäle, durch die Laudine Iwein wahrnimmt: Hatte er seine erste Beförderung zum Landesherrn allein seinem guten Namen zu verdanken, während sein Körper unsichtbar war, so ist seine Erwählung nun dem öffentlichen Auftreten des Löwenritters vor Laudines Augen geschuldet, bei dem sein Name verhüllt war und noch ist. Und wie ihr einst die ›fehlende‹ Hälfte seiner Identität, Iweins ritterlicher Körper, erst enthüllt worden ist, nachdem sie sich bereits für seinen Namen entschieden hatte, so geschieht es auch jetzt: Erst nachdem Laudine den neuen Landesverteidiger aufgrund seiner körperlichen Präsenz gekürt hat, gibt Lunete ihr den Namen des unbekannten Ritters preis: *diz ist her Îwein iuwer man* (v. 8074).

IX

Die beiden Artusromane Hartmanns von Aue reflektieren nicht nur wichtige Ordnungsfunktionen, die der Verhaltenskodex der Ehre insbesondere als Mittel zum Austrag von Konflikten in der mittelalterlichen Gesellschaft erfüllt. Indem sie dabei auch die Kommunikationskanäle in den Blick nehmen, über die die ehr- und identitätsrelevanten Daten übertragen werden müssen, betreiben sie sogar Medientheorie. In der aristokratischen Welt, die Hartmanns Texte entwerfen, verfügt der ritterliche Held über einen Körper, den er der höfischen Öffentlichkeit in angemessenen Abständen in actio zeigen muß, will er sein Ansehen nicht verlieren, und er hat einen Namen, der sein Ehrvermögen in einem guten Ruf speichert und der Öffentlichkeit auf verbalem Wege zugänglich macht. Von diesen beiden Seiten her ist seine Ehre aber auch stets angreifbar: von der Seite des Körpers, als Realinjurie, wie der »Erec« zeigt, und von der Seite des Namens, als Verbalinjurie, wie es im »Iwein« thematisch wird. Dieser zweigeteilten Konzeption ritterlicher Identität entsprechen zwei Kommunikationskanäle, die für die heroisch-höfische Informationsverarbeitung in Hartmanns Texten von entscheidender Bedeutung sind: Mit seinem Körper ist der Ritter Gegenstand der Augenwahrnehmung, und mit seinem Namen samt dem daran haftenden Renommée wird er über die Ohren aufgenommen. Gegenüber dieser streng audiovisuellen Codierung von Ehre und Identität tritt die Schilderung anderer Sinneswahrnehmungen stark in den Hintergrund.

Wir haben es also mit der scheinbar paradoxen Situation zu tun, daß die zunehmende Verschriftlichung und Literarisierung der Volkssprache am Ende des 12. Jahrhunderts an den deutschen Höfen mit einem gesteigerten Interesse an nicht-schriftlichen Kommunikationsformen einhergeht. Hartmann von Aue bedient sich schriftlich überlieferter Texte französischer Provenienz, um in ihrer Bearbeitung die kulturprägenden Muster körpergebundener Interaktion detailgenau aufzeigen zu können. Es sind elaborierte schriftliterarische Darstellungsformen, die in seinen Texten einzelne Szenen und Episoden – weitaus stärker als bei Chrétien – kontrastiv miteinander vernetzen und so die audiovisuelle Doppelstruktur der ritterlich-höfischen Identität überhaupt erst narrativ ausfalten. Verblüffend ist dabei, daß diese zutiefst in der klerikalen Schriftkultur verwurzelte Literatur nicht etwa ihre eigene Literarizität reflektiert, sondern vielmehr mit großem Aufwand einen epischen Blick generiert, der sich auf die Interaktionsmuster einer weitgehend schriftlosen Adelsgemeinschaft richtet. Dieser äußerst trennscharfe Blick reduziert in fast modern anmutender Weise die Einheit der Sinne auf einen spannungsvollen Dualismus von Sehen und Hören, in dem der Körper als zentrales Medium der aristokratischen Kommunikation hervortritt. Die Literatur scheint sich in dieser Zeit gerade dadurch von den ihr vorausgehenden Formen körpergebundener Kommunikation zu emanzipieren, daß sie diese zu ihrem Gegenstand macht und reflektiert – und gerade in der distanzierten Reflexion liegt noch heute die große Stärke der literarischen Datenverarbeitung gegenüber den Bild- und Tonmedien. In diesem Sinne können Hartmanns Artusromane vielleicht als Modell dafür stehen, wie sich die Literatur auch in der gegenwärtigen Medienkonkurrenz zu behaupten vermag. Sie kann nämlich heute wie damals, so hat es Hubert Winkels formuliert, »nur bei sich bleiben, wenn sie ›die andere Technik‹ zum Bestandteil ihrer Arbeit macht«.[32]

---

[32] Hubert Winkels: Buch und Mensch – ein Unglückspaar, in: DIE ZEIT Nr. 46, 8. 11. 1996, S. 9f., hier S. 9.

Möglichkeiten und Strategien der Subjekt-Reflexion im höfischen Roman
Tristan und Lancelot

von Judith Klinger (Potsdam)

> *ir iegelîch begunde*
> *entwerfen sîniu maere,*
> *von welhem lande er waere*
> *und wie er dâ hin waere komen.*
> *sî haeten gerne vernomen*
> *sîn dinc und sîn ahte.*
> *diz nam in sîne trahte*
> *der sinnesame Tristan.*
> *vil sinneclîche er aber began*
> *sîn âventiure vinden.*[1]

Gottfrieds Tristan erweist sich als Meister der Verkleidungen und Verstellungen, seine Überlebenskunst scheint darin zu bestehen, sich selbst immer wieder neu zu erfinden.[2] Kleidung, adliger Stand, selbst der Name sind Requisiten dieser Verwandlungen, die sich mit fiktiven biographischen Elementen zu eigenständigen Identitäten entfalten können. Tristan »handhabt die Formen höfischer Selbstdarstellung mit einer spielerischen Virtuosität«, die sie ganz veräußerlichen und für seine spezifische Artistik frei verfügbar machen.[3] Was Tristan von sich sagt oder zu erkennen gibt, entspricht den Erfordernissen seiner Situation und den Erwartungen der Beobachter, dient dabei aber einem Zweck, der den anderen so gut wie immer verborgen bleibt.[4] Schon angesichts dieser Maskeraden könnte sich die Frage aufdrängen, worin die Identität dieses Protagonisten eigentlich besteht.[5] Seine Wandelbarkeit muß dem modernen Blick aber spätestens dort als beunruhi-

---

[1] Gottfried von Straßburg: Tristan, hg. von Rüdiger Krohn, Stuttgart 1980, v. 3084–3093.

[2] Vgl. Merritt R. Blakeslee: Love's Masks. Identity, Intertextuality, and Meaning in the Old French Tristan Poems, Cambridge 1989, die sich aus intertextueller Perspektive mit Tristans multiplen Identitäten beschäftigt.

[3] Walter Haug: *Aventiure* in Gottfrieds von Straßburg Tristan, in: Festschrift für Hans Eggers zum 65. Geburtstag, hg. von Herbert Backes, Tübingen 1972, S. 88–125, hier S. 107.

[4] Vgl. Harald Haferland: Höfische Interaktion. Interpretationen zur höfischen Epik und Didaktik um 1200, München 1988, S. 288ff.

[5] Vgl. Carola L. Gottzmann: Identitätsproblematik in Gottfrieds ›Tristan‹, in: GRM N.F. 39, 1989, S. 129–146. Rüdiger Schnell: Suche nach Wahrheit. Gottfrieds Tristan und Isolde als erkenntniskritischer Roman, Tübingen 1992, S. 217, verweist auf die »Identitätslosigkeit der Hauptfiguren«.

gende Instabilität erscheinen, wo Tristan die Kontrolle über sein Spiel verliert und sich selbst nicht mehr wiedererkennt: Hin- und hergerissen zwischen der fernen Isolde und der nahen Isolde Blanchemains imaginiert er sich zuletzt – contradictio in adiecto – als *triurelôsen* Tristan (v. 19461ff.).

Auf ganz andere Weise, doch genauso bis zur Unkenntlichkeit verändert sich die Identität Lancelots, des besten Ritters der Tafelrunde, im anonym überlieferten Prosaroman.[6] Nicht klug gewählte Maskierungen, sondern krisenhaft erlittene Umbrüche führen zu Transformationen, die den Protagonisten seiner Umwelt unkenntlich machen: Neben wiederholten Brüchen mit der sozialen Rolle des Artusritters steht eine Serie pathologischer Zustände, die im dreimaligen Ausbruch des Wahnsinns und völligem Selbstverlust gipfelt (*nymand noch erselb wusten synen namen*; ProsaL II 808,18).[7] Wenn Lancelot etwa im Rahmen der Gralssuche ein häres Hemd anlegt und seiner Identität als Minneritter gänzlich entsagt, dann handelt es sich keineswegs um ein Spiel mit Selbstdarstellungsformen, doch erscheint er immer wieder als ein anderer. Wie Tristan wird auch Lancelot seinem gesellschaftlichen Umfeld fremd, vor allem aber: sich selbst ein Fremder.

Bei allen Unterschieden verbindet beide Texte, daß sie von einer ehebrecherischen Liebesbeziehung erzählen, aus der die Inkonsistenz der Protagonisten-Identität resultiert. In der regelverletzenden Liebesbeziehung mit Isolde vervollkommnet sich Tristans Talent zur List, doch zugleich destabilisiert diese Passion seine gesellschaftliche Stellung am Markehof und zerrüttet das dynastische Kontinuum.[8] Ebenso führt im Prosaroman die Ginoverminne Lancelots dazu, daß der ›beste Ritter der Welt‹ gleichermaßen Agent der Zerstörung einer idealen höfischen Ordnung wird, als Wahnsinniger sich selbst verloren geht und den Artushof zuletzt als Verbannter verlassen muß.

Angesichts einer derart uneindeutigen Identität stellt sich dem modernen Leser die Frage, ob es überhaupt eine essentielle und unveräußerliche Bestimmung der Person Lancelots oder Tristans gibt. Der Gedanke liegt nahe, diese

---

[6] Ich zitiere nach der Ausgabe von Reinhold Kluge (im folgenden abgekürzt: ProsaL I–III): Lancelot I. Nach der Heidelberger Pergamenthandschrift Pal. Germ. 147 hg. von Reinhold Kluge, Berlin 1948 (DTM 42); Lancelot II. Nach der Kölner Papierhandschrift W. f° 46* Blankenheim und der Heidelberger Pergamenthandschrift Pal. Germ. 147 hg. von Reinhold Kluge, Berlin 1963 (DTM 47); Lancelot III. Nach der Heidelberger Pergamenthandschrift Pal. Germ. 147 hg. von Reinhold Kluge, Berlin 1974 (DTM 63).

[7] Verlust und Wiedergewinn der Identität gehen dabei, anders als beispielsweise in Hartmanns »Iwein«, dessen Protagonist ebenfalls dem Wahnsinn verfällt, nicht auf in einer narrativen Struktur, die im Durchgang durch die Krise erst die Erfüllung einer idealen, ritterlichen Idealität ermöglicht; zur Beschreibung dieses Modells vgl. Rainer Warning: Formen narrativer Identitätskonstitution im höfischen Roman, in: Identität, hg. von Odo Marquard/Karlheinz Stierle, München 1979, S. 543–589; zum »Prosa-Lancelot« vgl. demnächst: Judith Klinger: Der mißratene Ritter. Konzeptionen von Identität im Prosa-Lancelot.

[8] Tristans Artistik hat insofern auch Konsequenzen für seine adlige Identität und ererbte soziale Stellung als Landesherrscher, ihr desintegratives Potential erweist sich daher nicht allein in der Zerrüttung des Selbstverständnisses am Ende des Textes.

Bestimmung über das Sinnsystem ›Liebe‹ zu suchen[9], das in der Moderne zum Kommunikationsmedium substantieller Individualität avanciert ist[10]: Liebe schafft einen persönlichen Weltbezug, vermittels dessen sich Liebende ihrer selbst gewiß sein können. Danach könnte vermutet werden, daß Tristan und Lancelot als Liebenden und in der Heimlichkeit mit der Geliebten eine Identität zu eigen ist, die von nurmehr äußerlichen Wandlungen und Störungen unangetastet bleibt. Ein romantischer Anachronismus dieser Art muß aber an den Texten selbst scheitern, denn schon von ihrem jeweiligen Ausgang her erweist sich die Unhaltbarkeit einer solchen Annahme: Nach Ginovers Tod gegen Ende des Prosaromans kollabiert Lancelots Selbstbewußtsein keineswegs; anstelle eines Liebestods folgt mit dem Rückzug in die Einsiedelei die Wahl einer ganz anderen und durchaus erfolgreichen Existenz (vgl. ProsaL III 777ff.). Am Ende von Gottfrieds »Tristan« steht die Serie der Selbstgespräche und -erforschungen des Protagonisten, der sich in der Ferne von Isolde daran macht, seine Identität als Geliebter der Königin infragezustellen. Wenn Tristan sich als *triuwelôs* (v. 19154) und *triurelôs* (v. 19464) beschreibt, ist damit aufgegeben, was stets die Beziehung zu Isolde charakterisierte. Damit verschärft sich nun der Eindruck einer fragilen und heterogenen Identität, so daß es erscheinen mag, als sei die Identität der beiden Romanprotagonisten allein darin noch zu greifen, daß die Texte von Tristan und Lancelot als jeweils ein und derselben Person erzählen.

Dieser Umstand scheint mir allerdings Grund genug, historisch fremde Konzeptionen von Identität vorauszusetzen, statt etwa der Frage nach Identität jegliche Relevanz abzusprechen oder – abermals anachronistisch – den mittelalterlichen Romanprotagonisten umstandslos mit einer postmodernen Zersplitterung des Subjekts in Verbindung zu bringen. Im folgenden möchte ich einige Überlegungen zum methodischen Problem der Historisierung zentraler moderner Kategorien – Identität und Subjekt – vorstellen und im Anschluß auf den Zusammenhang von destabiler Identität und Liebeskonzeption im »Tristan« und »Prosa-Lancelot« zurückkommen. Obwohl das Sinnsystem der Ehebruchsliebe offensichtlich nicht geeignet ist, den Protagonisten eine essentielle, persönliche Identität im modernen Sinne zu garantieren, läßt sich zeigen, daß der Liebesdiskurs einen Spielraum für die Selbst-Thematisierung des Subjekts eröffnet. Diesen Spielraum werde ich abschließend mit der Analyse zweier Passagen aus »Prosa-Lancelot« und »Tristan« zu skizzieren versuchen.

---

[9] So etwa Schnell (Anm. 5), S. 219: Die Rede von einer »›individuellen‹ Zweiheit«, in der gleichwohl »Tristans Person unaustauschbar, unverwechselbar« sein soll, läßt erkennen, wo die Übertragung moderner Konzeptionen an ihre Grenzen stößt; vgl. auch Gottzmann (Anm. 5), S. 144.

[10] Vgl. Niklas Luhmann: Liebe als Passion. Zur Codierung von Intimität, Frankfurt a. M. 1982. Grundsätzlich zur Rolle der Individualität in der funktional differenzierten Gesellschaft vgl. ders.: Individuum, Individualität, Individualismus, in: ders.: Gesellschaftsstruktur und Semantik III. Studien zur Wissenssoziologie der modernen Gesellschaft, Frankfurt a. M. 1989, S. 149–258.

Identität. Methodischer Zugriff

Identität kann nur insofern als nicht hintergehbares Prinzip menschlicher Wahrnehmung bestimmt werden, als die Wahrnehmung der Selbigkeit eines Gegenstandes (a = a) diesen Gegenstand erst konstituiert, indem sie ihn intelligibel macht. Etwas als mit sich selbst identisch zu erkennen heißt idealtypisch, diesem Gegenstand eine in Raum und Zeit abgegrenzte Existenz zuzuschreiben, die dann durch bestimmte Prädikate definiert wird. Implizit ist dieser Bestimmung ein Prozeß der Erkenntnis und der Identifikation, der sich aufgrund spezifischer Ordnungskriterien und -muster vollzieht: Das erkennende Subjekt verfügt über bestimmte Maßstäbe, die die Abgrenzung des Gegenstandes aus einem Kontinuum von Wahrnehmungen erlauben und ihn als besonderen fixieren, ihm Identität zuweisen.

Die damit gewonnene erkenntnistheoretische Perspektive auf ›Identität‹ öffnet den Zugang für eine Historisierung des Begriffs: Die Kriterien und Ordnungen nämlich, mittels derer ein Gegenstand (oder eine Person) von jeweils historischen Subjekten als identisch wahrgenommen, erkannt und gedeutet wird, sind je kulturell bedingt und damit auch historisch variabel. Umgekehrt formuliert: Identität ist immer das, was gemäß den gedachten Ordnungen einer jeweiligen Gesellschaft als mit sich selbst identisch erkennbar bzw. intelligibel ist. Ferner ergibt sich aus einer solchen Bestimmung des Begriffs, daß nicht mit in sich geschlossenen Konzeptionen von Identität zu rechnen ist: Vorauszusetzen ist vielmehr ein komplexes Zusammenspiel verschiedenster Kriterien und Sinnsysteme, die in einem jeweiligen Kontext Identität zu definieren erlauben. Dies gilt für die Identität von Gegenständen allgemein wie auch für den Sonderfall persönlicher Identität.

Thomas Luckmann hat die Ausbildung persönlicher Identität in einem allgemeinen Prozeß der ›gesellschaftlichen Konstruktion von Wirklichkeit‹ verortet und argumentiert, daß die jeweilige Sozialisation durch Rollenzuweisungen und -beziehungen sowie Sprache eben jene Parameter vermittelt, die zur Erkenntnis und Deutung von Identität befähigen.[11] Diese wissenssoziologische Definition des Identitätsbegriffs läßt sich methodisch nutzbar machen: Mit Blick auf mittelalterliche Konzeptionen kann der historischen Differenz Rechnung getragen werden, indem nicht vermeintlich überzeitliche Standards der Moderne angesetzt, sondern die zeitgenössischen Ordnungen des Wissens und der Wissensvermittlung für die gesellschaftliche Konstruktion von Identität in Anschlag gebracht werden.

Für die literaturwissenschaftliche Arbeit bedeutet das zum einen, nach den gedachten Ordnungen zu fragen, die in den mittelalterlichen Text eingegangen sind und seine spezifischen Konzeptionen von Identität formieren. Zum anderen werden fundamentale Wahrnehmungsmuster sowie kollektive Sinn- und Regelsysteme in Texten aber auch bearbeitet, modifiziert und reflektiert. Im Fall des

---

[11] Vgl. Thomas Luckmann: Persönliche Identität, soziale Rolle und Rollendistanz, in: Identität (Anm. 7), S. 293–314, bes. S. 299f.

höfischen Romans wäre als Beispiel etwa an die Konzeption von Adel zu denken: Während die Unterscheidung adliger von nicht-adligen Personen eine dem zeitgenössischen Weltbild elementare Kategorie der Bestimmung persönlicher Identität bildet, prägt der Artusroman ein spezifisches Deutungsmuster ritterlichen Adels aus, das von Landbesitz und dynastischer Zugehörigkeit weitgehend abstrahiert.[12] Auf unterschiedliche Weise präzisiert und modifiziert diese Textgruppe das Adelsverständnis zur spezifisch höfischen Ideologie, in der ritterliche Leistung, eine Dynamik unablässiger Selbstbehauptung und schließlich auch das isoliert handelnde Individuum in den Vordergrund gerückt werden.

Zu beschreiben sind also nicht nur Wahrnehmungsmuster und Sinnsysteme, die sich zu Diskursen formieren und die grundsätzlichen Möglichkeiten der Darstellung und Deutung von Identität definieren. Hinzu treten die Modifikations- und Produktionsprozesse in Texten, die unter Umständen neue Möglichkeiten des Sprechens generieren. Textuelle wie außertextuelle Sinnsysteme werden bearbeitet und kombiniert bis hin zur Produktion neuer Darstellungsmuster. Für diesen Prozeß ist weiterhin zu berücksichtigen, daß der literarische Text – durch seine ästhetischen Stilisierungen, narrativen Strukturen etc. – auch über ganz spezifische Möglichkeiten verfügt, die Identität eines Protagonisten zu konstituieren und zu thematisieren. Rainer Warning hat am Beispiel des Artusromans gezeigt, auf welche Weise die Kombination zyklischer und linearer Erzählstrukturen die Identitätssuche der ritterlichen Protagonisten entfaltet und zum Thema der Gattung macht.[13] Eine der historischen Differenz angemessene Analyse von Identitätskonzepten im mittelalterlichen Text muß sich also mit einem Wechselspiel zwischen mentalitätshistorischen Bedingungen, sozialen Deutungsmustern, Diskursen und Regelsystemen des Sprechens sowie ihrer konkreten literarischen Bearbeitung und Produktion auseinandersetzen.

Neben diesen methodischen Überlegungen halte ich eine kritische Reflexion des modernen Konzepts persönlicher Identität und zumindest zweier eng damit verflochtener Begriffskomplexe – ›Subjekt‹/›Subjektivität‹ und ›Individuum‹/ ›Individualität‹ – für unerläßlich. Bislang ist ›Identität‹ als neutrale erkenntnistheoretische Kategorie behandelt worden, die historisch divergenten Besetzungen offensteht. Sie in dieser Weise als Fokus der Interpretation mittelalterlicher Texte zu verwenden ist aber nur dann möglich, wenn die näheren Bestimmungen dieser Kategorie, ihre ideologischen Füllungen und alltagssprachlichen Verwendungsweisen sowie ihre Verbindungen zu anderen Begriffen, auf ihre kulturelle Bedingtheit geprüft werden und damit den Anspruch ahistorischer, universeller Geltung verlieren. Ich kann dies im hier gesetzten Rahmen nur andeuten.

Zentral für das moderne Verständnis persönlicher Identität ist Individualität, jene Kategorie, die zunächst nur Differenz- und Teilhabe-Relationen und damit die Unterschiedenheit eines Einzelnen gegenüber einer Menge beschreibt. Die neuzeitliche Programmatik der Individualität setzt indes die Einzigartigkeit der

---

[12] Joachim Bumke, Studien zum Ritterbegriff des 12. und 13. Jahrhunderts, Heidelberg 1964, beschreibt dies im Zusammenhang einer Aufwertung des *ritter*-Begriffs.

[13] Warning (Anm. 7).

Person absolut und versteht sie als apriorische Verfassung vor jeder gesellschaftlichen Zuordnung.[14] So verstanden garantiert Individualität inmitten einer Vielfalt sozialer Bestimmungen innere Einheit.

Aus unterschiedlichen Forschungsperspektiven ist darauf hingewiesen worden, daß ein solches Verständnis für vormoderne Gesellschaften eben nicht anzusetzen ist. Vorausgesetzt wird der Identität des Einzelnen dort vielmehr die Zuordnung zum Kollektiv und einer feststehenden sozialen Ordnung; der Lebensvollzug ist dann geprägt von der Übereinstimmung zwischen persönlicher Identität und gesellschaftlicher Rolle, so daß Individualität gerade umgekehrt als sekundäres Produkt solcher Zugehörigkeiten erscheint.[15] Sie ergibt sich aus den internen Differenzierungen eines Systems, statt ihr vorauszugehen.

Ähnlich zu reflektieren ist die moderne Auffassung des Subjekts. Auf seine erkenntnistheoretische Komponente reduziert, bezeichnet ›Subjekt‹ zunächst ein Zentrum der Wahrnehmung, das Vorstellungen von der Welt und von sich selbst haben, mithin auch die eigene Identität erkennen und reflektieren kann. Diese epistemologische Definition von ›Subjekt‹ ist ihrerseits zu historisieren über die kulturell spezifischen Möglichkeiten der Selbsterkenntnis und der Stellung, die ihr in einem allgemeinen System von Erkenntnis und Deutung eingeräumt wird. Selbst-Reflexion bedeutet jedoch weder eine zwangsläufige Erkenntnis eigener Individualität in Abgrenzung gegen andere Subjekte[16] noch eine Selbstdefinition des Subjekts als autonom.[17] Im Gegenteil, eine so definierte Subjektivität ist vormodernen Gesellschaften fremd: »Die Rollenbestimmtheit der persönlichen Identität kann […] in diesem Ausmaß erst in modernen Gesellschaften zum Problem werden: anonyme Rollen sind bis zu einem gewissen Grad für alle, erst recht aber für moderne industrielle Gesellschaftsordnungen notwendig; ein sozial weitgehend anonymes Ich muß aber Identität im Subjektiven suchen«.[18] Für den mittelalterlichen Kontext liegt dies eher fern: Daß überhaupt eine Auseinandersetzung des Subjekts mit sich selbst einen Beitrag zur Bestimmung eigener Identität leistet, ist – außerhalb theologischer Reflexion[19] – weder als notwendig noch als unverzichtbar vorauszusetzen.

[14] Vgl. Luhmann, Individuum (Anm. 10), bes. S. 156ff.

[15] Vgl. Luhmann, Individuum (Anm. 10); Hans-Georg Soeffner: »Typus und Individualität« oder »Typen der Individualität«? – Entdeckungsreisen in das Land, in dem man zuhause ist, in: Typus und Individualität im Mittelalter, hg. von Horst Wenzel, München 1983, S. 11–44.

[16] Wenn Klaus Grubmüller anhand von Beispielen aus dem deutschen Minnesang eine ›rollenhafte Subjektivität‹ beschreibt, so ist damit zumindest ein Ansatz gemacht, Subjektivität und Individualität als dissoziierte Bestimmungen von Identität zu denken (ders.: Ich als Rolle. ›Subjektivität‹ als höfische Kategorie im Minnesang?, in: Höfische Literatur – Hofgesellschaft – Höfische Lebensformen um 1200, hg. von Gert Kaiser/Jan-Dirk Müller, Düsseldorf 1986, S. 387–406).

[17] Vom Subjekt kann im allgemeinen Sinn, als Abgrenzung eines Ich von Nicht-Ich gesprochen werden; ferner kann sich das Subjekt gegen andere selbstbewußte Subjekte in seiner Einzigartigkeit reflektieren (vgl. Manfred Frank: Subjekt, Person, Individuum, in: Individualität, hg. von Manfred Frank/Anselm Haverkamp, München 1988, S. 3–20, hier S. 11f.). Der Begriff des Subjekts ist mithin nur in der zweiten Hinsicht an die Erkenntnis von Individualität gebunden.

[18] Luckmann (Anm. 11), S. 306.

[19] Vgl. Wolfhart Pannenberg: Person und Subjekt, in: Identität (Anm. 7), S. 407–422.

Erst seit der »Machtergreifung von Subjektivität«[20] impliziert ›Subjekt‹ Absolutheit und Autonomie; mit Descartes avanciert das Subjekt »zum Grund der Einsichtigkeit von Welt« überhaupt[21] und bildet damit auch die eigene Identität in der Vorstellung von sich.[22] Die Möglichkeit der Selbst-Reflexion führt also erst im neuzeitlichen Verständnis zum Gedanken der Subjektivität als Selbstbestimmtheit und individueller Selbstverwirklichung.

Damit rückt ferner die temporale Dimension der Identität in den Blick: Daß in unterschiedlichen Systemzusammenhängen unterschiedlich bestimmte Identitäten nicht nur synchron verknüpft, sondern auch diachron in einen Zusammenhang gebracht werden, daß sich also eine geschlossene Identität der Person und die Kohärenz ihrer Geschichte denken läßt, setzt ein privilegiertes Subjekt der Erkenntnis voraus. Dieses Subjekt, das sämtliche Bestimmungen einer Person überblickt und sie in einen sinnhaften, chronologischen Zusammenhang ordnet, ist gemäß moderner Auffassung das autonome Subjekt, das seine Identität aus sich selbst bildet und dabei zugleich seine ureigenste Individualität entfaltet.

Das oben skizzierte Modell einer Beschreibung mittelalterlicher Identitätskonzepte über den Pluralismus von Erkenntnis- und Deutungsmöglichkeiten eröffnet dagegen den Blick auf Identität immer nur punktuell, also in einem jeweils gegebenen Moment, und nichts berechtigt dazu, eine diachrone Kohärenz der so beschreibbaren Identitäten für jede Kultur vorauszusetzen. In vormodernen Gesellschaften, für die das einzelne Subjekt eben nicht Voraussetzung und Ziel jedweder kultureller Selbstreflexion abgibt, kann ein synchroner Pluralismus der Identitäten den sozialen Orientierungsansprüchen durchaus genügen. Die Reflexion eines Einzelnen auf sich selbst kann damit ein geschichtsloses Subjekt zum Vorschein bringen, dessen Individualität nicht oder nur in untergeordneter Stellung eine Rolle spielt.

Gottfrieds »Tristan« und der »Prosa-Lancelot« kommen auf äußerst unterschiedlichen Wegen zu einer je spezifischen Figuration des Subjekts und der Subjekt-Reflexion, die sich im Diskurs der Liebe ausbildet. Ihre Konzeptionen von ›Subjektivität‹ sind damit zugleich in einem text- und gattungsübergreifenden Diskursfeld situiert, innerhalb dessen das Subjekt variablen Besetzungen offensteht.

Liebesdiskurs und Subjekt-Konstitution

Der Diskurs des amour courtois übergreift verschiedene Textsorten – im Hochmittelalter vorrangig: Traktate, Lyrik, narrative Texte – und steht im weiteren Zusammenhang der Formation einer ›höfischen Kultur‹.[23] *Minne* im weitesten Sinne ist als spezifisch höfische Kommunikationsform zu verstehen, die sich von

---

[20] Frank (Anm. 17), S. 3.
[21] Ebd., S. 6.
[22] Vgl. Pannenberg (Anm. 19), S. 411.
[23] Eine Annäherung an den Gegenstandsbereich des ›Höfischen‹ versucht Haferland (Anm. 4).

hierarchisch orientierter, auf gewaltsamer Durchsetzung beruhender Interaktion Adliger als friedliche und freiwillige Anerkennung des Standesgenossen abgrenzt.[24] Als Modus der Affektsteuerung beschreibt bereits Andreas Capellanus in seinem »De amore«-Traktat die höfische Liebe: Das ungeformte Begehren wird umgelenkt und reflexiv überformt durch hoch differenzierte Kommunikations- und Verhaltensweisen.[25]

Auch als Geschlechterliebe ist *minne* also durch ihre soziale Orientierung geprägt. Besonders pointiert ist dies im deutschen Minnesang zu greifen: Selbst wo sich das Sänger-Ich unmittelbar und ausschließlich an die Dame wendet, ist Gesellschaftlichkeit immer mitgedacht, wird über richtiges Sprechen und Verhalten in der höfischen Gesellschaft reflektiert.[26] Höfische Liebe wird durch die objektive Idealität ihres Gegenstandes begründet und bezieht auch von hier aus ihren sozialen Sinn: Im »Prosa-Lancelot« liebt der ›beste Ritter der Welt‹ mit Ginover die hochadligste Dame und prominenteste Repräsentantin der arthurischen Gesellschaft; Tristan und Isolde beherrschen die höfischen Umgangsformen vollkommen und erstrahlen in bezwingender Schönheit, womit vor allem ein Gesellschaftsideal visualisiert wird. In beiden Texten ist dem Protagonisten in seiner ritterlich-höfischen Idealität ein Charisma zu eigen, das *minne* als geradezu automatisierten Reflex herausfordert. Auch dies ist Teil des ›Idealcodes‹ der Liebe: Die Vollkommenheit des Liebes-Objekts erzwingt den Affekt, der damit als ein Erleiden, als ›Passion‹, beschrieben werden kann.[27]

Passion bezeichnet also zuerst das Zwingende der *minne*, die sich auf eine Personifikation des sozialen Ideals im Modus seiner Abwesenheit, eines Noch-nicht-Innehabens, richtet. Diese »Perfektionsidee«[28], die zur Kultivierung der Affekte und zur Selbst-Vervollkommnung in Hinblick auf höfische Verhaltensideale anleiten soll, kann damit aber auch zum Leiden an *minne* als Mangel an der eigenen Identität führen. Das Thema der Perfektion ist in den Texten über die (räumliche und/oder soziale) Distanz zwischen den Liebenden figuriert, die spezifischer durch den außerehelichen Charakter der Beziehung motiviert sein kann, wie dies im »Tristan« und im »Prosa-Lancelot« der Fall ist. Mit der Unerreichbarkeit (oder bestenfalls punktuellen Erreichbarkeit) vollkommener Wechselseitigkeit in der *minne* wird aus dem Erleiden *von* Liebe das Leiden *an* Liebe.

Damit ist der Punkt benannt, an dem die *Paradoxierung* der *minne*-Semantik und mit ihr die Ausdifferenzierung des Spezialdiskurses der Liebe einsetzt. Verkehrung und paradoxe Simultaneität des sich Ausschließenden sind allenthalben dominante Beschreibungsmuster: *Minne*, die gerade über das Moment der

[24] Vgl. Werner Röcke: Feudale Anarchie und Landesherrschaft, Bern/Frankfurt a. M./Las Vegas 1978, S. 110ff.; Haferland (Anm. 4), S. 179ff.

[25] Vgl. De amore, Lib. I, cap. I, aber auch die Transformation des Affekts zur Überredungskunst in den nach Rang- und Standeskombinationen differenzierten Modell-Gesprächen.

[26] Vgl. Grubmüller (Anm. 16); Jan-Dirk Müller: Strukturen gegenhöfischer Welt. Höfisches und nicht-höfisches Sprechen bei Neidhart, in: Höfische Literatur (Anm. 16), S. 409–451.

[27] Vgl. Luhmann, Liebe als Passion (Anm. 10), S. 57.

[28] Ebd.

Freiwilligkeit gegen die Rechtsansprüche der Ehe abgegrenzt wird[29], ist zugleich unwiderstehlicher Zwang, der in Reibung mit gesellschaftlichen Regeln geraten kann; *minne* verspricht Freude (als Erfüllung und Anerkennung sozialer Identität) und bedarf dafür des Leidens an der Distanz, an der (eigenen) Unvollkommenheit; ›Dienst‹ wird als ›Herrschaft‹ begriffen.

Der »Tristan«-Prolog entfaltet die Paradoxien der Liebe programmatisch als Gleichzeitigkeit von *liebe* und *leit*, Leben und Tod in wechselseitiger Bedingtheit (v. 60ff.). Ebenso deutlich führt der »Prosa-Lancelot« mit seiner Paradoxierung der Verhaltenssemantik vor, daß ein *minne*-inspirierter Zugewinn an sozialer Identität und die Tendenz zur Selbstvernichtung einander bedingen. Einerseits motiviert Lancelot das Begehren zu ritterlichen Höchstleistungen, andererseits ergibt er sich der *minne* mit einer Radikalität, die Selbstgefährdung an Leib, Leben und Bewußtsein ganz selbstverständlich in Kauf nimmt.[30]

Diese untrennbare Gleichzeitigkeit von Gewinn und Verlust in der *minne*-Semantik ist Konsequenz einer Verabsolutierung und Personalisierung des höfischen Paradigmas: Die vollkommene Hingabe an das gesellschaftliche Ideal führt in ihrer Figuration als Geschlechterliebe zur Unbedingtheit der Hingabe an eine Person sowie der ausschließlichen Orientierung an den Erfordernissen dieser persönlichen Beziehung. Solche Unbedingtheit hat dann allerdings die Ausgrenzung aus der Gemeinschaft aller zur Folge. Sie konstituiert einen exklusiven Zirkel, die Gemeinschaft der *edelen herzen* (»Tristan«, v. 45ff.), prägt eine Kommunikationssphäre mit eigenen, allein an der Liebesbeziehung orientierten Verhaltensmaßstäben aus. Es resultiert daraus die fundamentale Paradoxie, daß die idealen Repräsentanten höfischer Verhaltensformen zugleich gegen gesellschaftliche Regeln verstoßen und die höfische Gesellschaft von ihrem Kern her zu zersprengen drohen. Die Exklusivität der Minnegemeinschaft gerät damit in ein unlösbares Spannungsverhältnis zu gesellschaftlichen Deutungen und Ansprüchen: Der Begriff ›Liebe‹ soll diese Differenz zur höfischen *minne* – als einer Sonderform der Stabilisierung sozialer Identität – markieren.

Dieser Prozeß der Ausdifferenzierung vollzieht sich in einer doppelten Bewegung, indem bestehende Orientierungsmuster sowohl aufgegriffen als auch partiell negiert werden.[31] Gewonnen wird dabei ein Spektrum neuer Redemöglichkeiten. Die aporetische Zuspitzung höfischer Denk- und Deutungsmuster sowie die Ferne oder Unverfügbarkeit des Anderen, die den Liebesdiskurs gegen einen allgemeinen höfischen Diskurs der Affektmodellierung und sozialen Kommunikation abgrenzen, sehe ich als Bedingung für ein Erscheinen des ›Subjekts der Liebe‹. Die Spannung zum gesellschaftlichen Umfeld führt zunächst zur Liebespassion als einem Leiden an der Widersprüchlichkeit der Bestimmungen eigener Identität. Notwendig erhöht sie aber auch die Möglichkeiten einer Selbst-Reflexion des Subjekts: Angesichts einer permanenten Reibung mit den Regeln

---

[29] Vgl. z. B. De amore, Lib. I, 368f.; Haferland (Anm. 4), S. 186.

[30] Prägnant ins Bild gesetzt ist dies immer dort, wo der Anblick Ginovers Lancelot (u.U. mitten im Kampf) paralysiert und akute Lebensgefahr zur Folge hat (vgl. nur ProsaL I 178, 185, 228f., 240, 264).

[31] Vgl. so allgemein zur höfischen Literatur und zum Minnesang Müller (Anm. 26), S. 412.

des Kollektivs wird der Liebende zur Stabilisierung seiner Identität zuletzt auf sich selbst verwiesen. Das höfische Subsystem der Liebe produziert damit einen gesellschaftlich nicht mehr verrechenbaren Überschuß für die Identitätskonstitution mit unterschiedlichen Ausprägungen von ›Subjektivität‹.

Entscheidend für diese Thematisierung des Subjekts und seiner (Selbst-) Wahrnehmung sind die Formen der *Distanznahme* von sich und Welt, die den Liebesdiskurs prägen. Im Rahmen einer höfischen Kommunikationskultur, die den friedlichen Ausgleich mit dem Standesgenossen sucht, tritt der amour courtois als gesteigerte Form der Affektdämpfung und Selbstdisziplinierung auf. Bereits »De amore« definiert Liebe als unmäßiges Begehren, das als solches allerdings nicht artikuliert werden darf[32], sondern geformte Leidenschaft[33] in Auseinandersetzung mit den eigenen Affekten wird. Eine solche Affektkultur ruft jedoch ein Problem auf den Plan, das im Liebesdiskurs noch gesteigert wird. Zwischen Affekt und Ausdruck ist eine Distanz eingerichtet worden, die einen Spielraum für Täuschung und Verstellung eröffnet[34]: Die »Korrellation von Innen und Außen ist auflösbar geworden«.[35]

Im »Tristan« wie auch im »Prosa-Lancelot« agieren die Liebenden in einer Sphäre der Heimlichkeit[36], die dem Kollektiv verschlossen bleibt und durch Täuschungen nach außen abgesichert wird. *List* als Handlungsform beschreibt ein »neue[s] Sozialverhalten, das Intentionen kennt und sie von ihrer Realisierung zu trennen weiß«.[37] An dieser Heimlichkeit der Liebenden kristallisiert sich der Zerfall einer einzigen, öffentlich beglaubigten und unfraglichen Wirklichkeit. In beiden Texten führt die Fragmentierung der Wirklichkeit notwendig zum Hervortreten divergenter Perspektiven und konturiert damit das einzelne, in seiner jeweiligen Wahrnehmung befangene Subjekt.[38] Beide Texte eröffnen den Blick auf eine verborgene Wirklichkeit sowie – im scharfen Kontrast dazu – die begrenzten Erkenntnis- und Deutungsmöglichkeiten der Hof-Gesellschaft.

Allerdings wäre es übereilt, von diesem Befund eines ›subjekt-logischen Erzählens‹[39] auf eine *individualisierte* Subjektivität der Liebenden zu schließen. Der »Tristan« grenzt Liebe aus der höfischen Sphäre der Täuschungsmanöver und Zeichenmanipulationen ab und definiert sie als totale und unmittelbare, wechselseitige Erkenntnis. Wird mit Isoldes *lameir*-Rätsel (v. 11985ff.) die Deu-

---

[32] Vgl. De amore, Lib. II, cap. I, 5f.

[33] Vgl. Haferland (Anm. 4), S. 180ff.; Peter Czerwinski: Der Glanz der Abstraktion. Frühe Formen von Reflexivität im Mittelalter, Frankfurt a. M. 1989, S. 181f. Täuschungskompetenzen fordert »De amore« von den Liebenden (Lib. II, 5f.).

[34] Vgl. Haferland (Anm. 4), S. 264f.

[35] Haug (Anm. 3), S. 107.

[36] Zum Tristan vgl. Werner Röcke: Im Schatten höfischen Lichts. Zur Trennung von Öffentlichkeit und Privatheit im mittelalterlichen Tristan-Roman, in: Licht. Religiöse und literarische Gebrauchsformen, hg. von Walter Gebhard, Frankfurt a. M. 1990, S. 37–75; Horst Wenzel: Öffentlichkeit und Heimlichkeit in Gottfrieds Tristan, in: ZfdPh 107, 1988, S. 335–361.

[37] Czerwinski (Anm. 33), S. 186.

[38] Vgl. Irene Lanz-Hubmann: *Nein unde jâ*. Mehrdeutigkeit im Tristan Gottfrieds von Straßburg. Ein Rezipientenproblem, Bern 1989, S. 43ff.; Schnell (Anm. 5), S. 122ff.

[39] Schnell (Anm. 5), S. 217.

tungsbedürftigkeit aller Zeichen noch einmal pointiert vor Augen geführt, so besteht nach dem Geständnis wechselseitiger *minne* diese Notwendigkeit gerade nicht mehr.[40] Tristan und Isolde werden *mit liebe alsô vereinet,/ daz ietweder dem anderm was/ durchlûter alse ein spiegelglas* (v. 11724–11726).

Diese in sich paradoxe Formulierung[41] gibt zu erkennen, was das moderne Verständnis von Subjektivität gerade ausschließt: Der Andere ist gleichermaßen spiegelnde Oberfläche und durchsichtig bis in die Unmittelbarkeit der Affekte, die Isolde und Tristan völlig synchron erleben (*sie wâren beide einbaere/ an liebe unde an leide*; v. 11730f.). Erkenntnis des Ich und des Anderen fallen in eins, sind vollkommen identisch. Das bedeutet: Tristan und Isolde haben im Sinnsystem der Liebe eine gemeinsame Identität und Subjektivität, die in Abgrenzung gegen moderne Konzeptionen als nicht-individuelle beschrieben werden muß. Anders als in der funktional differenzierten Gesellschaft dient das Medium ›Liebe‹ hier eben noch nicht dazu, die »kommunikative Behandlung von Individualität zu ermöglichen, zu pflegen, zu fördern«.[42]

Im »Tristan« besteht die magische Wirkung des Minnetranks darin, die Notwendigkeit des Ausdrucks von Affekten zu überspringen und zwei Personen zu einem einzigen Liebes-Subjekt zu verschmelzen. In völliger Übereinstimmung ersinnen Tristan und Isolde Listen, kommunizieren miteinander vor den Augen und Ohren des Markehofs, indem sie die Mehrdeutigkeit der Sprache und der Zeichen im eigenen Interesse ausbeuten.[43] Folgerichtig setzt der Roman bis zur Verbannung Tristans die Perspektive der Liebenden als geschlossene Subjekt-Position den Wahrnehmungen des Hofs entgegen. Liebe bildet hier ein intersubjektives Sinnsystem, das vollkommene wechselseitige (Selbst-)Erkenntnis und gemeinsame Passion ermöglicht.

So wenig die Liebenden als Liebende der Selbst-Reflexion bedürfen, so sehr sind sie in dieser Konstellation doch zu konstanter Selbstdistanzierung genötigt. Die permanente Reibung zwischen Rollenerwartungen und gesellschaftlichen Ansprüchen auf der einen, den Forderungen der Minne auf der anderen Seite zwingt Tristan und Isolde zum kalkulierenden Umgang mit den widersprüchlichen Bestimmungen der eigenen Identität. Solche Selbstdistanzierung wird in der idealen Einheit des Willens und der Empfindungen, über die totale *Distanzlosigkeit* der Minne ausgeglichen. Diese Einheit basiert auf einer einzigen Bedingung, in der zugleich der Keim ihrer Zersetzung liegt. Das Modell der Distanzlosigkeit verlangt, was Tristan und Isolde auf Dauer unmöglich ist, nämlich die konkret physische Nähe zueinander, die konstante, wechselseitige Spiegelung. In der räumlichen Ferne von Isolde ist es Tristan nicht länger möglich, in gewohnter Form die eigene Identität als Liebender zu erfahren und zu stabilisieren. Zeichen – oder auch das Ausbleiben von Zeichen – schieben sich nun zwischen die Liebenden; die immer schon eingenommene Selbstdistanz kann damit kritisch

---

[40] Vgl. ebd., S. 202ff.

[41] Vgl. Paul Zweig: The Heresy of Self-Love. A Study of Subversive Individualism, New York/London 1968, S. 76.

[42] Luhmann, Liebe als Passion (Anm. 10), S. 15.

[43] Vgl. Schnell (Anm. 5), S. 122ff., S. 141ff.

werden und mündet in die Selbstentfremdung Tristans. Erst an dieser Stelle tritt ein sich selbst reflektierendes, vereinzeltes Liebessubjekt in Erscheinung.

Auch der »Prosa-Lancelot« beschreibt eine in divergente Wahrnehmungssphären zerfallende Wirklichkeit und betont zugleich die Notwendigkeit, subjektive Standpunkte miteinander zu vermitteln. Nur mit Mühe kann sich die Artusgesellschaft nämlich der umliegenden Welt und fernab des Hofs stattfindender Ereignisse bemächtigen: Falsche Todesnachrichten[44], die Suche der Artusritter nach einem sich stets entziehenden Lancelot[45], aber auch die Apostrophierung von Magie als *gauckel*, als Täuschung der Sinne[46], illustrieren prägnant die Grenzen des Wissens und der Erkenntnis.

Der Artushof setzt diesen Beschränkungen die Strategie des Sammelns und Verschriftlichens von Aventiure entgegen. Alle zurückkehrenden Ritter sind verpflichtet, ihre Erfahrungen und Erlebnisse wahrheitsgemäß zu Protokoll zu geben.[47] Die für alle verbindliche Wirklichkeit erscheint damit als Resultat der Kombination subjektiver Wahrnehmungen: Der Artushof fixiert seine Realitätsmächtigkeit im Korpus der Aventiurebücher. Diesem Projekt der Systematisierung von Kenntnissen sind indes Grenzen gesetzt, denn vor allem die Liebesbeziehung zwischen Lancelot und Ginover entgeht über Jahrzehnte dem Blick des Hofs. Im Zweifelsfall orientiert sich Lancelot nicht an den Verhaltensstandards der Rittergesellschaft, sondern gehorcht allein den Ansprüchen der *minne*, auch wenn er damit zur Lüge und zum Verschweigen genötigt ist; seine schriftlich niedergelegten Berichte sind entsprechend lückenhaft.[48]

Wie im »Tristan« folgt die Konstruktion der Wirklichkeit im »Prosa-Lancelot« zu wesentlichen Teilen einer Logik des Subjekts[49]: Über die Kombinatorik jeweils begrenzter Wirklichkeitserfahrungen perspektiviert sich das Text-Universum, innerhalb dessen das einzelne Subjekt prononciert als Bedingung jedweder Erkenntnis erscheint. Konsequent wird dann auch das Subjekt als *Gegenstand* von Erkenntnis thematisch. Der Prosaroman setzt dabei einen entschieden anderen Akzent als Gottfrieds »Tristan«, indem er nicht die illegitime Liebesbezie-

[44] Vgl. z. B. die gefälschten Gräber auf der Dolorose Garde (ProsaL I 168, 169f., 185); Lancelots vermeintlicher Tod stürzt Artushof und Königin mehrfach in Verzweiflung (vgl. ProsaL II 219, 222ff.). Vgl. dazu auch Dagmar Hirschberg: Die Ohnmacht des Helden. Zur Konzeption des Protagonisten im Prosa-Lancelot, in: Wolfram-Studien 9, 1986, S. 242–266.

[45] Vgl. Uwe Ruberg: Die Suche im Prosa-Lancelot, in: ZfdA 92, 1963, S. 122–157.

[46] Zur Magie als *gauckel* vgl. Uwe Ruberg: Raum und Zeit im Prosa-Lancelot, München 1965, S. 42ff.; allgemeiner zum Verkennen der Welt aus theologischer Sicht Wiebke Freytag: *mundus fallax*. Affekt und Recht oder exemplarisches Erzählen im Prosa-Lancelot, in: Wolfram-Studien 9, 1986, S. 134–194.

[47] Vgl. z. B. ProsaL I 255; II 434; III 383f. Lancelots Aventiuren werden in einem eigenen Buch verzeichnet: ProsaL II 436.

[48] *Er erczalt ir vil, ein deil must er auch verhelen nach gelegenheit etcetera* (ProsaL II 26,28f.).

[49] Während der Gralsuche-Teil des Prosaromans von einer subjektive Wahrnehmungen transzendierenden, nämlich heilsgeschichtlichen Wirklichkeit ausgeht, ist es andererseits bemerkenswert, daß die totale Gotteserfahrung Galaads Leerstelle bleibt: Die Offenbarung, die dem Gralshelden zuteil wird, ist nur in der Außensicht beschrieben, ihrem Gehalt nach aber nicht vermittelbar (vgl. ProsaL III 379–382).

hung, sondern die Identität des männlichen Protagonisten in den Schnittpunkt der handlungsstrukturierenden Erkenntnisprozesse rückt.

Lancelots soziale Identität bildet sich in einem schwierigen Prozeß, in dessen Verlauf immer wieder das Problem unzureichender Kenntnis thematisiert wird. Der ›beste Ritter der Welt‹ tritt unter verschiedenen Wappnungen und Pseudonymen auf, und erst nach langer Zeit stellt sich bei Hofe die Erkenntnis ein, daß sich hinter den vielen Maskeraden ein einziger verbirgt.[50] Mit unterschiedlichem Erfolg mühen sich die Mitglieder der Artusgesellschaft, seinen Namen, seine Herkunft, vor allem aber seine Absichten in Erfahrung zu bringen.[51] Zwar ist es Ginover, die zuerst die zahlreichen Erzählungen zu einer einzigen Geschichte von Lancelot verbindet und ihn namentlich mit der vollständigen Serie seiner Taten identifiziert (ProsaL I 291ff.), doch findet zwischen den Liebenden keine dem »Tristan« vergleichbare, totale Erkenntnis des jeweils Anderen statt. Wenn Lancelot in anfallhaftes *minne-gedencken* versinkt[52] und seiner Umwelt unzugänglich wird, wenn ihn Ginovers Anblick mitten im ritterlichen Zweikampf lähmt, so bleibt dieses Verhalten auch der Königin unbegreiflich – obwohl sie um Lancelots Liebe zu ihr selbstverständlich weiß.[53]

Prononcierte Erkenntnisdifferenzen und Wirklichkeitszerfall gruppieren sich hier anders als im »Tristan« um ein durch seine Passion isoliertes Subjekt, dessen expressive Affekt-Gebärden der Hofgesellschaft und der Geliebten zum Rätsel werden. Diese Inszenierung einer der Umwelt gänzlich unzugänglichen Subjektivität Lancelots[54] wird von einer Liebeskonzeption getragen, die ihren Kern nicht in distanzloser Einheit der Liebenden, sondern in Differenz sowie einer äußerst empfindlichen Balance von Nähe und Distanznahme hat.

Anders als der »Tristan« formiert der »Prosa-Lancelot« die Identität des Liebenden über das System Minnedienst, das sozial gerichtet ist und sozial integrativ wirkt, solange die Ginoverminne Lancelot zu ritterlichen Höchstleistungen animiert. Im Wechselprozeß von Ehrerwerb und sozialer Anerkennung werden zugleich Lancelots Identität als Artusritter und die Vorbildlichkeit des Artusrittertums als Institut stabilisiert.

Minnedienst, wie ihn etwa »De amore« theoretisiert, hat sein Ziel nicht in dauernder Gemeinschaft der Liebenden, sondern im reflexiven *Prozeß* der Di-

---

[50] Vgl. ProsaL I 219, am Abschluß von Gawans Lancelot-queste.

[51] Besonders drängend wird die Frage nach Lancelots Intentionen im Galahot-Krieg, wenn der Protagonist plötzlich die Seiten wechselt und sich der überlegenen Streitmacht Galahots anzuschließen scheint (vgl. ProsaL I 265).

[52] Vgl. Ruberg (Anm. 46), S. 123f.; Hirschberg (Anm. 44).

[53] Ginover vermutet zuerst, Lancelot habe den Verstand verloren (ProsaL II 412) und fragt ihn später irritiert: *wie kam es doch im thorney, da ir sie all uberwunden hattent und da ir fur mich kamet, das ir so schwach wordent das man uch inn den armen hinweg must furen; warent ir múd oder ander sachen halb?* (ProsaL II 423,22–24). Ihre häufigen Zweifel an Lancelots Treue weisen in dieselbe Richtung (vgl. ProsaL I 589; II 783; III 447, 477ff.).

[54] Diese Subjektivität des Protagonisten, der erst während der Gralssuche zur systematischen Selbst-Reflexion angehalten wird, beschreibt der Roman – wie Galaads Gottesschau – in der Außenperspektive des Unverständnisses; er konturiert damit ein radikal subjektives Erleben an den Grenzen seiner Darstellungsmöglichkeiten, das inhaltlich nicht gefüllt werden kann.

stanzüberwindung. Im Rahmen des ›Idealcodes‹ repräsentiert die Minnedame ein gesellschaftliches Ideal, dem sich der Werber durch Affektkontrolle und ritterliche Dienst-Leistungen annähert. Distanz und Rangdifferenz der Partner sind die Voraussetzungen dafür, eine tendenziell unabschließbare Steigerung eigener Identität zu imaginieren. Im Zentrum dieser Konzeption steht das (männliche) Subjekt des Minnedieners, auf den die Dame als Spiegel seines idealen Selbst bezogen bleibt.[55] Die Leistung dieses Kommunikationssystems für die höfische Identitätsbildung besteht also darin, adlige Identität als Perfektionierung zu dynamisieren. Genauso versteht sich auch Lancelot, der im Dienst Ginovers seine eigene *besserung* sucht (vgl. ProsaL I 94f., 176).

Implizit ist dieser Konzeption die Paradoxie, daß dauernde Nähe und Wechselseitigkeit in der Liebesbeziehung die Grundlagen des Minnedienstes zerstören müssen. »De amore« empfiehlt den Minnewerbern entsprechend, nach erlangtem Lohn erneute Distanz zu inszenieren und den Prozeß ein weiteres Mal zu durchlaufen.[56] Nur so – oder durch Verschiebung des Lohns ins Unabsehbare – kann die permanente Perfektionierung durch *minne* gewährleistet werden.

Obschon es im »Prosa-Lancelot« zu einer wechselseitigen Liebesbeziehung kommt, erfüllt sie sich im Umschlag zwischen den beiden Extremzuständen punktueller Nähe und totaler Ferne. Die immer wieder neu eingerichtete Distanz zur Geliebten garantiert dem Protagonisten unabschließbare *besserung* seiner ritterlichen Identität, ist damit anders als im »Tristan« nicht Folge sozialer Zwänge, sondern von vornherein konstitutiv für die Selbstdefinition des Liebenden. Zur prononcierten Statusdifferenz zwischen Lancelot und Ginover tritt damit die Notwendigkeit der Distanznahme, die allererst der Förderung von Lancelots ritterlicher Identität dienlich ist, nicht aber einer gemeinsamen Identität des Liebespaars.

In Abhängigkeit von dieser Konzeption erfährt dann auch das Problem der Affekt/Ausdruck-Differenz eine andere Behandlung als im »Tristan«. Nicht wechselseitiges Erkennen, sondern Mißverstehen prägt die Beziehung Lancelots und Ginovers. Ginover, die Hof und Ehemann verschiedentlich über das ehebrecherische Verhältnis täuschen muß (vgl. z.B. ProsaL I 588f.), kalkuliert notwendig mit einer solchen Differenz. Lancelot ist demgegenüber zu keiner Verstellung fähig, täuscht die Öffentlichkeit nur, indem er (ver)schweigt. Zwischen den Liebenden besteht eine klare Differenz in der Fähigkeit zur Ausdruckssteuerung, die ihrerseits Mißverständnisse produziert und das oben beschriebene Unverständnis Ginovers für Lancelots Verhalten begründet.

Die Unwillkürlichkeit, mit der Lancelot *minne* erleidet, negiert also allein für seine Person, was zwischen Tristan und Isolde als Paar ausgeräumt war: Zwischen dem Affekt und seinem Ausdruck besteht keinerlei Differenz, Lancelots Begehren artikuliert sich in spontanen Gebärden und unbeherrschbaren Entrük-

[55] Vgl. Alfred Ebenbauer/Ulrich Wyss: Der mythologische Entwurf der höfischen Gesellschaft im Artusroman, in: Höfische Literatur (Anm. 16), S. 513–537, hier S. 531; zur Spiegelung eines idealen Ich durch die höfische Öffentlichkeit vgl. Haferland (Anm. 4), S. 98f.; zur zentralen Stellung der Distanz im Minnesang vgl. Müller (Anm. 26), S. 442.

[56] Vgl. z. B. Lib. II, cap. II, 1.

kungszuständen, doch gerade dies muß Ginover unverständlich bleiben. Indem der Prosaroman die Passion seines Helden ferner zur Liebespathologie steigert[57], betont er ihre Unmittelbarkeit und Echtheit. Analog zum Minnetrank findet sich hier die Setzung einer unhintergehbaren, durch Liebe gestifteten Identität, die sich am Körper des Liebenden artikuliert.[58] Diese Unmittelbarkeit allein Lancelots zur Liebe begründet indes ein durchgängig asymmetrisches Verhältnis des Paars, das der Affekt- und Willenseinheit Tristans und Isoldes diametral gegenübersteht. Die bloß räumliche Ferne von Ginover ist für Lancelot nicht nur unproblematisch, sondern notwendiger Bezirk seiner ritterlichen Selbstdefinition.[59]

Die Konsequenzen dieser unterschiedlichen Liebeskonzeptionen für die Thematisierung des Subjekts und die Formen der Selbstdistanzierung im »Tristan« und im »Prosa-Lancelot« möchte ich nun abschließend anhand zweier Textabschnitte erläutern. In beiden Fällen erscheint Selbst-Reflexion als Folge einer akuten Gefährdung von Selbstbewußtsein und Identität des Protagonisten.

Lancelots Bilderzyklus

Auf einer seiner Fahrten gerät Lancelot in Gefangenschaft bei Morgane, die sich seiner schon früher bemächtigt hatte, in der Hoffnung, ihn zur *minne* nötigen zu können (ProsaL II 269f.). Lancelot reagiert darauf jeweils mit Verweigerung und heftigen Affekten, die auf einen ersten Anfall von Wahnsinn zurückverweisen. Nach der ersten Liebesnacht mit Ginover ist Lancelot in Gefangenschaft bei der Zauberin Camille geraten; seine Verzweiflung hat sich in dieser Situation zur Raserei gesteigert (ProsaL I 466ff.). Stets führt der Verlust der Bewegungsfreiheit bei Lancelot zu unmäßigen Klagen und Selbstbeschuldigungen bis hin zu Selbstmordabsichten – ›*ich solt billich nit allein betrubt syn, sunder mich auch erschlagen, dann ich der ungluckhafftigst bin der da lebt*‹ (ProsaL II 271,3f.; vgl. auch II 373f.) –, deren destruktives Potential die Camille-Episode im Extrem illustriert. Es scheint, als sei die plötzliche Unerreichbarkeit der Geliebten Grund für diesen immer wieder drohenden Kollaps des Selbstbewußtseins, und Lancelots Strategie, in Morganes Kerker die eigenen Affekte zu kontrollieren, bestätigt zunächst diesen Eindruck.

Angeregt durch einen alten Mann, der die Flucht des Aeneas aus Troja illustriert, beginnt Lancelot seinen Kerker auszumalen: Er

---

[57] Die Symptome reichen von Schlaf- und Interesselosigkeit über Nahrungsverweigerung und melancholische Affekte bis hin zum Körper und Geist ergreifenden ›Wahnsinn‹.

[58] Dies zum einen durch seine individuelle Physiognomie (Lancelot hat ein zu groß geratenes Herz: ProsaL I 35,23–28), zum anderen eben durch die unbeherrschbaren Symptome der Liebeskrankheit (vgl. z. B. ProsaL I 304, 399, 449).

[59] Lancelot drängt mit einer Radikalität zur Verwirklichung seines Minnerittertums, die immer wieder Störungen in der Paarbeziehung produziert (vgl. z. B. ProsaL I 559) – bis hin zum drohenden Selbstmord Ginovers aufgrund einer abermals falschen Todesnachricht (ProsaL II 222–227).

[…] gedacht, er wolt in der kamern maln, darinn er gefangen lag, von der die er so lieb hett und sere begeret zu sehen […]. *Das solt im groß lichterung syner beschwerniß bringen, als yn ducht, so er das gemelds wurd ansehen in der gefengkniß* (ProsaL II 476,17–22).

Mit Hilfe der anschließend verfertigten Gemälde beschwört Lancelot die Präsenz Ginovers und gibt seinem Kerker-Alltag ritualisierte Form, innerhalb derer auch die Artikulation von Affekten ihren genau definierten Ort hat:

Und alle morgen, als er off stund, da ging er zu yglichem bilde, das gemalet was in wyse der koniginne, und kust es an die augen und an den munt so lieblich als were es sin frauw die koniginn selber gewest; dann schrey er und clagt sich vor yglichem bild. Und als er dann lang syn ungluck geclagt hett, da lieff er zu den bilden und umbfing sie und trost sichselber und vertreib sin zytt da mit (ProsaL II 483,20–25).

Deutlich wird an dieser Stelle, daß Lancelots Umgang mit den Bildern der Stabilisierung seiner sich zunächst überschlagenden Affekte dient und damit die Gefahr erneuter Tobsucht bannt. Die ritualisierten Gesten vor den Gemälden – Begrüßung, Kuß, Minneklage, Umarmung (vgl. ProsaL II 478,2–5) –, aber auch der stete Wechsel zwischen Nähe und Distanz übersetzen Lancelots höfische Minnedienst-Praxis in die Kerker-Isolation. Der Gefangene hat sich in seinem Bilder-Universum eingerichtet, die zirkulären Abläufe sind endlos wiederholbar und verleihen Lancelot Autarkie gegenüber seiner fremdbestimmten Situation. Inwiefern es sich bei dieser Vergegenständlichung von Erinnerungen zu Gemälden nicht nur um eine Strategie der Affektkontrolle, sondern auch um bewußte Selbst-Reflexion handelt, zeigt die Organisation des Bilderzyklus. Lancelot malt keineswegs nur die ferne Königin, sondern eine Geschichte, nämlich die eigene:

Da hub er zum ersten an zu maln wie yn die fraw vom Lac in konig Artus hoff gebracht hatt ritter zu werden, und wie er geyn Camalot geritten were, und wie er erschrack von der schonheit syner frauwen der konigin als er sie von erst ane sah, auch wie er von ir urlaub nam als er reyt zur herczoginn von Noans sie zu entretten (ProsaL II 477,1–5).
Da hub er an zu maln wie es im ging da er zu Dolerosegarte yn fuor und wie er die burg gewann durch syn frümkeit. Er malet denselben tag wie er gethan hett biß an den tag des thorneys, und in welcher maßen er die grunen wapen furt an dem tag da der konig herab kam von dem sale und brisete yn fur alle die ritter. Und darnach von tag zu tag malet er all hystorye von im besunder und nit von den andern. Und als die ostern vergangen waren, da hett er es alles gedichtet (ProsaL II 478,5–12).

Allein die Häufung des Personalpronomens *er* in dieser Beschreibung läßt erkennen, daß die Vergegenwärtigung des Vergangenen das eigene Leben unter der Perspektive der Liebe zum Gegenstand hat. Als *gedichtete hystorye* und selbstverfaßte Lebensbeschreibung reiht sich Lancelots Bilderzyklus unter die Aventiure-Bücher, mit deren Hilfe der Artushof sich eine komplexe Realität anzueignen sucht. Allerdings gelangt dieses Bilder-Buch Lancelots gerade nicht an die höfische Öffentlichkeit, sondern bleibt außerhalb der gesellschaftlichen Wirklichkeitskonstruktion.[60] Gewidmet ist es auch nicht einer sozial orientierten

---

[60] Zwar wird Artus von Morgane später vor die Gemälde geführt und schwört, seine Ehre als Ehemann und Herrscher wiederherzustellen, doch läßt er die Kammer anschließend versiegeln und unternimmt bei seiner Rückkehr an den Hof nichts gegen Lancelot (vgl. ProsaL III 462–472, 485ff.). Überhaupt wird der Ehebruch nirgends rechtswirksam öffentlich, so daß Artus seine

memoria[61], sondern der Auseinandersetzung mit sich. Obwohl Ginover dabei eine entscheidende Rolle zukommt, besteht die Funktion der Bilder nicht an erster Stelle darin, die Abwesenheit der Geliebten zum Verschwinden zu bringen und einen imaginären Dialog mit ihr zu eröffnen[62]; vielmehr beschwört Lancelots Bilderzyklus in narrativer Form das eigene Leben.

Diese Episode illustriert die Stabilisierung eigener Identität aus der vergegenständlichenden Beschäftigung des Subjekts mit sich selbst. Von ›Subjektivität‹ im oben definierten Sinne ist insofern zu sprechen, als die zuvor äußerliche Struktur der Minne-Kommunikation und die ihr inhärente Distanz ganz ins Subjekt verlagert werden. In der Gefangenschaft ist diese Struktur, die über den Wechsel zwischen Nähe und Distanz auch Lancelots Selbstverständnis als Minneritter organisiert, suspendiert. Dem drohenden Kollaps seiner Identität entgeht Lancelot, indem er die zuvor äußere Distanz in Selbstdistanzierung und erneute Vergegenständlichung übersetzt. Der imaginären Nähe zu Ginover wohnt damit aber schon die Distanz zu sich selbst inne: Indem sich Lancelot als erzählendes Subjekt seiner Liebesgeschichte definiert, gelingt es ihm, die Paradoxie von Nähe und Distanz zu kontrollieren.

Mit dieser Selbstgenügsamkeit Lancelots zeichnet sich ferner eine zunehmende Unabhängigkeit seines Selbstbewußtseins von der Bestätigung durch Andere bzw. der Anerkennung Ginovers ab. Der stabile Zyklus der Selbstbetrachtungen und -vergewisserungen wird nur von außen noch unterbrochen: Vor dem Kerkerfenster erblüht im Frühjahr eine Rose, die Lancelot an Ginovers Schönheit erinnert. Erhöhter Leidensdruck und plötzliches Verlangen verleihen ihm nun ungeahnte Kräfte, und es gelingt endlich der Ausbruch (ProsaL II 484f.). Lancelot ergreift die Rose, eilt aber nicht etwa an den Hof zurück, sondern begibt sich auf erneute Aventiure-Fahrt. Dieser Abschluß der Gefangenschaft erhellt rückblickend, daß nicht die Ferne Ginovers, sondern die Notwendigkeit, das prekäre Gleichgewicht von Nähe und Distanz zu beherrschen, den eigentlichen Anlaß zu Lancelots Bildproduktion gegeben hat. Seine Strategie der Selbstdistanzierung erweist sich dabei als uneingeschränkt erfolgreich und trägt zu einer (punktuellen) Verselbständigung des Subjekt-Bewußtseins gegenüber äußeren Bedingungen bei.

Frau nach einem gescheiterten Hinrichtungsversuch und ihrer Rettung durch Lancelot zuletzt zurücknehmen muß (vgl. ProsaL III 607).

[61] Vgl. dazu grundsätzlich Otto Gerhard Oexle: Memoria in der Gesellschaft und in der Kultur des Mittelalters, in: Modernes Mittelalter, hg. von Joachim Heinzle, Frankfurt a. M./ Leipzig 1994, S. 297–323, sowie die Beiträge in: Memoria in der Gesellschaft des Mittelalters, hg. von Dieter Geuenich/Otto Gerhard Oexle, Göttingen 1994.

[62] Vgl. dagen Tristans Bildersaal (Thomas: Tristan, hg. und übersetzt von Gesa Bonath, München 1985, v. 941–990 des Turiner Fragments, bes. v. 985–990).

Tristans Selbstreflexion und -verirrung

Im »Tristan« Gottfrieds stehen sich größtmögliche Nähe der Liebenden einerseits, absolute Ferne und Kommunikationslosigkeit andererseits als abgeschlossene Erzählblöcke gegenüber.[63] Nach seiner Verbannung aus Cornwall begegnet Tristan einer zweiten Isolde, deren *minne* er unbeabsichtigt durch seine Lieder weckt. Zur räumlichen Trennung von der eigentlich Geliebten tritt nun auch eine Distanzierung von der Liebesbeziehung, denn die Paradoxierung von *nâher* und *verrer minne* stürzt den Protagonisten in heillose Verwirrung (v. 19363–19375). Paradoxe Gleichzeitigkeit von Begehren und Entbehren, Ferne und Nähe zu Isolde stellt sich durch die Gegenwart der Isolde Blanchemains und das Namensspiel her, ist damit aber an das Subjekt, das aus der eigenen affektiven Reaktion auf den Namen eine Identität von Isolde und Isolde ableitet, gebunden (v. 18965–18992). Die Paradoxie entsteht allein in der Wahrnehmung Tristans:

> *mir lachet unde spilt Îsôt*
> *in mînen ôren alle vrist*
> *und enweiz iedoch, wâ Îsôt ist.*
> *mîn ouge, daz Îsôte siht,*
> *daz selbe ensiht Îsôte niht.*
> *mir ist Îsôt verre und ist mir bî.*
>
> (v. 19000–19005; vgl. v. 19012–19022)

Der in dieser Situation ausgelöste, geliebte Schmerz (v. 18978f.) wird für Tristan als »Prinzip, unter dem sein Leben steht«[64], einziges Kriterium der Orientierung und der Identität. Damit ist die Symmetrie der Affekte, die konstitutiv für die gemeinsame Identität des Paars war, aufgegeben. An ihre Stelle tritt eine asymmetrische Konfiguration[65], die einerseits auf das isolierte Subjekt zentriert ist, denn ausschließlich Tristans Wahrnehmung und Empfinden werden Maßgabe seiner Selbstdefinition. Andererseits erlebt Tristan selbst sich als dezentriert und ortlos inmitten einer instabilen Wirklichkeit:

> *wie kunde man mich vinden?*
> *ine kan es niht erdenken wie.*
> *man suoche dâ, sô bin ich hie.*
> *man suoche hie, sô bin ich dâ.*
> *wie vindet man mich oder wâ?*
> *wâ man mich vinde? dâ ich bin.*

---

[63] Anders die Fassungen des Stoffs, die Tristans Rückkehrabenteuer enthalten; so auch die Fortsetzungen des Gottfriedschen »Tristan« (vgl. dazu Jan-Dirk Müller: Tristans Rückkehr. Zu den Fortsetzern Gottfrieds von Straßburg, in: Festschrift für Walter Haug und Burghart Wachinger, Tübingen 1992, Bd. 2, S. 529–548).

[64] Müller (Anm. 63), S. 530.

[65] Die Asymmetrie von Gedanken und Empfindungen betont der Erzählerkommentar, v. 19296–19305, Tristan artikuliert sie aber auch in der Imagination einer *triurelôsen* Isolde, v. 19479–19491.

> *diu lant enloufent niender hin.*
> *sô bin ich in den landen.*
>
> (v. 19514–19521; vgl. auch v. 19908ff.)

Dieses Ich hat sein Zentrum, das in der Gemeinschaft mit Isolde bestand, in dem Moment eingebüßt, in dem Nähe zu Isolde zur deutbaren Kategorie wird: *nu bin ich komen, dâ Isôt ist,/ und enbin Isôte niender bî,/ swie nâhen ich Isôte sî* (v. 19020–19022).

Tristan sucht seinen Konflikt reflektierend zu bewältigen, ist dabei indes auf Zeichen verwiesen, deren Mehrdeutigkeit ihm erstmals problematisch wird.[66] Der Name *Isot* hat seine feste Referenz verloren: Tristan, sonst geschickt in der Manipulation ambivalenter Zeichenkomplexe, ist nunmehr bemüht, das Namens-Zeichen an die körperlich präsente Isolde Blanchemains zu binden (*daz mit ir namen versigelt ist,/ dem allem sol ich alle vrist/ liebe unde holdez herze tragen*; v. 19035–19037). Der Name soll nicht Stellvertreter einer Abwesenden sein, sondern Präsenz erzwingen: Tristan unternimmt hier einen Versuch, die Dialektik von Nähe und Ferne auszulöschen.

Dieser Versuch einer Identifikation gegen das eigene Differenzbewußtsein wird angestoßen durch den subjektiven Effekt des Schmerzes: Nicht der Gleichlaut des Namens allein, sondern die Wirkung, die dieser Name auf Tristan hat, ist ausschlaggebend. Indem das eigene *leit*-Empfinden derart zum Kriterium von Identifikationsprozessen erhoben wird, scheint Tristan zu erfüllen, was ihm im Namen als lebensbestimmendes Prinzip mitgegeben ist (vgl. v. 1991–2002). Tatsächlich führen seine Überlegungen aber in die Negation dieser Bestimmung und damit zur Destruktion eigener Identität.

Die Imagination eines *triurelôsen Tristan* (v. 19461–19464) und die an Isolde gerichtete Anklage *durch waz habt ir mich mir benomen?* (v. 19500) beschreiben in wiederum paradoxer Form, inwiefern die Reduktion des Subjekts auf sich als Verlust und Selbstentfremdung wahrgenommen werden. In der Reflexion gewinnt Tristan Distanz zu sich selbst, aber die monologisierend gewonnenen Beschreibungen eigener Identität erscheinen im Modus des Mangels[67], Selbstdistanz wird als Fremdbestimmung abgewehrt. Daß Isoldes Macht über die eigene Existenz überhaupt als Fremdeingriff gesehen werden kann, ist eindrückliches Zeichen der neuen Subjektivität Tristans. Wie fremd ihm damit die Geliebte geworden ist, illustrieren prägnant seine Zweifel an ihrem *leit* und die Unterstellung, Isolde genieße jetzt in Cornwall die Gemeinschaft mit Marke (v. 19489ff.).

Angesichts der Liebeskonzeption des Textes kann diese Form von ›Subjektivität‹ nur in Selbstverlust münden: Liebe als wechselseitige Spiegelung, in der Selbsterkenntnis und Erkenntnis des Anderen identisch werden, beschreibt eine Symmetrie der Identitätsbildung, die nicht in die asymmetrische Beziehung – in der Tristan Isolde Blanchemains nur als Spiegel eigenen Schmerzes benutzt –

---

[66] Vgl. allgemein zu dieser Episode Sybille Ries: Erkennen und Verkennen in Gottfrieds Tristan mit besonderer Berücksichtigung der Isold-Weißhand-Episode, in: ZfdA 109, 1980, S. 316–337; zum Problem der Zeichendeutung auch Schnell (Anm. 5), S. 260f.

[67] Außer an *triure* auch an *triuwe*: v. 19142, v. 19154.

übersetzbar ist. Erst die Reflexion des Subjekts konstruiert ferner ein asymmetrisches Element in die ursprüngliche Liebesbeziehung, denn Tristan imaginiert eine blonde Isolde, deren Freude seinem Leid entgegengesetzt ist (v. 19476–19488): *nu bin ich trûric, ir sît vrô* (v. 19484). Den Verlust, für den er Isolde verantwortlich macht, produziert Tristan selber. Am Ende des Textes führt diese Entzweiung mit sich dazu, daß der Protagonist nach der Auslöschung all dessen, was zuvor seine Identität als Liebender ausgemacht hatte, verlangt. Mit dem Wunsch nach *vröude unde vrôlîchem leben* (v. 19548) negiert er zuletzt die dialektische Verschränkung von Liebe und Leid. Das Subjekt, das sich hier neu zu definieren sucht und dem beide Isolden nurmehr Anlaß der Abgrenzung sind, erscheint in Gottfrieds Text als Symptom und Agent eines Zersetzungsprozesses: Tristan dekonstruiert die eigene Identität. Selbstdistanz ist Distanz zur identitätsstiftenden Liebe und zum Anderen, damit aber haltlos und in der Konsequenz destruktiv.

Zur Varianz der Subjekt-Entwürfe

Die Gegenüberstellung von »Lancelot« und »Tristan« zeigt, daß Subjektivität in unterschiedlichen Kontexten oppositionelle Funktionen für die Identitätsbildung des Protagonisten übernimmt: Erscheint Selbstdistanzierung im Prosaroman produktiv als Strategie der Stabilisierung, so ist die Distanz zu sich für Tristan Moment des Verlusts, der die Trennung von Isolde verschärft und die eigene Identität unsicher werden läßt. Diese unterschiedliche Besetzung von Subjektivität folgt den differenten Liebeskonzeptionen beider Texte: Während das Sinnsystem ›Minnedienst‹ eine Konzentration des isolierten Subjekts auf sich selbst verlangt und fördert, ist die Tristanminne als intersubjektives Sinnsystem auf Distanzlosigkeit angewiesen.

Deutliche Unterschiede in der jeweiligen Form der Selbstbetrachtung erklären sich weiter durch die Behandlung der Differenz von Affekt und Ausdruck in den beiden Romanen. Daß Tristan umstandslos in einen Dialog mit sich eintreten und auch die eigene Verwirrung noch reflektieren kann, erscheint konsequent im Rahmen geübter Verstellungskunst und Rollendistanz, die das Wissen um die Nicht-Identität von Sein und Anschein einschließt. Lancelot, dessen Affekte sich dagegen stets unvermittelt und unbeherrschbar artikulieren, rationalisiert auch in Morganes Kerker seine Selbstbetrachtung nicht. Er schafft nur die Bedingungen, unter denen sich seine Affekte gefahrlos entladen und zur Vergewisserung eigener Identität beitragen können.

Die Bedingung, unter denen in beiden Texten Subjektivität zum Vorschein kommt, ist die Abwesenheit der Geliebten, von der Form und Funktion der Selbstdistanz abhängen. Da eine solche Ferne Ginovers für Lancelots Selbstverständnis als Minneritter ohnehin konstitutiv ist, kann ihn nur die Steigerung seiner Isolation durch Gefangenschaft zu intensivierter Selbstbeschäftigung nötigen. Im »Tristan« sind dagegen die identitätskonstitutiven Nähe- und Distanzrelationen bis zur Verbannung des Protagonisten klar separiert. Totale Nähe zu

Isolde und (daraus resultierende) Distanz zu den Anderen bilden voneinander abgegrenzte Kommunikationssphären. Erst als Nähe und Ferne innerhalb der Liebesbeziehung in eine paradoxe Relation geraten, distanziert sich Tristan von seiner durch Liebe definierten Identität.

An den Texten erweist sich, daß eine teleologische Perspektive, die solche Formen von ›Subjektivität‹ als Vorläufer der modernen Konzeption verstehen würde, unangebracht ist. Zwangsläufig müßte sie die Individualität der Texte, aber auch die Einbettung solcher Konfigurationen in den vormodernen Kontext nivellieren. Schon die Produktion von Subjektivität aus dem Liebesdiskurs negiert die neuzeitliche Absolutsetzung des Subjekts als unhintergehbarem Generator persönlicher Identität, weist dem Subjekt vielmehr den Rang eines sekundären Faktors zu. So ausgeprägt in den beschriebenen Fällen eine reflexive Distanz zum Vorschein kommt, hat sie doch in beiden Texten nur punktuelle Geltung und bleibt an eine spezifische Konstellation gebunden. Obwohl sich das Subjekt situativ als Faktor eigener Identitätsbildung erweisen kann, ist keine diachrone Stabilität dieser Funktion erkennbar. Ein solches Subjekt-Verständnis steht quer zum modernen Begriff, der ein durchgängig privilegiertes Subjekt der Selbsterkenntnis impliziert.

Im Grundsatz fremd ist dem an neuzeitlichen Kategorien geschulten Blick auch die im »Tristan« reich illustrierte, gemeinschaftliche Subjektivität der Liebenden, die Individualität gerade aufhebt. Eine derartige Divergenz von Subjektivität und Individualität ist nur möglich, solange das Subjekt noch nicht als Ursprung von Wirklichkeit gedacht wird. Während sich im »Lancelot« eine punktuelle Autonomie des Selbstbewußtseins gegenüber äußeren Bedingungen abzeichnet, wird dies – anders als in der Moderne – nicht als kognitiver Prozeß imaginiert. Der Roman entwirft Selbstdistanz vielmehr als affektbestimmtes Hintreten vor selbstgemalte Bilder, betont anstelle von Wissen und Erkenntnis die Ritualisierung eines Selbst-Empfindens.

Statt einer in sich geschlossenen, ›mittelalterlichen‹ Subjekt-Konzeption eröffnet die Betrachtung der Texte ein Spannungsfeld gegenläufiger Entwürfe. Tristan und Lancelot unterscheiden sich nicht nur hinsichtlich der destruktiven oder produktiven Funktion, die Subjektivität jeweils zukommt. Eine zentrale Differenz besteht auch darin, daß Tristans Selbstreflexion von einer verwirrenden Synchronie der Orte und der Zeiten geprägt ist, während Lancelot sich seiner selbst in der Diachronie des eigenen Lebens vergewissert. Eine derart privilegierte Position des Subjekts, das die eigene Geschichte in all ihren Verknüpfungen und Übergängen überblickt, erweist sich also keineswegs als zwangsläufige Konsequenz von Subjektivität, sondern konkurriert mit ganz anderen Deutungsmustern. Obwohl Lancelots Bebilderung der eigenen Geschichte ein biographisches Interesse erkennen läßt, profiliert sich darin auch nicht schon Individualität, sondern allererst die Konzeption des Minnerittertums als Prozeß der Perfektionierung.

Der eingangs beschriebene Eindruck heterogener Identitäten ist dann wohl auch zum Teil einer modernen Betonung diachroner Stabilität geschuldet, der die punktuelle Affirmation von Identität bereits als Fragmentierung erscheinen muß.

Die hier angestellten Überlegungen könnten dagegen Anlaß dazu geben, eine
Kohärenz der Identitätsbildung anders als vom Subjekt her zu denken, sie beispielsweise in der Vermittlung und Verknüpfung unterschiedlicher Diskurse und
Sinnsysteme zu suchen. Auch dabei ist aber zu berücksichtigen, daß die einzelnen Texte je unterschiedliche Strategien entwickeln, deren Variationsbreite sich
kaum auf ein einziges Modell wird reduzieren lassen.

Die Zähmung des Heros
Der Diskurs der Gewalt und Gewaltregulierung im 12. Jahrhundert

von Udo Friedrich (München)

Krieg und Gewalt besitzen im Mittelalter einen besonderen Status, der über rein politische und militärgeschichtliche Aspekte (Taktik, Strategie, Technik) hinausweist. Die Verkehrsformen einer archaischen Gesellschaft wie der mittelalterlichen sind noch wenig institutionell geschützt, so daß der Erfolg sozialer und politischer Interaktion weitgehend von der Durchsetzungskraft einzelner oder einzelner Gruppen abhängt. Eine Untersuchung der Kriegsproblematik hat sich daher primär auf den Status von Gewalt in der feudalen Gesellschaft zu beziehen: auf die Orte, Strukturen, Mechanismen, vor allem aber auf die diskursiven Felder der Gewalt. Agonale Verhältnisse durchlaufen die verschiedenen Ebenen der Gesellschaft: Geschlechterverhältnis, Sippe, Feudalverband und Reich. Gegen die Vorstellung vom Krieg als bloßem Ereignis, Motiv, technischem Problem, schließlich als Metapher wäre dieser als agonales dynamisches Strukturprinzip sichtbar zu machen, das der Feudalgesellschaft in einer spezifischen Weise inhärent ist.[1]

Für das Mittelalter ist wiederholt das Bild einer »ständig von Kriegsverhältnissen durchquerten Gesellschaft« entworfen worden, einer »alltäglichen und allgegenwärtigen Kriegspraktik«, deren zeitliche Grenze gemeinhin mit dem Prozeß der Institutionalisierung von Recht und Militär in der Frühen Neuzeit in Verbindung gebracht wird.[2] Aus der Perspektive staatlich regulierter Gewaltpotentiale (Polizei, Armee) erscheint das Mittelalter als eine Phase regelloser feudaler Anarchie, deren Macht sowohl durch kollektive lokale Friedensinitiativen (Gottesfrieden) und institutionelle Maßnahmen (Landfrieden) als auch durch konventionalisierte Praktiken der Konfliktlösung nur bedingt gebrochen wurde. Zwar konnte historische Forschung gegenüber dem Versuch, Gewalt als Prinzip feudaler Gesellschaftlichkeit theoretisch zu begründen, spezifisch mittelalterliche Formen von Gewaltreglementierung (compositio, satisfactio) nachweisen[3],

---

[1] Wilhelm Janssen: [Art.] Krieg, in: Geschichtliche Grundbegriffe. Historisches Lexikon zur politisch-sozialen Sprache in Deutschland, hg. von Otto Brunner/Werner Conze/Reinhart Koselleck, Stuttgart 1982, Bd. 3, S. 567–615.

[2] Michel Foucault: Vom Licht des Krieges zur Geburt der Geschichte, hg. von Walter Seitter, Berlin 1986, S. 9; vgl. Carl Erdmann: Die Entstehung des Kreuzzugsgedankens, Stuttgart 1935, Repr. Darmstadt 1980, S. 16; Marc Bloch: Die Feudalgesellschaft, Frankfurt a. M. 1982 [zuerst Paris 1939], S. 349–359; Otto Brunner: Land und Herrschaft. Grundfragen der territorialen Verfassungsgeschichte Deutschlands im Mittelalter, Brünn/München 1943.

[3] Gerd Althoff: Spielregeln der Politik im Mittelalter. Kommunikation in Frieden und Fehde, Darmstadt 1997, S. 21–153; Träger und Institutionen des Friedens im hohen und späten

doch auch dies relativiert mehr die Anarchiehypothese, als daß es die besondere Wertschätzung von Gewaltpolitik durch den Feudaladel thematisiert.

Die spezifische Differenz zur souveränen Regierungsform des absolutistischen Fürstenstaates ist im Funktionsprinzip der Rivalität festgemacht worden. Während die absolutistische Regierungskunst das Gewaltmonopol mittels zentralistischer Politik durchsetzt, basiert das Herrschaftsmodell des feudalen stratifikatorischen Gesellschaftstyps auf der Rivalität unabhängig bewaffneter Haushalte, deren zentrale Kennzeichen ein reklamiertes Recht auf Ungehorsam und die Selbstbehauptung qua Gewaltautonomie darstellen.[4] Erst die politische Regierungskunst des 17. Jahrhunderts baut mittels Disziplin (Training, Synchronisierung, Mechanisierung) einen funktionstüchtigen Militärapparat auf und unterstellt ihn einer effektiven Verwaltungskontrolle.[5] In diesen Zusammenhang einer Geschichte politischer Kontrolle und Disziplinierung situiert sich die folgende Untersuchung, indem sie innerhalb des Funktionsmodells ›Rivalität‹ die Spannungen politischer Kräfte, ihre Disziplinierungsstrategien und die entgegenlaufenden Selbstbehauptungskräfte zum Gegenstand macht. Im ideologischen Haushalt von Reich, Kirche und Feudaladel spielt der Krieg eine konstitutive Rolle.

Der postulierten Ubiquität des Krieges korrespondiert indes kein ausgeprägter Diskurs über den Krieg (Kriegswissenschaft). Als Gegenstand institutionalisierter Rede spielt er nur randläufig eine Rolle (gerechter Krieg) und ist noch weitgehend in andere Diskurszusammenhänge (Theologie, Politik) eingebunden.[6] Eine umfangreiche Verschriftlichung von Kriegstechnik setzt erst mit dem 15. Jahrhundert ein, und ein Dispositiv des Krieges, d. h. ein Feld seiner sozialen Emergenz in elaborierten Diskursen (wissenschaftliche Abhandlungen, Handbücher, Zeitschriften), Institutionen (Heer, Ministerien, Akademien) und sozialen Praktiken (Versammlungen, Aufzüge), konstituiert sich allererst seit dem 17./18. Jahrhundert.[7] Aber auch ohne selbst Diskursstatus im engeren Sinn zu besitzen, strukturiert der Krieg zahlreiche Disziplinen und schreibt sich als konstitutives Merkmal in politische Philosophie, Morallehre und Historiographie ein.[8] Dar-

---

Mittelalter, hg. von Johannes Fried, Sigmaringen 1996 (Vorträge und Forschungen 43); zur Gewaltthese vgl. Peter Czerwinski: Das Nibelungenlied. Widersprüche höfischer Gewaltreglementierung, in: Einführung in die deutsche Literatur des 12. bis 16. Jahrhunderts, Bd. 1: Adel und Hof – 12./13. Jahrhundert, hg. von Winfried Frey/Walter Raitz/Dieter Seitz, Opladen 1979, S. 49–87, hier S. 61.

[4] Niklas Luhmann: Staat und Staatsraison im Übergang von traditionaler Herrschaft zu moderner Politik, in: ders.: Gesellschaftsstruktur und Semantik. Studien zur Wissenssoziologie der modernen Gesellschaft, Frankfurt a. M. 1989, Bd. 3, S. 65–148, hier S. 68–71, S. 88–91.

[5] Ulrich Bröckling: Disziplin. Soziologie und Geschichte militärischer Gehorsamsproduktion, München 1997.

[6] Foster Hallberg Sherwood: Studies in Medieval Uses of Vegetius' *Epitoma rei militaris*, Los Angeles 1980.

[7] Ralf Pröve: Herrschaftssicherung nach ›innen‹ und ›außen‹: Funktionalität und Reichweite obrigkeitlichen Ordnungsstrebens am Beispiel der Festung Göttingen, in: Militärgeschichtliche Mitteilungen 51, 1992, S. 297–315.

[8] Die Metaphorik des Krieges ist gewissermaßen ubiquitär: Ihr konnotatives Feld dient zur Beschreibung von Tugendlehren (Etymachie), Minnewerbung (»Parzival«: Gawein/Orgeluse),

über hinaus wirkt das agonale Moment auch real strukturbildend: Vergesellschaftungsform (Vasallität), adelige Wohnkultur (Burg), Rechtspraktiken (Fehde), politische Strategien (Territorialisierung/Kreuzzug) und privilegierte Formen sozialer Interaktion (Turnier, Jagd) basieren auf spezifischen Gewaltkonstellationen. Zu fragen bleibt daher nach den historischen Voraussetzungen eines Gewalt- und Disziplinierungsdispositivs unter den besonderen Gegebenheiten mittelalterlicher Herrschaftspraxis.

I. Methodischer Rahmen: Diskursanalyse

Der Beitrag unternimmt den Versuch, das Kriegsthema in diskursanalytischer Perspektive zu behandeln und damit deren Ertrag für mediävistische Fragestellungen zu erproben. Statt im Kontext einer literarischen Reihe werden Texte in einem synchronen Feld diskursiver Beziehungen untersucht, wobei vorausgesetzt wird, daß Texte ihrerseits in übergeordnete Strukturen, Praktiken und Diskurse eingebettet sind.[9] Diskursanalyse zeichnet sich damit durch die Auflösung textueller Einheiten aus, in deren Folge Texte als »zusammengesetzte, künstlich zum Abschluß gebrachte disperse Einheiten« aufgefaßt werden.[10] Diskursanalyse konstituiert sich als ein strukturbezogenes Verfahren, das insofern eine Trennung von Text- und Diskursstrategie voraussetzt, als dem Umstand Rechnung getragen wird, daß Diskurse gegenüber den Reflexionsmöglichkeiten der Produzenten ein höheres Maß an Komplexität besitzen und nicht in deren Intentionen aufgehen.[11] Wenn sich Diskurs-*Zusammenhänge* aber nicht innerhalb von Texten, sondern allererst textübergreifend konstituieren, erfordert ihre Analyse eine Ausdehnung des Arbeitsfeldes auf verschiedene Textsorten, Disziplinen und Formen öffentlicher Rede.[12]

Dieser Basisverbreiterung liegt eine besondere Auffassung von Sprecherinstanz zugrunde. Da Diskurse weder durch individuelle Sprecher noch durch ein universales Subjekt (vgl. Grammatik, Wissenschaft) definiert sind, bestimmt sich

Sexualität (»Eneasroman«: Tarcûn/Camilla), Geschlechterverhältnis insgesamt (Märendichtung), Künstlerkonkurrenz (»Wartburgkrieg«), schließlich von Wissenschaftspraxis (Abaelard: »Historia calamitatum«; vgl. Georges Duby: Wirklichkeit und höfischer Traum. Zur Kultur des Mittelalters, Frankfurt a. M. 1990, S. 171, Anm.); Dietrich Kurze: Krieg und Frieden im mittelalterlichen Denken, in: Zwischenstaatliche Friedenswahrung in Mittelalter und Früher Neuzeit, hg. von Heinz Duchhardt, Köln/Wien 1991 (Münstersche historische Forschungen 1), S. 1–44, hier S. 31–36.

[9] Diskurstheorien und Literaturwissenschaft, hg. von Jürgen Fohrmann/Harro Müller, Frankfurt a. M. 1988. Zum Diskursbegriff allgemein vgl. Klaus Lichtblau: Die Politik der Diskurse. Studien zur Politik- und Sozialphilosophie, Bielefeld 1980.

[10] Diskurstheorien (Anm. 9), S. 16.

[11] Diskurstheorien (Anm. 9); vgl. Philipp Sarasin: Subjekte, Diskurse, Körper. Überlegungen zu einer diskursanalytischen Kulturgeschichte, in: Kulturgeschichte heute, hg. von Wolfgang Hartwig/Hans-Ulrich Wehler, Göttingen 1996 (GG-Sonderheft 16), S. 131–164.

[12] Zu Methode vgl. Michel Foucault: Archäologie des Wissens, Frankfurt a. M. 1981 [zuerst Paris 1969].

ihre Sprecherinstanz als strukturelle, als eine unter bestimmten historischen und sozialen Bedingungen vorgegebene Subjektposition, die eine Vermittlung von sozialen Semantisierungsmustern und subjektiven Positionen vollzieht.[13] Diskurse werden daher gewöhnlich als regulierte bzw. institutionalisierte Serien von Aussagen, bezogen auf spezialisierte Wissensbereiche, aufgefaßt, die in offiziellen Redezusammenhängen auftreten. Subjekte sprechen in diesen Ordnungen, wiederholen und bestätigen damit sozial eingeübte Ordnungsmuster.[14] Diskurse besitzen »eine zirkuläre Grundstruktur« (Selbstbestätigung von ›symbolischen Ordnungen‹), innerhalb derer Menschen zunächst nur »Wort*träger* sind«[15]: Die Veröffentlichungen von Institutionen (Politik, Wissenschaft, Recht) wären in diesem Sinn als Repräsentanten offizieller Rede beschreibbar, die besondere Diskursformationen hervorbringt, indem sie Objektfelder (z. B. Gewalt) klassifiziert, reguliert und normiert. Auf das Thema übertragen, bedeutet das, daß im 12. Jahrhundert in bezug auf Gewalt besondere Redeordnungen ausgebildet werden, in denen Reich, Kirche und Adel als historisch spezifizierte Aussageinstanzen auf je eigene Art das Problem der Gewalt verhandeln.

Foucaults weiter gefaßte Bestimmung von Diskurs rechnet darüber hinaus mit eigenständigen Wirkungen des Sprechens, vor allem mit Regulierungseffekten solcher Rede, die Wahrheit über den Menschen auszusagen vorgibt (Humanwissenschaften). Während intentionales Handeln und institutionelle Regulierung als die beiden geläufigsten Strukturierungsformen sozialer Realität relativ fest umschreibbare Ordnungsmuster ausbilden, etwa in der Autorintention einerseits, in politischer, juristischer und wissenschaftlicher Rede andererseits, konstituiert sich das Feld der Diskurse vor allem auf der sprachlichen Ebene der Darstellung von Realität, auf der das Sprechen selbst eigenständige (pragmatische) Ordnungsformen hervorbringt.[16] So werden »historische Formen praktizierter Sprache« (z. B. über Wahnsinn, Verbrechen, Sexualität) gerade über eine Beschreibung tiefenstruktureller Aspekte als Diskurszusammenhang konstruierbar, der sich nicht auf die Intentionen der Beteiligten reduzieren läßt.[17] Jenseits intentio-

---

[13] Das Subjekt des Diskurses. Beiträge zur sprachlichen Bildung von Subjekten und Intersubjektivität, hg. von Manfred Geier/Harold Woetzel, Berlin 1983, S. 5f.; vgl. Wolfgang Detel: Macht, Moral, Wissen. Foucault und die klassische Antike, Frankfurt a. M. 1998, S. 29f., S. 36f.

[14] Philippe Forget: Diskursanalyse und Literaturwissenschaft, in: Diskurstheorien (Anm. 9), S. 311–329, hier S. 311f.

[15] Ebd., S. 313.

[16] Christa Karpenstein-Eßbach: Zum Unterschied von Diskursanalysen und Dekonstruktion, in: Flaschenpost und Postkarte. Korrespondenzen zwischen Kritischer Theorie und Poststrukturalismus, hg. von Sigrid Weigel, Köln/Weimar/Wien 1995, S. 126–138, hier S. 129f. In diesem Sinne thematisiert Diskursanalyse weniger die Wirklichkeit, d. h. Referenzphänomene, als das Sprechen über die Wirklichkeit als Bestandteil der Wirklichkeit.

[17] Z. B. intentional ausgerichtete Beichten oder Analytikergespräche als ›Geständnistechniken‹ in der Rede über Sexualität; Sarasin (Anm. 11), S. 142; vgl. Friederike Meyer: Diskurstheorie und Literaturgeschichte. Eine systematische Reformulierung des Diskursbegriffs von Foucault, in: Vom Umgang mit Literatur und Literaturgeschichte. Positionen und Perspektiven nach der »Theoriedebatte«, hg. von Lutz Danneberg/Friedrich Vollhardt, Stuttgart 1992, S. 389–408, hier S. 390f., S. 394–397; Detel (Anm. 13), S. 32f.

naler und institutioneller Verwaltung von Wirklichkeit wird damit ein zusätzliches komplexes Feld diskursiver Rahmenbedingungen, gewissermaßen das determinierende Raster eingeübter Sprachhandlungsmuster etabliert, von dem angenommen wird, daß es als Ordnungsform konkrete Wahrheits- und Sinnbildungsprozesse organisiert und in einem vielschichtigen Austauschverhältnis mit Intentionen, Institutionen und Praktiken steht.[18]

In diesem Zusammenhang wären die unter diskursiven Gesichtspunkten geordneten Äußerungen über Gewalt und Gewaltregulierung im 12. Jahrhundert nicht nur institutionell gesteuert (Reich, Kirche, Adel), sondern ließen sich als »historische Formen praktizierter Sprache« auffassen, als Redepraxis, die spezifischen Regeln unterliegt. Sie stehen überdies in Beziehung zum Wissensdiskurs der Theologie und Medizin. Die Äußerungen über Gewalt in politischer Theorie, Historiographie und Epik wirken dabei insofern selbst strukturierend, als sie neben Konzepten der Ausgrenzung von Gewalt solche der Kanalisierung, Regulierung und Disziplinierung, selbst der Eskalation vortragen. Vor allem aber etablieren sie eine Ordnung der Rede, die nicht umstandslos auf die konkrete Praxis abzubilden ist, wohl aber in einem Verhältnis zu ihr steht. Die Reflexion auf die Ebene der sprachlichen Darstellung von Gewalt eröffnet einen eigenen Raum für Effekte und Ordnungsleistungen struktureller Art.

Manifestieren sich Diskurse einerseits in textübergreifenden Serien von Aussagen, so wären Texte demgegenüber als Orte zu begreifen, an denen sich bewegliche Diskursformationen bündeln (polysemische Struktur).[19] Insofern kann komplementär zur Serie auch der Text Gegenstand von Diskursanalyse sein. Innerhalb eines Textzusammenhangs können sich heterogene Sinnstrukturen artikulieren, die nicht mit der (Text-)Intention des Verfassers zusammenfallen, so daß sich ein Text unter jeweils wechselnder Perspektive als Kondensat unterschiedlicher heterogener Diskursformationen – Politik, Geschichte, Religion – beschreiben läßt. Die häufig konstatierten Widersprüchlichkeiten der Textoberfläche wären aus dieser Perspektive nicht aufzulösen, sondern aus dem Horizont ihrer verschiedenen Diskursbezüge eigens zu thematisieren.

Eine Applikation auf die mittelalterlichen Verhältnisse erfordert indes eine historische Beschreibung von Diskurstypen und institutionellen Gegebenheiten. Weder kann eine komplexe Ausdifferenzierung von Diskursen vorausgesetzt werden, noch entspricht der mittelalterliche Institutionenbegriff dem modernen. Vor allem aber sind mittelalterliche Wissensdiskurse weitgehend nicht autonom, sondern vielfach durch theologische und politische Prämissen geprägt. Gerade diese vieldiskutierte Voraussetzung der Diskursanalyse aber, die die Abhängigkeit der offiziellen Wissensformen von Herrschaftsstrukturen postuliert, kann für bestimmte mittelalterliche Wissensdiskurse – politische Theorie, Historiogra-

---

[18] Bernhard Waldenfels: Michel Foucault: Ordnung in Diskursen, in: Spiele der Wahrheit. Michel Foucaults Denken, hg. von Francois Ewald/B. W., Frankfurt a. M. 1991, S. 277–297, hier S. 280.

[19] Sarasin (Anm. 11), S. 142; Detlef Kremer: Die Grenzen der Diskurstheorie Michel Foucaults in der Literaturwissenschaft, in: Vergessen. Entdecken. Erhellen. Literaturwissenschaftliche Aufsätze, hg. von Jörg Drews, Bielefeld 1993, S. 98–111.

phie, Naturphilosophie etc. – in Anspruch genommen werden. Auch ist der Status institutioneller Rede noch stark personengebunden (Papst/Kaiser/Fürst), und ihre Verwaltung obliegt weitgehend kirchlichen bzw. feudalen Instanzen (Kanzlei, Gericht). Während die Vielzahl an Konzilsbeschlüssen, Edikten, Predigten und Traktaten zum Krieg als kirchliche Rede der Gewaltreglementierung aufgefaßt werden kann – als institutioneller Versuch, virulente Gewaltpotentiale zu kontrollieren –, realisiert sich ihr gegenüber eine alternative Ordnungsrede des Reichs in Urkunden, Verordnungen, Historiographie und volkssprachlicher Epik. Beide Arten von Reden lassen sich als unterschiedliche Ausprägungen ein und desselben Diskurses der Gewaltdisziplinierung lesen.

Zu historisieren ist in diesem Zusammenhang auch die Rolle der Literatur im engeren Sinne, die noch zahlreiche Funktionen vereinigt, die in der Moderne an andere Diskurse delegiert worden sind. Literatur bildet im 12. Jahrhundert kein autonomes semiotisches System, auch nicht einen kritischen Gegendiskurs zur gesellschaftlichen Normierung wie in der Moderne, obgleich spezifische ästhetische Formationsregeln ihr durchaus einen besonderen Status zuweisen. Als Ort der Vermittlung von individuellem Ethos und sozialer Norm partizipiert sie an übergeordneten Strategien der Gewaltregulierung: in bezug auf Gewalt konstituiert insbesondere die Kriegsepik einen historiographisch verbindlichen Ort der Vermittlung von Gewaltbeherrschung und Gewaltdemonstration.[20] Die Einbettung des literarischen Textes in ein synchrones Feld diskursiver Beziehungen läßt zum einen hervortreten, in welcher Form Literatur an den komplexen Strukturen von Nachbardiskursen partizipiert, zum andern legt sie die spezifisch literarische Codierungsform feudaler Gewaltpotentiale offen.

Angesichts eines fehlenden elaborierten Kriegsdiskurses sind zunächst diejenigen Nachbardiskurse heranzuziehen, in denen eine ›offizielle‹ Rede über den Krieg überhaupt ihren Ort findet: Politische Theorie, Historiographie und Epik konstituieren in bezug auf den Krieg einen eigenen Diskurszusammenhang. Anstelle einer notwendig seriellen Untersuchung, deren Durchführung den vorgegebenen Raum des Beitrags sprengen würde, wird das Diskursfeld Gewalt an ausgewählten repräsentativen Texten unterschiedlicher Provenienz umschrieben. Am Beispiel des »Policraticus« des Johannes von Salisbury wird vorgeführt, wie die politische Theorie Ort und Verwaltung eines notwendigen Gewaltpotentials im Staat zu bestimmen versucht; die politische Historiographie, hier vertreten durch die Reichshistoriographie Ottos von Freising, thematisiert reale Kriegsereignisse und macht die praktischen Probleme der Durchsetzung von Ordnung sichtbar. Im Hinblick auf den Ordnungsdiskurs der Gewalt laufen die beiden Positionen von Kirche und Reich z. T. parallel, besitzen aber dennoch signifikante Differenzen in bezug auf ihre Disziplinierungsstrategie. Zur Absicherung der Thesen werden wiederholt andere Diskursträger herangezogen. Heinrichs von Veldeke »Eneasroman« dient abschließend vor dem Hintergrund zeitgenössischer Kriegsepen als literarisches Paradigma für den Diskurs feudaler Gewaltverhandlung, der verschiedene Diskursformationen bündelt und in spezifisch literarischer Weise übercodiert.

---

[20] Vgl. Meyer (Anm. 17) zum Verhältnis von Diskurs und Literatur.

Innerhalb dieser Ordnungsentwürfe artikuliert sich eine Rede der Gewalt, die sich gerade durch ihre Widerständigkeit auszeichnet. Sie verläuft quer durch Disziplinen, Gattungen und Texte und legt Zeugnis ab vom Anspruch feudaler Gewaltautonomie, bildet die Fluchtlinie des Ordnungsdiskurses, so daß sich gegen den Stabilisierungsdiskurs der Ordnung immer wieder ein Destabilisierungsdiskurs der Gewalt behauptet.

II. Virulente Gewaltstrukturen

Es gilt als selbstverständlich, daß die skizzierten Diskurszusammenhänge – Politik, Historiographie, Literatur – die feudalen Gewaltverhältnisse nicht abbilden, sondern ihnen spezifische Idealisierungen einzeichnen. Reale Kriegszüge sind schon im 12. Jahrhundert komplexe Kollektivunternehmen, die einer starken Fiskalisierung z. B. durch Söldner unterliegen.[21] Anders als in der geordneten Truppenbewegung absolutistischer Zeit ist die Gewalt feudaler Kontingente nur schwer zu kontrollieren, unterliegen Schlachten und Belagerungen einem hohen Maß an Kontingenz. Fehde bedeutet zuallererst weitestgehendes ›Schadentrachten‹, Verheerung der Landschaft mit ihren ökonomischen Ressourcen, so daß die Diskursivierungen sich als Reaktionen auf historisch virulente Gewaltkonstellationen begreifen lassen.

Gewalt ist in der Feudalgesellschaft strukturell und semiotisch verankert. Die Hypothese von der Eigendynamik von Strukturwirkungen etwa – ein Grundtheorem der Diskursanalyse – kann an Ergebnisse historischer Forschung zur Genese des Feudalismus anschließen.[22] Demnach entsteht der feudale Gesellschaftstyp geradezu aus Kriegskonstellationen, und die ihr zugrundeliegende technische Innovation (Reiterkrieger) zieht strukturelle Erosionen im Sozialgefüge nach sich, die nicht auf Intentionen zurückgeführt werden können: Sie dynamisiert die Sozialstruktur, indem sie eine neue Eliteklasse hervorbringt[23], die sich ökonomisch, rechtlich und institutionell separiert und auch symbolisch eigene Signifikanzbildungen hervortreibt.[24] Gewaltverhältnisse manifestieren sich nämlich nicht nur in kriegerischen Handlungen. Im Waffenprivileg, in der militärischen und symbolischen Funktionalisierung des Pferdes, im repräsentativen Gefolge sowie

---

[21] Herbert Grundmann: Rotten und Brabanzonen. Söldner-Heere im 12. Jahrhundert, in: DA 5, 1941, S. 419–492; Georges Duby: Krieg und Gesellschaft im Europa der Feudalzeit, in: ders. (Anm. 8), S. 133–170, hier S. 144–158.

[22] Josef Fleckenstein: Adel und Kriegertum und ihre Wandlung im Karolingerreich [1979], in: ders.: Ordnungsformen und formende Kräfte des Mittelalters. Ausgewählte Beiträge, Göttingen 1989, S. 87–306; Georges Duby: Die Ursprünge des Rittertums [zuerst 1968], in: Das Rittertum im Mittelalter, hg. von Arno Borst, Darmstadt 1989, S. 349–369.

[23] »Die Vasallität verwandelt das Kriegertum in die militia«; Fleckenstein (Anm. 22), S. 299. Zur Debatte über die Gewalt in der ›feudal revolution‹ vgl. Past & Present 142, 1994, S. 6–42 (T. N. Bisson); 152, 1996, S. 196–223 (D. Barthélemy, St. D. White).

[24] Karl Leyser: Friedrich Barbarossa – Hof und Land, in: Friedrich Barbarossa. Handlungsspielräume und Wirkungsweisen des staufischen Kaisers, hg. von Alfred Haverkamp, Sigmaringen 1992 (Vorträge und Forschungen 40), S. 519–530, hier S. 522f.

im Machtinstrument der Burg bringt der Feudaladel signifikante soziale Gewalt-
zeichen hervor.[25]

In der Feudalgesellschaft ist Macht primär lokal auf autonome bewaffnete
Sippen mit weitreichenden Rechten verteilt. Diese lokalen Machtbasen rivalisie-
ren untereinander, und ihre Einbindung in übergeordnete politische Zusammenhänge erfolgt allenfalls temporär und unterliegt mannigfachen Widerständen.
Jenseits der protoinstitutionellen familia konstituieren sich institutionelle (Reich,
Fürsten, Kirche) und subinstitutionelle Ordnungen (ordo militaris), so daß sich
entgegen der Vorstellung einer festen Ständeordnung eher die Umrisse eines
komplexen Feldes rivalisierender Kräfte abzeichnen. So wie die institutionelle
Reichs- und Kirchenpolitik versucht, die dissoziierenden lokalen Kräfte zu kontrollieren und integrieren, so versuchen diese, ihre autochthonen Freiheitsspiel-
räume zu behaupten.

Das 12. Jahrhundert bildet für das Gewaltthema insofern einen privilegierten
Ausschnitt, als nicht nur eine Fülle von Kriegsschriften (z. B. Vegezrezeption,
Kreuzzugsschriften, Kriegsepen), d. h. Diskursivierungen von Gewalt, entstehen,
sondern vor allem reale Praktiken (Burgenbau, Territorialisierung, Kreuzzug),
Institutionalisierungen (Fehderecht) und Semantisierungen (miles-Begriff) hervortreten, die sich seit dem 11. Jahrhundert ankündigen, nunmehr durchsetzen
und vor allem die Signifikanz des Krieges erhöhen. Der feudale Anspruch auf
Gewaltautonomie manifestiert sich in konkreten Praktiken und sichtbaren Aus-
zeichnungen, die feudale Machtpolitik auch strukturell zum Ausdruck bringen.
Was sich als nur mühsam zu kontrollierende Ansammlung von Konfliktfällen
darstellt, folgt spezifisch historischen Formationsregeln. Die zahlreichen Verordnungen der Landfrieden verweisen auf die Labilität zeitgenössischer Rechts-
strukturen und auf die Notwendigkeit, die Fehdepraktiken des Feudaladels zu
regulieren[26]: Fragen der Verantwortung, der Haftung Dritter, der Terminierung
und Ausdehnung von Gewalt entbehrten offenbar der rechtlichen Fixierung. Die
vielfach dokumentierten Fälle, Vasallitätspflichten durch Zwang einzufordern,
legen e negativo Zeugnis ab vom Widerstandspotential des Adels. Schließlich
bildet der Territorialisierungsprozeß den zentralen Index für das permanente
Ringen um Raumeinfluß.[27] ›Nichts ist mehr geeignet, ernsthafte Streitigkeiten zu
erregen, als wenn mächtige Leute ihre Herrschaftsgrenzen ungebührlich ausdeh-
nen‹, heißt es in einer Urkunde Barbarossas von 1179, die als Befund über

---

[25] Der strategischen Funktion der Burg korrespondiert eine sozialgeschichtliche, die ihre
eigene Signifikanzbildung besitzt: die Separierung des Adels von der Bevölkerung; vgl. Hans
Martin Maurer: Die Entstehung der hochmittelalterlichen Adelsburg in Südwestdeutschland, in:
ZGO 117, 1969, S. 295–332. Zum realen Gewalthintergrund vgl. Werner Rösener: Zur Proble-
matik des spätmittelalterlichen Raubrittertums, in: Festschrift für Berent Schwineköper, hg. von
Helmut Maurer, Sigmaringen 1982, S. 469–488, hier S. 475–477.

[26] Vgl. die Verordnungen Barbarossas: MGH Constitutiones et acta publica imperatorum et
regum (MGH Legum sectio 4), Bd. 1; S. 194–198: Constitutio de pace tenenda (1152); S. 239–
241: Lex pacis castrensis (1158); S. 245–247: Constitutio pacis (1158); S. 380–383: Innovatio
pacis Franciae Rhenensis (1179); S. 449–452: Constitutio contra incendiarios (1186).

[27] Walter Schlesinger: Die Entstehung der Landesherrschaft. Untersuchung vorwiegend
nach mitteldeutschen Quellen, Dresden 1941, Bd. 1.

Territorialpolitik insgesamt gelesen werden kann.[28] Das Aussterben zahlreicher
Adelsgeschlechter im 12. Jahrhundert, umstrittene Erbregelungen, Entzug von
ganzen Herrschaften und diverse Usurpationen machen den Raum für die feudale
Politik zu einer instabilen Größe sui generis. Gewalt bildet bei allen Bemühungen
um einvernehmliche Regelung einen konstitutiven Faktor, insofern die jeweils
verschieden begründeten Rechtsansprüche stets gegenüber etwaigen Konkurrenten zu behaupten waren: Recht als exekutive Durchsetzungskraft.[29] Fehdepraktiken, Herrschaftssicherung und Territorialpolitik offenbaren agonale Prozesse
von hoher Dynamik, die Machtansprüche immer wieder neu verhandeln und
bestätigen lassen und in denen sich feste Einheiten überwiegend nur auf Zeit
einstellen.[30] Ein festes Zentrum der Macht existiert nicht.

In der Neuformierung der Sozialstruktur, in der Exponierung adeliger Gewalt
mithilfe symbolisch aufgeladener Realien (Pferd, Burg) und in der agonalen
Territorialpolitik, d. h. durch verschiedene nicht-diskursive, reale Strukturen,
Praktiken und Architekturen, etabliert sich weniger eine Ubiquität der Gewalt,
wie sie aus den zahllosen Fehdehandlungen abgeleitet wurde, als eine Signifikanz derselben. Die herrschenden politischen Instanzen, Kirche, Reich und hoher
Adel, sind dabei der Paradoxie unterworfen, daß sie einerseits an dieser Signifikanz partizipieren, andererseits im Rahmen des Ordnungsdiskurses die Disziplinierung von Gewalt befördern müssen.

III. Staatliche und kirchliche Gewaltregulierung

Einer der wenigen Orte, an denen ein theoretischer Diskurs des Krieges greifbar
ist, ist der Fürstenspiegel.[31] Die zumeist von Klerikern verfaßten Staatsschriften
weisen seit den Karolingern dem König als oberster Instanz des Reichs die
Kompetenz über den Krieg zu. Johannes von Salisbury, Helinand von Froidmont
und für das 13. Jahrhundert die »Secreta secretorum« und Aegidius Romanus
etwa reservieren der Frage nach der militia ausgewählte Abschnitte, deren z. T.

[28] Urkundenregesten zur Tätigkeit des Deutschen Königs- und Hofgerichts I,1: Die Zeit von
Konrad I. bis Heinrich VI. 911–1197, hg. von Bernhard Diestelkamp/Ekkehart Rotter, Köln/
Wien 1988, S. 347 (Hofgericht zu Magdeburg am 1.7.1179). Der Satz kann aber auch die Politik
lokaler Größen kennzeichnen: ›auf seine Tapferkeit vertrauend, beabsichtigt‹ der Normanne
Giselbert von Bionne, ›seine Grenzen auszuweiten‹ (terminos dilatare) und überfällt mit Kriegs-
gewalt seine schutzlosen Nachbarn (Ordericus Vitalis: Historia Ecclesiastica III, 24).
[29] Von der letztlich gescheiterten Reichspolitik Barbarossas über die gleichfalls gescheiterte Territorialpolitik Heinrichs des Löwen bis hin zur Usurpation lokaler Grafschaften (etwa
Stade durch den Ministerialen Friedrich; vgl. Georg Wolters: Geschichte der Grafen von Stade,
in: Stader Archiv NF 1, 1911, S. 57–87, hier S. 73ff.) bildet Gewalt ein Instrument der Politik.
[30] Ruth Hildebrand: Der sächsische »Staat« Heinrichs des Löwen, Berlin 1937 (Historische
Studien 302), S. 225: »Deshalb boten jene Gebiete [d. h. die Grenzmarken] im wesentlichen nur
einen Herrschaftsanspruch, den jeder neue Herzog (oder Markgraf) aufs neue zu erkämpfen, zu
sichern und innerlich zu festigen hatte.«
[31] Zur Gattung: Wilhelm Berges: Die Fürstenspiegel des hohen und späten Mittelalters,
Leipzig 1938.

umfangreiche Ausführungen auf das Bedürfnis institutioneller Gewaltregulierung verweisen. Soweit der Krieg hier systematisch eine Rolle spielt, ist er aus
dem Horizont monarchischer Regierungspraxis entworfen. Ein gelehrtes Schrift-
tum bietet dem Herrscher Instruktionen, ein diszipliniertes Instrument der inneren und äußeren Ordnung aufzubauen. Mit dem Anspruch auf wissenschaftliche
Verbindlichkeit und unter Rückgriff auf antike Autorität (Vegez) gliedern die
Kleriker die militia in den Funktionsmechanismus des Staatskörpers ein.

Diese Einbindung greift traditionell auf organologische Modelle zurück,
bildet der Organismus doch seit der Antike eine zentrale Metapher politischer
und moralischer Ordnung.[32] Politische und moralische Perspektiven konvergie-
ren hier, wenn zur Beschreibung körperlicher Disziplin auf das Bildfeld des
Staates zurückgegriffen[33], staatliche Ordnung hingegen wieder mittels Körper-
metaphorik gefaßt wird.[34] Körper und Staat bilden hierarchisch strukturierte
Funktionsmechanismen, deren metaphorisches Potential sich wechselseitig stützt.
Im Hintergrund des gegliederten staatlichen Gefüges steht das Modell der Körperkontrolle. Wie die ratio im Dienst der Seele die Affekte diszipliniert, so setzt
die militia (Hände) im Dienste der Herrschaft (sapientia) die Ordnung gegenüber
den niedrigen Ständen (Trieben) durch. Aegidius Romanus wird später die politische Theorie an den moralischen Wissensdiskurs anbinden, indem er den indivi-
dualpsychologischen Hintergrund staatlicher Gewaltregulierung explizit macht:
Demnach legitimiert sich die Existenz einer militia im Staat bereits aus dem
Widerstreit der Seelenkräfte (vgl. Plato).[35] Mit Hilfe des Körpermodells läßt sich
somit zum einen ein Grundparadox feudaler Herrschaft fassen: die Einheit von
funktionaler Abhängigkeit (Dienst) und stratifikatorischem Rang (Ehre). Zum
andern ist mit Hilfe des theologischen (psychologischen) Wissensdiskurses, unterstützt vom medizinischen, der antagonistische Status des Körpers markiert, der
eine gewaltgestützte Herrschaft legitimiert. Hierarchische Funktionsordnung und
Rivalitätsprinzip werden im Körper zusammengedacht.[36]

---

[32] Tilman Struve: Die Entwicklung der organologischen Staatsauffassung im Mittelalter,
Stuttgart 1978 (Monographien zur Geschichte des Mittelalters 16), S. 120–122; Dietmar Peil:
Der Streit der Glieder mit dem Magen, Frankfurt a. M. 1985.

[33] *Est enim quasi quædam respublica corpus humanum*; Hugo von St. Viktor: De institutione novitiorum, in: PL 176, Sp. 925–952, hier Cap. 12, Sp. 943.

[34] *Est autem res publica, sicut Plutarco placet, corpus quoddam* [...]; Ioannis Saresberiensis [...] Policratici sive De nugis curialium et vestigiis philosophorum libri VIII, hg. von Clemens Webb, Oxford 1909, 2 Bde., V,2; vgl. Struve (Anm. 32), S. 119f.; ders.: Bedeutung und
Funktion des Organismusvergleichs in den mittelalterlichen Theorien von Staat und Gesellschaft, in: Soziale Ordnungen im Selbstverständnis des Mittelalters, hg. von Albert Zimmer-
mann, Berlin/New York 1979, Bd. 1 (Miscellanea Medieaevalia 12.1), S. 144–161, hier S. 145–
147.

[35] Egidius Colonna: De regimine principum liber III,5, Neudruck der Ausgabe Rom 1607,
Aalen 1967, S. 329ᵛ.

[36] Thomas von Aquin (De regimine principum I,2) bietet zudem eine spekulative Begründung, wonach der Frieden bereits durch die Herrschaft von mehr als einem prinzipiell in Zwietracht umschlägt; vgl. Struve (Anm. 32), S. 158f.

Johannes von Salisbury inseriert seinem »Policraticus« (1159) im sechsten Buch 18 Kapitel über den Krieg.[37] Das organologische Hintergrundmodell seiner Staatsauffassung weist der *militia* eine instrumentelle Funktion – die der bewaffneten Hand – zu.[38] Die Verwaltung des Krieges gehört in die Obhut des Herrschers, und an der weisen Ordnung der *militia* erweist sich der beste Teil seiner Staatsklugheit (Cap. 2). Durch die Projektion der Kardinaltugenden auf die Ständeordnung bildet der Staat in der *militia* (fortitudo) ein auch moralisch legitimiertes Gewaltpotential der öffentlichen Ordnung aus.[39] Da die Funktionstüchtigkeit des Heeres von geeigneten und trainierten Soldaten abhängt, werden entsprechend die physischen (Abhärtung, Stärke, Ausdauer), professionellen (Training, Spezialisierung) und biographischen (Gewöhnung in der Jugend) Voraussetzungen der Ausbildung erörtert. Im Zentrum steht das dem römischen Vorbild abgelesene *officium militaris* in seinen konkreten praktischen und körperlichen Erfordernissen, dessen Wert an der taktischen Schulung des Kollektivs gemessen wird: *Militia ergo sine arte iners est, inofficiosa sine usu* (Cap. 19).

Andererseits erscheint die Mäßigung (moderatio; Cap. 2) dieser Kriegertruppe oberstes Ziel der Politik zu sein: die Berücksichtigung nicht nur körperlicher, sondern auch geistiger Fähigkeiten bei der Auswahl, die Bindung an die christlichen Aufgaben des Herrschers[40], die rechtliche Disziplinierung der Krieger.[41] Das Leitwort heißt *disciplina*, deren Bezugspunkt zum einen die kollektive Taktik, zum andern die *virtus* des einzelnen Soldaten ist. Die Ausbildung des *miles* wird in einem Erziehungsmodell aufgefangen, das dem Leitfaden artistisch-pädagogischer Verfahren – praecepta, exempla, exercitio – folgt. Maßstab militärischer Praxis ist hier aber nicht die Ehre oder die Gewalt des Kriegers, sondern seine politische Funktion, die umfassend metaphysisch, ethisch, taktisch und rechtlich unter Kontrolle gebracht wird.[42] Jedes repräsentative, ständische oder eigenständig politische Selbstverständnis des Adels in bezug auf den Krieg wird ausgeklammert, ja nicht einmal das Adelsprivileg zur Kriegsführung wird erörtert. Ziel der Erziehung ist demgegenüber, daß der Soldat als exekutive Kraft funktioniert, die die Ordnung des Rechts garantiert.

[37] Policraticus (Anm. 34); Roman W. Brüschweiler: Das sechste Buch des ›Policraticus‹ von Ioannes Saresberiensis (John of Salisbury). Ein Beitrag zur Militärgeschichte Englands im 12. Jahrhundert, Zürich 1975; Max Kerner: Johannes von Salisbury und die logische Struktur seines Policraticus, Wiesbaden 1977.

[38] Dietmar Peil: Untersuchungen zur Staats- und Herrschaftsmetaphorik in literarischen Zeugnissen von der Antike bis zur Gegenwart, München 1983 (Münstersche Mittelalter-Schriften 50), S. 307ff.; Struve (Anm. 32), S. 123–148.

[39] Vgl. Struve (Anm. 32), S. 138f.; Jean Flori: La chevalerie selon Jean de Salisbury (nature, fonction, idéologie), in: Revue d'Histoire Ecclésiastique 77, 1982, S. 35–77.

[40] Policraticus (Anm. 34), VI, Cap. 7 und 8: *Sed quis est usus militiae ordinatae? Tueri Ecclesiam, perfidiam impugnare, sacerdotium uenerari, pauperum propulsare iniurias, pacare prouinciam, pro fratribus [...] fundere sanguinem et, si opus est, animam ponere.*

[41] Ebd., Cap. 11: *Si uero contra prohibitionem Iohannis et legitimas sanctiones in furta dilabitur et rapinas, durius castigandus est ut qui semper ferrum duraque tractauit.*

[42] Flori (Anm. 39), S. 39–41.

Gegenfolie ist der verweichlichte Höfling, der wohl die Schauseite des Militärischen – d. h. vor allem Kleidung, Waffen und Aufzug (*In eo namque militarem constare gloriam opinantur, si nitidiori splendeant habitu*) – genießt, dabei aber die Praxis des Kampfes umgeht. Der *miles gloriosus* ist besonderes Ziel von Johannes' Spott.[43] Die Kritik an der Schauseite des Rittertums teilt Johannes mit zahlreichen Klerikern seiner Zeit, etwa Eugen III., Radulf Niger und Bernhard von Clairvaux, dessen Lobschrift auf die Templer aus der Perspektive des asketischen Mönchs ein Zerrbild der exzessiven Kleidungs- und Körperästhetik des Adels zeichnet.[44] Kriegsdienst im Sinne politischer Ordnung ist eben nicht adeliger Selbstzweck, offene Selbstdarstellung ständischer Exklusivität, sondern disziplinierter, ergebener Kampf im Dienste des Gemeinwohls. In den Fürstenspiegeln dient die Rede über den Krieg der moralischen Erziehung der exekutiven Gewalt und damit der Anpassung des adeligen Standes an die Bedürfnisse des rational verwalteten Staates.[45]

Was Johannes an Verhaltensformen des miles entwirft, entspricht einer allgemeinen Tendenz kirchlicher Regulierung von Gewalt. Die Zähmung adeliger Gewalt ist nicht nur Ziel lokaler Friedensbewegungen (Gottesfrieden) und kirchlicher Publizistik, auch das Kirchenrecht versucht um die Mitte des 12. Jahrhunderts mit dem »Decretum« Gratians (um 1140) erstmals systematisch, »die Kontrolle öffentlicher Gewalt über die kriegerischen Ereignisse im Mittelalter durchzusetzen«.[46] Aus einem anderen Argumentationskontext heraus, dem der kirchenrechtlichen Ethik (Sündhaftigkeit des Tötens), unternimmt die Kirche den Versuch, die Verfügung über den Krieg institutionell abzusichern, um die Unterordnung des miles unter eine legitima potestas zu garantieren. Indem das »Decretum« aber gegenüber der tradierten Friedensethik offizielle Spielräume für legitime Gewaltanwendung allererst herauspräpariert, wird der Krieg auch kirchenrechtlich zu einem Mittel obrigkeitsstaatlicher Friedenssicherung.[47]

Die Kirche steht im 12. Jahrhundert nämlich nicht nur außerhalb des Krieges, sondern nimmt in seinem Dispositiv auch eine zentrale Stellung ein.[48] Nicht nur

---

[43] Vgl. Claus Uhlig: Hofkritik im England des Mittelalters und der Renaissance. Studien zu einem Gemeinplatz der europäischen Moralistik, Berlin/New York 1973, S. 27–54; Policraticus (Anm. 34), Cap. 3; vgl. Berges (Anm. 31), S. 62–66.

[44] Bernhard von Clairvaux: Ad milites templi. De laude novae militiae, in: ders.: Sämtliche Werke, hg. von Gerhard B. Winkler, Innsbruck 1990ff., Bd. 1, 1990, S. 267–326, hier Cap. 2, S. 216: *Operitis equos sericis, et pendulos nescio quos panniculos loricis superinduitis; depingitis hastas, clypeos et sellas; frena et calcaria auro et argento gemmisque circumornatis, et cum tanta pompa pudendo furore et impudenti stupore ad mortem properatis.*

[45] Vgl. die Adelskritik der »Historia ecclesiastica« des Ordericus Vitalis. Bei ihm sind es die undiziplinierten iuvenes, die die Gesellschaft in Unruhe versetzen und deren Ordnung bedrohen; Georges Duby: Die ›Jugend‹ in der aristokratischen Gesellschaft, in: ders. (Anm. 8), S. 103–116, hier S. 106f.

[46] Ernst Dieter Hehl: Kirche und Krieg im 12. Jahrhundert. Studien zu kanonischem Recht und politischer Wirklichkeit, Stuttgart 1980 (Monographien zur Geschichte des Mittelalters 19), S. 66.

[47] Ebd., S. 66f.

[48] Friedrich Prinz: Klerus und Krieg im frühen Mittelalter, Stuttgart 1971; Hehl (Anm. 46).

als Metapher monastischen Selbstverständnisses (*militia est vita hominis super terram*; Hiob 7,1) bildet das Leben einen Kriegsschauplatz. In Exegese, Traktaten, Historiographie, Predigten und Aufrufen vertritt die Kirche ihre eigene Kriegsphilosophie.[49] Indem der menschliche Körper vom Anfang bis zum Ende der Geschichte in Kriegskonstellationen eingespannt wird, wird er, d. h. seine Manifestationen in Gewalt, Ästhetik und Sexualität, für die christliche Moralistik zum Feind erster Ordnung: Der Sündenfall stellt den Menschen rein physisch in einen Krieg gegen die aggressive Natur[50], der junge Mensch ist zudem dem inneren Krieg der körperlichen Affekte ausgesetzt[51], letztlich wird die Gottferne der irdischen Existenz insgesamt als Kriegssituation beschreibbar.[52] Kampf ist die Grundbedingung menschlicher Existenz, und Triumphe sind angesichts fortwährender Anfechtungen immer nur als vorläufig zu betrachten. An der Basis von Körper, Natur, Geschichte und Gesellschaft offenbart sich ein Antagonismus als dynamisches Strukturprinzip, das in der Terminologie des Krieges gefaßt wird. All das geht weit über einen metaphorischen Bezug hinaus, zieht es doch zahlreiche individuelle Praktiken (Askese, Buße), kollektive Regulierungen (Verhaltensregeln) und pädagogische Erziehungsprogramme nach sich, die den unablässigen Kampf von Körper und Seele bezeugen. Die Zähmung des Eigensinns des Soldaten zugunsten des Gesetzes bei Johannes von Salisbury führt daher konsequent dessen professionelle Voraussetzungen mit denen des Klerikers zusammen[53]: *Verumtamen, cum in omni professione disciplina necessaria sit, nusquam magis quam in clero et re militari* (Cap. 11). In beiden Fällen weist *disciplina* den Weg zum Erfolg und wird zu einem zentralen Mittel auf dem Weg zur Ordnung.[54] Friede bedeutet zuallererst, den Krieg gegen den Körper zu gewinnen, von dem letzlich alle Störungen der sozialen Ordnung ihren Ausgang nehmen.

Die Paradoxie kirchlicher ›Kriegs‹-Politik kommt besonders eindringlich in Radulf Nigers »De re militari« (1187/88) zum Ausdruck, einer Antikreuzzugsschrift, die zwar gegen die Kreuzzugsbegeisterung ihrer Zeit Stellung bezieht und dagegen ein allegorisches Programm der inneren *peregrinatio* stellt, doch sich

---

[49] Gerd Althoff: *Nunc faciant Christi milites, qui dudum extiterunt raptores.* Zur Entstehung von Rittertum und Ritterethos, in: Saeculum 32, 1981, S. 317–333, hier S. 326; Kurze (Anm. 8), S. 31f.

[50] *Solus quippe homo est velociter currentium tardior, enormium brevior, naturalibus armis munitorum expugnabilior*; Wilhelm von St. Thierry: De natura corporis et animæ libri duo, in: PL 180, Sp. 695–726, hier Sp. 716.

[51] *Multa et dura corporis bella sustinet adolescentia*; Ps.-Bernhard: Tractatus de ordine vitæ et morum institutione, in: PL 184, Sp. 559–584, hier Sp. 563.

[52] *quamdiu militamus in hoc corpore, peregrinamur a Domino*; Bernhard von Clairvaux: Hoheliedpredigt XXVI,I,1 in: ders.: Sämtliche Werke (Anm. 44), Bd. 5, 1994, S. 388.

[53] Policraticus (Anm. 34), VI, Cap. 8: *Illi ergo quid habent militis, qui vocati ex sacramento non obtemperant legi sed in eo militiae suae gloriam constare credunt* [...].

[54] Hugo von St. Viktor (Anm. 33), Sp. 935–944. Ein Beispiel monastischer Disziplinierung: *quia praelati Ecclesiae aliquando rigide, aliquando cum dulcedine, aliquando cum asperitate, aliquando verbis, aliquando flagellis debent subjectos* [!] *suos corrigere*; Bernhard von Clairveau: Liber de modo bene vivendi: in: PL 184, Sp. 1231.

ihrerseits weitgehend auf Kriegsmetaphorik stützt.[55] Neben den primären Fein-
den, den einheimischen Häretikern, gegen die Radulf gegebenenfalls die physische Vernichtung empfiehlt, liefert vor allem der Krieg seiner Allegorese das
konnotative Bildfeld. Die Metaphorik der Rüstung wird dabei statt gegen äußerliche Bedrohung gegen den inneren Feind, die inneren Anfechtungen, ›in Stellung‹
gebracht: Gegen die Schlachtordnung des Fleisches und gegen die Reizungen der
Sinnlichkeit werden Praktiken militärischer Sicherung, d. h. die Panzerung des
Körpers, die Bindung der Glieder, die Einschnürung des Leibs und die Abblen-
dung der Sinne, wird die Disziplinierung des Körpers aufgewendet, die im Bild
des Reiters kulminiert: *Equus noster est iumentum nostre carnis, cui insidemus
cum sensualitas obtemperat rationi.*[56] Die ›sinnlichen‹ Exzesse der Ritterschaft
in Gewalt (Turnier), Ästhetik und Sexualität sind entsprechend konstitutiver
Gegenstand von Radulfs innerem ›Kreuzzug‹.[57]

Die Kirche versteht sich daher als Disziplinierungsinstanz auch adeliger
Gewalt. Nicht nur verfügt sie in den Reichsbischöfen über eigene Militäraufge-
bote, auch innerhalb ihrer eigenen Domäne ist sie selbst Exekutive, und Chroniken aus den verschiedensten Herrschaftsbereichen enthalten wie selbstverständlich ausführliche Beschreibungen militärischer Erfolge.[58] Sie bedienen sich dabei
etablierter literarischer Muster. So können Bischofsviten wie diejenige Alberos
von Trier geradezu als Kriegsgeschichten in Anlehnung an epische Darstellungsmuster entworfen werden, die die militärische Selbstbehauptung des Klerus
gegen adelige Willkür feiern: der heroische Kleriker als Komplement zum heiligen Krieger.[59] Auch werden die Darstellungen mit biblischen Mustern unterlegt.
In der Geschichte Bischof Wazos berichtet Anselm von Lüttich von Raubritter-
banden, gegen die sich der Bischof beinah gottgleich ›aus seiner Ruhe‹ erhebt,
um aus Mitleid mit dem Volk gegen die ›wilden Räuber‹ vorzugehen.[60] Wazos
Feldzug besitzt seine explizite Figuration im Kampf Sauls gegen die Amalekiter
bzw. Elias' gegen die Baalspriester. Indem das ›Rüstzeug des Herren‹, das sich
seinerseits auf seine geistlichen ›Waffen‹ (Beten, Singen) beschränkt, die Burgen
der Raubritter einebnet und den Triumph über die Insignien adeliger Macht
demonstriert, stellt die Szene im alttestamentarischen Modell des Strafens geradezu symptomatisch kirchlichen Ordnungsanspruch und den Exzeß adeliger Gewalt gegenüber. Der Umschlag von der Friedens- in die Kriegsethik ließ sich über

[55] Radulfus Niger: De re militari et triplici via peregrinationis Ierosolimitane (1187/88),
Einleitung und Edition von Ludwig Schmugge, Berlin/New York 1977 (Beiträge zur Geschichte
und Quellenkunde des Mittelalters 6).

[56] Ebd., I,13; vgl. I,98–105.

[57] Ebd., I,36, IV,49, IV,51.

[58] Die Chronik von Monte Sereni (in: MGH SS 23, S. 158f.) berichtet von der Eroberung der
welfischen Burg Haldensleben durch Wichmann von Magdeburg im Jahre 1181 im Auftrag des
Reichs.

[59] Gesta Adelberonis, in: Lebensbeschreibungen einiger Bischöfe des 10.–12. Jahrhunderts,
übersetzt von Hatto Kallfelz, Darmstadt 1973 (Ausgewählte Quellen zur deutschen Geschichte
22), S. 550–617; vgl. Hehl (Anm. 46), S. 52–55.

[60] Anselm von Lüttich: Geschichte des Bischofs Wazo, MGH SS 7, S. 22; vgl. Hans
Delbrück: Geschichte der Kriegskunst III, Berlin 1907, S. 267f.

die Berufung auf das alttestamentarische Modell hinaus selbst an das Neue Testament anbinden, wie die Umkehrung eines zentralen Satzes der Bergpredigt durch Bonizo von Sutri belegt: ›Selig sind die, die Verfolgung ausüben, um der Gerechtigkeit willen.‹[61]

Neben der Körperpolitik und der Staatspolitik definiert sich kirchliche Missionspolitik nicht unerheblich durch Gewalt, für deren Realisierung die Kirche auf die Unterstützung des Adels angewiesen ist. In der Geschichtsschreibung des 12. Jahrhunderts stellt sich Missionierung auch als Unterwerfungsakt dar (*ferro perdomuit et Christianis legibus subegit*)[62], und eine Missionsgeschichte wie die »Livländische Chronik« (Anfang 13. Jh.) thematisiert weit mehr Kriegshandlungen als Missionspraktiken. Die wohl mächtigste Kriegserscheinung des 12. Jahrhunderts, der Kreuzzug, instrumentalisiert dann explizit die destruktiven Aggressionspotentiale des Adels. Wenn Urban II. 1098 in Predigten den Kreuzzug propagiert, gemahnt er zugleich daran, die inneren Zwistigkeiten des Adels zugunsten einer Einheit gegenüber dem äußeren Feind zu überwinden.[63] Eine Symbiose geistlicher Ordnung und adeliger Lebensform entwirft schließlich Bernhard von Clairvaux in seiner Templerschrift »De laude novae militiae«, durch die adelige Gewalt unter die Kontrolle der Ordensregel gerät.

Körperkontrolle, Eingrenzung adeliger Gewalt sowie Ausbreitung des Glaubens durch gewaltsame Missionierung: eine agonale Logik bildet die Matrix für die kirchliche Ordnungspolitik und unterläuft die propagierte Friedensethik. Disziplin als Mittel der Affektregulierung verbindet sich mit der Disziplinierung widerständiger Kräfte, die in den Lebensformen des Adels und der Heiden gleichermaßen lokalisiert werden. So resultiert aus einem konstitutiven Mangel an *disciplina*, an Körperkontrolle, eine umfassende Kriegsethik, die letztlich der Bewältigung der Folgen des Sündenfalls dient.

IV. Ordnungspolitik und feudaladeliges Kriegsethos

Gegenüber den theoretischen Entwürfen zeichnet die Historiographie die politischen Rahmenbedingungen, die konkreten Praktiken des Krieges und die diversen lokalen Konfliktebenen nach.[64] Wie jene propagieren auch die geistlichen Chronisten, in deren Verwaltung die Historiographie weitgehend liegt, auf der Oberfläche die Ordnung, vermögen aber angesichts ihrer Aufgabe, Fakten (res gesta) zu schildern, nicht, der Widersprüche Herr zu werden. Otto von Freising

---

[61] [...] *beatos eos, qui persecutionem inferunt propter iustitiam*; Benizonis episcopi Sutrini liber ad amicum; zitiert nach Althoff (Anm. 49), S. 330.

[62] Vgl. Helmold von Bosau: Slavenchronik, hg. von Rudolf Buchner/Heinz Stoob, Darmstadt 1963, I,3.

[63] Urban II.: Kreuzzugspredigten, in: PL 151, Sp. 565–582, hier Sp. 567; vgl. Ottonis Episcopi Frisingensis et Rahewini Gesta Frederici seu rectius Cronica, hg. von Franz Josef Schmale, übersetzt von Adolf Schmidt, Darmstadt 1965 (Ausgewählte Quellen zur Deutschen Geschichte des Mittelalters 17), I,31.

[64] František Graus: Gewalt und Recht im Verständnis des Mittelalters, in: Basler Beiträge zur Geschichtswissenschaft 134, 1974, S. 5–21, hier S. 12.

(Rahewin) schreibt in den »Gesta Frederici« (1158/60) die politische Geschichte Friedrich Barbarossas, die mit zahlreichen Dokumenten, Briefen und Verordnungen den Status offizieller Rede reklamiert.[65] In die Reichsgeschichte mit ihren institutionellen Konflikten (Fürstenopposition, Kirchenkrise, Welfen/Staufer) inseriert Otto den Aufstieg des staufischen Geschlechts. Loyalität mit dem Reich, Filiation mit bedeutenden Geschlechtern und militärische Durchsetzungskraft bilden die Hauptfaktoren der staufischen Reichspolitik.[66]

In bekannter Metaphorik wird für die Darstellung des reichspolitischen Zusammenhangs auf die Körpermetapher zurückgegriffen. So ruft der Kaiser den Fürsten zu: *Consulite Romano imperio, cuius, etsi nos caput, vos membra* (IV,25). Auch versammeln sich die Reichsfürsten zur Wahl Friedrichs I. *tanquam […] unum corpus* (II,1). Der zunehmend ambivalente Rekurs auf die Organismusmetapher verweist aber auf den manifesten Widerspruch zwischen Theorie und Praxis. Krieg, Fehde, politische und theologische Kontroversen prägen die Situation im Reich. Friedrich von Schwaben etwa kämpft im Dienste des Reichs gegen die Fürsten, ›bis die mit dem Haupt zerfallenen Glieder durch Unterwerfung unter den Kaiser in sich gehen‹ (I,14). Auch werden abgefallene Teile des Reichs exemplarisch zur Rechenschaft gezogen, wie die Mailänder, indem an ihrem Körper (= Umland) peinliche Bestrafungen vollzogen werden.[67] Die Schilderung der Exekution politischer Machtansprüche greift auf die Terminologie der Fehde und der peinlichen Körperstrafen zurück und formuliert feudale Herrschaftssicherung als gewaltsame Beherrschung des politischen ›Körpers‹. Vorausgesetzt wird ein Zustand permanenter politischer Labilität, der allein durch die Kontrolle einer starken Herrscherhand im Gleichgewicht gehalten werden kann. Herrschen heißt, im dezentralisierten Raum ständig reisend seinen Machtanspruch zu bestätigen, denn dort, wo der Kaiser abwesend ist, an den Rändern des Reichs – Dänemark, Polen, Ungarn, Sizilien –, brechen bevorzugt Herrschaftskonflikte aus, und auch die Anwesenheit des Kaisers in Italien ruft im transalpinischen Reich sogleich stürmische Aufstände hervor (II,45)[68]: Wenn der Chronist suggeriert, daß offenbar nur dort, wo der Herrscher Präsenz zeigt, Frieden gewährleistet ist, bezeugt das einmal mehr das Funktionsprinzip der Rivalität sowie das ständige Changieren zwischen Stabilisierung und Destabilisierung.[69]

---

[65] Hans Werner Goetz: Das Geschichtsbild Ottos von Freising. Ein Beitrag zur historischen Vorstellungswelt und zur Geschichte des 12. Jahrhunderts, Köln/Wien 1984.

[66] Vgl. Gesta Frederici (Anm. 63): Sachsenaufstand, I,8; Fürstenopposition, I,12; Papstwiderstand, I,14; allgemeine Fehden, I,31, Konkurrenz mit Griechenland in Süditalien, II,51f. u. ö.; vgl. Goetz (Anm. 65), S. 287–290.

[67] Gesta Frederici (Anm. 63), IV,41: *Paulatim igitur reprobo capiti propria membra in tantum mutilata sunt et precisa, ut inter multa oppida et plurima castella vix duo tunc ipsis residua remanserint.* Auch in medizinischer Metaphorik kann Ordnungsstörung durch Amputation geheit werden; vgl. Struve (Anm. 32), S. 133.

[68] Gesta Frederici (Anm. 63), II,53: *Denique princeps ad Transalpina rediens, sicut Francis presentia sua pacem reddidit, sic Italis absentia subtraxit.*

[69] Vgl. in den Gesta Frederici (Anm. 63) z.B. Ludwig VII./Konrad III., I,64; Heinrich Jasomirgott/Heinrich der Löwe (II,7); Barbarossa/Heinrich der Löwe; II,2 die Charakteristik des Konkurrenzverhältnisses von Staufern und Welfen; vgl. Theodor Mayer: Friedrich I. und Hein-

Die geschilderten Kriegspraktiken zur Wiederherstellung der Ordnung zeugen von einem hohen Maß an Unordnung und Kontingenz, und noch nichts ist zu sehen von den strategischen Schlachtformationen späterer Zeit. Krieg findet zunächst in umfassender Verheerung der Landschaft seinen Ausdruck, sodann in Eroberungen und Belagerungen mit mehr oder minder kalkulierter Strategie. Militärische Ordnung und Eskalation von Gewalt halten sich offenbar die Waage selbst innerhalb des eigenen Heeres.[70] Wenn nicht gerade die kluge Taktik des Herrschers gefeiert werden soll, fällt die Entscheidung häufig durch den *furor* einzelner oder bestimmter Gruppen, und Heeresbegegnungen werden nicht selten durch Überstürzung, wildes Anrennen oder schlicht durch listigen Überfall entschieden: In einen Hinterhalt gelockt, wird der Herzog von Schwaben ›durch die Gegenwart der Feinde nur noch mehr zur Tapferkeit angespornt‹ (*ad virtutem animatus*; I,13), der Herzog von Baiern – ›stark, kühn, aber ungeduldig‹ – stürzt sich – mit fatalen Folgen – ›wider die Erfordernisse militärischer Zucht‹ (*disciplina militaris*; I,34) in die Schlacht, und der König von Böhmen wirft sich – diesmal erfolgreich – beim Übergang über die Adda ›unvermutet‹ und ›der Gefahr nicht achtend‹ (*ex inproviso* [...] *parvi pendentes periculum*; III,34) in die gefährlichen Fluten.[71] Adelige Kriegsethik besteht in dem Zwang, sich gegenüber anderen auszuzeichnen, seine überlegene *fortitudo* zu erweisen, so daß die Kämpfenden, vor allem die jugendlichen, nur mit Mühe von demonstrativen Mutproben abzubringen sind: *iuvenilesque animi, laudis, ut assolet, avidi* (II,23). Deutliches Profil erhält das feudale Kampfethos aus der Perspektive einer Kriegskultur, die traditionell mit festgefügten militärischen Einheiten operiert. So berichtet die byzantinische Königstochter Anna Commnena (ca. 1080–1120) in ihrem Werk »Alexios« von der Furcht der Oströmer vor den heranrückenden Franken. Diese seien ehrversessen, undiszipliniert, kennten keine militärische Ordnung, sondern würden sich überhastet in den Kampf stürzen.[72] Also nicht das kollektive taktische Gefüge, sondern der rücksichtslose Einsatz des einzelnen (*fortitudo*) ist nach Ansicht des Adels Träger militärischer Entscheidung. Adelige Kriegsführung ist innerhalb des Diskurses – entgegen allem Ökonomieprinzip der realen Heereskriege – dem Ehrprinzip, d. h. einer imaginären Selbststilisierung, unterworfen. Selbst dort, wo real Söldner die Entscheidung herbeiführen, wird in adeliger Selbstdarstellung die militärische Leistung durch die heroische substituiert.[73] Der Diskurs produziert seinen eigenen Sinnrahmen.

rich der Löwe, in: ders.: Kaisertum und Herzogsgewalt im Zeitalter Friedrichs I. Studien zur politischen und Verfassungsgeschichte des hohen Mittelalters, Stuttgart 1944, S. 365–444.

[70] Friedrich von Schwaben unterläßt die Erstürmung von Mainz, um die Stadt nicht der ›unberechenbaren Wut des Volkes‹ (*irrationabili plebis furori*; I,13) preiszugeben, die Schutzmauern von Spoleto werden ›infolge der Tapferkeit der erhitzten Gemüter‹ (*ex ferventium animorum fortitudine*; II,37) überwunden, Friedrichs Feldzug in Italien geht über Burgen, Städte und Dörfer hinweg sowohl ›durch regelrechten Angriff seines Heeres‹ (*militari ordine*; II,17) wie auch ›durch planlosen Ansturm seiner Knechte‹ (*armigerorum tumultuationis assultu*).

[71] Ein Reitknecht aus dem Heer Friedrichs ersteigt tollkühn die Mauern von Tortona (*ceteris assiliendi arcem exemplum dare vellet*; II,25), bezwingt einen Ritter und kehrt unversehrt zurück.

[72] Nach Robert Bartlett: Die Geburt Europas aus dem Geist der Gewalt. Eroberung, Kolonisierung und kultureller Wandel von 950–1350, München 1996, S. 79–131.

Otto feiert die ungebremste adelige *fortitudo*, gleichgültig ob sie in Erfolg oder Mißerfolg mündet, sie erfährt aber dort eine Kritik, wo die offiziellen Belange des Reichs in Gefahr geraten. Im reichspolitisch funktionalisierten Krieg erweist sich das feudale Kriegsethos als störend: Unter Lothar III. muß der Herzog von Böhmen sich von der Belagerung Nürnbergs zurückziehen, da seine Truppen die verbündete Umgebung ausplündern (*omnia vicina depopulando*; I,17); eine Lagerordnung Barbarossas muß den *iuvenilium irrationabilis impetus animorum* (II,20) bändigen, um sie von unbedachten Kampfhandlungen zurückzuhalten, und die Inserierung einer ganzen Heeresordnung (III,30) zeugt nachdrücklich von der Notwendigkeit, der Gewalt innerhalb des eigenen Kampfverbandes Herr werden zu müssen. Die Belagerung Mailands schließlich kulminiert nicht nur in einer paradigmatischen Auseinandersetzung ziviler und adeliger Weltanschauung, sondern auch im Konflikt adeliger Ruhmsucht und politischer Herrschaftsdemonstration.[74] Ausführlich inszeniert Ottos Fortsetzer Rahewin hier die Bemühungen einzelner Adeliger um Ruhm (*male affectate laudis avidi*), etwa das Unglück des Grafen Ekbert (III,36), der mit anderen (Ministerialen) danach strebt, sich ›im Wettstreit um die Tapferkeit dem anderen als überlegen‹ zu erweisen (III,36). Der beklagenswerte Verlust derart tapferer Männer gibt dem Chronisten Gelegenheit, die energische Intervention des Kaisers zu dokumentieren, der unter der Androhung empfindlicher Strafe (*legum severitate*) die eigenmächtigen Attacken (*preter ordinem*) untersagt und die Ritter zur Disziplin zwingt.[75] Disziplin meint hier aber nicht Körperkontrolle, geschweige denn militärische Taktik, sondern schlicht Gehorsamsdisziplin (*disciplinam et consuetudinem obediendi*; III,37). Taktisch schlägt sie sich allenfalls in einem überwachten Aufmarsch der Heereseinheiten nieder (*discipline et ordinis custodibus*; III,38).

Die Artikulation feudaler Ethik ist kein Einzelfall, und sie scheint in zahlreichen zeitgenössischen Chroniken immer wieder durch, wird jedoch von den geistlichen Historiographen bei allem Respekt im Rahmen des Ordnungsdiskurses meist negativ perspektiviert. Zahlreich sind Fälle von mangelnder taktischer Disziplin überliefert, Fälle, in denen ein ungehemmtes feudales Kriegsethos ganze Feldzüge in Gefahr bringt.[76] Die Disziplinierung des individuellen Kampf-

[73] So konfrontiert Reinald von Dassel in seinem Siegesbericht zur Schlacht bei Tusculum im Oktober 1166, in der ihn Erzbischof Christian von Mainz mithilfe von Söldnertruppen aus bedrängter Lage befreit, die Frontstellung der Söldner mit dem entscheidenden Einsatz der Kölner Ritterschaft. Auch erhalten die Söldner Beutelohn, während die Ritter sich *solum victoriae gloriose celebrantibus* begnügen; zitiert nach Grundmann (Anm. 21), S. 442f.

[74] *Unde factum est, ut civitas hec inimica regibus ab antiqua fuisse dicatur*; Gesta Frederici (Anm. 63), III,40. Für Otto ist – anders als für Johannes von Salisbury – der Kriegsdienst nicht nur ein selbstverständliches Adelsprivileg (II,14), Kriegstüchtigkeit selbst erscheint ihm darüber hinaus ethnisch fundiert zu sein, wenn er dem fränkischen Ethos die nur äußerlich nachahmende Kriegstüchtigkeit der Ungarn gegenüberstellt (I,33).

[75] Gesta Frederici (Anm. 63), III,37.

[76] Bereits die fränkischen Feldherren Adalgis, Geilo und Worad befürchten im Feldzug gegen die Sachsen, ›daß sich der Ruhm des Sieges an den Namen Dietrich heften würde, wenn dieser an der Schlacht teilnähme‹, so daß sie eigenmächtig die Schlacht eröffnen und dabei umkommen; vgl. Friedrich von der Glocke: Das Blutbad von Verden und die Schlacht an der Süntel, in: Die Eingliederung der Sachsen in das Frankenreich, hg. von Walter Lammers, Darm-

ethos, die auch von seiten der weltlichen Obrigkeit immer wieder angemahnt werden muß – ›denn bei Helden kann nicht immer die Besinnung der Aufwallung Einhalt tun‹, schreibt Saxo Grammaticus[77] –, ist daher ein rekurrentes Thema historiographischer Darstellung.

Der jeder (Unter-)Ordnung zuwiderlaufende Drang zur Demonstration eigener Überlegenheit einerseits und der energische Anspruch auf Gehorsam andererseits markieren ein Grundparadox feudaler Herrschaft: einerseits das zentrifugale Ethos des Kriegsruhms, das im einzelnen Namen sich verewigt (*sibi nomen facere*; III,42) und selbst um den Preis des Todes (*vitam pacisci pro laude*; III,41) erstrebt wird, andererseits die Verantwortung der institutionellen Rollenfunktion (Herrscherpflicht). Der Kaiser und sein Historiograph unterliegen diesem Widerspruch gleichermaßen, indem sie als Repräsentanten der Ordnung zugleich der Gewaltdemonstration das Wort reden.[78] Wie der jugendliche Staufer nach Darstellung seines Chronisten selbstverständlich den aggressiven Ehrgeiz der iuvenes teilt, indem er seine Kräfte mutwillig (*ad seria tandem tyrocinandi accingitur negotia*; I,27) gegenüber bairischen Adeligen erprobt, so sieht sich noch der spätere Kaiser durch längere Friedenszeiten zu militärischer Bewährung geradezu herausgefordert: für unwürdig hielt er nämlich, ›seinen in kriegerischer Tätigkeit geschulten Geist ohne Nutzen für das Reich durch Nichtstun erschlaffen zu lassen‹, so daß er einen Feldzug gegen das abtrünnige Polen beginnt.[79] Heroischer Impetus und institutionelle Pflicht werden sichtbar auseinandergehalten. Indem sich der Kaiser selbst als heroisches Vorbild präsentiert, zeigt sich, daß die

stadt 1970 (WdF 185), S. 151–204, hier S. 180 [= MGH SS rer. Ger. in usum scholarum, Hannover 1895]. Widukind (Sachsengeschichte II,44) berichtet von Wichmann, dem Bruder Hermann Billungs und ›einem gewaltigen, tapferen Mann, hochstrebend, kriegserfahren‹ und mit übermenschlichen Kenntnissen versehen, daß dieser Wichmann aus Neid auf die Heerführerrolle seines Bruders vom Heer entfernt. Ekkard wiederum ist über das Kriegsglück des Hermann derart verärgert, ›daß er gelobt, noch größeres zu leisten oder nicht mehr weiterzuleben‹, ein Vorhaben, daß ihn samt seinen Gefährten in den Tod führt. Zur frühmittelalterlichen Rivalität: Wolfgang Haubrichs: Ehre und Konflikt. Zur intersubjektiven Konstitution der adeligen Persönlichkeit im früheren Mittelalter, in: Spannungen und Konflikte menschlichen Zusammenlebens in der deutschen Literatur des Mittelalters, hg. von Kurt Gärtner/Ingrid Kasten/Frank Shaw, Tübingen 1996, S. 35–58.

[77] *Apud fortes enim non semper impetum racio subruit*; Saxo Grammaticus: Gesta Danorum, hg. von Alfred Hodler, Straßburg 1886, Buch III (S. 76). Heinrich der Löwe verbietet 1163 seinen Soldaten die leichtsinnigen Streifzüge mit dem Hinweis, daß es eine größere Heldentat sei, die Stadt ohne Blutvergießen zu erobern, als seine Kraft in kühnen Reiterstücken nutzlos zu vergeuden; vgl. Helmold von Bosau (Anm. 62), S. 324; Hildebrand (Anm. 30), S. 241.

[78] Ottos gespaltene Haltung wird evident, wenn er einerseits als Kleriker die jugendliche *lascivia* Heinrichs IV. kritisiert, wenn dieser seiner eigenen Ansicht nach ›im ganzen Reich keine ehrgeizige Aufsässigkeit findet, an der er seine Kräfte erproben könne‹. Andererseits zeigt er sich als Adeliger überrascht, daß die Herrschaft der zivilen Stadtstaaten in Italien dazu führt, daß ›man kaum einen Edlen oder Großen von noch so großem Ehrgeiz findet, der sich nicht trotzdem der Herrschaft seines Staates beugt‹; Gesta Frederici (Anm. 63), I,4, II,7.

[79] *Indignum siquidem ratus est, si exercitatum bellicis negotiis animum sine utilitatibus imperii per desidiam dissolvi pateretur* (III,Inc.). Analog fühlt sich bei Saxo Grammaticus (Anm. 77, S. 107) der Heros Athislus, *qui cum finitimos late bello pressisset*, zu neuen Taten herausgefordert, *ne partum uirtutibus fulgorem ocio desidieque corrumpendum relinqueret*.

feudale Lizenz zur Gewalt nicht nur in der Ordnungsfunktion gründet, sondern zugleich in einem sozial eingespielten Rivalitätsmuster.[80] In einer Gesellschaft prinzipiell eigenständiger und rivalisierender Haushalte konstituiert sich Herrschaft nur durch sich wiederholende und überzeugende Demonstrationen von Macht. Die Formulierung des Ursprungs dieses Grundprinzips feudaler Herrschaft schließlich legt Rahewin bezeichnend einem Vertreter der italischen communitas in den Mund. In seiner Friedensrede anerkennt der Mailänder Graf Guido die Superiorität des Kaisers durch einen signifikanten Vergleich: ›Als stärkstes Gesetz ist den wilden Tieren wie den Menschen von vornherein bestimmt, sich den Stärkeren fügen zu müssen und daß denen der Sieg zufällt, welche die stärkeren Waffen haben.‹[81] Die feudale Herrschaftsethik versichert sich ihres Grundprinzips, der Gewalt, in der Natur.

Dieses vermeintlich naturwüchsige Kriegsethos widersetzt sich offenbar vehement den Versuchen der kollektiven Einbindung und dauerhaften Befriedung.[82] Der Stabilisierungsdiskurs der Historiographie, der von Kirche und Reich gleichermaßen getragen wird, wird nicht nur immer wieder auf die widerständige feudale Kriegsethik hin durchsichtig, sondern diese selbst ist gleichsam Bestandteil des Ordnungsdiskurses. Ordnungsstiftung und Gewaltdemonstration gehören zusammen. Erscheint bei Bernhard von Clairvaux der eitle Drang nach Ruhm (*inanis gloriae appetitus*) als Gift für die Tugend (*virus virtutum*)[83], so verbindet Ottos ambivalente Haltung zur Gewalt unversöhnt die Wertschätzung des Adelsethos mit der Distanz des Klerikers und Reichschronisten. Feudales Selbstverständnis und politisches bzw. kirchliches Ordnungsethos scheinen bei Otto noch nicht aufeinander abgestimmt zu sein, so daß seine Stellungnahmen über Gewalt die Positionen von Kirche, Reich und Adel teilweise gleichberechtigt repräsentieren.

Die verschiedenen Textzeugen reflektieren zumeist aus der Perspektive kollektiver Ordnung eine Position widerständiger adeliger Gewaltautonomie. Die Kleriker beziehen als Vertreter des Kollektivinteresses explizit Stellung gegen ein solches Kriegsethos, wie es in der Realität nicht selten angetroffen wurde, und formulieren durch diskursive Ausgrenzung des spontan-aggressiven Heros die komplementäre Position zur Disziplinierungsstrategie des Johannes von Salisbury. Doch finden sich durchaus Dokumente feudaler Selbstbehauptung, die gegen jede Art von übergeordneter Reglementierung opponieren. Der bairische Herzog Welf etwa ist ein *so vri forste, dat he nê nemanne noch dem keisere umbe ienich len ie sine hende geve.*[84] Selbst innerhalb des Reichsverbandes gefährdet

---

[80] Die Lösung des Disziplinproblems vor Mailand führt denn auch dazu, daß es die Herzöge selbst sind, die risikoreiche Gelegenheiten (*temptandam fortunam*) zur ruhmvollen (*gloriosus ac laudis avidus*) Demonstration ihrer Kraft suchen; Gesta Frederici (Anm. 63), III,42.

[81] Ebd., III,49: *Validissima lex est tam feris bestiis quam hominibus prefinita, potentioribus cedere, quique armis vigent, his obedire victoriam.*

[82] Vgl. Jan-Dirk Müller: Spielregeln für den Untergang (erscheint Tübingen 1998) zum Verhältnis Dietrich – Wolfhart.

[83] Bernhard von Clairvaux: Vita Sancti Malachiae episcopi, in: ders.: Werke (Anm. 44), Bd. 1, 1990, S. 460.

[84] Historia Welforum, hg. von Erich König, Stuttgart/Berlin 1938 (Schwäbische Chroniken der Stauferzeit 1), S. 80 (Anhang zur sächsischen Weltchronik).

dieses Ethos immer wieder die labilen Strukturen des Rechts. So berichtet die
»Historia Welforum« geradezu anerkennend von Welf, der seinen Erbanspruch
auf das Herzogtum Sachsen auf seine Art gegen den König durchzusetzen versuchte: ›und da er beim König sein Recht nicht finden konnte, rüstete er sich zum
bewaffneten Widerstand‹.[85] Recht, so sehr es sich auch institutionell verankert
weiß, bedarf der exekutiven Durchsetzungskraft.

Nicht nur im Exzeß des einzelnen manifestiert sich somit die adelige Affinität zur Gewalt. Sie ist darüber hinaus umfassender Legitimationsgrund politischer Herrschaft. Über alle Ebenen feudaler Territorialpolitik – von der Gründung ganzer Nationen durch gewaltsame Usurpation über reichspolitische Ge-
waltsamkeit bis hin zu partikularen Widerständen, um vermeintliche Rechtsansprüche durchzusetzen – wird Gewalt auf jeder Ebene der feudalen Gesellschaft
als Movens der Politik gefeiert: etwa in einem eigenen Semantisierungsmuster
feudaladeliger Landnahme.

Gottfried von Viterbo, Kaplan Barbarossas und Erzieher Heinrichs VI., entwirft 1183 in seinem »Speculum regum« eine genealogische Legitimation des
staufischen Kaisertums im Anschluß an die antike translatio-imperii-Theorie.[86]
Parallel zur römischen Landnahme (Eneas) zeichnet Gottfried im zweiten Buch
eine Linie, die vom Auszug der *reges Theutonici* und ihrer Anhänger aus Troja
handelt, von ihrem Zug durch Illyrien bis hin nach Pannonien, wo sie die Stadt
Sikambria (*similitudinem Troie*) gründen. Von hier aus wird die gesamte Umgebung unterworfen.[87] Überbevölkerung zieht in der Folge die Notwendigkeit der
Expansion nach sich, und politische Selbstbehauptung erfolgt über kriegerische
Landnahme (*pro terris vicinis prelia multa et dira gesserunt*; S. 64), die sich bis
nach Germanien erstreckt: *Germaniam direxerunt et bellicosis actibus eam inva-
serunt* (ebd.). Die germanische Reichsgründung verläuft parallel zur römischen.
Überdies kann sie sich auf ein verbreitetes Modell gewaltsamer Landnahme
berufen, denkt man an Widukinds Beschreibung der Landnahme der Sachsen, an
die der Ungarn oder an die Darstellung der normannischen Reichsgründung in
Sizilien durch Otto von Freising (I,3).[88] Die Legitimation von Herrschaft durch
überlegene Gewalt führt denn auch Barbarossa gegenüber der römischen Kommune [!] ins Feld, wenn er sich darauf beruft, daß das Reich nicht von den

---

[85] Ebd., Cap. 25, S. 50f.: *dum iustitiam apud regem impetrare non posset, ad rebellionem se
parat*. Entsprechend berichten die Marbacher Annalen (1187), daß Barbarossa 1162 gegen den
Grafen Hugo von Dagsberg Krieg führte, da dieser sich weigerte, von der Belagerung Horburgs
abzulassen; vgl. Leyser (Anm. 24), S. 524.

[86] Gottfried von Viterbo: Speculum regum, in: MGH SS 22, S. 21–94; Friedrich Hausmann:
Gottfried von Viterbo. Kapellan und Notar, Magister, Geschichtsschreiber und Dichter, in:
Friedrich Barbarossa (Anm. 24), S. 603–621.

[87] Speculum regum (Anm. 86), S. 64; zu Herkunftssagen vgl. Hartmut Kugler: Das Eigene
aus der Fremde. Über Herkunftssagen der Franken, Sachsen und Bayern, in: Interregionalität der
deutschen Literatur im europäischen Mittelalter, hg. von dems., Berlin/New York 1995, S. 175–
193.

[88] Ausgewählte Probleme Europäischer Landnahmen des Früh- und Hochmittelalters. Methodische Grundlagen im Grenzbereich zwischen Archäologie und Geschichte, hg. von Michael
Müller-Wille/Reinhard Schneider, Sigmaringen 1993/94 (Vorträge und Forschungen 40.1–2).

Römern empfangen, sondern von seinen fränkischen Vorfahren erobert worden sei.[89] Daß gewaltsame Landnahme geradezu als Normalfall von Reichsgründungen angesehen wird, belegt die »Historia Welforum«. Zur Landnahme der Franken und Baiern resümiert der Verfasser: ›Wem dies nicht recht glaublich erscheint, der lese die Geschichten der heidnischen Völker; da wird er finden, daß fast alle Länder gewaltsam von Fremden erobert und in Besitz genommen worden sind.‹[90] Wie sehr Gewalt noch im 12. Jahrhundert als eine Form der Politik die Existenz ganzer Staaten real sichern, aber auch bedrohen konnte, zeigt sich schließlich an Barbarossas Politik gegenüber dem normannischen Staat auf Sizilien. Die normannische Staatsgründung wurde als Usurpation von Reichsterritorium aufgefaßt. Zwischen 1167 und 1185 plante Barbarossa verschiedene Feldzüge zur Vertreibung des invasor imperii, die allerdings aufgrund der komplizierten Lage der Italienpolitik allesamt scheiterten.[91]

V. Epische Übercodierung feudaler Gewalt

Der literarische Diskurs thematisiert den Krieg als Spannungsverhältnis von Kirchen-, Reichs- und Adelsrede. Von den Adaptationen antiker Kriegsepen (»Alexanderroman«, Veldekes »Eneasroman«, Herborts »Liet von Troye«) bis zum Kreuzungs- (»Rolandslied«) und Heldenepos (»Nibelungenlied«) bildet er eigene Symbolisierungsleistungen aus, die die Vermittlung von individuellem Gewaltethos und sozialer Ordnung verhandeln. Im Kontext der beschriebenen Gewaltregulierung konstituieren sie einen eigenen Ort und repräsentieren den feudalen Anspruch, Gewaltpotentiale innerhalb vorgegebener Grenzen zu ihrem Recht kommen zu lassen.

Dabei bilden die Epen einen Konvergenzpunkt ganz unterschiedlicher diskursiver Beziehungen. Sie verhandeln feudale Gewaltoptionen am historischen Material und übercodieren sie nach spezifisch zeitgenössischen Bedürfnissen. So kann die Legitimation des Krieges einerseits religiös überformt (Kreuzzug) bzw. in den reichspolitischen Zusammenhang (translatio imperii) eingeordnet werden, andererseits wird der Krieg aus dem Horizont repräsentativer und praktischer Erfordernisse einer Feudalkultur in den Blick genommen. Erst in den Epen wird der Krieg zu einem Mittel, Gewalt durch Integration in ein Feld kollektiver Sinnstiftung mit einem Mehrwert an Bedeutung zu versehen. Krieg erfährt hier eine semantische Aufladung und ist offenbar mehr als eine zu kontrollierende

---

[89] Gesta Frederici (Anm. 63), II,32.

[90] Historia Welforum (Anm. 84), Cap. 1, S. 3–5: *Quod si cui minus credibile videatur, legat historias gentilium, et inveniet omnes ferre terras violenter ab aliis captas et possessas.* Daß die Möglichkeit von Landnahme auch den Kreuzzugsaufrufen hinzugefügt wurde, belegen die interpolierten Fassungen der Kreuzzugspredigt Urbans II. sowie der anonyme Aufruf zum Wendenkreuzzug von 1109; vgl. Hehl (Anm. 46), S. 16–19.

[91] Robert Houben: Barbarossa und die Normannen, in: Friedrich Barbarossa (Anm. 24), S. 109–128.

Machtoption oder eine Form der Exekutive, aber auch mehr als ein duldsam hinzunehmendes Fatum (Vergil).[92]

Vor dem Hintergrund der skizzierten Felder historischer Gewaltpolitik läßt sich Heinrichs von Veldeke »Eneasroman« unter dem Aspekt feudaler Territorialisierung lesen. Seinem Geschehen liegen mit der Aneignung von Land und der Rechtfertigung von Usurpation die beschriebenen Praktiken feudaler Raumpolitik zugrunde[93], so daß der Bearbeiter bisweilen Mühe hat, seinen literarhistorischen Plot gegen aktuelle feudale Gewaltpraktiken und Rechtsstandpunkte zu behaupten. Gewalt – und das ist weniger ein Topos wie der translatio-Gedanke als eine reale Erfahrung politischer Praxis – erwirbt und sichert Macht und ist neben Erbe, Filiation und Kauf ein präsenter Modus der Aneignung von Herrschaft. Bereits Dido wird durch einen Familienkonflikt gewaltsam um ihre Herrschaft gebracht und sichert sich in Karthago durch List eine neue Machtbasis. Die Errichtung ihrer Burg wird ihrerseits zum Ausgangspunkt einer immer weiter ausgreifenden Territorialpolitik: *wan diu borch was sô getân,/ daz siz allez mite betwank.*[94] Politische Herrschaft restabilisiert sich auf der Basis gewaltsamer Raumpolitik. Schon daß der Krieg in den mittelalterlichen Adaptationen anders als für den antiken Vorläufer ein legitimes Mittel politischer Praxis darstellt[95], verweist auf die Verschiebung der Akzente.

Veldekes Roman kann als komplexe Verhandlung über den Krieg gelesen werden, die unterschiedliche Positionen adeliger Kriegspolitik bündelt: Vertreibung aus Herrschaftsrechten, Territorial- und Fehdepolitik, gewaltbedingtes Aussterben von Geschlechtern, Burgenpolitik sowie Fragen der Kriegsethik und -ästhetik. Anders als im antiken Text werden diese immanent lokalisiert, werden Probleme territorialer Usurpation thematisiert, Rechtsfragen zeitgenössischer Fehdeführung diskursiv erörtert, einzelne Szenen zu exemplarischen Konfliktfällen umgeformt und symbolisch geladene Praktiken (z. B. Schwertleite) inseriert. Aus Diskursperspektive sind dabei weniger Fragen der Textkohärenz, etwa nach der textimmanenten Bewertung von Recht und Unrecht, zu thematisieren als solche nach dem Verhältnis von Gewalt und Recht, Politik und Ethik. Der literarische Text partizipiert an einem übergeordneten Gewalt- bzw. Ordnungsdiskurs, in dem er zwar seinen Platz sucht, indes zugleich eine reflektierende Position einnimmt.

Die Rede über den Krieg ist im »Eneasroman« zunächst eine über die Rechtmäßigkeit der Standpunkte. Eneas' Absicht, das Land in göttlichem Auftrag in Besitz zu nehmen, steht der legitime und legale Anspruch des Turnus gegenüber,

---

[92] Zu Vergil vgl. Reinhold F. Glei: Der Vater der Dinge. Interpretationen zur politischen, literarischen und kulturellen Dimension des Krieges bei Vergil, Trier 1991.

[93] Ingrid Kasten: Herrschaft und Liebe. Zur Rolle und Darstellung des ›Helden‹ im Roman d'Eneas und in Veldekes Eneasroman, in: DVjs 62, 1988, S. 227–245, hier S. 230.

[94] Heinrich von Veldeke: Eneasroman. Mittelhochdeutsch/Neuhochdeutsch. Nach dem Text von Ludwig Ettmüller ins Neuhochdeutsche übersetzt von Dieter Kartschoke, Stuttgart 1986, v. 352f.

[95] Dietmar Wenzelburger: Motivation und Menschenbild der Eneide Heinrichs von Veldeke als Ausdruck der geschichtlichen Kräfte ihrer Zeit, Göppingen 1974 (GAG 135), S. 142.

der bereits in die Familie und damit in die Herrschaftsfolge durch rechtsverbindliche Handlungen (Eide, Zeugen) eingebunden ist. Daß auch diese beeidete Machtübergabe als potentiell labil angesehen wird, wird durch die Geiseln bezeugt, die Latinus in die Gewalt des Turnus gegeben hat und auf die dieser sich beruft.[96] Herrschaft wird aber zugleich als Machtbesitz, als aktuelle Verfügung über Burgen, verstanden, so daß Turnus nicht mehr nur als Vasall erscheint, sondern faktisch in einer königsgleichen Position steht: *ich hân die borge und daz lant/ alle in mînem eide* (v. 4480f.; vgl. v. 5376f.). Für den mittelalterlichen Rezipienten rückt der akzentuierte Rechtskontext zunächst deutlich den Gewaltaspekt der trojanischen Landnahme in den Blick.

Politische Voraussetzung für den Konflikt ist, daß sich um Latinus, die legitime Rechtsinstanz in Latium, ein Machtvakuum gebildet hat, das Raum für Rivalität bietet. Der greise König ist kampfesmüde[97], so daß die politischen Verhältnisse im Zeichen eines Übergangs stehen. Doch steht mit der Filiation der letzte Akt der Übergabe noch aus. Der Erwerb des Landes bleibt – ähnlich wie im Heldenepos – an den Erwerb der Frau gebunden, so daß das Territorialproblem zu einem Erbkonflikt abgebogen wird, der sich seinerseits als Vasallitätskonflikt ausweist. Der mächtige Vasall stellt sich im Kampf um Territorium gegen den König. Während der resignierte Latinus des »Roman d'Eneas« die Entscheidung an die Gewalt der Konfliktparteien delegiert – ›die Frau mit dem gesamten Land bekomme derjenige von ihnen, der sie erobern kann‹ – und damit dem gewaltgestützten Rivalitätsprinzip Ausdruck verleiht, behauptet der Latinus Veldekes zumindest deklamatorisch die oberste Rechtsautorität.[98] Die drohende Usurpation bietet Gelegenheit, alternative Rechtskonstellationen durchzuspielen.

Es erscheint paradox, daß die Gründungsgeschichte des Imperiums, die zwar noch einem Heilsplan, aber keinem Götterkonflikt mehr verpflichtet ist, durch den prononcierten Rechtsrahmen zugleich vom Verdacht der Usurpation befreit wird. Das Recht wird zur zusätzlichen Matrix der Konfliktlösung. Während nämlich das beinah institutionelle Recht des Turnus sukzessive demontiert wird, wird gleichzeitig die Rechtsposition der Trojaner gestärkt. Schon Veldekes Darstellung der Hirschjagd hatte die Trojaner als Aggressoren entlastet. Die Eskalation der Gewalt nach der Tötung des Hirschen erfolgt bei ihm zu Lasten der Thyrrener – sie suchen keine Verständigung –, die überdies zuerst einen Trojaner töten, so daß sich der legitime Rachemechanismus in Gang setzt.[99] Der sich anschließenden Racheforderung des Turnus vor dem König begegnet – wiederum allein bei Veldeke – Latinus mit der Einschätzung der Tat als *ungelucke* (v. 4911) und dem Hinweis auf bereits in Aussicht gestellte *sûne* (v. 4915) durch Eneas, so daß der Anspruch auf regulierte Konfliktlösung erkennbar wird. Deutlich steht dann die Rechtsversammlung der Verwandten und Vasallen des Turnus im Zei-

---

[96] Eneasroman (Anm. 94), v. 4412–4421.

[97] Ebd., v. 4022–4024: *ichn mach hinnen vort niet/ vehten noch strîten/ noch gewâfent rîten.*

[98] Marie-Luise Dittrich: Die ›Eneide‹ Heinrichs von Veldeke. I: Quellenkritischer Vergleich mit dem Roman d'Eneas und Vergils Aeneis, Wiesbaden 1966, S. 223–227.

[99] Eneasroman (Anm. 94), v. 4686–4688: *ê si im ihtes zû gewûgen,/ do bestunden sin mit unfrede,/ ê sim gesageten die rede.*

chen divergierender Konfliktlösungsstrategien. Paradigmatisch stehen sich mit
Verhandlungsweg und Fehde zwei zeitgenössische Optionen gegenüber. Messappus rät zur sofortigen unangekündigten Fehde, die sowohl Verhandlungen (*ge-
dinge*; v. 5511) wie Fehdeankündigung (*widersagen*; v. 5482) ausschließt, Mezzentius maßvoll zur vorhergehenden Gerichtsverhandlung (*tagedingen*; v. 5444)
am Hof des Turnus. Indem den Protagonisten zwei zeitgenössische konkurrierende Rechtsstandpunkte zugewiesen werden, situiert sich der Text im übergeordneten zeitgenössischen Ordnungsdiskurs, wie er sich etwa in Barbarossas erfolglo-
sen Friedensverordnungen (1151 bis 1187) artikuliert.[100] Wie diese repräsentiert
der Text indes die begrenzte Reichweite ›institutioneller‹ Gewaltregulierung.

Vor diesem Hintergrund der Opposition von Ordnungsdiskurs und Gewaltdynamik entfaltet sich die Handlung in Latium. Während aus der Handlungsper-
spektive offenbar die Relativität weltlicher Rechtsformen gegenüber dem gött-
lich waltenden Königsheil oder die Opposition von Legitimität und Illegitimität
dokumentiert wird[101], stehen sich aus Diskursperspektive allein zwei alternative
Rechtspositionen gegenüber, von denen die eine Seite ihren angestammten Anspruch auf Gewaltautonomie behauptet. Andererseits zeichnet erst die Verpflichtung auf das Verhandlungsrecht offenbar den wahren Herrscher aus. Von daher
wird in Turnus trotz seines Rechtsanspruchs zugleich das Stereotyp eines affekt-
geladenen heroischen Kriegers entworfen: Selbstgewißheit, Kampfeifer und Jäh-
zorn bilden seine Attribute, selbst das Leben seiner Schildknechte schont er
nicht.[102] Gegenüber dem »Roman d'Eneas« wird in dieser eingeschobenen Szene
unmittelbare heroische Affektartikulation – traditionell positiver Index adeliger
Existenz – vor allem aus der Sicht kollektiver Verantwortung, d. h. adeliger Herr-
scherethik, negativ akzentuiert. Vorbild ist der strategisch operierende Herrscher
mit reguliertem Gewaltpotential.

Daß auch der Adel untereinander in der Gewaltfrage zerstritten ist, belegt die
Rede des Drances anläßlich des letzten Vermittlungsversuchs durch Latinus.
Drances, Vasall des Königs und nicht dem Turnus verpflichtet, wie Veldeke die
lehnsrechtliche Stellung präzisiert, ist der Typus des Politikers, des gebildeten
und redegewandten Höflings, der *ungerne vaht* (v. 8534). Zwar steht damit seine
Ehre in Frage, dennoch problematisiert seine Rede am deutlichsten unter Herren
gleichen Rechts die Praxis der fraglos solidarischen Gewalt und damit ein zentrales Prinzip feudaler Gemeinschaftsstiftung. Veldeke selbst nimmt – wie der
»Roman d'Eneas« – sichtbar Partei für den Ordnungsdiskurs, wenn er vor dem
vereinbarten Zweikampf zwischen Turnus und Eneas einen Streitfall besonders
akzentuiert: Ein namenloser *man* des Turnus (v. 11769f.) beugt sich nicht der
Verhandlungslösung, sondern eröffnet eigenmächtig den Kampf[103] (*niht mêre*

---

[100] Vgl. Anm. 26.

[101] Wenzelburger (Anm. 95).

[102] *Turnûs tet unrehte,/ daz her die schiltknehte/ zû deme storme treib*; Eneasroman (Anm. 94),
v. 6413–6415.

[103] Vgl. Heinz Thomas: Matière de Rome – Matière de Bretagne. Zu den politischen Implikationen von Veldekes ›Eneide‹ und Hartmanns ›Erec‹, in: ZfdPh (Sonderbd.) 108, 1989,
S. 65–104.

her ne sprach,/ einen Troiân her stach/ von dem rosse in einen graben) und wird sogleich von zwei Söldnern [!] des Eneas getötet.[104] Regulierung von Konfliktlösung und die ›Anarchie‹ feudaler Kriegsethik werden diskursiv (Messappus – Mezzentius) und szenisch – durchaus im Einklang mit zeitgenössischer Fehdeethik – einander gegenübergestellt. Turnus' namenlosem Vasall, der am deutlichsten das archaische Fehdeprinzip repräsentiert, wird aus der Sicht des Ordnungsdiskurses nicht einmal mehr ein ehrenhafter Tod zugestanden. Auf der Ebene der Kriegsethik wird schließlich in Turnus selbst das Prinzip unkontrollierter Haltung abgestraft, wenn Eneas ihm aufgrund des Ringraubs – Chiffre für Beutehaltung schlechthin – den Kopf abschlägt.

Und dennoch: Trotz aller Regulierungsbemühungen behauptet die feudale Position der unmittelbaren Gewaltartikulation (Rache) immer wieder ihr Recht gegen den Ordnungsdiskurs und erweist sich als das eigentliche dynamische Strukturprinzip der Handlung. Eneas muß nicht nur den vorgezeichneten Heilsplan mittels Gewalt durchsetzen, die Positionen sind zudem generell nicht eindeutig qualifiziert. Der Heros Turnus ist eine ambivalente, keine negative Figur. Und wenn die Lösung am Ende in der regulierten Rechtsform des Zweikampfes stattfindet, garantiert Gewalt als exekutive Durchsetzungskraft letztlich doch die Ansprüche des Eneas auf Latium. Auch werden diese zwar nach Maßgabe zeitgenössischer Erfordernisse – Genealogie (Dardanus), Metaphysik (Heil), Recht (Zweikampf), schließlich Filiation (Lavinia) – umständlich übercodiert, ihr Erfolg aber wird schon eingangs durch einen Territorialisierungsakt, den Bau der Burg Montalbane und deren Verteidigung, garantiert.[105] An Eneas und Turnus scheint letztlich noch die heldenepische Gewaltkonstellation – Erwerb statt Erbe – durch, so daß sich selbst auf seiten des Reichsrepräsentanten jener überlegene Gewaltdiskurs artikuliert, mit dem im Tagesgeschäft stets zu rechnen war. Der Erwerb von Herrschaft erfolgt mittels einer Kompromißstruktur, indem komplexe Legitimationsstrategien die eigentliche Machtbasis, den Gewaltfaktor, überblenden.

Veldeke gestaltet seinen antiken Plot bekanntlich aus dem Horizont des Höfischen. Die z. T. umfangreichen Beschreibungen von Personen, Empfängen und höfischen Ritualen betreffen auch die Schauseite des Krieges, die insbesondere an den ausgebauten Darstellungen von Camilla und Pallas, von Eneas' Waffen wie der Schwertleite des Pallas deutlich wird. Während der »Roman d'Eneas« die Darstellung des Konflikts weitgehend an realen politischen Konstellationen orientiert, entzieht Veldeke wichtige Aspekte feudaler Politik und Kriegsführung der Alltagsebene. So tilgt er in der Rede des Messappus die politischen Folgen

---

[104] Eneasroman (Anm. 94), v. 11805–11807. Die Selbstverpflichtung zur regulierten Konfliktlösung, das läßt sich allenthalben beobachten, wird auch im politischen Tagesgeschäft immer wieder durchbrochen; vgl. die Gefangensetzung des Bischofs von Bremen durch Heinrich den Löwen; vgl. Hildebrand (Anm. 30), S. 220; vgl. den Vertragsbruch zwischen Friedrich von Schwaben und Heinrich dem Stolzen in den Gesta Frederici (Anm. 63), I,20.

[105] Veldeke widmet gerade dem Burgenbau – Signum adeliger Raumbesetzung und kluger Herrschaft – erhöhte Aufmerksamkeit, auf dessen Unrechtmäßigkeit Turnus und seine Verwandten immer wieder verweisen.

des drohenden Herrschaftswechsels – Etablierung eines fremden Herrn, der die tradierten Rangverhältnisse nicht kennt und die Eingesessenen zugunsten seiner Vasallen enteignet – zugunsten rechtlicher Argumentation, auch reduziert er die ausführliche Beschreibung der Verteidigungsvorrichtungen in Montalbane, wie sie der »Roman d'Eneas« an dieser Stelle bietet, um alles Unhöfische[106]: Kollektive, d. h. rein technische Vorrichtungen, werden gekürzt. Indem der Krieg weniger als militärische Auseinandersetzung zweier Völker denn als höfischer Kampf ritterlicher Gruppen inszeniert wird, wird die Epik zum privilegierten Ort für die Selbstdarstellung des feudalen Gewaltethos. Nicht Strategie und Disziplin stehen hier im Zentrum, sondern das Ethos der Krieger. Während etwa im »Roman d'Eneas« Eneas vor seiner Reise zu Evander nur kurze taktische Hinweise gibt, inseriert Veldeke eine lange Mahnrede an die Ehre und das heroische Ethos der Zurückgelassenen.[107] Vor allem aber wird am Schicksal des Pallas, des exemplarischen iuvenis, heroische Gewaltdynamik und ihre soziale Prämierung par excellence demonstriert. Turnus erblickend *sprancte her vor sîner schare/ vor allen sînen holden:/ die in wîsen solden,/ die enmohten sîn niht behalden* (v. 7342–7375). Trotz aller Trauer um den jungen Krieger ist im Epos nicht Kritik das Resultat, sondern die Feier von Ehre und memoria im monumentalen Grabmal.

Jenseits der realen Kriegspraxis und der rechtlichen Disziplinierung artikuliert sich hier der ideale Standpunkt feudaler Kriegsethik.[108] Es paßt zum Bild des verritterlichten Krieges, daß die mittelalterlichen Autoren hier besonders ausführlich in der descriptio der Waffen werden, Veldeke überdies noch Parallelen zur deutschen Heldenepik zieht.[109] Die Waffen, etwa die Rüstung des Eneas, werden in ihrer herausragenden Präsenz ins Bild gesetzt, sie werden durch mythische Herkunft und eine ästhetisierende Beschreibung gewissermaßen enttechnisiert. Der Erfolg des Unternehmens wird damit von seinen konkreten historisch-politischen Voraussetzungen abgelöst und als Effekt mythischer und ethischer Konstellationen gedeutet: Herrscherheil, Waffenmythos, Ritterethos. Die höfische Codierung betreibt hier eine gegenüber theologisch geprägten Standpunkten andere Grenzziehung adeliger Gewalt, die den Krieg entpolitisiert und zu einem Identitätsmuster adeliger Existenz formt.

In einem weiteren Ausgriff läßt sich zeigen, daß die Relation von Reich, Kirche und Heros (Adel) in benachbarten Kriegsepen des 12. Jahrhunderts, etwa im »Rolandslied« und im »Alexanderroman«, jeweils unterschiedlich akzentuiert wird. Gemeinsam ist ihnen die Rechtfertigung gewaltsamer Usurpation. Überdies konkurrieren hier reichspolitische und kirchliche Ordnungsentwürfe mit schwer beherrschbaren heroischen Gewaltpotentialen, so daß das Kräftespiel politischer Instanzen in der literarischen Codierung jeweils eigene Lösungsoptionen findet.

---

[106] Le Roman d'Eneas, übersetzt und eingeleitet von Monika Schöler-Beinhauer, München 1972, v. 4987–4198, v. 4244–4266; Eneasroman (Anm. 94), v. 5420–5427, v. 5564–5589.

[107] Ebd., v. 5955–5958: *weret ûch, des is û nôt,/ daz ir iht geliget tôt/ mit laster unde mit schanden.*

[108] Die ritterliche Codierung realer Kriegsereignisse wurde schon an Reinald von Dassels Erfolgsbericht (Anm. 73) über die Schlacht bei Tusculum sichtbar.

[109] Eneasroman (Anm. 94), v. 5726–5734.

Während Veldeke im Prozeß der Reichsgründung das eher anarchische Herosmodell auf die Seite der Opposition auslagert bzw. rechtlich zu bewerten sucht, wird im »Alexanderroman« das reichspolitische Territorialprogramm durch das Herosmodell geradezu zum Erfolg geführt: Expansionsdrang und ungebremste Dynamik der Gewalt durch Alexander, die auch vor der eigenen Sippe und dem Feudalverband nicht haltmachen und die allenfalls aus der Optik höfischer Gegenwelten und paradiesischer memento mori relativiert werden.[110] In Alexander fällt der Heros mit dem repräsentativen Herrscher, d. h. mit der Reichsordnung, zusammen, und seine selbstzerstörische Dynamik realisiert einen Grenzwert sozialer Geltung (Ehre, memoria), doch um den Preis des plötzlichen Zerfalls: auch dies eine stets präsente reale Gefährdung feudaler Existenz. Mit dem Heros zerfällt das Reich.

Im »Rolandslied« verleibt sich das Kreuzzugsmodell den Staat gänzlich ein, das Reich wird zum Instrument eines universellen Heilsmodells, dem sich der Kaiser als Propagandist der Zentralgewalt und der Heros als Märtyrer gleichermaßen unterwerfen. Roland verläßt nicht nur Land, Sippe und Leute – d. h. er verzichtet auf jede eigene territoriale Usurpation –, er erfüllt gerade dadurch das Ethos des miles christianus. Aus dem Diskurszusammenhang wird demgegenüber der ›Politiker‹ Genelun, der zunächst im Sinne kollektiver Verantwortung für Frieden plädiert und dessen Reaktionen die Realität tödlicher Vasallenkonkurrenzen im Feudalverband durchscheinen lassen, durch das Judasmodell ideologisch aus dem Weg geräumt. Genelun bedenkt die realen politischen Konsequenzen seiner Mission und formuliert in Sorge um sein Erbe – er ist Baldewins Vater und zugleich Rolands Stiefvater – sein politisches Testament: Er unterstellt seinen Sohn und seine Frau dem Schutz seiner Vasallen.[111] Wie sehr hier der Normalfall feudaler Zukunftssorge entworfen wird, zeigt die Vollständigkeit der Aspekte, die von der Sorge um Land, Leute, Frau und Kind bis hin zum Seelgerät für die eigene Person sich erstrecken. Auch wenn die Textperspektive die Berechtigung zur Sorge negiert, öffnet die Diskursperspektive den Blick für die labilen Bedingungen feudaler Erbregelung. Unabhängig nämlich von der Handlungslogik und der christlich vereindeutigten Motivation der Figuren verhandelt der Text selbstverständliche feudaladelige Positionen: Sorge um Land und Leute, um das ererbte Land, um die Sicherung der Erbfolge, selbst Fragen der Kriegsästhetik. Als reale Basiswerte feudaler Existenz verschiebt sie die Textperspektive auf die Gegenseite der Heiden, ist doch aus der Sicht der Kirche gerade der tradierte bodenständige Standpunkt des Feudaladels verdächtig. Und auch der

---

[110] Gewissermaßen als genealogische Chiffre der eigenen feudaladeligen Gewaltexistenz besitzt Alexander einen gleichnamigen Onkel mütterlicherseits, der sich keiner Autorität fügen will; vgl. Straßburger Alexander, in: Lamprechts Alexander. Nach den drei Texten mit dem Fragment des Alberic von Besançon und den lateinischen Quellen, hg. von Karl Kinzel, Halle 1884, v. 112–124.

[111] Wie sensibel der Adel hier gegen den König reagieren kann, wird an der Empörung (*acrem in mentem*) Friedrichs von Schwaben gegenüber Konrad III. sichtbar, der dessen Sohn und Erben, den jungen Barbarossa, mit auf den Kreuzzug nehmen will; vgl. Gesta Frederici (Anm. 63), I,42.

Heros Roland erhält, allerdings aus feudalpolitischer Perspektive, problematische Züge. So kennzeichnet Genelun ihn angesichts einer konkreten Schlachtsituation als blutdürstigen und neidischen Krieger[112], maßloses Ziel von Roland und Olivier sei es, *daz si die werlt alle under sich teilen./ ir muotes sint si umbescheiden* (v. 2273f.). Karl verweigert beiden aufgrund gemeinhin allzu affektgesteuerter Reaktion (*mit zornlîchen worten*; v. 1328) die Botenrolle, schließlich verzichtet Roland auf eine mögliche Unterstützung und opfert die ihm anbefohlenen Krieger: hier zum Schluß indes wird das politische Versagen des Heros – ich erinnere an Otto von Freising – durch das Märtyrermodell aufgefangen. Die Relation Kirche, Reich und Adel wird in einem hierarchischen Modell vereindeutigt.

Die beschriebenen Strategien der Gewaltregulierung lassen sich in einer diskursanalytischen Beschreibung als Diskurszusammenhang lesen, da sie zum einen als institutionelle Ordnungsrede von Kirche, Reich und Adel aufgefaßt werden können, durch die feudale Gewaltpotentiale eingegrenzt, kanalisiert, normiert und zugleich legitimiert werden. Ihre Funktion ist, in Zeiten virulenter Gewalt durch theologische, juristische, politische und ethische Strategien der Regulierung die Grenzen legitimer Gewalt diskursiv zu bestimmen.

Begreift man Diskurs darüber hinaus als »historische Form praktizierter Sprache«, die sich durch eine weitergehende abstrahierende Beschreibung der verschiedenen Ordnungsentwürfe als Feld allererst konstituiert[113], läßt sich eine spezifisch mittelalterliche Gewaltstruktur fassen. Theoretische, historiographische und epische Konzepte laufen in dieser Perspektive in einem Diskurs der Gewaltregulierung zusammen, der eine komplexe Praxis der Unterwerfung impliziert. Sie erfaßt zentrale Bereiche des Daseins und wirkt in unterschiedlichen Feldern strukturierend: Unterwerfung des Tiers unter den Menschen, des Körpers unter die Seele, des Heiden unter das Christentum, der Sippe unter den Hausvater, des Vasallen unter den Feudalherren, schließlich generell des Schwächeren unter den Stärkeren. Kulturbegriff und Körperkonzept, Sozialstruktur und politische Praxis sowie christliche und feudale Ethik orientieren sich an dieser agonalen Struktur.

Die Unterwerfungspraxis realisiert sich dabei in zwei alternativen Ausprägungen (Techniken): einerseits in einem Modell von disciplina, das Unterwerfung der Natur unter die zentrale Kategorie der ratio verlangt. Organismusmodell und antagonistisches Körperkonzept der Theologie lassen sich hier ebenso subsumieren wie die biblisch fundierte Vorstellung von Herrschaft des Menschen über die Natur. Die Terminologie des Krieges, die diese Felder häufig kennzeichnet, weist über bloße Metaphorik hinaus. Andererseits ist für die feudale Herrschaft fortitudo das zentrale Instrument politischer Unterwerfung. In ihr liegt das heroische Gewaltethos begründet, das in Eigenmächtigkeit und Kampfeifer des Feu-

---

[112] [...] *daz zurnete | Ruolant,/ daz er die Beier vor ime da uant:/ helede uzerkorne*; Das Rolandslied des Pfaffen Konrad, hg. von Carl Wesle, 3. Aufl. besorgt von Peter Wapnewski, Tübingen 1985 (ATB 39), v. 1115–1117.

[113] Vgl. Detel (Anm. 13), S. 32–37; Meyer (Anm. 17), S. 390–393, zum Diskurs als Konstruktionsebene.

daladels ebenso durchscheint wie in der gewaltgestützten Ordnungspolitik des Herrschers. Feudale Herrschaft enthält ein konstitutives Gewaltmoment, das selbst im Ruhezustand, im Frieden, seine latente Dynamik entfaltet (*terminos dilatare*).

Das feudale Subjekt konstituiert sich nämlich primär durch Gewalt. Gewaltdemonstration ist konstitutiver Bestandteil sozialer Wertschätzung und damit zentrales Instrument feudaler Subjektivierung.[114] Noch der höfisierte Ritter kann auf dieses Moment der Selbstdefinition nicht verzichten.[115] Der einzelne und seine Ehre, sein Kampfruhm, der sich im Namen kristallisiert, bilden die Leitvorstellung sozialer Interaktion. Eigenmächtigkeit, Gewaltpotential, Durchsetzungsethos, Herrschaft über ein Territorium, Expansionsdrang und letztlich der heroische Tod bilden die zentralen Manifestationen einer sozialen Unterwerfungspraxis, durch die sich einzelne Adelige als unterscheidbare Subjekte allererst konstituieren. Die Spannung zur Reglementierung durch übergeordnete institutionelle Instanzen artikuliert sich in spezifischen Einstellungen feudaler Gewaltexistenz: der ungehorsame, sich widersetzende Adelige, heroischer furor gegen kollektive Taktik, der animalisierte Heros gegenüber dem höfisierten Ritter.[116]

Die vorgestellten Texte realisieren die beiden Unterwerfungsmodi, disciplina und fortitudo, auf je eigene Art: Während der theoretische Entwurf Johanns von Salisbury das disciplina-Modell in Reinform präsentiert, dokumentieren andere kirchliche Ordnungskonzepte durchaus Verbindungen zum fortitudo-Konzept. Ottos von Freising Reichshistoriographie zeigt die Rivalität beider Unterwerfungsmodi: Die disciplina des Reichsorganismus ist nachhaltig gestört und bedarf trotz aller Rechtsformen einer feudalen fortitudo. Vor dem Hintergrund dieser Ambivalenz einerseits sozialer Integrationsbemühungen und subjektivierender Gewaltethik andererseits läßt sich die Kriegsepik des 12. Jahrhunderts als ein Feld komplexer Verhandlungen lesen, in dem alternative Formen von Gewaltartikulation und -regulierung erprobt werden. Gegen theoretische Einheitskonzepte von Kirche und Reich (Organismus) und auch gegen universell ausgerichtete Ordnungsbemühungen (Reichspolitik), die ihrerseits noch durch Gewaltantagonismen gekennzeichnet sind (Körperkrieg, Gewaltethos), formulieren die Epen unterschiedliche Modelle der Relation von Gewalt und Ordnung. Sie markieren nicht nur das (intentionale) Interesse einer weltlichen Führungselite am Gewalt-

---

[114] Diskurstheoretisch bezeichnet Subjektivierung jenseits subjekttheoretischer (bewußtseinszentrierter) Ansätze die sozialen Mechanismen, denen ein Subjektum sich unterwirft (subicere) und dadurch allererst Subjektstatus erhält; vgl. Detel (Anm. 13), S. 17f; vgl. Anm. 54: *subjectos suos corrigere*.

[115] Will Hasty: Daz prîset in, und sleht er mich: Knighthood and *Gewalt* in the Arthurian works of Hartmann von Aue and Wolfram von Eschenbach, in: Monatshefte 86, 1994, S. 7–21; Christoph Huber: Ritterideologie und Gegnertötung. Überlegungen zu den ›Erec‹-Romanen Chrétiens und Hartmanns und zum ›Prosa-Lancelot‹, in: Spannungen und Konflikte (Anm. 76), S. 59–73, hier S. 65f.

[116] Zur konstitutiven Konkurrenz staatlicher Ordnungsstrategien und antistaatlicher Subversion (Kriegsmaschine; der Heros als antistaatliche Kraft) vgl. Gilles Deleuze/Felix Guattari: Kapitalismus und Schizophrenie. Tausend Plateaus, Berlin 1992 [zuerst Paris 1980], S. 482–489, hier S. 485f.

thema, sondern konstituieren im Diskurszusammenhang auch einen besonderen Ort, an dem sich feudale Gewaltpotentiale (fortitudo) innerhalb politischer Ordnung artikulieren und behaupten können: etwa im repräsentativen Status des Heros für das kollektive Schicksal (Hector/Achill), in der Symbiose von Heros und Herrscher im imperialen Gewaltethos *Alexanders*, in der Instrumentalisierung des ambivalenten Heros *Roland* im Kreuzzugsmodell oder in der Trennung von Herrscher und Heros (*Eneas – Turnus*) im reichspolitischen Territorialisierungsakt (»Eneasroman«). Hinzuzunehmen wäre die krisenhafte Erfahrung, das eigenmächtige heroische Element innerhalb der feudalen Sozialordnung nicht beherrschen zu können: der Heros als Katalysator des Untergangs (*Hagen/Siegfried*). Gerade weil sich die Gemeinschaft im herausragenden Einzelnen repräsentiert sieht, wird seine soziale Rolle prekär: als zentraler Garant der Ordnung stellt sein Gewaltethos zugleich eine Instanz höchster Gefährdung dar.

Disciplina und fortitudo konstituieren auf je eigene Art einen Typus von Unterwerfung, der primär Gehorsam, Unterordnung und Dienst nach sich zieht. Vielleicht läßt sich der höfische Ritter als Symbiose der beiden Unterwerfungsmodi auffassen, verfügt er doch traditionell über eine überlegene fortitudo und über eine implizite Gewaltdynamik (*âventiure*-Impuls),wie er auch das regulierte Ethos eines ordo militaris besitzt. Beide Momente wären somit nicht in einer zivilisationsgeschichtlichen Abfolge zu lesen, etwa im Prozeß christlicher Disziplinierung adeliger Gewalt, sondern in einer komplementären Figur. Zu unterscheiden sind auch in diesem Fall Text- und Diskursstrategie. Während erstere die Position des jeweiligen Autors dokumentiert, seine potentielle Affinität (fortitudo) oder Distanz (disciplina) zur Gewalt, integriert der Diskurs beide in ein und derselben Figur der Unterwerfung. Entscheidend ist aus Diskursperspektive zum einen, daß sich ein generelles Bedürfnis nach Gewaltregulierung diskursiv artikuliert, zum andern, daß Gewalt trotz allem ein konstitutiver Faktor im politischen und ideologischen Haushalt des Feudaladels bleibt und allenfalls die Verortung dieses Potentials in Frage steht.

Reden über Gott und die Welt
Brandans Meerfahrt – Diskursdifferenzierung im 15. Jahrhundert

von Helga Neumann (Humboldt-Universität Berlin)

> *wer von himel ist der redt himlisch vnd wer von der werlt ist*
> *der redt von irdischen dingen*[1]

Johann Hartlieb trifft in der Vorrede zu seiner Übersetzung der lateinischen »Navigatio Sancti Brandani« diese eindeutige Abgrenzung *himlischen* und *irdischen* Sprechens. Neben seiner Paraphrase von Joh. 3,12 und 31[2] zieht er noch Aristoteles heran, um die Übersetzung von *leben vnd* [...] *legend sand Brandan* zu rechtfertigen und v. a. die geistlichen Interessen seiner Auftraggeberin Anna von Braunschweig, der Gemahlin des Münchner Herzogs Albrecht III., hervorzuheben.[3] Diese Anstrengung, den Text – mit Verweis auf religiös-inspirierte und philosophische Autorität – eindeutig dem *himlischen*, d. h. religiösen Bereich zuzuordnen, verweist über die übliche Exordialtopik hinaus auf die Möglichkeit, daß der Bericht von Brandans Reise zur Insel der Seligen im Verdacht stehen könnte, auch (zu) *irdisch* gelesen zu werden und damit von der *ewigen weishait* abzulenken. Hartlieb beschreibt also zwei voneinander abgegrenzte (und offenbar abgrenzbare) Rezeptionsmöglichkeiten, die von der Haltung des Rezipienten mehr abzuhängen scheinen als vom Text selbst, die Lektüre des Textes im *himlischen*, religiös-erbaulichen Sinne ist jedoch die beabsichtigte.

Damit ist in den Worten des Übersetzers aus dem 15. Jahrhundert schon umrissen, worum es im folgenden gehen soll: Im Vergleich zweier Versionen der Meerfahrt des hl. Brandan möchte ich – nach einer kurzen Einführung in Michel Foucaults »Archäologie des Wissens« – die Ausdifferenzierung von religiös-erbaulichem und rein diesseitsbezogenem Diskurs über die Wunder der Welt in volkssprachigen Texten des 15. Jahrhunderts zeigen und andeuten, welche Konsequenzen diese Grenzziehung für die weitere Rezeption der Texte hat.[4]

---

[1] Johann Hartliebs Übersetzung der »Navigatio Sancti Brandani«, in: Sankt Brandans Meerfahrt. Ein lateinischer und drei deutsche Texte, hg. von Karl A. Zaenker, Stuttgart 1987 (SAG 191); alle Zitate im folgenden Absatz aus Hartliebs Vorrede, S. 2, S. 4.

[2] Joh. 3,12: »Wenn ich zu euch über irdische Dinge gesprochen habe und ihr nicht glaubt, wie werdet ihr glauben, wenn ich zu euch über himmlische Dinge spreche?« – Joh. 3,31: »Er, der von oben kommt, steht über allen; wer von der Erde stammt, ist irdisch und redet irdisch. Er, der aus dem Himmel kommt, steht über allen.«

[3] Zu Johann Hartlieb und seiner Tätigkeit am Münchner Herzoghof vgl. Klaus Grubmüller: Ein Arzt als Literat. Hans Hartlieb, in: Poesie und Gebrauchsliteratur, hg. von Volker Honemann, Tübingen 1979, S. 14–36, und seinen Artikel zu Hartlieb in: ²VL, Berlin/New York, Bd. 3, Sp. 480–496.

[4] Dabei ist aus Platzgründen nur eine knappe Skizze möglich, ich arbeite an einer umfassenderen Studie zu dieser Thematik.

Die Meerfahrt des hl. Brandan ist vom 9. Jahrhundert an immer wieder neu angeeignet worden. Gegenstand dieser knappen Studie soll nun gerade nicht die diachronische Untersuchung von Veränderungen der Textreihe sein, also z. B. die Frage danach, wann bestimmte Elemente des Textes zum ersten Mal formuliert werden, sondern die Gegenüberstellung zweier gleichzeitig rezipierter Versionen, die jedoch auf Vorläufertexte unterschiedlichen Alters zurückgehen.

Methodisch lehne ich meine Vorgehensweise an das Konzept der Diskursanalyse an, wie es von Michel Foucault in der »Archäologie des Wissens« (1969) entwickelt wurde.[5] Foucaults Werk selbst ist disparat, und die »Archäologie des Wissens« (AdW) liefert nicht die nachträgliche methodische Untermauerung der früheren oder eine Leseanleitung für seine späteren Untersuchungen.[6] Das entspricht einer dezidiert offenen, suchenden Arbeitsweise[7], wurde jedoch oft auch kritisch reklamiert[8]: Die große Offenheit bietet eine Vielzahl theoretischer sowie praktischer Anknüpfungspunkte, ist dabei aber für den inflationären und unscharfen Gebrauch gerade des Diskursbegriffes mit verantwortlich. Hier werde ich mich v. a. auf das – allerdings auch nicht konsistente[9] – begriffliche Instrumentarium der AdW stützen, in der Foucault versucht, auf der Grundlage (und in Reaktion auf Kritik) seiner vorherigen materialen Arbeiten (v. a. »Die Ordnung der Dinge«, 1966), ein Modell der archäologischen Beschreibung diskursiver Formationen zu entwerfen. Diese Begriffe sowie den der ›Aussage‹ (énoncé) gilt es zunächst zu erläutern.

[5] Ich zitiere nach der dt. Ausgabe: Michel Foucault: Archäologie des Wissens, übersetzt von Ulrich Köppen, Frankfurt a. M. [3]1988, mit dem Kürzel AdW und Seitenzahl im Text, einige Stellen wurden nach der frz. Ausgabe (L'archéologie du savoir, Paris 1969 [Neudruck 1984]) leicht modifiziert. – Einführend zur Diskurstheorie vgl. Manfred Frank: Was ist Neostrukturalismus?, Frankfurt a. M. [4]1991; Diskurstheorien und Literaturwissenschaft, hg. von Jürgen Fohrmann/Harro Müller, Frankfurt a. M. 1988; Clemens Kammler: Michel Foucault. Eine kritische Analyse seines Werks, Bonn 1986; Hubert L. Dreyfus/Paul Rabinow: Michel Foucault. Beyond Structuralism and Hermeneutics, Chicago 1982 [dt. Ausg. Frankfurt a. M. 1987]. Zu Foucault vgl. Hans-Jürgen Lüsebrink: Michel Foucault, in: Kritisches Lexikon zur fremdsprachigen Gegenwartsliteratur, 27. Nachlieferung, April 1992; Bernhard Waldenfels: Michel Foucault. Auskehr des Denkens, in: Philosophen des 20. Jahrhunderts. Eine Einführung, hg. von Margot Fleischer, Darmstadt 1990, S. 191–203.

[6] Vgl. Kammler (Anm. 5), S. 74 u. ö.

[7] Vgl. das imaginäre Selbstinterview am Ende der Einleitung zur »Archäologie«, AdW, S. 30; zu den Problemen, die aus dem ständigen Versuch Foucaults erwachsen, »sich der Gefahr einer eigenen theoretischen und politischen Identität zu entziehen«, vgl. Kammler (Anm. 5), S. 66 f.

[8] So etwa in polemischer Zuspitzung von Manfred Frank: Zum Diskursbegriff bei Foucault, in: Diskurstheorien (Anm. 5), S. 25–44, sowie von Kammler (Anm. 5), S. 67, S. 100, S. 109 u. ö.

[9] Vgl. z. B. Foucaults wechselnden Gebrauch des Begriffes ›Diskurs‹, auf den er selbst verweist (AdW, S. 116), ohne die Unschärfe letztlich auszuräumen (vgl. ebd., S. 156, S. 170, S. 292); siehe auch Kammler (Anm. 5), S. 122–124.

Diskurs

Unter mehreren Definitionsmöglichkeiten präferiert Foucault in der AdW diejenige, die ›Diskurs‹ sehr allgemein als »eine Menge (ensemble) von Aussagen, die einem gleichen Formationssystem zugehören« (AdW, S. 156), begreift: ein Feld von Aussagen, die Formationsregeln[10], einer Art ›Grammatik‹ folgen (müssen), um verstanden bzw. diesem Feld zugeordnet werden zu können. Der Begriff ›Diskurs‹ ist dabei allerdings nicht identisch mit ›Thematik‹ o. ä., denn er umfaßt die nie explizit als vorgängiges Regelsystem greifbaren Formationsregeln ebenso wie die ihnen folgenden und auf ihrer Grundlage möglichen Aussagen[11], er ist nicht individuell gesetzt, sondern stellt – jeweils unterschiedlich rigide reglementierte und autorisierte – Bereiche gesellschaftlicher Praxis dar, in denen sich die individuelle Stimme bewegt.

Archäologie

Mit seinem Konzept der Diskursanalyse als ›Archäologie‹ grenzt sich Foucault von hermeneutischen und strukturalistischen Modellen ab[12]: Diskurse sollen nicht als Verweise auf Tiefenstrukturen dienen, nicht als Hülle eines (in ihrem Inneren verborgenen) Sinnes, einer versteckten grundlegenden Bedeutung gelesen oder gleich der Totalität z. B. einer Epoche zugeschlagen werden, sondern sind in ihrer »Äußerlichkeit« zu analysieren: die konkrete Aussage, ihre Bedingungen, ihre Verknüpfung mit anderen Aussagen etc. sind Gegenstand der archäologischen Beschreibung.[13]

Zugunsten der Äußerlichkeit und Diskontinuität von Diskursen werden teleologische Konzepte ebenso abgelehnt wie der Versuch, die Bedeutung einer Aussage aus ihrer Entstehungsgeschichte heraus zu ›verstehen‹[14] oder die Vorstellung, die Diskurse einer Zeit seien immer schon auf ein (verborgenes, vereinheitlichendes) Zentrum bezogen.

Auch die Rolle des Subjektes wird relativiert: Dabei »geht es nicht um die schlichte Negierung des Subjekts, sondern um seine Abhängigkeit als

---

[10] Vgl. AdW, S. 108, wo ein Formationssystem beschrieben wird als »komplexes Bündel von Beziehungen […], die als Regel funktionieren«.

[11] Zu dem Problem, daß Regeln und ihre Realisation auf einer Ebene liegend gedacht werden, vgl. Waldenfels (Anm. 5), S. 200, und Kammler (Anm. 5), S. 90f.

[12] Vgl. dazu Waldenfels (Anm. 5), S. 199, Dreyfus/Rabinow (Anm. 5), Einleitung und S. 52ff., sowie Kammler (Anm. 5) S. 74.

[13] Vgl. AdW, S. 190, S. 198ff.

[14] Das ist dem von Foucault 1971 ausgeführten genealogischen Ansatz vergleichbar: Nietzsche, die Genealogie, die Historie, in: M. F.: Von der Subversion des Wissens, hg. und übersetzt von Walter Seitter, Frankfurt a. M./Berlin/Wien 1982, S. 83–109, v. a. S. 87 und S. 90 [zuerst in: Hommage à Jean Hippolyte, Paris 1971]. Vgl. zur Veranschaulichung den ersten Teil (»Marter«) in: M. F.: Überwachen und Strafen, Frankfurt a. M. 1994, v. a. S. 33f., und Frank (Anm. 5), S. 147ff.

[15] Waldenfels (Anm. 5), S. 191.

Sub-jekt«[15], darum also, daß es (und wie es) mit seinen Äußerungen schon be-
stehenden Diskursen unterworfen ist, in die es eintritt, die es weiterführt und
vielleicht verändert, nicht jedoch souverän zu überblicken oder gar eigenständig
zu konstituieren vermag. Hartnäckig besteht Foucault auf dem Vorrang der »Positivität« des Gesagten oder Geschriebenen: »Man sucht unterhalb dessen, was
manifest ist, nicht das halbverschwiegene Geschwätz eines anderen Diskurses;
man muß zeigen, warum er nicht anders sein konnte als er war, worin er gegenüber jedem anderen exklusiv ist, wie er inmitten der anderen und in Beziehung zu
ihnen einen Platz einnimmt, den kein anderer besetzen könnte« (AdW, S. 43).
    Sich ausschließlich auf die synchrone Analyse zu beschränken, greift natür-
lich zu kurz. Eine historische Dimension des Diskursbegriffes ist auch bei Foucault präsent[16]; sein Bedürfnis, sich von teleologischem Denken abzugrenzen,
das in jeder konkreten Äußerung nur die Folge der vorhergehenden und Voraussetzung der nachfolgenden sieht, führt in der AdW jedoch dazu, daß er der Abfolge diskursiver Formationen im Gegensatz zur Betonung der Notwendigkeit,
sie in ihrer konkreten Komplexität zu erfassen, nur wenig Aufmerksamkeit
schenkt – obwohl seine materialen Arbeiten ja gerade auf die Beschreibung von
Veränderungen abzielen.

Aussage

Der Diskurs als ›große‹ Einheit ist nicht von vornherein gegeben, und vor jeder
Untersuchung von Diskurstransformationen oder interdiskursiven Bezügen steht
die Frage danach, wie ›Diskurse‹, »Menge[n] von Aussagen, die einem gleichen
Formationssystem zugehören« (AdW, S. 156), überhaupt voneinander abgrenz-
bar sind. Den Begriff ›Aussage‹ faßt Foucault – vorläufig und ex negativo –
folgendermaßen: »die Aussage ist keine Einheit derselben Art wie der Satz, die
Proposition oder der Sprechakt; sie gehorcht nicht den gleichen Kriterien; aber
sie ist ebenfalls keine Einheit, wie ein materieller Gegenstand es sein könnte […].
Sie ist in ihrer besonderen Seinsweise (keiner völlig sprachlichen noch aus-
schließlich materiellen) unerläßlich dafür, daß man sagen kann, ob ein Satz, eine
Proposition, ein Sprechakt vorliegt oder nicht; und damit man sagen kann, ob der
Satz korrekt (oder akzeptabel oder interpretierbar), ob die Proposition legitim
und wohlgeformt, ob der Sprechakt den Erfordernissen konform ist […]« (AdW,
S. 126). Es handelt sich also nicht um die problemlos zu isolierende »elementare
Einheit des Diskurses« (AdW, S. 117), sondern um eine »Funktion, die ein
Gebiet von Strukturen und möglichen Einheiten durchkreuzt und sie mit konkre-
ten Inhalten in der Zeit und im Raum erscheinen läßt« (AdW, S. 126f.) – die
Aussage ist also immer schon die konkrete Auswahl aus möglichen Sätzen,
Propositionen etc., bleibt formal aber unbestimmt.
    Die Aussagefunktion beschreibt Foucault in vier Dimensionen[17], die ich in
bezug auf die »Brandan«-Interpretation unten auch wieder aufgreifen werde:

[16] Vgl. AdW, S. 159, S. 170, auch S. 246.
[17] Vgl. zum folgenden AdW, S. 128–153; Kammler (Anm. 5), S. 82f.

1. Die Aussage bezieht sich nicht auf einen festen Referenten, sondern ist »vielmehr mit einem ›Referential‹ verbunden, das nicht aus ›Dingen‹, ›Fakten‹, ›Realitäten‹ oder ›Wesen‹ konstituiert wird, sondern von Möglichkeitsgesetzen, von Existenzregeln für die Gegenstände, die darin genannt, bezeichnet oder beschrieben werden, für die Relationen, die darin bekräftigt oder verneint werden«; es »definiert die Möglichkeit des Auftauchens und der Abgrenzung dessen, was dem Satz seinen Sinn, der Proposition ihren Wahrheitswert gibt« (AdW, S. 133).

2. Jede Aussage weist einem Individuum eine Position zu, die es »einnehmen kann und muß, um ihr Subjekt zu sein« (AdW, S. 139), wobei das Subjekt der Aussage nicht identisch ist mit dem »Autor der Formulierung« (AdW, S. 138).[18]

3. Jede Aussage gehört einem Aussagenfeld an, steht in Beziehung zu anderen Aussagen: folgt ihnen, baut auf sie auf, kommentiert sie, ruft sie wieder ins Gedächtnis etc. (AdW, S. 143 f.).

4. Jede Aussage ist durch eine besondere Materialität – Art und Weise, Ort ihrer Äußerung und durch Regeln ihrer Wiederholbarkeit (AdW, S. 152f.) – gekennzeichnet.

Dieses Raster macht es möglich, Gruppen bzw. Felder von Aussagen gewissermaßen zu kartographieren, »in der Enge und Besonderheit ihres Ereignisses zu erfassen, die Bedingungen ihrer Existenz zu bestimmen, aufs Genaueste ihre Grenzen zu fixieren, ihre Korrelationen mit den anderen Aussagen aufzustellen« (AdW, S. 43).

Auf dieser Grundlage können vorliegende Aussagen weitgehend von unreflektierten Zuordnungen (›Werk‹, ›Gattung‹ etc.) befreit analysiert und dann zu neuen oder auch – allerdings auf reflektierter Grundlage – zu den altvertrauten Einheiten zusammengefaßt werden.[19] Problematisch ist dabei allerdings, daß allein die Wahrnehmung isolierter Aussagen immer schon auf (unbewußten) Grenzziehungen beruht, die zu hintergehen nicht möglich ist.[20] Das »Denken vor dem Denken, dieses System vor jeglichem System wieder zutage zu fördern«, endet immer an einem »System hinter dem System«[21], das dann nicht mehr einsehbar ist. Völlige Freiheit von (ja auch unbewußten) Wahrnehmungsmustern und der ganz unbefangene Blick auf »diskursive Praktiken« sind damit ausgeschlossen: sämtliche Grenzziehungen und Frageparadigmen sind »ihrerseits Diskursfakten« (AdW, S. 35), historischen Transformationen unterworfen und in ihnen analysierbar.

[18] Die Subjektposition z. B. einer Aussage im Vorwort einer wissenschaftlichen Arbeit ist anders als die einer Aussage im Haupttext, obgleich ein und derselbe Autor beides formuliert: Im Vorwort überwiegt eine individualisierte Subjektposition, das Subjekt der Aussagen des Haupttextes ist weitgehend neutral, in Zeit und Raum indifferent, jeder entsprechend gebildete Leser der Arbeit kann diese Subjektposition einnehmen (AdW, S. 136f.).

[19] Vgl. AdW, S. 45.

[20] Vgl. dazu Kammler (Anm. 5), S. 77, und Waldenfels (Anm. 5), S. 191f.

[21] Michel Foucault: Absage an Sartre. Interview mit Madeleine Chapsal, Mai 1966, in: alternative. zeitschrift für literatur und diskussion 54, juni 1967, S. 91–94, hier S. 92.

Der Vorteil der Diskursanalyse liegt in der heuristischen Aufhebung vorgegebener Kategorien wie z. B. der Gattungszuordnung, die im Falle der Meerfahrt
des hl. Brandan ohnehin problematisch ist, oder der Bewertung von Aussagen zur
Fremde etwa nach dem Modell von Erfahrungs- und Toposwissen, das nicht
geeignet erscheint, die Spezifik der vorliegenden Texte zu erfassen; insgesamt in
der Aufhebung fester Grenzen von Texten, Wissensbereichen usw. Erleichtert
wird auch der Blick gerade auf ›späte‹ Fassungen eines lange tradierten Stoffes,
deren Eigenständigkeit gegenüber der Vorlage nicht unter der Fülle der Tradition
verschwindet, sondern in den konkreten Situationen ihres Erscheinens faßbar
wird. Textkritik und Überlieferungsgeschichte werden damit nicht überflüssig,
sind aber ein Paradigma unter anderen. Woher ein bestimmtes Element z. B. der
»Reisefassung« stammt, ist nicht entscheidend für seine Bedeutung, sondern:
unter welchen Bedingungen es seinen Platz in einem Text findet, welche Konsequenzen die Tatsache seines Erscheinens, der ja eine Auswahl vorausgeht, in
einer konkreten Textfassung hat, welche Wechselbeziehungen zwischen Text-
ganzem und einzelner Aussage (z. B. einem bestimmten Motiv) bzw. zwischen
Text und größerer Einheit (Gattung/Diskurs) zu beschreiben sind.

Doch bevor ich versuche, den hier nur knapp umrissenen Ansatz zu erproben,
sollen die Texte – ganz traditionell – kurz vorgestellt werden[22]:
    Seit dem 9./10. Jahrhundert ist die lateinische »Navigatio Sancti Brandani«
in zahlreichen Handschriften weit verbreitet.[23] Das altirisch-weltliche Erzählmo-
dell des ›immram‹, d. h. die Erzählung von auf freiwillig angetretenen Seereisen
erlebten Abenteuern, wird verbunden mit der Reise des hl. Brandan zur Insel der
Seligen. Die »Navigatio« berichtet, wie der hl. Brandan, angeregt durch den
Bericht eines Verwandten, der gerade von der Insel der Seligen zurückkehrte,
aufbricht, diese Insel zu suchen, und sie nach einer sieben Jahre dauernden Fahrt
auch findet. Der Text wird ab dem 12. Jahrhundert übersetzt, ins Deutsche jedoch
erst Mitte des 15. Jahrhunderts.
    Auf den deutschen und niederländischen Sprachraum begrenzt bleibt die sog.
»Reisefassung«, die, greifbar in zwei mittelniederländischen, einem ostfälischen
und einem mitteldeutschen Text (ca. 1300), auf eine nicht erhaltene mittelfränki-
sche Vorlage zurückgeht, die – wie Barbara Haupt plausibel macht – ca. 1170
entstand.[24] Aus der freiwilligen Suche nach der Insel der Seligen wird hier eine

---

[22] Vgl. Walter Haug: [Art.] Brandans Meerfahrt, in: ²VL, Berlin/New York, Bd. 1, Sp. 985–
991.
[23] Kritische Ausgabe des lat. Textes: Carl Selmer (Hg.): Navigatio Sancti Brendani Abbatis,
Notre Dame 1959. Zu den deutschen Übersetzungen vgl. die Einleitung von Zaenker (Anm. 1).
[24] Barbara Haupt: Welterkundung in der Schrift. Brandans »Reise« und der »Straßburger
Alexander«, in: ZfdPh 114, 1995, S. 321–348, hier S. 343. Vgl. auch Clara Strijbosch: De
bronnen van »De reis van Sint Brandaan«, Hilversum 1995, dazu die Rezension von Walter
Haug in: Queeste 4, H. 1, 1997, S. 60–62 (für den Hinweis auf die Rezension danke ich Frau
Jacqueline Wassing, Kiel); Thorsten Dahlberg: Brandaniana. Kritische Bemerkungen zu den
Untersuchungen über die deutschen und niederländischen Brandan-Versionen der sog. Reise-
klasse. Mit komplettierendem Material und einer Neuausgabe des ostfälischen Gedichts, Göte-
borg 1958 (Göteborger Germanistische Forschungen 4); Karl Friedrich Freudenthal: Ein Beitrag

Strafexpedition, in deren Verlauf Brandan all die Wunder Gottes ›erfahren‹ soll, deren Existenz er, in einem Buch davon lesend, bezweifelt hatte. Brandan verbrennt das seiner Meinung nach unglaubwürdige Buch, und sogleich wird er zur Rechenschaft gezogen: *Do kam im ain engel vom himel vnd sprach zu im brande brande warumb hanstu die warhait verbrent geloubst Du nit das got noch grösser wunder getun möcht wenn du in disem buch gelesen hast vnd darumb gebüt jch dir by dem lebendigen gott das du dich beraitest wann du must alle die wunder erfarn die du in disem buch gelesen hast* (Reise, S. 231va).[25] Brandan kehrt mit einem neuen Buch voller Wunderberichte zurück, das jedoch offenbar nicht identisch ist mit dem verbrannten.[26]

Neben Prosaauflösungen der mittelhochdeutschen »Reisefassung«[27] entstehen im 15. Jahrhundert auch die ersten deutschen Übersetzungen der »Navigatio« durch Johann Hartlieb (vor 1457) und den österreichischen Karthäusermönch Heinrich Haller (vor 1473).[28] Um 1476 erscheint dann in Augsburg der erste Druck der »Reisefassung«, dem bis 1521 noch 21 weitere Drucke folgen.[29]

Weder die Prosa-»Reisefassung« noch die Übersetzungen der »Navigatio« weichen besonders von ihren Vorläufern ab. Auffällig ist jedoch das offensichtlich große Interesse eines nicht lateinkundigen Publikums an dieser Textgruppe, das mit dem bloßen Verweis auf die insgesamt gestiegene Literaturproduktion der Zeit nicht erklärt ist: Auch wenn man sicherlich davon auszugehen hat, daß im 15. Jahrhundert und v. a. mit der Durchsetzung des Buchdrucks von einer ›Literaturexplosion‹ gesprochen werden kann, müssen gerade Texte, die mehr-

---

zur Brandanforschung. Das Abhängigkeitsverhältnis der Prosaversionen, in: Niederdeutsche Mitteilungen 29, 1973, S. 78–92. – Ausgaben: Carl Schröder (Hg.): Sanct Brandan. Ein lateinischer und drei deutsche Texte, Erlangen 1871; Rolf D. Fay (Hg.): Sankt Brandan. Zwei frühneuhochdeutsche Prosafassungen, Stuttgart 1984 (Helfant Texte 4), enthält den Druck von Anton Sorg, Augsburg 1476, und den Brandan-Abschnitt aus Gabriel Rollenhagens »Vier Bücher wunderbarlicher Reisen« (1614).

[25] Prosa-»Reise«, Handschrift m, UB München cod. ms. 688, zur Hs. vgl. Anm. 32.

[26] Brandan erfährt nicht alle Wunder, die als Inhalt des verbrannten Buches aufgezählt werden, dafür aber eine Reihe anderer, die anfangs nicht genannt werden. Zum Problem der Nicht-Identität von verbranntem und neuem Buch sowie der Interpretation der »Reise«-Fassungen des 13. Jahrhunderts unter dem Gesichtspunkt von Buch- und Erfahrungswissen vgl. Peter Strohschneider: Logbuch und heilige Schriften. Zu einer Version der Brandan-»Reise«, in: Gutenberg und die neue Welt, hg. von Horst Wenzel unter Mitarbeit von Friedrich Kittler und Manfred Schneider, München 1994, S. 159–169; dazu auch Hannes Kästner: Der zweifelnde Abt und die *mirabilia descripta*. Buchwissen, Erfahrung und Inspiration in den Reiseversionen der Brandan-Legende, in: Reisen und Reiseliteratur im Mittelalter und in der Frühen Neuzeit, hg. von Xenja von Ertzdorff/Dieter Neukirch, Amsterdam/Atlanta 1992 (Chloë 13), S. 389–416.

[27] Es sind insgesamt vier Handschriften der Prosa-»Reisefassung« erhalten, von denen jedoch keine die Vorlage für einen der erhaltenen Drucke bildet; vgl. Freudenthal (Anm. 24), S. 89ff.

[28] Zaenkers Ausgabe (Anm. 1) enthält neben einem lat. Text, der Fassung Hartliebs und einer niederdeutschen (aus »Der Hilligen Levent«, gedruckt in Lübeck bei Lucas Brandis, 1478) auch die Übersetzung Heinrich Hallers, der in der Kartause Schnals (Südtirol) tätig war; vgl. Erika Bauer: [Art.] Heinrich Haller, in: [2]VL, Berlin/New York, Bd. 3, Sp. 415–418.

[29] Fay (Anm. 24), S. X–XII.

fach bearbeitet, übersetzt, gedruckt worden sind, über eine besondere Faszination verfügt haben.[30]

Ausgangspunkt meiner Arbeit sind die »Navigatio« in der Übersetzung von Johann Hartlieb[31] und die Prosa-»Reisefassung« der Handschrift m (UB München, cod. ms. 688).[32] Beiden Texten gemeinsam ist, daß sie anhand der Reiseschilderung eine Reihe von Aussagen über die Beschaffenheit der Welt treffen und über die Möglichkeiten und Notwendigkeiten, sich in ihr/zu ihr zu verhalten; und auf den ersten Blick scheinen sie sich – von der Rahmenhandlung abgesehen – dabei sehr ähnlich. Eine genauere Untersuchung macht jedoch zahlreiche Differenzen deutlich.[33]

Einige davon sollen im folgenden veranschaulicht werden, nach Foucaults Modell der vier Dimensionen der Aussagefunktion, um gleichzeitig dessen praktische Brauchbarkeit zu zeigen.

1. Zum Referential:

Wie sieht die Welt aus, in der die Aussagen der Brandan-Texte sinnvoll sind? – Raum, Zeit, kosmologischer Entwurf

In beiden Texten liegen Diesseits und Jenseitsorte (Hölle, Fegefeuer, irdisches Paradies) auf einer Ebene, und Brandan kommuniziert mit der Seele des verdammten Judas ebenso wie mit Teufeln und den neutralen Engeln.

[30] Vgl. Hugo Kuhn: Versuch über das 15. Jahrhundert in der deutschen Literatur, in: Literatur in der Gesellschaft des Spätmittelalters, hg. von Hans Ulrich Gumbrecht, Heidelberg 1980 (Begleitreihe zum GRLMA 1), S. 19–38, hier S. 20f.

[31] Im folgenden zitiert nach der Ausgabe von Zaenker (Anm. 1) mit dem Kürzel »Nav.« und Seitenzahl, gelegentlich stillschweigend nach der Münchner Hs. cgm 301, auf der auch Zaenkers Ausgabe basiert, gebessert.

[32] Zitiert nach der Handschrift m, UB München, cod. ms. 688 (Abkürzungen wurden aufgelöst), als »Reise« mit Seitenzahl. Die Handschrift ist beschrieben bei: Hans Fromm/Hanns Fischer: Mittelalterliche deutsche Handschriften in der Universitätsbibliothek München, in: Unterscheidung und Bewahrung, FS für Hermann Kunisch, hg. von Klaus Lazarowicz, Berlin 1961, S. 111, und Gisela Kornrumpf/Paul-Gerhard Völker (Hg.): Die deutschen mittelalterlichen Handschriften der Universitätsbibliothek München, Wiesbaden 1985, S. 63–65. Freudenthal (Anm. 24) hat zuerst auf diese Hs. hingewiesen und ihr Verhältnis zu den anderen Hss. und Drucken untersucht; Strijbosch (Anm. 24) erwähnt sie ebenfalls, hat sie aber wohl nicht eingesehen: m ist die vollständigste der drei Prosa-»Reise«-Handschriften, denn sie enthält auch das Vorwort, das in der (offensichtlich in Text und Bild auf die gleiche Vorlage wie m zurückgehenden) Heidelberger Hs. cpg 60 ebenfalls enthalten war – bis auf einen kleinen Rest ist die entsprechende Seite jedoch zerstört. Strijboschs Verweis, keine der Prosafassungen enthalte einen Prolog, was der Prosaform entspreche (S. 30: »Het is dan ook niet verbazingwekkend dat de proloog in prozaversie P wordt weggelaten: voor proza gelden immers andere conventies dan voor versteksten«), ist demnach nicht haltbar.

[33] Grundlegend ist immer noch die vergleichende Untersuchung von »Navigatio« und »Reise« durch Walter Haug: Vom Imram zur Aventiurefahrt, in: Wolfram-Studien 1, 1970, S. 264–298 (wieder abgedruckt in: W. H.: Strukturen als Schlüssel zur Welt, Tübingen 1989, S. 379–408).

Gottes direktes Eingreifen bedarf keiner besonderen Erläuterung: er schützt die reisenden Mönche, versorgt sie mit Proviant – er plant ihren Weg, ebenso wie er die Welt, durch die dieser Weg führt, geschaffen hat. Diese Welt ist nicht selbstverständlich, ihre Wunder sind jedoch erklärlich durch den Bezug auf ihren Schöpfer.

Dennoch folgen die Texte nicht identischen Möglichkeitsgesetzen, sie unterscheiden sich grundlegend, v. a. in der Art und Weise, wie die wunderbaren Dinge und Geschehnisse in Zeit und Raum miteinander verknüpft sind:

In der »Navigatio« verweisen fast alle Zeit- und Raumbestimmungen ganz direkt auf die göttliche Ordnung des Kosmos, z. B.:

Da nwn vollennt ward vierczigk tag vnd all jr speis vnd narung dez leibs verczert waz da erschain in ain insel (Nav., S. 24);

Allso weliben si in der innsell vierczig tag (Nav., S. 106);

[…] daselbes [bei dem heiligen Mönch Ende] *belaib er drei tag vnd drey nacht* (Nav., S. 20);

Da sand Prandan fur gein mittemtag siben tag lanng da erschain in in dem mer […] (Nav., S. 124).

Stereotyp werden wenige Zahlenangaben wiederholt (3, 7, 12, 15, 40), die auch für weitere Bestimmungen gebraucht werden: im idealen Kloster des Ailbe leben 24 (2 x 12) Mönche, drei zusätzliche Mönche schließen sich der Reisegruppe an etc. Die Fahrt selbst dauert sieben Jahre, die jeweils nach den Festen des Kirchenjahres gegliedert sind: die Feiertage Ostern, Pfingsten und Weihnachten werden jedes Jahr an den gleichen Orten verbracht, die Zeit ist hier zyklisch konzipiert.[34] An den Figuren realisiert sie sich nur insofern, als diese immer wieder auf Nahrung angewiesen sind, die Gott ihnen auch zukommen läßt, ohne daß sie selbst Vorsorge treffen müßten. Die Zeit ist metaphysisch bestimmt und reicht *von anwegynndt der werlt* (Nav., S. 12) bis zu der *letztenn czeit* (Nav., S. 10), es ist die von Gott geschaffene und erfüllte Zeit, der Faden, auf den die durch Gott initiierten Ereignisse wie Perlen gezogen sind, wobei aber selbst die Abstände zwischen den einzelnen Perlen wieder auf den Schöpfer verweisen.

Die Zahlen können auch auf das christliche Heilsgeschehen bezogen werden: Die Zwei erinnert an den Alten und Neuen Bund Gottes mit den Menschen, das Alte und Neue Testament, dreieinig ist Gott, drei Tage umfaßt das Ostergeschehen, in sieben Tagen schuf Gott Himmel und Erde, zwölf Apostel berief Jesus, 40 Tage dauerte die Versuchung Jesu in der Wüste, die 40 ist die Verzehnfachung der Vier, die wiederum auf die vier Evangelien, die vier Himmelsrichtungen verweist etc. Der Raum wird v. a. durch die Zeit gekennzeichnet, die man braucht,

---

[34] Haug (Anm. 33), S. 288, registriert die »unvollkommene Realisierung« der Reisezeit und verweist auf den symbolischen Charakter des Weges: Entscheidend sei die zyklische und durch kirchliche Feste gegebene göttliche Ordnung der Zeit, deren Darstellung – anders als Haug es beurteilt – meiner Meinung nach auch in der Textstruktur durchgehalten ist; vgl. dazu auch Janet Hillier Caulkins: Les notations numériques et temporelles dans la Navigation de saint Brendan de Benedeit, in: Le Moyen Age 80, 1974, S. 245–260.

um ihn zu durchmessen. Jede Angabe von Zeit oder Raum ist damit überdetermi-
niert und zeigt nicht nur die Verbindung der Ereignisse oder Orte untereinander,
sondern eben auch immer schon den Bezug zu ihrem Schöpfer und die umfassende Geordnetheit des ganzen Kosmos.[35]

In der »Reisefassung« sind die wenigen Bestimmungen von Zeit und Raum,
die es überhaupt gibt, zumeist relativ: die Ereignisse verweisen aufeinander (z. B.
zwischen einem Fegefeuer und der nächsten Episode: *Do nun sant brande vnd sin
brüder von den sellen kamen*; Reise, S. 235ra), nicht jedoch, zumindest nicht in
einer der »Navigatio« entsprechenden Ausschließlichkeit, auf den jenseits der
Welt stehenden Gott. Der Weg zwischen zwei Episoden wird erzählerisch kaum
gefüllt, er ist nur die Verbindung zwischen zwei Abenteuern und hat keinen
eigenen Wert.[36] Zwar liegen auch hier transzendente Orte auf der weltlichen
Reiseroute, sie haben aber eher den Charakter äußerst diesseitiger Sehenswürdig-
keiten, ihre religiöse Bedeutung liegt darin, daß sie die Heiligkeit des reisenden
Brandan hervorheben.

Die abenteuerliche Welt der »Reisefassung« wird als bedrohlich dargestellt:
Brandans Abfahrt ist den Zurückbleibenden Anlaß zu klagen: *Do namen sy
[Brandan und seine Reisebegleiter] vrlob by iren fründen die wurden gar ramerig
vnd vnmuotig* (Reise, S. 232va), und das Schiff ist mit allem ausgestattet, was man
für eine neunjährige Reise braucht. In der »Navigatio« hingegen bricht Brandan
freiwillig auf, um die Insel der Seligen, einen Ort der Sehnsucht zu finden;
Proviant wird für vierzig Tage eingepackt (Nav., S. 24), alles weitere ist Gottes
Fürsorge anheimgestellt. Selbst die größten Gefahren und Geheimnisse gehören
zu Gottes Schöpfung und können dem, der sich ihm anvertraut, nicht gefährlich
werden.

2. Zur Subjektposition

Beide Texte schildern die Reise eines Heiligen, und damit ist für jeden Gläubigen
die Möglichkeit gegeben, die Texte als imitabile, als zur Nachahmung auffor-
derndes Exempel zu lesen. Der Erzähler des Textes ist ebenso ungreifbar und
omnipotent wie der Schöpfer der Welt, von der die Rede ist; der Verweis auf den
Heiligen und – in der »Reise« – auf das tatsächlich vorhandene Buch, in dem die
Reiseerlebnisse nachzulesen seien, unterstreichen, ganz im Sinne der Legende,

---

[35] Zur kosmologischen Überdeterminierung des Raumes vgl. Friedrike Hassauer: Eine
Straße durch die Zeit. Die mittelalterlichen Pilgerwege nach Santiago de Compostela, in:
Epochenschwellen und Epochenwandel, hg. von Hans Ulrich Gumbrecht/Ursula Link-Heer,
Frankfurt a. M. 1985, S. 409–423, hier S. 410. – Lexikon der mittelalterlichen Zahlenbedeutun-
gen, hg. von H. Meyer/R. Suntrup, München 1987 (Münstersche Mittelalter-Schriften 56).
[36] Vgl. z. B. Nav., S. 58 – *Der heilig vater sand Brandan wart gefürt mit den grawsamen
sturmwynnden hin vnd her durch manig end dez hohen mers occian daz si in dreien moneiden
nicht erplicken noch gesehen mochten dann daz wild mer vnd daz firmament –*, mit Reise,
S. 239vb: *Do kerten sy von dannen vnd furend fürbas vff dem mer vnd do sy verr vff dz mer
kamend Do horten sy ain grülich geschray.*

den Anspruch auf faktische Wahrheit. Brandan reist jedoch niemals alleine, er ist stets von einer Gruppe von Mönchen umgeben.

Seinen freiwilligen Aufbruch in der »Navigatio« begleiten diejenigen seiner Brüder, die er dazu auffordert, und drei weitere Mönche bestehen darauf, auch mitgenommen zu werden.[37] Brandan ist im Verlauf des Textes als primus inter pares dargestellt: Sein Vertrauen in Gott ist unerschütterlich, und wenn seine Brüder gelegentlich der Furcht verfallen, belehrt er sie väterlich. Insgesamt ist eine geschlossene Gruppe präsent, wichtiger als diese ist jedoch die Beziehung jedes einzelnen zu Gott: Als einer der überzähligen Mönche, eines Diebstahls überführt, als reuiger Sünder stirbt, wird er beglückwünscht, weil er das irdische Dasein mit der ewigen Seligkeit vertauschen darf (Nav., S. 32), ebenso wie ein weiterer der Überzähligen, der an einem Paradiesort zurückbleibt (Nav., S. 96–102).

In der »Reise« hingegen hat der Zusammenhang der irdischen Gruppe so großen Vorrang vor der ewigen Seligkeit, daß Brandan und seine Gefährten selbst darüber klagen, daß einer von ihnen ins irdische Paradies aufgenommen wird, das damit keinen anderen Status mehr hat als sonst irgendein für die Reisegruppe gefährlicher Ort.[38] Die in der »Reise« entworfene Gruppe ist stärker hierarchisiert als die der »Navigatio«. Brandan verfügt hier nicht nur über die Macht, Büßern im Fegefeuer eine Erleichterung zu verschaffen, sondern auch über die, einen schuldigen Sünder aus der Hölle loszubeten. Dieser gerettete Sünder dient dann nicht nur zur Warnung vor den Strafen der Hölle bzw. des Fegefeuers, sondern hat auch in der Hierarchie der Reisegesellschaft die unterste Position inne. Bei jeder weiteren Begegnung mit dem Teufel fungiert er mit seiner genüßlich (und komisch) ausgestellten Furcht als Gegenpol zu Brandans Unerschütterlichkeit: *Wann sich etwas vngehüres vff dem mer erhob so wund Der münch alle wegen Es kem der tüffel vnd wölt jn wider holleN vnd hinwegfüreN* (Reise, S. 241[rb–va]). Brandan steht weit über seinem Gefolge.[39] So wie der

---

[37] Der Motivkomplex der drei Überzähligen hat eine Parallele im irischen immram »Máel Dúin«. Dort ist die Zahl der Begleiter Máel Dúins von einem Druiden festgelegt: es handelt sich um eine Rachefahrt, deren Gelingen von der richtigen Anzahl der Gruppe abhängt. Das Reiseziel kann dann auch erst erreicht werden, als die drei Überzähligen die Gruppe verlassen haben. Die zahlenmagische Grundlage ist natürlich in der »Navigatio« nicht mehr vorhanden, der Motivkomplex wurde jedoch beibehalten und christlich umgedeutet (vgl. unten). Dazu H. P. A. Oskamp: The Voyage of Máel Dúin. A Study in Early Irish Voyage Literature, Groningen 1970, der neben einer zweisprachigen Edition des immram auch die möglichen Verbindungen zwischen immram und Brandans Meerfahrt untersucht.

[38] Die Mönche kommen zu einer Stadt, die als Paradiesort, eine Art himmlisches Jerusalem, gestaltet ist und von Brandan auch als solcher erkannt wird: sie ist außerordentlich prächtig, es ist immer Sommer etc. Vor einem Stadttor sitzt Enoch, vor einem anderen Elias, vor dem dritten steht ein Jüngling mit einem Schwert – *vnd der selb jungling sprang vnder sant brandes Münch vnd zuckt vnder jnen gar ain haillingen münch zu der porten ein vnd beschloß die porten zu Da sant brande das ersach vnd die andern münch Do erschracken sy alle vnd giengend bald dannen vnd hetten vil laides vmb iren bruder der jn genomen was worden* (Reise, S. 239[ra–rb]).

[39] Z. B.: In der »Reise« (S. 235rb–236ra) kommen die Mönche zu einem idealen Kloster. Brandan allein verbringt eine Nacht dort, und als am nächsten Tag die Mönche ihre Speise direkt aus dem Paradies erhalten, verzichtet er bescheiden, an ihrem Mahl teilzunehmen. Daraufhin wird eine weitere Portion ›nachgeliefert‹: Brandan steht den Mönchen des Idealklosters nicht

Abstand zwischen Brandan und seinen Mönchen ist jedoch auch die Distanz zwischen Gott und Mensch größer: Das Gebot, sich auf die Reise zu begeben, erschreckt Brandan, Proviantvorsorge und die Ausstattung des Schiffes mit schützenden Reliquien sind nötig.

In der »Navigatio« ist das Subjekt sicher, vertrauensvoll in Gott und seiner Welt geborgen; in der »Reisefassung« ist die Beziehung zwischen dem Heiligen und seinen Begleitern stärker hierarchisiert, analog diejenige zwischen Gott und Mensch. Die »Navigatio« legt dem Leser nahe, sich ebenso wie Brandan Gott anzuvertrauen; die »Reise« fordert die Bewunderung eines Glaubenshelden, die Anbetung Gottes und das Staunen über die Mannigfaltigkeit der fremden Welt heraus. Wenn in der »Navigatio« das Wunder instrumentalisiert ist, um Gottes Macht zu zeigen, so ist in der »Reise« Gott funktionalisiert zu einer übergeordneten Instanz, die zwar nötigenfalls ins Geschehen eingreift, sich ansonsten aber zurückgezogen hat. Für das Subjekt resultiert aus dieser Trennung größere Freiheit, die Lizenz, sich umzusehen und den Erscheinungen der – allerdings auch bedrohlicher gewordenen – Welt nachzuforschen: *DO für sant brande den tüffeln nach vnd wolt besechen wie sy im* [Judas, H. N.] *tetten* (Reise, S. 249rb).[40]

3. Zum Aussagefeld

Die Aussagen beider Texte lassen sich synchron und diachron beziehen: 1. auf die eigene Texttradition, 2. auf das ganze Feld legendarischen Erzählens und 3. auf den Bereich kosmologischer Texte, Reiseschilderungen, Berichte von Wundern der Welt und Jenseitsreisen. Hier sei nur *ein* ganz wesentlicher Unterschied zwischen beiden Texten Thema:

Der Reiseweg, den Brandan in der »Navigatio« zurücklegt, illustriert eine Bewegung von der Ausstellung von Morallehren über ihre Veranschaulichung anhand von Beispielen und ihre Zusammenfassung hin zur Perspektivierung auf

nach, seine Heiligkeit wird ausgezeichnet. Er kehrt dann in sein Schiff zurück und berichtet seinen Mitbrüdern von dem musterhaften Leben der Mönche in dem Kloster. In der vergleichbaren Episode der »Navigatio« (S. 60–66) ist die gesamte Gruppe in dem idealen Kloster des Ailbe für die Zeit des Weihnachtsfestes zu Gast, sie alle haben an der von Gott gesandten Speise teil, die vorrangig dem praktischen Zweck der Ernährung dient und Gottes Fürsorge für all seine Gläubigen versinnbildlicht, nicht nur die Auszeichnung eines besonders hervorragenden Heiligen.

[40] Vgl. dagegen, wie Brandan in der »Navigatio« Gott bittet, ihm die Erscheinung eines wunderbaren Baumes voll großer weißer Vögel zu erklären: *Er hett darnach solich verlanngenn daz er haiß zähär darvmb vergos mit seiftczendem wainenn. Er pog seine chnye vnd rueft an got den herrenn also: ›Herr got wissender aller gehaim vnd offenwarer aller verporgender ding, dw waist den vngemach meins herczenn. Ich flech vnd pitt dein hailig maiestat daz dw mir sünder durch dein grozz parmherczichait wirdigs zw öffnen diss dein gehaim die ich yeczt sich vor meinen augen[‹]* (Nav., S. 46). Der Zwiespalt zwischen Erkenntnisinteresse und dem augustinischen Gebot, sich nicht mit sündhaftem Interesse an die bloßen Erscheinungen der irdischen Welt zu verlieren, ist durch den demütigen Verzicht auf eigenständige Nachforschungstätigkeit gelöst. Die Erkenntnis der Wunder der Welt ist damit als Erkenntnis der Gnade und Größe Gottes legitimiert.

das Jenseits, sei es nun Hölle oder Paradies. Er läßt sich auch nach dem Modell des vierfachen Schriftsinnes interpretieren. Damit erhalten sowohl einzelne Aussagen als auch der gesamte Text eine Verweisfunktion innerhalb eines umfassenden religiösen Diskurses (sowohl in gelehrt-theologischer Hinsicht als auch im Rahmen religiöser Gebrauchsliteratur).[41]

a) Sensus historicus: Auf der Ebene des Wortsinnes wird die Reise des hl. Brandan von Clonfert, einer historischen Figur des 6. Jahrhunderts, mit dem Anspruch auf faktische Wahrheit berichtet.

b) Sensus allegoricus: Die Reise Brandans kann als Allegorie des menschlichen Lebens gelesen werden[42]: Auf die Aneignung christlicher Moral folgen die Bewährung in Prüfungssituationen, schließlich Lohn oder Strafe im Jenseits. Brandan vollzieht aber auch den Weg Christi durch Welt und Hölle zum Reich Gottes nach; die Verbindung vom Karfreitagsabend auf dem Rücken eines riesigen Fisches, der die Mönche im siebten Jahr nach dem Osterfest zu der Vogelinsel bringt, auf der sie, wie in den vorhergehenden Jahren, das Pfingstfest verbringen, bevor sie zur Insel der Seligen geleitet werden, läßt diese typologische Leseweise zu.

c) Sensus tropologicus: An zahlreichen Beispielen wird in der »Navigatio« zu einer asketisch-frommen Lebensweise aufgefordert. Das Schicksal der neutralen Engel und die Qualen des Judas führen die Folgen nicht nur des Abfallens von Gott, sondern auch der Unentschiedenheit vor. In allen Gefahrensituationen wird vor Kleingläubigkeit gewarnt, und die moralische Position des Textes ist insgesamt rigide. Schon der Genuß zu viel klaren Wassers gilt als Völlerei und hat gravierende Folgen. Angesichts einer Quelle erlaubt Brandan seinen Gefährten, ihren Durst zu löschen, warnt sie aber: *>Ir solt ewch hütten daz ir nit cze vil trinckt dez wassers daz ewer leib nit vester wechümert werden.< Die prüder verstunden vngleich die wort dez mann gottes, etlich truncken ainer ain chopf, etlicher czwen, etlicher drey. Die selbigen wurden all släffrig daz ettlicher slief drei tag, etlicher czwen, etlicher ain* (Nav., S. 76).[43] Schon die geringste Unmäßigkeit führt zum >Schlaf< der Sorge um das Seelenheil. Hier – wie auch schon in bezug auf die Weltneugierde, die curiositas – ist die Orientierung an Augustinus sehr deutlich.[44]

d) Sensus anagogicus: Auf dieser Ebene kann Brandans Fahrt mit dem Weg der Seele zu Gott parallelisiert werden. Je nachdem, ob die Seele die ihr zuge-

---

[41] Vgl. Friedrich Ohly: Vom geistigen Sinn des Wortes im Mittelalter [1958], in: F. O.: Schriften zur mittelalterlichen Bedeutungsforschung, Darmstadt 1977, S. 1–31; Caulkins (Anm. 34).

[42] Darauf verweist auch Haug (Anm. 33), S. 289.

[43] In einer ähnlichen Episode im »Máel Dúin« findet Máel Dúin einschläfernde Früchte, deren verdünnten Saft er seinen Mitreisenden jedoch gerade empfiehlt; vgl. Oskamp (Anm. 37), S. 159.

[44] Vgl. Augustinus, Bekenntnisse, übersetzt von W. Thimme, München ⁶1992, S. 280: Warnung vor Genuß von Speisen und Getränken, der über die dringendste Notwendigkeit hinausgeht.

dachten Prüfungen überstanden hat und nach der Festigkeit ihres Glaubens, hat sie die Seligkeit des Paradieses oder ewige Höllenpein zu erwarten.[45] In diesem Sinne ist auch der oben erwähnte Motivkomplex der drei überzähligen Mönche in den Text integriert: An ihrem Beispiel werden die drei Möglichkeiten gezeigt, die es beim irdischen Tod eines Christen geben kann: Der reuige Sünder wird trotz seiner Sünden ins Reich Gottes aufgenommen (Nav., S. 32, Zaumdieb); den Frommen erwartet ewige Freude (Nav., S. 96–102), den Sünder ewige Verdammnis (Nav., S. 122–124).[46]

Die einzelnen Episoden der »Navigatio« sind somit in ein geschlossenes Konzept integriert, dadurch auch miteinander und mit einem umfassenden religiösen Aussagefeld verflochten. In der »Reise« gibt es zahlreiche Einzelverweise auf Morallehren und theologische Inhalte, sie lassen sich jedoch nicht in ein übergreifendes, den Text strukturierendes Konzept ordnen. Damit gewinnen die Einzelepisoden größeres Gewicht, sind aber beliebig austauschbar, erweiterbar etc. – sie sind nicht mehr in einem umfassenden Bezugsrahmen organisiert, durch den sie eine feste Position und eine transzendente Bedeutung erhielten.

4. Materialität der Aussagen

Die in den vorhergehenden Abschnitten herausgearbeiteten Unterschiede zwischen »Reise« und »Navigatio« sind im 15. Jahrhundert offenbar nicht wahrgenommen worden.

Die »Navigatio« mit ihrem geschlossenen theologischen Konzept und ihrer großen Nähe zur Legende findet sich nicht nur in Sammlungen religiöser Gebrauchsliteratur (so in cgm 301, 385, 689), sondern auch in einer Kompilation von Reiseberichten, die 1488 im Auftrag des Münchner Patriziers Matheus Brätzl angefertigt wurde: neben den Reiseberichten von Marco Polo, Odorico de Pordenone (dt. von Konrad Steckel) und Hans Schiltberger sowie den »Reisen« des Jean de Mandeville in der Übersetzung von Michel Velser. Die Prosa-»Reise«, der stärker romanhaft geprägte, weltlichen Reiseberichten näherstehende Text, steht in den überlieferten Handschriften neben theologischen und erbaulichen Texten.

Gedruckt wurde nur die »Reise« – ob aus inhaltlichen Gründen oder eher ›zufällig‹, muß offen bleiben. Damit erlangte die ›modernere‹ Fassung des Textes relativ große Verbreitung. In der Polemik des 16. Jahrhunderts, so z. B. bei Sebastian Franck (»Weltbuch«, 1534) wird jedoch zwischen den beiden Fassungen des Textes nicht unterschieden: Brandans Meerfahrt ist als Stoff diskreditiert, unabhängig von seiner konkreten Formulierung. Mit dem letzten Druck der

---

[45] Die »Navigatio« kennt kein Fegefeuer. Der Text entstand vor der ›Geburt des Fegefeuers‹ im 13. Jahrhundert und ist auch nicht in diesem Sinne ergänzt worden; vgl. Jacques Le Goff: Die Geburt des Fegefeuers. Vom Wandel des Weltbildes im Mittelalter, München 1990.

[46] Brandans Vorhersage (Nav., S. 22), zwei der Überzähligen erführen *ain pöß end vnd smälich vrtail* stimmt dazu allerdings nicht. Sie entspricht dem Schicksal, das die drei Überzähligen im »Máel Dúin« erfahren.

niederdt. »Navigatio« in »Der Hilligen Levent« (1517) und dem letzten Druck
der »Reise« (1521) bricht die Tradition ab, um erst Ende des 18. Jahrhunderts
wieder aufgenommen zu werden.

An einigen wenigen Beispielen aus späten Bearbeitungen der Meerfahrt des hl.
Brandan habe ich gezeigt, wie sich nach Foucaults Modell der Aussagenanalyse
sowohl Parallelen als auch Differenzen herausarbeiten lassen. Referential beider
Texte ist ein christlicher Kosmos, jedoch mit unterschiedlicher Geschlossenheit
und unterschiedlicher Rolle des Subjektes: Die in der »Navigatio« getroffenen
Aussagen beschreiben eine Welt, die in all ihren Erscheinungen transparent ist
auf ihren Schöpfer und darüber hinaus über kein Eigenleben verfügt. Das Subjekt
ist darin integriert und kann auf Fürsorge und Geborgenheit vertrauen bzw. wird
zu Demut und Integration aufgefordert. Diese Ordnung ist auch an der Überstruk-
turiertheit der Episodenfolge abzulesen, also nicht nur auf inhaltlicher, sondern
auch auf der Ebene der formalen Gestaltung des Textes zu finden: Vorhersagen
auf zukünftige Erlebnisse, Verweise zwischen einzelnen Episoden, der Motivkomplex der drei Überzähligen, der einige Episoden verbindet, die Möglichkeit,
den Text nach einem Modell mehrfachen Schriftsinnes zu lesen, schaffen ein
Netz von Beziehungen, das dem Text, ebenso wie der darin entworfenen Welt,
Zusammenhalt garantiert und den Sinnhorizont für die einzelnen Aussagen bereitstellt. Aussagen über die Welt, die Fremde, die Natur sind hier immer Aussagen über Gott, d. h. ein Diskurs ›Natur/Fremde‹ ist vom theologischen Diskurs
nicht getrennt. ›Fremde‹ im eigentlichen Wortsinne – etwas, das man erst ken-
nenlernen, für das man erst nach einem Interpretationsmodell suchen muß, oder
etwas, das zu einer Revision vorhandener bzw. Bildung neuer Modelle zwingt –
kann es in dieser Welt nicht geben.

In der »Reisefassung« sind Aussagen, die über die Welt auf deren Schöpfer
verweisen, zwar ebenfalls vorhanden, aber nicht als geschlossenes System beschreibbar. Zentral ist hier eine tatsächlich ›fremde‹ Welt, der der Mensch stau-
nend (und furchtsam) gegenübersteht, die selbständige Nachforschungstätigkeit
ebenso erlaubt wie fordert. Der Text ist eher einem Diskurs ›Natur/Fremde‹
zuzurechnen: Aussagen über Welt und Natur sind nicht mehr automatisch auch
Aussagen über den Schöpfer der Welt: theologischer und vorrangig diesseitiger
Diskurs über den Kosmos sind voneinander getrennt. Nach der Differenzierung
von Diskursen, die in der »Navigatio« noch untrennbar waren, ist in der Prosa-
»Reisefassung« eine fremde Welt denkbar, die tatsächlich so ›entdeckt‹, erforscht und in Besitz genommen werden kann und darf, wie es nach 1492 der Fall
war.

Die Überlieferung der Texte scheint diesem Befund zu widersprechen. Eine
zeitgenössische Lektüre nahm die aus heutiger Perspektive deutlichen Unterschiede zwischen beiden Texten offenbar nicht wahr und rechnete beide eher
einem einzigen Diskurs ›Natur/Fremde/Reise‹ zu, in dessen Feld man wahre
Aussagen über die Gestalt der Erde erwartete. Das zeigt nicht nur, daß das System
der Diskurse historischem Wandel unterworfen ist, sondern auch, daß es –
bezogen auf das Spätmittelalter – rückblickend konstruiert wird, also selbst

diskursives Faktum ist. Die Ausdifferenzierung getrennter Diskurse zu Theologie und Naturerforschung ist im 15. Jahrhundert nicht abgeschlossen, und die Brandan-Texte können, obgleich sich – angesichts der zeitgenössischen Rezeption – ein Vorrang des ›Natur/Fremde‹-Diskurses abzeichnet, einstweilen noch beiden Feldern zugerechnet werden. Ähnlich variabel ist ihre Gattungszuordnung – legendarische, romanhafte und Züge des Reiseberichts stehen nebeneinander und ermöglichen eine ganze Reihe von Rezeptionsweisen. Nach und nach treten jedoch der Diskurs ›Natur/Fremde‹ und der theologische Diskurs immer weiter auseinander. Aussagen, die einer empirischen Überprüfung nicht standhalten, kausaler Logik nicht genügen, werden aus dem Diskurs über die Erscheinungen der Natur und die Orte der Welt verbannt. Der theologische Diskurs kann keinen Anspruch mehr darauf erheben, alle Erscheinungen der Welt zu erklären, sondern wird zunehmend auf den Bereich innerer/individueller Erfahrung beschränkt. Die Brandantexte werden dann als ›Lügen‹ (Franck, Rollenhagen) radikal verurteilt. Nachdem die Ausdifferenzierung der Diskurse stabil geworden ist, wird eine neue Rezeption von Brandans Meerfahrt als Legende und besonders schönes Beispiel für mittelalterliches ›fabelhaftes‹ Erzählen möglich – so in Ludwig Theobul Kosegartens »Legenden« (1804). Der Verdacht, der Text könnte den Anspruch erheben, einem naturkundlichen oder sonst irgendwie ›realistischen‹ Diskurs zugeordnet zu werden, ist dann ausgeschlossen, und selbst im Rahmen des theologischen Diskurses ist er Dokument einer vergangenen (und verklärten) Form von Frömmigkeit.

Hartliebs Insistieren auf der *himlischen* Lektüre der »Navigatio« erscheint damit – für seine Zeit – ebenso verständlich wie – im Nachhinein – sinnlos: ein Festhalten an einer überholten Perspektive. Es gelingt (ihm) nicht, den Text auf den theologischen Diskurs festzulegen. Das irdische Sprechen über irdische Dinge schiebt sich unaufhaltsam in den Vordergrund, ist im 15. Jahrhundert sicherlich auch Anlaß für das große Interesse an der Meerfahrt des heiligen Brandan – und bald danach, als es in einem eigenen Diskurs beschreibbar ist, Ursache für seine Verdammung, die noch in Gervinus' Urteil vom »unsinnigen irischen Märchen« zu greifen ist.

Vera Icon
Über das Verhältnis von Kulttext und Erzählkunst in der »Veronika« des Wilden Mannes

von Bruno Quast (München)

In St. Peter zu Rom werde das authentische Abbild des Herrn aufbewahrt, *pictura Domini vera secundum carnem repraesentans effigiem a pectore superius*, so berichtet gegen 1210 der Chronist Gervasius von Tilbury.[1] Er liefert eine Herkunftslegende, die die Echtheit des Gemäldes insinuieren soll, gleich mit. Volusian, Freund des erkrankten Kaisers Tiberius, sei von diesem beauftragt worden, nach den Wundern Christi, von dem er Heilung erhoffte, Ausschau zu halten. Er habe Veronika das Tafelbild mit den Gesichtszügen des Herrn entrissen, und beim ersten Anblick sei die Heilung des Kaisers eingetreten. Noch nicht von einem Kultbild, sondern von einer Tuchreliquie berichtet um 1160 Petrus Mallius, der als erster St. Peter beschreibt. Im Oratorium der Gottesmutter befinde sich *sine dubio* das *sudarium* Christi, in das er vor seinem Leidensweg sein Antlitz gedrückt habe.[2] Ob Tuch oder Tafelbild, den Verfassern liegt daran, den Authentizitätsanspruch der Reliquien zu erhärten. Dazu gab es allen Grund. Konkurrierende Kultbilder machten sich gegenseitig den Rang streitig. Da erwies es sich als günstig, wenn mittels eines Wortspiels die Einzigartigkeit und Originalität verbürgt wurde. Von der Veronika zu St. Peter, nunmehr Name des Bildes, sagen einige, so hält Giraldus Cambrensis in seinem »Speculum ecclesiae« (ca. 1215) fest, der Name bedeute die wahre Ikone, das echte Bild.[3] Die Ikone kann aber auch selber dafür Sorge tragen, ihre Echtheit unter Beweis zu stellen. Nach einer Prozession im Jahr 1216, bei der Papst Innozenz III. das Bild des Herrenantlitzes mit sich führte, drehte sich das Bild, das man wieder an seinem Ort installieren wollte, auf wunderbare Weise um. So jedenfalls, schenkt man Matthaeus Parisiensis und seiner »Chronica major« (nach 1245) Glauben. Der Chronist selber spricht in diesem Zusammenhang von einer *autenticatio*.[4] Kultbilder reklamieren Authentizität, die in nicht wenigen Fällen aus ihrer Entstehungsgeschichte abgeleitet wird. Die Versionen der Veronika-Legende geben darüber Auskunft. Einmal ist es Lukas, der in seinem Versuch, Christus zu porträtieren, versagt. Christus eilt ihm zu Hilfe und vollendet durch den Abdruck seiner Gesichtszüge das künstlerische Unterfangen. Ein andermal reicht Veronika dem Leidensmann das Schweißtuch, und durch ein Wunder zeichnen sich die Umrisse des Erlöser-

---

[1] Hans Belting: Bild und Kult. Eine Geschichte des Bildes vor dem Zeitalter der Kunst, München ²1993, S. 602.

[2] Ebd.

[3] Ebd., S. 603.

[4] Ebd., S. 604.

antlitzes auf dem Tuch ab. Wie die Entstehung der Kultreliquien häufig auf göttliches Gnadenwirken zurückgeführt wird, so die auratische und nicht selten apotropäische Wirkung der Bilder auf die Präsenz des Göttlichen in der Abbildung. Das Kultbild lebt in einem buchstäblichen Sinne, weil sich in ihm das Transzendente materialisiert, die Koinzidenz von Abbild und Urbild gegeben ist. Es nimmt daher kaum wunder, daß in den Aufzeichnungen des Giraldus Cambrensis von einem blutenden Bild die Rede ist. Die Kultreliquie als nicht von Menschenhand gefertigtes Gemälde wirft die Frage nach dem Verhältnis von Kunst und Kult auf. Hans Belting versucht das Problem einer Lösung zuzuführen, indem er die Ausbildung des Funktionsbereichs ›Kunst‹ als frühneuzeitliche Entwicklung ansetzt. Wenn das Bild fortan die künstlerische *Idee* wiedergibt, ist dem religiösen Original-Verständnis ein für allemal der Boden entzogen. Das Bild wird zum Objekt ästhetischer Erfahrung. Seine Präsenz ist die der künstlerischen Idee im Werk.[5] Auf die Literatur übertragen, stößt man auf ein analoges Phänomen, womöglich ist indes mit einer zeitlichen Verschiebung der ›Autonomisierung‹ des Erzählens zu rechnen.

Die kabbalistische Lektüre des göttlichen Textes, wie sie sich im 13. Jahrhundert herausbildet, geht von einer »unbegrenzten Anzahl latenter Bedeutungen«[6] *in* der Gestalt des heiligen Textes aus. Der semantischen Unbestimmtheit korrespondiert eine formale Bestimmtheit, der Variabilität des Sinns eine feste Textur. Anders sieht es nach Moshe Idel in der christlichen Lektürepraxis aus. Das christliche Mittelalter kennt kein Schriftprinzip, der heilige Text der Bibel öffnet sich für den Leser. Prima facie tritt an die Stelle der Unendlichkeit des Textes die Unendlichkeit des historischen Interpretationsprozesses. Idel sieht eine »grundsätzlich unterschiedliche Haltung gegenüber der Natur des heiligen Textes« am Werk. Bei »den Kabbalisten ist der Text ›göttlicher‹ als in der christlichen Literatur; obwohl es auch in der christlichen Literatur Aussagen zur Unendlichkeit der Schrift gibt, sind sie vergleichsweise selten«.[7] Das genauere Hinsehen indes lohnt. Schon das 12. Jahrhundert kennt ein dezidiertes, auch bereits philologisch orientiertes Interesse an einem normativen festen Bibeltext,

---

[5] Eine Sicht, die auf die ästhetische Dimension auch des mittelalterlichen Kultbildes abhebt, findet sich bei Hans Robert Jauß: Über religiöse und ästhetische Erfahrung – zur Debatte um Hans Belting und George Steiner, in: ders.: Wege des Verstehens, München 1994, S. 346–377. Zum mittelalterlichen Kultbild grundlegend: Ernst von Dobschütz: Christusbilder. Untersuchungen zur christlichen Legende, Leipzig 1899 (Texte und Untersuchungen zur Geschichte der altchristlichen Literatur); Jean Wirth: L'image médiévale, Paris 1989; David Freedberg: The Power of Images. Studies in the History and Theory of Response, Chicago/London 1989, S. 206–212; Michael Camille: The Gothic Idol. Ideology and Image-making in Medieval Art, Cambridge 1991, S. 201f. – Zur mittelalterlichen Bildertheologie vgl. Walther von Loewenich: [Art.] Bilder V/2., in: TRE, Berlin/New York, Bd. 6, S. 540–546, hier bes. S. 543ff.; Ludwig Hödl: [Art.] Bild, Bilderverehrung, in: LMA, München/Zürich, Bd. 2, Sp. 147f.

[6] Moshe Idel: »Schwarzes Feuer auf weißem Feuer«. Text und Lektüre in der jüdischen Tradition, in: Texte und Lektüren. Perspektiven in der Literaturwissenschaft, hg. von Aleida Assmann, Frankfurt a. M. 1996, S. 29–46, hier S. 38.

[7] Ebd., S. 38f.

lange bevor die Bibelkorrektorien des 13. Jahrhunderts[8] den – allerdings vergeblichen – Versuch unternehmen, die bewegliche Textgestalt ein für allemal zu fixieren. Stephan Harding ließ zu Beginn des 12. Jahrhunderts eine Bibel in vier Foliobänden anfertigen.[9] Zu diesem Zweck sammelte er Bibeln aus verschiedenen Klöstern und Kirchen, unter denen er eine ausfindig machen konnte, deren Text nach Wortlaut und Umfang stark von den anderen abwich. Dieses Exemplar wählte er zur Vorlage seiner Abschrift. Sein Bemühen zielte nunmehr darauf ab, aus den verschiedenen Lesarten die richtige herauszufinden. Für Textarbeit am Alten Testament gewann er Juden, die, des Hebräischen mächtig, bei Übersetzungsfragen zu Rate gezogen werden konnten. Nachdem er seine Vorlage abgeschrieben hatte, schabte er »die überflüssigen und unrichtigen Stellen ab. Jene ließ er leer; auf die Rasuren aber, wo etwas unrichtig war, schrieb er die nach ihm am meisten beglaubigte Lesart.«[10] Seiner Bestürzung angesichts der Verschiedenheit der Textfassungen, wo doch allen Bibeln die Übersetzung des Hieronymus zugrundelag, hat er in einer Nota Ausdruck verliehen:

> *non modice de dissonantia historiarum turbati sumus. quia hoc plena edocet ratio. ut quod ab uno interprete videlicet beato iheronimo. quem ceteris interpretibus omissis nostrates iamiamque susceperunt. de uno hebraice veritatis fonte translatum est. unum debeat sonare.*[11]

In den Köpfen der Gelehrten jedenfalls scheint die Vorstellung eines festen wortlautgebundenen Textes zu existieren[12], auch wenn die faktische Überlieferungslage dem nicht entspricht. Die Schrift gilt in gleicher Weise wie die Eucharistie als Verkörperung des Logos.[13] Den heiligen Büchern wird kultische Verehrung zuteil. Wie erklärt sich angesichts solcher Sakralität des Bibeltextes die Offenheit des Akkommodationsprozesses? Die Antwort, wie sie die »Veronika« des Wilden Mannes nahelegt, mutet paradox an: Es ist eben diese Sakralität des Textes, die eine offene Interpretationsbewegung in Gang setzt. Die Spannung

---

[8] Vgl. Heinrich Denifle: Die Handschriften der Bibelkorrectorien des 13. Jahrhunderts, in: Archiv für Literatur- und Kirchengeschichte des Mittelalters 4, 1888, S. 263–311, S. 471–601.

[9] Augustinus Lang: Die Bibel Stephan Hardings, in: Cistercienser-Chronik 51, 1939, S. 247–256, S. 275–281, S. 294–298, S. 307–313; 52, 1940, S. 17–23, S. 33–37, hier bes. S. 17–23 (»Die Korrektoren und ihre Grundsätze«).

[10] Tiburtius Hümpfner: Die Bibel des hl. Stephan Harding, in: Cistercienser-Chronik 29, 1917, S. 73–81, hier S. 75.

[11] Ebd., S. 78.

[12] Im Gegensatz zur Ungebundenheit apokrypher Schriften waren die Schriften des Kanons festgelegt worden, »und zwar auch in ihrem Wortlaut, der – jedenfalls grundsätzlich – als unantastbar galt« (Achim Masser: Bibel, Apokryphen und Legenden. Geburt und Kindheit Jesu in der religiösen Epik des deutschen Mittelalters, Berlin 1969, S. 19).

[13] Zu Vorstellungen einer Schrift und Eucharistie zugrundeliegenden Transsignifikation vgl. Nikolaus Gussone: Der Codex auf dem Thron. Zur Ehrung des Evangelienbuches in Liturgie und Zeremoniell, in: Wort und Buch in der Liturgie. Interdisziplinäre Beiträge zur Wirkmächtigkeit des Wortes und Zeichenhaftigkeit des Buches, hg. von Hanns Peter Neuheuser, St. Ottilien 1995, S. 191–231, hier S. 229; Lesley Smith: The Theology of the Twelfth- and Thirteenth-Century Bible, in: The Early Medieval Bible. Its Production, Decoration and Use, hg. von Richard Gameson, Cambridge 1994, S. 223–232.

zwischen Dichtung und Offenbarungstext begleitet bibelepisch-legendarisches Erzählen von den Anfängen an. In der Veronikaerzählung bleibt das Erzählen zwar von der religiösen Sehnsucht nach dem heilsgeschichtlich Konkreten und Authentischen nicht unberührt, gerade deshalb kann es aber ein Selbstverständnis entwickeln, das sich eigenen Regeln verpflichtet weiß. Die Erzählung schafft sich ihre eigene von der sakrosankten Vorlage abgelöste Authentizität.

I. Fehl-Lesen

Dat di wilde man gedichtet hat:[14] Mit dieser überaus selbstbewußten und für das Genus der Bibel- und Legendenepik ungewöhnlichen Autorpräsentation setzt der Prolog der Veronikaerzählung ein. Wie um eine Überschreitung des Ziemlichen zurückzunehmen, fährt der zweite Vers mit einer Berufung auf den Hl. Geist fort – *der heilige geist gab im den rat*. Der kühne Aufschwung des ersten Verses mündet in eine demütige Selbstbescheidung.

> *allein inkan er der buche nicht,*
> *inne meistiret di godis craft,*
> *di giveth di wischeit unde math* (v. 4–6).

Mit den beiden einleitenden Versen ist das poetologische Problem des Wilden Mannes umrissen. Eine erzählkünstlerische Potenz sui generis formiert sich zögernd auf dem Hintergrund einer exklusiv vorgestellten göttlichen Meisterschaft. Im Angesicht der Übermacht göttlicher Weisheit, die den Erzähler überhaupt erst befähigt, seinem Geschäft nachzugehen, bemißt der Wilde Mann die Qualität seiner *buoch*-Kunst an der geistlich-moralischen Wirkung seines Artefakts.

> *wolde mich got so vile leren,*
> *dat ich einen menschen moch/te bikeren,*
> *so kond ich harte wol di buoch* (v. 55–57).

Man lasse sich jedoch nicht täuschen. Hier spricht ein Autor-Ich, das die Wirkung seiner Erzählkunst immerhin auch auf sich selbst zurückführt. Und mit einem geschickten Akt literarischer Chuzpe, so mutet es zunächst an, wird selbst noch das eigenwillige Erzählen des Wilden Mannes der göttlichen Inspirationsquelle legitimierend zugeordnet. Der Wilde Mann verknüpft eine Variante der Veronika-Legende mit einem Jesusleben.[15] Die in den Editionen durch Über-

---

[14] Die Gedichte des Wilden Mannes, hg. von Bernard Standring, Tübingen 1963 (ATB 59).

[15] Hans Eggers: [Art.] Der Wilde Mann, in: ¹VL, Berlin, Bd. 4, Sp. 968–977, hier Sp. 974, geht aufgrund zahlensymmetrischer Überlegungen von »zwei ursprünglich selbständigen, formal und inhaltlich völlig ausgewogenen Gedichten [aus], einem Leben Jesu und der eigentlichen Veronikalegende, die [...] unter dem Titel Vespasian geht«. Indem er die Veronikaverse 98–196 außer Betracht läßt, stellt sich ihm solche Symmetrie ein. Diese Verse seien unter Umständen vom Wilden Mann sekundär zur Tarnung seines Jesuslebens eingefügt worden. Er habe damit auf Beanstandungen der geistlichen Hierarchie, ein ungelehrter Dichter versuche sich mit einem biblischen Stoff, reagiert. Nachträglich seien das um die Veronikaverse erweiterte Jesusleben

schriften, *Dit ist Veronica* und *Vespasianus*, markierte Zweiteilung der Erzählung wurde gegen die Handschrift vorgenommen[16], so daß der Blick auf eine nachweisbare strukturelle Dreiteiligkeit verstellt ist.[17] Am inneren Zusammenhang der editorisch verantworteten Teilerzählungen jedenfalls kann kein Zweifel bestehen.[18]

Veronika, von *grozse[r] minne* (v. 93) zum Herrn bewegt, erteilt Lukas den Auftrag, auf einem Tuch das Antlitz Christi zu fixieren.[19] Lukas wird als Meister apostrophiert, zudem weist Veronika darauf hin, daß er Christus häufig gesehen habe. Die Voraussetzungen für ein Gelingen der Porträtanfertigung sind also gegeben. Der Erzähler notiert die Freude des Porträtisten über die wohlgeratene Arbeit.

und der »Vespasian« vom Dichter selbst zusammengefügt worden. Wie immer man zu dieser mit fragwürdigen Interpolationen und Traditionselementen operierenden Rekonstruktion einer dreistufigen Textgenese stehen mag, das Ganze der Erzählung, ihre spezifische Faktur, entgleitet einem solchen Modell. – Einen Vergleich der Veronika-Fassungen des 12. Jh.s stellt Josef Palme an (Die deutschen Veronikalegenden des XII. Jahrhunderts, ihr Verhältnis unter einander und zu den Quellen, in: Programm des K.K. Deutschen Obergymnasiums der Kleinseite in Prag, Prag 1892, S. 1–42, hier S. 7–13, S. 33–41). Er kommt zu dem Schluß, daß keine der vorhandenen Fassungen mit dem Veronikateil der Erzählung des Wilden Mannes »eine derartige Übereinstimmung zeigt, dass wir sie als die Quelle der vom Wilden Mann benützten deutschen Vorlage betrachten dürften« (S. 37). Anton Schönbach: Rez. Tischendorf, Evangelia apocrypha […], in: AfdA 2, 1876, S. 149–212, hier S. 202, spricht von »freien erweiterungen, womit der wilde mann aus seinem bibelkenntnis insbesondere den stoff seines ersten gedichtes bedenkt«; vgl. auch Karl-Ernst Geith: Zu einigen Fassungen der Veronika-Legende in der mittelhochdeutschen Literatur, in: Festgabe für Friedrich Maurer. Zum 70. Geburtstag am 5. Januar 1968, hg. von Werner Besch/Siegfried Grosse/Heinz Rupp, Düsseldorf 1968, S. 262–288; ders.: [Art.] ›Veronika‹ I, in: ²VL, Berlin/New York, Bd. 10, Sp. 293–297.

[16] Ernst Friedrich Ohly: Sage und Legende in der Kaiserchronik. Untersuchungen über Quellen und Aufbau der Dichtung, Darmstadt 1968, S. 65f., notiert: »In der Handschrift […] ist keine eigene Überschrift ›Vespasianus‹ überliefert«.

[17] Matthias Meyer: *herre, den duch han ich bihalden.* Deutschsprachige Veronika-Legenden im 12. Jahrhundert, in: Deutsche Literatur und Sprache von 1050–1200. Festschrift für Ursula Hennig zum 65. Geburtstag, hg. von Annegret Fiebig/Hans-Jochen Schiewer, Berlin 1995, S. 163–180, hier S. 168 und passim, hat jüngst die vorherrschende Auffassung von zwei Werken fortgeschrieben.

[18] Ich schließe mich der Position Ohlys (Anm. 16), S. 66, an, »Veronika« und »Vespasian« seien zusammen »ein Gedicht« unter dem Titel »Dit ist Veronica«. Die immer wieder als Gegenargument ins Feld geführten formelhaften Verse (v. 653–660), die das Jesusleben abschließen, interpungieren nach Ohly innerhalb der Gesamtlegende nur den ausgedehnten dogmatischen Teil über Jesu Leben. – Auch Dieter Kartschoke: Geschichte der deutschen Literatur im frühen Mittelalter, München 1990, S. 347, zieht die Möglichkeit eines »einzige[n] Legendengedicht[s]« in Erwägung. Gisela Vollmann-Profe: Wiederbeginn volkssprachiger Schriftlichkeit im hohen Mittelalter (1050/60–1160/70), Königstein, Ts. 1986 (= Geschichte der deutschen Literatur von den Anfängen bis zum Beginn der Neuzeit I.2, hg. von Joachim Heinzle), S. 198, spricht von zwei inhaltlich zusammengehörenden Gedichten, die aber »durch epilogartige Verse am Ende der ›Veronica‹ voneinander abgesetzt« seien.

[19] Zur Porträtanfertigung vgl. Dieter Kartschoke: *Der ain was grâ, der ander was chal.* Über das Erkennen und Wiedererkennen physiognomischer Individualität im Mittelalter, in: Festschrift Walter Haug/Burghart Wachinger, hg. von Johannes Janota et al., Tübingen 1992, Bd. 1, S. 1–24, hier S. 17ff.

> *Du screib he dat bilde also guot,*
> *dat im irvrowide allin sinen muot./*
> *du wande he, daz is were*
> *gelich dem heilere* (v. 109–112).

Ein Vergleich von Abbild und Original führt allerdings zur Verwunderung bewirkenden Feststellung, daß *sin ant/lizze* [*was*] *verwant,/ alse han nie hetthe irkant* (v. 137f.). Veronika führt den fehlgeschlagenen Versuch des Lukas auf ihre Sünden zurück, denn an der künstlerischen Qualität des Porträtisten kann es keinen Zweifel geben. Lukas selber hatte vor der Ausführung seines Auftrags alle aufkommenden Bedenken vertrieben: *ich wene, ich i malnes bigunde/ e dene anderes geramen konde* (v. 107f.). Aber auch der zweite und sogar der dritte Versuch des Lukas, das Herrenantlitz einzufangen, schlagen fehl. Christus schließlich faßt ein Erbarmen mit dem Künstler und weist diesen auf die Unmöglichkeit hin, mit menschlicher Kunst das Herrenantlitz festzuhalten. Allein die göttliche Initiative vermag dies zu bewerkstelligen: *dine liste inmugen dir nit gevruomen,/ iz insule von miner helfe kuomen* (v. 155f.). Weil Christus die lautere Gesinnung seiner Jüngerin Veronika erkennt, lenkt er ein. Sie soll sich auf den Weg machen und ihm eine kleine Mahlzeit zubereiten. Im Zuge der obligatorischen Waschung vor Einnahme des *luzil ymbiz* (v. 175) drückt Christus sein Antlitz in das ihm von Veronika dargereichte Tuch: *di duehele daz antlizze inphinc,/ gischaffen alse der gotis sun ginc* (v. 187f.). Der Vorgang der Antlitzprägung wird derart vor Augen geführt, daß nicht der geringste Zweifel an der göttlichen Schöpfungstat aufkommen kann, menschliches Zutun ausgeschlossen bleibt. Das Tuch ›empfängt‹ das Antlitz, das ›geschaffen‹ wird nach Maßgabe des inkarnierten Gottes. Christus verheißt Veronika, das Tuch werde ihr erst nach seinem Ableben zum Nutzen gereichen. Sein Ausspruch *dit mach mir wol vesin glich* (v. 191) muß in seiner Wörtlichkeit begriffen werden. Das Tuchantlitz gleicht nicht nur den Gesichtszügen Christi, es ist Christi Gesicht. Nicht ohne Grund wird auf die Empfängnis Christi, die Inkarnation des Gottes hingewiesen. Beim Tuchwunder handelt es sich um eine zweite Epiphanie. Die Wesensgleichheit von Tuchantlitz und Christus bedingt den Aufschub der Wunderwirkungen des Tuchs bis nach Christi Tod und Auferstehung. Als vollgültiger ›Stellvertreter Christi‹ kann es erst nach dessen Tod funktionsfähig sein. Diese Logik erzwingt geradezu eine erzählerische Verknüpfung des Veronika-Sujets mit einem ›Leben Jesu‹. Nach vollbrachtem Tuchwunder bricht Jesus denn auch auf. [*A*]*lse Jesus danne bigunde gan,/ so streche an dem Jordan* (v. 197f.), um dort von Johannes die Taufe zu empfangen. Das Verblüffende dieser Konstruktion liegt auf der Hand. Hier wird eine Inversion der in den Evangelienerzählungen dargelegten Vita Christi geboten, die ihresgleichen sucht. Die Chronologie des Lebens Jesu erfährt eine Umgestaltung, die normative Vorlage wird aufgebrochen. Folgt in den Evangelien die Wunder- und Lehrtätigkeit Christi nach Taufe und Wüstenaufenthalt, wird hier das Heilswirken Christi, exemplarisch an Veronika vorgeführt, der Taufe vorgeschaltet. Man könnte in Erwägung ziehen, daß hier dem ordo artificialis Genüge getan und der Anfang von Christi Lehr- und Wundertätigkeit nachgeholt werde. Die sogenannte »Ars poetica« des Horaz ist im 12. Jahrhundert durchaus präsent[20]; eine Schulung an vergilischer Kompositionsform lag für den poetisch Instruierten immerhin nahe. Doch läßt die Erzählung keinen Zweifel aufkommen. Mag die Möglichkeit des nachgeschobenen Erzählanfangs auch im Horizont des Wilden Mannes gelegen haben, er gibt sich nicht die geringste Mühe, zwischen dem Anfang der Erzählung und deren Zentrum zu vermitteln. Die Taufe schließt sich zeitlich nahtlos an das Veronika-Wunder an, auf die Taufe folgt den Evangelienerzählungen gemäß Jesu Wüstenerfahrung mit dem Teufel. Die Passionsgeschichte und die biblischen Berichte von Jesu nachösterlichem Wirken bilden den Schluß des ›Leben Jesu‹-Teils.

Läßt sich dem erzählerischen Vorgehen des Wilden Mannes ein Sinn unterstellen? Erklärt sich die aus den Fugen geratene Christusvita aus mangelnder Bibelkenntnis?[21] Wohl kaum, denn die aus den beiden Testamenten beigebrachten Stoffe und Episoden verraten durchaus eine intime Kenntnis. Eine Fährte zur Lösung des Darstellungsproblems bietet des Lukas Versuch, das Christusantlitz zu porträtieren. Der Wilde Mann belegt das Tun des Lukas auffällig häufig mit dem Verbum *scriven* – *[d]u screib he dat bilde also guot* (v. 109), daneben benutzt er den Terminus *malen* – *ich wene, ich i malnes bigunde* [...] (v. 107f.). Beide Ausdrücke stehen in mittelalterlichen Texten zwar für verschiedene Sachvorstellungen, sind aber »nicht vollständig gegeneinander ausdifferenziert«.[22] Die semantische Interferenz zwischen den beiden Termini demonstriert anschaulich ein intermediales Verhältnis zwischen Bild und Schrift: die Visualität der Literatur und die »Narrativik der Bilder«.[23] Dieser generelle Befund, den es für die Veronikaerzählung noch fruchtbar zu machen gilt, lenkt auf eine beim Wilden Mann konsequent durchgeführte Parallelisierung von Mal- und Schreibakt. Wie Lukas daran scheitert, mit Mitteln der Kunst das bei aller Konkretheit unnahbar Transzendente semiotisch festzuhalten, wie sein Scheitern die Defizienz des Zeichens gegenüber dem Absoluten demonstriert, so ›versagt‹ der Wilde Mann dabei, das Leben Jesu erzählerisch einzufangen. Dieses notwendige Versagen wird artifiziell inszeniert, der Autor ist sich über seine Abweichung vom normativen Text voll im klaren. Die Normativität seines Prätextes zwingt ihn zum Fehl-Lesen.[24] Sakrale Authentizität verbürgt allein der göttlicher Inspiration sich verdankende Evangelientext. Bei ihm handelt es sich gewissermaßen um ein *textum non manufactum*. Wie man die nicht von Menschenhand hergestellten

---

[20] »Wohlbekannt ist auch die sog. ars poetica, aus der gewisse Grundsätze die ma. Ästhetik beherrschen, ohne daß deshalb von dem Werk mehr als diese Grundsätze bekannt oder im speziellen Fall nachweisbar sein müßten« (Franz Brunhölzl: [Art.] Horaz im Mittelalter, in: LMA, München, Bd. 5, Sp. 124).

[21] Einen solchen Mangel konstatiert Gustav Ehrismann: Geschichte der deutschen Literatur bis zum Ausgang des Mittelalters. 2.1: Frühmittelhochdeutsche Zeit, München 1954, S. 130: »das Weib folgt Jesu 89f. und Jesus predigt vor den Jüngern 135, eh er getauft wird 197ff.«.

[22] Horst Wenzel: Hören und Sehen, Schrift und Bild. Kultur und Gedächtnis im Mittelalter, München 1995, S. 292.

[23] Ebd.

[24] Eine Theorie der Fehllektüre findet sich bei Harold Bloom: Eine Topographie des Fehllesens, Frankfurt a. M. 1997, S. 17–106.

Himmelsbilder um ihrer Authentizität willen verehrte, so genoß das Buch der Bücher als Offenbarungsquelle liturgische Huldigung.[25] Die Mittel der Kunst, sei es der bildnerischen oder der erzählerischen, kapitulieren, wenn es darum geht, das Transzendente gestalterisch konkret werden zu lassen.

Das religiöse Bedürfnis nach Konkreta, nach versinnlichter Glaubensvorstellung manifestiert sich in der Christusvita des Wilden Mannes gleichwohl unübersehbar. Abstrakte theologische Vorstellungen werden in eine anschauliche Bildlichkeit gekleidet. So figuriert die Inkarnation als ein Springen – *dat was di wisheit undi gedanc,/ di von himile in ertriche spranc* (v. 77f.) – oder Schreiten – *du er von himile er in ertriche screit* (v. 126). In der Emmausgeschichte greift Lukas gegen den Evangelientext mit den Händen nach dem sich auflösenden Fremden[26], ein Bild, das das Scheitern der sinnlichen Annäherung an das Absolute noch einmal auf anderer Ebene festhält. Der Wilde Mann parallelisiert den Emmausjünger mit dem ungläubigen Thomas, der die Wunden des Auferstandenen mit der Hand betastet.[27] Dies sind Reflexe eines religiösen Wunsches nach sinnlich spürbarer Heilsgeschichte. Das Erzählen, wie der Wilde Mann es als eine Variante solch sinnlicher Annäherung an das Heilswirken begreift, muß sich wie jede andere ›Kunst‹ mit der Einsicht begnügen, der transzendenten Maßgabe nicht genügen zu können. Das allerdings ist nur die eine Seite. Die Einsicht in die grundsätzliche Unzulänglichkeit der ›Kunst‹, am Transzendenten repräsentierend zu partizipieren, bedeutet auf der anderen Seite die Befreiung des bibelepischen Erzählens von der sakrosankten Vorlage. Das Erzählen emanzipiert sich, löst sich hier aus den Fesseln tradierter Deutungs- und festgeschriebener Motivationsvorgaben.

II. Mythopoetik

Wüstenaufenthalt Christi und Passionsgeschichte werden denn auch, so scheint es zunächst, in einen fiktiven kausalen Begründungszusammenhang gerückt. Um zu überprüfen, ob es sich bei Jesus um Gott oder einen Menschen handle, setzt der Teufel ihn den bekannten Versuchungen aus.[28]

> *da ginc list wider liste,*
> *want der tuovel nine wiste,*
> *weder he got ob menschi were,*
> *dat mudin also sere* (v. 221–224).

Weil der Satan das wahre Wesen Jesu nicht zu Gesicht bekommt, sinnt er auf den Tod des Unerkannten.

---

[25] Gussone (Anm. 13); Ivan Illich: Im Weinberg des Textes. Als das Schriftbild der Moderne entstand, Frankfurt a. M. 1991, S. 70f.

[26] Vgl. v. 532.

[27] Vgl. v. 571.

[28] Die Reihe der Versuchungen folgt Matt 4,1–11.

Vant der duvil so danne was giwant,
dat he sin nit hatti irkant,
vi gerne her drumbe dethe,
wi hen zum dode brechte (v. 293–296).

In Judas findet er denjenigen, der ihn dem gesteckten Ziel näherbringt, durch des Judas Verrat kann die passio Christi anheben. Erst auf dem Kreuzweg erkennt er im schweigend Leidenden den Gottessohn. Die Erlösungsdramaturgie des göttlichen Geschehens scheint, folgt man diesem Jesusleben, der göttlichen Fügung entglitten. Die kausale Logik dieser Erzählung unterscheidet sich erheblich von der des Offenbarungstextes. Das Heilsgeschehen wird dualistisch perspektiviert, der Teufel führt Regie. Er sieht seiner Niederlage ins Auge, als das Geschehen seinen irreversiblen Lauf genommen hat.

Zu fragen wäre nach der »moralische[n] Norm«[29], die differenziert zwischen dem, was berichtenswert ist, und solchem, was als nicht erzählenswert ausgegrenzt wird, also nach jener Maßgabe, die verantwortlich zeichnet für Stoffauswahl und -anordnung. Die amplifikatorische Ausgestaltung biblisch verbürgter Stationen der Vita Christi – Taufe, Versuchung, Passion und Auferstehungsgeschehen – verdankt sich primär einem soteriologischen Interesse des Wilden Mannes[30], das zudem die Verbindung von Veronika-Legende und ›Leben Jesu‹ aufs eindrücklichste zu erhellen vermag. Im Hiob-Kommentar Gregors des Großen, der das ganze Mittelalter hindurch exzerpiert wurde und so eine weite Verbreitung erfuhr[31], findet sich eine für unsere Erzählung aufschlußreiche, eine strukturelle Analogie bietende Auslassung über das agonale Verhältnis zwischen Christus und Satan.[32] Der Satan, so Gregor, versuchte den Herrn zuerst nach der Taufe. Da er aber zu dem Innern Jesu keinen Zugang fand, wollte er ihn wenigstens nach außen durch den Tod des Leibes besiegen.[33]

[29] Hayden White: Die Bedeutung von Narrativität in der Darstellung der Wirklichkeit, in: ders.: Die Bedeutung der Form. Erzählstrukturen in der Geschichtsschreibung, Frankfurt a. M. 1990, S. 11–39, hier S. 36.

[30] Einen Überblick über soteriologische Positionen des 12. und 13. Jahrhunderts bietet J. Patout Burns: The Concept of Satisfaction in Medieval Redemption Theory, in: Theological Studies 36, 1975, S. 285–304.

[31] Vgl. René Wasselynck: Les compilations des ›Moralia in Job‹ du VIIe au XIIe siècle, in: Recherches de Théologie ancienne et médiévale 29, 1962, S. 5–32.

[32] Es kann aus prinzipiellen Gründen hier nicht um einen strikten Quellennachweis gehen, um den sich die Forschung lange Zeit bemüht hat. Allerdings hat nicht zuletzt die Tatsache, daß »Quellen gelehrter Art« (Eggers [Anm. 15], Sp. 975) nicht nachzuweisen waren, das Bild vom »naiven Autodidakten« (ebd.) geprägt. Daß solche Wertungen korrekturbedürftig sind, scheint evident; vgl. dazu Dieter Kartschoke: Der Wilde Mann und die religiösen Bewegungen im 12. Jahrhundert, in: Aspekte der Germanistik. Festschrift für Hans-Friedrich Rosenfeld zum 90. Geburtstag, hg. von Walter Tauber, Göppingen 1989 (GAG 521), S. 69–97, hier bes. S. 83.

[33] *Hunc ergo cum post baptisma uidit antiquus hostis, mox temptationibus impetiit et per diuersos aditus ad interiora eius molitus irrepere, uictus est atque ipsa inexpugnabilis mentis eius integritate prostratus. Sed quia ad interiora non ualuit, ad eius se exteriora conuertit, ut quia mentis uirtute uictus est, eum quem decipere temptatione non ualuit, carnis saltim uideretur morte superare atque ut ante nos dictum est, permissus est in illud quod ex nobis mortalibus Mediator acceperat* (Gregor der Große: Moralia in Iob, XI–XXII, hg. von Marc Adriaen [CCSL

»Allein, wo er nach aussen hin etwas tun konnte, gerade da ist er vollständig nach jeder Seite hin besiegt worden, und gerade da, wo er das Fleisch des Herrn zu töten die äussere Gewalt erhielt, ist seine innere Macht, mit welcher er uns gefangenhielt, vernichtet worden. Er selbst ist nämlich innerlich besiegt, während er gleichsam äusserlich siegte, und er, der uns mit Recht als dem Tode verfallen festhielt, verlor rechtmässiger Weise über uns das Recht des Todes, weil er durch seine Trabanten dessen Fleisch zu töten sich vermass, in welchem er nichts von Sündenschuld vorfand.«[34]

Die Herrschaft Satans über die Menschheit, so eine auch bei den Vätern entwickelte soteriologische Vorstellung, ist von Gott zur Strafe für die Ursprungssünde zugelassen. Das Recht des Teufels über den Menschen galt also nur insoweit, als der Mensch ein Sünder war. Der Gottmensch aber ist frei von jeder Sünde, folglich ist einem Rechtsanspruch des Teufels auf Christus von vornherein der Boden entzogen. Weil er aber den die Menschheit repräsentierenden Gottessohn der Folter aussetzt und ihn zu Tode zu bringen begehrt, verwirkt er auch sein Recht auf Beherrschung der Menschheit. Im Schweigen unter der Folter gewahrt der Teufel die göttliche Provenienz des Kreuztragenden.[35] *[G]odis sun dat cruce druch/ swigindi, alse dat lamp deit,/ dat nit inruofit, so man iz sleit* (v. 338–340). Damit ist die eigene Niederlage besiegelt. Nicht von ungefähr streut der Wilde Mann hier einen biblisch vorgegebenen Vergleich mit dem Opferlamm ein.[36] Gregor wiederum betont im Kontext seiner redemptionstheoretischen Spekulation, daß die Sündenschuld gegenüber Gott allein durch ein menschliches Opfer getilgt werden könne. Dieses Opfer müsse aber rein sein, denn Unreines könne nicht durch Unreines gereinigt werden. So sei Gottes Sohn Mensch geworden, um sich als Opfer darzubringen, das ob seiner Heiligkeit und Gerechtigkeit schuldtilgend wirken konnte.[37] Das Menschsein Christi erweist

143A], 1979, Lib. 17, c. 30, S. 878,57–66). Vgl. Bernhard Funke: Grundlagen und Voraussetzungen der Satisfaktionstheorie des hl. Anselm von Canterbury, Münster 1903, I. Teil, S. 27. – Luk 22,3 ergreift der Satan Besitz von Judas – *Intravit autem satanas in Iudam qui cognominatur Scarioth, unum de duodecim* –, ohne daß eine Verbindung zur Versuchung Christi hergestellt würde.

[34] Funke (Anm. 33), S. 27f. – vgl. Gregor der Große (Anm. 33), S. 878,66–879,73: *Sed ubi potuit aliquid facere, ibi ex omni parte deuictus est; et unde accepit exterius potestatem dominicae carnis occidendae, inde interior potestas eius qua nos tenebat occisa est. Ipse namque interius uictus est, dum quasi uicit exterius; et qui nos iure debitores mortis tenuit, iure in nobis ius mortis amisit; quia per satellites suos eius carnem perimendam appetiit, in quo nil ex culpae debito inuenit.* – Zu den für Gregor – wie auf andere Weise für den Wilden Mann – elementaren Denkkategorien ›außen‹ und ›innen‹ vgl. Paul Aubin: Intériorité et extériorité dans les Moralia in Job de Saint Grégoire Le Grand, in: Recherches de Science Religieuse 62, 1974, S. 117–166.

[35] Rainer Warning: Ritus, Mythos und geistliches Spiel, in: Terror und Spiel. Probleme der Mythenrezeption, hg. von Manfred Fuhrmann, München 1971, S. 211–239, hier S. 233, Anm. 57, hat darauf verwiesen, daß auch in den Passionsspielen Christus durchweg als schweigend Leidender erscheine. Darin manifestiert sich für ihn eine Mythisierungstendenz der Spiele.

[36] Jes 53,7: *oblatus est quia ipse uoluit et non aperuit os suum sicut ouis ad occisionem ducetur* [...].

[37] Vgl. Gregor der Große (Anm. 33), S. 878,36–57: *Delenda ergo erat talis culpa, sed nisi per sacrificium deleri non poterat. Quaerendum erat sacrificium, sed quale sacrificium poterat pro absoluendis hominibus inueniri? Neque etenim iustum fuit ut pro rationali homine brutorum*

sich als pia fraus, auf die der Teufel – allerdings nicht ahnungslos, wie ihn sich die patristische Theologie ausmalt – hereingefallen ist. Im listenreichen Wettstreit zwischen Gott und Teufel hat die göttliche Seite die Oberhand behalten, der Herrschaft des Teufels ist für alle Zeiten ein Ende bereitet: *do wart der tuvil allir erst givalt* (v. 336). Er muß erkennen, daß er unrechtmäßig die Hand nach demjenigen ausgestreckt hat, der in seiner Sündenlosigkeit allein ihm die Herrschaft streitig machen konnte. Die Deutung des Kreuzesgeschehens durch den Wilden Mann ist der patristischen Rekapitulationstheorie verpflichtet: *damite irvalthe he den vluoch,/ di in dem paradysi giscah,/ do der mennischi godis gibot zubrach* (v. 360–362). Gemeint ist jene typologische Beziehung zwischen Adam und Christus, nach der Christus als der neue Adam die im Paradies gescheiterte Menschheitsgeschichte auf höherer Ebene erneut aufnimmt, um sie ihrem zugedachten Ziel entgegenzuführen. So ist die Erzählung der Versuchung und Passion Christi denn auch durchwirkt mit typologischen Betrachtungen, die den soteriologischen Rahmen nicht aus dem Auge verlieren lassen. Die inserierten Passagen der alttestamentlichen Sündenfallgeschichte erfahren eine spezifische Modellierung auf die Adam-Christus-Typologie hin. Der Teufel versucht Christus, *also wor Eva gibat/ heren Adamen, daz he daz obez az* (v. 244f.). Folglich wird Adam beim Wilden Mann – gegen den Offenbarungstext – zum Adressaten der Schlange:

> *di girheit*[38] *zougite im zu hant,*
> *damite he Adamen stach,*
> *do he vil lugenliche sprach:*
> *›uoltu wesen alsi got,*
> *so saltu zubrachin sin gibot,*
> *so mugit ir im gilichen.‹* (v. 264–269)

Es handelt sich also nicht um Unkenntnis, sondern im Gegenteil um eine in genauer Kenntnis der Sündenfallgeschichte vorgenommene soteriologisch motivierte erzählerische Transformation biblischen Erzählguts, wenn der Wilde Mann die sakrosankte Vorlage gegen den Strich bürstet. Es steht zu vermuten, daß sich hinter dem Wilden Mann ein Buchgelehrter verbirgt, der auf höchst durchdachte Weise das biblische Erlösungsgeschehen mit einem Heilungswunder kombiniert,

---

animalium uictimae caederentur. […] *Ergo si bruta animalia propter rationale animal, id est pro homine, dignae uictimae non fuerunt, requirendus erat homo qui pro hominibus offerri debuisset, ut pro rationali peccante rationalis hostia mactaretur. Sed quid, quod homo sine peccato inueniri non poterat, et oblata pro nobis hostia quando nos a peccato mundare potuisset, si ipsa hostia peccati contagio non careret? Inquinata quippe inquinatos mundare non posset. Ergo ut rationalis esset hostia, homo fuerat offerendus, ut uero a peccatis mundaret hominem, homo et sine peccato. Sed quis esset homo sine peccato, si ex peccati commixtione descenderet? Proinde uenit propter nos in utero uirginis Filius Dei, ibi pro nobis factus est homo. Sumpta est ab illo natura, non culpa. Fecit pro nobis sacrificium, corpus suum exhibuit pro peccatoribus uictimam sine peccato, quae et humanitate mori, et iustitia mundare potuisset.*

[38] Zum Komplex der avaritia und deren Einschätzung in der deutschen Literatur des 12. Jahrhunderts vgl. Kartschoke (Anm. 32). Mit guten Gründen rückt Kartschoke den Wilden Mann in die Nähe kirchenkritischer Dissidenten, die sich dem evangelischen Armutsgebot verpflichtet wissen.

in dem sich der Sieg Christi über den Tod konkretisiert. Wie Christus die Menschheit durch sein Obsiegen der Herrschaft des Teufels entreißt, so trägt er Sorge für den unheilbar an Aussatz erkrankten Vespasian. Der Wilde Mann arbeitet mit soteriologischen Abbreviaturen – Opfer-, Redemptions- und Rekapitulationstheorie werden aufgerufen –, ohne sein bibelepisches Erzählen in einer Vorrang behauptenden Episierung theologischer Konzepte aufgehen zu lassen. Das Auferstehungsgeschehen nimmt bei ihm breiten Raum ein; in der Darstellung des über den Tod triumphierenden Christus bleibt der Wilde Mann auffällig bibelnah. Auf der anderen Seite beschneidet er das Leben Jesu um Taten und Lehre zugunsten einer mythisierenden Christologie. Es ist diese sich in der erzählerischen Gestaltung niederschlagende Unabhängigkeit gegenüber Offenbarungstext wie theologischer Konzeptbildung, die den Freiraum erzählerischer Authentizität eröffnet.

Im 12. Jahrhundert tritt auf programmatischer wie auf erzählerischer Ebene ein Bewußtsein für die Historizität des biblisch Erzählten zutage. *Ein wnder zu Rome giscach/ ovir zwein undi vierzich iaren undi ein dach* (»Vespasianus«, v. 1f.).[39] Die Wunderwirkung des Tuches an Vespasian wird historisch präzisiert. Die mit der Einnahme Jerusalems verbundene Vertreibung der Juden erfolgt beim Wilden Mann, überdies biblisch abgesegnet (v. 258–262), als Strafe für die Kreuzigung Christi. Legendarisches und damit auch biblisches Geschehen geraten in eine historisierende Perspektive. Es kann keine Rede davon sein, daß die allegorische Auslegung, seit je integrativer Bestandteil bibelepischen Erzählens, in den Hintergrund träte. Aber es zeichnet sich deutlich ein erwachendes Bemühen um den literal-historischen Sinn der biblischen Erzählungen ab. So werden in Hugos von St. Viktor »Didascalicon de studio legendi« hermeneutische Grundsätze des Bibelstudiums entwickelt.[40] Hugo hält, orientiert an Gregor dem Großen, am dreifachen Schriftsinn fest, hierarchisiert aber auf überraschend neue Weise die Auslegungsmethoden:

> *Sic nimirum in doctrina fieri oportet, ut videlicet prius historiam discas et rerum gestarum veritatem, a principio repetens usque ad finem quid gestum sit, quando gestum sit, ubi gestum sit, et a quibus gestum sit, diligenter memoriae commendes. haec enim quattuor praecipue in historia requirenda sunt, persona, negotium, tempus et locus.[41]*

Als ›Historie‹ wird nicht nur die Erzählung von Ereignissen begriffen, sondern der Sinn der Erzählung, die mit dem eigentlichen Wortsinn ausgedrückt wird.[42] Vor aller allegorischen und tropologischen Deutung gilt es, sich der

---

[39] Die Datierung, die der Wilde Mann hier vornimmt, findet sich auch in anderem Zusammenhang; vgl. Kaiserchronik, hg. von Hans Ferd. Massmann, Quedlinburg/Leipzig 1854, 3. Theil, S. 620, v. 593–595.

[40] Vgl. hierzu Henning Graf Reventlow: Epochen der Bibelauslegung, Bd. II: Von der Spätantike bis zum Ausgang des Mittelalters, München 1994, S. 170–180.

[41] Hugo von St. Viktor: Didascalicon de studio legendi. A Critical Text, hg. von Charles Henry Buttimer, Washington, D.C. 1939, VI,3, S. 113,24–114,4.

[42] *si tamen huius vocabuli significatione largius utimur, nullum est inconveniens, ut scilicet historiam esse dicamus, non tantum rerum gestarum narrationem, sed illam primam significationem cuiuslibet narrationis, quae secundum proprietatem verborum exprimitur* (ebd., S. 115,26–116,1).

historischen Grundlagen zu vergewissern. Petrus Comestor schließt sich dieser Prioritätensetzung an, wenn er im Prolog seiner »Historia scholastica« Geschichte als Fundament biblischer Exegese begreift.[43]

> *Secundum hanc dicitur paterfamilias: Cœnaculi hujus tres sunt partes, fundamentum, paries, tectum. Historia fundamentum est, cujus tres sunt species: annalis, kalendaria, ephimera. Allegoria paries superinnitens, quæ per factum aliud factum figurat. Tropologia, doma culmini superpositum, quæ per id quod factum est quid a nobis sit faciendum insinuat. Prima planior, secunda acutior, tertia suavior.*[44]

Comestor wie schon zuvor Hieronymus und Isidor inseriert weltgeschichtliche Ereignisse – *De historiis quoque ethnicorum, quædam incidentia pro ratione temporum inserui*[45] – in seinen biblisch vorgegebenen Erzählrahmen, der vom Schöpfungswerk über die bewegte Reichsgeschichte der Israeliten bis hin zu Christi Himmelfahrt die Heilsgeschichte umspannt. Die Ereignisse erfahren bei ihm eine chronologische Ordnung, der historisierende Gestus des Erzählens wird greifbar in Spezifizierungen mit Blick auf Ort, Zeit und Art des zu erzählenden Geschehens.

Gerade das prägnant Singuläre der beim Wilden Mann prominent vorgenommenen Datierung als Eröffnung des Heilungswunders vermag die Bedeutsamkeit zu unterstreichen, die der Wilde Mann der Historizität des biblischen Geschehens zukommen läßt. Seine Geschichtserzählung verzichtet jedoch um der Wahrheit des historisch Geschehenen willen auf eine Wahrung der biblisch vorgegebenen Chronologie. Die Ordnung des erzählerischen Diskurses folgt nicht der Ordnung der biblischen Chronologie, Christi Lehr- und Wundertätigkeit wird dem die Göttlichkeit des Auftrags akzentuierenden Initiationsritual der Taufe vorgeschaltet. Der Wilde Mann begreift das biblische Heilsgeschehen als eine Sequenz geschichtlicher Ereignisse, deren Sinnordnung nicht schon aus der bloßen Aufeinanderfolge hervorgeht, sondern erst mit den Mitteln der Erzählung aufgedeckt werden muß. Das, was sich historisch ereignet hat, der Sinnkern biblischer Geschichte, läßt sich für den Wilden Mann nur in der mythischen Erzählung formulieren, deren Wahrheitsanspruch gleichwohl die Autorität des Offenbarungstextes wie auch den Aussagestatus dogmatischer Rationalität nicht in Zweifel zieht. Die Literatur erobert gleichsam zurück, was ihr von den Anfängen an genuin zugehört: die »»Herrschaft […] über alle Götterauffassung‹«.[46] Wenn die Wunder- und Lehrtätigkeit Christi seiner Taufe vorausgeht, liegt dem Wilden Mann daran, die Göttlichkeit Christi von Beginn an unter Beweis zu stellen. Die Nähe zum Doketismus wird in Kauf genommen, ja unter Umständen sogar gesucht. Der schweigend Leidende, der das Kreuzesholz betastet, *want he di rinden*

---

[43] Zu Petrus Comestor vgl. Sandra Rae Karp: Peter Comestor's Historia Scholastica. A Study in the Development of Literal Scriptural Exegesis, Phil. Diss., Tulane University 1978, hier bes. S. 68–116. – James H. Morey: Peter Comestor, Biblical Paraphrase, and the Medieval Popular Bible, in: Speculum 68, 1993, S. 6–35.

[44] Petrus Comestor: Historia scholastica, in: PL 198, Sp. 1049–1722, hier Sp. 1053f.

[45] Ebd.

[46] Hans Blumenberg: Arbeit am Mythos, Frankfurt a. M. 1979, S. 268.

suoze vant (v. 356)[47], entbehrt aller Menschlichkeit, und dies gegen die beobachtbare Tendenz zur Vermenschlichung der Heilsereignisse. Das breiten Raum
einnehmende Geschehen um den Christus triumphans dient ebenfalls solcher
Apostrophierung der göttlichen Natur Christi. Im Teufel begegnet Christus der
entscheidenden Gegengewalt, die die Herrschaft der Welt in Händen hat. In der
Versuchungsgeschichte ist von der »mythische[n] Kategorie der List«[48] die Rede,
die beide einsetzen, um den Gegner zu überwältigen: *da ginc list wider liste*
(v. 221). Der Wilde Mann reinszeniert ein gnostisches Szenarium, indem er die
dogmengeschichtlich längst innertrinitarisch verrechnete Heilsökonomie auf das
alte Schema der Rivalität kosmischer Antagonisten rückprojiziert.[49] Um die
Erzählung einer Geschichte in Gang zu setzen, »muß der Pluralismus der Gewal-
ten restauriert sein. [...] Dogmatisch ist das Eine als das Letzte geboten; aber
Geschichten lassen sich nicht von ihm erzählen, es sei denn, wie es aufgehört
habe, das Eine zu sein«.[50] Anselm von Canterbury – er starb 1109 – hatte in seiner
Schrift »Cur deus homo« eine das soteriologische Denken des Spätmittelalters
kanalisierende Satisfaktionstheorie entwickelt, die zwar auf den Satan nicht ganz
verzichten konnte, ihn jedoch als rechtmäßigen »Adressat[en] für die Begnadi-
gung des Menschen«[51] ausschloß. Durch den Sündenfall des Menschen war Gott
in seiner Ehre derart verletzt, daß nur ein Mensch ohne Sünde die erforderliche
Genugtuung leisten konnte. Deshalb mußte Gott selber Mensch werden, um
durch die Behebung der Ehrverletzung die Menschheit in ihren ursprünglichen
Zustand zurückzuversetzen. Die gerettete Menschheit dient ihm dazu, das durch
den Fall Luzifers und seiner Gefolgschaft entstandene Loch in den himmlischen
Chören zu stopfen. Das Erzählen des Wilden Mannes setzt sich von solcher
dogmatischen Rationalisierung mythischer »Umständlichkeit«[52] ab. Gemessen
an der heilsökonomischen Spekulation Anselms feiert es den mythischen Atavis-
mus; anders gesehen erweist es sich als Residuum der mythischen Denkform.[53]
Historisches Begreifen und mythisches Denken schließen dabei einander keineswegs aus, im Gegenteil. Biblisches Geschehen wird in seiner Verbindung mit
legendarisch gefärbter Kaisergeschichte als historische Ereigniskette begriffen,
deren Sinn erst die Gegenordnung der mythischen Erzählung, die nicht mit der
Chronologie des Offenbarungstextes konvergiert, zu erhellen vermag.

[47] Diesen Vers wertet Vollmann-Profe (Anm. 18), S. 199, als »Beispiel für die ›Vermenschlichung‹ des Heilsgeschehens in der Dichtung des Wilden Mannes«. – Zur Süße-Metaphorik vgl.
Friedrich Ohly: Süße Nägel der Passion. Ein Beitrag zur theologischen Semantik, Baden-Baden
1989 (Saecvla spiritalia 21), hier S. 413–419.
[48] Blumenberg (Anm. 46), S. 280.
[49] Vgl. zur gegen Ende des 12. Jahrhunderts formulierten heilsökonomischen Kritik an
Rechtsansprüchen des Teufels Jean Rivière: Le dogme de la rédemption au début du Moyen
Age, Paris 1934 (Bibliothèque Thomiste XIX), S. 370–379.
[50] Blumenberg (Anm. 46), S. 290.
[51] Ebd., S. 280.
[52] Ebd., S. 273.
[53] Hier gilt es, die Gleichzeitigkeit von dogmatischer Rationalität und einem älteren ›Ratio-
nalitätstyp‹, dem mythischen Denken, ins Auge zu fassen. Die volkssprachliche bibelepische
Erzählkunst scheint von ihrem Wiedereinsetzen im 11. Jh. an Refugium mythischer Kontingenz-
bewältigung gewesen zu sein. Dies soll an anderer Stelle gezeigt werden.

Die Veronikaepisode der »Dit ist Veronica«-Erzählung und die Vespasian-Heilungsgeschichte können als Rahmen einer soteriologisch verdichteten Christusvita gelesen werden, als ein Rahmen, der sich allerdings für die ›Leben Jesu‹-Erzählung öffnet. Umgekehrt läßt sich eine Bezogenheit der Christusvita auf den legendarischen Rahmen postulieren. Um den Status eines Artefakts zu erhärten und, gespiegelt im Scheitern des Lukas, die Defizienz der Erzählkunst offenzulegen, bedarf die erzählerische Entfaltung der Christusvita einer aufgebrochenen Chronologie. Nicht schon die Reduzierung der Vita auf Taufe, Wüstenaufenthalt, Passion und Auferstehungsgeschehen gibt Einblick in solche Unzulänglichkeit der erzählerischen Repräsentation des Transzendenten. Dafür könnte das Episierungsansinnen des Wilden Mannes, die erzählerische Umsetzung theologischer Konzepte, in Anschlag gebracht werden. Erst die mittels des Veronika-Teils besorgte Inversion der Christusvita verschafft der Defizienz von Literatur gegenüber jener unerreichbaren Vollkommenheit der heiligen Bücher sinnfälligen Ausdruck. Die Heilungslegende um das Tuch der Veronika bedarf der eingeschobenen Christusvita. Auf diesem Weg wird narrativ plausibilisiert, daß das Tuchantlitz nach Christi Tod tatsächlich an seiner Statt Wunder wirkt. Rahmen und Gerahmtes verweisen also nicht nur aufeinander, sondern sind aufeinander angewiesen.

III. Ikonizität des Textes

Das Tuchbild des Königs Abgar[54], ein in Konstantinopel gehütetes Wunderbild, dessen Spur sich nach der Eroberung und Plünderung der byzantinischen Hauptstadt verliert, wurde bis ins späte Mittelalter hinein in »zahllosen Wiederholungen«[55] verbreitet. Das Tuch der Veronika hat im Westen Rang und Platz dieser Ikone eingenommen. Der Entstehungslegende nach hat König Abgar seinen Maler beauftragt, ein Porträt Christi nach dem lebenden Modell anzufertigen. Die eine Version dieser Legende besagt, der König habe das Porträt zusammen mit einem eigenhändigen Brief Christi erhalten, die andere, Christus habe, indem er sein Antlitz in das Tuch drückte, selber für die Vollendung des Porträts gesorgt. Beiden Versionen liegt daran, die Authentizität des Porträts sicherzustellen. Hans Belting berichtet von Tafeln mit einer Christusikone, die noch heute in Rom und Genua aufbewahrt werden.

>»Ein ehemaliges Triptychon aus dem 10. Jahrhundert erreicht im verlorenen Mittelteil wiederum genau das Format [jener] beiden anderen Tafeln. Da seine Seitenflügel von der Abgarlegende handeln, darf man annehmen, daß der verlorene Mittelteil im Aussehen den Exemplaren in Rom und Genua entsprach.«[56]

[54] Jutta Seibert: [Art.] Abgar(-Legende), in: LCI, Rom et al., Bd. 1, Sp. 18f.
[55] Belting (Anm. 1), S. 235.
[56] Ebd.; vgl. Kurt Weitzmann: The Mandylion and Constantine Porphyrogennetos, in: Cahiers Archéologiques 11, 1960, S. 163–184.

Was hier interessiert, ist der Triptychon-Aufbau: Die Seitenflügel erzählen die Abgarlegende, der Mittelteil zeigt eine Christusikone. Genau diese Konzeption liegt der Erzählung des Wilden Mannes zugrunde. Von Byzanz wurde die Triptychon-Form in den Westen übernommen. Ab Mitte des 12. Jahrhunderts entstanden im Maasgebiet byzantinisch beeinflußte Goldschmiede-Triptychen, die Kreuzreliquien enthielten. Für das 12. Jahrhundert bereits sind verschließbare Bilder auch auf Altären in Xanten und Laon belegt.[57] Eine zeitliche und geographische Nähe zum Wilden Mann wäre damit also gesichert.[58] Die Veronika-Legende bildet die ›Flügel‹, auf der mittleren ›Tafel‹ wird mit wenigen Pinselstrichen eine Christusvita gezeichnet.[59] Die semantische Überlagerung von *scriven* und *malen*, wie sie in der Erzählung des Wilden Mannes gegeben ist, bezieht sich also nicht nur auf die Insuffizienz der Kunst, wenn es ihr darum geht, ins Transzendente auszugreifen, sie ist vielmehr auch und vor allem Ausdruck eines poetologischen Programms, Ausdruck einer ins Werk gesetzten Visualität des Narrativen. Die soteriologisch verdichtete Christusvita, der Mittelteil der Erzählung, setzt konsequent mit Jesu Taufe ein, hierin ganz johanneisch, und schließt mit dem laut Apostelgeschichte von Christus unmittelbar vor seiner Aufnahme in den Himmel verheißenen Pfingstereignis. Tuchherstellung und Heilungswunder, die nach dem Schema Verheißung und Erfüllung aufeinander bezogen sind, umrahmen die mit einer kerygmatischen Formel abgeschlossene Christuserzählung. Liest – oder vielleicht müßte man angemessener formulieren: ›schaut‹[60] – man die Veronikaerzählung als Triptychon, verliert jene ins Auge springende Inversion der Christusvita, die Umstellung von Taufe und öffentlichem Auftre-

---

[57] S. Kemperdick: [Art.] Triptychon, in: LMA, München, Bd. 8, Sp. 1018; Klaus Lankheit: Das Triptychon als Pathosformel, Heidelberg 1959 (Abhandlungen der Heidelberger Akademie der Wissenschaften, Philosophisch-histor. Kl., J. 1959, 4. Abhlg.), S. 16.

[58] Zuletzt hierzu Kartschoke (Anm. 32), S. 92.

[59] Zum Typ der konzentrierten Bilderzählung vgl. Wolfgang Pilz: Das Triptychon als Kompositions- und Erzählform in der deutschen Tafelmalerei von den Anfängen bis zur Dürerzeit, München 1970, S. 69: »Bei einem *Erzählring um einen Schwerpunkt* [...] stammen die Szenen der Flügel grundsätzlich aus einem anderen Zusammenhang als das Thema des Mittelbildes. Die Flügelszenen aber hängen episch zusammen, so daß das Zentralthema gleichsam mit einem ›Erzählring‹ umschlossen wird. Die inhaltliche Verbindung von ›Ring‹ und ›Schwerpunkt‹ kann jedoch enger und lockerer sein.« – Die Vespasian-Heilung wurde relativ selten dargestellt, der früheste Beleg datiert vom Beginn des 16. Jahrhunderts (Brüsseler Gobelin, um 1510); vgl. hierzu Louis Réau: Iconographie de l'art chrétien, Paris 1959, Bd. III.3, S. 1314–1317. – Zu einer Theorie textueller Ikonizität vgl.: Icons – Texts – Iconotexts. Essays on Ekphrasis and Intermediality, hg. von Peter Wagner, Berlin/New York 1996, S. 1–40.

[60] ›Schau‹ ist hier nicht visionär konnotiert, wie dies Peter Czerwinski: Verdichtete Schrift. *comprehensiva scriptura*. Prolegomena zu einer Theorie der Initiale, in: IASL 22, 1997, S. 1–36, für die Wahrnehmung des Kodex nahelegt. Von bereits gesichertem Terrain aus, so hat es den Anschein, spielt die Textikone mit der Möglichkeit simultaner Wahrnehmung. Auch wenn Bildwahrnehmung sich in der Zeit ereignet und umgekehrt Schrifterschließung, sofern sich Schrift linear entfaltet, Simultaneität im Sinne einer Zusammenführung von bereits Gelesenem mit aktuell Rezipiertem voraussetzt, wird dadurch die kategoriale Unterscheidung der Wahrnehmungsmodi keineswegs hinfällig. Vgl. hierzu Luca Giuliani: Laokoon in der Höhle des Polyphem. Zur einfachen Form des Erzählens in Bild und Text, in: Poetica 28, 1996, S. 1–47, hier S. 16–20.

ten, ihre irritierende Wirkung. Der eher räumlich dimensionierte, dem Triptychon gemäße Rezeptionsmodus begreift den Übergang zwischen Tuchherstellung und Taufe als Zäsur, die der Auffüllung um syntagmatischer Kohärenz willen nicht bedarf. Eine legendarisch eingefärbte Episode aus Christi Heilswirken wird seiner Vita isoliert vorangestellt. Genau jene erzählerische Linearität aber, das Interessse an der Herstellung eines Geschehens- und Zeitkontinuums, macht der Wilde Mann geltend. [A]*lse Jesus danne bigunde gan,/ so streche an dem Jordan* (v. 197f.), lauten die vermittelnden Verse zwischen Tuchherstellung und Jordantaufe, eine Zeitangabe verbindet Jesu Tod mit dem Heilungswunder zu Rom. Die erzählerisch realisierte Linearität des Heilsgeschehens, dessen Zeitlichkeit, überformt die allerdings nach wie vor erkennbare Triptychonstruktur. Das, was das Bild nur unter Bezugnahme auf einen vorgängigen Text oder ein vorgängiges Wissen darstellen kann, nämlich Abfolge in der Zeit, erweist sich als konstitutives Merkmal literarischer Abbildung, als dessen Proprium. Hierdurch hebt sich die Literatur bei allem Gemeinsamen vom Bild ab. Die literarisch erzeugte Spannung zwischen Zeitlichkeit des Geschehens und Zeitenthobenheit der kosmischen Antagonisten, Gott und Satan, charakterisiert das Erzählen des Wilden Mannes.[61] Indem Tuchherstellung und Taufe in einen *zeitlichen* Zusammenhang gerückt sind, wird der *mythischen* Denkform Raum gegeben, sich zu entfalten. Die Erzählung stellt die hypostasierte Göttlichkeit Christi narrativ unter Beweis, noch bevor das Taufgeschehen die Göttlichkeit des Sendungsauftrags ausdrücklich besiegelt. So wie der Teufel erliegt auch Lukas dem Schein des Äußeren, der Menschennatur Christi.

> *dine liste inmugen dir nit gevruomen,*
> *iz insule von miner helfe kuomen,*
> *wan min antlize inwart ni bikant*
> *wen alda, danne ich bin gesant*
> *wan der overste wiset* (v. 155–159).

Wenn der Wilde Mann Lukas als Emmausjünger nach dem entschwindenden Christus greifen läßt, den er im Unterschied zum ungläubigen Thomas nicht zu fassen bekommt, eine sinnfällige Parallele zum Porträtversuch des Lukas, gibt er seiner Akzentuierung der vor- wie nachösterlichen Geistnatur Christi Ausdruck. Was dem Porträtkünstler versagt bleibt, das Erfassen der wahren Natur Christi, das erfüllt sich allerdings für den Schreiber Lukas:

> *di suzen wort*[62] *he uns vor sprach,*
> *di sul wir mirken beide,*
> *want mir nie gischach so leide,*
> *doch ist mir liue da bi,*
> *ich offin ob scriven, dat he instandin si* (v. 538–542).

---

[61] Vergleichbar scheint die beobachtbare Spannung zwischen einer Vermenschlichung der Heilsereignisse und einem die göttliche Natur Christi apostrophierenden Monophysitismus.
[62] Zur Süßequalität der Worte Gottes vgl. Ohly (Anm. 47), S. 481.

Der Konkurrenz der Kultbilder um Authentizität entspricht eine dem Veroni-
kagedicht eingeschriebene Rivalität zwischen Bild und Erzählung. Was dem
Maler Lukas nicht gelingt, weil er dem Äußeren folgt, schafft hingegen der Wilde
Mann, indem er unter Preisgabe der äußeren Chronologie das wahre Gesicht
Christi zeichnet, den mythischen Kontrahenten Satans. Insofern stellt sein erzäh-
lerisches Triptychon die vera icon dar.[63] Die Veronikaerzählung postuliert auf
der einen Seite die Prävalenz linearer Sukzessivität gegenüber Ordnungen der
Simultaneität. Sie bestreitet performativ bei aller modalen Nähe zwischen Bild
und Schrift die Konvertierbarkeit des einen in das andere Medium. Die Zeitlichkeit der Erzählung, Sukzessivität also, arbeitet allerdings auf der anderen Seite
wiederum der Logik des Zyklisch-Mythischen zu, theologisch formuliert: einer
dem Doketismus nahestehenden monophysitistischen Christologie. Simultaneität
und Sukzessivität sind also keineswegs als sich ausschließende Denk- und Wahrnehmungsmodi zu konzeptualisieren.[64] Durch die Abweichung von den kanonisierten Evangelien wird der Artefakt-Charakter der Textikone unmißverständlich
apostrophiert, kein Himmelstext liegt vor, sondern eine Dichtung des Wilden
Mannes. Die »Veronika« lotet aus, was erzählerisch allein möglich ist: Diskursivierung von Realpräsenz. Gemessen an der Sakralität der heiligen Bücher leuchtet gerade im vermeintlichen Versagen des Erzählens, wenn es um die Darstellung des Heilsgeschehens geht, eine mit genuin erzählerischen Mitteln zutage
geförderte Wahrheit auf, die der Historie auf den Grund gehende Wahrheit des
Mythos.

IV. Kulturelle Lektüren

Der Geschichte vom ungläubigen Thomas schließt sich beim Wilden Mann
eine auffällige Namensnennung an. Thomas ertastet die Wunden Christi; dessen
Präsenz stärkt seinen Glauben. Der Wilde Mann dagegen schreibt unter Bedingungen der Absenz des Göttlichen. Seine Autorschaft steht im Zeichen einer nur
mehr erzählerisch erinnerbaren Gegenwärtigkeit.

[63] Es geht hier nicht darum, eine Wertung des 18. Jahrhunderts, die den Vorrang der Poesie
postuliert, unkritisch aufzugreifen. Gleichwohl kann man sich des Eindrucks kaum erwehren,
daß der Vorgang einer Ausdifferenzierung der ›Künste‹ in der »Veronika« des Wilden Mannes
seinen Niederschlag findet. – Unter Umständen sind ikonoklastische Strömungen, die unter den
Häretikern des 12. Jahrhunderts anzutreffen sind, für eine beim Wilden Mann beobachtbare
Favorisierung der *Text*-Ikone in Anschlag zu bringen. Zur Ablehnung der Kreuz- und Bilderver-
ehrung bei Ketzern des 12. Jahrhunderts vgl. Herbert Grundmann: Religiöse Bewegungen im
Mittelalter, Darmstadt ²1961, S. 21, Anm. 13; Ernst Werner/Martin Erbstösser: Ketzer und
Heilige. Das religiöse Leben im Hochmittelalter, Wien/Köln/Graz 1986, S. 266; zur mittelalter-
lichen häretischen Bildkritik ›von unten‹ vgl. Horst Bredekamp: Kunst als Medium sozialer
Konflikte. Bilderkämpfe von der Spätantike bis zur Hussitenrevolution, Frankfurt a. M. 1975,
S. 213–230.

[64] Diese Dichotomisierung begegnet bei Peter Czerwinski: Gegenwärtigkeit. Simultane
Räume und zyklische Zeiten, Formen von Regeneration und Genealogie im Mittelalter. Exempel
einer Geschichte der Wahrnehmung II, München 1993; dazu kritisch: Peter Strohschneider: Die
Zeichen der Mediävistik. Ein Diskussionsbeitrag zum Mittelalter-Entwurf in Peter Czerwinskis
›Gegenwärtigkeit‹, in: IASL 20, 1995, S. 173–191, hier S. 176–180.

he sprach: ›Thomas, du salt selich sin,
michil seliger di holden min,
di glovuint undi mich nine gisahen.
hinnaf sulin si sich bagin
unde sterchen di rechti warheit,
won mins vadir riche ist in bireith.‹
des gisinnit ouch der wilde man,
want he der rede also bigan (v. 581–588).

Die Erzählung füllt die Zeit aus, in der das Heilige sich der unmittelbaren Erfahrung entzogen hat. Das Erzählen stellt ein Interim dar, es ist Substitut. Im Veronikagedicht gesellt sich Maria nach Christi Aufnahme in den Himmel zu den in Sorge verharrenden Jüngern, und nicht zufällig beginnt sie zu erzählen – bis am zehnten Tag *got selve ouch vor sprach* (v. 640). Die Gegenwart Gottes bedeutet das Ende des Erzählens, umgekehrt firmiert die Absenz des Göttlichen als dessen situative Bedingung. Die Superiorität der Gegenwart des Heiligen in Form der göttlichen Rede/des göttlichen Textes gegenüber den identitätssichernden Erzählungen der Maria steht außer Zweifel. Die Erzählungen dienen lediglich dazu, *di wile [zu] kurce[n]* (v. 638) bis zu jenem erhofften Zeitpunkt, an dem das göttliche Wort an die Stelle menschlicher Rede tritt. Bezeichnend ist das, was Maria erzählt: nicht das den Jüngern noch in der Erinnerung aus ihrem Leben mit Jesus Gegenwärtige, sondern das, wovon sie ausgeschlossen waren:

si trosti si undi saz in bi
vndi sagiden tugindin gnuch,
wi ir was, du si/ unsin herren druch,
vnde von ir leven, du si in inphinc,
unde von dem wege, du si zu ir nichtin ginc:
dat was kume ein halvi mile (v. 632–637).

Sie berichtet von Schwangerschaft, Empfängnis und ihrem Besuch bei Elisabeth – in dieser wiederum invertierten Reihenfolge. Das Erzählen der Maria spiegelt noch einmal den der Kunst, der des Lukas wie der des Wilden Mannes, im Hinblick auf die Darstellung des Heilsgeschehens eignenden Gestus erzwungener Abweichung. Die Erzählung ruft ins Leben, beschwört das nicht Gegenwärtige – und dies im Wissen um die Unverfügbarkeit des Numinosen. Damit sind Grenzen und Potenzen des Erzählens ausgeleuchtet. Bei aller Vergegenwärtigungsanstrengung der Erzählung bleibt die performative Evozierung des Heiligen ausgeschlossen.

Heilige Texte, so auch der heilige Text der Bibel, sind charakterisiert durch die »Vorstellung einer Gegenwart des Heiligen«[65], aber auch durch Normativität, also die Kodifizierung von Normen sozialen Verhaltens, und Formativität, ge-

---

[65] Jan Assmann: Kulturelle Texte im Spannungsfeld von Mündlichkeit und Schriftlichkeit, in: Literaturkanon – Medienereignis – Kultureller Text. Formen interkultureller Kommunikation und Übersetzung, hg. von Andreas Poltermann, Berlin 1995 (Göttinger Beiträge zur Internationalen Übersetzungsforschung 10), S. 270–292, hier S. 277.

meint ist die Vermittlung identitätssichernden Wissens.[66] Normativität und Formativität lassen sich als genuine Kennzeichen *kultureller* Texte verbuchen. Für
heilige Texte gilt bereits in Gedächtniskulturen Wortlautbindung[67], kulturelle
Texte unterliegen gerade in Schriftkulturen der ›mouvance‹. Variation ist möglich, weil der Schriftspeicher die Überprüfung des Überlieferten jederzeit ermöglicht. Von Interesse für unseren Sachverhalt ist die prekäre Koinzidenz von
Merkmalen heiliger und kultureller Texte im Bibeltext. Es kommt hier offenbar
auf den Rezeptionsrahmen an, auf die institutionelle Einbettung von Rezeption,
ob der Bibeltext als heiliger oder kultureller aktualisiert wird. Als gespeichertes
Zeichenensemble bietet er beide Möglichkeiten an. Erst die Rezeption *macht* ihn
zum heiligen bzw. kulturellen Text. Die kultische Rezeption basiert auf der
Annahme von ritueller Textfestigkeit und zielt auf Ergriffenheit. Verstehen ist
eine der kultischen Rezitation äußerliche Kategorie. Anders sieht es bei der
kulturellen Konstruktion des biblischen Textes aus. Er soll in seiner Normativität
entschlüsselt, mit Bedeutung versehen werden. Nicht ohne Grund greift der
Wilde Mann daher auf bibelhermeneutische Tradition zurück. Die Variation,
Kennzeichen des kulturellen Textes, hat hier statt in Form der invertierten Jesus-
vita. Es zeichnet den kulturellen Text aus, daß er die Kanonformel, also die
Maßgabe, den Textbestand zu konservieren, über Bord wirft. Die kulturelle
Lektüre der Bibel[68], deren Reformulierung im erzählerischen Diskurs, ereignet
sich indes im normierenden Horizont der die kultische Rezeption qualifizieren-
den Sakralität des Textes. Die kulturelle Lektüre bleibt wesentlich auf die Heiligkeit des Textes bezogen. Aber gerade deswegen kann sie sich, ja muß sie sich,
wie das Veronikagedicht vor Augen führt, einen erzählerischen Freiraum schaffen. Damit kein Mißverständnis entsteht: Der biblisch gespeiste kulturelle Text
versteht sich als Träger verbindlicher Wahrheit. Erzählerische ›Autonomie‹ und
erzählerische ›Authentizität‹ stehen nach wie vor in Form religiöser Unterwei-
sung im Dienst der Theologie. Von Literatur, die, wenn man es so formulieren
möchte, als Fiktion zu sich selber kommt, kann hier noch keine Rede sein. Wohl
aber scheint eine Etappe zurückgelegt auf dem für die Literaturgeschichte noch
zu beschreibenden Weg vom religiösen Original zur Idee, vom Kult zur Kunst.

---

[66] Zu den Begriffen Normativität und Formativität vgl. Aleida Assmann: Was sind kulturelle Texte?, in: Literaturkanon (Anm. 65), S. 232–244, hier S. 238.

[67] Assmann (Anm. 65), S. 277f.

[68] Der Lektüre-Begriff hebt hier auf jenen – freilich noch begrenzten – Freiraum ab, den die
Sakralität des Prätextes provoziert.

Melusine Between Myth and History
Profile of a Female Demon

by Stephen G. Nichols (Baltimore)

> »Allegory thus would reach the highest plane in a symbolism
> that conveys the action of the mind.« – Angus Fletcher

Introduction

Sometime between 1387 and 1392, a court poet named Jean d'Arras invented a proto-Gothic romance for one of the most powerful and famous literary patrons of the age: Jean, Duc de Berry, Count of Poitiers, suzerain of Languedoc and Guyenne and tutor to the young king, Charles VI of France. Jean d'Arras called his book the »Roman de Melusine«, after the name of a new kind of heroine, part-fairy, part human, whom he made up from a dazzling mélange of Latin, Celtic folklore, and local legend. In one stroke, he synthesized a millennium of controversy revealing popular and learned ambivalence, not to say fear, regarding the power of images.

From the extraordinary character of his female monster, Melusine and her ten grotesquely-marked sons, Jean d'Arras constructed a puissant allegory of history showing the illusory nature of English claims to the French throne as they had, for example, recently been set forth by Jean Froissart in his popular and authoritative »Chroniques«. But however compelling contemporary political concerns might have been for Jean d'Arras's powerful patron, Jean himself seems to have been fascinated by the chance to construct a vast encyclopedia of images – an ›image theater‹, consisting of fantastic exotica.

Fascinating and necessary as these iconic elements of the »Roman de Melusine« may be, none compares with the conception of the fairy herself. One might claim this simply on the incredible afterlife Melusine has had, not only in the Middle Ages and Renaissance, but also for her role in modern times. Many fascinating female figures were invented in the late Middle Ages who have passed from all but scholarly memory. Not so Melusine. But if she has gripped the Western imagination for the last five hundred years, it must have to do with the way Jean d'Arras conceived her: what he invented and how. Above all, her hold stems from the way she synthesizes a millennial tradition of learned and folkloric speculation about female monsters. For the late classical period and Middle Ages these were demonic agents with specifically recognizable characteristics. First and most troubling was their appearance as ravishingly beautiful women possessed, like humans, of a passionate soul, but who enjoyed eternal life and an aerial abode, just like the gods. But, in the restless manner of gods, they often roamed the earth in their illusory female body. Jean did not so much invent Melusine, in other words, as turn to history for his raw material and then, through his work, return her fully formed to the historical record.

In Jean's romance, then, Melusine is about the feminization of the image; or rather the evil that images of history, conceived as feminized, can provoke. He also asks us to speculate on the deplorable necessity for illusion in life. In what follows, I would like first to show just how thoroughly Melusine incarnates a problematic demonology of image; then, to trace the ›philology‹ of this feminized personification beyond the usual and by now familiar analogues in Gervase of Tilbury; and finally, to examine the pictures in the one of the principal manuscripts of Jean's romance to illustrate how it constructs an allegory of history where iconic representation dramatizes the ambivalence of historical memory.

Melusine: A Demonology of Image

Who says Melusine says image; visual image, certainly, but also verbal image in its myriad permutations, such as symbol, connotation, metaphor, and analogy. The visual image of Melusine, the quintessential medieval fatal attraction, is, of course, that of the siren, mermaid in the more anodyne form, except that Melusine, like the dragon with which she is also associated, has wings as well as the piscine tail.

Like the ›sirènes bifides‹ or split-tailed sirens carved on the corners of Romanesque capitals, Melusine's image has two complementary parts, two morphologies, really, since they apparently represent two distinct body images. Her ›signature-image‹ is that of the winged siren, a beautiful, blonde full-breasted woman down to the waist, with the dragon wings and piscine tail filling out the rest of the picture. This is not the image of Melusine that one first encounters in her narratives, however; we first see a beautiful princess, a seemingly normal woman, sumptuously-gowned in the fashion of the later Middle Ages standing besides a well or spring.

In her human form, one may also find Melusine in the midst of a building site, authoritatively directing the construction of one of the handsome castles legend credits her with erecting in record time and with the same regularity that she gave birth to sons. Occasionally, she may be shown with one or two of her ten sons, many of them distinguished by a visually striking deformity. There is, for example, Geoffrey Big-Tooth's tusk-like incisor, or Horrible, her eighth son, unnamed at birth, distinguished by three eyes and the fact, we are told, that he would kill two of his wet-nurses before the age of three by biting their breasts off.

Melusine's dual morphologies are not accidental. They constitute a deliberate doubling of her nature, a narrative and not simply a biological twinning. Within the culture of the period, her attributes formed a perfectly natural aspect of the character and narrative of one who was simultaneously monster, hero, and demi-demon. This drama of biological and philosophical boundary violation offers a stunning instance of the Middle Ages' confidence in its power to transcend the limits of representation.

The paradox of the work, for a modern reader though perhaps not for a medieval public, lies not in the apparent exoticism of Melusine and her sons, but in their systematic correlation to contemporary structures of thought. Melusine incarnates ambivalence, both physiologically, as part of her genealogy, that is as part of her narrative of creation (for genealogy and narrative are one), and naturally, as a readily explicable example of category mixing.

Now, one of the most significant facts of Jean's work, and one contributing to the force of his allegory, is the historical disparity between Melusine's name – local and recent – and the species the name connotes. Jean succeeds brilliantly in combining myth and history in the personage of Melusine. He does so by combining a local history, that of the Lusignan family, with an anonymous category of female monster called ›lamia‹. This monster has the face and torso of a beautiful woman down to the stomach, but a serpent's tail below the waist. She's known anonymously by a long line of texts from the late classical period down to Robert Burton's »Anatomy of Melancholy« (1621) and John Keats's striking poem, »Lamia« (1819). The local legends of the Lusignan family mention a female tutelary deity named ›Melusine‹ who constructs castles overnight for the family and circles around their tower in the form of a winged serpent to announce the impending death of a family member. Jean d'Arras seems to have been the first to associate the local history of the Lusignan and Melusine with the lamial literature.

Keats's poem has a wonderful description of the ambiguous ›Gestalt‹ of the lamia that captures the horrific fascination – and the unmistakable pathos – by which early modern Europe conjured the feminine demonic:

> *The God, dove-footed, glided silently ...*
> *Until he found a palpitating snake,*
> *Bright, and cirque-couchant in a dusky brake.*
> *She was a gordian shape of dazzling hue*
> *Vermilion-spotted, golden, green, and blue;*
> *Striped like a zebra, freckled like a pard,*
> *Eyed like a peacock, and all crimson barr'd;*
> *And full of silver moons, that, as she breathed,*
> *Dissolv'd, or brighter shone, or interwreathed*
> *Their lustres with the gloomier tapestries –*
> *So rainbow-sided, touch'd with miseries,*
> *She seem'd, at once, some penanced lady elf,*
> *Some demon's mistress, or the demon's self.*
> *Upon her crest she wore a wannish fire*
> *Sprinkled with stars, like Ariadne's tiar:*
> *Her head was serpent, but ah, bitter-sweet!*
> *She had a woman's mouth with all its pearls complete:*

And for her eyes: what could such eyes do there
But weep and weep, that they were born so fair? (ll.42,45–62)[1]

With Keats's ekphrastic evocation in mind, let us first look at the way Melusine configures narrative, including the way she becomes a narrative agent deflecting the story to her own ends in some key scenes. Witnessing her ›active‹ role in the narrative production of images will help us to grasp better her ontology, that is the ontology of the sign ›Melusine‹.

Morbid passion played an important role in the polemic surrounding demonology during the late-classical and medieval period. In his treatise on demons, »De Deo Socratis«, the second-century philosopher, Lucius Apuleius, better known for his »Metamorphoses« (»The Golden Ass«), advances Plato's doctrine that demons are aerial creatures residing midway between earth and the heavens, who serve as messengers between the gods and humans.[2] Demons have responsibility for all mysterious divinations or presages by which gods convey signs to human beings: Sleep and Love, for example are non-corporeal demons.

Apuleius ascribes five qualities to demons: (1) endowed with movement, (2) possessing the faculty to reason, (3) having a passionate soul, (4) a body composed of air, and (5) eternal life. They share the first three with humans, are unique in the fourth, and have the fifth in common with gods. Apuleius notes the passionate nature of their souls – their ability to love, hate, feel jealousy – for he sees this quality as assuring the efficacy of religious observances.[3]

Plato and Apuleius argue the centrality of the passionate soul as a motor not only in human relations, but also in human-divine exchanges. For them, at least in this economy, passion does not shut out reason nor circumvent it, but is ancillary to it. Consequently, pathos is not necessarily morbid in the Greek tradition. The Judeo-Christian situation presents quite another picture of the same interaction, however. Early Christian apologists, and notably Saint Augustine, viewed the passionate soul, when ascribed to superhuman beings, as decidedly pathological.

The same mental turmoils (*turbationes mentis*) that for Plato and Apuleius made empathy possible between demons and humans struck a raw chord in Saint Augustine. Upset by Apuleius' treatise, he devoted considerable space in books eight and nine of »De Civitate Dei« to attacking the concept that demons, rather than angels, mediated between heaven and earth. The doctrine of a passionate soul in demons appeared particularly perverse:

---

[1] Quoted from The Norton Anthology of English Literature, ed. M. H. Abrams, New York ⁵1987, p. 828–829.

[2] For an informed discussion of Plato's demonology see: Léon Robin: La Théorie platonicienne de l'amour, Paris 1907, ch. 3.

[3] *Quippe, ut fine conprehendam, daemones sunt genere animalia, ingenio rationabilia, animo passiua, corpore aëria, tempore aeterna. Ex his quinque, quae commemoraui, tria a principio eadem quae nobis sunt, quartum proprium, postremum commune cum diis inmortalibus habent, sed differunt ab his passione. Quae propterea passiua non absurde, ut arbitror, nominaui, quod sunt iisdem, quibus nos, turbationibus mentis obnoxii*; Lucius Apuleius (Apuleius Madaurensis): De Deo Socratis, in: Apulée: Opuscules philosophiques et fragments, ed. Jean Beaujeu, Paris 1973, ch. 13: § 148 (p. 33).

›[…] to deal with Apuleius' statement that demons have in common with us a mind subject to emotion, I ask why it should happen that the minds of demons are tossed by the whirlwinds and tempests of emotion. For *perturbatio* (disturbance) is what the Greeks call *pathos*, and that is why he chooses to call the demons *passiva* or subject to emotion, because the word *passio* (emotion) for the Greek word *pathos* means a mental agitation which is contrary to reason.‹[4]

We shall return to these issues later, particularly to the contradictory views, sympathetic and negative accorded demons in the Greco-Christian tradition bequeathed to the Middle Ages. Suffice it to note for the moment the charged nature of the pathological mind within this tradition as we consider Melusine's ontology.

Once we understand what she actually does in the text, we may better conceive how these narrative representations of Melusine translate theoretically into what we may call a demonology of the image. We will find four major characteristics of the demonic image that must be taken together in context:

1) *Irresolvable duality*, represented as morbid variation in the appearance and behavior of the same being. Melusine is always herself, but what is the true nature of that self and which of her morphologies represents ›the bottom line‹ of her ontology?

2) *Compulsive repetition*, the key to the pathology of the demonic image lies in the manner by which it repeats the same kind of events or actions. If the demonic agent be characterized by irresolvable duality, its actions betray sameness, an identity independent of the agent's intention, indeed, sometimes the opposite of the agent's stated purpose. The basic narrative armature of the romance itself, in which human males marry female demons or demi-demons through several generations and where the shadow of parricide recurs, affords teasing examples of repetition as key to the production of image.

3) *Distorting perspective*, central to the demonic image is the skewed or oblique nature of its vision. Louche itself in its off-centered voyeurism, it also *looks askance*, compelling a furtive and surreptitious gaze on the part of the onlooker or participants. The prohibition against seeing so crucial to the basic legend, the injunction ›not to look at specified times or occasions‹, thereby suggesting that there is ›something dirty‹ or discreditable *to see*, characterizes the pathological image. It also sets the stage for the dénouement of the work. The most famous single example of the principle of off-centered voyeurism, of course, is the scene of Melusine's husband, Raymondin, peering lasciviously at her nude body bathing through a hole he has pierced in the door of her chamber.

4a) *Illusion*, the demonic image is never what it seems. Grounded in the ontology of the demon whose incorporeality substitutes the *appearance* of a body for the body itself, the demonic image calls into question the very possibility of

---

[4] Saint Augustine, De Civitate Dei, 8:17. Quoted from translation of David S. Wiesen: The City of God Against the Pagans, Cambridge, MA 1968 (Loeb Classical Library 413), vol. 3, p. 79.

truth in images, that is, reliable cognition based on aisthetic or sensory perception (*pathos*) as opposed to reason. Conscious of the asymptotic relation between authentic model and its pathological deformation, the demonic image displaces the question of authenticity, or otherwise distracts attention from it.

4b) The illusion of corporeality of demons was thought to be the product of light refracted through the varying density of air. When we add to this the fact that light and air were also considered to be the media through which image properties had to pass before being processed as sense perception, it was inevitable that visual images should be suspect. Untrustworthy because so dependent on sensory perception, Melusine in her bath undoubtedly constitutes the signature case of the pathology of illusion in the romance. In place of the anticipated erotogenic body, Raymondin sees the monstrous hybrid: a female torso terminating in a lithe and outsize phallus displaced as a fish's tail. Her human form, like the integumentum or covering of a medieval metaphor, conceals a concatenation of disparates, making Melusine signify the demonic *one-of-the-many*, rather than the theological *one-in-many*. Neither monad nor unit, Melusine offers an ontology of dispersion, the original chaos.

A. »Melusine« as/and Narrative

At first blush, Jean appears to have taken pains to present Melusine as benign, even pious within the frame of her life in France with her husband Raymondin of Lusignan. Certainly by comparison with some of the more sanguinary exploits of her husband and sons, Melusine's concern for constructing family castles and founding religious institutions would seem to signal a pious bent. *Et fist Melusigne faire fonder par le païs mainte eglise, et renter et moult d'autres biens qui ne sont mie a mettre en oubly* (›And Melusine caused many churches to be founded and endowed in the region, and many other good works that should not be forgotten‹).[5] Her husband, for example, founds his fortune when he kills his benefactor, Aimery, Count of Poitiers, accidentally it is true, but in accordance with a prophecy. Melusine's son, Geoffroy, in many ways the ›hero‹ of the romance and successor to his father, Raymondin, as Lord of Lusignan, exhibits such a capacity for slaughter that he frightens even the Saracens.

But the most sanguinary defining exploit for Geoffrey has a much more familiar religious aura: that of Cain slaying Abel. At a crucial moment in the narrative, a moment that will lead to the public unmasking of Melusine, Geoffrey learns that his brother, Fromont – Melusine's seventh son and thus the next younger brother of Geoffrey (sixth in birth-order) – has become a monk at the

---

[5] Fol. 41ʳ, col. 2 (p. 80): Jean d'Arras: Melusine. Roman du XIVᵉ siècle. Publié pour la première fois d'après le manuscrit de la Bibliothèque de l'Arsenal avec les variantes des manuscrits de la Bibliothèque Nationale, ed. Louis Stouff, Genève 1974 (herinafter cited as »M«). This is a reprint of the 1932 edition printed in Dijon.

Abbey of Maillezais near Lusignan. Geoffrey, whose taste runs to massacring Saracens and slaying giants reacts with unbridled fury to the news that his brother, Fromont, has taken holy orders. In his wrath, he sets fire to the abbey using the flame from votive candles in the church, burning alive his brother and the hundred-odd monks within. That Geoffrey's actions at Maillezais directly implicate Melusine cannot be missed since Jean observes: *Ce fu la cause de sa tres cruel doulour et de la perte de sa moillier* (›This was the cause of his cruel misfortune and of the loss of his wife‹; fol. 134^r, col. 1; M, p. 248).

The dénouement results less from the undeniably monstrous acts in this section, however, then from the pathology of the thought process that sets the acts in motion and proceeds by cause and effect to scar every major player in the story. Each event begins with a narrative act that initiates a cognitive process producing a picture in the mind of the interpreter quite different from the ›reality‹ that a neutral observer, the reader, for example, might infer from the same narrative. In each instance, a pathological mutation of affection to hatred motivates the construction of a fatally erroneous picture of reality: love transmuted to hate by suspicion, inserting itself obliquely as a sense that all is not as it appears.

Jean seems to be saying that in a lineage based on the violation of category boundaries – where fairies lie with mortals to produce monsters – lucidity will always be clouded by pathos.

After burning the abbey and immolating his brother and the monks, Geoffrey quits the scene. At once the ambiguity of his being and status reassert themselves: reverting to his dominant human nature, Geoffrey realizes his transgression and feels keen remorse.

His extravagant grief, however, asserts the status of the Maillezais massacre as narrative, in fact as interactive narrative. Geoffrey, the first reader of his father's news about Fromont's monking, has now added a macabre twist to it that must, in turn, be told to Raymondin. Each iteration, of course, increases the dimension of the tale, but without necessarily adding to its symbolic or metaphysical meaning as one might expect in a romance. We see instead a static repetition; the same or similar events leading to a dénouement that decreases rather than augments the symbolic capital. The further one proceeds in the story-within-the-story, in other words, the less potential for meaning do the characters possess.

What else could one expect? The ontology of the demonic sign is based on negation, diminishment. It is a pyramid scheme in which the demonic agent perpetually borrows from one to repay another and from another to repay the first. There's no narrative capital, no accumulation of meaning, only the illusion of capital. As long as the number of participants expands, the illusion continues, but when the players begin to shrink, the whole pyramid collapses. This is why Melusine must continually bear sons who go to the far corners of the medieval world, fighting Saracens in the Mediterranean, giants in central Europe, settling scores in the Celtic marches, and so on. Through these exploits, she succeeds in promulgating the myth of Lusignan supremacy. At last, however, Fromont asserts a religious vocation that fatally crosses the line separating the undemanding secular world where wealth, or the appearance of it, provides its own justification, into the cold light of true metaphysical accounting. From that moment, negation commences. More exactly, revisionist assessment of the entire legend gets underway.

Melusine's husband, Raymondin, begins the revisionist trend by his violent reaction to Fromont's murder at Maillezais. Like Geoffrey, he becomes enraged, but Raymondin's anger leads to insight: he immediately links Geoffrey's fratricide to Melusine's demonic origin.

Historical event for the Middle Ages is always a sign that joins narrative and interpretation. Jean d'Arras here insists that the narrative mode must receive the same careful scrutiny as the interpretive process. The origin of the sign, he would seem to assert, will certainly affect meaning. Prior to the Maillezais's moment, Melusine had sought to diffuse questions regarding her shadowy origins by offering to Raymondin a conventional genealogical narrative: ›I am the daughter of the king of Scotland and come from a long and distinguished lineage.‹ This has always sufficed for Raymondin, who has deflected the world's curiosity by repeating her own account. No longer.

Jean now focuses on the mode of Melusine's historical narrative and the way outcomes may be used to demonstrate its essential fallaciousness. The Maillezais moment, then, serves as a proof scene for the whole allegorical enterprise, which is really as much a battle over modes of historical discourse as it is an account of the failure of the Lusignan dynasty. The issue is not historiography, at least in any modern sense, but rather calls into question interpretive narration when used for political ends.

Raymondin will interpret the Maillezais events as pointing directly to his wife's origins by his insight that Geoffrey, the perpetrator, simply functions as the agent of some more powerful force. Raymondin does not hesitate to locate that agency in his wife, and in the demonic powers she incarnates. At least this is where Raymondin's reasoning grounds itself when he uses technical terms from demonology like *fantosme de ceste femme* (›phantasm of this woman‹).

B. The Ontology of Melusine

Raymondin's anger leads him to re-evaluate what has until now been one of Melusine's chief accomplishments: her success in bearing male heirs and thus founding an apparently secure lineage. Suddenly, this asset is cast in a new and more somber light:

> *Par la foy que je doy a Dieu, je croy que ce ne soit que fantosme de ceste femme, ne ne croy pas que ja fruit qu'elle ait porté viengne a perfection de bien; elle n'a porté enfant qui n'ait apporté quelque estrange signe sur terre. Ne veez la Oruble qui n'a pas vij. ans acompliz, qui a ja occiz deux de mes escuiers. Et ne vy je leur mere, le samedy que mon frere de Forests m'acointa les males nouvelles, en forme de serpente du nombril en aval? Si fiz, par Dieu. C'est aucun esperite ou c'est toute fantosme ou illusion qui m'a ainsi abusé; premiere foiz que je la vy, ne me scot elle bien a dire toute ma mesaventure?* (Fol. 136ᵛ, cols. 1–2; M, p. 253)

›By the faith that I owe to God, I think that this can only be a phantasm of this woman, nor do I believe that fruit borne by her may ever ripen to the perfection of goodness. She's never given birth to a child who did not bring some strange sign into the world with him. Look at Horrible who's not out of his seventh year and has already killed two of my squires; and didn't I see their mother, that Saturday when my brother, the Count of Forez told me the evil reports [about her], in the form of a serpent from her navel on down? Certainly I did, by God. She's some kind of spirit or a phantasm or an illusion who has taken advantage of me. Why the very first time I ever saw her didn't she know enough about my mishap to tell me all about it?‹

Raymondin scrutinizes Melusine and her progeny here. For the first time, he turns an analytic gaze on the phantasmagoric world she has constructed around him with his all too willing consent. Now, shocked into a skeptical frame of mind, he calls up before his mind's eye the anomalous or aberrant marks of the pathological image, what the text calls ›phantasm‹. He recognizes that for once he can look at his wife and children without her surrounding gloss using the technique of ›coloring with the truth as we understand it‹ described by Jean in his prologue (*pour coulourer nostre histoire a estre vraye, comme nous le tenons* […]; fol. 1ᵛ, col. 2; M, p. 3).

All the events earlier in the narrative were indeed foreseen by Melusine who instructed Raymondin how to behave when the predicted event actually arrives. Maillezais, however, deconstructs or forecloses any extenuating gloss. It reveals starkly – if belatedly for him – how naked and insubstantial appears the phantasm without its enveloping gossamer of duplicitous language, a discourse of seduction, distracting the victim from seeing what really lies before him. Raymondin recognizes that Melusine's language of love, her authoritative managing of his life has been a blind, an illusion to distract him from turning his gaze on her and her progeny who consequently owe their existence to his liaison with illusion. Maillezais reminds him that the phantasm's true pathology lies not in the illusory image itself, but in the pernicious delusion that phantasms of any sort can provide a key to resolving personal, social, or political problems.

We cannot understand the dénouement these events precipitate without recognizing in Raymondin's and Melusine's final confrontation elements of an allegory representing two orthogonal attitudes towards history and its interpretation. For Melusine, the present being composed of phantasms, acts based on illusions, once those acts will have occasioned unfortunate consequences, she must endeavor to repudiate any causal link between the original event and subsequent eventuality. Deflecting or distracting glosses advance plausible explanations. Prime among these is the discourse of fatalism that ascribes the link between cause and effect to supernatural intervention rather than an initially erroneous human agency.

So in the case of Maillezais, Melusine suavely adduces God's will, divine justice in the face of impious behavior on the part of the monks as the cause of the conflagration: ›the judgments of God are so hidden that no earthly being may comprehend them using human understanding‹, resignation, fatalism in effect, can be the only reasonable course open to Raymondin, in her view (*car les jugemens de dieu sont si secrez que nul cuer mondain ne les puet comprendre en son entendement*; fol. 137ᵛ, col. 1; M, p. 255). She drives home the lesson by arguing that between them they have more than enough wealth to rebuild the abbey, to endow it more richly than before thereby enabling it to admit even more monks. Instead of this inordinate chagrin, she concludes, her husband should busy himself with the work at hand.

To Melusine's fatalism, Raymondin opposes causal analysis, insisting on clearly naming the event for what it is. This speech does not merely rend the veil once and for all from Melusine's disguise, beginning as it does with the sibilant epithet, *Hee, tres faulse serpente*, it also lumps Melusine, Geoffrey, and Horrible together as demonic manifestations, making all too evident the sons' true identity as allegorical personifications of the mother. They bear not the mark of Cain, but the mark of Melusine signalling that they, too arise from the phantasmic, the demonic.

> *Hee, tres faulse serpente, par Dieu, ne toy ne tes fais ne sont que fantosme, ne ja hoir que tu ayes porté ne vendra a bon chief en la fin. Comment raront les vies ceulx qui sont ars en grief misere, ne ton filz qui s'estoit renduz au crucefix? Il n'avoit yssu de toy plus de bien que Fromont. Or est destruit par l'art demoniacle, car tous ceulx qui sont forcennez de yre sont ou commandement des princes d'enfer; et par ce fist Gieffroy le grant et horrible et hideux forfait d'ardoir son frere et les moines qui mort ne avoient point desservie* (fol. 137ᵛ, col. 2 – fol. 138ʳ, col. 1; M, p. 255).

> ›O false serpent, by God, you and your deeds are nothing but phantasms, and no heir that you have ever borne will turn out well in the end. How will those who were burnt with such painful suffering ever regain their lives, including your own crucified son? Fromont was the only good thing that ever came from you. Now he's destroyed by demonic arts, for all those maddened with rage do the bidding of the princes of hell; and so it was that Geoffrey committed this great and heinous crime of burning his brother and the monks who never for a moment deserved such a death.‹

By joining his public revelation of her monstrous being to a denunciation of her sons, Geoffrey and Horrible, Raymondin unites the three – mother, son, and evil sprite – in a demonic trinity. This triune grouping recalls Melusine's own status as triplet, but it also signifies the unnatural morbidity of this family given to parricide, fratricide, infanticide.

No matter how much Raymondin, as a man, lover, and husband, may subsequently regret his act of moral forthrightness, he has restored historical perspective to the work. We recognize that, like Raymondin, we have been bewitched by Melusine who has enormous credibility, especially from her quiet dignity. She exits the work with a series of observations that demonstrate her human qualities, the qualities of empathy and pathos that link her kind to humans. Nevertheless, the story she forces on the work from her appearance at the forest fountain when Raymondin was out hunting with his benefactor, the count of Poitiers, has been a fairy tale in the original sense of the term. Melusine's preferred literary mode is not that of history, but of romance. As a romancer, she seeks to impose otherworld dimensions of seeing, seeing not what is really here, but what desire foists on everyday reality, what desire wishes the world were like, for that's what phantasm means.

This duality of vision creates an ethos of relativism in keeping with Jean d'Arras's stated intentions in the preface to his work. There we encounter ambivalence as to the nature of his narrative when he claims to be writing a true chronicle of local events for Jean, Duke of Berry, but then makes veiled references to the work we actually find, a political allegory. His confection of Melusine from the irresolvable duality of opposing accounts of demonology given by Apuleius and Augustine whom we looked at earlier, provides the other level of narrative ambiguity. Ambiguity towards the female demon seems idiosyncratic with Jean d'Arras, for we do not find it in his precursors. They all seem content to adopt Augustine's censorious view of lamiae.

Jean himself, adopting the rather tolerant view of Apuleius, refuses so reductive and doctrinal a reading. Instead, he takes a more philological approach, going back to the root of the demonological debate to rediscover the cultural duality towards demons in the Latin West, very much kept alive in medieval folklore on the subject, which he then takes as the basis for his narrative. This is one reason for the work's fascination, its compelling eccentricity, in a sense. It also allows him to develop the two conflicting narrative modes of ›historia‹ and allegory.

These two modes imprint themselves in the narrative image of Melusine. Her mother, Presine, whose courtly manners, elegance, and concern for her husband's (King Elinas) welfare, clearly represents the ›good fairy‹, or benevolent demon-soul, the first category of demon described by Apuleius. Presine is that genre of virtuous soul that attaches itself to a body, the kind of demon Apuleius calls *Genius*, as when one speaks of someone's having a ›good genius‹. In a striking phrase, Apuleius cites the act of praying on one's knees to the genius, a god in a virtuous soul, as the very image of the beneficent integration of body and soul whose commingling defines humans.[6]

A second form of this benevolent demon includes departed souls freed from their body and set to watch over their descendents. Called *lemures* ›lemurs‹ in archaic Latin, such demons were of two types: those virtuous souls whose powerful, tranquil and continuing presence brought well-being to the families they watched over; and those vicious souls condemned to wander eternally who made nocturnal mischief in less virtuous households. The first sort of lemur was called *Lar familiaris*, or domestic deity, the second, *larva*.[7] Lexicographers see

---

[6] *Eum nostra lingua, ut ego interpretor, haud sciam an bono, certe quidem meo periculo poteris Genium uocare, quod is deus, qui est animus sui cuique, quamquam sit inmortalis, tamen quodam modo cum homine gignitur, ut eae preces, quibus Genium et genua precantur, coniunctionem nostram nexumque uideantur mihi obtestari, corpus atque animum duobus nominibus conprehendentes, quorum communio et copulatio sumus*; De Deo socratis (n. 3), ch. 15: § 150–152 (p. 34).

[7] *Est et secundo significatu species daemonum animus humanus emeritus stipendiis uitae corpore suo abiurans. Hunc uetere Latina lingua reperio Lemurem dictitatum. Ex hisce ergo Lemuribus qui posterorum suorum curam sortitus placato et quieto numine domum possidet, Lar dicitur familiaris; qui uero ob aduersa uitae merita nullis [bonis] sedibus incerta uagatione ceu quodam exilio punitur, inane terriculamentum bonis hominibus, ceterum malis noxium, id genus plerique Laruas perhibent*; De Deo Socratis (n. 3), ch. 15: § 152–153 (p. 35).

Lemur as akin to the Greek λαμία: ›lamia‹, devouring demon, which brings us back to Melusine.

That Melusine should emulate her mother in certain respects fulfills the condition of compulsive repetition in the narrative economy of the pathological image. Intergenerational repetition, patterns of repeated actions or characteristics, constitute an important marker of identity for demons, especially female demons. Yet Melusine differs from her mother in one major respect: she is technically a monster, that is, a hybrid, born of mixing the demonic and human categories represented respectively by Presine and Elinas. Monsters traditionally occasion actively negative events, as opposed to demons, like Presine. In Melusine's case, her sons perform the misdeeds, thereby functioning as lamial surrogates, exactly as Raymondin perceives. In a sense, the founding events of the prologue in Scotland when Melusine and her sisters immure Elinas alive in the Northumberland mountain, offer a model of lamial transgression. Presine's only fault is to have founded the race of monsters by her desire for Elinas.

Monster from Latin monstrum via the root monere ›to warn‹, traditionally connoted something terrible or portentous. Presine makes visible the morphology of Melusine's monstrous quality, hitherto unmarked, in retribution for her daughter's parricide. Her monstrous morphology is not a birth defect, but a redefinition of Melusine's body and the ontology imprinted on her by her mother in a coming of age ceremony, a kind of puberty ritual or social rebirth.

The ›lamia factor‹ does not simply connote an abstract potential or predisposition towards certain pathological kinds of behavior. Marked on her body as an historical record of a terrible deed, Melusine's lamial status as sabbatical *serpente* imprints all her acts, even those seemingly most benevolent, with irresolvable duality, an ambivalence impossible to adjudicate, though ever-shaded with a distorting perspective and a strong sense of illusion. To restate this in narrative terms, the mark of Melusine's ›fall‹ also asserts her status as a character with a mythic, rather than an historical valence. Her role within the history cannot be measured by historical or realistic values, but by the older, irrational criteria of mythic functions.

C. Three Pictures of Melusine's Mythical Ontology

That ambivalence permeates the pseudo-myth of Melusine constructed by Jean d'Arras, imparting a power, and interest, to Jean's text resolutely absent from his analogues in Gervase of Tilbury or Giraldus Cambrensis. It's possible to illustrate quite precisely the construction of Melusine as pseudo-myth in the early reception of Jean's romance. If one looks at the principal manuscript used by Stouff for his edition – Paris, Arsenal MS 3353 – one sees how it manages to picture Melusine's dual ontology, while also successfully posing the problematic nature of the image.

Interestingly enough, Arsenal 3353 strategically concentrates pictures of Melusine to the ›mythic‹ aspects of her story. Thus, we find illuminations

Figure 1: Jean d'Arras, *Le roman de Melusine*. Paris, MS Arsenal 3353, fol. 4ᵛ. Presine chastises her daughters Melusine, Melior, Palestine for their transgression against their father, King Elinas. Rubric: »Comment le roy Elinas fu esbahy quant il les ves vit aisni partir.« [Photo: Service Photographique, Bibliothèque Nationale]

Figure 2: Jean d'Arras, *Le roman de Melusine*. Paris, MS Arsenal 3353, fol. 18ʳ. Raymondin of
Lusignan weds Melusine of Albanie. Rubric: »Comment Remondin espousa Melusigne a grant noblesse.« [Photo: Service Photographique, Bibliothèque Nationale]

Figure 3: Jean d'Arras, *Le roman de Melusine*. Paris, MS Arsenal 3353, fol. 22ᵛ. Melusine directs the construction of the principal Lusignan castle. Rubric: »Comment la noble forteresce de Lusegnen en poittou fu fondee par Melusigne.« [Photo: Service Photographique, Bibliothèque Nationale]

Figure 4: Jean d'Arras, *Le roman de Melusine*. Paris, MS Arsenal 3353, fol. 130. Melusine bathing as Raymondin watches surreptitiously. Rubric: »Comment Remond vit Melusigne baignier par l'enhortement de son frere le comte de forests et lui failly du convenant qu'il lui avoit promis.« [Photo: Service Photographique, Bibliothèque Nationale]

Figure 5: Jean d'Arras, *Le roman de Melusine*. Paris, MS Arsenal 3353, fol. 155ᵛ. Melusine in full winged-serpent form flies above the Poitevine tower of the castle of Lusignan. Rubric: »Comment la serpente se party de dessus la Tour Poittevine.« [Photo: Service Photographique, Bibliothèque Nationale]

consecrated first to the early part of the romance in Scotland and Poitou (featuring her marvelous prowess in castle building), and then to the long dénouement of the work. This means (1) the bathing scene, (2) her self->defenestration‹ when she flings herself from the tower window in her guise as a winged dragon, and (3) scenes of her flying, around the Poitevin Tower of the Lusignan castle.

Three early miniatures, however, clearly establish her identity in an unusual iconic manner not found in other manuscripts. The miniatures in question, fol. 4ᵛ, 18ʳ, 22ᵛ, show the culmination of the prehistory (4ᵛ), Melusine's marriage to Raymondin (18ʳ), and Melusine constructing the Lusignan castle, particularly the Poitevin Tower that figured prominently as the contemporary inspiration and venue for the legend of Melusine (22ᵛ).

Each illumination has interesting characteristics in its own right, but all have in common a unique iconic trait: the dual representation of Melusine in her human form as beautiful woman and as a rampant, miniature dragon. Let's take a close look at the first, then more quickly at the salient points of the second two.

Figure 1 depicts a composite scene between Presine and her daughters that illustrates dramatically the ways in which visual art may conflate or condense sequential narrative both for dramatic economy and by way of stressing ambivalence.[8] The actual scene is simple enough. Presine, on the left, tall and dressed as a married woman of fashion, appears to address her three daughters, or so her upraised index finger would suggest. The young girls, Melusine, Melior, and Palestine, their youth indicated by bare heads and simple dress, face her on the right. They stand one behind the other, rather than side-by-side, indicating a hierarchy of responsibility. Melusine, the first, also holds her hand upraised in the gesture that usually indicates speech.

Each figure seems to be recoiling from the one facing it. Or at the least we can say that the space between mother and daughters is not neutral; for in the lower part, we see a dragon standing on its hind legs with its back towards Presine, looking up at Melusine, the first in the daughter-group. The latter has its collective back to a cave whose large entrance clearly shows in the right-hand margin. This represents the cave in ›the wondrous mountain in Northumberland called Brumbloremllion‹, the site chosen by Melusine for their father's life imprisonment.

> Et j'ay advisié, se il vous semble bon, que nous l'enclouons en la merveilleuse montaigne de Norhonbelande nommee Brumbloremllion, et de la n'ystra de toute sa vie (fol. 5ᵛ, col. 1; M, p. 11–12).

> ›I thought, if it seems fine with you, that we would immure him in the wondrous mountain in Northumberland called Brumbloremllion, whence he will never escape during his lifetime.‹

[8] The rubric for this miniature dramatically, albeit fortuitously, illustrates how the images conflate narrative sequence. While other rubrics for illuminations relate directly to the scene depicted, that of fol. 4ᵛ suggests a divergence between the rubricator and the artist who followed him. The rubricator wrote, *Comment le Roy Elinas fu esbahi quant il les vit ainsi partir.* Strictly speaking, this inner state of amazement would be difficult to render visually. The artist therefore chose to illustrate the sequel. And yet, the entombment of Elinas *does* somehow convey his confusion.

These two apparently ancillary details, the dragon and the cave mouth (mountain), frame the sisters, particularly Melusine, the animate figure. These framing details, far from providing simple local color, a kind of neutral background, furnish the visual energy of the scene as well as pointing to its drama. That drama runs from the crowded foreground to the infinite regress of the negative space formed by the cave entrance. Framed by the dark cave mouth, Melusine appears partly as the agent of the drama it portends, partly as the mythic enigma it conceals. This is perhaps one reason that she never appears alone in pictures, but always framed against a structure: fountain, castle, cave mouth. These figure the social context into which her intervention injects ambivalence. Alone, they signify culture, civilization, history. Her presence introduces an instability arising from unknown contingencies consequent upon mixing myth and history. This is a drama of miscegenation, after all, recounting the horror attendant upon coupling demon and king to produce a race of monsters. Royal lineage mixed with the phantasm.

The iconic role of the ›background‹ or setting in representations of Melusine in this manuscript stands as the visual equivalent of what I earlier called the distorting perspective of the pathological image in the narrative. The need to situate Melusine vis-à-vis backgrounds that interpret or qualify the foreground, suggests the aura of loucheness, or off-centered voyeurism, the looking askance that we found as an aspect of the pathological image.

Here, in figure 1, rampant dragon and cave-mouth convey the ambivalence of Melusine's parricide. Ostensibly undertaken to avenge Presine, Melusine presents the plan to entomb Elinas as an act of filial piety, almost a duty:

> Et vindrent a leur mere et lui dirent: Mere, il ne te doit chaloir de la desloyaut? de nostre pere, s'il l'a t'a faicte, car il en a son paiement, car jamais n'ystra de la montaigne de Brumbloremllio, ou nous l'avons encloz, et la usera son temps en doulour (fol. 5ᵛ, col. 1; M, p. 12).

> ›Mother, you should not worry about the disloyalty of our father, if he did it to you, for he has now received full payment; for he will never escape from the mountain of Brumbloremllion, where we have shut him up and where he will pass his time in pain.‹

Presine sees the event very differently. She perceives the moral outrage of the act committed at the bidding of a ›false and arrogant spirit‹ (*faulx et orguilleux couraige*). Naming the transgression an unpardonable aggresssion committed against their father, she condemns her daughters to live as lamiae.

No one has the moral highground in this demonic kinship for, in her own anger, Presine commits the same kind of familial aggression she condemns in her daughters. If we cannot quite call her curse infanticide, neither is Melusine's immuring of Elinas quite parricide. Both impose irreversible limits on the victim; both suspend the victim in a perpetual state of contradiction: perpetrator and victim of violence against a close kin (wife or child). Presine and her daughters inhabit a world where passions reign in a setting of logical justice, but without the possibility for redemption.

Figure 1 captures Presine and her daughters suspended in contradiction. The tension between intention and judgment, Melusine as *lar* or as *larva*, defines the role of visual image as it does of narrative. Besides signifying Presine's curse, the presence of the dragon here records this mythic rite of passage where the daughters are admitted to the mother's fellowship, her demonic status.

But it is the cave that proves most fertile in signalling the incredible diversity of Melusine's multiple meanings, her true mythic vigor. The shadowy cave signifies the unfilial transgressive act, the beginning of Melusine's story, but it also represents its ending, a concluding chapter when Melusine's son Geoffrey will kill the giant whom Presine places as an eternal guardian over her husband's tomb. Only a son of one of the three daughters can kill this giant, thereby revealing to the world the chthonic and British provenance of the family.

The cave also symbolizes the feminine body forsaken by Melusine in assuming, in the place of the female sex, the serpent's tail, itself a form of usurpation of male authority. She has, after all, returned her father to the womb and symbolically assumed the male roles of masterbuilder (of towers, as the pictures in this manuscript repeatedly stress), founder of a lineage, and strategist for the conflicts in which her husband engages.

In sum, this first image of Melusine effectively illustrates how she is always contextually defined in conjunction with an element of the earth or feudal landscape: cave, castle or tower, or the mountain on which the Lusignan castle, her signature, will be constructed (figs. 3–5). Indeed, one may construe the Lusignan castle as a modern surrogate for the chthonic cave with Melusine as Sibyl.

The second picture (fig. 2) shows Melusine's marriage to Raymondin of Lusignan. This picture also suspends her between symbols of real life and the mythic underworld. Again we find reversal of the apparent meaning. To the left, we see the festive tent that houses the bridal couple prior to the construction of their castle by Melusine. The tent ostensibly signals the courtly world to which Raymondin's rank will admit her. On the right we find not the cave this time, but the cavernous church with its portal open like the entrance to the cave in figure 1. Between these architectural symbols stand the participants in the wedding: a bishop holding Raymondin's hand ready to join it to that of Melusine. Below, at her feet, almost hidden by the drapery folds of her gown, stands her double, the telltale dragon.

This single detail transforms the ostensible meaning of the image as a whole into something quite different. We sense the illusion and distorting perspective brought about by this reminder of Melusine's irresolvable duality. Hovering between ecclesia and domus, church and house, neither of which she can serve in the normal way, Melusine is not the obediant virtuous bride, but in fact the instigator of the whole narrative scenario. It is *her* material wealth that will admit Raymondin to the status and title of the Lusignan dynasty; *her* strategy indeed that has preserved him from the wrath of the family of the Count of Poitiers, secured for him the grant of land that will allow him to found his domain and pretend to this auspicious union. It is, in short, the dragon icon that simultaneously literalizes and ironizes the rubric: *Comment Remondin espousa Melusigne a grant noblesse* (›How Raymondin married Melusigne with great nobility‹). What ironic force falls on the single concept *grant noblesse*!

The third picture, the last dragon-icon picture (fig. 3), relies less on the viewer's intuiting illusion or a distorting perspective in favor of a straightforward depiction of a scene that is itself anomalous: the female master-builder. In the foreground on the left, we see a more matronly Melusine directing the work of stonecutters beside her and masons on scaffolding on the castle wall in the upper register. Hodcarriers bring the cut stone to the masons on a cleated, wooden access plank. In fine, the construction details, including the largely-completed château could hardly be more realistic, down to the garb worn by the workmen. Even Melusine, hand upraised in the ›speech-gesticulation‹ sign of imaged discourse, stands where a real-life foreman of the works might be found.

The absence of any other humans but Melusine and the male workers plunges the image deep into irreality, an aura emanating from the tiny dragon icon standing behind its feminine double. We are struck by the verticality of the towers, by Melusine herself who stands below them so that some literally make a continuation of her upright figure. Against this scenario, her prominent breasts and protuberant stomach on which she appears to rest her right hand contrast sharply.

This emphasis on her female reproductive and nurturing attributes, represents in all probability one of her regular pregnancies, but it also grounds the rubric, indeed the whole picture, in androgyny, or perhaps it would be more accurate to say it drives home to the viewer her double sex role. She produces children and castles in the absence of Raymondin: as we see her here, pregnant, alone, directing the construction of the family seat, literally founding the lineage: *Comment la noble forterecse de Lusegnen en poittou fu fondee par Melusigne* (›How the Noble Fortress of Lusignan in Poitou was founded by Melusine‹).

Raymondin will later discover her usurpation by spying on her bath within this very castle. Yet again we face the interior/exterior dichotomy, cave and reality. Outside the castle, Melusine appears isolated but balanced between female form, male role, and dragon double. Later on, in the inner precincts at the heart of the castle/cave she has built, the male voyeur will discover something more sinister: a body unified, no longer divided, bearing the monstrous shape of the phallic-female. It is this anticipation that gives to this third picture its secret fascination. We know that the château whose construction she directs is both the stage for her own drama and the setting for her folkloric manifestation as the flying *serpente* who may be seen circling the master tower as an omen of the lord's approaching death (figs. 4–5).

We can now begin to see the logic of the ontology of Melusine in Jean's romance. By making folkloric manifestations like lamiae and their passions stand as allegories for psychological reality, he can deploy a broad historical and cultural consciousness in his work. The pathological image instructs by its refusal to accept easy categorization. Despite her disquieting aspects, despite her metaphysical sentence to a dual morphology of serpent/female, Melusine remains a fascinating, sympathetic figure in Jean's work. She is not rejected out of hand like the lamiae, nuitons, or larves found in his pre-texts. Above all, she captures the reality of conflicting and demonic motivations in a contemporary setting intensely preoccupied with legitimacy, authority, and their usurpation, above all the latter.

After all, Jean d'Arras's patron, the Duke of Berry, named Count of Poitiers in 1356, was the most recent possessor of the castle of Lusignan, an historical event Jean's work was meant to celebrate. Himself a great builder of palaces in Paris, Bourges, Poitiers, Mehun-sur-Yèvre and elsewhere, Jean de Berry could perceive himself as inaugurating a new, properly French and royal lineage in place of the Lusignan hybrid British line.

The Duke of Berry, brother of Charles V and uncle of his son, Charles VI, was one of the most powerful lords in France in the last quarter of the 14th century. He ruled the Southwest as Lieutenant of Languedoc from 1380–1390, and, with his brother the Duke of Burgundy, wielded considerable influence over French policy in the early years of Charles VI's reign. During the latter's madness in 1392, the Duke of Berry made himself, in the words of Michelet ›his own kingdom in France, ruling Languedoc and Guyenne as an absolutist‹.[9] Jean attests this power when he tells us that the Duke himself told him that Melusine foretold his succession to the château de Lusignan. She did so by mysteriously appearing one night in the master bedroom, first as serpent than as beautiful woman, to tell the last English tenant of the castle that it must be handed over to its besieger, the Duke of Berry (fol. 164^v, cols. 1–2)?

»Le roman de Melusine« plays out a Francocentric fantasy that, at last, after centuries of alienation in the hands of a British hybrid lineage, Languedoc, Poitou, Guyenne (Aquitaine) have once again returned to French rule. The setting is not entirely inaccurate, historically, at least at the moment of the work's composition. »Le Roman de Melusine« plays upon the pathological and British (a conjunction encouraged by the text) origins of the dynasties that have ruled in the Southwest of France. It does principally, as we've seen, through the myth of Melusine, drawing on the generic lamia material found in English historians like Gervase and Giraldus. More subtly, and perhaps powerfully, it also deploys as subtext a curious Anglo-Norman tale about the monstrous origins of Albion, the original name for Britain, founded, in this account by a race of female giants who mated lasciviously with demons.

The Lusignan, in Jean d'Arras, descend from Elinas, variously the king of Scotland or, more interestingly, *roi d'Albanie* or d'*Alebine* (BN fr 1484), that is, king of Albion. *Elinas, roi d'Alebine* could not but signal to contemporary minds

---

[9] The whole quotation suggests the disarray of French affairs at the time and reads: »Des trois oncles de Charles VI, l'aîné, le duc d'Anjou, alla ainsi se perdre à la recherche d'une royauté d'Italie. Le second, le duc de Berri, s'en était fait une en France, gouvernant d'une manière absolue le Languedoc et la Guienne, et ne se mêlant pas du reste. Le troisième, le duc de Bourgogne, débarrassé des deux autres, put faire ce qu'il voulait du roi et du royaume«; Jules Michelet: Histoire de France, livre VII, chapitre 1er, in: Œuvres complètes de Michelet, ed. Paul Viallaneix, Paris 1975, vol. 5, p. 292.

the pathological origins of Albion as recounted in the popular fourteenth-century Anglo-Norman poem, »Des grantz geanz« (»Of the Great Giants«).[10] »Des grantz geanz« merits closer study in conjunction with Jean's work. It offers a myth of the origins of England that develops Bede's characterization of the early Britons as unruly and cowardly, a major theme of the pro-Saxon »Ecclesiastical History of the English People«. For the offspring of the amazons and their demon lovers, the giants of »Des grantz geanz«, were so obstreperous that they continually jeopardized the safety and well being of the land.

Jean subtly alludes to this heritage by the carnage or mayhem that attends early deeds of Raymondin and those of his sons. Geoffrey Big-Tooth's career as an obsessive giant killer, the same that leads him finally to return to his grandfather's tomb, and the evidence of his mother's originary parricide, offers another subtle referencing of »Des grantz geanz«. More extensive consideration of the role this work plays in Jean's romance would highlight the dual register of history and historical narrative that makes the work so rich. For Jean frames an obsessively mythic and fantastic history associated with the English – played out by Melusine and the Lusignan family – against a backdrop of ›real‹ contemporary historical events coded ›French‹. That's why we find the Duke of Berry and his sister cast as a real historical actors at the end of the *roman*, as well as references to the capture of the château of Lusignan by the Duke. A similar motivation must underlie Jean's unusually precise dating of the beginning and ending of the composition of the work.

Like Melusine's own hybrid form, the kind of ›history‹ we find in these works more closely resembles a monstrous grafting of disparate discourse modes – chronicle, romance, crusade epic, epic, and so on – into this one format, which, like Melusine herself, alternates between chronicle and fantastic or mythic history. On the one hand, in other words, we have the chronicle as Froissart himself practiced it in books three and four of his »Chroniques« that deal in extenso with the Duke of Berry's official doings (closely tied to English and French official policy) in the 1380's and early 1390's. Then, on the other hand, he offers a narrative motivation based on the kind of fabulously malicious ›history‹ found in »Des grantz geanz«. Guillaume de Machaut's nearly contemporaneous chronicle/ romance of Pierre de Lusignan, King of Cyprus, »La Prise d'Alexandrie«, offers a slightly less exotic, more nearly ›historical‹ version of this hybridized historiography.[11] Were not Jean so insistent on the historic foundation of his account, an historic grounding imparted to the tale of the English demon-bred giants, one might be content to see it simply as typical of late romance.

But no other late romance so persistently interweaves real historical markers. Nor does another contemporary historical romance have so prominent a patron, so intimately involved in the English negotiations in the late 1380's and early 1390's that he personally escorted John of Gaunt, Duke of Lancaster, Richard II's

---

[10] »Des grantz geanz« – Anglo-Norman Text, 13th c., possibly beginning of 14th: Des grantz geanz. An Anglo-Norman Poem, ed. G. E. Brereton, Oxford 1937.

[11] Guillaume de Machaut: La Prise d'Alexandrie; ou Chronique du roi Pierre 1er de Lusignan, ed. Louis de Mas Latrie, Genève 1877.

uncle and principal ambassador into the Council of Amiens in early spring 1392. The Duke of Lancaster was father to the not so future Henry IV who opposed and defeated his cousin Richard in 1399. The Duke of Lancaster was also the father of a daughter whose hand in marriage the Duke of Berry, according to Froissart, sought for months during the first half of 1388, finally losing out to a much younger Spanish prince.

Such textual evidence for the importance of history in this work and its context, suggests that we might think of Jean's *roman* as illustrating a new kind of literary genre, borne out of the maelstrom of French/English politics of the late fourteenth century. That new genre, merging chronicle and romance, constitutes a powerful hybridization of classical themes with Celtic myth and indigenous folk beliefs, that empowers a form of allegory with the ability to probe the unconscious of contemporary political events.

The recourse to allegory motivates historiography as practiced during the period as a record of humans thinking history, studying it, making sense of it, in order to influence its course, at least the course of contemporary history. As Angus Fletcher put it, a propos of Shelley's »Prometheus Unbound«, great poets »give mankind the laws of thought, if not of expedient practicality. Allegory would thus reach its highest plane in a symbolism that conveys the actions of the mind«.[12]

Allegory is a figurative mode, perhaps the most figurative mode, and it makes use initially of deception for its effects. Without characterizing it as ›pathological‹ in the sense we have defined the pathological image above, we might note that Fletcher does ascribe its agency to demonic forces. They are demonic in the sense Apuleius intends demons, as incorporeal abstractions, abstract ideas, as it were, capable of assuming the substantive form of historical events. »They may not actually create a personality before our eyes, but they do create a semblance of personality«.[13] The fairy realm, whence issue Presine and her daughters, has always, of course, been a natural, literary domain for the demonic agent of allegory. It is in Jean d'Arras, for perhaps the first time in vernacular European literature that we find the fairy realm joined to the contemporary, political world for the purpose of making political allegory.

---

[12] Angus Fletcher: Allegory. The Theory of a Symbolic Mode, Ithaca ³1990, p. 278.
[13] Ibid., p. 27.

Der Körper der Schrift
Bild und Text am Beispiel einer Seuse-Handschrift des 15. Jahrhunderts

von Niklaus Largier (Chicago)

Wenn die Konstanzer Patrizierin Margaretha von Kappel-Ehinger die heute im Einsiedler Benediktinerstift aufbewahrte Handschrift mit mystischen Texten zur Hand nahm, die sie sich im Laufe des letzten Drittels des 15. Jahrhunderts herstellen ließ, *las* sie nicht nur darin. Ihr Blick war vielmehr im Gang durch den Text immer auch vom Lesen, wie wir es heute gewohnt sind, abgelenkt. Eine Reihe von Bildern unterbrechen, durchbrechen hier – wie so oft in mittelalterlichen und frühneuzeitlichen Texten – das Lesen und setzen dem den Lettern folgenden Auge eine Struktur entgegen, die zunächst über den Text hinauszuweisen scheint. Die Temporalität der Lektüre ist stillgestellt für einen Moment und das Lesen angehalten zugunsten des Betrachtens. Zugunsten eines Betrachtens indes, wird man gleich hinzufügen müssen, das sich selbst unmittelbar wieder in ein Lesen verwandelt, wenn der Blick des Lesenden, der durch das Bild festgehalten ist, nach der Logik der Illustration sucht. Diese bietet sich denn auch in der Regel an als Reduktionsformel, unter der das Bild aus dem Text als ›Illustration‹ eines bereits vorhandenen Textsinns oder aber als zusätzliche ›Kommentierung‹, ›Aktualisierung‹ und ›Glossierung‹, manchmal auch als ›Ironisierung‹ verstanden werden kann.[1] Damit wird in der Regel ohne große Schwierigkeit die zunächst vom Bild in Frage gestellte Einheit der Lektüre wiederhergestellt und das Bild aus dem Text verstanden.

Dennoch bleibt gerade diese Logik einheitlichen literalen oder metaphorischen Verstehens trügerisch, ist doch der lesende Blick immer aufs Neue gebrochen durch das Bild, ohne es je vollkommen ins Lesen integrieren zu vermögen. Das Bild bleibt ein anderes als der Text, auch wenn es, wo nach seiner Bedeutung gefragt wird, dasselbe wie der Text zu sagen scheint. Die Lektüre selbst wird damit problematisch, wird sie doch durch das Bild, durch die imago und figura[2],

---

[1] Vgl. dazu: Michael Camille: The Book of Signs. Writing and Visual Difference in Gothic Manuscript Illumination, in: A History of Book Illustration. 29 Points of View, hg. von Bill Katz, Meteuchen 1994, S. 160–201; ders.: Image on the Edge. The Margins of Medieval Art, Cambridge 1992; Sandra L. Hindman: The Roles of Author and Artist in the Procedure of Illustrating Late Medieval Texts, in: Text and Image, hg. von David W. Burchmore, Binghamton 1986 (Acta 10), S. 27–62. Auf die Aspekte ›Kommentierung‹ und ›Glosse‹ haben vor allem Untersuchungen zu den Miniaturen im »Roman de la Rose« hingewiesen; vgl. Rethinking the Romance of the Rose. Text, Image, Reception, hg. von Kevin Brownlee/Sylvia Huot, Philadelphia 1992.

[2] Zum Begriff des Figurativen bei Seuse vgl. jetzt: Niklaus Largier: *figurata locutio*. Hermeneutik und Philosophie bei Eckhart von Hochheim und Heinrich Seuse, in: Meister Eckhart. Lebensstationen – Redesituationen, hg. von Klaus Jacobi, Berlin 1997, S. 303–332. Zum

die den Blick gefangen nimmt, in der Selbstverständlichkeit ihres Vollzuges gefährdet. Das Bild lenkt den Blick nicht nur auf sich selbst als ein dem Text gegenüber anderes, das zur Betrachtung und zu einem anderen Lesen auffordert, sondern auch auf die Praxis des Lesens und auf die damit verbundene hermeneutische Problematik des Verstehens, die in der Konfrontation mit dem Figurativen aufbricht.

Es ist so stets das Bild, ja generell die visuelle Qualität und die Materialität der mittelalterlichen Manuskriptseiten wie der frühneuzeitlichen Drucke, die sich der Reduktion auf eine scheinbar lineare Struktur des Verstehens entgegensetzt und die Einheit des Verstehens zum Problem werden läßt. Das Bild lenkt den Blick von der Schrift ab und bindet ihn zugleich in einer rätselhaften Weise daran, ist doch gerade das Bild im Text als Schmuck ein Ort der Verführung zum Lesen und, wie sich zeigen wird, als nie wirklich auflösbare figura eine Allegorie des der Lesenden durch die Schrift versprochenen, doch im Lesen letztlich nie einholbaren Sinns.

Das bedeutet nun auch, daß die Präsenz des Bildes im Text – zumindest in der spätmittelalterlichen Handschrift, von der hier ausgegangen wird – so einfach nicht durch den Text und aus ihm zu erklären ist. Die Illustration steht vielmehr in einer eigenwilligen Verbindung mit der Schrift und in einer Spannung dazu, die beides, Schrift und Bild, verwandelt und zugleich das Lesen in spezifischer Weise neu bestimmt. Dabei tritt die Materialität der Handschrift in den Vordergrund, denn was die Lesende an die Einheit von Schrift und Bild bindet, ist gerade die physische Präsenz des Bildes und dessen Irreduzibilität. Dies macht es unmöglich, die Handschrift – oder das Buch – auf die Botschaft zu reduzieren, die auch unabhängig von der Schrift zu existieren vermöchte. Vielmehr ist es, in einer paradoxen Verschränkung, das Bild, welches zum Ausdruck bringt, daß die Schrift als Schrift – als Handschrift und Buch – der Ort ist, wo Bedeutung in spezifischer und nicht übertragbarer Weise entsteht.

Die Frage nach dem Verhältnis von Bild und Text gewinnt hier eine neue Bedeutung, ist sie doch bis heute in vielen Fällen in der Vorstellung gefangen, die Funktion des Bildes beschränke sich dort, wo dieses dem Text eingezeichnet wird, auf die ›Illustration‹ und mithin auf die Repräsentation des Wortes mit piktoral-visuellen Mitteln.[3] Das Bild gilt diesem Verständnis oft als ein immer

Hintergrund siehe: Jean Wirth: Les scolastiques et l'image, in: La pensée de l'image. Signification et figuration dans le texte et dans la peinture, hg. von Gisèle Mathieu-Castellani, Paris 1994, S. 19–30; Georges Didi-Huberman: Fra Angelico. Dissemblance et figuration, Paris 1990.

[3] Vgl. dagegen: Lawrence G. Duggan: Was Art Really the Book of the Illiterate?, in: Word and Image 5, 1989, S. 227–251. – Unter den neueren Arbeiten zum Verhältnis von Bild und Text im Mittelalter möchte ich die folgenden hervorheben: Camille (Anm. 1); Michael Curschmann: Imagined Exegesis. Text and Picture in the Exegetical Works of Rupert of Deutz, Honorius Augustodunensis, and Gerhoch of Reichersberg, in: Traditio 44, 1988, S. 145–169; Sandra L. Hindman: Text and Image in Fifteenth-Century Illustrated Dutch Bibles, Leiden 1977; Stephen G. Nichols: Romanesque Signs. Early Medieval Narrative and Iconography, New Haven/London 1983; Horst Wenzel: Hören und Sehen, Schrift und Bild. Kultur und Gedächtnis im Mittelalter, München 1995. – Für die germanistische Forschung vgl. auch: Text und Bild. Bild und Text, hg. von Wolfgang Harms (Germanistische Symposien: Berichtsbände 11), Stuttgart 1990.

bloß sekundäres, letztlich in der Reihe ›Wort – Schrift – Bild‹ und ›göttlicher Logos – Schrift – Bild‹ gar tertiäres Moment im mittelalterlichen Kosmos der Zeichen, das grundsätzlich vom Wort her erschlossen werden muß und nicht selbständig Bedeutung zu produzieren oder in Frage zu stellen vermag.

Im Hintergrund dieser Repräsentations- und Sinnhierarchie steht für das Mittelalter in der Regel die Meinung, das Bild richte sich, anders als das Wort, zunächst an die illitterati, und es fungiere deshalb primär als didaktisches Mittel. Diese Ansicht, mit der Gregor der Große im Kontext des theologischen Bilderstreites den Gebrauch von Bildern legitimiert hat[4], sucht dem Bild seine Macht zu nehmen, insofern es ihm die Legitimität einer eigenständigen Sinnproduktion abspricht. Das Bild ist demnach theologisch und didaktisch allein legitim, wo es den Text – Literalität evozierend – repräsentiert und gemeinsam mit diesem Bedeutung produziert. Tut es dies nicht, steht es im Verdacht einer heteronomen Verführungskraft, insofern es als Gegenstand mit eigenständiger Signifikanz eine der Schrift gegenüber analoge, ja diese in vielen Fällen überbietende, durch sie nie wirklich einholbare Ursprünglichkeit und Unmittelbarkeit der Bedeutungsproduktion impliziert. Das Bild scheint hier die Schrift immer zu gefährden, wo es im Anspruch seiner Selbständigkeit eine alternative Form der Sinnproduktion anbietet.

Die theologische Notwendigkeit der Legitimation einer didaktischen Bildfunktion, der Bilderstreit und die ikonoklastischen Traditionen dokumentieren denn auch, daß das Bild im Verhältnis zum Text schon immer eine gewisse Eigenständigkeit beansprucht, die den Text und den Sinnhorizont des Textes wenn nicht schlechthin gefährdet, so doch in ein differentes Licht – oder, wie sich zeigen wird: ins Licht einer unüberbrückbaren Differenz – rückt. Diese ist selbst Mallarmé noch suspekt, wenn er das Bild im Text als Vorläufer des Kinos bezeichnet, das im Auge des – ironischen – Kulturpessimisten schließlich alle Texte überholen wird.[5]

Bild und Text sind offenbar – dies macht die Nowendigkeit einer theologischen Legitimation des Bildgebrauches und die Skepsis gegenüber der Bilderverehrung deutlich – selbst im Fall einfacher, scheinbar literaler Repräsentation, nicht schlechthin und in jedem Fall aufeinander zurückführbar. Vielmehr ist hier eine Differenz auszumachen, die theoretisch durch das in der Theologie des Bildes entwickelte Konzept der Irreduzibilität verstanden werden kann, wie es sich in der Ostkirche entwickelt hat. Das Bild ist demnach unter dem Aspekt einer Gleichzeitigkeit von absoluter Unähnlichkeit und Ähnlichkeit[6] zu sehen und so simultan als Affirmation der Möglichkeit wie als grundlegende Unmöglichkeit aller Repräsentation zu verstehen. In paradoxer Weise nimmt innerhalb dieses theoretischen Rahmens das Bild die Teilhabe, die es in der Repräsentation mimetisch ausspricht, immer auch zurück, insofern es Teilhabe schlechthin von einer Gnade abhängig macht, die im Konzept der Repräsentation nie einzuholen

[4] Gregor der Große: Epistula 105, in: PL 77, Sp. 1027f.

[5] Stéphane Mallarmé: Sur le livre illustré, in: ders.: Œuvres complètes, hg. von Henri Mondor, Paris 1945, S. 878; vgl. J. Hillis Miller: Illustration, Cambridge 1992, S. 67f.

[6] Johannes Damaskenos: Drei Reden über die Bilder, in: PG 94, Sp. 1232–1420.

ist. Die Gegenwart, die das Bild herstellt, verdankt sich daher nie dem repräsentativen Gestus des Bildes. Sie ist vielmehr die Möglichkeit aller Repräsentation, die als Möglichkeit nie in den Bereich aktueller Repräsentation fällt, ihr jedoch immer vorausgeht. So stellt die Theologie des Bildes, die eine Kontinuität zwischen Bild und Urbild lehrt, gleichzeitig eine absolute Differenz fest, die die Spannung zwischen Bild und Urbild als einen Abgrund des Unsagbaren begreift. Aus diesem Grund kann denn auch – hier trifft sich schließlich Thomas von Aquin mit der Bildtheologie des Ostens[7] – die Verehrung des Bildes nie Anbetung sein. Vielmehr ist das Bild zu begreifen als Ort einer doppelten Bewegung, in der sich absolute Unähnlichkeit und Ähnlichkeit in spezifischer Weise verschränken. Als Abbild ist das Bild dem Urbild gegenüber nie gleich, ja es ist ihm vollkommen ungleich, da die Teilhabe selbst nie im Bereich der Möglichkeit der Repräsentation liegt; in seinem Bezug zum Urbild indes, der sich dieser Möglichkeit verdankt, verweist es auf dieses und ist deshalb absolute Ähnlichkeit und Teilhabe.

Das heißt, daß das Bild immer Ort einer Spannung ist, die nicht überbrückt, die nicht auf die Schrift zurückgeführt und letztlich durch den Text ins Buchstäbliche gewendet werden kann. Vielmehr ist in der Betrachtung des Bildes das in der Schrift Gesagte immer schon auf eine ›Ähnlichkeit‹ hin überschritten, die sich als solche, das heißt in der vorausgesetzten Konvergenz von absoluter Unähnlichkeit und absoluter Ähnlichkeit, der Repräsentation und der Sagbarkeit schlechthin entzieht. Die ›Ähnlichkeit‹, von der hier die Rede ist, ist denn auch weniger repräsentative und mimetische Spiegelung als Figuration und allegorische Form. Alle Bilder sind damit, insofern sie sich in Bezug zur Schrift setzen, durchaus als Repräsentation zu sehen, doch stellen sie gleichzeitig, insofern sie den Schriftsinn nie einholen, sondern immer nur allegorisch transponieren können, alle Repräsentation permanent in Frage. Das heißt, daß auch die literale Ebene des Schriftsinns schlechthin in Frage gestellt ist.

Bilder sind somit immer allegorisch – und sie verwandeln alles, womit sie in Berührung kommen, in Allegorie, da sie in der Form ihrer Bezüglichkeit gerade diese Verschränkung von absoluter Ähnlichkeit und absoluter Unähnlichkeit performativ zum Ausdruck bringen.

Das Bild, könnte man hier zu sagen versucht sein, ist in diesem Zusammenhang gerade darin radikalster Ausdruck negativer Theologie, als es die Ähnlichkeit mit dem Urbild oder dem ›Sinn‹, die es scheinbar intendiert, vollkommen den Mitteln entzieht, die gemeinhin der Produktion von Ähnlichkeit dienen. Es macht so alle literale, mimetisch gewonnene Bedeutung unmöglich und verweist in bezug auf sich selbst und den Text auf die Unmöglichkeit, im literalen Verständnis oder im ›Abbild‹ den ›Sinn‹ zu fassen. Dieser ist, nach der Intervention des Bildes, nicht anders faßbar als in einer unabschließbaren Allegorese der Schrift.

Der Exkurs in diesen Bereich theologischer Diskussionen über den Status des Bildes macht sichtbar, daß die unterschiedlichen Medien Bild und Text, die uns

---

[7] Thomas von Aquin: Summa theologica III q. 25 a. 3.

auf den Seiten mittelalterlicher Handschriften begegnen, nicht einfach im Blick auf gegenseitige Repräsentation und auf Identität und Nichtidentität der Inhalte zu untersuchen sind, sondern daß sich unsere Aufmerksamkeit beim gemeinsamen und in der Manuskriptseite verschränkten Auftreten von Bild und Schrift auf eine Differenz der beiden Medien zu richten hat. Dabei geht es weniger um eine Differenz zwischen den beiden Medien als um eine grundsätzlichere Differenz, die mit dem Begriff und der Möglichkeit von Repräsentation verbunden ist und die gerade im gemeinsamen Auftreten von Bild und Schrift zum Ausdruck kommt.

Sprechen wir also über ›Bild und Text‹, geht es hier nicht nur darum, zu sehen, was die Repräsentation im einen oder anderen Medium leistet, sondern zu verstehen, wie das Bild, wenn es im Text auftritt, sich auf die Schrift bezieht und wie der Text, wenn er im Bild auftritt, sich auf dieses bezieht. Dabei kann das Bild den Text illustrieren, kommentieren oder ironisieren, um nur drei Möglichkeiten zu benennen, die in der Forschung immer wieder diskutiert werden, doch führt es immer eine grundlegende, irreduzible Spannung ein, die die Lektüre und das Schriftverständnis selbst problematisch macht.

Damit macht das Bild auch eine Materialität im Text geltend, die anderswo so unmittelbar nicht bemerkbar ist und die, wie mir scheint, für das Verständnis des Verhältnisses von Bild und Text im Mittelalter grundlegend ist. Das heißt nicht, daß das Bild als Zeugnis, als Repräsentation einer ›unterdrückten‹ Materialität oder Körperlichkeit gelesen werden soll, die gewissermaßen von außen in den Text eindringen und ein Residuum unmittelbarer Gegenwart bilden würde. Auch wenn diese These große Verführungskraft besitzt, erliegt sie doch einem Mißverständnis, insofern sie dem Bild im Bezug zum ›Körper‹ wiederum einen unmittelbaren Repräsentationscharakter unterstellt. Dies indes ist im Blick auf die skizzierte theologische Diskussion um den Status des Bildes auszuschließen.

Ebensowenig sollen Bilder hier als materielle, historische Quelle wahrgenommen werden, die, in Ergänzung zum Text und im Sinne einer ikonologischen Rekonstruktion, zusätzliche Informationen zu liefern vermöchten. Vielmehr wird es in den folgenden Zeilen darum gehen, die spezifische Form von Lektüre und Textverständnis zu thematisieren, die sich angesichts der Einheit von Bild und Text und durch diese in einer spätmittelalterlichen Handschrift konstituiert. Es wird darin sichtbar, daß das Bild im Text in grundlegender Weise auf die Materialität der Schrift und auf die Notwendigkeit ihrer materiellen Gegenwart aufmerksam macht.

1. Der Einsiedler Codex 710

Die Handschrift mit geistlichen Texten[8], die sich die fromme und wohlhabende, am Marktplatz in Konstanz lebende Witwe im letzten Drittel des 15. Jahrhunderts

---

[8] Einsiedeln, Stiftsbibliothek, Cod. 710 (Bihlmeyer [wie Anm. 10], DS: Sigle K). – Ich möchte an dieser Stelle Pater Odo Lang, Benediktinerstift Einsiedeln, herzlich für die Herstellung der Photographien danken.

herstellen ließ, ist heute noch sehr gut erhalten. Sie enthält, nach einem Perga-
mentblatt mit den Wappen ihrer eigenen Familie und derjenigen ihres verstorbenen Gatten, zunächst zwei Dialoggedichte, die sogenannte »Kreuztragende Minne« und das »Gedicht von der minnenden Seele« (fol. I^ra–XXI^ra). Darauf folgt ein
kurzer »Disput zwischen der minnenden Seele und unserem Herrn« (fol. XXI^ra–
XXI^va).[9] Den Hauptteil der Handschrift bildet schließlich das Werk Heinrich
Seuses in der als »Exemplar« bezeichneten Ausgabe letzter Hand, welche die
»Vita«, das »Büchlein der Ewigen Weisheit«, das »Büchlein der Wahrheit« und
das »Briefbüchlein« umfaßt (fol. XXIII^ra–CLXXXIV^ra).[10] Darauf folgt eine Reihe kleinerer aszetischer und mystischer Traktate, Gebete und Betrachtungen
(fol. CLXXXV^ra–CCXXXII^ra).[11]

Die prachtvolle Handschrift, die später in den Besitz des Dominikanerinnen-
klosters St. Peter an der Rheinbrücke zu Konstanz überging, stellt ein Kompend-
ium spätmittelalterlicher mystischer Spiritualität dar. Sie enthält zudem eine
Reihe von Illustrationen, die in den Text eingelassen sind und auf diesen Bezug
nehmen. Wie ein Blick in die Handschrift erkennen läßt, bilden die ersten beiden
Texte zusammen mit den zugehörigen Illustrationen und dem kurzen »Disput
zwischen der minnenden Seele und unserem Herrn« eine Einleitung zu Seuses
Werk, die dessen Lektüre in entscheidender Weise bestimmt. Dabei spielen die
Illustrationen – wie die Illustrationen in Seuses »Exemplar« – eine wichtige
Rolle, produzieren sie doch eine ganz bestimmte Form der Lektüre, der Textalle-
gorese und des Textverständnisses.

Die drei Texte, die allesamt einer brautmystischen Tradition folgen, stellen
von Anfang an und in programmatischer Weise einen Interpretationshorizont her,
der das für Seuses Denken so zentrale Konzept der imitatio Christi direkt auf den
Motivbestand der Brautmystik bezieht. Auch die Leidens- und Einheitstopik ist
damit ganz aus dem Minnekonzept heraus verstanden, das die Dialoggedichte in

---

[9] Zur handschriftlichen Überlieferung und Charakterisierung dieser drei Texte siehe: Vol-
ker Mertens: [Art.] Kreuztragende Minne, in: ²VL, Berlin/New York, Bd. 5, Sp. 376–379;
Hellmut Rosenfeld: [Art.] Christus und die minnende Seele, in: ²VL, Berlin/New York, Bd. 1,
Sp. 1235–1237; Peter Ochsenbein: [Art.] Disput zwischen der minnenden Seele und unserem
Herrn, in: ²VL, Berlin/New York, Bd. 2, Sp. 178f. – Die drei Texte sind ediert in: Romuald
Banz: Christus und die minnende Seele. Zwei spätmittelhochdeutsche mystische Gedichte, im
Anhang ein Prosadisput verwandten Inhaltes, Breslau 1908, Nachdr. Hildesheim/New York
1977. – Verschiedene Studien dazu von Hildegard Keller (Zürich) sind zur Zeit im Druck.

[10] Zur Überlieferung der Werke Seuses siehe: Rüdiger Blumrich: Die Überlieferung der
deutschen Schriften Seuses. Ein Forschungsbericht, in: Heinrich Seuses Philosophia spiritualis.
Quellen, Konzept, Formen und Rezeption. Tagung Eichstätt 2.–4. Oktober 1991, hg. von R. B./
Philipp Kaiser, Wiesbaden 1994 (Wissensliteratur im Mittelalter 17), S. 189–201; Daniela
Kuhlmann: Heinrich Seuses ›Buch der Wahrheit‹. Studien zur Textgeschichte, Diss. masch.
Würzburg 1987; Karl Bihlmeyer: Einleitung, in: Heinrich Seuse: Deutsche Schriften, hg. von
K. B., Stuttgart 1907, Nachdr. Frankfurt a. M. 1961, S. 3*–163*, hier S. 3*–29*. – Ich zitiere die
Werke Seuses nach der zuletzt genannten Ausgabe mit der Sigle DS. Daneben benutze ich:
Heinrich Seuses Horologium sapientiae, hg. von Pius Künzle, Freiburg, Schweiz 1977 (Spicile-
gium Friburgense 23); Heinrich Seuse: Das Buch der Wahrheit, hg. von Loris Sturlese/Rüdiger
Blumrich, Hamburg 1993.

[11] Zur Charakterisierung dieser Texte siehe Banz (Anm. 9), S. 12–14.

Struktur und Inhalt bestimmt. Die Texte beziehen sich so auf Motivkomplexe, die in Seuses Werken in einer auch für Bernhard von Clairvaux und die Frauenmystik typischen Weise – zum Teil gerade im Unterschied etwa zu Meister Eckhart – eine große Rolle spielen. Man könnte versucht sein, die drei Texte in progressiver Folge als Übergang vom Postulat der Leidensnachfolge zur Brautmystik und schließlich zur eher spekulativ gefaßten Einheit von Seele und Christus zu verstehen, wie sie im kurzen »Disput zwischen der minnenden Seele und unserem Herrn« zur Sprache kommt. Damit ist die in den ersten zwei Texten zentrale Leidens-, Liebes- und Brautmystik schließlich auch auf ein in der dominikanischen Tradition vorherrschendes, eher spekulativ geprägtes und intellektuelles Einheitskonzept bezogen, wobei hervorzuheben ist, daß der Einheitsgedanke trotzdem immer brautmystisch gefaßt bleibt und nicht wirklich intellektuell-spekulativ gedeutet wird.

Lesen wir die drei Eingangstexte in dieser Weise, wird ersichtlich, daß die Weisheits- und Einheitsthematik nach der Vorgabe dieser Handschrift ganz von der Topik der Leidens- und Brautmystik her verstanden werden soll. Das heißt, daß von Anfang an eine klare Interpretationslinie gegeben ist, die Seuses allegorischen Figuren des ›Dieners‹ und der ›Weisheit‹ auch von der Bildebene her spezifische Konturen verleiht.

Zudem wird durch die Struktur der einleitenden Texte und der dazugehörigen Illustrationen das Gewicht dialogischer Elemente in Seuses Denken hervorgehoben und der Charakter der Handschrift als Initiations- und Betrachtungsbuch näher bestimmt, in dem eine ganz bestimmte spirituelle Tradition und Frömmigkeitspraxis zum Zuge kommen soll. Im Unterschied zur älteren Straßburger Handschrift des »Exemplars«[12], die ausschließlich Seuses Werk enthält und deutlich autor- und werkbezogen ist, scheint sich die Einsiedler Handschrift damit viel stärker am Programm einer exemplarischen spirituellen Biographie und an einem praktischen Initiationsideal zu orientieren. Dies spiegelt sich denn auch in den Illustrationen und in der Form der Lektüre, die das Verhältnis von Bild und Text hier impliziert. Die Handschrift wird hier selbst zum Ort der Initiation.

2. Die Illustrationen der Handschrift

2.1. Die »Kreuztragende Minne«

Wie gesagt, sind in der Einsiedler Handschrift dem Werk Seuses drei Dialogstücke vorangestellt, die auf den Seusetext hinführen. Dabei wird dem Text in dieser Handschrift und im Unterschied zu den übrigen, wenigen Handschriften, die die »Kreuztragende Minne« und das Gedicht »Christus und die minnende Seele« überliefern, auch ein Titelbild vorangestellt, das in programmatischer Weise das Motiv der Nachfolge Christi durch eine brautmystische Motivik überlagert, wel-

---

[12] Straßburg, Bibl. nationale et universitaire, Cod. 2929 (Bihlmeyer [Anm. 10], DS: Sigle A).

Abb. 1: Einsiedeln, Codex 710, fol. I[r]

che die Darstellung der das Kreuz tragenden und der Versuchung des Teufels ausgesetzten Minnefigur deutlich erkennen läßt (Abb. 1, fol. I^r). Die 73 Verse der »Kreuztragenden Minne«, in denen abwechselnd Christus und die Seele sprechen, stehen so unter einer bereits im Titelbild indizierten Spannung zwischen dem Leidens- und dem Minnemotiv, die beide auf die vollkommene Preisgabe und Einung fokussiert sind, welche das Ziel der drei Einleitungstexte bildet.

2.2. »Christus und die minnende Seele«

Dem nun folgenden, 2112 Verse umfassenden Dialoggedicht, das in vier Handschriften überliefert ist und wohl von einer Frau im Umfeld der Beginenbewegung in der Gegend von Konstanz verfaßt wurde, liegt ein 80 Verse umfassender Bilderbogen zugrunde. Dieser besteht aus 20·Bildszenen, gegliedert in fünf Reihen, mit je zwei Dialogreimpaaren. Man darf sich vorstellen, daß dieser Bilderbogen, der zunächst handschriftlich, dann durch Holztafeldrucke vervielfältigt wurde, ursprünglich als Wand- und Andachtsbild in Nonnenzellen Verwendung fand. Später gelangte der Text als eine um mystische Prosastücke erweiterte Inkunabel auf den Markt.

In der vorliegenden, im späten 15. Jahrhundert entstandenen Fassung, die nicht 80, sondern 2112 Verse und 21 Miniaturen umfaßt, ist der Text durch fromme Betrachtungen und Ermahnungen aufgeschwellt. Dabei stehen die Miniaturen nun jeweils zwischen der Titelzeile eines Abschnittes des Gedichts und dem ersten Vierzeiler des betreffenden Abschnitts (vgl. Abb. 2 und 3). Die mit ungelenker Hand gezeichneten, indes im Detail sehr abwechslungsreich gestalteten Miniaturen stellen Etappen eines spirituellen Weges dar, der von einer Szene, die deutlich als Anspielung auf die annuntiatio zu lesen ist (fol. II^r), zur Schlußszene führt, in der die Seele und Christus sich gegenseitig in dem aus der Minnesangikonographie[13] bekannten Umarmungsgestus der Liebenden halten (21: Christus und die Nonne halten sich die linken Hände, während sie seine Schulter umfängt und er mit der Rechten als Zeichen der Minne an ihre Brust greift). Zwischen der Eingangs- und der Schlußszene liegen 19 Miniaturen, die je einen bestimmten Schritt in der spirituellen Biographie und einen neuen Abschnitt im Text markieren: Christus erscheint am Bett der Seele (2: *Hie haist er sy uff ston/ Hin zu der metti gon*), er hält sie zur Askese an (3), peitscht sie (4), lähmt und blendet sie (5), belehrt sie (6), verbietet ihr das Spinnen als Broterwerb (7), entblößt sie (8), erhängt sie (9), gibt ihr den Gnadentrank (10), jagt sie (11), verbirgt sich (12). Sie schießt ihm in die Brust (13), bindet ihn an sich (14) und widersteht der Verlockung weltlichen Reichtums zu seinen Gunsten (15). Er spielt auf für sie (16), läßt sich küssen (17), ist vertraut (18) und tanzt mit ihr (19), bevor er sie krönt (20) und sich im Liebesgestus mit ihr eint (21).

---

[13] Martin Kersting: Text und Bild im Werk Heinrich Seuses. Untersuchungen zu den illustrierten Handschriften des Exemplars, Diss. masch. Mainz 1987, S. 50.

der ich laider vil wider dich hab
geton
Vnd das beitli rumen
vñ mich den schläff mit lon sumen
hie wil er si mit gnug lon essen
won er fürcht sin werd vergeße

xps sprach
Du müst dich würtsch ast vermege
wiltu hohes gaistes pflegen
Er spricht
Jch clagnen wol von noten
Er wil mich hungers toten

Abb. 2: fol. V^r

Abb. 3: fol. VI^r

Bemerkenswert an den naiven Illustrationen ist die Zeichnung der Details, wie sie vor allem in der Darstellung der Frauengestalt zum Zuge kommt. Während Christus immer in einfacher, ungegürteter Tunika erscheint, wechselt die Kleidung der Frauengestalt in einer Weise, die fraglos die Freude des Illustrators wie die der Betrachterin evoziert. Erst die zweite Hälfte der Miniaturenserie (12 bis 21) zeigt die Figur der Braut schließlich nicht mehr in weltlich modischer Kleidung, sondern im Zisterzienserinnenhabit mit weißer Kutte, schwarzem Gurt, weißer Halsbinde und im schwarzen Hauben- und weißen Unterschleier.

2.3. Heinrich Seuses »Exemplar«

Heinrich Seuses »Exemplar«, die von ihm selbst 1362/63 redigierte Ausgabe seiner Werke, umfaßt die folgenden Texte: die »Vita«, eine exemplarische Autobiographie, das »Büchlein der Ewigen Weisheit«, ein Betrachtungs- und Andachtsbuch, das »Büchlein der Wahrheit«, ein Traktat über den Begriff der Gelassenheit und zugleich eine Verteidigung der Lehren Eckharts, schließlich das »Briefbüchlein«, eine Sammlung von elf Briefen. Seuses »Exemplar« ist in deutscher Sprache seit dem 14. Jahrhundert in sieben Handschriften vollständig überliefert. Seit 1482 wurde das Werk mehrmals gedruckt.

Seuses »Exemplar« ist in der Regel illustriert, wobei die elf Illustrationen mit Sicherheit unter der Aufsicht des Autors entstanden sind.[14] Dieser bezieht sich in einem Brief an Elsbeth Stagel mit den Worten *disú ellú entworfnú bild* auf die Illustrationen des »Exemplars«.[15] Zudem lassen stilgeschichtliche Kriterien erkennen, daß die in lavierter Federzeichnung ausgeführten Illustrationen der ältesten Handschrift (A), die möglicherweise für die vom Bankier und Gottesfreund Rulman Merswin gegründete Johanniterkomturei ›Zum Grünen Wörth‹ in Straßburg hergestellt wurde, nicht nach dem Ende der sechziger Jahre des 14. Jahrhunderts entstanden sind.[16]

Das »Exemplar« enthält elf Illustrationen, die den ›Diener der Weisheit‹ und die ›Ewige Weisheit‹ in verschiedenen Situationen zeigen. Auf ein dem Prolog vorangestelltes Titelbild (Abb. 4) folgen verschiedene narrative Bildszenen innerhalb der »Vita«, ein schematisches Bild, das die »Vita« beschließt (Abb. 8), und ein Doppelbild, das innerhalb des »Büchleins der Ewigen Weisheit« die Topik des Leidens illustriert (Abb. 9 und 10).[17]

[14] Vgl.: Bihlmeyer (Anm. 10), S. 136*–140*; Kersting (Anm. 13); Jeffrey Hamburger: The Use of Images in the Pastoral Care of Nuns. The Case of Heinrich Suso and the Dominicans, in: Art Bulletin 71, 1989, S. 20–46. – Zum Verhältnis zwischen Textautor und Illustrator siehe Hindman (Anm. 1) und Mary Coker Joslin: The Illustrator as Reader: Influence of Text on Images in the »Histoire ancienne«, in: Mediaevalia et Humanistica, NF 20, 1994, S. 85–121.

[15] DS (Anm. 10), S. 193,31.

[16] Literatur bei Hamburger (Anm. 14), S. 25, Anm. 32.

[17] Beschreibung der Bilder bei Bihlmeyer (Anm. 10), DS, S. 46*–57*.

Abb. 4: fol. XXIIᵛ

Abb. 5: fol. XXIII^r

Abb. 6: fol. XXIV^v

2.4. Bildtypen

Überblicken wir die verschiedenen Illustrationen, lassen sich einzelne Typen unterscheiden:

–   Titelbilder, die der »Kreuztragenden Minne« und dem »Exemplar« vorange-
    stellt sind (Abb. 1 und 4).[18]
–   Narrative Bildszenen im Text, die in den Text eingebettet sind. In der Regel
    stehen diese Bilder nach einer Titelzeile und vor einem neuen Textabschnitt
    (sämtliche Miniaturen in »Christus und die minnende Seele«, vgl. Abb. 2 und
    3), oder sie bilden den Schluß einer narrativen Sequenz, auf die sie sich
    zurückbeziehen. Dies ist im erzählerisch-biographischen Teil von Seuses
    »Vita« (Kap. 1–45) der Fall, wobei es sich hier zumeist um Visionssequenzen
    (*gesiht* oder *offenbarung* in Bild 2, 3, 4, 6, 7, 8) und nur in zwei Fällen um
    andere Szenen aus Seuses Leben handelt (5, 9).
–   Schematische Bilder (die Bilder 10 und 11 des »Exemplars«), die auf wesent-
    liche theoretische Aspekte des Textes Bezug nehmen und diese schematisch
    vergegenwärtigen. Dies ist im Bild 10 für das theoretische Grundgerüst von
    Seuses Werk, in Bild 11 für die Topik des Leidens der Fall.

---

[18] Zum Gehalt des Titelbildes und der übrigen Bilder des »Exemplars«, auf die ich hier aus
Platzgründen im einzelnen nicht weiter eingehen kann, vgl. Kersting (Anm. 13).

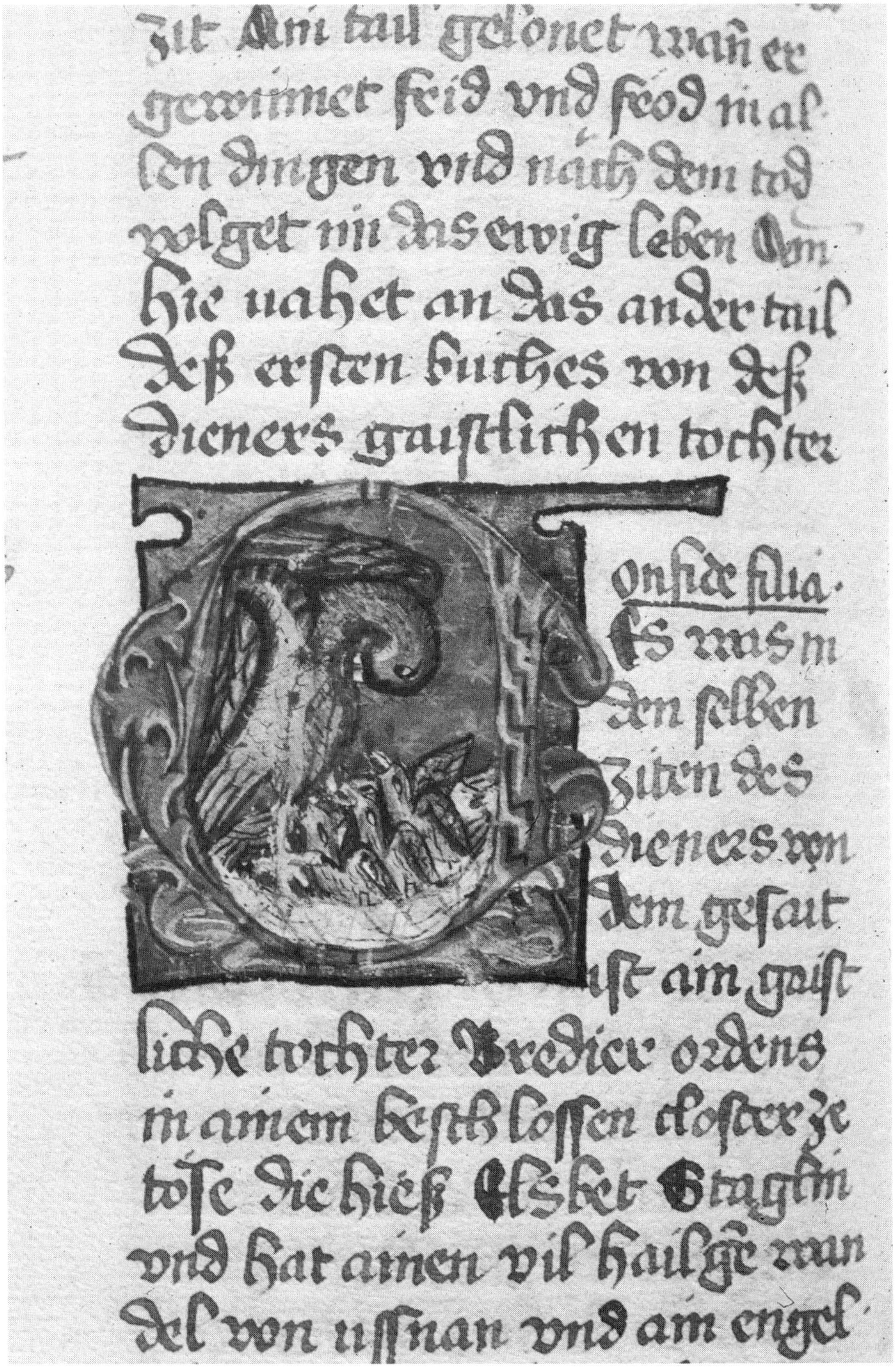

zit Ain tail gelönet wañ er
gewinnet fried vnd freod in allen dingen vñd nach dem tod
volget in das ewig leben Aon
hie nahet an das ander tail
deß ersten buthes von deß
dieners gaiftlichen tochter

onsidr filia
ls was in
den selben
ziten des
dieners von
dem gesait
ist ain gaift-
liche tochter Predier ordens
in ainem beßlossen kloster ze
töse die hieß Elsket Stagklin
vnd hat ainen vil hailgen man
del von ussnan vnd ain engel

Abb. 7: fol. LXI^v

Abb. 8: fol. CVI^r

warhait kunst zeuelde bering-
en das nieman dar an kan noch
mag gezwifflen Es ist nit wunder das er liden mag er liden
dem du liden also kunst geliebt-
en herr du hast mit dinen suß-
en worten gemachet das mir
mit allain alles liden ieme deste
er lidiger muß sin herre min
und getruwer vatter ich kniw-
en hutt fur dich Ach und lo-
ben dich innerlichen vm geg-
enwurtiges liden und och vm
die verwarten unmeßigen lid-
en die mich so groß dunkten

wann sy so vngentlich luch-
ten die ewig wyßhait wie
dunket dich aber nu der diener herr mich tunket das aug-
enlich wenn ich dich mins
hertzen innerlichen ogen wu-
de mit lieplichen ogen ansihe
das die starken großen liden
mit denen du mich als vatter-
lich hast geubet von dero angesicht an mir denoch din fru-
men stunde erschraken das
die alle siren gewesen als am
sußes mayentowe

Dise nachgenden bilde mainent am sußes trosten mit himel-
schen worten aller feurigen hertzen

Abb. 9: fol. CXXIX[v]

Abb. 10: fol. CXXX^r

– Neben diesen Bildtypen begegnen ornamentale Elemente – Rankenwerk,
farbige Initialen und Initialen mit Bildelementen –, auf die ich hier nur am
Rande verweisen kann. Auch diese visuellen Elemente sind indes im Gesamtzusammenhang der Handschriftenillumination zu sehen, lassen sie doch in
diesem Fall deutlich erkennen, daß das visuelle Programm der Illustration als
ein Programm der körperlichen Einschreibung zu betrachten ist. Im Bild wird
damit markiert, daß der Körper der Ort einer Transformation ist, durch die die
Schrift letztlich erst wirklich wird. Besonders hervorzuheben sind in diesem
Zusammenhang die *IHS*-Formeln, die verstreut über den Text des »Exemplars« und die Illustrationen dazu begegnen und die einen unmittelbaren
Bezug herstellen zwischen den Manuskriptseiten (vgl. Prologseite, Abb. 5)
und dem Körper Seuses, wie er mit auf der Brust eingeritztem *IHS* in den
Illustrationen erscheint.

Was dabei ersichtlich wird, ist eine visuelle Isotopie der Einschreibung,
deren Fokus nichts anderes ist als die – wie wir sehen werden: nie wirklich
gelingende – Einschreibung des Textes im Körper und die spirituelle Transformation des Körpers durch den Text. Diese visuelle Isotopieebene, die vor allem
durch das *IHS*- und das Rosenmotiv charakterisiert ist, umfaßt neben dem letzten
Bild des »Exemplars«, das Seuse im Rosenbusch zeigt (Abb. 9), auch die Bildinitialen mit der Darstellung des Dieners (fol. XXIII^r, XXIV^v, CVII^r, CLVIII^r, vgl.
Abb. 6). Formal sind so sämtliche Illustrationen des »Exemplars« sowie die
vereinzelten ornamentalen Bildinitialen und die Bildinitialen mit fester allegorischer Bedeutung, etwa dem Motiv des Pelikans (fol. LXI^v, Abb. 7) und des
Adlers (fol. LXXXIX^v), in das Bildprogramm einbezogen, das sich im Bezug zur
Schrift als Projekt der körperlichen Einschreibung des *IHS*-Symbols definiert.

2.5. Bildprogramm

Die Bildebene, die die Handschrift durchzieht, bildet eine Einheit, die auf einem
spezifischen Motivbestand aufbaut, der im Titelbild der »Kreuztragenden Minne« schematisch angesprochen und in den brautmystischen Bildszenen des Dialo-
ges »Christus und die minnende Seele« narrativ entfaltet wird. Diese Vorsatz-
stücke bilden gewissermaßen eine Initiation und Leseanweisung zum Werk Seuses und den darin enthaltenen Bildern, welche in komplexerer Weise zunächst auf
den narrativen Aspekt des Textes Bezug nehmen und diesen in zwei Bildern
abschließend schematisch zur Darstellung bringen. Das eine Schlußbild faßt
dabei Seuses Lehre zusammen (Abb. 8), das andere zeigt den Dichter als Sänger
(Abb. 10), der mit dem Psalterium zwischen dem Leiden Christi und zwei
leidenden Frauen sitzt. Zudem wird in diesem letzten Bild die Stigmatisierung,
die aus der Franziskus-Ikonographie bekannt ist, auf das Rosenmotiv und die
IHS-Tätowierung bezogen und organisch mit dem Motiv des Schmerzensmannes
verwoben (Abb. 9). Die Nachfolge des Kreuzes, die im Titelbild der Handschrift
angesprochen ist, scheint dadurch nun vollständig durch Seuses Werk erschlossen, das in der Schlußszene zwischen Christus und den zwei leidenden Frauen

vermittelt. Das heißt, daß das Programm der Nachfolge des Kreuzes, bildlich überhöht durch die Stigmatisierung, die vollendete körperliche Einschreibung, aufgeht in der Genese des Werkes Seuses und in seiner Stimme. Diese indes, muß hier vorgreifend notiert werden, kann an dieser Stelle des Ganges durch die Handschrift keine andere Stimme mehr sein als die innere Stimme der Leidenden, die auf der rechten Seite der Bildszene abgebildet sind.

Alle Bilder, die so als Bilder selbst eine bestimmte Interpretation des Konzeptes der Nachfolge Christi abgeben, sind natürlich zunächst als Illustrationen, das heißt als bildliche Vergegenwärtigung des Textes und als Schmuck der Handschrift zu betrachten, doch enthalten sie von Anfang an interpretativ-kommentierende Elemente, die eine bestimmte, brautmystische Form des Textverständnisses und der Textlektüre implizieren und in narrativen Szenen darstellen. Neben diesen drei Funktionen – Darstellung, Interpretation, Kommentar – oder doch wohl eher als ihr gemeinsamer Fokus ist zudem das mnemotechnische Moment hervorzuheben. Das illustrativ-kommentierende Bildprogramm verleiht dem Text eine spezifisch gewichtete Struktur, die diesen, über die Bilder und die zum Teil den Bildern eingeschriebenen Worte, dem inneren Auge gegenwärtig hält.[19] Dies ist bei den narrativen Szenen in »Christus und die minnende Seele« der Fall, wo die Bilder Merkpunkte einer spirituellen Aufstiegsbiographie sind. Deutlicher kommt es indes bei den Illustrationen zu Seuses »Exemplar« zum Ausdruck, wo zunächst das Titelbild den intellektuell-theologischen Rahmen des Werkes definiert und die narrativen Bildszenen jeweils verschiedene Elemente des Textes und der spirituellen Biographie des ›Dieners‹ zur Darstellung bringen. Jede Bildszene verweist hier auf ein bestimmtes Textstück, welches dadurch in wesentlichen Elementen zusammengefaßt wird und über die Figur des ›Dieners‹ auch im Gesamtzusammenhang des Textes mnemotechnisch erschlossen ist. Am deutlichsten ist diese Funktion bei den beiden Schlußbildern ersichtlich, wo nun im Blick auf die spirituelle Biographie und auf die Leidensmystik eine Systematik entfaltet wird, die Seuses Werk schlicht in zwei Erinnerungsbilder faßt und diese der Spannung des Titelbilds der »Kreuztragenden Minne« als Antwort gegenüberstellt.

3. Bild, Text, Kontext

Der historische und stilgeschichtliche Rahmen, in dem die Illustrationen der Einsiedler Handschrift zu situieren sind, kann hier nur skizziert werden. Die Bilder verweisen zunächst auf die Tradition einer Ikonographie, wie sie im Zusammenhang mit der Kultur des Minnesangs in Erscheinung tritt. Gesprächsbilder der Weingartener und der Manessischen Liederhandschrift, die Motivik zeitgenössischer Fresken, wie sie in Konstanz und im Bodenseeraum erhalten sind, bilden den nächstliegenden Hintergrund.[20] Auch das Motiv der Rose, das

[19] Zum Kontext siehe Mary Carruthers: The Book of Memory. A Study of Memory in Medieval Culture, Cambridge 1990.
[20] Kersting (Anm. 13), S. 42–50.

hier von der Marientradition weitgehend abgelöst ist, belegt diesen Zusammenhang. Die Rose wird im Kontext des Minnesangs zum Motiv der Minne schlechthin und einer Verklärung, die allegorisch weltlich wie geistlich[21] lesbar ist. Ist
dieser Anklang an die Ikonographie des Minnesangs bei der älteren Straßburger
Handschrift des »Exemplars« besonders deutlich, zeichnet sich in den für Margaretha hergestellten Bildern zusätzlich und mit größerem Nachdruck ein geistlich-
ekstatisches Moment ab. Vor allem in der Figur des ›Dieners‹ wird hier auf die
»ekstatischen Elemente der Schau« abgehoben.[22] Gleichzeitig wird der Diener
visuell der *Sapientia* untergeordnet. Dies paßt zur brautmystischen Vorlage der
Seuselektüre, die das Gedicht »Christus und die minnende Seele« mitsamt den
Illustrationen abgibt. Auch hier ist primär ja nicht eigentlich die Nachfolge des
Kreuzes Zentrum des Interesses, sondern das ekstatische Einungsereignis, das
dem dialogisch entfalteten Leidens- und Liebesdrama folgt. Zudem ist gerade in
der Liebe zum Detail und im Bemühen um Ausstattung und Hintergrund in
sämtlichen Miniaturen ein neues Stilempfinden der Konstanzer Malerei zwischen
1350 und 1450 sichtbar, das die Liebes- und Leidensdramatik in – nostalgischer –
Anlehnung an die Motivik des Minnesangs sehr lebendig zu gestalten sucht.

Die Illustrationen der Handschrift sind gleichzeitig im Kontext geistlicher
Bildtypen zu sehen. Dabei ist einerseits auf die Geschichte von Gebetbüchern
und die Entwicklung des Andachtsbildes vom 12. bis zum 14. Jahrhundert hin-
zuweisen. Zweifellos hat der Gebrauch von Andachtsbildern in der dominikanischen Nonnenseelsorge[23], der cura monialium, der Seuses Werk entspringt, eine
wichtige Rolle gespielt. Darauf weisen Bildprogramme hin, wie sie offenbar in
der Kapelle vorhanden waren, die Seuse in Konstanz benutzte. Seuse selbst stellt
den Bezug her zwischen der Andacht in der Kapelle (der *andaht nah bildricher
wise*), der Bildmeditation, dem Gebrauch von Andachtsbildern und der Illustration des »Exemplars«.[24] Er verweist so auf die Verbindung zwischen Andacht und
privater Lektüre, die dem Bild eine entscheidende Schlüsselfunktion verleiht.

In einem breiteren Kontext müßte hier die Gestaltung der Gebet- und Stundenbücher, die seit dem 12. Jahrhundert in zunehmendem Maße illustriert wurden, und die Entwicklung neuer Andachtsformen zur Sprache kommen.[25] Dabei

[21] Vgl. DS (Anm. 10), S. 64,24ff.

[22] Kersting (Anm. 13), S. 51.

[23] Siehe dazu jetzt: Martina Wehrli-Johns: Das Selbstverständnis des Predigerordens im
Graduale von Katharinenthal. Ein Beitrag zur Deutung der Christus-Johannes-Gruppe, in: Con-
templata aliis tradere, hg. von Claudia Brinker et al., Bern et al. 1995, S. 241–271. – Zum
Kontext vgl.: Jeffrey Hamburger: Nuns as Artists. The Visual Culture of a Medieval Convent,
Berkeley 1997.

[24] DS (Anm. 10), S. 103, und Hamburger (Anm. 14), S. 28–35; vgl. weiter die unten,
Anm. 40, genannten Stellen.

[25] Vgl. dazu: Time Sanctified. The Book of Hours in Medieval Art and Life, hg. von Roger
Wieck et al., New York/Baltimore 1988; Gerard Achten: Das christliche Gebetbuch im Mittelal-
ter. Andachts- und Stundenbücher in Handschrift und Frühdruck, Berlin 1987; Jeffrey F. Ham-
burger: A Liber Precum in Sélestat and the Development of the Illustrated Prayer Book in
Germany, in: Art Bulletin 73, 1991, S. 209–236; ders.: The Rothschild Canticles. Art and
Mysticism in Flanders and the Rhineland Circa 1300, New Haven 1990.

hat allgemein die Entwicklung der Laienfrömmigkeit eine wichtige Rolle gespielt, doch deuten die erhaltenen illustrierten Handschriften vor allem darauf hin, daß zunächst besonders Frauen als Auftraggeberinnen seit dem Beginn des 12. Jahrhunderts eine bestimmende Rolle bei der Entwicklung neuer Bet- und Andachtsformen gespielt haben. Hier zeichnen sich neue Bildtypen und eine neue Funktion des Bildes ab. Dabei treten – im »Liber precum« von Schlettstadt, schließlich im sogenannten Gebetbuch der Hildegard von Bingen und in einer Reihe weiterer Gebetbücher – narrative Bildtypen neben das tradierte Repertoire (Autor- und Gönnerportraits, Christus, Heilige), wobei Text und Bild nun als materia meditandi eine narrativ erschlossene Einheit bilden.

Jeffrey Hamburger, der diese Entwicklung untersucht, spricht von »protodevotional images«[26], die auf eine Entwicklung hindeuten, welche zum Andachtsbild und damit zu einer neuen Form der Verbindung von Bild und Text führen.[27] Der Nachvollzug der Passion spielt dabei eine zentrale Rolle, die schon im »Liber precum« von Schlettstadt die Stimme der betenden Nonne mit der Stimme des leidenden Christus verschmelzen läßt.[28] Im Bild, etwa der Flagellationsszene, und im dazugehörigen Gebetstext findet so in mehrfach verschränkter Weise die Identifikation der Betenden mit Christus statt. Diese spricht nicht nur die Worte nach, sondern sie wird selbst die Stimme Christi in einem meditativen Gebetsvollzug, der sich auf eine bestimmte narrative Sequenz stützt. Bild und Text sind darin in einer Weise aufeinander bezogen, die das Bild nicht mehr bloß als didaktisches Mittel zu sehen erlaubt, sondern es in eine eigenständige und komplexe Devotionspraxis einbezogen sieht, die in dieser Form ohne das Bild nicht denkbar ist.

Dabei verstärkt das Bild das Gewicht der narrativen Sequenzen, die dem Gebet und der Meditation zugrunde liegen, doch bringt es gleichzeitig eine antagonistische Spannung zum Ausdruck, die den Text und die Bedeutung des Textes unterwandert.[29] In der spezifischen meditativen Identifikationsmöglichkeit, die das Bild bietet, wird schließlich die visuelle Erfahrung zum Interpretament eines vorgegebenen Gebetstextes. Das Sprechen des Gebetstextes, das Wort, scheint so der visuellen Erfahrung, dem Bild, nachgeordnet – zumindest doch scheint der Text in eine Spannung versetzt, die nicht auflösbar ist. Diese Entwicklung, bei der zweifellos weibliche Leserinnen eine entscheidende Rolle

---

[26] Hamburger, A Liber Precum (Anm. 25), S. 221; vgl. S. 219: »The type of manuscript represented by the Prayer Book of Hildegard of Bingen represents far more than a step forward in codicological and iconographic complexity: it marks a new chapter in the incorporation of pictures into prayer.« Curschmann (Anm. 3), S. 169, stellt im Blick auf andere Texte dasselbe fest: »the picture begins to outgrow its purpose of subservient, symbolic representation«.

[27] Zu Begriff und Geschichte des Andachtsbildes vgl. Hans Belting: Das Bild und sein Publikum im Mittelalter. Form und Funktion früher Bildtafeln der Passion, Berlin 1981; Sixten Ringbom: Icon to Narrative. The Rise of Dramatic Close-up in Fifteenth-Century Devotional Painting, Åbo 1965; Adolf Spamer: Das kleine Andachtsbild, vom 14. bis zum 20. Jahrhundert, München 1930. Weitere Literatur findet sich in den hier nachgewiesenen Studien von Jeffrey Hamburger (Anm. 14, 23, 25); vgl. auch Camille: The Book of Signs (Anm. 1), S. 163.

[28] Hamburger, A Liber Precum (Anm. 25), S. 222.

[29] Camille, The Book of Signs (Anm. 1), S. 173.

zwischen traditioneller monastischer Frömmigkeit und einer sich langsam abzeichnenden neuen Laientheologie und -frömmigkeit spielen[30], wird im 13. und 14. Jahrhundert und unter dem Einfluß der Spiritualität der Mendikanten deutlicher faßbar. Zudem ist hier schon seit dem 12. Jahrhundert vom Einfluß der höfischen Kultur und einer davon abhängigen Amplifikation der Bildlichkeit gerade auch des Minnesanges auszugehen.

Obwohl aus der Sicht der Theologen der Gebrauch von – mentalen und visuellen – Bildern in der Regel auf die Devotionspraxis von Novizen und Nonnen beschränkt wird und die monastische Andacht letztlich auf das von aller repräsentativen Gestalt befreite geistige Wort zielt, ist davon auszugehen, daß die Visualisierung gerade bei den von Seuse seelsorgerlich betreuten Kreisen großes Gewicht besaß. Ich möchte in diesem Zusammenhang nicht einfach von ›Frauenspiritualität‹ oder ›Frauenmystik‹ sprechen, sondern von einer – vornehmlich volkssprachlichen – narrativ-allegorischen Theologie[31], die im parallelen Blick auf spirituelle Biographik und Schriftexegese in besonderer Weise mit mentalen und visuellen Bildern – mit der Rhetorik der Vision – umging und vor allem in Beginen- und Nonnenkreisen gepflegt wurde. Es handelt sich dabei, neben der monastischen und der scholastischen, um einen dritten Typ mittelalterlicher Theologie, der gerade auch für das Verständnis gewisser Aspekte des Bezuges von Bild und Schrift im späten Mittelalter vorausgesetzt werden muß.

Für das Verständnis des Verhältnisses zwischen Bild und Text bedeutet dies vor allem, daß die didaktische und die illustrativ-mnemotechnische Funktion durch eine allegorisch-experientielle Ebene ergänzt wird, welche eng mit der ersteren verwoben ist. Dies bestätigt ein kurzer Blick auf die Geschichte der mittelalterlichen Illumination. Hier ist zu beobachten, daß die Illumination nicht bloß Textillustration ist, sondern relativ unabhängig vom Text auftritt, so etwa in Hildegards von Bingen »Theologie in Bildern«.[32] Diese relative Selbständigkeit der Illumination zeigt sich besonders deutlich im Fall der mit Buchmalerei versehenen Psalterien, die in der Liturgie, aber auch in der privaten Andacht Verwendung fanden. Sie zeigt sich in ähnlicher Weise im Stundenbuch, dem heute wohl bekanntesten und meistreproduzierten Beispiel mittelalterlicher Illumination. Auch hier tritt der private Gebrauch und damit der Einbezug einer neuen Bildwelt neben den liturgischen und das stumme Gebet neben das laut gesprochene.[33] Die ›Privatheit‹, die im Lesen und im Betrachten der Bilder entsteht, begünstigt schließlich die Integration erotischer Bildlichkeit in die Stundenbücher.[34] Das Laster, das in der Illustration gezeigt werden soll, antwortet damit dem Begehren des Voyeurs, der im Bild Stimulation findet. Diese

[30] Hamburger, A Liber Precum (Anm. 25), S. 230.

[31] Siehe dazu jetzt: Meister Eckhart and the Beguine Mystics. Hadewijch of Brabant, Mechthild of Magdeburg, and Marguerite Porete, hg. von Bernard McGinn, New York 1994.

[32] Otto Pächt: Buchmalerei des Mittelalters. Eine Einführung, München 1984, S. 158.

[33] Vgl. Paul Saenger: Books of Hours and the Reading Habits of the Later Middle Ages, in: The Culture of Print. Power and the Uses of Print in Early Modern Europe, hg. von Roger Chartier, Princeton 1989, S. 141–173, hier S. 141f.

[34] Ebd., S. 156.

Stimulation ist indes keineswegs der Intention des Gebetes fremd, ja es ist
dieselbe Form einer Amplifikation, die durch die »Theologie in Bildern« und
durch die Präsenz des Bildes im Text produziert wird und die in der Mnemotechnik eine wesentliche Rolle spielt. Das Bild soll eine Intensität entstehen lassen,
die zum Merkmal des Textes wird.[35] Im Kontext des meditativen Gebetes heißt
dies, daß der Text sich über das Bild gleichzeitig auf die Erinnerung und auf die
Vision hin öffnet. Am deutlichsten kommt dies zum Ausdruck, wo das Bild selbst
den Bezug herstellt zwischen dem illustrierten Buch und der Visionserfahrung,
wie es in einem Gemälde von Gaspar de Craeyer sichtbar wird, das die Heilige
Lutgarde von Tongres darstellt: Neben der Nonne, die in der Vision Christus am
Kreuz umarmt und von ihm umarmt wird, liegt am Boden das geöffnete Gebetbuch mit dem Gebetstext und dem Bild des auferstandenen Christus. Das Buch ist
ihren Händen entfallen, als die Konvergenz von Bild und Schrift sich auf die
Vision öffnete.[36] Das bedeutet, daß hier Text, Bild, Vision und körperliche
Einungserfahrung unmittelbar ineinander übergehen, wobei es die Einheit von
Bild und Text ist, die das Geschehen induziert und offenbar den Körper dem Text
– der Erinnerung – preisgibt, wobei sich umgekehrt die Schrift – die Erinnerung –
ganz in körperliche Erfahrung verwandelt. Die Leserin geht in der Visionserfahrung auf, während das Buch längst zu Boden gefallen ist. Daß dies geschehen
kann, verdankt sich letztlich, wie das Gemälde zum Ausdruck bringt, der Transformation des Andachtsbildes und seiner Intervention im Text. Das Bild ist dabei
Merk- und Andachtsbild zugleich, doch besitzt es als mnemotechnisches Mittel
bereits eine Dynamik und eine Intensität, die das Verständnis des Textes als
Botschaft in Frage stellt und die Lektüre zum Ort eines lebendigen Dramas
macht.

In diesem Zusammenhang verschiedener Bildtraditionen sind die Illustrationen der Einsiedler Handschrift zu sehen. Über die Bilder ist der Text eingebunden in einen mehrschichtigen kulturellen Kontext, der die Ikonographie des
Minnesangs ebenso umfaßt wie den in der Andachtspraxis gepflegten Umgang
mit Bildern und eine spezifische Praxis des Lesens. Seuse selbst spricht in seinem
Werk über diesen Zusammenhang, und er macht damit eine Kontinuität zwischen
kirchlicher Wandmalerei, privatem Andachtsbild und Textillustration geltend,
die zudem über die verwendete Motivik grundlegend in der zeitgenössischen
weltlichen Liebesrhetorik verankert ist. Diese Verbindung von weltlicher Minne-
motivik und Elementen der Andachtspraxis tritt in der Einsiedler Handschrift
deutlich in den Vordergrund. Das Titelbild der »Kreuztragenden Minne« und die
Miniaturen in »Christus und die minnende Seele« sind hier durchaus programmatisch zu sehen. Gegenüber denjenigen Seuse-Handschriften, die allein das »Exemplar« überliefern und so mit dem Titelbild (Abb. 4) des »Exemplars« einsetzen, bedeutet dies nun aber nicht nur eine Verschiebung zugunsten der brautmystischen Deutung der imitatio Christi, die den Texten in der Titelvignette als

---

[35] Carruthers (Anm. 19), S. 160–170.

[36] Abbildung in: Le jardin clos de l'âme. L'imaginaire des religieuses dans les Pays-Bas du
Sud, depuis le 13e siècle, sous la direction de Paul Vandenbroek, avec des contributions de Luce
Irigaray, Julia Kristeva, Birgit Pelzer et autres, Brüssel 1994, S. 2.

Programm vorangestellt ist, sondern auch eine stärkere Verankerung der Texte in einer Andachtspraxis, die ohne das Bild nicht mehr auskommt, da durch die Intervention des Bildes in der Schrift das geistliche Programm der Nachfolge neu definiert wird. Die Lektüre von Seuses Werk ist damit in der Einsiedler Handschrift in grundlegender Weise an das Bild gebunden, denn nur in der Einheit von Schrift und Bild erschließt sich hier der spezifische Sinn des Textes als ein Sinn, der immer schon von der Intensität des Bildes durchbrochen ist und daher außerhalb der Einheit von Lektüre und Bildbetrachtung keinen Bestand hat.

4. Bild und Text, Allegorie und Erfahrung

Angesichts des im Zuhörer oder Leser durch rhetorische Mittel hervorgerufenen Eindrucks, Augenzeuge eines Geschehens zu sein, spricht Quintilian von einer Technik, *quae a Cicerone i l l u s t r a t i o e t e v i d e n t i a nominatur, quae non tam dicere videtur quam ostendere; et a f f e c t u s non aliter quam si rebus ipsis intersimus sequentur.*[37] Das heißt, daß die ἔκφρασις mit dem Ziel der ἐνάργεια, lateinisch die *descriptio*, *illustratio*, *evidentia* oder auch *demonstratio*, als eine rhetorische Figur zu begreifen ist, die darin besteht, dem Zuhörer bildlich vor Augen zu führen, was er bloß hört. Dabei soll der Zuhörer von der Bildlichkeit so gefangen sein, daß die Illusion entsteht, er sehe das Beschriebene. Die Mimesis, die dies bewirkt, ist selbst wiederum davon abhängig, daß der Redner »in seiner eigenen Vorstellungskraft ein Phantasieerlebnis«[38] produziert. Dazu schreibt Quintilian: *at quomodo fiet, ut afficiamur? neque enim sunt motus in nostra potestate; temptabo etiam de hoc dicere: quas* φαντασίας *Graeci vocant, nos tamen sane v i s i o n e s appellemus, per quas imagines rerum absentium ita repraesentantur animo, ut eas cernere oculis ac praesentes habere videamur; has quisquis bene conceperit, is erit in affectibus potentissimus; hunc quidam dicunt* εὐφαντασίωτον, *qui sibi res, voces, actus secundum verum optime finget.*[39]

Wir sind damit auf ein rhetorisches Verfahren der imaginatio verwiesen, in der persona, locus und tempus die Hauptrolle in einem Prozeß spielen, der den Zuhörer in eine fingierte Augenzeugenschaft miteinbezieht und den Gegenstand vollkommen präsent macht. Dabei ist der Sprung in die Intensität momentaner Erfahrung entscheidend, geht es doch gerade darum, hier eine Unmittelbarkeit der Wahrnehmung zu erzielen.

Eine ähnliche Vergegenwärtigung ist auch im Blick, wenn Heinrich Seuse über den figurativen Stil seiner Werke und über den Nutzen der Bilder spricht. Die Bildlichkeit ist hier ganz in die geistige Praxis der *meditatio* und *ruminatio* eingebunden: *Ein bewerter gotesfründ sol alle zit etwas guoter bilde ald sprüch haben in der sele mund ze küwene, da von sin herz enzündet werde zuo gote.* [...]

---

[37] Quintiliani Institutio oratoria 6,2,32; zit. nach Heinrich Lausberg: Handbuch der literarischen Rhetorik, Stuttgart ³1990, S. 400, § 810.

[38] Ebd., S. 401f., § 811.

[39] Ebd.

So wir nit anders múgen, so súlen wir in dur únsrú ogen in die sele truken; wir súlen sinen zarten namen lassen in dem mund umbgan, uns sol wachende als ernst sin, daz úns nahtes dur von trome.[40] Damit ist das visuelle Bild aus der Tradition der ruminatio, des geistigen Wiederkäuens, verstanden, durch das eine Intensivierung der Wahrnehmung in der vergegenwärtigenden Erinnerung erzielt wird. Zudem ist das Bild in die ›private‹ Lektüre einbezogen, für die das »Exemplar« als Einheit von Bild und Text produziert ist.[41]

Das heißt nun auch, daß die Einheit von Bild und Text, der wir hier begegnen, die ältere Form des geistlichen Lesens[42] – wiederkäuende, streng auf Wort und Logos bezogene meditatio und ruminatio – abgelöst hat und daß das Bild im Text nun selbst zum Ort wird, wo Bildlichkeit schlechthin problematisch wird. So soll das Bild, wie Seuse schreibt, nicht als Bild Geltung beanspruchen, sondern in grundlegender Weise über die Repräsentation hinausführen: *Fro tohter,* teilt er Elsbeth Stagel deshalb mit, *nu merk eben, daz disú ellú entworfnú bild und disú usgeleiten verbildetú wort sind der bildlosen warheit als verr und als ungelich, als ein swarzer mor der schœnen sunnen, und kunt daz von der selben warheit formlosen, unbekanten einvaltekeit.*[43] Und etwas davor merkt er an: *Aber doch, daz man bilde mit bilden us tribe, so wil ich dir hie biltlich zœgen mit gleichnusgebender rede, als verr es denn múglich ist, von den selben bildlosen sinnen, wie es in der warheit ze nemen ist.*[44]

Das Bild ist hier Ort einer Überschreitung, die die Positivität des Diskurses aufsprengt und eine nie integrierbare Negativität einführt, welche als solche in der Wort-ruminatio nicht in der gleichen Weise zum Ausdruck kam. *Bilde mit bilden us triben* ist ein Prozeß, der auf der ruminatio aufbaut, gleichzeitig aber stärker auf die Problematik der Bildlichkeit abhebt und diese im Lesen selbst zum Austrag zu bringen sucht.[45] Dabei verweist das Bild nicht auf ein Außerhalb des Wortes, sondern es unterläuft die affirmative Struktur literaler Repräsentation in dauernder Rekurrenz auf die Unfaßbarkeit innerhalb dieser Struktur. Es löst alle literale Bedeutungsproduktion in der Allegorie auf und verwandelt diese in eine endlose Allegorese. Dies tut das Bild paradoxerweise gerade, weil es in das Lesen und in die ruminatio die Bildlichkeit einführt und damit auch die Ebene absoluter Unähnlichkeit, die das Bild als Bild immer charakterisiert. Das Bild stellt so die Selbstverständlichkeit eines bildlich repräsentierbaren Sinnes immer in Frage.

Gleichzeitig ist das Bild aber auch – im Sinne der Ekphrasis – Ort einer erfahrungshaften Intensivierung, die hier wiederum auf dem Konzept der ruminatio aufbaut. Dieser Gedanke begegnet etwa im »Horologium sapientiae«, der lateinischen Bearbeitung des »Büchleins der Ewigen Weisheit«, wo Seuse über den Zusammenhang zwischen dem Bild und der Erinnerung spricht und hervor-

---

[40] DS (Anm. 10), S. 391,20ff. Zur Bedeutung der Bilder in der Meditation vgl. auch S. 59f., S. 103f., S. 107, S. 193f.; und Horologium (Anm. 10), S. 597.

[41] DS (Anm. 10), S. 193f.

[42] Camille, Image on the Edge (Anm. 1), S. 62–64.

[43] DS (Anm. 10), S. 193f.

[44] Ebd., S. 191.

[45] Siehe dazu: Alois M. Haas: Seuse lesen, in: ZfdPh 113, 1994, S. 245–272.

hebt, daß das Bild in gleichem Maße die Erinnerung stütze und die Andacht stimuliere.[46]

Damit ist das Bild für Seuse gleichzeitig mnemotechnisches Konstrukt (figura als Hilfsmittel der Erinnerung), Grenze repräsentativer Positivität (figura als Allegorie) und erfahrungshaftes Stimulans im Sinne der Ekphrasis, die plötzlich eine neue Wahrnehmungstotalität eröffnet (figura als intensives Moment der Erfahrung).

Anhand der Einsiedler Handschrift läßt sich diese komplexe Struktur der Bildlichkeit und die daraus hervorgehende Spannung zwischen Bild und Schrift klarer fassen, die für das Verständnis nicht nur geistlicher, sondern auch weltlicher mittelalterlicher illustrierter Handschriften grundlegend ist. Wer die Einsiedler Handschrift öffnet, von der hier die Rede ist, ist von Anfang an mit Bildelementen konfrontiert, die den Text strukturieren, unterbrechen und rahmen. Es handelt sich dabei nicht nur um Illustrationen, sondern auch um farbliche Elemente, die den zweispaltigen Text auszeichnen. So ist etwa die Dialogform von »Christus und die minnende Seele« kenntlich gemacht durch rote und blaue Initialen, die sich abwechseln. Zudem wird der Text strukturiert durch rote Zwischentitel, die jeweils einen neuen Abschnitt im Rahmen der spirituellen Biographie ankündigen. Diesen Zwischentiteln folgt in der Regel ein Bild. Der narrativ-dramatische Gang des Textes wird damit an bestimmten Stelle unterbrochen im Blick auf ein Bild, der die Lektüre zu einem Halt bringt. Dasselbe geschieht im »Exemplar« sowohl in den narrativen wie in den schematischen Bildtypen und im Titelbild.

Wie läßt sich dieser Unterbruch, dieser performative Aspekt der verschiedenen Formen der Bildlichkeit beschreiben? Zunächst bricht die Zeitstruktur des Lesens in einer Weise zusammen[47], die der rhetorischen Funktion der Ekphrasis im Unterschied zur Diegesis ähnlich ist. Das heißt, daß die lineare, diegetische Konstruktion von Bedeutung außer Kraft gesetzt und der Leser auf das Piktoral-Visuelle als Gegenstand der Betrachtung verwiesen ist. Das Bild ist als Unterbrechung des Schrifttextes zunächst nicht im selben Sinne wie der Text lesbar. Vielmehr sind in der Erfahrung der Unterbrechung Bild und Text äquivalente Formen. Natürlich kann jedes Bild in einzelnen Elementen unmittelbar auf den Text bezogen und in seiner mimetischen Struktur entziffert werden, doch schließt diese Entzifferung den Aspekt der Unterbrechung und die darin konstituierte Alterität selbst nie ein. Insofern das Bild im Text Unterbrechung des Schrifttextes ist, kann es nicht auf den Text zurückgeführt werden, da es in seiner performativen Funktion den Text und die Ebene linearer Bedeutungsproduktion durchbricht. Das soll nicht heißen, daß das Bild hier nicht Zeichen ist, doch gewinnt es in seiner performativen Funktion eine Offenheit, die dem Schriftzeichen so nicht

---

[46] Horologium (Anm. 10), S. 596–598.

[47] Camille: The Book of Signs (Anm. 1), S. 178; Miller (Anm. 5), S. 66: »The power of a picture is to detach a moment from its temporal sequence and make it hang there in a perpetual non-present representational present, without past or future. The power of presentation in an illustration is so strong that it suspends all memory and anticipation inscribed in words, for example in the necessary allusion to temporality of verb tenses in captions.«

eigen ist. Die Konstitution dieser Offenheit ist Merkmal der spezifischen Performanz des Bildes im Text. Das Bild hält den Duktus der narratio auf und setzt sich an seine Stelle. Es dekonstruiert damit die scheinbare Einheit des Verstehens, die der Text suggeriert. Zudem führt es, im Gestus der Visualität, die im Text interveniert, eine mediale Heterogenität oder Alterität ins Lesen ein und bricht so den Leseprozeß auf. Zusammen mit den visuell-dekorativen Merkmalen der Schrift, dem Material der Handschrift, den Initialen, der Rubrizierung und den Unterstreichungen macht das Bild damit zunächst sichtbar, wie sehr der Identität suggerierende Text von einer Alterität gekennzeichnet ist.

Das Bild ist im Verhältnis zur Schrift Ort einer Alterität, die der Text zu verbergen sucht und die gerade in der vorliegenden Handschrift in besonderer Weise von Bedeutung ist. Insofern nämlich Seuses »Exemplar« und die einleitenden Dialogstücke angesichts des Göttlichen und der Seele vom Unsagbaren sprechen, thematisieren sie die Sagbarkeit in grundsätzlicher Weise. Die Alterität, die das Bild einführt, verweist in ähnlicher Weise auf eine Grenze des Sagbaren, indem sie dieses, in der Visualität und im Gestus des Unterbrechens, der Selbstverständlichkeit sprachlicher Repräsentation entzieht. So wird dem Leser die Unsagbarkeit vor Augen geführt, wenn das Bild in der Schrift interveniert. Die figura, die das Bild ist, kennzeichnet damit auch den Text als figura, da es in der figurativen Intervention den Gestus der Einheitlichkeit entlarvt, der dem Text und der Lektüre in der Produktion literaler Bedeutung eigen sind. Es kommt dadurch zum Ausdruck, daß der Text gegenüber dem Bild immer nur Anspruch einer Mimesis sein kann, daß er indes literal diesen Anspruch nicht einzulösen vermag.

Doch tut dies auch das Bild nicht. Insofern das Bild die Verschränkung vollkommener Ähnlichkeit und Unähnlichkeit geltend macht, unterläuft es jeden Anspruch auf Repräsentation. Das Bild verwandelt den Text vielmehr in eine Allegorie, da es grundsätzlich die Möglichkeit des Textes in Frage stellt, buchstäblich Sinn zu produzieren. Das heißt, daß das Bild, welches zunächst vom Text her gesehen als Allegorie des im Text Gesagten erscheint, umgekehrt den Text als Allegorie kennzeichnet. Die Intervention des Bildes bringt so zum Ausdruck, daß der Text das Versprechen, buchstäblich lesbar zu sein und den ›Sinn‹ als Botschaft zu formulieren, nie zu erfüllen vermag.

Dies ist in der vorliegenden Handschrift augenfällig, da der ›Sinn‹ des Textes nur dort einzuholen ist, wo die Nachfolge Christi sich wirklich ereignet, wo also die Leserin vom Text vollkommen transformiert wird. Dies gelingt dem Text, wie wir sehen, nur, insofern er figura ist und als solche wahrgenommen wird. Nun ist aber auch das Bild selbst nicht als Darstellung dieser Transformation und mithin als Repräsentation des Textes oder des Körpers zu verstehen. Vielmehr ist das Bild im Text selbst immer Allegorie, bildliche Translation des Textes – transfiguratio – und zugleich, in seiner Bildlichkeit und in der Intervention im Text, ein performatives Element, das einen Prozeß initiiert, in dem Bild und Schrift sich dauernd im Blick auf die Konstitution von Bedeutung befragen und gegenseitig als Allegorie ausweisen.

Damit sind Bild und Schrift figura, wobei es die Intervention des Bildes ist, die das Lesen verwandelt. Lesen ist hier nicht mehr Lektüre eines entschlüsselbaren Textes und damit einer in der Schrift enthaltenen Botschaft, sondern es ist angesichts der Einheit von Bild und Text zu einem unabschließbaren Prozeß der Allegorese geworden. Im Falle der Einsiedler Handschrift läßt sich dies noch deutlicher fassen. Das brautmystische Programm, das die Bilder hier zusammen mit dem Text zunächst formulieren, wird in der performativen Funktion, die die Bilder dem Text gegenüber einnehmen, als ein Programm der figuratio definiert, in der sich der Körper der Leserin mit dem geheimen Sinn der Schrift treffen soll. Die Schnittstelle der figurativen Verknüpfung von Bild und Text ist der Körper der Leserin – doch ist es, wie die Tradition der Visionsliteratur erkennen läßt, nicht der ›reale‹ Körper außerhalb von Schrift und Bild, sondern der in der allegorischen Figuration auferstehende Körper. Das Bild ist hier nicht das ›Unbewußte‹ des Textes[48] oder Zeuge einer ursprünglichen Körperlichkeit, sondern der Ort, wo strukturell zum Ausdruck kommt, daß alle mittelalterliche kontemplative Lektüre körperliche Einschreibung des Textes – literale Nachfolge Christi – intendiert, diese aber immer nur figurativ – in der Stimme der Lesenden – zu verwirklichen vermag. Mit anderen Worten, im Bild treffen sich die begriffliche Unfaßbarkeit von Körper und Schrift, denn von beidem, vom ›Sinn‹ des Körpers wie vom ›Sinn‹ der Schrift, läßt sich – im Stande der immer aufgeschobenen Parusie – nur allegorisch sprechen.

Die Einheit von Seele und Christus, die die Miniaturen in »Christus und die minnende Seele« darstellen, ist damit zu verstehen als die körperliche Einschreibung, die auch in den Illustrationen zu Seuses »Exemplar« zum Ausdruck kommt und die in diesen Bildern näherhin als mnemotechnisch-allegorische Inskription bestimmt wird. Diese körperliche Einschreibung ist, so könnte zunächst ein spirituelles Fazit der Lektüre der Handschrift lauten, der Ort, wo der geheime Sinn der Schrift Wirklichkeit wird. Am Schluß steht hier die Stimme, die nichts anderes mehr ausdrückt als die in der Stigmatisierung zur irdischen Vollendung gebrachte Einschreibung (Abb. 9 und 10). Der Körper ist damit der ›reale‹ Ort des Gedächtnisses der Schrift und der durch Bild und Text vollzogenen Einschreibung.

Gleichzeitig macht nun hier die komplexe Einheit, in der Bild und Schrift gegenseitig ihre Literalität allegorisch unterwandern, ein entscheidendes, dynamisches Moment sichtbar, das einer repräsentativen Fixierung dieser Einschreibung immer entgegensteht. Die körperliche Einschreibung und die ekstatische Einheit, von denen in Bild und Text die Rede ist, können sich demnach nur darin vollziehen, daß die Lesende als Lesende die Bildlichkeit des Bildes und der Schrift nicht als Repräsentation wahrnimmt, sondern als figura, die mnemotechnisch und in der ruminatio dem Gedächtnis so einzuverleiben ist, daß dieses zum Ort der Stimme der Schrift und damit einer transfiguratio wird. Diese transfiguratio hat keinen Bestand außerhalb der Lektüre. Sie ist, wie das Beispiel der

---

[48] Vgl. Stephen G. Nichols: The Image as Textual Unconscious. Medieval Manuscripts, in: L'Esprit Créateur 29, 1989, S. 7–23.

Einsiedler Handschrift zeigt, in der Einheit von Bild und Text und durch die komplexe Struktur dieser Einheit immer an die Handschrift gebunden. Die Handschrift selbst wird dadurch nicht nur zum Dokument der *Praxis* spätmittelalterlicher mystischer Frömmigkeit, sondern auch einer *Seusedeutung*, welche das Moment individueller, privater und unabschließbarer Lektüre in den Vordergrund rückt und das Liebes- und Leidensdrama wie die Einheitserfahrung in dieser durch das Bild entscheidend mitbestimmten, unabschließbaren Lektüre[49] aufgehoben sieht.

[49] Vgl. Haas (Anm. 45) und Carruthers (Anm. 19). Zum Hintergrund siehe jetzt auch: Brian Stock: Augustine as a Reader. Meditation, Self-Knowledge, and the Ethics of Interpretation, Cambridge/London 1996.

Prescriptions and Performatives in Imagined Cultures
Gender Dynamics in »Nibelungenlied« Adventure 11

by Elaine C. Tennant (Berkeley)

1. Gender Analysis and »Nibelungenlied« Research

While the women of the »Nibelungenlied« have received more critical attention than any other female figures in the Middle High German narrative canon, scholars have until relatively recently given less attention to the ways in which the interaction of the genders is represented in the poem than they have to the individual female characters. To some extent the evolution of feminist and gender analyses of the »Nibelungenlied« reflects the developmental pattern of gender studies as a field.[1] Gender-conscious readings of the poem have contributed to a modulation in »Nibelungenlied« interpretation in general in much the same way, though not to the same extent, that gender criticism has influenced the larger enterprise of literary analysis. This development is evident in the kinds of gender-related topics that »Nibelungenlied« scholars have addressed in the last thirty years. It seems to me unlikely, for example, that many scholars today would argue for the female authorship of the poem with the same enthusiasm that B. Lösel-Wieland-Engelmann displayed in her 1980 essay or would present Adventure 10 of the poem as »bedroom comedy« in the way that S. Wailes did in 1971. Similarly, I think that fewer scholars today would be inclined to see Prünhilt in her thirteenth-century German realization as a ›prepatriarchal woman‹ (A. Heinrichs, 1985) or in terms of some imagined form of archaic Nordic matriarchy (A. Classen, 1992).[2] It is not that these earlier avenues of interpretation are ineligible approaches to the gender issues that the »Nibelungenlied« fable suggests; it is rather that the emphases in both »Nibelungenlied« scholar-

---

[1] In the first two chapters of his Brides and Doom. Gender, Property, and Power in Medieval German Women's Epic, Philadelphia 1994, Jerold C. Frakes provides an excellent review of much of the scholarship on the women of the »Nibelungenlied« as well as of the growing corpus of gender criticism on the poem.

[2] Berta Lösel-Wieland-Engelmann: Verdanken wir das »Nibelungenlied« einer Niedernburger Nonne?, in: Monatshefte 72, 1980, p. 5–25; Stephen L. Wailes: Bedroom Comedy in the »Nibelungenlied«, in: Modern Language Quarterly 32, 1971, p. 365–376; Anne Heinrichs: Brynhild als Typ der präpatriarchalen Frau, in: Arbeiten zur Skandinavistik. 6. Arbeitstagung der Skandinavisten des deutschen Sprachgebietes 26.9.–1.10. 1983, ed. Heinrich Beck, Bern 1985 (Texte und Untersuchungen zur Germanistik und Skandinavistik 11), p. 45–66; Albrecht Classen: The Defeat of the Matriarch Brünhild in the »Nibelungenlied«, with Some Thoughts on Matriarchy as Evinced in Literary Texts, in: *Waz sider da geschach.* American-German Studies on the »Nibelungenlied« Text and Reception, ed. Werner Wunderlich/Ulrich Müller, Göppingen 1992 (GAG 564), p. 89–110.

ship and in gender studies have continued to evolve and seem at the moment to be converging on different kinds of questions by other routes.

Investigations of the kind just mentioned have used the poem as a screen onto which researchers have projected certain gender issues that have little to do with the historically specific circumstances that produced the »Nibelungenlied«. This research has, however, spurred the development of contemporary gender criticism of the poem in another direction, one that is focused more on the priorities and suasory strategies of the thirteenth-century redactors of the poem than on either the reconstructed gender typologies of ancient Germanic peoples or on modern notions of personality type or gender psychology for which the »Nibelungenlied« may or may not seem to offer trace evidence. Within this second body of »Nibelungenlied« criticism, there are several studies including those by G. Schweikle (1981), W. McConnell (1984), J.-D. Müller (1987), O. Ehrismann (1992), and most recently J. Frakes (1994)[3], that have laid some of the groundwork for the subject that concerns me.

My question in this essay is whether the social interaction of the genders as such was a particular preoccupation of the twelfth-century poet (or poets) who created the »Nibelungenlied« from Nibelung materials that were circulating in Europe at the time, and of the thirteenth-century redactors of the poem whose work is preserved in »Nibelungenlied« mss. A, B, and C.[4] Hence I am interested in the way that gender dynamics were characterized in the poem itself and how they may have been thematized or made programmatic in the thirteenth-century versions of the narrative that were created for German courtly audiences shortly after 1200.

The gender patterns that concern me are the ones that pertain within the fictional cultures of the »Nibelungenlied« and its thirteenth-century redactions. The behaviors of the male and female characters in these texts reflect the cultural conventions of the fictional societies they inhabit, conventions that determine how these characters have been conditioned to live their lives, according to the sex, social group, and role to which they have been assigned in the fable.[5] These

---

[3] Günther Schweikle: ›Das Nibelungenlied‹ – ein heroisch-tragischer Liebesroman?, in: De poeticis medii aevi quaestiones, ed. Jürgen Kühnel/Hans-Dieter Mück/Ulrich Müller, Göppingen 1981 (GAG 335), p. 59–84; Winder McConnell: The Nibelungenlied, Boston 1984 (Twayne World Authors Series 712); Jan-Dirk Müller: Motivationsstrukturen und personale Identität im Nibelungenlied. Zur Gattungsdiskussion um ›Epos‹ oder ›Roman‹, in: Nibelungenlied und Klage. Sage und Geschichte, Struktur und Gattung, ed. Fritz Peter Knapp, Heidelberg 1987, p. 221–256; Otfrid Ehrismann: Disapproval, Kitsch, and the Process of Justification. Brünhild's Wedding Nights, in: Waz sider da geschach (n. 2), p. 167–178; and Frakes (n. 1).

[4] J. Frakes has proposed – in my view correctly – that »the contemporaries of the Nibelungenlied (and those of the immediately succeeding generations)« displayed a reception-historical perspective »in their post-texts« that »accepted the possibility that the text was, quite simply, about gender relations« (n. 1, p. 38).

[5] In attempting to identify some of the conventions that circumscribe gendered behavior in the fictional societies of the »Nibelungenlied«, I adopt the very general distinction between sex and gender that Nancy F. Partner formulates in her essay, No Sex, No Gender, in: Speculum 68, 1993, p. 419–443, here p. 421, where she distinguishes between »biological sexual identity

fictional characters, the societies in which they move, and the conventions according to which they operate are the constructions of real poets who inhabited historical time and space in medieval Germany. The dynamics of the genders within the world of the »Nibelungenlied« are doubtless fictional refractions of actual issues, fancies, and patterns from the historical environment of the creators of the poem; but it is impossible to determine in precisely what way the fiction refracts the circumstances from which it derives. For that reason I will not attempt in the essay that follows to draw upon thirteenth-century German history as such to explain the cultural conventions that govern the fictional world within the poem.

My curiosity about the relative status of gender issues in the »Nibelungenlied« as a whole arises particularly from my reading of Adventure 11, that brief episode of only about thirty strophes, which is called »Auent^v wie Sifrit sin wip heim ze lande fvrte. vñ wie er sit da heime br$\overset{o}{v}$tten« in ms. C.[6] By combining certain aspects of conventional textual analysis with speech act theory, I hope in

(male or female)« and »gender identity (living as a man or woman in one's society)«. Characters in the »Nibelungenlied« are assigned unambiguously to one or the other of the sexual categories. As Kriemhilt and Prünhilt are declared to be female in the »Nibelungenlied«, they are expected by the narrator and by the other characters to comport themselves according to the conventions that govern the behavior of those who live their lives as women within the fictional cultures of the poem. The behavior of Kriemhilt and Prünhilt is praised or denigrated in the narrative according to its conformity to or violation of the implicit female gender conventions that obtain in their imagined world. In the »Nibelungenlied« the male gender pattern is presented as the self-evident one and the male gender as the unmarked standard – just as it is in most European vernacular narratives from this period. The marked (female) pattern is developed in terms of the unmarked one and is elaborated or specified in ways that the cultural given is not. As a result, where gender is thematized in the »Nibelungenlied«, it is presented in terms of the sanctioned or censured behavior of the female protagonists. When ›gender trouble‹ occurs in the poem, it is presented as trouble with women or as women with trouble. Research on gender interactions in the »Nibelungenlied«, then, invariably has more to say about so-called women's issues than it does about the problems confronting male characters in the poem – except where the female figures are themselves the immediate causes of the difficulty confronting a man in the text. (Prünhilt, e.g., poses a significant problem for Gunther in Adventures 7 and 10.)

[6] The length of this adventure varies slightly among the thirteenth-century »Nibelungenlied« manuscripts; in ms. A it is 30 strophes long (637–666); in ms. B, 34 strophes (687–720); in ms. C, 32 strophes (699–730). While ms. B does not include adventure titles, the narrative episodes in this manuscript, which correspond to the titled adventures from the other thirteenth-century manuscripts, are marked off by four- or five-line initials at the beginning of each major section, a feature that permits us to discuss the adventures or episodes in all three manuscripts as equivalent textual units. The de Boor edition takes the title for Adventure 11 from ms. A and adds it to the 34 strophes from ms. B (690–723). All citations from the A, B, and C versions of the »Nibelungenlied« in this essay are according to Das Nibelungenlied. Paralleldruck der Handschriften A, B und C nebst Lesarten der übrigen Handschriften, ed. Michael S. Batts, Tübingen 1971, and are indicated by manuscript letter, strophe, and, as necessary, line number in the text. English translations and paraphrases are my own unless otherwise indicated. Except where a given issue requires the comparison of a passage as it is preserved in all three texts, I cite the »Nibelungenlied« variously from mss. A, B, and C, quoting first from one and then from another of the texts. I do this in an effort to establish redactors A, B, and C as individual albeit not independent participants in the thirteenth-century tradition of »Nibelungenlied« reception.

my examination of this episode to make some headway with the questions outlined above.

2. The Construction of »Nibelungenlied« Adventure 11

2.1. In the »Nibelungenlied« two of the most significant scenes of female display – the wedding festivities and the bedroom encounters in Adventure 10, and the quarrel of the queens in Adventure 14 – are separated by three lesser adventures, one of which, Adventure 11, is largely synthetic. As »Nibelungenlied« episodes go, these minor adventures do not get very much critical attention, and they have usually been explained as improvements to or adjustments of the plot, or as retarding devices in the progress of the action. I would suggest instead that Adventure 11 is a significant key to our understanding of the gender discourse that the three thirteenth-century versions of the »Nibelungenlied« document, and that that discourse is one of the major thematic concerns of the poem.

Let me review quickly the contents of this little adventure. In the poem, Adventure 11 covers the period between the double wedding celebration at Worms and the return of Sifrit and Kriemhilt to Burgundy some ten years later for the visit that will climax in the public quarrel between Kriemhilt and Prünhilt and ultimately result in the death of Sifrit. Adventure 11 opens on Sifrit and Kriemhilt as they are preparing to return to his homeland. This announcement precipitates a proposal by Kriemhilt's brothers that Sifrit and she should receive a portion of the Burgundian lands and properties. Sifrit declines to accept wealth on Kriemhilt's behalf, responding that if she is crowned in Xanten, she will become exceedingly wealthy in her own right. After some additional discussion, the couple departs from Burgundy with only half the retainers and none of the property that Kriemhilt's brothers have offered them. They return to the Netherlands, where they are greeted warmly by Sifrit's parents. At the festivities welcoming the couple, Sigemunt abdicates in favor of Sifrit, who immediately begins to exercise his royal authority over the realm. After ten years Kriemhilt gives birth to a son named Gunther; Prünhilt has in the meantime borne a son named Sifrit. Sigelint dies, and Kriemhilt comes into the full authority of a great lady with lands at her disposal. Sifrit rules with notable success in the Netherlands, and both Sifrit's and Gunther's kingdoms become renowned.

The plot of this adventure divides roughly then into three parts: (1) the discussion of the Burgundian inheritance before Sifrit and Kriemhilt leave Worms; (2) the coronation and subsequent reign of Sifrit in the Lowlands; and (3) the birth of a son to Kriemhilt and her subsequent rise to female preeminence in Xanten.

2.2.1. To speculate about how much of Adventure 11 the »Nibelungenlied« poet invented, what his objectives may have been in doing so, and where he set his particular narrative emphases, it is useful to consider what material included in the episode is also preserved in analogous Nibelung texts. It is not my intention here to read the »Nibelungenlied« diachronically in relationship to its presumed sources but rather to see what parallel texts may or may not tell us about certain unique qualities of the »Nibelungenlied« itself. As it turns out, there is very little overlap between »Nibelungenlied« Adventure 11 and the analogous Nibelung texts that survive. Only »Þiðriks saga«, a work that may in fact have been composed later than the »Nibelungenlied«, shares a handful of narrative elements with »Nibelungenlied« Adventure 11. And these are scattered throughout the Young Sigurd sections of the saga in a pattern that makes it impossible to argue that they are precise parallels to motifs that occur in the »Nibelungenlied« adventure. The saga passages are nevertheless relevant to our investigation because they document the narrative emphases and interests of another roughly contemporaneous adaptor of the common Nibelung material.

2.2.2. The settlement. The first narrative element that »Þiðriks saga« shares with »Nibelungenlied« Adventure 11 is the description of a settlement that Grimhild's brothers make with Sigurd when the couple marries. In the saga chapter describing the marriages of Sigurd and Gunnar, the narrator relates simply that ›Sigurd weds Grimhild, the sister of King Gunnar and Högni, and receives with her half of King Gunnar's realm‹.[7] This settlement is made between the brothers and the husband. No agency is mentioned in the narrator's report; that is, no one requests or proposes the transaction. The saga text does not name the settlement; nor does it report any further discussion of it by either the characters or the narrator; it simply states that the settlement was equal to half the realm and it coincided with Sigurd's marriage. In »Þiðriks saga« the arrangement looks like a dowry or marriage settlement of the kind that is made to attract a husband of higher degree or greater wealth to a socially inferior or poorer bride.

In the »Nibelungenlied« the development of this motif takes up the entire first third of Adventure 11. The Burgundian kings propose a settlement for their sister and her husband only after Kriemhilt has married Sifrit. In the opening strophe of the adventure in ms. A, Sifrit tells Kriemhilt that it is time for them to return to his country, and the narrator reports that when she learned of it, Kriemhilt was glad (A 637,3–4). In the immediately following strophes the three Burgundian brothers approach Sifrit with a pledge of their continuing faithful service to him (A 638) and a proposal that they share with him and Kriemhilt both their outright possessions and the feudal dues owing to them (A 639).[8] Sifrit declines the offer saying that the Burgundians should enjoy their inheritance and that he and his wife will do without it.[9] In »Nibelungenlied« ms. A, then, the settlement is characterized as the inheritance (*erbe*) of the Burgundian royal family, and as such it is distinguished from the kinds of financial arrangements that are specifically associated with marriages, even elsewhere in the »Nibelun-

---

[7] Þiðriks saga af Bern, ed. Henrik Bertelsen, Copenhagen 1905–1911, 2 vols., 2:37.19–22: *at Sigurðr sueinn skal ganga at æiga Grimilldi systur Gunnars konungs oc hægna. oc taca með henni halft riki Gunnars konungs.* Translation according to Theodore M. Andersson: A Preface to the Nibelungenlied, Stanford 1987, p. 178–179.

[8] *Die fvrsten zŭ im giengen vnd sprachen alle dri:/ ›wizzet, kvnich Sifrit, daz iv immer si/ mit triwen vnser dienst bereit vnz in den tot.‹/ do neig er den herren, do man imz so gŭtlich erbot.// ›Wir svln ŏch mit iv teilen‹, sprach Giselher daz kint,/ ›lant vnde burge die vnser eigen sint./ swaz vns der witene mac wesen vndertan,/ der svlt ir teil vil gŭten mit samt Kriemhilde han.‹* (A 638,1–639,4)

[9] *›got laziv iwer erbe immer selich sin./ ia tŭn ich ir ze rate mit der lieben vrowen min.‹* (A 640,3–4)

genlied«.[10] It becomes a subject of discussion only when Sifrit is about to depart for the Netherlands. The discussion is initiated by the Burgundian brothers, who offer to divide their property with both Sifrit and Kriemhilt; Sifrit refuses the offer on behalf of them both and without consulting his wife. While Kriemhilt has been mentioned as a subject in these negotiations by the terms of her brothers' offer, she is not a party to them before Sifrit refuses the inheritance settlement.

In »Nibelungenlied« mss. B and C the treatment of the Burgundian settlement is rather different. As in ms. A, Adventure 11 opens in these redactions with a strophe in which Sifrit tells Kriemhilt that they are about to leave for his home country. But in mss. B and C, Kriemhilt answers Sifrit that before they leave Burgundy, her brothers should first divide the Burgundian territories with her. The narrator reports that Sifrit did not like discovering this about Kriemhilt (*leit was ez Sifride, do erz an Criemhild ervant*; B 688,4). From this point discussion of the settlement proceeds in mss. B and C for a few strophes as it has in A. In these redactions, however, Sifrit offers what appears to be an explanation for his response, when he refuses to accept a portion of the Burgundian inheritance for Kriemhilt:

> *got laz iv iwer erbe   immer sælich sin,*
> *vnt ovch di lŷte dar inne.   ja getvt div liebe wine min*
>
> *des teiles wol ce rate,   den ir ir woldet geben.*
> *da si sol tragen chrone,   vnt sol ich daz gelæben,*
> *si mvz werden richer   danne iemen lebendiger si.*
> *swaz ir svs gebietet,   des pin ich iv dienestlichen bi.* (B 691,3–692,4)

In short Sifrit anticipates that, once crowned, his wife will eventually become the richest woman alive and that no portion of the Burgundian familial estate will be necessary to bring her to that position of prominence. In his refusal on her behalf, he does not acknowledge that the Burgundians' offer has been extended to him as well as Kriemhilt.

The elaboration of the settlement issue in »Nibelungenlied« mss. B and C produces a scene in which the boundaries of female authority are disputed within the world of the poem. In these versions of Adventure 11, the bride expresses to her husband a desire to lay claim to a portion of the Burgundian estate before she leaves the country of her birth. Her husband does not like the suggestion. Her royal brothers, however, publicly offer the couple a share of the patrimony. The

---

[10] While there are no specific references to dowries in the thirteenth-century versions of the »Nibelungenlied«, the term *morgengâbe* occurs several times in the poem. In noting that the negotiations in Adventure 11 are about the patrimony of the Burgundian royal house, I am not suggesting that the kings' gesture to Sifrit is unrelated to his marriage to their sister but that the endowment under discussion has been given a different character by the »Nibelungenlied« poet and redactors. By having Sifrit characterize the settlement as *erbe* rather than *mitgâbe*, *brûtgift*, or *morgengâbe*, the »Nibelungenlied« poet and redactors connect the settlement with Kriemhilt's relationship to her kin and to the Burgundian family treasure, and not primarily with her marriage to Sifrit. As dowry, the settlement would have been unambiguously gender-marked female; as inheritance, the settlement is not specifically gender-marked in the poem.

husband overlooks the gesture made to him and refuses the brothers' offer on behalf of his wife alone, saying that if she should be crowned in his country during his lifetime, she will be richer than anyone. In making Kriemhilt the initiator of the settlement discussion, the B and C redactors introduce an aspect of female agency into this scene that is missing from both the »Þiðriks saga« and the »Nibelungenlied« A treatments of this narrative motif. With the discrepancy between the reactions of the husband and the brothers to the proposed transferal of property from the house of Burgundy, the audience is presented with a question that is not so much about the legitimacy of the woman's claim to a portion (which her brothers acknowledge that she has) as it is about her attempt to exercise that claim (something that displeases her husband). With the addition of a couple of strophes then, the B and C redactors make the opening discussion in Adventure 11 not just a matter of inheritance and property rights but also one of gendered modes of exercising authority.

From the point in Adventure 11 at which Sifrit refuses to accept Burgundian property for his wife, all three »Nibelungenlied« redactors further embellish the motif of the settlement in a scene that problematizes appropriate female behavior. After Sifrit's refusal of the settlement, all three redactors have Kriemhilt suggest to him, within the hearing of her brothers, that he might nevertheless be glad to take some of the Burgundian retainers back to the Netherlands. Sifrit remains silent while Gernot supports her proposal, telling her to take whomever she will from among the Burgundian liege men, up to a third of the entire company; indeed he assures her that she will find many among them who will gladly ride with her (A 641–642, B 693–694, C 705–706).[11] Then the »Nibelungenlied« versions split again in their presentation of Kriemhilt's public attempt to exercise authority in this legal matter in which she has both the explicit public encouragement of her brothers and apparently also the tacit agreement of her husband.

In ms. C there is no further discussion of the matter; the narrator simply reports that the couple made ready to leave, and they were accompanied by 500 liege men under the command of Eckewart (C 707). Redactors A and B, on the other hand, have Kriemhilt begin her selection of Burgundian liege men by sending for Hagen and Ortwin of Troneck. In both these versions of the episode, an angry Hagen appears and reminds all the company assembled that even Gunther cannot dispose of the men of Troneck, who must in accordance with custom remain at the court of the kings. No voice in the poem challenges his assertion, and it carries the day; no voice recalls the terms of Gernot's offer to Kriemhilt, in which he has given her unrestricted choice of the Burgundian liege men.[12] In versions A and B, as in version C, Kriemhilt leaves for the Netherlands

---

[11] *Do sprach der herre Gernot: ›nv nim dir swen dv wil./ die mit dir gerne riten, der vindestv vil./ von drizech hundert rechen so habe dir tusint man;/ die sin din heimgesinde.‹ daz was ir liebe getan* (C 706).

[12] When redactors B and C have Kriemhilt mention to Sifrit the issue of her settlement, they both have her say, *mir svln ê mine brṽder teilen mit div lant* (B 688,3, C 700,3). There is no suggestion here that she is claiming anything but her portion of the familial holdings of the house of Burgundy to which she, as a princess of the blood, might well in ›real historical‹ terms have

with a Burgundian company of 500 retainers under Eckewart. In version C, however, she has appeared to exercise a modest claim that has been supported; in versions A and B she seems to have exceeded either the limits of her publicly acknowledged entitlement or the boundaries of acceptable female behavior, or both. She leaves home in these latter versions having succeeded in pressing her claim to some Burgundian support but also having been publicly humiliated.[13] That much is clear. Precisely how her behavior has precipitated first the displeasure of her husband and then the anger of Hagen is less clear.

2.2.3. The return of the young king. Both »Þiðriks saga« and »Nibelungenlied« Adventure 11 contain brief accounts of young kings who return home with foreign brides. Gunnar's return to the land of the Niflungs with his wife Brynhild (Bertelsen [n. 7], 2:43.1–5) is loosely parallel to the opening strophe of »Nibelungenlied« Adventure 11 (A 637, B 687, C 699) and to the strophes in which Sifrit and Kriemhilt take their actual leave of the Burgundian courtiers prior to their return to the Netherlands (A 646–648, B 698–700, C 708–710). In itself this minor coincidence of motifs from the two narratives appears insignificant. But it

had a legitimate claim. If one were reading in similarly ›real historical‹ terms, one might then interpret Kriemhilt's later summons of Hagen in mss. A and B (A 643–644, B 695–696) to be a claim to a regalian right that would have been reserved exclusively to her brother the king. That is, in attempting to commandeer the men of Troneck, Kriemhilt may be claiming what is understood to be a part of the demesne rather than a part of the Burgundian patrimony. In that case the issue would not be primarily a question of gender, but a question of the legal prerogatives of an heir of the house of Burgundy (a younger son or a daughter of the king) versus those of the Burgundian king. – Viewed from the standpoint of medieval European literary rather than legal conventions, this section of Adventure 11, which begins with Gernot's offer to Kriemhilt and ends with Hagen's successful refusal to join her retinue, is an interesting adaptation of the so-called *don contraignant* or rash boon motif that occurs primarily but not exclusively in the contemporary Arthurian narratives. See Jean Frappier: Le motif du »don contraignant« dans la littérature du Moyen Âge, in: Amour courtois et Table Ronde, ed. J. F., Geneva 1973, p. 225–264. In these episodes a petitioner seeks a boon of a socially prominent figure (usually the ruling king or one of his knights), who commits himself to an open-ended promise, the implications of which he does not foresee. He is obliged to uphold his word or lose face and honor. In the »Nibelungenlied« passage Gernot publicly promises Kriemhilt a third of the Burgundian retainers, leaving the selection up to her. In choosing Hagen, she puts Gernot's promise and his honor to the test. From this point in the scene, however, the motif of the rash boon plays out in an unconventional way. Kriemhilt's request is rejected by Hagen, and his refusal to comply with her wishes is supported by all the men who witness the scene. The custom governing the men of Troneck, which is invoked by Hagen, is upheld over the promise of the king. Gernot thus turns out not to be a man of his word, but this fact passes unremarked by both the narrator and the characters in the scene. Hagen vents his anger publicly; the onlookers remain silent; and Kriemhilt receives only half the retainers that have been promised her. And the retinue that she secures in the end is led by Eckewart, an indifferent knight who will later be found asleep at his post in Adventure 26, instead of by Hagen, the ›best warrior of all‹ (*der aller beste degen*; A 2311,2, B 2371,2, C 2433,2).

[13] Karl Heinz Ihlenburg and Winder McConnell are among the few »Nibelungenlied« critics who have emphasized the fact that Kriemhilt is shamed or rebuffed in this passage by Sifrit and by Hagen. See McConnell's The Nibelungenlied (n. 3, p. 12) and Karl Heinz Ihlenburg: Das Nibelungenlied. Problem und Gehalt, Berlin 1969, p. 77–78.

assumes greater importance when it is combined with the settlement motif, as S. Konecny did in her 1977 essay on the Burgundian court in the »Nibelungenlied«. She argued that the foreign brides in the poem had to be stripped of their own wealth in order to prevent their becoming political threats within their husbands' kingdoms.[14]

The first example of this pattern in the »Nibelungenlied« is the scene in Adventure 8 in which Prünhilt receives the retinue that Sifrit has brought back to Iceland from the land of the Nibelungs. Gunther instructs Prünhilt to greet the company, and she has Dancwart bestow gifts on the Nibelungs from the portion she has inherited from her father (B 516, C 526). In the A and B versions of the poem, Dancwart is so profligate in his gift-giving that Prünhilt protests (A 485–486, B 514–516). Hagen answers her objections with an argument that anticipates Sifrit's explanation for refusing a part of the Burgundian patrimony in Adventure 11. Hagen tells Prünhilt in Adventure 8 that Gunther is so wealthy that the Burgundians need not carry away any of her treasure from Iceland with them (A 487, B 517, C 528). Dancwart's largesse impoverishes Prünhilt – who has until her defeat by Sifrit ruled as an independent queen – to the point where she must beg the Burgundians to let her keep enough gold and silk to make customary gifts (A 488, B 518, C 529). The second instance of this pattern is the inheritance discussion in Adventure 11. The similarity between the two scenes is striking. In each case the social and financial independence of the highborn woman is sharply reduced when she marries a foreign prince. And in both cases the woman is subjected to a measure of public humiliation when she is deprived of her patrimony. In terms of a historically contextualized analysis like Konecny's, it is logical that the young women in the »Nibelungenlied« would come under the legal, financial, and personal authority of their husbands when they marry; and it is plausible that they would also be deprived of their personal wealth so that they will not be in a position to cause political instability in their husbands' realms.

It is more difficult to account in political historical terms, however, for the theme of humiliation that is woven into these scenes. In the case of Prünhilt, one might relate Dancwart's overzealous distribution of her property in Adventure 8 to the negative assessments of her behavior that he and other members of the Burgundian wooing party have expressed in Adventure 7. Hagen has called Prünhilt the ›devil's wife‹ (des tivels wip; B 436,4); and he and Sifrit have each remarked her ›arrogance‹ (vbermv̊t, C 456,4; hohverten, A 443,2). In this context Dancwart's gift-giving could be understood as an attempt to put Prünhilt in her prescribed gendered place, that is, as Dancwart's reaction to her earlier behavior, which he has found objectionable. But there is no equally convenient explanation for the public humiliation of Kriemhilt in Adventure 11. If Prünhilt's deportment has raised eyebrows and negative comment among the male characters of the »Nibelungenlied« from the moment when she has first revealed the rules of her martial games, Kriemhilt's pattern in the poem has through the first ten adven-

[14] Sylvia Konecny: Das Sozialgefüge am Burgundenhof, in: Österreichische Literatur zur Zeit der Babenberger, ed. Alfred Ebenbauer et al., Vienna 1977, p. 97–116, here p. 110.

tures produced nothing but approval and longing looks from the men within her fictional world.[15] It appears that the common treatment these two female characters receive in the scenes in which they marry away from their homelands has more to do with a general discourse that the poet is developing about gendered modes of behavior than it does with the individual profiles of either of these very different »Nibelungenlied« brides.

2.2.4. The invention of the model queen. The part of Adventure 11 for which there appear to be no correspondences in the wider Nibelung material is the section that charts the gradual increase of Kriemhilt's status and the expansion of her sphere of influence in the Netherlands. In the B and C versions of the text, this theme is first introduced early in the adventure when Sifrit, refusing a portion of the Burgundian inheritance for Kriemhilt, notes that should he ever see her crowned in his own country, she will be the richest person alive (B 692,2–3, C 704,2–3). Important about that passage are both the matter of Kriemhilt's anticipated coronation and the conditional mode in which it is expressed. If Kriemhilt is ever crowned in Xanten, she will become more powerful (*richer*) than anyone living.

The idea that Kriemhilt, once crowned in the Netherlands, would achieve great power and also enhance the status of that kingdom is elaborated in all three versions of Adventure 11 in the section that describes the advent of the bridal couple in Sigemunt's kingdom. When messengers report that Sifrit is about to arrive with Kriemhilt, the old king thinks first of the effect that the Burgundian princess would have on his realm, if she should ever be crowned there (A 649,1–3, B 701,1–3, C 711,1–3):

> ›Wol mich‹, sprach do Sigmvnt,   ›daz ich gelebet han,
> daz div schône Chriemhilt   sol hie gekronet gan.
> des mûsen wol getiwert   sin div erbe min[‹]. (A 649,1–3)

Shortly after this reflection of Sigemunt's, the young couple arrives in Xanten, and each version of the text describes in virtually identical strophes how Sifrit's parents greet them warmly, kissing first Kriemhilt and then their son (A 654, B 706, C 761). The texts then pass on to the actual welcoming celebration, which reaches its apex when Sigemunt abdicates in favor of Sifrit and crowns him before the assembled company (A 657–658, B 710–711, C 720–721). We will return to this coronation later (4.4). For the moment, however, let us keep our attention on Kriemhilt's trajectory.

---

[15] The references to Kriemhilt's desirability and popularity at the court in Worms are scattered throughout the earlier adventures of the »Nibelungenlied«. Consider, among others, these notions. Everyone liked her (*Der minnechlichen meide trûten wol gezam/ in mûte kûner recken. niemen was ir gram*; A 3,1–2). Knights jostled each other just to get a glimpse of her (*do wart vil michel dringen von heldn dar getan,/ di des gedingen heten, ob chvnde daz gescehn,/ daz si di maget edele solden vrôliche sehn*; B 278,2–4, A 279,2–4, C 282,2–4). And many a knight mused about lying with her (*Do gedahte manic reche: vñ wær mir sam geschehen,/ daz ich ir gienge in hende, sam ich in han gesehn,/ oder bi ze ligene, daz liez ich ane haz*; C 298,1–3, A 295,1–3, B 294,1–3).

Despite Sifrit's and Sigemunt's earlier considerations about the advantages of her being crowned in the Netherlands, all the voices of the text remain silent on the matter of Kriemhilt's coronation from the moment of the couple's actual homecoming in Xanten and throughout the remainder of the adventure. The audience never does hear that Kriemhilt is actually crowned, nor is there any suggestion that Sigelint, analogous to her husband, steps aside in favor of her daughter-in-law.[16] Instead the narrative focus of the text shifts to Sifrit after his coronation, and the space of ten years of narrative time (in fact only a strophe and a half in each of the versions) is taken up with the details of his splendid reign.

When Kriemhilt reappears in the narrative, a decade has passed, and there is no further suggestion of a coronation for her. The narrator reports that she has borne a son, to the delight of the king's kinsmen, and they have named him Gunther after his uncle. Immediately following this, the narrator reports that Sigelint died at about that time. ›Then‹, he says, ›the noble child of Uote [i.e. Kriemhilt] had absolutely all the power that it was appropriate for such mighty ladies [to wield] over territories‹ (*do het den gewalt mit alle der edeln Ûten chint,/ der so richen vrowen ob landen wol gezam*; B 714,2–3).

These lines are of paramount importance to any discussion of the ways in which the »Nibelungenlied« poet represents the social interaction of the genders, either within this episode or in the poem as a whole. Here the poet articulates for the first time an issue that has been running along beneath the surface of the narration for hundreds of strophes before he finally names it at this point in Adventure 11. In the lines above – a formulation retained by all three of the thirteenth-century redactors of the »Nibelungenlied« – the narrator speaks of a power that is both inherent or proper to great women and is also seemly for them to wield. The question of whether women of high degree have any particular authority that they are expected to exercise within certain (gendered) conventions in the fictional world of the poem is implicit in many critical passages of the »Nibelungenlied« both before and after this strophe.[17] The lines just quoted, however, make this issue explicit in the narration, bringing it unavoidably to the attention of the poem's external audience, and introducing it as a subject that will be taken up later in discussions among the characters within the poem.[18]

[16] Apart from Sigemunt's anticipation of Kriemhilt's being crowned in his kingdom (C 711), version C makes no mention of Kriemhilt crowned in the Netherlands. In versions A and B (A 653,4, B 705,4), the narrators mention in passing that the couple eventually wore crowns in Xanten, but they do not specify when or how this was effected in Kriemhilt's case. There is no suggestion in these versions that Kriemhilt wears a crown in Xanten before the death of Sigelint.

[17] Arguably this matter of the nature, limits, and exercise of a woman's authority is a central thematic preoccupation in the representation of Prünhilt in Adventure 7, in the extended exchanges between Kriemhilt and Prünhilt in Adventure 14, in Rüedeger's bridal negotiations on Etzel's behalf with Kriemhilt in Adventure 20, in Bishop Pilgrim's instructions to Kriemhilt in Adventure 21, and elsewhere throughout the second half of the poem where Kriemhilt's increasingly exaggerated attempts to see Sifrit avenged receive increasingly bitter censure from the narrator and the male characters in the poem.

[18] Once the notion of *de[r] gewalt mit alle [...] der so richen vrowen ob landen wol gezam* (B 714,2–3) has been articulated by the narrator in Adventure 11, it will be echoed in the words

2.2.5. The bride in transition. Before considering further what the »Nibelungen-lied« narrator may be suggesting about the power of women of high degree, we should review what Kriemhilt's status has been shown to be at various moments in Adventure 11. As Kriemhilt makes ready to leave Burgundy, she has under-gone a transformation in public prestige, the implications of which are not yet fully apparent either to her or to the external audience of the poem. Formerly the darling of the Burgundian court, Kriemhilt has now married a foreign prince whose status has been the occasion of a tearful public scene at her own wedding festivities (B 614–621). Her brother's Nordic bride, while not held by the Bur-gundians to be as fair as Kriemhilt (C 598), nevertheless already wears a crown at the bridal supper (A 559), as befits Gunther's new consort.[19] This scene antici-pates the eclipse of Kriemhilt's position at the Burgundian court, which will occur in the equally public encounter at the beginning of Adventure 11, when Sifrit refuses to accept a part of the Burgundian patrimony on her behalf and when Hagen is tacitly upheld in his refusal to bring the men of Troneck to serve her. Both these actions can be taken as evidence of Kriemhilt's altered status within the Burgundian context after her marriage.

Kriemhilt's position when she arrives in Xanten appears to be somewhat more elevated than the one that she has occupied during her last days in Burgun-dy. Sifrit's parents, who have anticipated her presence in the Netherlands with pleasure, make a great display of greeting her affectionately. Yet no public ceremony affirms her officially in the role of queen consort. Instead Kriemhilt's confirmation in the position of female ascendancy in Xanten comes years after Sifrit's coronation and then only after she has given birth to a male heir and only, it appears, after her mother-in-law has died.

---

of individual characters at key points when women's access to and exercise of authority is under discussion within the fictional cultures of the poem. Consider, for example, Rüedeger's repre-sentation to Kriemhilt of the power and status she will enjoy among the Huns, if she agrees to marry Etzel (A 1176–1177, B 1233–1234, C 1260–1261): she will command both men and women of high degree; and she will wear a crown and enjoy the highest power that Queen Helche ever exercised, including authority over Etzel's liege men. These are the very attributes of power and status that Sifrit and Hagen have denied to Kriemhilt in Adventure 11: the authority to dispose of the king's own liege men, and the crown that affirms publicly and performatively her investiture with that authority. As she journeys toward her wedding with Etzel, Kriemhilt is advised strongly by her uncle, Bishop Pilgrim, that, like Queen Helche before her, she should ›buy her honor‹ (daz si ir ere chovffte; B 1327,3, A 1270,3, C 1357,3) among the Huns, when she arrives in Etzel's realm.

[19] In the minster scene on the following morning, all four of the newlyweds wear crowns (A 595, B 642, C 650). The point here is not that Kriemhilt never goes crowned in Burgundy after Prünhilt's arrival there, but rather that Prünhilt's advent and marriage in Worms along with Kriemhilt's own marriage to a foreigner contribute to the almost immediate erosion of Kriemhilt's previously unrivaled position as the dominant young woman in the court society of her own country. Narrators A, B, and C foster this impression by drawing attention to the splendor in which Prünhilt appears at the Burgundian court from the very evening of her arrival there. They describe her as crowned, magnificent, and rich, if not also powerful: chrone si do trv̊ch/ in des chvniges lande; div was spæhe vñ rich genv̊ch (C 608,3–4, A 559,3–4, B 601,3–4).

In disen grozen eren   lebet er, daz ist war,
vnd rihte vnder chrone   vnz an daz cehende iar,
daz div vil schone vrowe   einen svn gewan.
daz was des chvneges magen   nach ir willen ergan.

Den ilte man do tovffen   vnd gap im einen namen,
Gvnther, nach sinem oheim;   des en dorft er sich niht schamen.
geriet er nach den magen,   daz wær im wol ergan.
do zoh man in mit vlize;   daz was von shvlden getan.

In den selben ziten   starp vrov Sigelint.
do het den gewalt mit alle   der edeln Ûten chint,
der so richen vrowen   ob landen wol gezam. (B 712,1–714,3)

The »Nibelungenlied« narrator makes no explicit suggestion that this sequence of events is causally related. But his remark here that Sifrit's kin are
pleased about the birth of Kriemhilt's son does recall his earlier comment from
the beginning of the adventure that Sifrit was not pleased with what Kriemhilt's
intention to request a settlement revealed about her (*leit was ez Sivride, do erz an
Chriemh' ervant*; C 700,4). When Sifrit disapproves of Kriemhilt's plan and
Hagen refuses to follow her, she receives only half the retainers her brother offers
her. When Sifrit's clan approves of her performance, however, she attains the
supreme power that women of her degree may exercise with approval within the
world of the poem.

With his sketch of the model queen in Xanten, the »Nibelungenlied« poet
presents the positive alternative to the cautionary picture of Kriemhilt in Burgundy that he invented for the beginning of Adventure 11. The description of the
model queen stipulates that women of high degree within the world of the poem
may achieve a seemly authority (*gewalt*) that is inherently female. This authority,
it seems, must also be exercised in a mode that is suited to women. The »Nibelungenlied« poet and his thirteenth-century redactors negate Kriemhilt's dignity in
Burgundy when controversy erupts over her public attempt to claim an inheritance portion. But they reestablish her dignity in Xanten, when she begins to
exercise authority in a mode that is less public, less direct, and less marked by
ritual performance and speech than either her own earlier pattern or the complementary male pattern, which is exemplified in Adventure 11 by Sifrit, has been.
By opposing these patterns, the »Nibelungenlied« poet introduces a tension in the
narrative between the genders over the exercise of authority; this will become one
of the major thematic preoccupations of poem. Other treatments of the Nibelung
material emphasize competition among the dominant characters within each of
the genders.[20] The »Nibelungenlied« poet retains the theme of competition within

[20] With the detailed picture of Kriemhilt that the poet draws in Adventure 11, he begins to
emphasize a pattern of competition between the female characters of the »Nibelungenlied«,
which parallels the competition between Sifrit and Gunther that simmers throughout the first
half of the poem. It is this rivalry between the two women, both of whom have been publicly
humiliated (though not yet by each other), that will erupt later in their momentous quarrel. The
competition between the principal characters within each of the gender groups is a theme that
also occurs in other treatments of the Nibelung material such as »Þiðriks saga«.

the genders, but he elaborates it by pitting the genders against each other as well. He unveils this innovative gender dynamic in the last third of Adventure 11, which is devoted to the model queen.

3. Thirteenth-Century Reception of Adventure 11

3.1. Thirteenth-century reception of the model queen. The prescriptive model of female behavior that is developed in Adventure 11 is one of the »Nibelungenlied« poet's contributions to the greater repertory of Nibelung narrative material. All the surviving thirteenth-century redactions of the poem include this innovative episode, but they preserve it with minor textual variations that suggest an absence of agreement among the redactors about the implications of this female pattern.

Redactor C puts the most positive construction on Kriemhilt's attainment of her full social status. This is evident in his conclusion to the strophe that we have been discussing:

> *In den selben citen   do starp frŏ Sigelint.*
> *do het den gewalt mit alle   der edeln V̊ten kint,*
> *der so richer frowen   ob landen wol gezam.*
> *di mohten ir do dienen   mit grozen eren ane scham.* (C 724)

Upon Sigelint's death Kriemhilt then came into or had (*het*) – note the absence of agency in this formulation – all the power that was appropriate to ladies of such high degree. They (the king's relatives, the people of the Netherlands) could serve her in great honor and without shame. Redactor C has his narrator endorse Kriemhilt in her new role by describing its effect on the people of Sifrit's realm. The narrator states that her change of status brought great honor to the people, who were able to serve her without discredit to themselves (see 4.5).

In version B the first three lines of the strophe (quoted in 2.2.5 above) are virtually identical with the corresponding lines in version C. In the critical final line of the strophe, however, redactor B throws a different light on Kriemhilt's attainment of premier status. He ends the strophe with a reference back to the old queen: ›Then many lamented it when death took her from them‹ (*daz chlagten do genvge, do si der tot von in genam*; B 714,4). The difference between this and the C version of the strophe is notable. Here there is no suggestion that the Netherlanders of the poem see Kriemhilt's ascent as a positive development. If there is any inference to be drawn, it is rather that her new prominence has not yet been acknowledged by the Xantners of »Nibelungenlied« B or that they consider her to be less welcome in this role than Sigelint had been.

Redactor A adds agency to this strophe at the same time that he withholds endorsement of Kriemhilt's changed status:

> *In den selben ziten   starp vro Siglint.*
> *do nam den gewalt mit alle   der edelen V̊ten kint,*
> *der so riken vrowen   ob landen wol gezam.*
> *daz klageten genůge,   do si der tot von in genam.* (A 661)

In this version Kriemhilt ›took‹ (*nam*) power upon the death of her mother-in-law, a circumstance that may give the last line of the strophe a different inflection from the one that it has in version B. Here one might read a causal relationship into the lines and understand them to mean something like, ›Because Kriemhilt, upon the death of Sigelint, seized all the power that was seemly for a mighty lady to exercise over territories, many people lamented indeed that the old queen had died‹.

3.2. A power appropriate to great ladies? The variations in this strophe from the third part of »Nibelungenlied« Adventure 11 seem related to the variations in the first part of the adventure, in which two of the three manuscripts include Kriemhilt's failed attempt to claim the men of Troneck for her retinue. In both that earlier cautionary portrait of Kriemhilt as well as in this later more positive sketch of her, the thirteenth-century redactors introduce elements into the narrative that encourage Kriemhilt's audience within the poem as well as the poem's external audience to think badly of her behavior. In the settlement passage this narrative strategy can be explained as a means of emphasizing Kriemhilt's awkward behavior while she is still learning the nature and limits of her authority within her new public role as the wife of Sifrit. But it is more difficult to understand why redactors A and B undercut the character of Kriemhilt in this second passage at just the moment when the narrator of the poem has declared her to be in possession of the full power ›that was *appropriate* to such mighty ladies‹ (my emphasis).

It is difficult to understand, that is, if one assumes that the thirteenth-century redactors and the »Nibelungenlied« poet are in agreement about the notion of a power that was ›suited to‹ (*gezam*) great ladies who disposed of territories. I suspect, however, that the three redactors did not altogether agree with the poet on this issue. At a glance the variations among the thirteenth-century texts of this strophe suggest less consensus about female authority than these versions of the »Nibelungenlied« convey about the complementary patterns of male authority within the world of the poem. The differences in the redactors' treatments of this strophe may be symptomatic of unresolved areas in actual thirteenth-century German attitudes toward the social interaction of the genders in this period. This would be a large inference to draw, however, on the basis of variant formulations of any single »Nibelungenlied« strophe. Still I would like to pursue this possibility further. In order to do so, I will turn now from what source criticism has told us about the stuff from which »Nibelungenlied« Adventure 11 is composed and the structures into which it has been fashioned; and I will focus instead on what performative and speech act theory may suggest to us about the dynamics of gender interaction in the invented societies of »Nibelungenlied« Adventure 11.

4. Cultural Conventions in »Nibelungenlied« Adventure 11

4.1. A look at the way in which the poet and redactors have combined and inflected common Nibelung materials in Adventure 11 has allowed us to identify certain thematic interests of the makers of the poem and to determine, at the level of the plot, what the characters are doing and what generally is happening in this section of the narrative. What we have been unable to establish thus far is a basis for determining what the actions of these characters may mean. I suggested at the outset that the unknowable aspects of the relationship between the imagined world of the »Nibelungenlied« and the actual historical circumstances that produced it make it desirable first to try to construe the actions and events portrayed in the poem in terms of the social dynamics of its fictional cultures before attempting to compare them to reconstructions of actual history. To do that, we need to be able to isolate some of those dynamics. Performative theory makes this possible in a limited but not insignificant way.

4.2. In his original discussion of performatives, first published in 1962, J. L. Austin distinguished what we have come to call speech acts from descriptive (or constative) statements, noting that utterances that are performatives at once state and execute an action through the spoken words of the actor. He enumerated a number conditions that have to obtain to bring off a successful performative.[21] I have suggested elsewhere that Austin's several conditions can for many general purposes be reduced to two. First, for a performative to succeed, there must exist an underlying cultural convention the characteristics of which are sufficiently unambiguous to permit members of the culture in which it obtains to recognize individual realizations of the convention as belonging to the performative category of that convention. Second, any individual realization of a performative convention must exhibit enough recognizable features of that convention for members of the culture in which it obtains to identify it and assign it to the same convention.[22] Austin's definition of performatives has by and large been used as a diagnostic for the identification of speech acts. I propose to use it here also as a

---

[21] J. L. Austin: How to Do Things with Words, ed. J. O. Urmson/Marina Sbisà, Cambridge [2]1975, p. 14–15: »(A.1) There must exist an accepted conventional procedure having a certain conventional effect, that procedure to include the uttering of certain words by certain persons in certain circumstances, and further, (A.2) the particular persons and circumstances in a given case must be appropriate for the invocation of the particular procedure invoked. (B.1) The procedure must be executed by all participants both correctly and (B.2) completely. (Γ.1) Where, as often, the procedure is designed for use by persons having certain thoughts or feelings, or for the inauguration of certain consequential conduct on the part of any participant, then a person participating in and so invoking the procedure must in fact have those thoughts or feelings, and the participants must intend so to conduct themselves, and further (Γ.2) must actually so conduct themselves subsequently.«

[22] Elaine C. Tennant: The Protection of Invention. Printing Privileges in Early Modern Germany, in: Knowledge, Science, and Literature in Early Modern Germany, ed. Gerhild Scholz Williams/Stephan K. Schindler, Chapel Hill 1996 (University of North Carolina Studies in the Germanic Languages and Literatures 116), p. 29.

means of deriving the conventions that govern particular performatives in a given culture. By first identifying performatives in »Nibelungenlied« Adventure 11 and then considering how they function within the invented societies that are portrayed in that episode, it may be possible to describe some of the social dynamics governing the actions that occur in that imagined world.

Since the concept was first introduced, researchers have discovered that the particular utterances meeting all of Austin's criteria for a successful performative comprise a finite group of categories of statements, many of which have customary if not ritual significance in the cultures in which they occur. The categories of speech acts include promises and breaches of promise; blessings and curses; insults; commands, requests, and refusals of the same; vows of marriage, baptism, ordination, feudal and military allegiance, clerical and secular investiture; proclamations of excommunication and banishment; and the like. The number of these categories is relatively few, but the frequency of their occurrence in cultures that otherwise differ greatly from each other is high enough for us to consider the more common categories of speech acts to be cultural constants. It is not to be expected that a given performative category (e.g., insults) will have the same content or implications from society to society, but rather that individual societies will inflect performative constants differently. The particular inflections or realizations of performative categories within individual societies can unlock unique cultural dynamics of those societies, whether they be historical or imagined. If we know what a society curses and blesses, how it transfers authority, which of its members it excludes, we already know a great deal about how that society works. By examining the ways in which the »Nibelungenlied« poet and redactors A, B, and C realize the performative constants that are portrayed in Adventure 11, we may be able to derive key features of the ›cultural constitution‹ and social dynamics of the highly visual, ritualized, and invented society of the poem.[23]

4.3. If we consider again the opening scenes of Adventure 11, in which the possibility of a Burgundian settlement for Sifrit and Kriemhilt is introduced, we find ourselves in the midst of a discussion among the characters of the poem that sheds light on the cultural conventions that obtain in their fictional world. We recall that what is at stake in this series of scenes is first, whether or not the royal sister's claim to a part of the patrimony (*erbe*) is upheld by other members of the Burgundian society of the poem; second, whether her husband as well as these Burgundians deem it proper for her to press such a claim either publicly or privately; and third, whether such a claim, when guaranteed by royal pledge, can

---

[23] Austin's original notion of performative utterances or speech acts has been expanded by more recent scholars to include performatives that are not verbal utterances per se. Signatures and seals on legal documents and printers' devices on books are, for example, performatives that are not technically speech acts. Depending on the conventions governing their enactment within a specific society, ritual gestures unaccompanied by verbal utterances may also have performative force. The stirrup ritual, for example, that Sifrit performs for Gunther in »Nibelungenlied« Adventure 7 is arguably a successful performative that is executed without words.

be overridden by other cultural conventions within this fictional society. In the »Nibelungenlied« these issues are presented in the unmediated or mediated words of the characters themselves, as a series of attempted performatives. Of particular interest for our investigation are the narrative modes used by the makers of the »Nibelungenlied« to report the performatives attempted by the male versus female characters in this adventure, and the relative rate of success of the speech acts that each group attempts.

When in versions B and C of Adventure 11 Kriemhilt tells Sifrit that she does not want to leave Burgundy without her inheritance portion, she is attempting to execute a speech act. The context of Kriemhilt's statement (B 688, C 700) and the responses that it precipitates make it evident that Sifrit and her brothers take this verbatim utterance of hers to be either a request or a demand, although it is not framed as such.[24] In order for the performative that Kriemhilt initiates to be successful, it has to be recognized by those characters who inhabit her fictional world as corresponding to a convention that obtains within their culture, and as realizing that convention by the correct execution of a customary procedure. In this scene redactors B and C cause Kriemhilt to make a request for property that her brothers support, her husband opposes, and about which the narrator reports Sifrit's displeasure. In these versions of the poem, then, Kriemhilt's request fails as a performative in the eyes of the key male character in her world (her new husband, Sifrit), while it is recognized by other significant male characters (her brothers) who belong to her same fictional culture.

The conflicting responses of Sifrit and the Burgundian kings to Kriemhilt's proposal are channeled in that most basic stratum of the narrative, the plot. Recorded in the story-line itself (rather than in the narrator's commentary), these individual responses give the external audiences of the poem access to underlying cultural conventions that animate the imagined societies of the »Nibelungen-lied«. The mixed reactions of the male characters to Kriemhilt's request indicate that they do not accept it as an unambiguous realization of some performative category that has customary status in their culture. Their reactions suggest that her attempted speech act may have been improperly executed; or it may have invoked a practice that did not have customary status in their society; or it may have appealed to conflicting cultural conventions operative in the imagined Burgundy portrayed in these versions of the poem.

---

[24] Kriemhilt's statement to Sifrit about the Burgundian patrimony (B 688, C 700) is an indirect speech act. Her words, which are recorded exactly in the text, neither explicitly request nor demand an inheritance portion. Indeed Kriemhilt addresses her statement not to her brothers, who could grant her implied request, but to Sifrit, who cannot. It becomes clear, however, that in the imagined culture of Burgundy her statement is taken to be an attempted speech act since her brothers respond as if she had actually expressed her request. They immediately take up the issue of dividing the patrimony with her and Sifrit. Indirect speech acts of this kind are closely related to whimperatives, a category of speech acts that frame obvious imperatives as questions. See Jerrold M. Sadock: Whimperatives, in: Studies Presented to Robert B. Lees by His Students, ed. J. M. S./Anthony L. Vanek, Edmonton 1970 (Papers in Linguistics 1), p. 223–238.

Sifrit's public refusal of Burgundian wealth and lands on Kriemhilt's behalf is, on the other hand, a successful speech act. It is the denial of a request (seen in terms of Kriemhilt's wish to claim her inheritance) or the refusal of an offer (seen in terms of the kings' proposal that Sifrit share their Burgundian patrimony). Once Sifrit has spoken, neither Kriemhilt nor any other figure in the poem continues to press her claim in the terms that she first articulated. Instead she comes back with a different request, this time asking directly and publicly (in all three versions of the text) that some of the Burgundian liege men accompany her to the Netherlands. Framed in this way, Kriemhilt's request for a settlement (the first one that occurs in version A, the second in versions B and C) looks as if it will succeed as a performative because it appears that the request will be granted. Sifrit, who has objected to the first settlement that her brothers have proposed, remains silent this time; and Gernot encourages his sister to choose any third of the Burgundian retainers for her personal escort, saying that he assumes she will find many who will want to accompany her (A 641–642, B 693–694, C 705–706). Gernot's response, an open-ended promise of the kind that characterizes so-called rash boon episodes in romances from this period, is also a speech act.

The woman, then, has made a public request that is publicly supported by men belonging to her own Burgundian society within the world of the poem. In beginning to make her selection of liege men, she attempts to implement the authority that her brothers (and by implication also her husband) agree is hers and to avail herself of the terms of the pledge that Gernot has made to her. In the A and B versions of the text Kriemhilt sends for Hagen and Ortwin to join her retinue. Hagen appears before the assembled company but refuses to leave with her, invoking a different cultural convention (*der Tronyere site*), which is apparently familiar to the characters in the world of the poem and which requires the men of Troneck to remain in the entourage of the Burgundian kings:

[…] *Kriemhilt senden began*

nach Hagenen von Trony   vnde nach Ortwin,
ob die vnd ir mage   Kriemhilde wolden sin.
darvmbe gewan Hagene   zorneclichez leben.
er sprach: ›ia mag vns Gvnther   nimmer hin gegeben.

Ander ingesinde   lat iv volgen mite,
wan ir wol bekennet   der Tronyere site.
wir můzen bi den kvnigen   hie ze houe bestan.
wir svln ir langen dienen   den wir her gevolget han.‹ (A 642,4–644,4)

The opening half line of the next strophe confirms the outcome of this discussion. The narrator reports that ›they let it be‹ (*Daz liezen si beliben*; A 645,1, B 697,1). The woman's request (or demand) is not, after all, granted in the terms that her brother stipulated and that her husband did not oppose. Kriemhilt's second attempt to execute a performative in this passage fails, and that failure is confirmed in two channels of the narration – first, in the direct speech of the male characters in the scene, and second, in the third-person assessment of the narrator.

In encouraging his sister to choose an escort, Gernot has in effect acknowledged an underlying cultural convention that permits Kriemhilt to claim as her inheritance a group of retainers (A 642, B 694, C 706). In failing to restrict her selection, however, he has allowed three conventions of the fictional culture to come into conflict – the inalienability of the men of Troneck from the Burgundian kings, the irrevocability of a royal promise, and the right of a princess of the blood to claim liege men as her inheritance portion. In the A and B versions of the poem, Hagen declines to comply with Kriemhilt's request by asserting that the men of Troneck are in effect attached to the demesne and are not a part of the Burgundian patrimony. Hagen thus invokes an explicit and competing cultural convention (apparently the demesne and its appurtenances are not partible), which, as it turns out, supersedes Kriemhilt's previously endorsed request and Gernot's pledge to her. The fact that no one in the poem supports Kriemhilt's claim or calls on Gernot to make good his word suggests that the custom to which Hagen appeals has an acknowledged stable status in the fictional world of the »Nibelungenlied« that trumps the other two conventions.

What message the external audience of the »Nibelungenlied« is to infer from these scenes is nonetheless unclear. The issue seems not to be the legitimacy of Kriemhilt's claim; her brothers do not dispute that. What appears rather to disturb Sifrit is that Kriemhilt has even expressed the desire to pursue that claim. And later, when Kriemhilt's unanticipated selection of Hagen for her retinue reveals the rashness of Gernot's promise to her, it is she and not the king who loses face. In fact the integrity of the king's word and the state of his honor – what is usually at stake in rash boon episodes – do not even elicit comment from the narrator or the company assembled in Adventure 11. Hagen's assertion prevails, Gernot's broken word is ignored, and Kriemhilt's claim fails. The »Nibelungenlied« poet has invented here a sequence of scenes that presents in high relief both Kriemhilt's actions and the disparate male reactions to them. In doing so he foregrounds the male prescription or circumscription of female behavior, thus raising the social interaction of the genders to the status of a thematic issue in Adventure 11.

4.4. In the central section of »Nibelungenlied« Adventure 11 (A 646–658, B 698–711, C 708–721), the poet concerns himself more directly with the status of Kriemhilt and Sifrit, a matter that is not fully resolved by the series of conflicting performatives in the first third of the episode. This second passage of more than a dozen strophes reports the couple's journey from Burgundy, the anticipation of their arrival in Xanten by Sifrit's parents, the public welcoming ceremony for Sifrit and Kriemhilt (including Sifrit's coronation), and the extent of Sifrit's public authority as king of the Netherlands. Different from the Burgundian section of Adventure 11, this central passage is presented almost exclusively in the third-person voice of the narrator. At two points, however, the poet does report the exact words of Sigemunt. Each of these statements is concerned with the public display and recognition of status.

As mentioned earlier (2.2.4), Sigemunt, on learning of the impending arrival of Kriemhilt in Xanten, thinks out loud that it would be a good thing for his realm if she were to go forth there crowned (A 649, B 701, C 711). But for all the narrative emphasis placed on this notion by presenting it in direct speech, a crown for Kriemhilt remains a blind motif in Adventure 11. Perhaps the three thirteenth-century redactors of the poem retained this narrative detail in order to draw attention by contrast to the actual coronation of Sifrit, the only performative that is portrayed in the central part of the adventure. At the welcoming festivities for the bridal couple in Xanten, the old king crowns his son:

> Do sprach vor sinen frivnden   der herre Sigmvnt:
> ›den Sifrides magen   tûn ich allen kvnt:
> er sol vor disen reken   mine krone tragen.‹
> div mere horten gerne   die von Niderlanden sagen.
>
> Er bevalch im sin krone,   gerihte vnde lant.
> sit was er ir herre   di er ze rehte vant
> vnd dar er rihten solde,   daz wart also getan,
> daz man sere vorhte   der schônen Kriemhilde man. (A 657,1–658,4)

These strophes first record a letter-perfect speech act and then describe its success as a performative within the imagined culture of the poem's Xanten. Sigemunt, before the necessary witnesses, speaks the prescribed or ritual words by means of which he officially transfers full royal powers to his son. Sigemunt's very words are quoted in direct speech. The narrator then reports how the witnesses in this fictive society responded to the public coronation spectacle in both their attitudes and their actions. He notes that the Netherlanders were pleased with the coronation, that Sifrit did in fact become their lord (i.e., they recognized his authority), and that those within his jurisdiction held him in awe as a judge. Sifrit ruled as the crowned king for a decade or more. In brief, the Xantners accepted the fact that Sigemunt's words had made Sifrit their king; they henceforth recognized his status as altered; and they behaved in accordance with their acknowledgment of his altered status. This description confirms to the external audiences of the »Nibelungenlied« that the coronation has succeeded as a performative within the fictional world of the poem because it has been accepted by the actual witnesses to the event, the Netherlanders who inhabit Sifrit's and Sigemunt's imagined realm, as being consistent with one of their cultural conventions.[25]

The detailed account of his coronation in these strophes makes Sifrit's status as king in Xanten utterly unambiguous to the external as well as the internal audience of the poem. Kriemhilt's position in this passage, however, is vague if not deliberately obscured by the »Nibelungenlied« poet. Neither Kriemhilt nor Sigelint have any verbatim lines in this section of the adventure and the references to the ladies are scant. The narrator mentions that Sigemunt and Sigelint are pleased at the prospect of Kriemhilt's arrival and that they welcome her

---

[25] The coronation of Sifrit as it is presented here meets not only the two generalized criteria for performatives that I have derived from Austin's definition but all of his specific criteria as well. See n. 21.

warmly. And Sigemunt muses about her being crowned. But Kriemhilt is in effect
off the narrative stage for almost the entire central section of Adventure 11. There
is no mention of her being established formally in any sort of public role in
Xanten. The absence of attention to Kriemhilt in these strophes, however, seems
if anything to enhance her approval rating with the internal and external audiences of the poem. Since she does not speak and barely appears in these strophes,
the internal audience glimpses her only as she is welcomed in Xanten by Sifrit's
parents; both audiences of the poem have access to Sigemunt's optimistic pro-
nouncement about her. Since these brief assessments are positive, Kriemhilt may
gain some audience sympathy in this passage, but her social status seems no more
resolved here than it is in the opening section of the adventure. It is only less
discussed.

4.5. The final section of Adventure 11 (A 659–666, B 712–720, C 722–730)
presents Sifrit and Kriemhilt in the magnificence of their full powers as king and
royal consort in the Netherlands. As in the preceding section, the image of
Kriemhilt is developed here by contrasting it with that of Sifrit. His stature, on the
other hand, is measured in this passage against Gunther's. The »Nibelungenlied«
poet thus continues to emphasize to the very end of this adventure the relative
hierarchy of the male and female genders on the one hand, and the relative status
of the principal male and female characters within their respective gender groups
on the other. This entire passage is reported by the narrator. Thus at the very
moment when the »Nibelungenlied« poet presents his positive model of a highborn woman at the apex of her authority, he interposes the screen of the narrator's
voice between the imagined culture of Kriemhilt's Xanten and the external
audiences of the poem. Those audiences then must depend on the reliable-or-
unreliable narrator for their access to the actions of the individual characters in
this section of the narrative and to the assessment of those actions by the other
figures within the invented cultures of the poem (i.e., the internal audience). The
performatives contained in the final section of the adventure are documented,
then, not as verbatim utterances but as events reported by the narrator. But though
they are filtered through this third-person reportage, these performatives can
nevertheless provide clues to the cultural conventions that they instantiate.

   At the opening of this last section of Adventure 11, the narrator reports in
rapid succession four events that belong to the ground base or plot stratum of the
narrative. After 10 years (12 in ms. C), Kriemhilt gives birth to a son; the child is
baptized; Sigelint dies; and Kriemhilt achieves all the power of highborn ladies
with lands at their disposal. Typical of »Nibelungenlied« narration, no causal
explanation is offered to connect these events, which are narrated adjacent to
each other. Nevertheless we know from speech act theory that baptisms are
performatives; and we know from the preceding section of Adventure 11 that in
the fictional cultures of this poem, the ascent of an individual to public dignities
is, at least in the case of princes, attended by performative rituals. Perhaps, then,
Kriemhilt's attainment of female supremacy has also been marked by the realization of some underlying performative convention that is customary in the imag-

ined culture of Xanten, and if so, perhaps we can infer it from the narrator's description of her rise to power.

The birth of Kriemhilt's son is the occasion for the enactment of a performative in the imagined realm of Xanten, namely the child's baptism (A 660, B 713, C 723):

> *Den ilte man do tovffen*   *vnd gap im einen namen,*
> *Gvnther, nach sinem oheim;*   *des en dorft er sich niht schamen.*
> *geriet er nach den magen,*   *daz wær im wol ergan.*
> *do zoh man in mit vlize;*   *daz was von shvlden getan.* (B 713)

Although the narrator does not record the words of the baptismal vow, he does include in his account the child's name, »Gunther«, which allows the audience to infer that this performative has been executed with words and that it was a speech act. The fact that Sifrit's relatives are pleased by the birth of the child and raise him with care confirms their public acknowledgment of the boy's status in Xanten. It is harder to assess the cultural conventions that underlie Kriemhilt's acknowledged rise to power. As noted earlier, all three versions of Adventure 11 preserve the three-strophe sequence of events beginning with the birth of young Gunther and ending with Kriemhilt's attainment of full female authority. This chronology makes it clear that she does not arrive at her altered (or to use Austin's term, »consequential«), exalted status until after she has produced a male heir and perhaps also (the text is less clear on this matter) until after Sigelint has died. (These strophes are quoted in 2.2.5.)

We recall that there had already been discussion earlier in Adventure 11, at the time of her arrival in the Netherlands, of the possibility that Kriemhilt might eventually wear a crown in Xanten. But we discover in this final portion of the adventure that she does not achieve ›absolutely all the power‹ (*den gewalt mit alle*) of a highborn lady in that realm for a full decade. This delay and the apparent absence of any ceremony or crown to mark her rise to power suggest that the conventions underlying Kriemhilt's change of status are different from those that permitted Sifrit to be crowned king as soon as he returned to his native land. For Kriemhilt to attain the equivalent female status, she must apparently fulfill other conditions. The text offers several possibilities: she must wait ten years; she must produce a son that survives to be baptized and accepted by her in-laws; she must wait until her mother-in-law dies; or she must fulfill some or all of these conditions. It is tempting to assume that the safe delivery of an infant prince is the single requisite condition of Kriemhilt's advancement because this is the event in the sequence that the narrator makes most of. But this assumption can remain no more than an inference. The external audience of the poem is left to wonder whether Kriemhilt, after the birth of her son, has executed some public act involving the speaking of prescribed words or the performance of ritual gestures, in consequence of which she has been acknowledged by the court society of Xanten to have that full authority of a highborn lady which had not previously been hers. Does her status change as the result of a successfully executed performative that the narrator has declined to describe, or does it just change? The text does not tell us.

What the external audience does learn from the narrator, however, is that after ten years Kriemhilt did achieve premier female authority in Xanten, howsoever the transformation of her status was effected. And the power that she attained was becoming or suited to (*gezam*) great ladies who had territories at their disposal. With this characterization the narrator seems to invoke some convention in the imagined realm of Xanten that makes it proper for certain highborn ladies to exercise considerable authority. In Kriemhilt's particular case, that power was recognized by ›plenty [of folks]‹ (*genûge*; A 661,4, B 714,4) and by ›those who could serve her‹ (*di* [...] *ir do dienen* [*mohten*]; C 724,4) in Xanten. Her new circumstance, then, was confirmed by the same public acknowledgment that caused other performatives, including Sifrit's coronation and young Gunther's baptism, to succeed in that society. The fact that all versions of the text report the public recognition of Kriemhilt's new power means that her changed status belongs to the events that occur within the invented cultures of the poem and that the change is not simply an inference of the narrator's (although this information is reported in his voice).

As we noted earlier (3.1), however, the three redactors present differently the Xantners' reaction to Kriemhilt's assumption of her full powers. Redactor C reports that the Xantners were prepared to serve her; redactors A and B remark that the Xantners had felt themselves better off under the old queen. How are we to understand this divergence of opinion within the thirteenth-century reception of the »Nibelungenlied« poet's portrayal of Kriemhilt's ultimate achievement of premier female status? The A and B redactors have situated their reservations about Kriemhilt's ascendancy in the opinion of their invented Xantners rather than in the commentary of their narrators. This invites the external audiences of the poem to seek reasons for the objection to Kriemhilt's empowerment within the cultural conventions of Xanten as redactors A and B conceived that realm. The formulation in ms. A that Kriemhilt ›seized‹ (*nam*; A 661,2) power upon the death of Sigelint might, for example, suggest an improperly executed performative. That is, Kriemhilt may not have assumed her power in the socially prescribed way. But the A and B texts include far too little detail to support this kind of speculation. The Xantners of versions A and B have reservations about Kriemhilt's assumption of power whether or not her empowerment is, according to the cultural conventions of the »Nibelungenlied« poet's Xanten, seemly. Or perhaps more accurately, redactors A and B have reservations about this aspect of the profile of the model queen that the »Nibelungenlied« poet creates in Adventure 11 for the premier female figure in the fictional world of his narrative.

In the strophe immediately following the description of Kriemhilt's accession to power, the narrator reports that Prünhilt, too, has borne a son (A 662, B 715, C 725):

> *Nv het ovch dort bi Rine   – so wir horen sagen –*
> *bi Gunther dem richen   einen svn getragen*
> *Prvnhilt div schone   in Burgonden lant.*
> *dvrch des rechen liebe   so wart er Sivrit genant.* (C 725)

The naming of Prünhilt's son is the last performative that the narrator mentions in Adventure 11 (A 662, B 715, C 725). The external audience is only able to infer the performative status of this event on the basis of the more detailed account of the birth, baptism, and acknowledgment of Kriemhilt's child a couple of strophes earlier. The strophe devoted to the infant Sifrit recalls the lines that introduce young Gunther. And the description of the careful rearing of Prünhilt's baby, which is included by redactors B and C (B 716, C 726), echoes the earlier reference to the training of Kriemhilt's son in the imagined realm of the Netherlands (A 660, B 713, C 723). The report of the birth of young Sifrit, then, reduplicates the final performative that is associated with Kriemhilt's rise to power in Xanten. It suggests that bearing a son is a noteworthy event of public significance for women of high degree in the cultures of both Burgundy and Xanten within the world of the poem. It also suggests that if Kriemhilt has achieved premier female status in Xanten by means of, among other things, giving birth to a son, Prünhilt, who has also borne a son under very like circumstances, has presumably achieved equivalent status in Burgundy. But this is all inference. The passage offers the external audiences no additional information about the conventions or rituals that mark female rites of passage or change of status in this imagined world. Nor do these strophes clarify the relationship between the authority that men exercise with impunity in the poem and the power that the »Nibelungenlied« poet characterizes as becoming to great ladies.

This passage does, however, establish exact parity between Kriemhilt and Prünhilt in their respective imagined kingdoms and within their own female gender group in the world of the poem. The two foreign brides who left their homelands reduced in status – though newly married – and retaining little enough of their patrimonies, have now achieved in their husbands' kingdoms the highest authority that ladies of their rank can exercise ›becomingly‹. Even so, the exact procedures that have brought them to this position are not specified in the text. Kriemhilt discovered to her embarrassment at the beginning of Adventure 11 that Hagen could defy her publicly and that her brother did not feel obliged to keep his public pledge to her once she had become Sifrit's bride. The narrator's report of Kriemhilt's accession to power in Xanten, here at the end of Adventure 11, reestablishes her on the basis of other cultural conventions at the position of female preeminence in her husband's kingdom. This position exceeds any that she enjoyed in the Burgundy of her youth. The suggestion is that Prünhilt, too, has achieved female preeminence in Burgundy. Her rise to authority, like Kriemhilt's, will have been based on conventions that apply to married women. Unlike Kriemhilt, she will not have been restored to a level of authority equal to or greater than the one she occupied in Iceland prior to her marriage.

The final words in Adventure 11, however, are not about the women but about the splendor in which Sifrit and Gunther reigned in their respective kingdoms. In all three versions of the poem, the last four strophes of the episode present a detailed portrait of Sifrit as rex regnans, which functions as a companion piece for the poet's sketch of Kriemhilt in her full powers that we have just considered. As in the central section of the adventure, where Sifrit's coronation is described in detail but Kriemhilt's coming to Xanten is hardly mentioned, the picture of Sifrit in majesty includes a level of specificity that is missing in the preceding portrait of Kriemhilt. Two full strophes are devoted here to Sifrit's stupendous wealth: he ruled both the Netherlands and the land of the Nibelungs; and, of course, he had the hoard, that greatest treasure ever won by a hero (A 664–665, B 718–719, C 728–729). Another stanza describes Sifrit's great renown: he was esteemed for his physical prowess and feared because of his might (A 666, B 720, C 730). And a last strophe mentions the delightful life of the company at Xanten, noting that Gunther and his kinsmen lived in much the same way (A 663, B 717, C 727).

Just as the description of her accession to power, coupled with the report of the birth of Prünhilt's son, establishes Kriemhilt's status within her (female) gender group in the world of the poem, the poet's elaborate description of Sifrit in majesty, compared to a similar image of Gunther, shows Sifrit to be among the best of men in his fictional world. This final section of the adventure serves then to place Kriemhilt and Sifrit at the top of their respective gender groups and by implication to relate those groups to each other. The relationship between the genders suggested in this part of Adventure 11 is both complementary and hierarchical. The gendered patterns of authority function differently from each other. Where the two come into public contact, male authority exceeds female authority.

4.6. Performative statements and acts succeed when the transformation in status or condition that they proclaim (in Austin's terms, the »consequential conduct« they are designed to inaugurate) is accepted as having taken place by an audience of members of the culture in which the performative has customary or conventional status. When spoken utterances effect such transformations, these statements are performative in nature. What is less clear is whether one may infer from the report of a transformed status, that the transformation in question has been precipitated by the execution of a performative and whether one can assume anything at all about the cultural conventions that may have produced the changed condition. The different narrative modes of Adventure 11 provide varying degrees of access, through more and less clearly defined performatives, to cultural conventions that obtain in the fictional world of the »Nibelungenlied«.

In the first third of the adventure, in which virtually all the attempted performatives are reported in direct speech, some relatively clear patterns emerge. Kriemhilt attempts three speech acts: she requests indirectly (and perhaps also privately) through her husband a share of the Burgundian patrimony; she requests publicly a share of the Burgundian liege men; and she summons Hagen publicly to escort her to Xanten. Each of her attempted speech acts fails as a performative. The Burgundian brothers as a group offer Sifrit and Kriemhilt a portion of their patrimony, an action that may be viewed as a pledge or promise. It fails when Sifrit refuses to accept the settlement from them. His refusal is, on the other hand, a successful speech act. Gernot's pledge of liege men to Kriemhilt is an attempted speech act that fails when Hagen challenges it by invoking another convention. If we consider this sequence of events from the standpoint of identifiable conventions that have customary status in the poet's imagined Burgundy, we find that women of the royal house may inherit from the patrimony; that kings of the royal house may dispose of portions of the patrimony including retainers; that the so-called custom of the men of Troneck supersedes an open-ended promise by one of the Burgundian kings; and that the husband's decision overrides in matters pertaining to the wife's inheritance.

If we consider the same events from the standpoint of gender dynamics, some other conventions of this invented society begin to emerge. All of Kriemhilt's attempted performatives in this scene fail, including her claim to the inheritance that her brothers agree is hers by right. The two unsuccessful speech acts that are attempted by men (the kings' attempt to share the patrimony with Sifrit and his wife, and Gernot's promise of liege men to Kriemhilt) fail when they are rejected or challenged by other speech acts that are executed successfully by men. (Sifrit's refusal of Burgundian wealth causes the kings' offer not to be accepted; Hagen's refusal to accompany Kriemhilt prevents Gernot from keeping his word to his sister.) Kriemhilt's speech acts do not necessarily fail because she is a woman. But it is noteworthy that in these most detailed scenes in the adventure, only the performatives attempted by men succeed.

In the central section of the poem, the coronation of Sifrit is accomplished when Sigemunt recites customary words before particular witnesses. His words are quoted verbatim and elaborated by the narrator in third-person reportage. This affords the external audiences of the poem access to both a specific performative procedure as well as to information about the cultural conventions that underlie it in the imagined world of Xanten. When Sigemunt says, ›I proclaim to all of Sifrit's relatives: he shall wear my crown before all these knights‹ (›*den Sifrides magen tvn ich allen chvnt:/ er sol vor disen recken di mine chrone tragen*[‹]; B 710,2–3), he speaks the words that accomplish the transfer of authority, and the words themselves suggest other aspects of the procedure, namely the presence of witnesses who are Sifrit's kinsmen and the actual physical transferal of the crown. The narrator then specifies that the ritual act has additional implications within the fictional culture of Xanten: along with the crown come the responsibilities for Sigemunt's territories and for the judiciary of the realm (A 658, B 711, C 721).

The situation with Kriemhilt in this part of the adventure is as ambiguous as Sifrit's circumstances are clear. So far as the external audiences of the poem can learn, Sigemunt's musings about Kriemhilt's wearing a crown in Xanten remain just that. There is no suggestion that any performative involving Kriemhilt takes place in this passage. From the standpoint of gender dynamics, this central section of the poem shows effectively no interaction between Sifrit and Kriemhilt. Sifrit as the principal male figure in this part of the narrative is established in the highest public office in his realm by means of a performative ritual; Kriemhilt in this passage has disappeared from public view.

In the last part of Adventure 11, the narrator continues to develop the cultural conventions that surround kingship in the Netherlands. Sifrit is described here as the benefactor of his kinsmen, as an exemplary man of might, and as the possessor of the greatest treasure ever achieved by a hero. Though Kriemhilt is described in this passage as having finally attained all the power that is proper for a woman of her station, both the poem's audiences are left to imagine what that position may be and how she has finally achieved it after a decade. The narrator's description of Kriemhilt's newly attained authority (*[der] gewalt mit alle [...] der so riken vrowen ob landen wol gezam*; A 661,2–3) suggests that it may have a public dimension. She now has authority over territories, whatever that may imply. The reactions of the people of Xanten to her new dignity, whether positive (version C) or negative (versions A and B), indicate that the event of her attainment of power has been acknowledged as effective within the fictive culture of the Netherlands and that it has implications for the Xantners who live in Kriemhilt's realm. The performatives that are most closely related in narrative time and proximity to Kriemhilt's change of status are, like the events that punctuate Sifrit's rise to prominence in this adventure, much more clearly articulated than the circumstances of her own ascent. These are the events surrounding the birth of her son. His status in the imagined culture of Xanten is doubly established in the text: first he is baptized by means of a speech act; and then that act is confirmed to have been a valid performative by the subsequent actions of his kinsmen, who acknowledge and educate him.

Are the audiences of the »Nibelungenlied« to infer, then, from this brief glimpse of Kriemhilt in her full public glory, that she, like her husband and her son, has been confirmed in her new public status by the execution of a performative that instantiates some cultural convention of Xanten that the narrator has omitted to describe? Or are they to understand that Kriemhilt's situation in the imagined world of the poem is different from those of her husband and son, not only in the way in which the narrator presents it, but also in terms of the conventions of the imagined society that she inhabits with them? Is it a coincidence of narrative mode that in this programmatic adventure, which spotlights the behavior of highborn women, the »Nibelungenlied« poet has left the positive model of the lady of high degree slightly out of focus and missing crucial details? Or has he in fact included the full details of how a lady in the imagined society of Xanten achieved maximal power? If we assume the last possibility to be the case, then the act of having produced a male heir who is acknowledged by the king's family would seem to be not just a condition of achieving highest female authority but also the performative act that in itself changes the woman's public status in this culture. On the other hand it may be that women negotiate this cultural system by different means from the men with whom they share it. Perhaps they achieve acknowledged positions of authority (in the cases of Kriemhilt and Prünhilt, even the premier female positions in their respective realms) without their status being affirmed by means of the same sorts of customary rituals or performatives that punctuate the lives of men of their standing in the world of the poem.

5. Gender Dynamics

5.1. The poet of the »Nibelungenlied« has been sufficiently interested in prescriptive gender models and questions of status within and between the genders in
the world of the poem to open a window in his narrative in order to address these
issues specifically. In the »Nibelungenlied« the discourse of power surfaces at
key moments throughout the poem as questions about the relative status of the
principal male figures, questions that are echoed in the parallel competition that
develops between the primary female figures. In Adventure 11, however, the
recurrent secondary theme of gendered behavior emerges as the primary subject
of the episode, where it is developed in a series of contrastive sketches depicting
the ways in which Sifrit and Kriemhilt assert, achieve, and exercise their authority in Burgundy and in the Netherlands. The preceding readings of this adventure
establish from different critical points of view the fact that the makers of the
»Nibelungenlied« have foregrounded gender issues in ways that other medieval
adapters of the Nibelung material did not, and that this episode contains prescriptive models for gendered behavior in the fictional world of the poem that are key
to an understanding of the interaction of the genders elsewhere in the narrative.
By synthesizing the results of these readings, we may be able to identify variables
affecting gender behavior within the imagined cultures of the poem that we have
not yet addressed.

5.2.1. The rise to power. In Adventure 11 the male path to sovereignty is one of
continuous ascent on a single course. It is punctuated by various performatives
that confirm the intermediate stations or degrees of rank that the highborn man
achieves on his way to premier status in the world of the poem. In this adventure
the poet pauses over Sifrit's coronation and his subsequent acceptance by the
Xantners as their king. This ritual is the last in a series of similar though lesser
ceremonies in which Sifrit has participated at earlier points in the narrative (e.g.,
his investiture as a knight, his first greeting by Kriemhilt, and his betrothal to
Kriemhilt). In the series of customary acts that men of high degree perform in the
poem, marriage is one of the more significant ones. Marriage does not, however,
change the direction or retard the progress of the male character's rise to power,
and in no case does it diminish his stature.

  The path that women follow to the approved pinnacle of female status in the
»Nibelungenlied« is more obscure and less marked by ritual than the complementary male pattern. This is the case in Adventure 11 and elsewhere in the poem.
The woman's pattern is not necessarily one of continual ascent. In the »Nibelungenlied«, marriage, which is presented by the makers of the poem as the primary
ritual act that women perform, changes the course and the venue of their rise to
power. Kriemhilt's first marriage and Prünhilt's marriage to Gunther each represent an abrupt end to the bride's previous pattern of existence, a diminution
(either temporary or permanent) of her public status, and a severe curtailment of
her financial independence. These brides are separated from their personal wealth
in public scenes that also involve their humiliation. The bride's public stature as

well as her person are deconstructed and unmade at the time of her marriage, and she is subsequently rebuilt on the basis of her relationship to her husband and in conformity with the cultural conventions of his realm. Where women in the poem are concerned, marriage means marriage away from their homelands. As married foreign women, the »Nibelungenlied« brides are encouraged to develop indirect ways of exercising their authority. They achieve all the power that is proper to highborn women when they have produced a male heir for their husband's kingdom who is accepted by his relatives.

The reflection of this pattern in Adventure 11 shows, by means of a series of performatives, how Kriemhilt flounders in her new role as Sifrit's consort, loses her bid for the right to retain her personal wealth, and receives a public set-down in the process. Less immediately apparent is the variety of ways in which the makers of the poem blur the question of Kriemhilt's status just as she makes the transition from maiden to wife and from the imagined culture of Worms to that of Xanten. Throughout the first ten adventures of the poem and up to the time of her marriage, Kriemhilt has been referred to nearly a dozen times as *künegin*[26], a term that the narrator uses almost interchangeably with *vrowe* in the early parts of the poem and about as casually as he does the designation *künec* for all of Kriemhilt's brothers. Yet only one woman is called *künegin* in Adventure 11, and that is Sigelint (A 656, B 709, C 719). When Kriemhilt and Prünhilt marry, and just when the term *künegin* might come to acquire some more particular meaning with respect to them, it virtually disappears from the section of the narrative (Adventure 11) that elaborates the prescribed behavior of a highborn lady, including her path to ultimate female power.

The situation with crowns is much the same. While Kriemhilt, Prünhilt, and even Sifrit have worn crowns in Burgundy in Adventure 10, neither the narrator nor the citizens of the imagined society in Worms make anything of this fact at that point in the text. In Adventure 11, both the internal and the external audiences of the poem learn from Sifrit's example that, within the world of the text, there is more to being crowned king than either simply wearing a crown or being called *künec*; Sifrit has done both at earlier points in the narrative, but he must participate in the public ceremony of coronation in order actually to become the king in Xanten.[27] The matter of a crown for Kriemhilt thus remains a puzzle. Sigemunt's verbatim musing over this matter spotlights the issue in this adventure, but it then disappears mysteriously from the text.

The external audience knows that Kriemhilt achieves all the power that was suited to a lady of her station, but it does not know whether she ever went

---

[26] See A 50, B 47, C 49; A 132, B 131, C 134; A 226, B 225, C 228; A 236, B 235, C 238; A 295, B 294, C 298; A 299, B 298; A 332, B 331, C 339; A 352, B 359, C 369; A 519, B 559, C 560; A 558, B 600, C 607; A 608. Before Adventure 11, this appellation is last used just before (or in A 608, just after) the double wedding in Adventure 10.

[27] In Adventure 3 when Sifrit first arrives in Burgundy, he declares to Ortwin and before the assembled court that he is a mighty king (A 117, B 116, C 118); in Adventure 10 the two bridal couples attend mass on the morning after their nuptials, and the narrator reports that all four of the principals wore crowns (A 595, B 642, C 650).

crowned or was ceremonially crowned in Xanten.[28] Neither does it know quite how Kriemhilt arrived at her full authority. The narrators' reports of the disparate reactions of internal audiences A, B, and C to her ascent to power might cause external audiences of the poem to wonder about the process by which she has achieved this new status. In Adventure 11 the makers of the poem present in verbatim dialogue those public scenes before the court of Burgundy in which Kriemhilt's authority and finances are restricted and her status diminished. But the passages that document her habilitation on different terms in Xanten are shadowy, filtered as they are through the narrator's voice, and they provide virtually no detail about procedure.

5.2.2. Women and wealth. The amount of power and the access to it that women have in the imagined cultures of the »Nibelungenlied« is directly connected by the makers of the poem with the amount of wealth that the ladies dispose of. Because the women's social space in the narrative is less definite and stable than the one in which the men of their rank move, it is susceptible to manipulation primarily by the men who control it from the outside but also to a lesser degree by the women themselves. Wealth gives women in the »Nibelungenlied« the potential to affect their circumstances. It is an equalizer that they can sometimes use to influence the outcome of an individual situation or event, although the access to power that women gain through wealth is momentary, and it does not alter the customary conventions that govern the ongoing relationship between the genders in the cultures of the poem.[29] Both men and women in the »Nibelungenlied« are mindful of the special relationship between women and treasure. Wealth is recognized within the imagined cultures of the poem as a means by which women may achieve and sometimes also exercise power. As such it is a commodity that men in the poem seek to control, particularly when it comes into the possession of the women whose activities they dominate.

In Adventure 11 the question of a legacy for Kriemhilt is presented from the standpoint of the highborn men of her society to whom it represents a potential threat. Sifrit's refusal of her inheritance at once preserves his own reputation as an enormously rich man, beggars his new wife, and makes it impossible for her to finance independent political or military ventures on any significant scale.[30] This

[28] A single anticipatory line in mss. A and B indicates that Kriemhilt eventually wore a crown in Xanten (A 631,3, B 681,3), but there is no further clarification of what that might have implied within the imagined culture of the Netherlands. Redactors A and B seem to have included this detail where they do (in Adventure 10) in order to fix for the external audience of the poem the time when Kriemhilt learned about Sifrit's bedroom encounter with Prünhilt and about the trophies that he brought away from it. In his chapter »Women, Property, and Power« J. Frakes attempts to specify the implications of Kriemhilt's Netherlandish crown by relating it to the type of medieval German marriage that he considers the union between Sifrit and Kriemhilt in the poem to represent (n. 1, p. 65–71).

[29] Consider, for example, how Kriemhilt attracts foreign knights to her cause by making them gifts from the Nibelung hoard; Hagen perceives this practice to be a threat to Burgundy and puts a stop to it (A 1067–1070, B 1124–1127, C 1141–1144).

[30] Kriemhilt's use of the hoard and Hagen's reaction to her gift-giving in Adventure 19

is the same view of women and wealth that both audiences of the poem can infer from Dancwart's unsparing dispersal of Prünhilt's patrimony in Adventure 8 (see 2.2.3). As we have seen earlier, however, wealth in the hands of a woman is also sometimes presented positively in the »Nibelungenlied«. Indeed men who support Kriemhilt in the poem recommend to her the strategic expenditure of wealth as a legitimate means of gaining influence, one that is suited to women of high degree.[31]

5.2.3. The exercise of authority. The pattern according to which highborn men in the poem exercise authority is presented in some detail. The ruling king assumes his office in a public performative ceremony and, upon his acknowledgment as king, assumes responsibility for the financial, judiciary, military, and executive affairs of his clan and realm. The procedure by which he assumes power is customary and well defined; it has ritual status in his imagined culture. The jurisdiction of his authority is specific and appears not to be challenged by any within the fictional world of the poem. The mode in which kings exercise their authority is predominantly public. In Adventure 11 we infer this as much from the interaction of Sifrit with the Burgundian kings as we do from the description of his own reign in the Netherlands.

How the model queen exercises all the power that is suitable for her to have is much less clear from the text of this episode. Apparently her power is not confirmed publicly by any ceremonial but is rather a function of her relationship to her husband and, through the heir that she produces, to his kin. The fact that Kriemhilt loses property, status, and face when she presses a legitimate claim publicly at the beginning of the adventure suggests that howsoever powerful ladies may exert their influence in these imagined cultures, strategies that put them in public confrontations with men of their rank are likely to fail regardless of the intrinsic merits of their causes. In Adventure 11 Kriemhilt (and also apparently Prünhilt) succeeds best when she says nothing and remains out of public view. This impression can at least in part be attributed to the narrative track in which the birth of her son and her ascent to full authority are reported, but it may also be that the medium here actually is the gender message. That is, the silence and distance that the third-person narration spins around the figure of Kriemhilt may convey rather than obscure the pattern of her social activity within the imagined culture of Xanten. The hazy sketch of the queen in her full powers suggests that the mode in which she exercises her authority is different from that of the king. It seems to be something other than public, or if it is public, it complements rather than challenges the authority of the king. The text is silent

make it clear that this is one sort of threat that men in the poem anticipate from the combination of a highborn woman and unlimited wealth.

[31] When Bishop Pilgrim, for example, urges Kriemhilt to ›buy her honor‹ in the realm of the Huns (see n. 18), he invokes the precedent of Queen Helche, thus making it clear that the particular use of wealth that he recommends is not only appropriate to noble women of the very highest degree but that it is also an accepted custom within the foreign culture into which Kriemhilt is marrying.

about the jurisdiction of her authority. Even so, the power that noble women can exercise in the world of the poem is no small thing; it is real enough to the men in Kriemhilt's (and also Prünhilt's) culture for them to make sure that these ladies are unable to augment their authority by retaining their personal treasure. And it is important enough to the »Nibelungenlied« poet for him to create a new adventure in which to explore it.

5.2.4. Gender-marked social spaces. Different from the men in the world of the poem, whose rank is regularly affirmed to the internal audience by successfully executed performative acts that have customary status in their imagined cultures, the women of the »Nibelungenlied« are portrayed as moving in a social space that is much less defined by ceremony. Neither the men nor the women in the poem know for certain just where the boundaries of this female space are. Consequently the women in the text often run pell-mell across the invisible borders of their approved sphere of social activity, apparently without having intended to test its limits, limits that seem to shift with the occasion, the actors, or the circumstances. As a result of this vagueness about the dimensions, characteristics, and also perhaps the location of the woman's social space, men and women in the poem frequently find themselves in situations (like the opening scenes in Adventure 11) that begin in a neutral tone but quickly develop agonistic or adversarial over-tones. The informally defined position of the woman, then, regularly produces friction between the genders in these imagined cultures.

When a woman's action, having an undetermined or ambiguous customary status, collides with an unmarked (male) convention that has customary status within the world of the poem, the female agent is viewed by her predominantly male audience within the poem as having challenged the prevailing (= given, male-determined, or formally defined) social system. In the »Nibelungenlied« the surface manifestations of these encounters between the hazily defined female sphere of activity and the customarily delimited male arena recall conventional representations of the so-called battle of the sexes. But the impromptu skirmishes between the genders in this poem, specifically those that occur in the first half of the narrative (in which the positive gender models are developed)[32], seem often to come as a surprise to the female characters who precipitate them. In traditional literary treatments of the battle of the sexes, women act deliberately and in consort to effect change in the gender relations within their fictional societies by

---

[32] This essay is concerned primarily with explicating the prescriptive gender models that the »Nibelungenlied« poet develops in Adventure 11 and not with the application of these models in other parts of the poem. Let me note briefly, however, that the role that Kriemhilt plays in the narrative after Sifrit's death, is essentially an inversion of the positive model of female behavior that the makers of the poem specify in Adventure 11. In the second part of the poem, her behavior takes on many of the features that are, according to the gender prescriptions developed in the first half of the narrative, traditionally reserved to men in the imagined cultures of the poem. In the last half of the narrative Kriemhilt is frequently her own spokeswoman in public; she contrives antagonistic public encounters with men; and ultimately she takes up a man's weapon to strike Hagen down.

challenging the behavior and authority of men as a group. In the first half of the
»Nibelungenlied«, however, the women are solitary agents who for the most part
perform in situations that have been determined or arranged by men. Only by
exception (as, for example, in Adventure 14) do they initiate agendas of their
own, and then with catastrophic results. There is no suggestion in the text that the
female characters of the »Nibelungenlied« conspire to challenge male authority.
The men of the poem, on the other hand, invariably react as a unified group to
what they perceive as female misbehavior.[33]

When the highborn ladies of the »Nibelungenlied« move beyond the social
space allotted them within their imagined realms, the male characters, who
inhabit these invented cultures with them, generally treat their actions as deliberate infringements of their own (male) sphere. They attribute such misbehavior
to female arrogance or rudeness, and they seek to correct it.[34] From the men's
point of view, the women of their world overstep the prescribed female social
space not because they are unaware of its dimensions but because they intend to
exceed them, thus intruding in the male sphere. To the male characters in the
narrative, it is not so much a matter of the ladies' not knowing their space but
rather of their not knowing their place. This notion of deliberate female transgression that requires correction or justifies punishment gives the gender discourse of

---

[33] There are a few scenes in the »Nibelungenlied« in which men come briefly into conflict
with each other over a woman's entitlements. Consider, for example, the opening scenes of
Adventure 11 discussed above and the scenes in Adventure 19 in which Gunther briefly upholds
Kriemhilt's right to her own property (the Nibelung hoard) until Hagen reminds him that it is
unseemly for any woman to dispose of so much treasure (A 1069–1070, B 1126–1127, C 1143–
1144). The male support for the woman's legal position in these scenes disappears, however, as
soon as a man in the imagined cultures of the poem suggests that there is something improper
either about the woman's position or about the way in which she advances it. At that point the
woman appears no longer to be eligible for defense and instead becomes subject to punishment.

[34] There are many examples of this kind of gender interaction in the first half of the poem.
The following are among the most prominent. In Adventure 7 the reactions of Dancwart, Hagen,
and particularly Sifrit to Prünhilt's performance in Iceland reflect this dynamic. When the
wooing party journeys to Prünhilt's realm, Dancwart and Hagen are harried by the proud taunts
that are hurled at them (*Di zit wart disen rechen mit gelfe vil gedrevt*; B 428, A 409, C 439). As
the preparations for the games begin, Hagen's aversion becomes more specific, and he describes
Prünhilt as the ›devil's wife‹ (*des tivvels wip*; A 417, B 436, C 447). Her behavior in these scenes
is described as ›arrogance‹ by both Hagen and Sifrit (Hagen: *disiv hovevart*; A 420, B 441,
C 453; Sifrit: *iwer hohverten*; A 443, B 472, C 485). Sifrit expresses his reaction to Prünhilt's
defeat in these words: ›Now I am delighted to see your arrogance brought low […], [to see] that
there is someone living who can master you‹ (›*Do wol mich dirre mære* […]/ *daz iwer hochvart
ist also hie gelægen,/ daz iemen lebet der iwer meister mv̊ge sin*[‹]; B 472, A 443, C 485).
Prünhilt's contest, then, in her own realm and on her own terms, is seen by the interloping men of
Burgundy and Xanten as an arrogant undertaking and her defeat as the welcome corrective for
her unseemly behavior. In Adventure 10 this sort of logic saves Sifrit's life as he struggles with
Prünhilt in the bedchamber. Only when he is reinvigorated by the thought of correcting her
willful attitude (*gelffen mvt*; B 670) – lest she become a troublesome example for other married
women – does he gain the strength to subdue her (A 621, B 670, C 678). When Sifrit beats
Kriemhilt for her idle chatter (*vppech spruche*; A 805, B 859, C 870) about Prünhilt in Adventure
14, he describes her misbehavior, too, as ›arrogance‹ (*vbermv̊te*; A 805,4).

the »Nibelungenlied« its unique character and distinguishes it qualitatively from the treatment of gender-related subjects in other adaptations of the Nibelung material.[35]

We see this pattern demonstrated in Adventure 11 where the male and female spheres of social activity come into conflict over the matter of the Burgundian inheritance. None of the thirteenth-century redactions of the text suggest that Kriemhilt has any notion when she requests a share of her family's treasure and retainers that she may be overstepping the bounds of prescribed female decorum within the imagined realm in which she has grown up. Indeed the reaction of her brothers, who have no quarrel with her demand and actually support it, suggests that, in terms of the cultural conventions of imagined Burgundy, there is nothing indecorous about her proposal. The only unambiguously negative reaction to her request is Sifrit's, and his objection is to Kriemhilt's attitude. He does not like the idea that she wants a settlement. But her brothers express their willingness to share the Burgundian patrimony with her and Sifrit; and Gernot also supports publicly Kriemhilt's request for retainers, a support that is passively withdrawn only after Hagen invokes the custom of the men of Troneck.

The inheritance discussion looks different, however, if we view it not in terms of the attitudes or inferred personality traits of individual characters but from the standpoint of the conventions that govern gender interaction in the imagined cultures of the poem.[36] If we put aside the matter of Kriemhilt's motivation here, since the text does not mention it, the curiosities that emerge from this discussion are the facts that the woman's request is supported by some men but not others in her imagined culture, and that despite this initial support her request fails in the terms that she framed and that her brother stipulated. From the standpoint of gender dynamics, we are interested in the variables that produced this outcome. Several suggest themselves.

---

[35] Consider, for example, the parallel scenes from »Þiðriks saga« and the »Nibelungenlied« in which the Nordic bride is subdued or deflowered by the Sigurd (Sifrit) figure. In the saga Sigurd deflowers Brynhild for Gunnar because she is physically unlike other women; that is, she has supernatural strength and cannot be defeated by a man of normal capabilities (Bertelsen [n. 7], 2:41.12–18). The description of the act is very brief, even by saga standards, and it is almost clinical (2:42.11–12). Sifrit, on the other hand, subdues Prünhilt in the »Nibelungenlied« not because she is physically anomalous but because her behavior is unseemly; he wants to prevent her from setting an uppity precedent for other married women (A 621, B 670, C 678). The description of their encounter is the longest account of a single combat in the poem, extending as it does over a dozen or more highly graphic strophes in each of the redactions (A 613–628, B 662–677, C 670–689).

[36] Modern critics who have used this scene in developing character-centered interpretations of the poem have tended to build on Sifrit's censorious view of Kriemhilt's request rather than on the approval that her brothers voice in this passage. Consider, for example, K. H. Ihlenburg's characterization of the attitudes of Kriemhilt and Sifrit in this exchange: »Sie als Frau ist hier Interpret machtpolitischen Denkens; sie meint sogar den großzügig verzichtenden Gatten belehren zu müssen« (n. 13, p. 78). In his penetrating critique of the large body of character-centered »Nibelungenlied« criticism, Jan-Dirk Müller (n. 3) points up the inherent pitfalls of applying more recently developed theories of personality to the analysis of the characters in medieval epic compositions and particularly in the »Nibelungenlied«.

Two of these are the gender and circumstances of the claimant. Can a woman, i.e. a member of the other (marked) gender, in the imagined culture of Worms, make a successful claim that has legal, public, male support if there is overt male opposition to it? The text suggests that this is a grey area in the customary law of Kriemhilt's Burgundy, an area in which the limits of the woman's proper space are either undetermined or variable; for Kriemhilt does assert her claim and her brothers do for a time support it despite Sifrit's displeasure. It seems, however, that a woman's legally acknowledged claim will not stand up in the face of public opposition by her male guardian (or even by a man of her rank). When Sifrit refuses the inheritance, the issue is closed. And when Hagen later refuses to accompany Kriemhilt to Xanten, his response is sufficient to undermine the male support for her position. The kings let Hagen prevail, and Kriemhilt comes away with half the number of retainers she has been promised. There seems to be more to this exchange than just the inalienability of the Troneckers from the Burgundian kings and the predominance of the *Tronyere site* over Gernot's unrestricted pledge. The fact that Kriemhilt loses half her acknowledged entitlement suggests that she is also being punished for unspecified infringements. She appears to have blundered into some aspect of the cultural code of imagined Burgundy that causes her to forfeit much of her legitimate claim.

The explanation for the failure of Kriemhilt's request in this passage may be as simple as the fact that in the world of the poem a married woman becomes utterly subject to her husband, and his authority over her is absolute. But it may also have to do with the manner and context in which she attempts her speech acts. In requesting Burgundian retainers, Kriemhilt effectively demands an entitlement from her brothers as her husband stands by silently. Acting as her own spokeswoman, she steps into the sphere in which the men of her world negotiate such matters publicly. (Both audiences of the poem know this because this is the space in which Sifrit and the Burgundian kings have just been discussing the patrimony.) It looks as if Kriemhilt, in assuming this public role on her own behalf, has violated some convention of the fictional realm of Burgundy by entering the unmarked male social space in which she apparently does not have the credentials to bring off this particular performative successfully. Unwittingly or deliberately she seems to have entered a social space in the poem in which her authority (here, the legitimacy of her claim) is reduced or neutralized. The price of her attempt to exercise her claim in this space is the forfeiture of half of her entitlement.

The social space in which Kriemhilt's attempted speech acts fail is a public one[37], and the scenes in which she is thwarted are ones in which she advances a

---

[37] The women in the »Nibelungenlied« do, of course, appear in many public scenes in which they participate in the execution of successful performatives. Consider, for example, Kriemhilt's public greeting of Sifrit in Adventure 5 (A 291–292, B 290–291, C 294–295), which she performs at her brother's behest, and her greeting of Prünhilt, which she does in accordance with custom in Adventure 10 (A 544–546, B 584–586, C 593–594), not to mention the elaborate scene in which she accepts Sifrit to be her husband (A 564–570, B 607–613, C 614–621). In each of these scenes, however, Kriemhilt is either summoned by her brother, or the narrator stipulates

concern of her own before a group of men of her estate and without prior negotiation. While the discussion over the Burgundian retainers is not at the outset
agonistic, the situation itself places Kriemhilt in a position of potential public
conflict with the men of her society. The publicness or non-publicness of events
is nowhere thematized in »Nibelungenlied« Adventure 11, but it is a factor in the
ways in which the negative and positive images of the model queen are developed
in this episode. It may also be a key vector in the gender dynamics that are
portrayed here and elsewhere in the narrative.[38]

Different from the opening cautionary image of Kriemhilt in Adventure 11,
which shows her in unsuccessful public negotiation with men over a legacy to
which she has undisputed claim, the later scenes, which describe positively her
arrival in Xanten and her eventual attainment of female authority there, take place
for the most part out of the public eye. While this may be, as I suggested earlier,
simply a reflex of the narrative mode in which these events are presented, it may
also be something else. Adventure 11 suggests that the prescribed social space for
women of high degree is not primarily a public one and that the mode of female
ascendancy is not one of direct public negotiation with men. Certainly the women
of the poem appear publicly, often with men, and they have customary roles to
perform in public. Consider in Adventure 11, for example, Sigelint's formal
reception and greeting of Sifrit and Kriemhilt, an occasion that is marked by
customary gift-giving and ceremonial kisses (A 652–656, B 704–709, C 714–
719). But when women appear publicly in situations that are not circumscribed
by custom, or when they act in situations that have not been negotiated in advance
or act on their own behalf or both, or when they find themselves in situations that
put them in agonistic roles vis-à-vis the men in the world of the poem, then not
only do their attempted performatives fail, but they are also blamed and punished

that she is acting according to custom. The woman's actions in these scenes then are either
realizations of conventions that have an established status within the imagined cultures of the
poem, or they are acts performed in accordance with arrangements that have been negotiated
beforehand and are initiated by men in the fictional court society. In such cases the woman
simply functions as the agent or instrument of the men who have arranged the public event. In
these ceremonies, different from the public interactions that land the ladies of the »Nibelungenlied« in difficulty, the woman's performance is for all intents and purposes a part or an extension
of a prearranged male event; the woman is not acting on her own behalf; and her public
performance does not bring her into a situation that may become adversarial with respect to the
men in her imagined realm.

[38] On the distinction between the public and the not-yet-private in the fictional world of the
»Nibelungenlied« see Horst Wenzel: *Ze hove* und *ze holze – offenlîch* und *tougen*. Zur Darstel-
lung und Deutung des Unhöfischen in der höfischen Epik und im Nibelungenlied, in: Höfische
Literatur – Hofgesellschaft – Höfische Lebensformen um 1200, ed. Gert Kaiser/Jan-Dirk Müller,
Düsseldorf 1986, p. 277–300. On the issue of privately negotiated, publicly performed political
rituals in medieval Germany, see Gerd Althoff: Das Privileg der *deditio*. Formen gütlicher
Konfliktbeendigung in der mittelalterlichen Adelsgesellschaft, and: Demonstration und Inszenierung. Spielregeln der Kommunikation in mittelalterlicher Öffentlichkeit, in: G. A.: Spielregeln der Politik im Mittelalter. Kommunikation in Frieden und Fehde, Darmstadt 1997, p. 99–
125; p. 229–257.

by the men of their imagined societies, and almost as often condemned by the narrators of the various redactions.[39]

5.3. Gender trouble. Adventure 11 presents in a single brief episode prescriptions for successful gender behavior and key aspects of the gender discourse that are developed more fully elsewhere in the poem. The positive male pattern is presented in detail. The king's sphere is definite, public, and circumscribed by ritual. His responsibilities are specific and the mechanism by which he achieves power is clear. The authority of his lady consort is, on the other hand, vague in almost every respect, although the narrators of all three versions of the poem stipulate that she has it. It is unclear what comprises the woman's power and how she attains it. In developing these models, the poet dwells on the successful social interactions of the emblematic male figure and the unsuccessful attempts of the emblematic female figure to negotiate within the imagined cultures of the poem. The stations and rituals marking Sifrit's ascent to kingship and power are documented in the text. In Kriemhilt's case, however, the poet lingers over her failed social interactions without specifying either what she has gained in achieving the absolute authority of a great lady with territories at her disposal or what she has done to attain it.

These contrastive sketches of Sifrit and Kriemhilt at the height of their powers in Xanten exemplify in miniature the way in which the »Nibelungenlied« poet develops his prescriptive gender models throughout the text, particularly in the part of the narrative that follows Sifrit's death. In the second half of the poem the positive pattern of the highborn man – portrayed here more as dux bellorum than rex regnans – is everywhere in evidence. There are so many exemplary heroes in these later adventures that the external and internal audiences of the poem are required to select from among the many exponents of male excellence in order to decide who ultimately is the ›best warrior of all‹. On the other hand, with the exception of the cameo roles played by Gotelint and by Rüedeger's unnamed daughter in Adventure 27, the prescriptive pattern for female behavior is present in the latter part of the poem only in detailed negative examples. For most of twenty unrelieved adventures Kriemhilt demonstrates what a lady of high degree must not do if she is to find approval in the imagined cultures of the »Nibelungenlied«. In these episodes her infringement of the public male sphere and her concomitant abandonment of the prescribed female mode of social interaction are relentlessly recorded on every track of the narration. The result is

[39] There are too many examples of this gender dynamic in the narrative to catalogue them here. The scenes mentioned in n. 34 above, however, demonstrate this pattern. Kriemhilt's independently conceived and executed attack on Prünhilt in Adventure 14 is a particularly good example. The protracted quarrel in that episode can be viewed as a series of speech acts (for the most part insults) that are attempted by Kriemhilt. While some of the insults in this sequence do succeed as performatives, Kriemhilt's larger strategy (which seems to be aimed at humiliating Prünhilt publicly in order to reestablish herself as the woman worthy of the highest esteem in the court company at Worms) backfires drastically. The proximate effect of her ploy is that Sifrit beats her for her arrogance; the ultimate effect is his murder.

that by the time that Kriemhilt is executed in Adventure 39, she has been so thoroughly calumniated by all the male voices in the poem that it is difficult for the external audience to determine who is more relieved by her death – the men of her imagined world, the poet, his subsequent redactors, or their narrators.

The contrast between this graphic image of Kriemhilt, chopped to pieces at the end of Adventure 39, and the hazy picture of her, magnificent in her full power in Adventure 11, emphasizes the consequences of the proper and improper exercise of female authority within the world of the poem. It also brings us back one last time to the question of the full power of great ladies in the imagined world of the »Nibelungenlied«. In Adventures 7, 10, 11, 14, and throughout the second half of the poem, much more narrative space and attention is devoted to documenting the many unsuccessful social interactions of highborn women than to developing a focused picture of the way that the first ladies of the »Nibelungenlied« are expected to fulfill their approved roles. As we have seen, their failed social interactions run to type and inevitably produce friction between the genders. Women are perceived to be infringing the unmarked social space when they attempt to execute their own agendas, when they perform roles in public that have not been negotiated beforehand by the men of their cultures, when they attempt to dispose of their personal treasure independently, when they engage in idle discussion, or simply when they encounter men publicly in situations that may become oppositional.

In Adventure 11 the only actions that the great ladies of the poem perform with the approval of the other citizens of their imagined realms are bestowing customary gifts, providing hospitality, and producing male heirs. In this episode Sigelint and Kriemhilt both participate in public welcoming ceremonies; Sigelint, in accordance with custom, makes handsome gifts to the messengers who announce the impending arrival of Sifrit and Kriemhilt in Xanten; and Kriemhilt and Prünhilt both please their husbands' families by bearing male children. But it is noteworthy that these activities are no different from those that other women of their estate have performed throughout the first half of the poem, regardless of their precise rank. The activities of Uote and Sigelint, who, like Kriemhilt and Prünhilt, are royal consorts, fall within this range; and in the second half of the narrative Gotelint's hospitality and gift-giving during the idyllic interlude that the Burgundians spend at Bechelaren reproduces this usual female pattern.

Women in the world of the »Nibelungenlied« are – at the behest of their male guardians – public greeters, purveyors of the ceremonial clothing that their men require for public occasions, providers of customary gifts and gratuities, and gracious hostesses. They are also sometimes objects of desire and sources of inspiration. Depending on their social circumstances, they may become the mothers of princes. These are the functions that are gender-marked female and have customary or conventional status for ladies of high degree within the imagined cultures of the poem. From what the text tells us, then, the *gewalt mit alle* (B 714,2) that Kriemhilt attains in Xanten after ten years and after giving birth to a son, looks just like the power that every other lady of high degree has in the poem; indeed it seems all but indistinguishable from the authority that she herself enjoyed as an unmarried princess (*künegin*) in Burgundy. Her attainment of full female power appears not to extend or change the quality of the social space in which she is expected to perform. The full power that the »Nibelungenlied« poet had in mind for the great married women of his text, then, seems not to distinguish the kings' consorts from other ladies of their estate. Or perhaps this notion of full female power, presented as it is in the context of the woman's companion piece to the portrait of Sifrit in Adventure 11, is simply an empty category that the poet outlined in the words of his text but neglected to fill in with conceptual content from the imagined societies that his poem documents.

Despite the fact that the woman's sphere is so nebulously defined in the »Nibelungenlied«, the highborn ladies of the poem and their external audiences discover empirically the limits of the social space allotted to women in the imagined societies of the narrative. The ladies come to know, when they encounter male disapproval, objection, or correction, that they have collided with one of the invisible walls that circumscribe their sanctioned sphere of activity; and by plotting the shape and location of these invisible barriers, the external audiences of the poem are able to infer to some extent the conventions that govern women's activity in the invented cultures that the text portrays.

When women in the »Nibelungenlied« engage in social interaction beyond those functions that are customarily female according to the cultural conventions of the poem, the response of the men in this invented world is negative. Most of the narrative attention that the poet and his redactors devote to Kriemhilt and Prünhilt in the »Nibelungenlied« – that is, most of the time spent on women in the text – is focused on ›border skirmishes‹ that take place between these ladies and their male consorts and guardians at the frontiers of the women's social space in the world of the poem. This means that, just as in Adventure 11, the most detailed representations of women, throughout the length of the narrative, concentrate on those moments when the men of the invented cultures of the poem along with its male narrator(s) agree that the ladies are out of line, not just out of bounds, and must be put in their place. In the most general terms, then, the prescriptive gender models in the »Nibelungenlied« play up male excellence and dwell on female misbehavior.

This emphasis on the modification, if not the correction, of female behavior is the most distinctive characteristic of the gender discourse in the »Nibelungenlied«. The poet's preoccupation with this issue is so pervasive in the narrative that it merges at points with plot and thematic elements that are traditional to the Nibelung material, giving them a flavor in the »Nibelungenlied« that is unique. The final scenes in Adventure 39 are a case in point. Throughout the second half of the poem, Kriemhilt's activities have been censured heavily in all channels of the narration. This disapproval of her performance makes it clear to both the internal and external audiences of the poem that, even as a mightier queen in the land of the Huns and with infinite wealth and men at her disposal, she cannot act publicly on her own behalf, spend her treasure, or pursue her own objectives with impunity. On the basis of numerous examples of this pattern earlier in the text, the audience expects that Kriemhilt will not only be blamed but also eventually punished by the men in the world of the poem for her misbehavior. These expectations are not disappointed.

Viewed from the standpoint of the underlying gender dynamics of the narrative rather than in terms of such traditional themes as the betrayal of kinfolk or the conflict between marital and clan loyalties, Kriemhilt's execution, after she has slain the greatest warrior of all, comes as the predictable response not just to the murder of Hagen but also to her many incursions into the unmarked public sphere after Sifrit's death. Quite apart from the havoc that Kriemhilt's desire for revenge wreaks on her own family and on her husband's realm alike, her repeated and flagrant infringements of the male sphere in the second half of the poem must, in terms of the gender conventions that obtain in the fictional cultures of the text, be punished. Certainly this gender consideration does not displace the issues surrounding Kriemhilt's single-minded and grisly pursuit of vengeance, but it does color the way the poet portrays her actions and finally her death in the second half of the »Nibelungenlied«. Kriemhilt's campaign to avenge Sifrit is presented not as immoderate but as transgressive, and the men of her imagined world punish her transgression immoderately, not with a dispassionate execution but with the retribution of violent dismemberment.

The »Nibelungenlied« poet invents a world for the presentation of his story in which the female social sphere and mode of interaction are so vaguely defined that the highborn ladies who inhabit its cultures are likely, if not designed, to blunder in the absence of well defined ground rules or clearly articulated cultural conventions. And blunder they do. The big picture of gender dynamics that emerges not only from Adventure 11 but from the »Nibelungenlied« as a whole is one in which the great ladies are constantly intruding on the male social space with no apparent intention to reorder the gender relations in their world. The men in the imagined cultures of the poem treat these intrusions as violations deserving punishment. And they punish the women in various ways ranging from public embarrassment, to confiscation of proper, battery, and, in the extreme case, violent death. The poet, his redactors, and their narrators seem fascinated by the notion that female incursion into the unmarked public space is reprehensible misbehavior, and they linger over one example of this pattern after another, devoting much more energy to putting female characters back in their place than to defining the limits of their sanctioned social sphere.

The most significant depictions of powerful ladies in the »Nibelungenlied« are scenes in which they are – from the standpoint of the men in their imagined cultures and the narrators of redactions A, B, and C – misbehaving or being corrected. Even so, the attitude toward women that emerges in this narrative is different in important ways from the biblically derived misogyny that echoes through the contemporary romances. No matter how much the poet of the »Nibelungenlied« and the men that he invents to inhabit its imagined cultures appear to delight in discomfiting the female characters of the poem, they do not present women as a social category that is collectively culpable, inherently evil, or lesser. In the »Nibelungenlied« it is not as daughters of Eve that the highborn ladies with authority get themselves regularly into gender trouble with the men of their invented world. But if it is not on the basis of this sort of traditional western misogyny, in what terms then do the women of »Nibelungenlied« find themselves at such regular disadvantage in their gendered social interactions? And what accounts for the particular fascination that the makers of the poem have with the imperfect behavior of these female characters? The answers to these questions are quite beyond the scope of this essay. Performative theory, however, applied in combination with more traditional source criticism, has allowed us at least to identify these questions in terms of the textual tradition of the poem itself and of its thirteenth-century reception. If there are answers to these questions, they are to be sought in the wider historical context that produced the narrative in the twelfth and thirteenth centuries.[40]

6. Postscript on Method

6.1. The starting point for this essay was my puzzlement about the implications of the phrase *de[r] gewalt mit alle [...] der so richen vrowen ob landen wol gezam*, which I have now discussed at length. I wanted to know what this notion might have conveyed to medieval German poets and their audiences during a period of about a hundred years, beginning with the time that I assume for the composition of the »Nibelungenlied« in the later twelfth century and ending with the completion of the most recent of the three surviving complete thirteenth-century manuscripts of the poem. I have treated these three redactions as the only detailed evidence that we have of the thirteenth-century German reception of the »Nibelungenlied« poet's original composition; and I have taken redactors A, B, and C to be members of historically specific external audiences of the »Nibelungenlied«.

A preliminary reading of the perplexing phrase above suggested to me that it had to do specifically with prescriptions for the behavior of highborn women and more generally with the social interaction of the genders, both of these within the fictional world of the poem. I wondered, however, whether my response to the text was entirely the result of my own cultural and literary conditioning, which has exposed me to, among other things, the sorts of gender scholarship that I describe at the beginning of this essay. Or was I perhaps also identifying patterns of twelfth- and thirteenth-century German interest that were preserved in »Nibelungenlied« mss. A, B, and C? This musing led me to the following questions: Does the »Nibelungenlied« as it is transmitted in its thirteenth-century versions

---

[40] G. Althoff's recent work on the unwritten conventions that governed actual political rituals in medieval Germany (n. 38) provides an excellent starting point for such a contextualized investigation, since many of the cultural practices that he has analyzed include both visual and verbal performatives. His research on the ground rules of politics in the German Middle Ages in fact provides the beginnings of a performative inventory of that society (see below, 6.3), an inventory that might be expanded by researchers focusing on other social variables such as gender, and that might be compared profitably to the cultural conventions of imagined societies like the ones invented by the makers of the »Nibelungenlied«.

suggest that its makers, i.e. the poet and his subsequent redactors, were particularly concerned with the social interaction of the genders? If so, what was the
nature of their interest? And how can a modern reader derive such historically
specific preoccupations from the fictional world of the poem?

6.2. While I have been determined not to read the fiction of the poem as history,
my questions about the discourses of the fiction are certainly historically oriented. For this reason I have attempted to use analytic techniques with the
»Nibelungenlied« narrative that take into account the historically specific circumstances of its composition and reception but that do not confuse these with
the essential fictionality of the poem. I have thus applied two critical practices in
sequence to the three versions of Adventure 11 in an effort to separate the
external history of this episode from the internal dynamics of the imagined
cultures that it presents. First I have used source criticism to identify which parts
of the narrative material and the story-line of Adventure 11 are attested elsewhere
in the Nibelung tradition and which appear to be the unique additions of the
makers of the »Nibelungenlied« (2). Then I have applied performative theory in
order to determine how people behave, if not why they behave that way, within
the closed fictional cultures of the world of the poem (4). Each of these partial
investigations has also been secondarily concerned with one aspect of the poem's
external history, namely its thirteenth-century reception (3). I have taken mss. A,
B, and C to be documentation of contemporary medieval German reactions to the
»Nibelungenlied« poet's composition; and I have considered the variations among
them to represent the distinctive responses of redactors A, B, and C to the
»Nibelungenlied« as they encountered it.

The preliminary characterization of the gender dynamics in Adventure 11
above (5) can be used as the basis for a wider examination of the interaction of the
genders in the entire poem. These literary findings can then be compared usefully
with representations of gender relations in medieval Germany that are documented in other categories of evidence. Such comparisons can, on the one hand,
enable the researcher to determine which aspects of the contemporary gender
discourse are refracted in which ways in the »Nibelungenlied« and can, on the
other hand, permit the poem to contribute its weight of evidence to more general
investigations of medieval German treatments of gender.

In sum the ad hoc combination of critical practices in this essay has allowed
us to make some progress toward answering the group of questions that it was
designed to address. Both the reading strategies pursued above have yielded
complementary information about the way in which gender dynamics are represented in »Nibelungenlied« Adventure 11. Taken together, the results of these
readings have allowed me to sketch in broad strokes the gender interactions
portrayed in this episode of the poem and to speculate about the underlying social
conventions of the imagined cultures of the »Nibelungenlied« that are realized in
these specific behaviors. While this method is, like any historically oriented
research strategy, vulnerable at certain obvious points to the introduction of
modern anachronisms or other circularities, it does boast positive features that

make it attractive for the investigation of an illusive subject like gender dynamics in a fictional world.

6.3. Performative theory is a particularly useful addition to the standard kit of analytic tools used by literary and cultural historians. Applied to the analysis of fictional narration, it allows the researcher to isolate certain ground rules of an imagined culture on the basis of the unalterable testimony of its citizens, who are the characters in the fiction. Their reactions, which are frozen in time at the moment when the text is fixed in any recorded form, determine whether the acts attempted within their invented cultures succeed or fail as performatives. The customs or rituals identified by this process can be viewed as individual features of a closed system that is internal to the fiction, a system that amounts to the customary law or social pattern of the imagined cultures of the text. As fragments of such a system, the performatives belong to the imagined era presented in the narrative; as the reflections of an actual historical mentalité, they belong to the real time of the narrative's composition or redactions; they do not, however, belong to the moment of the researcher's analysis; nor are they modern constructions imposed on the text.

This is the attraction of performative-based analysis for historically oriented readers of older fictional narratives. Neither the customary law of the imagined cultures of a text nor the mentalité of its makers is immediately present in the words of the narrative. Both of these – the invented rules of imagined cultures, which were and are eternally fictional, and the real but inevitably irretrievable interests of the creators of the fiction – are nowhere explicit in the words of the text. But all of these archaic remains are simultaneously present and caught, as if in amber, in the series of performatives that punctuates the action of the narrative, animates its imagined cultures, and implicates the storytellers. The identification of individual performatives within a text and the determination, based on those performatives, of what does and does not work within an imagined culture, gives the critic a ›historical floor‹, entirely sealed within the narrative itself, upon which to build the superstructure of his interpretive construction. As I noted earlier, the introduction of anachronism and mistaken inference will begin as soon as one attempts to build the first storey on this historical floor by generalizing the individual performatives of a text into the underlying system of cultural conventions that they reflect in part. Even so, the identification of the performative inventory of a narrative text gives the critic access to certain of its unique and unambiguously historical features that other reading strategies obscure.

Metrik, eine Wissenschaft zwischen Zählen und Schwärmen?
Überlegungen zu einer Semantik der Formen mittelhochdeutscher gebundener Rede

von Christoph März (Erlangen)

>»Wir sprachen über Rhythmus im allgemeinen und kamen darin überein, daß sich über solche Dinge nicht denken lasse. Der Takt, sagte Goethe, kommt aus der poetischen Stimmung, wie unbewußt. Wollte man darüber denken, wenn man ein Gedicht macht, man würde verrückt und brächte nichts Gescheites zustande.«
>
> Johann Peter Eckermann am 6. April 1829[1]

>»Die meisten Deutschen halten es nicht für notwendig, daß man etwas von einer metrischen Theorie wissen müßte, um deutsche Verse zu machen [...]. Jeder bildet sich seine Vorstellungen nach den Gedichten, die er kennt, [...] und läßt sich im übrigen von seinem rhythmischen Gefühle leiten. Dabei kann in der Tat auch metrisch Untadeliges herauskommen; mancher hat ja auch die Muttersprache ohne Grammatik vortrefflich gehandhabt. Aber Dichten ist doch Übung einer Kunst, eines Handwerkes [...].«
>
> Ulrich von Wilamowitz-Moellendorf[2]

1.

In der Wissenschaft von der älteren deutschen Literatur hat sich in metricis ein Gestus der Bescheidenheit und Zurückhaltung eingerichtet; solcherart Beschäftigung überläßt man, wenn man freundlich ist, den ›Spezialisten‹ oder ›Philologen‹, andernfalls denen, die ›Hilfswissenschaften‹ betreiben oder Hülsenfrüchte zählen. Auf diese Weise gerät diese Disziplin tatsächlich zu einer Afterwissenschaft, die Hilfe kaum je zur Stelle schafft. Die Zeiten sind passé, in denen theoretische Entwürfe einer ›Verskunst‹ oder ›Versgeschichte‹ aus einem Bedürfnis heraus nachgefragt wurden, das sich von ihnen versprach, die Erkenntnis der Texte, auch ihres wie immer verstandenen Sinns könne solcherart gefördert werden. Und vice versa: Die immer dünner werdenden Handreichungen, welche Einsichten in die Formgebundenheit der alten Literatur zu vermitteln versprechen, neigen dem Genus einfacher Bastelanleitungen oder dem von Terminologiebrevieren zu. Sie mögen der Verwechslung von männlicher und weiblicher Kadenz vorbeugen und für die rechte Terminologie bei den Reimstellungen sorgen, ad usum delphini, der damit freilich nichts Rechtes anzufangen weiß und dem dies jedenfalls als ungeliebte Seite des Faches gilt. Für die Interpretation

---

[1] Goethes Gespräche. Gesamtausgabe, neu hg. von Flodoard Frhr. von Biedermann, Leipzig [2]1910, 4. Bd., S. 91.

[2] Ulrich von Wilamowitz-Moellendorf: Griechische Verskunst, Berlin 1921, S. 2.

bleiben diese oftmals eher gelangweilt sich gebenden Auskünfte weitgehend belanglos. Nach zwei Seiten hin sind ira und studium einer Wissenschaft von der Metrik so am Erlöschen[3]: nach derjenigen der theoretischen Durchdringung der Bedingungen und des Begriffs des Verses, wie auch nach derjenigen, die einstmals Erhellendes über die im Medium des Verses beschlossene poetische Ingredienz mitzuteilen beanspruchte.

In dieser Weise flügellahm geworden, scheint die Metrik und scheint jegliche Lehre von der ›Verskunst‹ nichts (mehr) herzugeben, nicht als Theorie sui generis, nicht als Stimme im Konzert jüngerer Theoriebildung.

So ist zu bemerken, daß kaum eines der gängigen jüngeren Manuale in mehr oder minder deutlicher Form das Urteil versäumt, man müsse einem Andreas Heusler kein Wort glauben, aber man könne seine Lehre gleichwohl getrost anwenden, weil viel Besseres nicht bereitstehe.[4] Begriffliche Anstrengung weicht einer Beliebigkeit des Zugriffs; Heuslers drei Bände[5] über den Vers im Deutschen stellen sich als der Samowar dar, aus dem immer dünnerer Aufguß rinnt. Der die deutsche Metrik lange Zeit beherrschende Heuslersche Taktbegriff ist zu einer so zitablen wie jederzeit zurückgewiesenen Instanz geworden. Ersetzt wurden Heuslers Theorie und Geschichtsdarstellung nie.[6] Gewiß gab es Versu-

---

[3] ›Metrik‹ sei der Komplex hier kurz und ein wenig grobschlächtig benannt; rigiderer Sprachgebrauch würde ihn der Verskunst der strikt messenden Sprachen vorbehalten. Es sei an die mittelalterliche Unterscheidung von *rhythmus* und *metrum* erinnert, wie sie bereits Beda Venerabilis als Differenz von quantifizierender und silbenzählender Dichtungsweise formuliert hatte – zu keiner der beiden zählt das Deutsche mit seiner akzentuierenden Metrik: *videtur autem rhythmus metris esse consimilis, quae est verborum modulata compositio, non metrica ratione, sed numero syllabarum ad iudicium aurium examinata, ut sunt carmina vulgarium poetarum* (De arte metrica XXIV, hg. von Hans Keil, in: Grammatici latini 7, Leipzig 1880, S. 258). Aber die Alternativen der Bezeichnung – ›Verslehre‹, ›Verskunst‹ – sind bereits mit historisch bestimmten Vorstellungen von dieser Wissenschaft verknüpft, und weder ›Lehre‹ noch ›Kunst‹ zeugen heute von vorurteilsfreiem Standpunkt.

[4] Eine nicht untypische Stimme: »Andreas *Heusler* ist der Meinung, daß es eben der Takt ist, der den Vers konstituiert [...]. Diese Auffassung muß heute als fraglich, ja als unhaltbar gelten. [...] Dennoch hat sich Heuslers Ansatz allen anderen Versuchen [...] als überlegen erwiesen. Sein Taktprinzip ist, wenn man von bestimmten [!] Übersteigerungen absieht, nach wie vor brauchbar und zumindest als Hilfskonstruktion [!] kaum entbehrlich« (Werner Hoffmann: Altdeutsche Metrik, Stuttgart [2]1981, S. 3f.). Wie ›Unhaltbares‹ zugleich »brauchbar«, gar im komparativen Streit der theoretischen Bemühungen anderen auch noch »überlegen« sein kann und soll – der gemeine Verstand möchte hier doch ›entweder – oder‹ einwerfen –, bleibt durchaus ungeklärt. Im übrigen galt Heuslers Bestreben nicht zuvörderst einem Regelwerk, sondern einem Erkennen.

[5] Andreas Heusler: Deutsche Versgeschichte mit Einschluß des altenglischen und altnordischen Stabreimverses, Berlin [2]1956 (Grundriß der Germanischen Philologie 8), 3 Bde. [zuerst 1925–1929].

[6] Ähnliche Unsicherheiten lassen sich bei der Betrachtung anderer mittelalterlicher (und neuzeitlicher) Literatursprachen beobachten; für die Romania vgl. Walther Suchier: Französische Verslehre auf historischer Grundlage, Tübingen 1952 (Sammlung kurzer Lehrbücher der romanischen Sprachen und Literaturen 14). Suchier macht deutlich, daß die Reduktion des französischen Verses auf das Silbenzählen nur dessen halbe Wahrheit sein kann (vgl. bes. S. 33–35). Neuere komparativistische Bemühungen mögen wohl weiterführen; vgl. jetzt etwa die auf

che, die Strenge des Heuslerschen Konzepts zu entschärfen, ohne sich von ihm ganz loszusagen. So versuchte Ulrich Pretzel, Heusler dadurch zu retten, daß er dessen Taktbegriff – dem von Anbeginn an Starrheit vorgeworfen wurde – durch den des Iktus ersetzt wissen wollte.[7] Ähnlich verfährt die Verslehre von Otto Paul und Ingeborg Glier; ihre Verfasser referieren auch knapp die gegen Heusler vorgebrachten Einwände.[8] Der Begriff des Iktus als Surrogat für den des Taktes ist nicht unproblematisch, weil er, um das feste Maß, sei es des Taktes, sei es des Fußes, zu meiden, von einer Bestimmung durch die Zeit notwendig absehen muß; anderseits formuliert er nicht die Bedingungen – wenn es denn keine der Zeit sein sollen –, die das Verhältnis der Hebungen zueinander regeln, sobald der halbwegs tragende Boden der Alternation verlassen ist (und das gilt für weite Bereiche mittelhochdeutscher Poesie). Fraglich ist, ob der Vers, wenn er sich aus der Schriftform löst bzw. noch nicht in sie eingegossen ist, der als vorgetragener an den tönenden Künsten teilhat, einer Bestimmung durch die Zeit entraten kann. Der Heusler oftmals gemachte, nicht sonderlich immanente Vorwurf des Objektivismus dürfte auch von einer Vorstellung von Takt und Zeit beeindruckt sein, die als dem Individuum äußerlich gedacht werden; Metronom und eine Skansion mit der Stoppuhr mögen da drohend vorschweben.

Es ist aber nicht ausgemacht, ob nicht Zeit als mentale Bestimmung ohnehin anders organisiert zu denken ist denn als durch Apparaturen meßbare Größe. Bereits Augustin hat seine Gedanken zum Wesen der Zeit an philologischen Exempla entwickelt, in »De musica« und im 11. Buch der »Confessiones«. Der Entfaltung der Theorie Augustins von der Zeit als einer *distentio animae* hat kürzlich Uta Störmer-Caysa eine eindringliche Abhandlung gewidmet.[9] »Augu-

breiter Basis angelegten Untersuchungen von M[ikhail] L[eonovich] Gasparov: A History of European Versification, übersetzt von G. S. Smith/Marina Tarlinskaja, hg. von G. S. Smith/ Leofranc Holford-Strevens, Oxford 1996; vgl. dort auch zum deutschen mittelalterlichen Vers S. 166–178. Gasparov, der versucht, die großen Linien der europäischen Verssprachen historisch und begrifflich nachzuziehen, sieht im mittelhochdeutschen Vers starke lateinisch-romanische Einflüsse am Wirken.

[7] Ulrich Pretzel: Deutsche Verskunst. Mit einem Beitrag über altdeutsche Strophik von Helmuth Thomas, in: Deutsche Philologie im Aufriß, hg. von Wolfgang Stammler, Berlin [2]1962, Bd. 3, Sp. 2357–2546, hier Sp. 2359–2386.

[8] Otto Paul/Ingeborg Glier: Deutsche Metrik, München [4]1983, § 12. Die hauptsächlichen Bedenken an Heusler sind in drei Punkten zusammengefaßt: »1. die uneingeschränkte Geltung des Taktbegriffes für alle Epochen der deutschen Verskunst […]. Dies ist ahistorisch, denn damit wird ein Prinzip absolut gesetzt und verallgemeinert, das sich in dieser Form und Funktion in der Musik erst seit dem 16. Jhdt. herauszubilden beginnt« – aber Heusler hatte gerade nicht von der musikalischen Phänomenologie her argumentiert; zudem ist »ahistorisch« ein schwaches Argument: was, wenn dem eben so wäre? »2. Zwang des Systems«, »3. Verhältnis zur Textkritik«. Vgl. auch Blanks Anwürfe gegen Heusler, dem er »eine obsessionelle, wirklich pathologische und für heutige Ohren unerträgliche Abneigung gegen Un-germanisches, also *das Welsche*« vorwirft (Hugo Blank: Kleine Verskunde. Einführung in den deutschen und romanischen Vers, Heidelberg 1990, S. 46).

[9] Uta Störmer-Caysa: Augustins philologischer Zeitbegriff. Ein Vorschlag zum Verständnis der *distentio animi* im Lichte von »de musica«, Berlin 1996 (Abhandlungen der sächsischen Akademie der Wissenschaften zu Leipzig, Philologisch-historische Klasse 74.3).

stin setzt eine zahlhafte und zählbare Zeitstruktur jeden Klanges voraus. Sie ist vor jedem Verständnis bereits vorhanden, wird aber durch das Urteilsvermögen verstanden und interpretiert« (S. 26). Die Maßhaltigkeit des Verses stellte sich so erst im und durchs Subjekt vermittelt her. Die Invektive gegen Heusler, er objektiviere zu sehr, träfe damit ein Bedürfnis jeglichen Individuums, für sich das Gehörte des Verses als in der Zeit verlaufendes zu denken. Skansion, die ja nun zweifelsfrei ›schlägt‹, also die Zeit in gleiche Portionen – man kann auch sagen: Takte – teilt, wäre so eine Weise, das innere Verständnis – gleichsam sekundär – nach außen zu realisieren.[10]

Es gibt aus jüngerer Zeit eine Studie, die sich erneut intensiv mit einem ernst genommenen Andreas Heusler und seinen Prämissen sehr kritisch und polemisierend auseinandergesetzt hat, Eske Bockelmanns Versuch, eine »endlich gültige[] Theorie von den deutschen Versen« zu etablieren.[11] Bockelmann hebt darauf ab, daß eine Metrik der deutschen Sprache nicht innerhalb der bloßen Prosodie gefunden werden könne, weil das am Sprachmaterial Zählbare – Silben, Längen und Kürzen, Wortakzente – nicht den deutschen Vers organisiere. Es müsse also ein außerhalb der Sprache gelegenes Ordnungsmuster hinzutreten, welches erst versbildende Kraft habe; dies sei das Prinzip der Alternation. Eine Erörterung der bedenkenswerten Überlegungen Bockelmanns unterlasse ich hier, und zwar deshalb, weil Bockelmanns Konstruktion mit immanenter Notwendigkeit die Bestimmungen des Verses aus der Zeit vor Opitz ausklammert.[12] Trotz seiner

---

[10] Auch die zumeist mehr erhofften und geforderten Hilfestellungen, die sich die Philologie von einer anderen Disziplin, der Musikwissenschaft, in Fragen der metrischen Behandlung von Texten versprach, werden wenig mehr nachgefragt; vielleicht, weil sich der Wunsch nach Auskunft gleich mit einer Exkulpation die Hand reichte – »hätten wir die Melodien aus ›Minnesangs Frühling‹ …« –, vielleicht, weil die Musikologie erweislich nicht die Probleme der Philologie lösen kann. Nicht daß monodische Notation keinerlei Auskünfte über die mittelalterliche Auffassung vom Vers gäbe, aber diese Auskünfte betreffen sehr spezifische Differenzen; vgl. grundlegend hierzu Karl Heinrich Bertau: Sangverslyrik. Über Gestalt und Geschichtlichkeit mittelhochdeutscher Lyrik am Beispiel des Leichs, Göttingen 1964 (Palaestra 240). Aber die Schwierigkeit besteht darin, daß ab dem Zeitpunkt, da musikalische Notenzeichen in feste temporäre Relationen zueinander treten, da Begriffe wie Modus, Mensur und Takt also sinnvoll werden, zugleich unsicher wird, ob die einem Text unterlegte Melodie dessen metrischen Prinzipien folgt oder ihnen entgegenarbeitet. Man ist, wohl zu Recht, davon abgekommen, mit Analogien etwa zu einer mittelalterlichen Modaltheorie sich Königswege erschließen zu wollen; vgl. die Bemerkungen Helmut Lomnitzers in seiner Rezension von Rohloff und Jammers, in: ZfdPh 84, 1965, S. 290–297, hier S. 291f. Zu bedenken ist auch, daß die Musikwissenschaft ihrerseits die nämliche Hoffnung hegte: daß ihr die Philologie behilflich sein könne, Fragen des zeitlichen Verlaufs von nicht modal oder mensural aufgezeichneter Musik zu beantworten; vgl. zu diesem Komplex John Stevens: Words and Music in the Middle Ages. Song, Narrative, Dance and Drama, 1050–1350, Cambridge 1986 (Cambridge Studies in Music), bes. S. 492–504.

[11] Eske Bockelmann: Propädeutik einer endlich gültigen Theorie von den deutschen Versen, Tübingen 1991 (Konzepte der Sprach- und Literaturwissenschaft 50).

[12] Bockelmanns Theorie gründet auf den »Einschnitt in der Versgeschichte« (ebd., S. 21), der durch Martin Opitz' »Buch von der Deutschen Poeterey« von 1624 gegeben sei, worin der »Punkt eines historischen Umschlags fest bezeichne[t]« werde (S. 8). »Die älteren Verse von den alteingesessenen Irrlehren zu befreien, wird eine wahre Hercules-Arbeit werden. Ich werde sie hier nicht beginnen« (S. 69). Die von Bockelmann aufs Mittelalter gegebenen Ausblicke sind

Ausfälle gegen die Heuslerschen Takte oder die Hebungen – da ist die Rede von »Wahnsystem« und »Verbrechen« – steht Bockelmann, was seine allgemeinen Überlegungen vom Verhältnis zwischen Sprache und versgenerierendem Muster angeht, so fern der alten Theorie nicht.

2.

Lautet der Generalvorwurf an eine wissenschaftliche Ausrichtung, die ich unter dem Namen ›Andreas Heusler‹ zusammenzog, hier werde alles einem Systemzwang unterworfen, das einzelne gelte nichts, der Despot ›Takt‹ alles, so widerfährt gleichwohl einer anderen Betrachtung der Verskunst, wie sie Heusler nicht ferner stehen könnte, eher noch größere Ablehnung. Diese Betrachtung, in der das Pendel in eine andere Richtung ausschlug – hier seien Eduard Sievers und Franz Saran als Protagonisten genannt –, gilt als gänzlich obsolet, ja unzitabel.

　　So kennt die Geschichte der Wissenschaft auch eine dem ›Zählen‹ abholde, wie immer subjektivistische Auffassung, oder genauer: eine Betrachtungsweise, die auf dem Grunde der Formen deren schaffende Subjekte gestalthaft werden lassen möchte. Die »Schallanalyse«, die in der von Eduard Sievers begründeten Schule gepflegt wurde, ist dem Vergessen anheimgefallen. Sie hat den Medienwechsel – vom Katheder hinein in Lehrbücher – nicht heil überstanden. Es war eine Theorie, die an die Stimme der sie Vermittelnden gebunden war, die nur als diese lebendige Stimme Garant des verständigen Nachvollzugs gewesen zu sein scheint. Auf diese Weise soll sie übrigens sehr überzeugend gewirkt haben. Das partikulare Subjekt inkorporiert eine Einsicht, die außerhalb seiner so nicht oder nur im Ungefähren existiert.

　　In einem Vademecum für den angehenden Altgermanisten, das viele Auflagen erlebt hat, stellte Franz Saran epische und lyrische Verse und Strophenformen in schallanalytischer Weise vor.[13] Wie er es in seiner großen Verslehre entwickelt hatte, ging es Saran um das »Ethos« der »Schallformen«, das zu ignorieren dem Grammatiker, nicht dem Metriker erlaubt sei.[14] Ich gebe ein Beispiel wieder[15]:

keineswegs konsistent; vgl. noch die Kritik an Bockelmann von linguistischer Seite: Theo Vennemann: Der Zusammenbruch der Quantität im Spätmittelalter und sein Einfluß auf die Metrik, in: Quantitätsproblematik und Metrik. Greifswalder Symposion zur germanischen Grammatik, hg. von Hans Fix, Amsterdam 1995 (= ABäG 42), S. 185–223, bes. S. 214–221.

[13] Franz Saran: Das Übersetzen aus dem Mittelhochdeutschen. Eine Anleitung für Studierende, Lehrer und zum Selbstunterricht, Halle 1930 (Handbücherei für den deutschen Unterricht. 1. Reihe, Bd. 7); ab der 2. Auflage 1953 bearbeitet von Bert Nagel.

[14] Franz Saran, Deutsche Verslehre, München 1907 (Handbuch des deutschen Unterrichts an höheren Schulen 3.3), hier S. 121: »Die Sprache des Gemütes ist aber vieler Nuancen fähig. Lust – Unlust, Erregung – Ruhe – Kälte, Interesse – Gleichgültigkeit – Abneigung, Eindringlichkeit – Mattheit, überhaupt alle Gefühle, Stimmungen und Affekte, alle Regungen des Willens, die positiven wie die negativen, können sich in ihr ausdrücken. Es ergibt sich für die Verslehre deshalb die äußerst wichtige, bisher von ihr so gut wie ganz vernachlässigte Grundfrage: welche Sprecharten gibt es und wie drückt sich in ihnen das Ethos aus?«

[15] Saran (Anm. 13), S. 108, S. 115.

5. Kudrun 1 ff. (Text nach Sievers).

1 Ez wuohs' in Irlànde | ein rícher kúnec hèr: ‖ D–D
geheizen wàs er Sigebànt, | sîn vater' dèr hiez Gêr. ‖ A–A
sîn muoter' dìu hiez Úote | und was ein kúneginne: ‖ A–D
dùrch ir hôhe' tùgendè | sô gezàm dem rìchen wol
                                    ir mìnne.   ‖ C–b C

II. Melodie.

Der Dreier bzw. Vierer hat

Der Fünfer:

Die Hinterreihen setzen etwas höher ein als die
Vorderreihen:

a   b

Kette 2 und 4 liegen jede etwas höher als 1 und 3:

1   2

Kette 3 scheint auch um ein geringes höher als 1
einzusetzen:

I   II

So geht durch die Strophen eine leichte steigende
Wechselbewegung der Reihen:
Tonlage: hoch.

III. Klang.

Typus II kalt klein. Mehr glatt als das NL.
Fast klar. Ziemlich klangvoll.

IV. Sprechweise.

Legato. Leichter als NL, weniger laut. Langsam, doch weniger als NL. Lautung ziemlich groß,
größer als beim NL.

Hier lotet einer etwas aus, macht die Abwendung vom ›Text‹ als einer Schriftzeichenfolge wahr, läßt es ganz auf dessen Performanz ankommen.[16] Im Resultat aber wirkt dies auf den Leser, auch wenn er der gebrauchten besonderen Terminologie kundig ist, ein bißchen esoterisch. Liegt das daran, daß die Texte seitdem sozusagen immer stiller gelesen werden, moderner Theoriebildung gewiß zum Trotz; daran, daß eine Stimme unseres Jahrhunderts, wenn sie sich als eine des dreizehnten ausgibt, als anachronistisch gescholten werden kann; daran, daß die Anleihen bei der Gestaltpsychologie als fast ein wenig skurril empfunden werden? Das heutige Unbehagen, dem zu folgen, mißtraut dieser Leihstimme, wie auch einer Theorie, die Widerspruch nicht als Argument, sondern als schlechten Geschmack auffassen muß.

[16] Franz Sarans Lehrer, Eduard Sievers, hatte die Schallanalyse dahin geführt, daß selbst textkritische Entscheidungen auf ihr beruhen sollten: »Die Gebundenheit des Stimmlichen und Melodischen ist nun in der Dichtung des deutschen Mittelalters so groß, daß sie geradezu als ein kritisches Hilfsmittel ersten Ranges bezeichnet werden darf. Gestattet sie doch z. B. selbst so subtile Fragen mit Sicherheit zu entscheiden, ob etwa an einer Stelle ein unbetontes e im Verse mitzusprechen oder zu beseitigen ist« (Eduard Sievers: Über ein neues Hilfsmittel philologischer Kritik, in: ders.: Rhythmisch-melodische Studien. Vorträge und Aufsätze, Heidelberg 1912 [Germanische Bibliothek 2.5], S. 78–111, hier S. 97).

3.

Es stehen sich mithin eine gleichsam mathematische, den numeri dichterischer Ordnung nachforschende Sichtweise – was an Zählbarem enhält der Vers? – und eine empsychische, das Selbstbefinden dichterischen Ausdrucks nachempfindende Theoriebildung gegenüber. Die eingangs gegebenen Zitate von Goethe und einem klassischen Philologen, Ulrich von Wilamowitz-Moellendorf, mögen, auf anderer Ebene, gleichfalls für diese Kluft einstehen: hier der Dichter, der das Korsett minder achtet, dort der Philologe, der Gedichte am liebsten auf Rezept verschreiben möchte. Das Beispiel, das uns Saran gab, erweist sich als nur kommunikabel, nicht aber als reproduzierbar; in ihm teilt sich das Paradox eines partikularen Wissens mit. Auf der anderen Seite, der der so ungeliebten Formeln, begegnet uns ein reproduzierbares, allgemeines Wissen; ein Wissen aber, das mit seiner Kundgabe sogleich dem Archiv anheimfällt, interessant gewiß noch für die Erforschung von Formtraditionen, von Kontrafakturen und dergleichen, aber doch von strenger Genügsamkeit in einem Fach, das es lieber mit dem freien Walten des Geistes hält. Die Formel ›x4m‹ für einen lyrischen oder epischen Vers scheint einem interpretatorischen Höhenflug wenig zu bieten.

In dem Maße, wie sich die Literaturwissenschaft vom Vers abgewandt hat, tritt die Linguistik als dessen Sachwalter auf. Fast alle jüngeren Publikationen zum Vers verdanken sich dieser Disziplin, nicht einer poetologischen. Das hat Konsequenzen, namentlich die, daß die Versifikation als *ästhetisches* Prinzip wenig Beachtung findet. Für die Linguistik generiert die Sprache den Vers; Subjekt ist nicht, wer die Sprache in den Vers faßt. Ästhetische Gebilde bekommen – wo ein Brückenschlag überhaupt ins Auge gefaßt wird – allenfalls bescheinigt, sie zeichneten sich durch besonders hohe Komplexität aus. Ob das nun als allgemeine Bestimmung der ›Poesie‹ zutreffend ist oder nicht – distinktiv *innerhalb* der Poesie vermag solch ein Urteil kaum je mehr zu werden. Es ist die Linguistik auch nicht in der Lage noch dafür zuständig, über ein spezifisches kulturelles Gedächtnis von Kunstübung zu handeln; sie bleibt in dieser Hinsicht horizont- und geschichtslos. Wo sie den Vers in Geschichte einbettet, da in Sprachgeschichte, nicht in die der literarischen Formung. Das ist ihr gewiß nicht vorzuwerfen – sie hat einen anderen Gegenstand als die Literaturwissenschaft –, aber daß jene dadurch aller Bemühung um den Vers ledig würde, stimmt gewiß nicht.

In einem nicht wenig erhellenden Buch zum (neuhoch)deutschen Vers von Christoph Küper[17], der namentlich auf den Spuren Jakobsons und Lotmans weiterforscht, ist etwa zu lesen:

> »Die Versifizierung, d. h. die metrische Organisation eines Textes, ist also keine bloße Zutat im Sinne einer ›äußeren Form‹, sondern betrifft ganz entscheidend den Status eines Textes und hat somit eine bedeutsame semiotische Funktion, die in der Metrik nicht ausgeklammert werden darf.« (S. 7)

---

[17] Christoph Küper: Sprache und Metrum. Semiotik und Linguistik des Verses, Tübingen 1988.

Indes bleibt demselben Verfasser ein recht dünnes Resultat zu ziehen, wenn es darum geht, dieser ›semiotischen Funktion‹ näherzukommen, indem er auf Lotman rekurriert: »Diese gegenüber der natürlichen Sprache wesentlich komplexere [...] Bedeutungsstruktur [poetischer Texte] bringt es nun mit sich, daß der poetische Text in der Tat als ›einmaliges, ad hoc konstruiertes Zeichen eines besonderen Inhalts‹ verstanden werden kann« (S. 71). Wo man nach der Entfaltung der ›Einmaligkeit‹ und ›Besonderheit‹ verlangen möchte, wird man mit deren Faktizität beschieden.

4.

Diese Bemerkungen in dieser Breite vorauszuschicken erlaubte ich mir, weil es auf diesem Gebiet, wenn ich recht sehe, gegenwärtig gar nicht jene Anknüpfungsversuche gibt, die sich um das Verlassen ausgetretener Pfade bemühen und jüngere Theorien der Literaturwissenschaft an alte Fragestellungen anzubinden versuchen. Dies, obwohl doch etliche der genannten Problemstellungen durchaus nicht von gestern sind. Die Diskussionen der letzten Jahre, betreffen sie das Verhältnis von Skripturalität und Oralität, den Performanz- oder den Mediendiskurs, den Diskursdiskurs oder andere Strömungen: sie sind in weitem Bogen um das hier erörterte Thema herumgeflossen – daß es für diese Überlegungen auf diesem Feld nichts zu ernten gäbe, bezweifle ich.

Woran mir mit diesem Beitrag liegt, ist der Versuch, metrisch-formale Einsichten wiederzubeleben, weil und insofern sie der Interpretation mittelalterlicher Literatur nicht gleichgültig sein können. Dabei soll das *sinngenerierende* Moment dessen, was wir Metrik nennen, im Vordergrund der Betrachtung stehen. Ich möchte damit auch die Frage aufwerfen, in welcher Weise das, was Saran »Ethos« des Verses nannte, objektivierbar sein könnte; welche Semantik kann die Form mitteilen?[18] Für Andreas Heusler, dem daran lag, »die Versgeschichte als Kunstgeschichte zu behandeln«, stellte sich das Verhältnis von Metriker und Literarhistoriker noch so dar:

> »In der Verslehre sieht er [der Metriker] nicht die Magd, das Hilfsfach. Aber, was i h m Ziel ist, wird dem Nachbar wieder Mittel: Vorarbeit für umfassende künstlerische Betrachtung des Dichtwerks. Dieser Betrachtung soll die Versgeschichte nach der einen Seite hin den Boden bereiten; festen Boden, damit der Nachbar hinauskomme über luftige Gleichnisrede oder tote Namen.«[19]

Die Literatur des frühen und hohen Mittelalters ist zu einem Großteil – und weitgehend ungeachtet der jeweiligen Gattung – in gebundener Rede verfaßt, konstituiert sich in Vers und Reim. Diese Elemente, die – wenigstens wohl in der

---

[18] In seiner (der neuhochdeutschen Poesie geltenden) Verslehre fordert dies Christian Wagenknecht bei der einleitenden »Begründung einer literaturwissenschaftlichen Metrik«: »Eine Lehre von den ›Tönen‹, wie sie von der klassischen Rhetorik ausgebildet und von Hölderlin fortentwickelt worden ist, hat sich als besondere Disziplin freilich noch nicht etablieren können« (Christian Wagenknecht: Deutsche Metrik. Eine historische Einführung, München ³1993, S. 11).

[19] Heusler (Anm. 5), Nachwort, Bd. 3, S. 404f.

Regel – der sinnlichen Erfahrung zu Gehör, nicht zum Augenschein gebracht werden wollten[20], prägen das Gesagte, verleihen ihm einen Typos. Dieser Typos ist, als metrisches ›Schema‹, ablösbar vom besonderen Inhalt, sowohl praktisch – denken wir nur an Kontrafakturen, Ton- und Strophenübernahmen – wie theoretisch. Um die Implikationen dieser Abstraktion geht es mir.

Die Form, das Gerüst der sprachlichen Aussagen, wird erst darin manifest, daß sie sich erinnern und, in einem weiteren Schritt, vergleichen läßt. Das trifft für einen Text immanent zu, es gilt aber auch für das Verhältnis von verschiedenen Texten zueinander. Insofern ist Metrumbehaftetes immer auch relational bestimmt. Ein männlicher Vierheber in einem deutschen, ein Hexameter in einem griechischen Prosaroman wird nicht als solcher erkenntlich (bestenfalls von Ausgefuchsten entlarvt und dann ›zufällig‹ geheißen); die Bestimmung des Wiederkehrenden ist wesentlich. Sie haftet allen Momenten formgebundener Poesie an, sei es Reim, Vers, Strophe, Refrain.[21] In jedem dieser Fälle wird eine Selbstreferenz wirksam; einen einzelnen Reim gibt es eben nicht, und so weiter. Ganz banal ist dies nicht. Denn wenn es eine Anforderung an die memoria ist, den strukturalen Zusammenhang eines Textes, soweit er auf der sogenannten formalen Ebene gegeben ist, herzustellen, dann hat dies auch Wirkungen im Verhältnis zwischen verschiedenen Texten gleicher oder ähnlicher Bauart.

Die Erinnerung, die mithin mit dem Schematischen aufs engste sich berührt, evoziert und revoziert Hülsen; das Abgezogene der ›Form‹ hat eine Selbständigkeit.[22] Die Frage ist nun: Werden durch diese abstrahierten Schemata bestimmte Vorstellungen transportiert, und das meint: inhaltliche Vorstellungen? Wie sind diese bestimmt? Bei dieser Überlegung kam mir ein Buch zur Hilfe; von dem

---

[20] Die Einschränkung gilt für Figurengedichte, Akrosticha, Zahlensymbolisches und dergleichen. Die das Auge fordernde Literatur des Mittelalters ist nach meiner Kenntnis unzulänglich zusammenhängend erforscht.

[21] Im späteren Mittelalter, der Zeit des Übergangs vom Vers zur Prosa, wohl auch vom Hören zum Lesen, wird die alte Formung gescholten werden, weil sie die Lüge fördere, und ihre Verteidiger beharren darauf, daß der Vers durchaus Wahrheit verbürgen könne; vgl. Werner Besch: Vers oder Prosa? Zur Kritik am Reimvers im Spätmittelalter, in: Festschrift für Hans Eggers zum 65. Geburtstag, hg. von Herbert Backes, Tübingen 1972 (= PBB 94, Sonderheft), S. 745–766; Fritz Peter Knapp: Historische Wahrheit und poetische Lüge. Die Gattungen weltlicher Epik und ihre theoretische Rechtfertigung im Hochmittelalter, in: DVjs 54, 1980, S. 581–635, hier S. 601–605; Rüdiger Schnell: Prosaauflösung und Geschichtsschreibung im deutschen Spätmittelalter. Zum Entstehen des frühneuhochdeutschen Prosaromans, in: Literatur und Laienbildung im Spätmittelalter und in der Reformationszeit. Symposion Wolfenbüttel 1981, hg. von Ludger Grenzmann/Karl Stackmann, Stuttgart 1984 (Germanistische Symposien: Berichtsbände 5), S. 214–248. In der »Kreuzfahrt Landgraf Ludwigs des Frommen« (um 1300) wird dem Reim das Kompliment gemacht: *mir ist geboten, daz ich sol/ ein rede zu rehte berihten,/ in wârem rîm verslihten,/ ordenlîch zûbringen sie,/ als der edele fürste die/ niht rehte geordent funden hât* (v. 4–9, zitiert nach Joachim Bumke: Mäzene im Mittelalter. Die Gönner und Auftraggeber der höfischen Literatur in Deutschland 1150–1300, München 1979, S. 666).

[22] Ich erinnere an die Erfahrung, daß man, wenn man sich ein Gedicht wachzurufen versucht, oftmals nur dessen ›Schema‹ im Kopf hat – es fallen einem dann die Wörter dazu ein oder nicht. Auch daß man, wenn man Teile des Textes vergessen hat, den Faden an irgendeiner Stelle wiederfindet, indem und weil man den Versgang vor sich hinbrummt.

russisch-amerikanischen Dichter Joseph Brodsky (Leningrad 1940 – New York 1996) erschien in seinem Todesjahr die deutsche Fassung einiger die Literatur erkundender Essays, unter dem Titel »On Grief and Reason« ein Jahr zuvor im Original veröffentlicht.[23] Brodsky war, das zeigen viele seiner lyrischen und poetologischen Werke, ein Liebhaber antiker Lyrik. Wir können aus Brodskys Bemerkungen, die in waghalsigem und klugem Zugriff Antike und Neue Welt, Horaz und amerikanische Poesie zusammendenken[24], eine Einsicht gewinnen. An Brodskys Darlegungen – vor allem an dem das genannte Buch einleitenden »Brief an Horaz« – läßt sich wahrnehmen, wie lyrische Formen wohl keineswegs zeitlos, sie aber in der Lage sind, Zeiten und Sprachen zu wechseln oder miteinander zu verbinden. Lyrische Formen sind für Brodsky ein Quell der assoziierenden Erinnerung: »Denn wenn man Verse schreibt, findet man sein unmittelbarstes Publikum nicht bei seinen Zeitgenossen, schon gar nicht in der Nachwelt, sondern bei seinen Vorgängern. Bei denen, die einem Sprache und Formen gaben« (S. 23). Wenn ich Brodsky richtig verstehe, wenn ich meine eigenen Erfahrungen mit ›metrischen Gebilden‹ irgend richtig deute, dann sollte man vielleicht erneut in der mittelalterlichen Poesie zu beobachten versuchen, wie eine gewählte Form dem Inhalt seine Klangfarbe verleiht, weil jede Form gleichsam mit ihrer eigenen Vergangenheit kommuniziert. Schwierig dabei zu bestimmen ist die Qualität des erinnerten Inhalts – es ist ja nicht eine Geschichte, es sind nicht Wörter und Worte; der an Form gebundene Modus von Erinnerungsstruktur scheint notwendig diffuser von außen bestimmbar als jener, der sich ans Wort hält. Ihn allein deshalb zu ignorieren scheint mir wenig vernünftig.

Wenn Formung in der beschriebenen Art Verweischarakter besitzt, ihre einzelnen Elemente sowohl dem einzelnen Werk vorausgesetzt sind wie über es hinaus fortleben, scheint der Begriff des Echos nicht unangebracht. Edward Heinemann hat ihn für die chanson de geste entwickelt[25], worin er Paul Zumthor folgte.[26] Heinemann unterscheidet »trois espèces de l'écho verbal«: 1. ›l'écho disjoint‹, 2. ›l'écho consécutif‹, 3. ›l'écho externe‹, das eine »allusion à la

---

[23] Joseph Brodsky: Von Schmerz und Vernunft. Hardy, Rilke, Frost und andere. Aus dem Amerikanischen von Sylvia List, München/Wien 1996.

[24] Von sich selbst setzte Brodsky in den Vers: »An eine Dichterin. Ich kranke an normalem Klassizismus. [...] Ich bin ein Epigon und Papagei« (Jossif Brodskij: Einem alten Architekten in Rom. Ausgewählte Gedichte, München/Zürich 1986, S. 66, übersetzt von Rolf Fieguth).

[25] Edward A. Heinemann: L'art métrique de la chanson de geste. Essai sur la musicalité du récit, Genf 1993 (Publications Romanes et Françaises 205), S. 37–41, S. 221–328; vgl. dazu die Rezension von Larry S. Crist, in: Speculum 71, 1996, S. 958f.

[26] Zumthor faßt, was wir Echo nennen, auch hinsichtlich seiner metrischen Struktur zusammen: Die »diskursive Wiederholung ist das wirksamste Mittel, eine räumlich-zeitliche Erfahrung zu verbalisieren und den Hörer daran teilhaben zu lassen. [...] Dann objektiviert sich im Raum, den der Ton herstellt, das sinnlich empfundene Bild: Aus dem Rhythmus erwächst und legitimiert sich Wissen« (Paul Zumthor: Die Stimme und die Poesie in der mittelalterlichen Gesellschaft, München 1994, S. 72). Ähnlich entwickelt Heinemann (Anm. 25) den Gedanken der engen Verknüpfung von »rythme« und »sens« im Vers als deren »mariage« (S. 21f.): »En tant que rythmes, la phrase et l'incident métriques portent des sens qu'ils impriment au discours et au récit. Les effets sémantiques dus au découpage en phrases et incidents métriques peuvent se grouper sous quatre rubriques: la longueur, l'unité, la position, et la pulsion« (S. 23).

tradition« darstelle. Die ersten beiden Kategorien sind dem Einzelwerk immanent, die dritte verbindet verschiedene Werke. Wichtig daran erscheint mir die
Differenzierung in internes und externes Echo; durch das zweite versucht Heinemann, ein Spezifikum von intertextuellen Bezügen auf den Punkt zu bringen.
Diese Bezeichnung des Echos hält sich frei von möglicherweise irrigen Vorstellungen – wie sie etwa die Benennungen ›Zitat‹, ›Formel‹ oder ›Anspielung‹ und
andere ermöglichen –, die zugleich etwas über den Weg der Erinnerung oder das
subjektive Bewußtsein der imitatio aussagen. Über diese Wege wissen wir meist
zu wenig, und es ist das eine, Wegen nachzuspüren, das andere, den Widerhall
und seine Funktionen zu betrachten. Hervorzuheben ist zweitens das Gewicht,
das Heinemann in seinem Modell den Prägungen durch den Rhythmus beimißt:

> »Ce que ce *vers*, érigé en forme nouvelle et produit de l'échange vital entre rythme et
> discours, réprésente de neuf, c'est qu'il dépasse le simple classement statique de types
> grammaticaux pour reconnaître, dans le mariage du rythme et du sens, que la structure
> grammaticale du vers est un élément rythmique et que la position d'un membre de phrase au
> premier ou au second hémistiche est un élément sémantique. Le sens est un rythme, et le
> rythme est un sens.« (S. 21)

Diese Verweise oder Echos färben Werke ein. Normative Poetik hat vor
allem im 18. und 19. Jahrhundert dargetan, welcher Inhalt nach welchen Formen
heische, ein von der Antike ja längst – nicht nur in der Schulrhetorik – vorgepräg-
tes Modell. Es steckt in solchen Bemühungen der Kern, daß es ums aptum zu
gehen habe, welches aus nichts anderem als der Tradition gewonnen ist. Man
kann dies Timbre nennen, Ostinato, Färbung; das sind vorderhand alles Bilder-
wörter. Abheben möchte ich darauf, daß es gerade die Geformtheit zu sein
scheint, die zum Signalement von Texten gerät – und, wie ich vermute, in einer
früheren Zeit in ausgeprägterer Weise als in einer so auf die Schrift fixierten
Kultur wie der unsrigen. Einige solcher Kodierungen will ich im folgenden
exemplarisch betrachten; insofern bildet diese Studie auch nur eine Vorarbeit.

5.

Was, zuerst, die mittelhochdeutsche Epik anlangt, so unterscheidet man generalisierend zwischen ›höfischem Reimpaarvers‹ und ›strophischer (Helden-)Epik‹.
Es werden also im Jargon Gattungen mit bestimmten Formungen zusammengedacht, Gattungen, die sich – wenigstens auch – mittels der Form voneinander
distinkt halten. Da diese Differenz so habituell ist, wird man erst hellhörig, wenn
das Gewohnte aus den Fugen gerät. Wolfram von Eschenbach hat es in zwei
seiner drei epischen Werke unternommen, die altgehörte Zuordnung aufzubre-
chen: Ein arthurischer Roman gebärdet sich da als heldisches Epos: »Titurel«; ein
heldenepisches Sujet vermummt sich als höfischer Roman: »Willehalm«. Beide
Male tritt dadurch ein Verfremdungseffekt ein, mit dem etwas decouvriert wird:
Und dies ist, so scheint mir, in beiden Fällen eben das »Ethos« des durch die
jeweilige Form scheinbar verbürgten Inhalts. Eine Liebesgeschichte eines der
märchenhaften Artussphäre angehörigen Paares, die bloß in den Tod führt, erhält

von Wolfram nicht die Klangfarbe des paarreimenden happy-ends;[27] einem Hel-
denmythos, der seinem Helden die Gloriole derart verweigert, wie das Willehalm
beschieden ist, wird auch der heroisch-pathetische Tonfall versagt. In beiden
Fällen dekliniert die gewählte Form die Botschaft nicht wenig. Wenn uns dies
aber an solchen Brüchen auffällt, gilt umgekehrt gewiß auch, daß bei den Werken, in denen formale Gestaltung und Inhalt in gewohnter Weise sich zusammen-
finden, vom ersten Vers an (und dies ist Sache der Versgestalt!) gleichsam
Versprechen aufs zu Erwartende, Erhoffende, Befürchtende gegeben werden.
Daß etwas ›konventionell‹ ist, läßt leicht über die *Qualität* dieser Konventionen
hinwegsehen. Ich stelle mir vor, daß, wenigstens im epischen Bereich, das
Erklingen der ersten Verse eines Werkes leistet, was in späterer Epik, die solcher
Signaturen verlustig gegangen ist, einer mehr oder weniger umständlichen Titelei
als Aufgabe überantwortet ist. Die Geschichte der umständlichen Werküber-
schriften hebt, wenn ich recht sehe, mit dem Prosaroman an.

Aus der Lyrik greife ich zwei Fallbeispiele heraus, womöglich ›leichte‹, bei
denen ich zu zeigen können hoffe, wie eine engere Verschwisterung von metrischen und inhaltlichen Einsichten vorstellbar ist. Ich wähle mit Bedacht ein
›Minimalpaar‹, zwei Lieder desselben Lyrikers, die, würden sie mit ihren bloßen
metrischen Schemata vorgestellt, wenig voneinander unterscheidbar wären.

Ein Lied Ulrichs von Winterstetten beginnt mit folgenden zwei Strophen:

> *Der sumer mit gewalde hât*
> *bekleidet walt und ouwe.*
> *der anger wol geblüemet stât*
> *in süezem meientouwe.*
> *diu heide breit   hât grüeniu kleit*
> *an sich geleit,   ist mir geseit,*
> *in wunneclîcher schouwe.*
> *mîn frouwe ist guot,   swie sî doch tuot   mich ungemuot.*

> *Mîn ungemüete ist gar ze grôz,*
> *als ich iuch wil bescheiden.*
> *ich stên ir helfe leider blôz*
> *diu mich in senden leiden*
> *mit fremder tât   ân allen rât,*
> *swiez mir ergât,   nu lange hât*
> *als einen wilden heiden.*
> *mîn frouwe ist guot,   swie sî doch tuot   mich ungemuot.*[28]

---

[27] Den unseren nicht ferne Überlegungen von anderer Warte stellte Volker Mertens an:
Konstruktion und Dekonstruktion heldenepischen Erzählens. ›Nibelungenlied‹ – ›Klage‹ –
›Titurel‹, in: PBB 118, 1996, S. 358–378. So hebt Mertens ab auf die »fiktionale Mündlichkeit«
(S. 377) im »Titurel« und bemerkt diese auch an dessen Strophik: »Die Strophenform leistet in
gewissem Umfang, was ein Prolog zu sagen hätte« (S. 371).

[28] Deutsche Liederdichter des 13. Jahrhunderts, hg. von Carl von Kraus, Bd. I: Text,
2. Aufl., durchgesehen von Gisela Kornrumpf, Tübingen 1978, 59.: Ulrich von Winterstetten,
Lied V, Str. 1 u. 2.

Dieses Lied hebt an mit dem, was man ›Natureingang‹ zu nennen verpflichtet ist; durchaus ohne besondere Konturen, durchaus verwechselbar und womöglich auch ohne besonderen Reiz. Wie aber tritt die Natur da ein? Sie kleidet sich in einen Vagantenvers, einen Vers mit, wie ich vermute, eigener – und zumal im Mittelalter auch gleich so gehörter – Kodierung. Daß die Elemente der Naturzeichnung ganz topisch, ganz unspektakulär einherkommen, muß nur dem fade erscheinen, der den Vagantenton nicht mitklingen hört. Denn dieser verspricht von vorneherein eine Leichtigkeit, das Spiel mit der Liebe und die ebenso gespielten Poltertöne enttäuschter Liebe – ein gewollt reflexionsferner Gestus, wie ich meine. Wenn dann der Refrain mit seinen banalen Binnenreimen – auch diese Signale gehören wohl hierzu – das Paradoxon des Minnesangs skandiert, aber nicht entwickelt, tritt hervor, wie hier auch im Text mit einem Echo gearbeitet wird. Das ist Meta-Minnesang, die hohen Töne sind herabgezogen. Der *wilde heide* dann läßt die Stillage noch einmal Wort werden. Zu fragen, ob diese Beobachtungen nicht auch aus dem puren Inhalt zu gewinnen wären, ohne Ansehen der besonderen Strophenform, die ihren Witz wohl aus der ihr innewohnenden Ironie zieht (man schlage nur die »Carmina Burana« auf) – dies erschiene mir wenigstens unpassend. Die Form lacht mit; würde sie es nicht, hätte recht, wer solche Gedichte für bloß läppisch hielte.

Kontrastiv hierzu, obwohl im Prinzip mit kaum anderen Mitteln gearbeitet, erscheint ein anderes Lied desselben Dichters:

Ez ist niht lanc daz ich mit einer minneclîchen frouwen
begunde hübscher klaffe vil,
die ich von herzen minne.
ich sprach ›lânt iuwer tugend an mir und iuwer güete schouwen.
ich binz der iu dâ dienen wil
in muote und in dem sinne.
an worten unde an werken hânt ir mîn gewalt.
iuwer tugent manicvalt
sol mich des geniezen lân
daz ich iuch vor allen frouwen in dem herzen hân.
ich bin iu holt,   ir sint mîn golt,
mîn hort, mîn edel gesteine.
ûffen sêle und ûffen lîp
und dar zuo ûf elliu wîp
ahte ich gen iu sicherlîchen kleine.‹ (Lied XI, Str. 1)

Von der klaren Verskontur, wie sie die Strophen des anderen Liedes prägte, ist nichts zu sehen. Man mag hier schwanken – zumal wenn nur eine Strophe gegeben ist –, wie der Versgang gleich zu Beginn von erstem und zweitem Stollen zu verstehen sei. Es mag sich im Verlauf des Liedes an dieser Stelle der Strophe ein Achtheber herauskristallisieren; aber diese Art von Vers geht wohl an die Grenzen dessen, was als ein Vers erfahrbar sein kann: Während dieser ersten acht Takte vernimmt man kaum eine metrische Zäsur, keinen (inneren) Reim. Dabei zeigen die zweiten und dritten Verse der Stollen mit ihren Hebungen und

Kadenzen, daß auch dieses Lied aus der Vagantenzeile gewachsen ist – aber ihr ist recht wörtlich die Spitze gebrochen. So scheint mir auch hier *im Vers*, wenigstens im ersten, etwas inszeniert zu werden: seine Abwesenheit gleichsam; in dem dargebotenen Parlando mag eine Prosa mimetisch figuriert sein. Wie der Fortgang des Liedes zeigt, handelt es sich um ein Zwiegespräch zwischen Liebendem und Dame – um *hübsche klaffe*, wie das in Vers 2 heißt –, welches aber gerade nicht tändelt, sondern auf seinem Grunde eine ernste causa des Minnesangs thematisiert: »Eifersucht auf die Huldigung, die der Dichter anderen Frauen widmet« (Carl von Kraus) – aber doch wohl: Eifersucht auf die idealische Abstraktion, die der vom Minnesänger Besungenen notwendig angetan wird, die als diese Fiktion der Einen, Einzigen immer auch urteilen kann: *iuwer minne ist allenthalb gemeine* (Str. 2, v. 15).

Silvia Ranawake hat in ihrer für mein Urteil zu wenig beachteten Studie über romanische und deutsche Strophenformen oftmals klarsichtige Beobachtungen in diese Richtung getroffen, ohne daß dies doch ihr eigentliches Anliegen gewesen wäre.[29] Insbesondere ist Ranawake zu entnehmen, wie in der nordfranzösischen Lyrik verschiedene Stillagen einerseits mit der sozialen Rolle der Dichter korrelieren, andererseits an bestimmte Strophentypen sich binden; so läßt sich beispielsweise konstatieren, daß es die adligen Trouvères des zweiten Viertels des 13. Jahrhunderts waren, die etwa die – vor allem aus Zehnsilbern gebildete – gleichversige Kanzone bei weitem bevorzugten, weshalb deren sprachlicher Stil ihrer sozialen Stellung analog hoch angesiedelt zu sein beanspruchte.[30] So schrieben diese Dichter ihren Status der Form des Liedes ein; umgekehrt trugen diese Formen dann aber auch jenes Signet – mögen sie dann auch von anderen übernommen worden sein.

Hat mein Ansatz nur an Ränder gerührt, aber doch zu besinnen zu geben versucht, daß Beobachtungen zur Form sich weder aufs Divinatorische noch aufs Ziffernsammeln beschränken müssen, so bleiben Probleme und Grenzen zu bedenken. Es ist ja keine neugeborene Idee, Strophengestalten und dem Klang von Dichtungen sinnschöpfende Potenz entlocken zu wollen. Die Schwierigkeiten bestehen vor allem in den möglichen multiplen Referenzen der Formtradition; berührt ist damit auch das historische Moment der Reprojektion. Ich will, um diesen Gedanken deutlich zu machen, Walthers von der Vogelweide sogenannte »Elegie« oder »Palinodie« heranziehen. Sie hat, im Walther-Korpus erratisch dastehend, gelegentlich zu Überlegungen Anstoß gegeben, dem Sinn ihrer Form nachzuspüren. Die »Elegie« beginnt:

Owê, war sint verswunden   *alliu mîniu jâr!*
ist mîn leben mir getroumet,   *oder ist ez wâr?*
daz ich ie wânde, daz iht   *wære, was daz iht?*
dar nâch hân ich geslâfen   *und enweiz es niht.*[31]

---

[29] Silvia Ranawake: Höfische Strophenkunst. Vergleichende Untersuchungen zur Formentypologie von Minnesang und Trouvèrelied, München 1976 (MTU 51).
[30] Ebd., S. 43, S. 53 und öfter.
[31] Walther von der Vogelweide: Leich, Lieder, Sangsprüche, 14., völlig neubearbeitete Aufl. der Ausgabe Karl Lachmanns, mit Beiträgen von Thomas Bein und Horst Brunner, hg. von Christoph Cormeau, Berlin/New York 1996, 97,I,1–4.

Dies sind Langzeilen, endgereimt, mit einer nicht regelhaften – jedenfalls in ihrer Kadenz nicht geregelten – Binnenzäsur. Man kann sie auch anders lesen und gliedern.[32] Der Fortgang erweist allein durch die kurzzeiligen Refrains (*iemer mêre ouwê* und Varianten), daß das Gedicht in drei Strophen gegliedert ist, deren jede aus acht durch Paarreim verbundenen gedoppelten Langzeilen und dem anschließenden Refrain besteht. Bekannt sind mir drei Modelle, diese Struktur nicht nur literarhistorisch einzuordnen, sondern sie zugleich mit einer Reminiszenz Walthers an mögliche Vorbilder zu verbinden: a) Modell ›Österreich‹, b) Modell ›Kürnberger‹, c) Modell ›Nibelungen-‹ oder ›Epenstrophe‹. Zum ersten: »Die Wahl dieses österreichischen Rhythmus führt [...] zu dem zwingenden Eindruck, Walther habe aus Anlaß einer *Einkehr* in die *(Jugend-)Heimat ôster-rîche* diesen politischen Kreuzzugsaufruf gesungen«[33] (dabei ist der »österreichische[] Rhythmus« im wesentlichen vom Nibelungenepos her gedacht). Zum zweiten: »Dann träte [...] ein Melodiemodell [hinzu], das aus der Kürnberger-Zeit, also von Kindheit an, vertraut war«.[34] Drittens gibt es die auf Kurt Plenio und Carl von Kraus zurückgehende Auffassung, die »Elegie« sei in Nibelungen-versen abgefaßt und es würden in ihr altepische Erinnerungen wachgerufen.[35] Eine vierte Möglichkeit meine ich ausschließen zu können, daß nämlich Walthers Strophik der »Elegie« ein wie immer autochthones Eigengewächs gewesen sein könnte.

Wie ist hier weiter- oder gegenzudenken, welche Kriterien können anschlagen? Daß etwa jener nationale, Walthers sogenanntes ›Österreich‹ berührende Gesichtspunkt fraglos ausscheide, das hätten wir vielleicht gern, aber doch wohl aus einer modernen Idiosynkrasie heraus. Wenn wir nach dem Gemeinsamen der drei Modelle – Österreich, Verse aus der Kindheit, Nibelungen- oder Hildebrand-strophe – fragen, schält sich wenigstens eine kommune Idee heraus: Erinnern selbst wird in der »Elegie« formal und inhaltlich thematischer Brennpunkt.

---

[32] Vgl. Karl Bertau: Sangvers und Sinn in Walthers ›Elegie‹, in: ZfdA 114, 1985, S. 195–221, hier S. 201f.

[33] Kurt Herbert Halbach: Walther von der Vogelweide, 4., durchgesehene und ergänzte Aufl., bearbeitet von Manfred Günther Scholz, Stuttgart 1983 (Realien zur Literatur. Abt. D: Literaturgeschichte), S. 134. Bereits Kurt Plenio hatte den Bau der »Elegie« mit dem Begriff des »österreichischen Nationalmetrums« umrissen, vgl. ders.: Metrische Studie über Walthers Palinodie, in: ders.: Bausteine zur altdeutschen Strophik. Mit einem Geleitwort von Ulrich Pretzel, Darmstadt 1971 [zuerst 1917] (Libelli 294), S. 1–22, hier S. 11.

[34] Bertau (Anm. 32), S. 208.

[35] Vgl. Plenio (Anm. 33); Carl von Kraus: Zu Walthers Elegie (124,1–125,10), in: Konrad Zwierzina zum 29. März 1924, Graz/Wien/Leipzig 1924, S. 17–29, hier S. 17–19; Carl von Kraus: Walther von der Vogelweide. Untersuchungen, Berlin ²1966, S. 465f. Statt der Nibelungenstrophe kam auch die Hildebrandstrophe ins Gespräch, wohl zuerst durch Roswitha Wisniewski; vgl. Gisela Kornrumpf: Walthers ›Elegie‹. Strophenbau und Überlieferungskontext, in: Walther von der Vogelweide. Hamburger Kolloquium 1988 zum 65. Geburtstag von Karl-Heinz Borck, hg. von Jan-Dirk Müller/Franz Josef Worstbrock, Stuttgart 1989, S. 147–158, bes. S. 148–152. Kornrumpf erwägt, Walther könne sich »in der Rolle des *alten Hildebrant* präsentiert« haben (S. 151) – dies noch eine Variante zur Vorstellung, die alten Nibelungen-*mære* bildeten den Hintergrund der »Elegie«.

Gewiß: Wenn ein Gedicht beginnt: *Owê* [...], dann ist Vergangenes – oder Vertanes – in der Zeit exponiert. Wenn dann der nächste Vers sagt: *ist mîn leben mir getroumet* [...][36], dann wird das Vergangene in einen Vorstellungsmodus gerückt, der als Subjekt das gelebte Leben, nicht das rückblickende tätige Ich vorstellt. Individuelle Vergangenheit wird als Geschichte stilisiert. Wenn diese Weise der Erinnerung, ohne Diarium, aber mit der Summe dessen im Kopf, was vorbei ist, bei Walther in der »Elegie« im Gewand eines für genuin episch gehaltenen Versmaßes auftritt, dann ist dies aber zugleich der kleinste gemeinsame Nenner der erwähnten Interpretationen. Was darüber hinausschießt, mag ›ansprechend‹ genannt werden; es ist womöglich wahr, aber nicht verifizierbar. Aber daß eine Kategorie wie ›Erinnern‹ sich als Versformel niederschlagen kann, erscheint mir wesentlich zu sein – und das nun unabhängig davon, daß die Suche nach Anklängen, Einflüssen und Schulen auf die Zufälligkeit ihres Materials zurückgeworfen ist. Der Imagination mag ein Kredit aufgebürdet sein – man muß nicht an anrührende Romane von sich ineinander schlingenden Dichterbiographien denken –, doch meine ich, von Walthers »Elegie« sagen zu können, sie übermittle einen Sinngehalt, der nicht Aussage ist, der aber aus dem Lamentieren eines älteren Herren prägnante Aussage macht.

Logisch und methodisch bleibt ein Problem, welches nur noch angedeutet sein soll. Was ist das aptum einer Form, was gibt es dem Inhalt? Negativ scheint die Sache klarer: Wir bemerken seine Abwesenheit. Das ineptum nämlich mag erkannt werden, ist ein Mittel der Verballhornung; eine Elegie verträgt schlecht einen *tandaradei*-Refrain. Meine Formulierung der ›Semantik der Form‹ ist prekär; ich habe mich beholfen etwa mit einer Anleihe aus einer anderen Kunst – einer fürs Auge –, wenn ich von ›Färbung‹ sprach. Texte sind in der Regel schwarz auf weiß, und wenn Mallarmés Gedichte mehrfarbig gedruckt werden, dann flüchten sie, nicht andes als Figurengedichte, aus ihrem Revier. Versucht habe ich es auch mit einer Anleihe aus der Terminologie einer Ohrenkunst – ›Ostinato‹, ›Instrumentation‹ oder dergleichen mag gesagt werden –; aber auch das sind im Grunde recht schiefe Vergleiche. Instrumenten und Singstimmen spricht man ›Farben‹ in ähnlicher Weise zu: Die Verwechslung der Künste geriert sich gern als Heuristik. So zeigen diese Metaphern, daß es uns auf der diskursiven Ebene an einem Instrumentarium fehlt, das einen literalen Erinnerungshorizont klarer zur Sprache bringen könnte. Das ist keine Sache unzureichender Terminologie; denn wenn der Satz wahr ist: »Form widerlegt die Ansicht vom Kunstwerk als einem Unmittelbaren«[37], dann ist das ›Mittelbare‹ eine ganze Kultur.

---

[36] Der Ausdruck ist im Mittelhochdeutschen die Regel; erst die Neuzeit hat sich daran gewöhnt, daß ein Ich das Subjekt seiner Träume sein kann. Auffällig bleibt dennoch die hier schon angedeutete durchgängige passivische Diktion der »Elegie«.

[37] Theodor W. Adorno: Ästhetische Theorie, Frankfurt a. M. 1973 (stw 2), S. 216.

›[…] auf daß alle Sinne zugleich sich ergötzten, nicht nur das Gehör, sondern auch das Gesicht‹
Wahrnehmungsweisen mittelalterlicher Musik

von Christian Kaden (Humboldt-Universität Berlin)

1. Zugänge, Grundlagen

Musik des Mittelalters erobert sich den Compact-Disc-Markt. Und sie tut dies zielstrebig, mit wachsendem wirtschaftlichem Erfolg. Selbst für die Parteigänger des Populären Sounds gehört es einstweilen zum guten Ton, per Kopfhörer sich zu versenken in Mönchsgesänge. Auch die Klassik-Branche handelt mit flotten Polyphonien, aus der Feder zwar von Leonin und Perotin, nach Tempo und Klanggebung jedoch inspiriert von einem modisch-modernen Drive. Nachgerade schlagerhaft zugerichtet werden Troubadour- und Trouvère-Gesänge. Und nicht einmal vor den Liebesliedern an die Gottesmutter, den keusch-zarten »Cantigas de Santa Maria« vom Hofe des Alfonso el Sabio, macht das Modernisierungsstreben halt. Natürlich geschieht all dies den Ohren zuliebe und zugunsten eines speziellen Ohrenkitzels. Musik des Mittelalters beweist sich als Kunst von ganz besonderem Laut, exotisch, akustisch reizvoll, noch un-erhört – aber als Ton-Kunst, so wie wir Musik generell verstehen: uns fremd, und doch zutiefst wiederum vertraut.

Musikforschung mag solchen Marktlagen skeptisch begegnen, mit dem Hinweis etwa, daß der Sinn einer weithin geistlichen Überlieferung nicht im Hedonistisch-Volltönenden sich erschöpfe. Indessen steht sie zu dem entworfenen Szenario nicht wirklich quer. Vor allem der neuzeitliche Musik-Begriff, der Begriff einer »absichtsvollen Organisation von Schallereignissen«[1], wird hinsichtlich seiner Geltung für historisch ältere Kulturen kaum angefochten. So ist bei Carl Dahlhaus nachzulesen, daß die »Unterschiede zwischen den Epochen der europäischen Musikgeschichte […], so tiefgreifend sie waren, die innere Einheit des Musikbegriffs im Wesentlichen unangetastet ließen, solange die antike Tradition bestimmend blieb: eine Tradition, deren essentieller Teil das Prinzip eines den verschiedenen musikalischen Stilen unverändert zugrundeliegenden […] Tonsystems war«.[2] Ähnlich formuliert Hans Heinrich Eggebrecht, daß Musik zwar im bloß Klangsinnlichen nicht aufgehe, vielmehr aus der Umschlingung von »Emotion, Mathesis und Zeit[gestaltung]« erwachse, daß ihre »Hörbarkeit« jedoch, ihr Arbeiten in einem »Klangstoff« als unbedingt »selbstverständlich vorausgesetzt

---

[1] Meyers Großes Universallexikon 1983, Bd. 9, S. 562.
[2] Carl Dahlhaus: Gibt es »die« Musik?, in: Was ist Musik?, hg. von dems./Hans Heinrich Eggebrecht, Wilhelmshaven 1987, S. 9–17, hier S. 13.

werden« dürfe, für die europäischen ebenso wie für die außereuropäischen Kulturen.[3] Thematisiert wird zu wiederholten Malen eine »weit zurückreichende Tradition«, für die »der Ton Gegenstand der Musik« gewesen sei.[4] Und noch dann, wenn alternative Konzepte ins Blickfeld geraten, wie bei der Beschreibung der antiken techne musiké, die ursprünglich eine »Einheit von Bewegung, Ton und Wort«[5] bedeutet habe, ist gleichwohl eine »Praxis der Tonkunst«[6] vorausgesetzt, werden »erste Wesensbestimmungen der Musik als Phänomen des Klanges« bereits »in Mythos und Legende«[7] postuliert – und die Bereinigung der kategorialen Unbestimmtheit spätestens bei Aristoteles und Aristoxenos: Seit ihrer Zeit bezeichne das Wort musiké nurmehr die Tonkunst im engeren Sinne, »Gesang, Instrumentalspiel und [beider] Verbindung«.[8] Die CD-isierung der Alten Musik – so könnte man zusammenfassen – besitze also nicht nur ihr Recht, sondern folge auch einer ehrwürdigen Geschichtstendenz. Und sie markiere fast schon den Höhepunkt jener Ausdifferenzierung der Musik als Ohrenkunst, die diese zu sich selbst habe kommen lassen, zu ihrer Eigentlichkeit, ihrer Wesentlichkeit.

Gewiß ist ein solches Bild nicht in seiner Gänze falsch. Mehr als einmal im Gang der Musikgeschichte bricht, schubartig, das Interesse durch an klanglicher Materialität: so, wie erwähnt, bei den Philosophen des 4. vorchristlichen Jahrhunderts, so im 11. Jahrhundert unserer Zeit, bei den Mönchen Guido von Arezzo und Johannes von Affligem. Namentlich das 16. Jahrhundert, das die landessprachlichen Termini ›Musik‹ (musick), ›musique‹, ›music‹ gegenüber der lateinischen ›musica‹ aussondert, treibt einer radikalen »Verklanglichung« zu.[9] Im weiteren greift das Konzept sogar von der Musiktheorie und der professionellen Musikübung auf die Alltagspraxis über, die Praxis der Nicht-Sachverständigen.[10]

Dennoch fließen neben dieser Entwicklung andere Überlieferungsströme, Musik nicht als ein klangliches Spezifikum fassend, sondern als Medium der Integration, der Bewahrung existentieller Ganzheit, einer Ergänzung auch der Sinne, für die Ohren allein nicht zu haben: zum Sehen, zum Fühlen, Erspüren und, unter anderem nur, zum Hören bestimmt.

Der Exponent dieses Großen Gegenstroms könnte Jacobus von Lüttich sein, der am Beginn des 14. Jahrhunderts die Devise prägt, daß *musica ad omnia*

[3] Hans Heinrich Eggebrecht: Was ist Musik?, in: Was ist Musik (Anm. 2), S. 187–193, hier S. 188.

[4] Albrecht Riethmüller: Stationen des Begriffs Musik, in: Geschichte der Musiktheorie, hg. von Frieder Zaminer, Darmstadt 1985, Bd. 1, S. 59–95, hier S. 76.

[5] Gunther Scholtz: [Art.] Musik, in: Historisches Wörterbuch der Philosophie, hg. von Joachim Ritter/Karlfried Gründer, Basel/Stuttgart 1984, Bd. 6, Sp. 242–257, hier Sp. 244.

[6] Ebd., Sp. 242.

[7] Ebd., Sp. 243.

[8] Ebd., Sp. 244.

[9] Christian Kaden: Abschied von der Harmonie der Welt. Zur Genese des neuzeitlichen Musik-Begriffs, in: Gesellschaft und Musik, hg. von Wolfgang Lipp, Berlin 1992 (Sociologia Internationalis: Beiheft 1), S. 27–53, hier S. 34ff.

[10] Christian Kaden: »Was hat Musik mit Klang zu tun?!«, Ideen zu einer Geschichte des Begriffs »Musik« und zu einer musikalischen Begriffsgeschichte, in: Archiv für Begriffsgeschichte 32, 1989, S. 34–75, hier S. 62ff.

extendere se videtur, sich auf alle Dinge zu erstrecken scheine.[11] Damit ist eine kosmologische Sicht in die Summe gebracht, die nie die klanglichen Momente der Musik schmäht und verschmäht, stets aber aufhebt in einem übergreifenden Weltgefüge. Das kategoriale Muster hatte Boethius bereitgestellt, der die Musik der Gestirne, Elemente und Jahreszeiten – mundana musica – in der Harmonie von Leib und Seele wiederkehren läßt – humana musica – und von ihr die klangliche Manifestation ableitet: *quae in quibusdam constituta est instrumentis*.[12] Letztere hält ihrerseits jedoch, kraft des Tonsystems, himmlische Ordnung gegenwärtig, als deren Ebenbild, als ein *caelestis exemplar*.[13] ›Himmlische‹ und ›irdische‹ Musik, Musik des Tönens und des Nicht-Erklingens sind Teile gleichsam eines Stoffwechsels, gegenseitig sich hervorbringend, gegenseitig sich reproduzierend. Selbst eine dem musikalischen Usus so intensiv verpflichtete Lehrschrift wie die spätkarolingische »Musica enchiriadis« (Ende des 9. Jahrhunderts), die erstmals in der abendländischen Musikgeschichte Formen der Mehrstimmigkeit bespricht, mußte daher bemüht sein, die Methoden polyphoner Stimmführung durch göttliche Gesetze von Proportion und Verhältnismäßigkeit zu fundieren sowie festzuhalten, daß das, was in den Klängen konkordiere, einer weit umfassenderen Welten-Konkordanz entspreche.[14]

Es kommt nun alles – oder sehr vieles – darauf an, diese Zeugnisse nicht als Ausfluß einer elitär-spekulativen Gesinnung zu fassen, sondern als ontologische Grundlegung eines durchaus leiblichen, leibhaftigen Musizierens, das die sensuellen Möglichkeiten des Menschen in eins dachte und sich als rituelle Verkörperung verstand von Lebensentwürfen, ja Lebensalternativen.[15] Dann auch wird erkennbar, daß Musiktheorie des Mittelalters sich keineswegs blindlings über den Usus erhob und sich von ihm entfremdete, sondern ihm ›welthafte‹ Erweiterungen schuf, ihn vor der Abirrung ins bloß Spezialistische bewahrte.

Drei Argumentationszüge sind geeignet, dies zu belegen und zu vertiefen:
1. Musik ist im Mittelalter, wie in der Antike, vorrangig kein Objekt oder eine abstrakt numerische Struktur. Sie ist menschliches Handeln, ein Tätigsein, nicht opus, vielmehr actio – oder allenfalls opus im Sinne von actio. So erscheint sie als *scientia bene modulandi*[16], als *peritia modulationis*[17], *veraciter canendi scientia*[18], *ars [...] regulariter canendi*[19], das heißt: als Kunst

[11] Jacobus von Lüttich: Speculum musicae, hg. von Roger Bragard, Rom 1955–1973, I, Kap. 2.

[12] Anicius Manlius Torquatus Severinus Boethius: De institutione musica, hg. von Georg Friedlein, Leipzig 1867, I, Kap. 2.

[13] Ebd., I, Kap. 27.

[14] Musica et scolica enchiriadis, hg. von Hans Schmid, München 1981, S. 56.

[15] Wolfgang Lipp: Gesellschaft und Musik, in: Gesellschaft und Musik (Anm. 9), S. 9–19.

[16] Aurelius Augustinus: De musica, hg. von Giovanni Marzi, Florenz 1969, S. 86.

[17] Isidor Hispalensis [von Sevilla]: Sententiae de musica, in: Gerbert Scriptores I, S. 19–25, hier S. 20.

[18] Dialogus de musica, in: Gerbert Scriptores I, S. 251–303, hier S. 252.

[19] Tractatus de musica plana et mensurabili, in: Coussemaker Scriptores III, S. 416–475, hier S. 417.

des Singens und Spielens, als praktischer Vollzug. In alltagssprachlichen Quellen ist analog nicht von Musik an und für sich die Rede, sondern von ›Gesang‹, ›Gesängen‹, ›Liedern‹, ›Singen‹, auch – mit Blick auf König David, den Ahnherrn der Instrumentalisten – von ›Saitenspiel‹. Die Vokabel ›cantare‹ meint dabei nicht notwendig das, was wir ihr heute assoziieren würden: den diastematisch ausgefächerten, melodiösen Vokalvortrag. Sie ist semantisch fließend und übergängig zur Kategorie des dicere, des Sprechens, Rezitierens. Schon in der Zweiheit aber von Singen und Sagen, die ohne Zweifel eine Einheit war[20], kündigt sich ein dynamisches Musikkonzept an, ein Konzept der Dehnbarkeit, des Transzendierens ad omnia.

2. Ebenfalls seit der Antike ist Musik das Paradigma von Bewegung schlechterdings. Musikalische Intervalle werden als unerlöst-unaufgelöste Brüche modelliert, als 2 : 4 (2 *zu* 4), 3 : 4, 4 : 5 usf. – und am Monochord mittels gespannter Saiten-Segmente vorgewiesen. Johannes Lohmann hat auf das mathematisch Eigentümliche solchen Proportions-Denkens aufmerksam gemacht: man führte »gewissermaßen die [prinzipiell mögliche] Division nicht aus«.[21] Spannung, Energie blieb als Spannung im Modell erhalten; das Verhältnis, der logos, die ratio[22] erwies sich als potentielles Verhalten, als eine Verhaltens-Disposition.

So ist es denn für die Musikphilosophie vielfach nur ein Schritt, um von den musikalischen Bewegungen per se auf Bewegungen – auch – des Menschen zu kommen, Bewegungen seines Geistes, seiner Seele, seines Leibes. Platon, beispielsweise, geht noch im Spätwerk der »Nomoi« davon aus (653e), daß ›sich zu bewegen und dabei Laute von sich zu geben‹ eine Art anthropologisches Grundbedürfnis sei, welches besonders während des Jugendalters Drang gewänne und daher im Chorreigen, dem chorous, zivilisatorisch zu zügeln sei (654a). Deutlicher noch umreißt den Sachverhalt Aristides Quintilianus, dessen Traktat »De musica«, entstanden zwischen dem 1. und 4. nachchristlichen Jahrhundert, das umfassendste Panorama antiker Musiktheorie überhaupt entwirft. Zwar unterscheidet er Musik als episteme (*scientia*) und als techné (*ars*). Letztere jedoch findet ihr Maß ausdrücklich im ›vollständigen Melos‹ (teleion melos), dem Tonhöhenorganisation, Rhythmus und Sprachdiktion innewohnen – und das die Basis abgibt für des Aristides eigene Definition: Musik umschließe das Wissen davon, was Klängen und Körperbewegungen gemeinsam angemessen sei.[23] In der gleichen Tradition steht der Heilige Augustin, dessen bekannte Formel, Musik sei *scientia bene modulandi*[24], ergänzt werden muß durch ein – kaum je zitiertes – *ergo*

---

[20] Vgl. Psalm 26,6 und Psalm 56,8. Grundlegend dazu: Ulrich Mehler: dicere und cantare. Zur musikalischen Terminologie und Aufführungspraxis des mittelalterlichen geistlichen Dramas in Deutschland, Regensburg 1981.

[21] Johannes Lohmann: Musiké und Logos, Stuttgart 1970, S. 10.

[22] Ebd., S. 2.

[23] Aristides Quintilianus: De musica, I, 4, in: Greek Musical Writings, hg. von Andrew Barker, Cambridge 1989, S. 402.

[24] Augustinus, De musica (Anm. 16), Kap. 1.

movendi.[25] Dabei gibt es keine Frage: In der großen Tendenz strebt Augustinus den Übergang von den sensuellen zu den spirituellen Bewegungen an. Aber: Ausgangs- und Bezugspunkt seiner Darlegungen sind eindeutig die Praktiken von Theaterkünstlern. Und in der – zwiefachen – Musikdefinition scheint deren ästhetische und soziologisch-ethische Abwertung erst schattenhaft nur durch. Im übrigen entfaltet sich auch die Begriffsgeschichte von modulatio[26] als ein bemerkenswertes Spiel heterogener Farben, changierend zwischen kosmologischer Abstraktion (Bewegung der Gestirne, der Jahreszeiten), quasi gestisch-pantomimischer Sinngebung und einer (im Hochmittelalter sich durchsetzenden) Zentrierung auf klangliche, speziell sängerische Leistungen.

3. Man wird füglich vor der Konsequenz nicht zurückschrecken dürfen, für die abendländische Kultur eine Tradition *motionaler Musik* zu reklamieren. Und zwar einer Musik, bei der Körperbewegung nicht als notwendiges Übel bzw. verstärkend und illustratorisch zur Lautgebung hinzutritt, sondern in der sie das gesamte Handeln mitkonstituiert, generativ, tiefenstrukturell. Bekanntestes Beispiel für solch motionale Gebilde, die, um verstanden zu werden, auch gesehen, auch erspürt werden müssen, sind afrikanische Schlagrhythmen, die ›laute‹ und ›stille‹ Bewegungsimpulse alternieren lassen – und doch erst in deren Zusammengehen ästhetisch akzeptabel werden. Traditionell-eurozentrische Transkriptionen würden nur die Klanganteile dieser Musik registrieren, daher Synkopen und rhythmische ›Löcher‹ die Fülle finden. Tatsächlich ist die Struktur nicht im mindesten synkopiert, da sie die ›Pausen‹ durch lautlose Schläge ausgleicht – und zu erfüllen weiß.

Ob antike und mittelalterliche Praktiken hierfür direkte Analoga zu bieten hätten, muß einstweilen offenbleiben. Auszuschließen jedoch bleibt es nicht, im Grundsätzlichen ist es sogar sehr wahrscheinlich. Und dies umso mehr, als das Phänomen des Rhythmischen, im Rahmen einschlägiger theoretischer Reflexion, nahezu notorisch mit Körperlichkeit sich liiert: In ihm »wirkt die Energeia, schlägt der Puls des Lebens«.[27]

Über Jahrtausende ihre Gültigkeit behauptet Platons Definition des Melos (Politeia 398d), nach der dieses aus logos, rhythmos und harmonia sich zusammenfügt. Dabei konnotiert ›logos‹, wie angedeutet, nicht nur ›Wort‹, ›Sprache‹, ›Rede‹, sondern auch spannungsstiftende Verhältnismäßigkeit, aktivische Rationalität. ›Harmonia‹ bezeichnet die Tonhöhenfolge, ›rhythmos‹ die Bewegung im Zeitlichen, beide geleitet vom logos und von ihm dominiert. Melos seinerseits aber ist sprachgeschichtlich »die Singularisierung des homerischen Plurale tantum Melea, [der] Glieder des Körpers«. Das Wort läßt also die »Verfassung des Körpers und eine bestimmte Struktur der melodischen Gliederung« semantisch zusammentreten.[28]

---

[25] Ebd., Kap. 3.

[26] Christoph von Blumröder: [Art.] Modulatio/Modulation, in: Handwörterbuch der musikalischen Terminologie, hg. von Hans Heinrich Eggebrecht, Mainz 1983.

[27] Horst Wenzel: Hören und Sehen, Schrift und Bild. Kultur und Gedächtnis im Mittelalter, München 1995, S. 93.

[28] Lohmann (Anm. 21), S. 7.

Martianus Capella, mit seiner für das Mittelalter leitbildgebenden Schrift
»De nuptiis Philologiae et Mercurii« (Buch 9), präsentiert folgerichtig das
Rhythmische als dreidimensionale Erscheinung (*triplici ratione*), manife-
stiert in *visu, audituque vel tactu*, durch Gesten, melodisches Singen und das
Schlagen des Pulses. Rhythmus *ist* gleichsam Sinnenfülle, abgemessene,
proportionierte Leiblichkeit. Direkt auf diesen Ansatz Bezug nimmt Jean
Gerson[29]; allerdings verallgemeinert er ihn auch, über die Phänomene der
Zeitgliederung hinaus. Für das *canticum sensuale*, den sinnlich wahrnehmba-
ren Gesang (im Unterschied zum rein geistigen *canticum intellectuale*),
benennt er drei Apperzeptionsebenen: die des Sehens, des Hörens *und* des
Fühlens (*visu ut in gesticulationibus, auditu ut in carminibus, tactu ut in
venis pulsantibus*). Die vermutlich bündigste Formulierung schließlich hatte
bereits Generationen zuvor Roger Bacon gefunden, im »Opus tertium« (Kap.
59). Wohl räumt Bacon ein, ›alle Autoren‹ seien sich darin einig, daß der Ton
(*sonus*) den Gegenstand der Musik zu bilden habe.[30] Nur wenige Sätze später
indes wird kundgetan, daß es ›außer jenen Teilen der Musik, die sich auf den
Klang ausrichten‹ (*quae sunt circa sonum*), noch andere gebe (*sunt aliae*),
›die Sichtbares sich angelegen sein‹ ließen (*quae sunt circa visibile*), ›nämlich die Gestik‹ (*gestus*), ›welche Sprünge und allerlei Körperwendungen
umfaßt‹ (*qui comprehendit exultationes et omnes flexus corporis*).[31]
Der Beweggrund: ›[…] auf daß alle Sinne zugleich sich ergötzten, nicht nur
das Gehör, sondern auch das Gesicht‹ (*ut completa delectatio habeatur, non
solum auditus sed visus*).
Und noch ein Schritt weiter: *Nos enim videmus quod ars instrumentorum, et
cantus, et metri, et rhythmi, non vadit in plenam delectationem sensibilem,
n i s i s i m u l a d s i n t g e s t u s , e t e x u l t a t i o n e s , e t f l e x u s
c o r p o r a l e s .*[32] Immerhin sei Gestik nichts geringeres als die ›Wurzel
der Musik‹ (*radix musicae*). Und schon Augustinus habe das gewußt (*Et
Augustinus dicit hoc secundo Musicae*).
Hier also schließt sich der Kreis. Und hier auch rücken wir an Musikpraxis
ganz nahe heran. Denn Bacon zielt mit seinem Appell schwerlich auf eine
Addition sensorischer Möglichkeiten. Ganzheitliches Wahrnehmen im Hören,
Sehen, Tasten, Schmecken ist Vorausbedingung für ein ganzheitliches In-der-
Welt-*Sein* – und für die Chance, dieses In-der-Welt-Sein auch alternativ zu
erleben. Das Vehikel des Anders-Seins ist der Kult, das Zeremoniell, das Fest.
Und die Verwandlung des Lebens, die Erfahrung von Heilung und Heil, braucht,
soll sie nicht zeichenhaft bleiben, semiotisch distanziert, die Verkörperung des
Anderen: existentiell ungemindert, *in allen Sinnen als gleichsam einem Sinn.*
Umschreibungen mit dem Begriff der Multimedialität oder Audiovisualität[33]
werden dem Vorgang nur bedingt gerecht. ›Multi‹ deutet auf pluralische Beliebigkeit, die so aber gar nicht konzipiert sein kann: Ganzheitliches Leben lebt sich

---

[29] Jean Gerson: Tres tractatus de canticis, in: ders.: Opera omnia, Köln 1484, fol. Ff 8ᵛ.
[30] Roger Bacon: Opus tertium, hg. von J. S. Brewer, London 1859, Bd. 1, Kap. 59, S. 229.
[31] Ebd., S. 232.
[32] Hervorhebung von mir, C. K.
[33] Wenzel (Anm. 27), S. 11, S. 114.

stets ungeteilt, aus einer Quelle. Und ›Medien‹? Die Sinne – ebenso wie die materialen Stimuli, die sie erreichen – gelten dem mittelalterlichen Menschen zunächst nicht als Instrument und Vermittlungsglied. Sie sind Lebens-Räume, Lebens-Dimensionen[34]: In ihnen ruht das Sein – und auch das Andere Sein. Gewiß kennt christliche Religion zwei Wege zur existentiellen Verwandlung.[35] Der eine führt über die Spiritualisierung, die Abstreifung alles Erdhaften, Stofflichen. Der andere Weg jedoch rechnet glaubensmächtig mit der Auferstehung des Leibes in einer neuen, erneuerten Welt – und der tagtäglichen Einkehr des Wortes im Fleisch. Füglich ist es alles andere als wunderlich, daß auch Musik – und ganz besonders sie – an der Vergegenwärtigung des Anderen mitzuwirken hat.

So erfüllt sich nach dem »Liber officialis« des Amalar von Metz im Gesang des Gregorianischen Chorals eine *vita angelica*[36]: Beim Musizieren werden die Mönche den Engeln gleich – was an Papua-Rituale gemahnt, deren Teilnehmer wie die Vögel werden.[37] Im ältesten Musiktraktat lateinisch-christlicher Provenienz, in der »Musica disciplina« des Aurelianus Reomensis (um 850), hört denn auch ein Wanderer des Nachts in einer abgelegenen Abtei die Engel singen (id est: die Mönche bei der Matutin). Und er läßt sich davon so faszinieren, daß er nach Rom eilt, dem Papst die nie gehörten Weisen mitzuteilen.[38] Das Geschehen, das Aurelianus wiedergibt, ist im eigentlichen indes nicht auditiver Art: Man *sieht* den Engelschor *singen*, *hört* ihn *im Kerzenlicht*.

Belebung, Be-leibung des Anderen ist Ziel natürlich auch allen Liturgischen Spiels, in dem »die handelnden Personen […] nicht etwas vorstellen«, darstellen sollen, sondern »etwas [zu] sein«[39], zu verkörpern haben. Man vergegenwärtige sich die Situation im »Ordo virtutum« der Hildegard von Bingen: Einer der Akteure war der Priester Vollmar, Hildegards Sekretär, Sakramentspender der Nonnen. Und: einziger Mann im femininen Ambiente, wurde er prompt als der Teufel des Stückes besetzt. Wie mag er es ertragen, wie es seelisch bewältigt haben, Satan mithin in seinem Leib zu wissen, Satanas zu sein?

Jedenfalls ist die Akzentuierung – und Problematisierung – des Körperlichen in der Musik keine Sache von Jokulatoren, Histrionen und Salomes allein. Den Psalmenvortrag *cum voce ac gestu* zu gestalten und der Freude des Herzens mit allen Sinnen Ausdruck zu verleihen, begegnet als Postulat noch im 16. Jahrhundert.[40] Lediglich unbeherrschtes Gebärdenspiel, z. B. bei den hitzigen Sängerknaben, wird geahndet und a priori untersagt.[41] Johannes Mauburnus, der am Ausgang des 15. Jahrhunderts ein Handbuch der zeitgenössischen liturgischen

---

[34] Vgl. Aaron Gurjewitsch: Das Weltbild des mittelalterlichen Menschen, Dresden 1979, S. 77ff.

[35] Wenzel (Anm. 27), S. 460.

[36] Vgl. Anders Ekenberg: Cur cantatur? Die Funktionen des liturgischen Gesanges nach den Autoren der Karolingerzeit, Stockholm 1987.

[37] Steven Feld: Sound and Sentiment, Philadelphia 1982.

[38] Aurelianus Reomensis: Musica disciplina, hg. von Lawrence A. Gushee, Rom 1975, Kap. 20, S. 132f.

[39] Bruno Stäblein: Schriftbild der einstimmigen Musik, Leipzig 1975, S. 48.

[40] Vgl. Claudius Sebastianus: Bellum musicale, Straßburg 1563, fol. C 3.

[41] Lodovico Zacconi: Prattica di musica, Venedig 1592, S. 55.

Praktiken zusammenstellt, toleriert affektbetontes Singen und Tanzen, wie es den *lascivi homines* eigen sei, sogar in der geistlichen Sphäre: vorausgesetzt, daß sich die *saltationes* (Tanzbewegungen, pantomimische Gesten) als *motus spirituales* zu legitimieren wüßten.[42]

Entartungen im Herbst des Mittelalters? Keineswegs. Belege für den liturgischen bzw. paraliturgischen Tanz schon auf der Höhe des medium aevum sind, wenngleich quantitativ nicht erdrückend, so doch qualitativ von erheblichem Gewicht. Aus dem Umfeld der Pariser Kathedrale (in der ersten Hälfte des 13. Jahrhunderts) stammen Berichte von Klerikerfesten, die zu Gelagen, Umtrünken, Tänzen, auch Gesängen mit Instrumentalbegleitung Anlaß gaben.[43] Eine berühmte Tropenhandschrift des Benediktinerklosters St. Martial de Limoges[44] preist, in einem geistlichen Neujahrslied, den von seinem Auditorium bewunderten Cantor *in tripudio*. *Tripudium*: die Vokabel geht zurück auf einen dreischrittigen Stampftanz der salischen Priester und war im Altlateinischen auch dem »wilden Bacchustanz«[45] gleichzusetzen. »Heiliger Martial, bitte für uns!« rufen im gleichen Zusammenhang die Gläubigen dem Patron von Aquitanien zu, »dann tanzen wir auch für dich«.[46] Ein buchstabengetreuer Körper-Deal. Bereits die Kapitularien Karls des Großen ordnen an, daß das Vieh (sic!) unter Kyrie-Rufen aus- und einzutreiben sei.[47] Wer je mit entsprechenden Lockrufen hantierte, weiß, daß sie Bewegungstempo und körperliche Verfassung der Tiere nachgerade essentiell zu regulieren haben.[48] Die Einführung der römischen Liturgie im nordspanischen Santiago de Compostela, dem drittgrößten Heiligtum der Christenheit – paradoxerweise fand sie erst im 12. Jahrhundert statt –, wurde von schlagerhaft-zupackenden Liedern unterstützt, die offenbar populär waren[49] und von größeren Volksmassen zu singen. Eines dieser Lieder (Codex Calixtinus, fol. 184[v]) schildert im Text eine Genreszene:

> *1. Vox nostra resonet,*
> *Jacobi intonet*
> *Laudes creatori.*

---

[42] Johannes Mauburnus: Rosetum exercitionum spiritualium et sacrarium meditationum, Zwolle 1494, fol. C IV.

[43] Craig Wright: Music and Ceremony at Notre Dame of Paris 500–1550, Cambridge/New York 1989, S. 32f.

[44] Paris, Bibliothèque Nationale, fonds latin 1139, fol. 36[v]–37 (= Saint-Martial A); spätes 11. Jahrhundert.

[45] Heinrich Georges: Kleines lateinisch–deutsches Handwörterbuch, Hannover/Leipzig 1909, Sp. 2587.

[46] Wolfgang Haubrichs: Heiligenfest und Heiligenlied im frühen Mittelalter, in: Feste und Feiern im Mittelalter, hg. von Detlef Altenburg/Jörg Jarnut/Hans-Hugo Steinhoff, Sigmaringen 1991, S. 133–143, hier S. 141.

[47] Walter Wiora: The Origins of German Spiritual Folk Song, in: Ethnomusicology 8, 1964, S. 1–13, hier S. 5.

[48] Christian Kaden: Hirtensignale. Musikalische Syntax und kommunikative Praxis, Leipzig 1977, S. 104ff.

[49] Heinrich Besseler: Die Musik des Mittelalters und der Renaissance, Potsdam 1931, S. 96; Peter Gülke: Mönche, Bürger, Minnesänger, Leipzig 1975, S. 99.

2. *Clerus cum organo*
   Et plebs cum timpano
   Cantet redemptori. Usw.

Nimmt man dies wörtlich, so heißt es entweder, daß bei einer heiligen Handlung in der Kathedrale mehrstimmige Gesänge, Organa angestimmt wurden, Gott zu Lobe von der Geistlichkeit – und daß das Volk dazu die Trommel rührte (die Orgel selbst wird für den Gottesdienst erst Jahrhunderte später eingesetzt). Oder aber: daß Klerus und Volk gemeinsam zu einem Umzug sich rüsteten, die einen mit kunstvoll-polyphonem Choralgesang, die anderen zum Marsch auf die Pauke hauend, wie noch heute in der amalfitanischen Karfreitagsprozession …

Was in der Wortverbindung *corisare et cantare* oft dem Reich des Teufels und der Dämonen zugeschlagen wird – oder den Juden, die Christus singend und tanzend zu Kreuze bringen[50] –, strahlt aus also auch auf eine nicht-diabolische, hochwertig liturgische Welt. Der *fröudendantz im himel*, den Heinrich von Nördlingen 1346 in einem Brief an die Nonne Margarete Ebner beschwört und den er nach der *suszen pfîfen Jhesu Christi*, des Göttlichen Ioculators, vollführt wissen will,[51] ist offenbar mehr als die schrullige Vision eines Mystikers. Er hat Geschichtstiefe hinter sich – und das Konzept einer musica, die mit dem Klingen und Tönen nie und nimmer sich bescheiden mochte, ausdrücklich darum jedoch zu leisten imstande war, was später die Romantiker von Musik sich erhofften: die leibhaftige Begehung einer beßren Welt.

Der Minoritenpater Salimbene wußte, wie so oft, das Wunderbare solchen Erlebens in Worte zu fassen.[52] Er schildert, wie er zusammen mit einem Ordensbruder bettelnd die Straßen von Pisa durchstreifte. Dabei »betraten beide einen Innenhof, der vollkommen überdacht und beschattet war vom grünen Laub eines Weinstocks. Dort sahen sie Leoparden und andere Tiere aus fremden Ländern. Junge Männer und Mädchen, schön in ihrer natürlichen Erscheinung wie in ihrer Kleidung, spielten süße Weisen auf Saiteninstrumenten und bewegten sich in Übereinstimmung mit der Musik. Kein Geräusch erhob sich, keiner sprach, alle lauschten schweigend. Und die Musik war ungewöhnlich und schön, im Text wie in der Mannigfaltigkeit der Stimmen wie in der Komposition; sie erfüllte das Herz mit einem Übermaß an Freude.«[53] Und dann Salimbenes ›Summe‹ dieser Verzauberung: *Nescio, novit Deus, unde tante letitie talis apparatus occurrerit, quia nec antea illum videramus vel similem, nec postea videre potuimus.* Von bloßem Hören, bloßem Zuhören keine Rede. Wohl aber von einem Sehen, einem Im-Sehen-Sein, das auch ein Hören war.

---

[50] Vgl. einschlägige Formulierungen im »Alsfelder Passionsspiel«; nach Wenzel (Anm. 27), S. 165.

[51] Walter Salmen: Der fahrende Musiker im europäischen Mittelalter, Kassel 1960, S. 70.

[52] Die Chronik des Salimbene von Parma, hg. von Alfred Doren, Leipzig 1914, Bd. I, S. 61.

[53] Übersetzung nach Sabine Žak: Musik als Ehr und Zier im mittelalterlichen Reich, Neuss 1979, S. 236.

2. Gewölbeklang

Mittelalterliche Musik – soweit wir Zeugnis von ihr haben – ist wesentlich Musik der Kirche: Kirchenmusik. Sie ist aber auch wesentlich Musik des Kirchen-Raums.

Der Chor der Kleriker singt den Choral – im Chor: jenem architektonischen Sonderbezirk, der ihm, und nur ihm, vorbehalten bleibt. Die akustischen Verhältnisse der großen Kathedralen sind von den baulichen Grundstrukturen bestimmt – ebenso wie von deren zeremoniöser Ausgestaltung. So können an den Hochfesten des Kirchenjahres – Ostern, Pfingsten, Weihnachten, am Fest der assumptio Mariae – komplizierte mehrstimmige Stücke zur Darbietung gelangen, da die große Zahl der Gottesdienstbesucher, aber auch Paramente, Fahnen, Tücher den Nachhall soweit herunterdämpfen, daß selbst subtilere Klangfiguren mühelos wahrzunehmen, zu durchhören sind.[54] Der Rang der musikalischen Faktur korreliert sozusagen mit dem textilen Rang des Raumes – und dieser mit dem Rang des Feiertages. Überhaupt werden polyphone Strukturen, spätestens seit dem 13. Jahrhundert, dem Modell des Hauses – und des Gotteshauses – nachempfunden.[55] Der Diskantsatz, die Setzweise Note gegen Note, stellt sich dar als quasi-architektonische Konstruktion; sein Tenor ist das *fundamentum*[56], das Bezugssystem, dem die übrigen Teile sich fügen. Johannes de Grocheio beschreibt die Praxis des Hoquetierens: jener Kompositionstechnik, die die Töne einer Melodie punktuell auf mehrere Musizierparte verteilt; und er fordert, daß die Stimmen anschlußfähig übereinanderzuliegen hätten, *ad modum tegularum*, wie die Ziegel auf dem Dach.[57]

Hinreißende Bilder, zündende Metaphern, die Einheit der Sinne in die Einheit der Künste tragend: spiegelungsgleich. Gleichwohl fragt es sich, ob die Bilder Bilder und die Metaphern Metaphern waren. Meine These: Sie sind es nur mit Einschränkungen. Musikalische Zeitgestalten und architektonische Raumordnungen werden so intensiv ineinander gewebt, daß sie sich wechselseitig erläutern, wechselseitig erhellen. Nicht allein im Gleichnis begegnen sie einander, vielmehr: an Nervpunkten des Lebens – und des Erlebens.

Das Paradebeispiel, dem auch hier ausführlicher nachzugehen ist, kann die Pariser Polyphonie sein: um die Wende vom 12. zum 13. Jahrhundert bzw. in dessen ersten Dezennien. Landläufig firmiert sie unter dem Namen ›Notre-Dame-Schule‹. Wie andernorts dargetan[58], ist es jedoch gerechtfertigt, sie als ›gotische Musik‹ sensu stricto zu fassen. Genauer: erst unter diesem Blickwinkel gibt sie Inhalte, Gehalte preis.

Drei große Gattungen der Mehrstimmigkeit sind es, von denen im genannten Zeitraum zu handeln ist: die Motette, der Conductus, das Organum. Die erstere

---

[54] Wright (Anm. 43), S. 13, S. 17.
[55] Fritz Reckow: processus und structura. Über Gattungstradition und Formverständnis im Mittelalter, in: Musiktheorie 1, 1986, S. 5–29, hier S. 25ff.
[56] Jacobus von Lüttich (Anm. 11), VII, 3.
[57] Johannes de Grocheio: De Musica, in: Ernst Rohloff: Die Quellenhandschriften zum Musiktraktat des Johannes de Grocheio, Leipzig 1972, S. 148.

und zugleich jüngste Gattung (entstanden um/nach 1220) fügt vorgegebenen Cantus firmi aus dem Repertoire gregorianischer Melodien eine zweite oder auch dritte Stimme hinzu und versieht diese mit eigenen, nicht selten landessprachlichen Texten. Das Resultat ist ein anspielungsreiches semantisches Gewebe; die Motette ist Wort-Kunst, auf die Spitze gebracht, ein System spannungsvoller Intertextualität. Demgegenüber rüstet der Conductus all seine Stimmen mit den prinzipiell gleichen Worten aus und erreicht so eine kaum zu überbietende Textverständlichkeit. Allerdings ist sein Cantus nicht mehr an die gregorianische Überlieferung gebunden, sondern wird neu gedichtet, neu komponiert. Nach seinem geistlichen Rang hält sich der Conductus daher bescheiden, als Geleitgesang meist, der hinführt zu einer Lektion.[59] Oft sogar wird er außerhalb des Gottesdienstes angestimmt, vertritt er klerikale Rüge- und Moralisierungskunst.[60] Eindeutig zuoberst in der liturgischen Hierarchie steht das Organum, zugleich die älteste unter den drei Gattungen. Zwischen dem 9. und dem 11. Jahrhundert hatte sein Name die Mehrstimmigkeit schlechthin bezeichnet; ›um 1200‹ wird es funktional eingegrenzt – und funktional erhöht. Grundsätzlich versteht es sich als polyphone Choralbearbeitung, kultiviert es die Nähe zur ehrwürdig-gregorianischen Tradition. Und seine Aufführung findet statt nicht nur in den Stundengottesdiensten, allem voran in der Vesper und der Matutin, sondern auch in der Messe selbst, dort sogar auf prominenter Position, im Gradualbereich. Für das ausgehende 12. und das beginnende 13. Jahrhundert repräsentiert das Organum füglich die ›eigentliche‹ Kathedralmusik, neben dem weiterhin gepflegten Cantus planus, dem monodischen Choral.

Umso faszinierender, daß es sich von der Gregorianik auch abzuheben weiß. Zum einen bietet es, laut zeitgenössischer Terminologie, eine Musik wesentlich sine littera[61]: hoch melismatisch, die einzelnen Silben extrem gedehnt, so daß z. B. das Se- aus Perotins »Sederunt principes« – modern gesprochen – rund 60 Takte braucht, ehe es zu de-(runt) überleiten kann. Das andere Charakteristikum der Organa sind ihre im Diskantsatz eigentümlichen Rhythmen, genauer: die rhythmischen Schemata, welche, ohne genuin mit Versmaßen zu tun zu haben und ohne vor allem konkrete Verse zu transportieren[62], einer abstrakten Metrik sehr nahekommen. Es handelt sich um die sogenannten rhythmischen Modi, aufgezeichnet in der ersten zeitmessenden Notation des Mittelalters, der Modalnotation.

---

[58] Christian Kaden: Des Lebens wilder Kreis. Musik im Zivilisationsprozeß, Kassel/Basel 1993, S. 104ff.

[59] Fritz Reckow: [Art.] Conductus, in: Handwörterbuch der musikalischen Terminologie, hg. von Hans Heinrich Eggebrecht, Mainz 1973.

[60] Robert Falck: The Notre Dame Conductus. A Study of the Repertory, Henryville, Ottawa 1981.

[61] Vgl. Wolf Frobenius: Zum genetischen Verhältnis zwischen Notre-Dame-Klauseln und ihren Motetten, in: Archiv für Musikwissenschaft 44, 1987, S. 1–39.

[62] Rudolf Flotzinger: Zur Frage der Modalrhythmik als Antike-Rezeption, in: Archiv für Musikwissenschaft 29, 1972, S. 203–208.

Hält man sich aber vor Augen, daß Gregorianik zu einem Gutteil das ›Aussprechen‹ heiliger Texte war[63], in der Einheit von dicere und cantare, Melodie und Rhythmus dem Sprachtonfall aufs innigste angeschmiegt: dann erweist sich das Organum sine littera, extrem melismatisch, metrisch durchgestylt, als *Steigerung des Chorals* ebenso wie als dessen *Negation* (die allenfalls im Alleluia, der iubilatio *sine verbis* – Augustinus, »Enarrationes in psalmos«, Bd. 37, 1272 –, einen geschichtlichen Vorläufer finden mochte). Fast könnte man sogar geneigt sein, die Organa auf dem Weg zu einer autonomen, vom Wort abgelösten, insofern ab-soluten Musik zu vermuten. Und, ihres vokalen Vortrags unbeschadet, auf dem Weg zu einer gleichsam instrumentalen Abstraktion. Zumindest stellt sich drängend und dringend die Frage, was, angesichts der planmäßigen Abwesenheit von Worten und Wortbedeutungen, der reale Sinn organalen Musizierens war.

Die Antwort, die versucht werden soll, ist lapidar: Der Sinn lag beschlossen im organalen Rhythmus selbst, einem Rhythmus, der neuartige Wahrnehmung herausforderte, wenn nicht generierte.

Der erste, der die Modi umfassend kommentiert, »nach 1250«[64], in seinem Traktat »De mensurabili musica«, ist der Pariser Magister Johannes de Garlandia.[65] Seine Deutung bleibt allerdings insofern rätselhaft, als sie sich auf zwei auseinanderliegende Kapitel verteilt – und dort jeweils konkurrierende, kaum miteinander zu vereinbarende Lesarten nach sich zieht.

Im 1. Kapitel von »De mensurabili musica« definiert Garlandia elementare Zeitwertreihen, aus Längen und Kürzen, Longae und Breves (Notenbeispiel 1, Spalte a). Die Modi präsentieren sich mithin als Folgen von z. B.

Longa/ Brevis/ L./ B. (1. Modus);
Brevis/ Longa/ B./ L. (2. Modus);
Longa/ Brevis recta/ Brevis altera/ L./ B. r./ B. a. (3. Modus) usf.

Demgenüber bespricht Kapitel 4 die ›Figuren‹ der Modi (Notenbeispiel 1, Spalte b), verkürzt gesagt: ihre Aufzeichnung mit Hilfe von Notengruppen, sog. ›Ligaturen‹. Jeder Modus erscheint danach in einer eigenen Kombination aus 2-, 3- oder 4-Ton-Gruppen:

der 1. Modus in der Folge 3 2 2 2 ...;
der 3. Modus als 1 3 3 3 ...;
der 6. Modus als 4 3 3 3 usw.

Im allgemeinen ist die Musikmediävistik sich einig, daß Kapitel 1 das Essentielle, Kapitel 4 das Instrumentelle liefere, die Ligierungen also nichts anderes seien als Codewörter, ›Hinweisschilder‹ für die Modi. Die Interpretation ist jedoch dahingehend anfechtbar, daß Ligaturen, auch für die Notre-Dame-Epo-

---

[63] Ewald Jammers: Musik in Byzanz, im päpstlichen Rom und im Frankenreich. Der Choral als Musik der Textaussprache, Heidelberg 1962.

[64] Max Haas: Die Musiklehre im 13. Jahrhundert von Johannes de Garlandia bis Franco, in: Geschichte der Musiktheorie, hg. von Frieder Zaminer, Darmstadt 1984, Bd. 5, S. 90–159, hier S. 99.

[65] Erich Reimer: Johannes de Garlandia, De mensurabili musica, Wiesbaden 1972, 2 Bde.

che, das Erbe der älteren ›Gruppenneumen‹ antreten und innerhalb melismatischer Partien die tatsächlich musizierten Phrasierungseinheiten darstellen – vergleichbar den Buchstaben, die, nach dem Zeugnis des Johannes von Salisbury, ›zuallererst Zeichen von Stimmen sind‹ (*figurae primo vocum indices sunt*).[66] Analog zeigen Ligaturen die Modi nicht schlechterdings symbolisch an (weitaus unkomplizierter könnten dies Ziffern oder Buchstaben besorgen); sie verwirklichen, verkörpern sie. Garlandia schließt folgerichtig: *Unde figura est repraesentatio soni secundum suum modum*[67]; ich übersetze *repraesentatio* mit ›Vergegenwärtigung‹. Es empfiehlt sich also – und entgegen dem Brauch selbst neuester Lehrwerke der Notationskunde –, die Modi nicht nach ihrer abstrakten Version zu fassen (Spalte a), sondern nach ihrer musikalisch-körperlichen Substanz (Spalte b), ihrem Gestalt-, ihrem Gliederungswert.

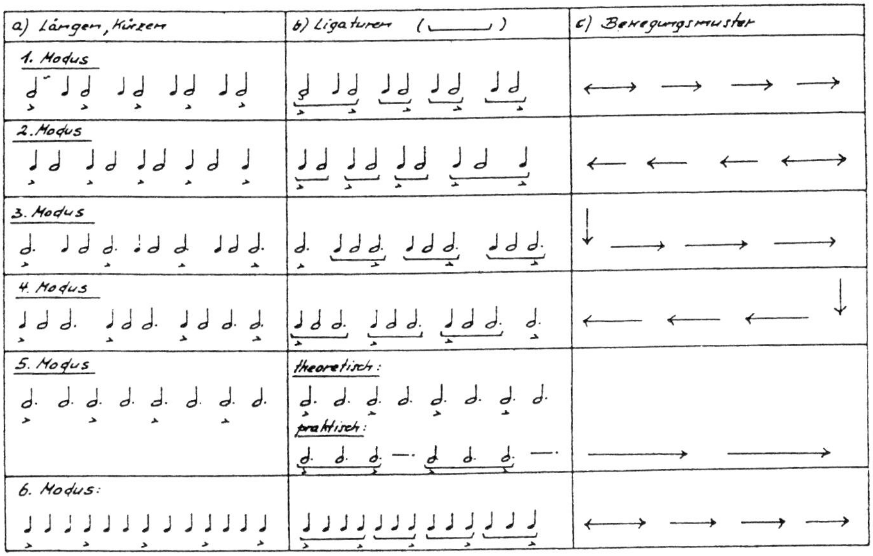

Notenbeispiel 1: Das System der rhythmischen Modi (nach Kaden, Des Lebens wilder Kreis [Anm. 56], S. 114)

Ist dieser Schritt aber erst einmal getan, lassen sich aufschlußreiche Beobachtungen machen:

1. Die Modi unterliegen einer merklichen Standardisierung, und zwar nicht nur hinsichtlich ihrer (quasi)metrischen Tiefenstrukturen, der Folgen von Längen und Kürzen, sondern auch hinsichtlich der Oberflächenstrukturen, der Phrasenstrukturen selbst. Es ist (um für einen Augenblick die Verslehre zu bemühen), als würde die Vielgestalt des Sprechtakts auf Prägemuster des Verstaktes zurückverwiesen, statt des ›lebendigen‹ ein ›leiernder‹ Vortrag

[66] Zitiert nach Wenzel (Anm. 27), S. 330.
[67] Johannes de Garlandia (Anm. 65), S. 44.

gepflegt. Tatsächlich bringt die Beschränkung der Ligierung auf im wesentlichen Binariae und Ternariae gegenüber der Formulierungsfülle älterer Neumenschriften eine nachgerade dramatische Vereinfachung mit sich. Mehr noch: Die Elementarphrasen sind Bausteine per se, Fertig-Bauteile, wie sie in der zeitgenössischen Architektur, aber auch der Kathedralplastik Verwendung finden.[68] Und Abweichungen von ihrer Grundgestalt werden ausdrücklich als Norm-Bruch, als *fractio modi* oder *extensio modi* benannt.[69]

2. Neben der Standardisierung, die jeder einzelne Modus in sich leistet, findet eine übergreifende Vereinheitlichung statt: Die Modi sind familienverwandt, zeigen, ihrer Sechs-Zahl unbeschadet, ›ein‹ Gesicht. Das Verbindende ist, wie ich formulieren will, ihre ›Phrasierung nach vorn‹,[70] ein Bewegungszug, der metrische Gewichte stets (oder zumeist) auf das Ende der Ligaturen legt. Man kann darin die Fortschreibung einer bereits in der Gregorianik geläufigen Finalartikulation erblicken.[71] Entscheidend ist, daß Modalrhythmik diese Tendenz variativ durchdekliniert – und in der Variation befestigt, auf einen Generalnenner bringt.

Am klarsten liegen die Dinge beim 3. Modus, der eine ein- und eine zweizeitige Brevis ausdifferenziert und beiden eine dreiwertige Longa nachschickt. Er formiert mithin ein geradezu ideales, ›stufenloses‹ Längungscrescendo:

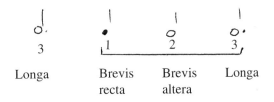

| Longa | Brevis recta | Brevis altera | Longa |

Notenbeispiel 2: Der 3. Modus

Nicht minder deutlich ›nach vorn‹ strebt der 1. Modus (geschichtlich der wohl älteste). Zwar hebt er mit einer initiallastigen Dreier-Ligatur an. In der darauffolgenden Binarienkette hingegen erfährt er nur umso plastischer seine Ausrichtung. ›Orientierung‹ auf ein Ziel hin, Umorientierung, wird buchstäblich gezeigt.

Die gleiche Dramaturgie beim 6. Modus, dort insofern fesselnd, als gerade er alles in Breven abzuwickeln weiß. Garlandia exemplifiziert jedoch an einer ausgezierten Fassung des Tenors »Fiat«, wo dieser Modus seine Fokuspunkte

[68] Dieter Kimpel/Robert Suckale: Die Entfaltung der gotischen Baubetriebe, in: Architektur des Mittelalters. Funktion und Gestalt, hg. von F. Möbius/E. Schubert, Weimar 1984, S. 246–272.

[69] Vgl. Willi Apel: Die Notation der polyphonen Musik, Leipzig 1970, S. 258ff.

[70] Vgl. Anton Maria Michalitschke: Theorie des Modus, Regensburg 1923, S. 47.

[71] Vgl. Johannes Berchmans Göschl: Der gegenwärtige Stand der semiologischen Forschung, in: Beiträge zur Gregorianik 13/14, 1985, S. 43–102.

hat. Die Kerntöne der Melodie, den Zeitgenossen zweifellos vertraut (in Notenbeispiel 3 eingerundet), verschieben sich mit wachsender Strukturentfaltung vom
Beginn der Ligaturen auf deren Ende, nach Art des 1. Modus.

Notenbeispiel 3: Tenor »Fiat« (nach E. Reimer: Johannes von Garlandia, De mensurabili musica, 2 Bde., Wiesbaden 1972, Bd. 1, S. 56; Bd. 2, S. 17)

Gleiches gilt schließlich für den 5. Modus, der, theoretisch, in Einzellongen
aufgezeichnet werden kann, usuell-praktisch jedoch Dreier-Ligaturen nutzt, mit
angefügter pausatio. Daß damit neuerlich der Schlußklang den Akzent erhält – er
tönt in der Pause, im Nachhall fort –, ist evident.

Gegen den Strom schwimmen, durch eine (wahrscheinliche) Betonung der
initialen Kürzen, lediglich der 2. und der 4. Modus. Bei letzterem handelt es sich
aber offenbar um ein theoretisches Konstrukt: *Non est in usu*, wird ihm vom
Anonymus Karlsruhe bescheinigt.[72] Und ersterer scheint, nach seinem Gebrauch
in den drei- und vierstimmigen Organa zu urteilen, als ›Diabolus‹ und Gegenspie-
ler des 1. Modus aufzutreten; jedenfalls ist er dessen gestisch konsequenter
Widerpart, die Bekräftigung ex negativo.

Zieht man aus dem Gesagten die Wurzel, zeigt sich, daß die Modi nicht
Zielstrebigkeit per se zelebrieren, sondern alternativlose Vektorialität, *Vektorialität als System*. Dieses System ist durchaus ein vollständiges, ein systema
teleion. Richtungswissen wird vorgeführt:
– zweistufig wie dreistufig (1. Modus, 3. Modus);
– mitsamt den dazugehörigen Inversionen (2. Modus, 4. Modus);
– nach Längen und nach Kürzen, im Verbund (1. Modus, 3. Modus);
– aber auch nach Längen allein (5. Modus) und nach Kürzen allein (6. Modus);
    d. h. in sämtlichen möglichen Erscheinungsformen.

Auf den ersten Blick mutet dies an wie eine Frucht scholastischen Klassifizie-
rungswillens, wie eine ›summa‹, die den philosophiegeschichtlichen Paradigmenwechsel von der Platon- zur Aristoteles-Rezeption, von der Akzentuierung
des Seins zur Verherrlichung des Werdens mitvollzieht und damit auch einen
teleologischen Musikbegriff ausprägen hilft.[73] Auch andere mentalitätsgeschicht-
liche Koordinaten lassen sich ausspannen. Modalrhythmik folgt einem gewandelten Zeitkonzept, das, spätestens seit dem 13. Jahrhundert, einer stadtbürger-
lich-naturfernen Lebensführung entspringt. In ihm waltet – noch ganzheitlich,
quasi organismisch[74], aber schon abstraktiv gequantelt – eine mechanische Zeit:

---

[72] Apel (Anm. 69), S. 245.
[73] Carl Dahlhaus: Musikbegriff und europäische Tradition, in: Was ist Musik (Anm. 2),
S. 43–54, hier S. 47.
[74] Luigi Lera: Grammatica della notazione di Notre-Dame, in: Acta musicologica 61, 1989,
S. 150–174, hier S. 169.

Zeit, mit der sich rechnen, die sich verrechnen läßt, die linear-gepfeilt ist, nach vorn schreitet, fortschreitet, sich als Fortschritt profiliert.

Freilich braucht man bei solcher Abstraktion nicht stehenzubleiben (die sich dem Verdacht aussetzt, zeitgeistsüchtig-analogieschlüssig zu sein). Das, was dem Rhythmus des 13. Jahrhunderts widerfuhr, läßt sich sinnlich unmittelbar erschließen, bis hinein ins künstlerisch-strukturelle Detail.

Soweit es die Mehrstimmigkeit anlangt, ist dabei zu beachten, daß die Ordnung der Zusammenklänge den vektoriellen Zeitbegriff voll in sich aufnimmt – und durch die Behandlung von Konsonanzen bzw. Dissonanzen (im 12./13. Jahrhundert: ›Konkordanzen‹ und ›Diskordanzen‹) reproduziert. Konkret: Die Fortschreitung der Klänge erfolgt, innerhalb der Ligaturen, vorrangig vom Diskordanten zum Konkordanten, oder auch vom minder zum höher Konkordierenden. Und zwar nach einer von Garlandia fixierten Hierarchie[75]:

Sekund, Tritonus,			Quart		Einklang
Sext	<	Terz	<	Quinte <	Oktave
		imperfekte		mittlere	perfekte
Diskordanzen				Konkordanzen	

Dies hat unter anderem mit Abhängigkeiten von der metrischen Struktur zu tun, dergestalt, daß auf langen Dauerwerten ausschließlich Konkordanzen, auf Kürzen dagegen Konkordanzen ebenso wie Diskordanzen vorzusehen sind.[76] Und da wiederum die rhythmische Idealfigur des Modalsystems, laut dem am häufigsten gebrauchten 1. Modus, die Formulierung ›kurz – lang‹, Brevis – Longa, ist (spätere Notationslehren zeichnen sie als regelhaft aus, *cum proprietate et cum perfectione*[77]), ergibt sich a priori eine starke Neigung zu klanglichem ›Harmoniewachstum‹, klanglichem Kadenzieren. In der Tat läßt sich mathematisch schätzen[78], für welchen Anteil der Ligaturen entsprechende Steigerungen zu erwarten sind; dieser Wert liegt bei etwa 46 %.

Faktisch allerdings, in tatsächlichen Kompositionen, wird er eindeutig übertroffen. Bei herausragenden Einzelfällen (vgl. Notenbeispiel 4) dominieren die Steigerungsfiguren (<) ganze Stücke, wird ein regelrechtes Feuerwerk von Konkordanzschüben abgebrannt: *Kadenzierung in Permanenz*. Aber auch für größere Materialbreiten, etwa für Leonins »Magnus liber organi« und verschiedene Repertoires der sog. ›Clausulae‹[79], bestätigt sich der Befund, treten Steigerungselemente zu 10–15 % über Erwarten auf. Die Kadenzierungsgesten leiten sich also nicht allein logisch aus der Modalrhythmik her. Obwohl von dieser prädeterminiert, werden sie darüber hinaus aus freiem Willen, aus klanglich freiem Willen eingesetzt.

---

[75] Johannes de Garlandia (Anm. 65), S. 68f.

[76] Ebd., S. 76; Fritz Reckow: Der Musiktraktat des Anonymus 4, Bd. 1: Edition, Wiesbaden 1967, S. 74.

[77] Apel (Anm. 69), S. 95.

[78] Kaden (Anm. 58), S. 123.

[79] Vgl. ebd., S. 126.

Notenbeispiel 4: Diskantpartie »Domino« aus dem Organum »Hec dies« (Ausschnitt). Wolfenbüttel, Herzog August Bibliothek 677 Helmstad. 628 (= W_1), fol. 27 (Übertragung nach Heinrich Husmann: Mittelalterliche Mehrstimmigkeit, Köln 1961,
S. 20)

Der Vergleich, last not least, mit südfranzösischer Mehrstimmigkeit des
11. und frühen 12. Jahrhunderts -- einem Organalcorpus aus dem aquitanischen
St. Martial (der prinzipiell anderen Gesetzen gehorcht) – bestätigt das Gesagte
aus dem Kontrast heraus.[80] Und er macht erst recht, schlußendlich evident, daß
klangliches Fortschreiten für die Notre-Dame-Musik stilgebend war – und stilgebend neu. Modalrhythmik, als systematische Neuerung, und ›teleologische‹ Klanglichkeit, als ebenfalls systemische Novität, ruhen einander auf wie ein struktureller Doppeldecker. Sie verstärken einander kumulativ, als System über den Syste-
men, als Potenzierung des Systems.[81]

[80] Vgl. ebd., S. 130.

[81] Der Ansatz hat unlängst ein kritisches Echo gefunden bei Robert Lug: Das »vormodale«
Zeichensystem des Chansonnier de Saint-Germain-des-Prés, in: Archiv für Musikwissenschaft
52 (1995), S. 19–65. Die Argumentation, die zuweilen etwas hemdsärmelig dahergeht, setzt
voraus, daß

1. die Endakzentuierung von Ligaturen in Organalpartien sine littera »ohnehin unstrittig«
   sei (S. 61);
2. diese bereits ein Grundprinzip gregorianischer Überlieferung darstelle (alternative Ansichten wie die von Solange Corbin: Die Neumen, Köln 1977, Bd. 3, S. 195ff., werden
   als »veraltet« abgetan – S. 62);
3. die bevorzugten Konkordanzorte schon in polyphonen Repertoires vor Notre-Dame am
   Schluß der Ligaturen lägen (hier beruft sich Lug auf die Analysen von Theodore Karp:
   The Polyphony of Saint Martial and Santiago de Compostela, Oxford 1992); schließlich
   daß
4. das von mir gewählte »Zuwachs-Schema: Diskordanz < Terz < Quart, Quint < Oktav,
   Einklang« als zu »einfach« sich erweise (S. 60), es also »präziserer Methoden« bedürfe,
   um »›das Neue‹ der Notre-Dame-Schule herauszuarbeiten« (S. 62).

Dazu ist zu sagen:

a) Das Modalsystem wird in der Forschung allgemein keineswegs vektoriell-endakzentu-
   iert – und schon gar nicht als vektorielles *System* – interpretiert, sondern eher gegenläu-
   fig gedeutet: der 1. Modus etwa als abtaktig-trochäische Struktur. Tonaufnahmen füh-
   render Ensembles (z. B. Hilliard) vernachlässigen ihrerseits die Ligaturen-Gliederung,
   vermitteln mithin ein weitgehend abwegiges metro-rhythmisches Bild.
b) Das Prinzip der Endartikulation im Choral wurde von der sog. Schule der Semiologie
   über Jahre zum Dogma erhoben. Mit einem programmatischen Aufsatz hat einer ihrer
   Hauptvertreter, Johannes Berchmans Göschl (Von der Notwendigkeit einer kontextge-
   mäßen Auslegung der Neumen, in: Beiträge zur Gregorianik 13/14, 1992, S. 53–64),

Ich habe für diesen Sachverhalt den Begriff ›Konkordanzperspektive‹ vorge-
schlagen.[82] Das ist ein Sprachspiel zunächst, Kategorien des Visuellen auf Ge-
hörserscheinungen überpflanzend. Die Begriffsprägung zielt allerdings auch darauf – erinnert sei an die Eingangsthese –, daß das, was in der Polyphonie zeitlich
sich organisiert, unter anderem Gesichtswinkel auch für Raumordnungen gilt: für
jene Räume, in denen Organalmusik erklang.

Allen Ernstes sind gotische Kathedralen – speziell der französischen Gotik,
in der Île de France – auf nicht zu übersehende Weise ausgerichtet. Besonders mit
ihren ersten bedeutenden Werken, den ›Gründungsbauwerken‹ St. Denis, Sens,
Senlis, Notre-Dame de Paris, vertreten sie, vom Grundriß her, einen Longitudi-
naltypus[83], in dem das Längsschiff und der Chorraum herrschen, zuweilen sogar
auf ein Querhaus verzichtet wird. Auch finden diese Kirchen, kontrastierend zu
den in der Romanik angelegten Doppelapsiden, ihren zeremoniell unzweideuti-
gen Konzentrationspunkt im Ostchor. Sie heben also die liturgische Hauptachse,
die West-Ost-Achse hervor. Diese wiederum wird auf kultisch herausragende
Weise begangen: nicht etwa im Alltag und durch gewöhnliche Menschen (die die
Kathedrale der Regel nach von Süden her zu betreten haben), sondern an den
Höhepunkten des Kirchenjahres, beim Einzug des Bischofs und beim festlichen
Entree des Königs. Letzterer, wenn er eine Stadt visitierte, machte denn auch
nicht schlechterdings auf dem Hauptplatze halt, um »dann unter anderem der
Kathedrale einen Besuch abzustatten. Vielmehr zog er *vom Stadttor direkt in den
Dom*«.[84] Hinzuzufügen ist: Der König zog ein als leibgewordener Christus, als
der Christe de France[85], wie am Palmsonntag triumphierend, von Volksmassen
geleitet; geradenwegs zustrebend der Paradiespforte, dem Westportal. Und: durch
Straßen, die eigens dafür ›geschlagen‹ worden waren, in Paris die Rue-Neuve
Notre Dame (Abb. 1), in Straßburg die Rue Mercière.

entschiedene Differenzierungen vorgenommen – und u. a. Fälle beschrieben, in denen
ausdrücklich die Anfangsnote von Neumen »das größere Gewicht« erhält (ebd., S. 60f.).
Corbins veralteter Standpunkt scheint also up to date zu sein.

c) Theodore Karps Analysen des St. Martial-Repertoires fußen auf *Übertragungen*, die
zum Prinzip erheben, was sie zu beweisen hätten: daß Konkordanzen vorzugsweise am
Ende von Ligaturen plaziert seien. Um diese – statistisch dann ex post facto bezeugte –
Sachlage herbeiführen zu können, muß Karp transkriptorische Manipulationen vorneh-
men (unterschiedlicher Silbenwechsel in den einzelnen Stimmen, mikroskopische Zu-
sammenstauchung weitausschwingender Melismen), die zumindest den ältesten Bestand der St. Martial-Polyphonie unaufführbar machen. Die amerikanische Forschung
(Sarah Fuller mit einer Rezension in »Speculum« 1995) hat die entsprechenden Ergebnisse bereits als absurd gewürdigt; die »exakten Statistiken« (Lug, S. 62) beruhen auf
einer musikalischen Fiktion.

d) Das »einfache« Zuwachs-Schema meiner Untersuchungen folgt, wie oben demonstriert,
fugenlos der Intervallhierarchie von Johannes de Garlandia; es kommt dem, was den
Zeitgenossen der Notre-Dame-Ära wesentlich war, also maximal nahe.

[82] Christian Kaden: Modalrhythmus und Konkordanzperspektive, in: Musiktheorie 5, 1990,
S. 221–235.

[83] Erwin Panofsky: Gothic Architecture and Scholasticism, New York 1957, S. 61f.

[84] Dieter Kimpel/Robert Suckale: Die gotische Architektur in Frankreich 1130–1270, München 1985, S. 17; Hervorhebung C. K.

[85] Vgl. Otto von Simson: The Gothic Cathedral, New York 1956, S. 138.

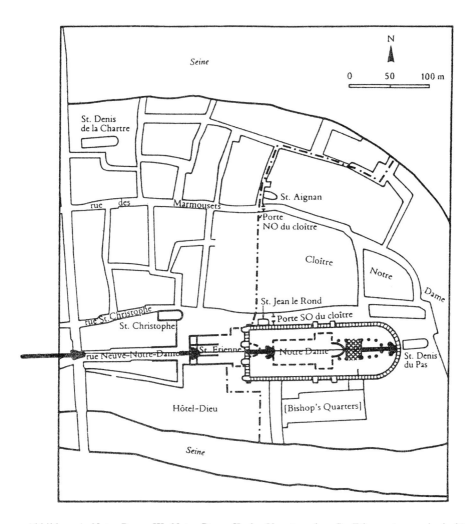

Abbildung 1: Notre-Dame III, Notre-Dame II, der Vorgängerbau St. Etienne (merowingisch)
und die Rue-Neuve-Notre-Dame (nach Wright [Anm. 42], S. 5; die West-Ost-
Achse herausgehoben vom Verf.)

Vom Sog der porta coeli erfaßt, dem Himmels-Strudel, ging es dann hinein in
den lichterfüllten Innenraum, mit den Augen ›auf einen Blick‹ eilend zum Sank-
tuarium, im kleingliedrigen Rhythmus der Pfeiler, Dienste, Wölbungsbögen – um
schließlich auch den Fuß des Königs dorthin zu lenken, wo er bei der Krönung
bzw. der Präsentation vor dem Volke Platz zu nehmen hatte: am Hochaltar oder
auf einem Holzgerüst[86], in gleicher Höhe mit dem Lettnerkruzifix, den Leib des
Herrn verdeckend durch den eigenen Leib, den Herrn mit dem eigenen Körper
sich einverleibend. Der Kathedralbau, der – Erwin Panofskys Worte – eine

[86] Wright (Anm. 43), S. 209.

»*uniform progression*« von West nach Ost zelebriert[87], ist mithin selbst schon System gewordene Vektorialität. Und er ist der Raum eines vektoriellen Rituals, mit dem König an der Spitze, in einem fugenlos hierarchisierten Himmels-Staat.

Ich will daher an dieser Stelle den Rahmen des Analogisch-Analogieschlüssigen sprengen, mit einer Behauptung, die herausfordernd anmuten mag, vielleicht aber das Problem, warum die Organa sine littera blieben, lösen hilft. Die Idee lautet: Im Christ-Königs-Raum der Kathedrale und im Christ-Königs-Zeremoniell konnte das, was das Organum den hörenden Menschen vor Ohren führte, gleichzeitig von ihnen gesehen werden. Und zwar nicht per Assoziation, Einbildung und stimulierter Phantasie, sondern ungebrochen, offensichtlich, unmittelbar.

Auf die Spur leitet uns der spezielle Aufführungsort der Organa. Man sang sie dort, wohin ihr Rhythmus weist: ›vorn‹, im Hohen Chor oder vor dem Lettnerkreuz.[88] Das heißt: am Platz des Bon roi, an Christi Platz. Bereits so, in ihrer vektoriellen Gestalt wie ihrer lokalen Zuordnung, erweisen sich die Organa als zentralitätsfreundlich, finalistisch, ›royalistisch‹. Im himmlischen Jerusalem der Kathedrale sind sie die unerläßliche Christ-Königs-Musik. Die, die sie vortrugen – bei weitem nicht der Haufe der Kleriker, sondern qualifizierte Spezialisten –, blickten zum Hochaltar empor oder, vom Lettner aus, in das Mittelschiff hinein. In der gepfeilten Struktur des Kirchenraums fand ihr Singen Widerhall, akustisch und visuell. Erst recht aber die Masse der Gläubigen, namentlich der laici, die im hinteren Langhaus sich versammelten. Sie sahen die Sänger singen: vor dem Großen Kreuz, Diener des Himmelskönigs, am Königsort. Und selbst wenn Klerus (und König) sich hinter den Lettner zurückbegaben, das Organum aus dem *coro ecclesiae Beatae Mariae Virginis* drang[89], dann zwar blieben die Sänger in persona verborgen, durchaus jedoch vor aller Augen war, was sie sangen und wovon sie sangen. Denn über zeremonielle Schranken, über Vorhänge, Tücher, Trennmauern hinweg kann der Blick schweifen, wenn er in die Höhe, wenn er ins Gewölbe geht …

Hier nun die haarsträubende Spekulation: Ich setze dem Gewölbe, dem französischen Kreuzrippengewölbe, dem Gewölbe der Notre-Dame, die modalen Rhythmen ein (Abb. 2). Und zwar aus der Sicht des hinteren Mittelschiffs, aus der Ohr- und Augenperspektive des civis Parisius.

Bemerklich wird immerhin Bemerkenswertes:

1. Die Kreuzrippen, die das Herzstück der Wölbung bilden, führen phänomenal stets zu etwas hin: hin zu einem Joch, zu einem Schlußstein etc. Sie sind auftaktig, visuell auftaktig. Und sie leiten den Blick bis zum Allerheiligsten: in der Höhe, ungebremst. Kreuzgratgewölbe, notabene, müßte diesen rhythmischen Zug verfehlen.

2. Faßt man – wozu Bautechnik allen Anlaß gibt – die Joche als Schwerpunkte, Gerüstpunkte des Gewölbesatzes, lassen sie sich perzeptionell äquivalent

[87] Panofsky (Anm. 83), S. 64.
[88] Wright (Anm. 43), S. 267.
[89] Anonymus 4 (Anm. 76), S. 46.

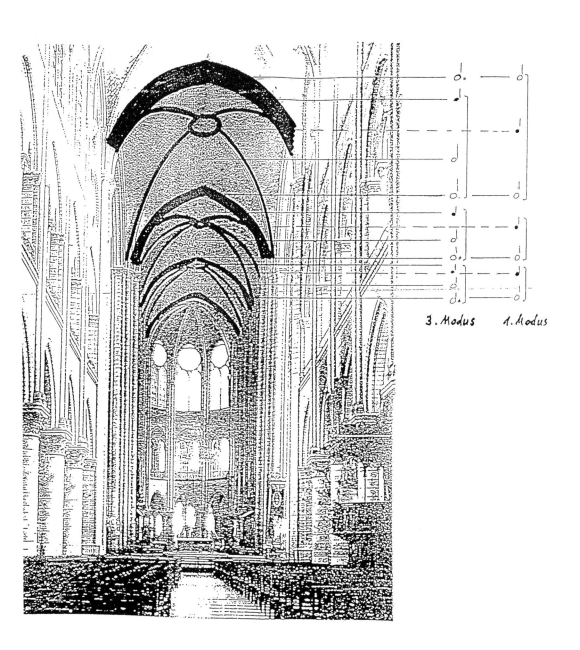

Abbildung 2: Notre-Dame de Paris, Mittelschiff (von Westen)

setzen den modalen Longae. Und füllt man wiederum die Räume zwischen ihnen aus, durch gliedernde Betrachtung, ergibt sich
- bei eingliedriger Zerlegung ein Modell des 1. Modus: die Folge Joch – Zwischenraum – Joch – Zwischenraum – Joch usf.;
- bei zweigliedriger Segmentation ein Modell des 3. Modus. Angeregt nämlich von der durch die Spitzbögen gezeichneten Höhenlinie, ist zunächst ein kürzeres Segment vor dem jeweiligen Schlußstein auszumachen, dem ein längeres Teilstück sich anschließt, die Verbindung herstellend zum folgenden Joch: in der Sequenz Joch /kürzeres Segment – längeres Segment – Joch/ kürzeres Segment – längeres Segment – Joch/; id est: ›kürzere Brevis‹ – ›längere Brevis‹ – ›Longa‹/ etc.

3. Der Perspektivierungsdrive des Schauens nimmt zu, je weiter sich die Augen vom Standort entfernen, d. h. in Richtung des Sanktuariums sich bewegen. Er korreliert sozusagen mit der kultischen Sehnsucht der Gläubigen nach Sichtbarwerdung des Göttlichen, wird als Wahrnehmungsdruck religiös-liturgisch motiviert.

4. Offenbar ist die beschriebene Gewölberhythmik für französische Kathedralen typisch; jedenfalls erscheint sie – wie Perzeptionsangebote u. a. der Dome von Sens, Senlis und Amiens bezeugen – als vergesellschaftet und durchaus eingewohnt. Angelsächsische Kirchen, speziell die des Decorated style, verfolgen mit vielfächrigen Stern- und Netzwölbungen andere Konzeptionen. Möglicherweise ist dies parallel zu sehen zu der Tatsache, daß auch der 3. Modus in England non-vektoriell überliefert wird: in der Struktur lang, weniger lang, kurz, lang, d. h. in einer Art metrischer Bogen-Führung.[90]

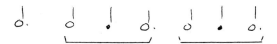

Notenbeispiel 5: Der »englische« 3. Modus

5. Daß die Entzifferung des Gewölbes bei einem Joch anhebt (was neuerlich technische Vernunft nahelegt, andernfalls erfolgte sie aus dem Leeren, Anfangslosen heraus), könnte erklären, weshalb analog der 1. und der 3. Modus, entgegen ihrer Auftakt-Gestik, mit jeweils einer Länge beginnen – und also weder Jambus noch Trochäus sind, nicht Daktylus noch Anapäst. Wie beim Durchwandern des Kirchenraumes setzt musikalische Musterbildung an den Anfang ein ›Portal‹, eine Schwere, um dennoch der Weite, einer quasijambischen Ferne sich zu öffnen.

Man kann, summa summarum also, in der Wölbungs- zwanglos die Modalordnung wiederfinden, und zwar phänomenal, als Wahrnehmungsgefüge. Mehr sogar: Erst das Gewölbe, der Himmel der Kathedrale, legt diese Ordnung eindring-

[90] Ebd., S. 23, S. 54.

lich und mit Nachdruck frei.[91] Nicht zufällig richtete sich die Aufmerksamkeit der Zeitgenossen – neben der Westfassade und der Königsgalerie – denn auch auf die Deckenkonstruktion, den Großen Baldachin.[92] Umgekehrt wird in ihm ein Prinzip manifest, das wir zuerst in den Organa kennengelernt hatten. Gemeint ist die Verstärkung der rhythmischen Horizontale durch die klangliche Vertikale bzw. deren Determiniertsein durch die horizontal-rhythmische Platzzuweisung. Aus den Gesetzen zweier Ebenen werden, genau besehen, die Gesetze einer einzigen Dimension. Exakt diese Reduktion von Dimensionalität aber findet auch im Langhaus der Kathedrale statt. Breitenwirkungen sind ihm nahezu gegenstandslos. Und selbst die Höhe, oft als Konstitutivum gotischen Bauens gepriesen, erlangt nur sehr bedingt Autonomie. Durch die Spitzbögen wird ihr die Grenze gewiesen; und kraft der Kreuzrippenfiguration – wir wissen es – wird sie in die Tiefe hineingelenkt, umgelenkt. Der Tiefenzug in der Höhe, der Tiefenzug des Gewölbes, definiert, so scheint es, den gotischen Wahrnehmungsraum. Er definiert ihn als eindimensionalen Raum.

Tiefenzug aber und vektorielle Zeit sind, spätestens seit der Gotik, perzeptionell korreliert. Der Tiefenraum ist Handlungsraum, in den man hineinschreitet – und in dem Zeit ver-geht.[93] Spiegelungsgleich artikulieren sich Zeiterlebnisse durch Tiefenkategorien. Vergangenes hat man ›hinter sich‹ (nicht ›neben sich‹ oder ›unter sich‹), Zukünftiges ›vor sich‹ (nicht ›über sich‹). Vermittelt über die Einheit von Tiefe und vergehender Zeit, *ist* Organalpolyphonie demnach der ins Musikalische transponierte Kirchenraum, *ist* der Kirchenraum die zum Architektonischen gewendete Polyphonie. Im Raum und in der Zeit bildet sich Perspektivwahrnehmung gleichermaßen: nach den gleichen Maßen.[94] Vielleicht konnte sie auch nur so, durch raum-zeitliche Konditionierung, in nicht zu überbietender Einheit der Sinne, jene Herrschaft erwerben, über die sie in moderner Kultur verfügt. Es ist dies eine Herrschaft, die sich unbemerklich macht, da das Herrschende erlernt, angewöhnt wurde wie Himmels- und Naturgewalt. Es ist eine phänomenale Begrenzung, von der die Begrenzten nichts mehr wissen, da sie ihre Identität, ihr Mit-sich-eins-Sein stiftet, kulturell zu einer Selbst-Verständlichkeit ward.

Am Schluß dieses Kapitels mögen daher zwei anekdotische Betrachtungen stehen, die erahnen lassen, wie es zu solchem Selbstverständnis kam. Die erste bezieht sich auf eine der berühmtesten Kompositionen der Notre-Dame-Epoche, das zitierte Organum quadruplum »Sederunt principes« von Perotin; es ist in

[91] Das heißt natürlich nicht, daß unmittelbare Abhängigkeiten zwischen dem Baugeschehen an der Pariser Kathedrale und der Komposition von Notre-Dame-Organa bestanden haben müßten, etwa dergestalt, daß die Architektur der Musik bestimmend voranging – oder umgekehrt aus den Modalrhythmen eine Gewölbekonzeption entwickelt wurde. Sehr wohl aber ist an mentale Parallelbildungen zu denken, an die gemeinsame Verwurzelung von Musikern, Architekten – und Bauherren – in Lebenssituationen, sozialen Problemlagen, Weltdeutungen usf.

[92] Hans Sedlmayr: Die Entstehung der Kathedrale, Freiburg 1993.

[93] Dagobert Frey: Zum Problem der Symmetrie in der bildenden Kunst, in: Studium Generale 2, 1949, S. 274.

[94] Vgl. Martin Wehnert: Musik als Mitteilung, Leipzig 1983, S. 37ff.

mehreren Handschriften überliefert, dort jeweils an vorderstem, ranghöchstem
Platz – und wurde zum höchsten Fest des Jahreskreises, zur Feier der Geburt
Christi musiziert (Notenbeispiel 6). Eröffnet wird das Stück mit einem merkwür-
digen Vor-Satz von acht Mensuren, der, ehe die einzelnen Stimmen sich in fili-
granes Netzwerk verlieren, diese zu einer Art Blockrhythmik zusammenschweißt
und in zweimaligem Anlauf zur Vollendung bringt: der höchstmöglichen Kon-
kordanz des Vierstimmigen, dem Zusammentönen von Einklang, Quinte und
Oktav. Diese acht Mensuren, denen ein ebenfalls langanhaltender Quint-Oktav-
Klang das Tor aufschließt, sind eindeutig im 3. Modus notiert. Sie verwirklichen
in jeder einzelnen Ligatur den normprägenden Konkordanzschub, und zwar ohne
Loch und Lücke; erwirken des weiteren, daß *zwischen* den Ligaturen ein Konkor-
danzgefälle Platz greift (es führt vom Quart-Oktav- über den Terz-Quint- zum
Quint-Oktav-Rahmen) – und daß sogar am Ende des zweiten Abschnittes, mit der
expliziten Erschließung der Oktave, noch einmal eine höhere Harmonie erreicht
wird als am Ende des ersten Abschnittes (der die Oktave nur ›andenkt‹, nicht aber
zum Erklingen bringt). Das Resultat: Der Perotinsche Vorsatz, den man nicht als
Thema, wohl aber als eine ›Ein-Nordung‹ des Hörers verstehen darf, erzeugt
vektorielle Ordnung nicht einfach, nicht zweifach; er präsentiert sie in vierfacher
Strukturstärke: allumfassend. Das hat etwas von Restlosigkeit, Bedingungslosig-
keit an sich, vom Anspruch des Göttlichen. Zugleich verkörpert »Sederunt princi-

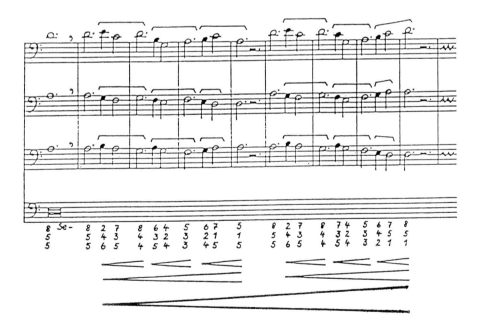

Notenbeispiel 6: Organum quadruplum »Sederunt principes« von Perotin (Beginn). F, fol. 4;
          W₁, fol. 1ᵛ. (Übertragung nach R. H. Hoppin: Anthology of Medieval Music,
          New York 1978, S. 59)

pes« diese Struktur im Größeren wie im Kleineren, nach dem Prinzip des Selbst-enthaltenseins und der Selbstreproduktion, der für die Natur allgegenwärtigen Fraktalität.

Und die zweite Anekdote: Bischof Odo von Sully, Oberster der Geistlichen in Notre-Dame, beklagt in einem Brief aus dem Jahre 1198 die – temporäre – Verrohung der Sitten an seinem Gottesinstitut.[95] Es geht um das Narrenfest der Chorknaben am Neujahrstag, bei dem einer der Buben die Rolle des Cantors übernimmt und eine wüste Liturgie aufführen heißt, unter Ausstoßung schmutzi-ger Reden (*feditate verborum*) und blutigen Raufereien (*sanguinis effusione*). Die gleiche Hand jedoch, die die Klage niederschreibt, gestattet (oder verordnet?) die Aufführung drei- und vierstimmiger Organa; die Fachwelt hat seither Konsens, hier liege der erste Hinweis auf Perotins Große Kompositionen vor. Natürlich kann die Nähe, in die das Narrenfest und die Organa durch Odos Text gerückt werden, ein Zufall und unbeabsichtigt sein. Aber wir können sie auch als Sym-ptom verstehen: dessen, was in der Kathedrale übel war – und was des Übels Therapie. Den Chorknaben selbst blieb der Gesang des Organums verwehrt; also konnten sie sich auch nicht an ihm vergreifen. Aber wenn sie ihm lauschten, dürfte ihnen widerfahren sein, was Musik und Baukunst der Gotik auf die Wege brachten: daß zum Raum die Zeit werde und zur Zeit der Raum, daß eine allesergreifende Ordnung auch die Abtrünnigen ergriff, die Ordnung einer gött-lich perfizierten, einer wahrhaft anderen, wahr-nehmbar anderen Welt.

3. Komposition als Augenspiel

Hören und Sehen, die Einheit der Sinne, Verkörperung, Vergegenwärtigung: Es scheint, als suggerierten solche Worte eine heile Kultur, eine Kultur des Ganzen Menschen. Und tatsächlich ist dem Denken, Fühlen, Handeln des medium aevum dieser »Holismus«[96] eingeschrieben, wird er ganz praktisch weithin gelebt. Den-noch muß von Max Webers Diktum, daß schon in den Klöstern und den mittelal-terlichen Handelshäusern neuzeitliche Existenzformen sich vorbereitet hätten, daß bereits hier Rationalisierung, ja Entzauberung um sich griff, nach wie vor kaum etwas zurückgenommen werden. Zur Idylle der Harmonie- und Ganzheits-strebungen ist die Kehrseite: der Verfall in sich ruhenden Menschseins, zuliebe arbeitsteiliger Spezialisierung und Zersplitterung, stets hinzudenken. Das be-trifft auch, und sogar in besonderem Maße, die ad omnia, auf alle Dinge sich erstreckende Musik.

Paradoxerweise ist es dabei eine intersensuelle Konstellation, die die Auf-sprengung der ganzheitlichen Musik beförderte – und am Ende deren Zentrierung auf nurmehr einen Sinn, den des Gehörs. Was ich anspreche, läßt sich idealty-pisch als ›Verschriftlichung‹ fassen, allerdings als eine Verschriftlichung nicht

---

[95] Vgl. Jacques Handschin: Zur Geschichte von Notre-Dame, in: Acta musicologica 4, 1932, S. 4ff., hier S. 5ff.

[96] Vgl. Morris Berman: Wiederverzauberung der Welt, Reinbek 1985.

nur in der Tradierung und Überlieferung, der Kodifizierung des zuvor oral
Umläufigen, sondern zugleich in der Hervorbringung von musikalisch Neuem:
neuen Gattungen, neuen Stilen, neuen Stücken.

Erich Moritz von Hornbostel beobachtete bereits 1913, Max Weber sogar
antizipierend, daß es für abendländische Kultur zunehmend charakteristisch werde, Musik primär nicht zu singen oder zu spielen, sondern sie zu schreiben: als
Oper, als Quartett, als Große Sinfonie. Erst auf sekundärer Position stehe dann
die Aufführung; modernes Musikleben organisiert sich de facto so. Freilich ist
dieses Durchdrungensein von Schrift und schriftgezeugter ›Kognition‹ in Musik
ein Jahrtausendwerk. Und seit dem 11. und 12. Jahrhundert verbindet sich mit
ihm die Vorstellung eines *componere*. Erstmals, mit dem modernen Sinnver-
ständnis von schriftlicher Ausarbeitung, taucht die Vokabel bei Guido von Arezzo (»Micrologus«, Kap. 15) auf.[97] Und hier schon, an seinem Ursprungs- und
Fulgurationspunkt, läßt sich erkennen, was dieses Komponieren wesenshaft ist:
eine entschlossene Visualisierung des künstlerischen Schaffens, in der Schrift
sich ein materiales Gegenüber setzend, aber auch vorstoßend zu Zeitstrukturen,
die jenseits der musikalischen Realzeit liegen, außerhalb aller Vergehens-Zeit.

Das aufreizendste Modell dieses neuen Denkens entwickelt Guido von Arezzo selbst, im 17. Kapitel des zitierten Musiktraktats. Es führt die etwas dunkle
Überschrift »Quod ad cantum redigitur omne quod dicitur«, widmet sich also der
Frage, wie Wort und Ton kompositorisch zusammenzubringen seien. Freilich
handelt Guido nicht etwa von Deklamationsproblemen oder gar Aspekten der
Sinninterpretation, sondern davon, wie neue Melodien auf Grund der Vokalität
(!) vorliegender Texte sich konstruieren ließen.

Guidos Ausgangspunkt sind die 5 Selbstlaute, die er in der Folge a-e-i-o-u
aufreiht – und die er den *litteris monochordi*, den Buchstaben des Ton(höhen)-
Systems zu unterlegen heißt. Natürlich muß dabei die Vokalserie im Rahmen
eines größeren Ton-Ambitus immer wieder neu ansetzen. Ausschlaggebend ist
jedoch, daß die Zuordnung sich als ein *supponere* und *subscribere* versteht, als
ein Werk der Schrift:

> *Supponantur itaque perordinem litteris monochordi, et quia quinque tantum sunt, tamdiu*
> *repetantur donec unicuique sono sua subscribatur vocalis, hoc modo:*

> GG A B C D E F G a b c d e f g a'
> a̲ e̲ i̲ o̲ u̲ a̲ e̲ i̲ o̲ u̲ a̲ e̲ i̲ o̲ u̲ a̲.[98]

Unter Anleitung des Schemas, der *descriptio* – so Guido weiter – könne man
dann mühelos eine Melodie erfinden, indem man die Textsilben auf die entsprechenden Tonhöhen-Spatien rücke. So ergebe sich z. B. für den Hymnus »Sancte
Johannes meritorum tuorum« dieses Bild:

---

[97] Guido von Arezzo: Micrologus, hg. von Joseph Smits van Waesberghe, Rom 1955,
Kap. 15.
[98] Ebd., S. 188.

Übertragen in moderne Notation:

Notenbeispiel 7: Johanneshymnus aus dem »Micrologus« (Original Guido)

Das Verfahren stellt sich im ersten Angang mithin als völlig automatisiert dar und scheint noch dem unbegabtesten Discipulus den Zutritt zur Kompositionswerkstatt zu eröffnen.

Allerdings versperrt Guido diese Tür bereits mit dem nächsten Unterweisungsschritt. Da die bisher gelehrte Technik eine zu große Wahlbeschränkung impliziere, wird empfohlen, dem Tonsystem eine zweite Vokalreihe zuzuweisen:

```
         GG A B C D E F G  a b  c d  e f  g a'
1. Reihe  a  e i o u a e i o u  a e i o u a
2. Reihe  o  u a e i o u a e i o  u a e i o
```

Das Ziel sei eine größere kompositorische Freiheit: *ut tibi paulo liberius liceat evagari.*[99] Führte man die Exemplifikation an Guidos Eingangsbeispiel fort (was dieser, zugunsten einer neuen Melodie, vermeidet), erschiene der Johannes-Hymnus demnach, in ›gemischter‹ Nutzung der beiden Zuordnungsleisten, etwa folgendermaßen:

Notenbeispiel 8: Johanneshymnus (fiktive Variante vom Verf.)

[99] Ebd., S. 190.

Aus dieser graphischen Struktur aber wird ersichtlich, was zunächst kaum vorauszusagen war: daß die Methode nämlich, soll sie nicht Fehlleistungen und Beliebigkeiten zum Opfer fallen, *ausschließlich und allein unter Mitwirkung visueller Hilfsmittel* ›greift‹. Mehr noch: daß sie nach ihrer kombinatorischen Variationsbreite (*liberior facultas*) die Kapazität des menschlichen Gedächtnisses bei weitem übersteigt.

Guido fährt denn auch fort[100]: Erst wenn der, der die Melodie entwerfe, vielfach geübt sei (*in multis exercitatus*), wenn er an seinen Zuordnungen herumschleife, diese ersetze, jene zusammenziehe usf. (*hiantia suppleat, compressa resolvat, producta nimium contrahat, ac nimis contracta distendat* – die Formulierungen des Originals sämtlich in der 2. Person Singular, C. K.), erst dann erziele er ein annehmbares Ergebnis (*aptius respondentia*), schaffe er ein in sich geschlossenes, akkurates Werk (*unum quod accuratum opus efficiat*). Dieses wiederum nehme, *per usum quasi lima politum*, an Gefallen zu (*postea collaudatur*) – und nähere sich den verschiedenen Geschmäckern und Mentalitäten (*pro diversitate gentium ac mentium*).

Zusammengefaßt in einem Satz: Am Beginn von Guidos Darlegung steht blanke Konstruktion, gänzlich visuell vermittelt; am Ende hört das innere (oder auch äußere) Ohr gleichsam mit, setzt es Ethos- und Wertungsbewußtsein in Gang – aber eben second hand, auf einem zweiten Platz. Konzentriertes Sehen, sehendes Konstruieren eröffnet die Chance, neue, nie gehörte Melodien entstehen zu lassen – und diese zu verkörpern, zu vergegenwärtigen; Sehen hilft dem Hören, dem musikalischen Erleben gleichsam auf die Sprünge. Aber: die Wechselwirkung von Auge und Ohr ist aufgespalten, sequentiell fraktioniert. Erst kommt das Sehen, dann das Hören – und das ästhetische Urteil stellt sich ein obendrein.

Joseph Smits van Waesberghe hat die Auffassung verfochten, daß Guidos Zeitgenossen kaum je in der Lage gewesen seien zu würdigen, was ihnen der Meister hier in den Schoß gelegt, und »auf jeden Fall« es nicht zu gebrauchen vermochten.[101] Das Gegenteil jedoch scheint wahr zu sein. Wie kein zweiter markiert der skizzierte Ansatz die Mentalität eines ›graphischen‹ Musizierens im 11./12. Jahrhundert: für eine allgemeine Geschichte der Texte und Textualisierungen sogar bemerkenswert früh. Wie erwähnt, geht es dabei nicht um Schrifteinflüsse per se, sondern um radikale Wandlungen in den Kreativitätsstrukturen.

An erster Stelle zu nennen ist die Elementarisierung des Musikdenkens, d. h. die Zerlegung – und Zerschlagung – gesthafter musikalischer Einheiten zugunsten von Einzeltönen, Einzelklängen, singulären Intervallen: Bei Guido ist sie lückenlos vollzogen. Einen paläographisch nicht minder faszinierenden Beleg für die gleiche Tendenz bietet das »Winchester Tropar« (Abb. 3 und 4).[102] Der Codex, entstanden um die Jahrtausendwende, ›vor Guido‹, enthält das älteste

---

[100] Ebd., S. 193f.

[101] Joseph Smits van Waesberghe: Musikerziehung. Lehre und Theorie der Musik im Mittelalter, Leipzig 1969, S. 114.

[102] Cambridge, Corpus Christi College 473, mit der korrespondierenden Handschrift Oxford, Bodleian Library, Bodley 775.

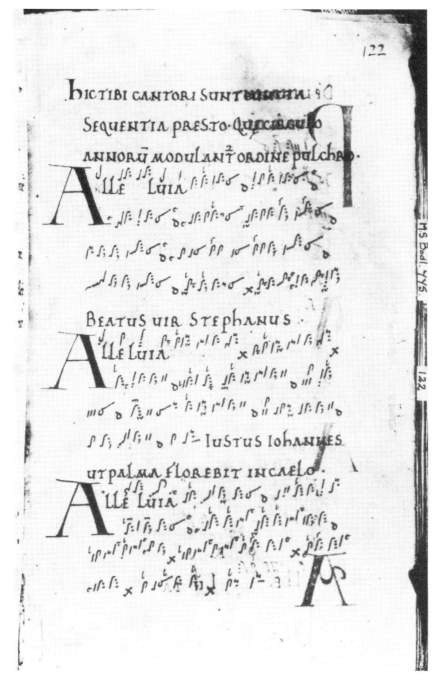

Abb. 3: Sequenzen aus dem Repertoire von Winchester (u. a. die Prinzipalstimme zum Organum »Beatus vir«), Mitte 11. Jahrhundert. Oxford, Bodleian Library, Bodley 775, fol. 122

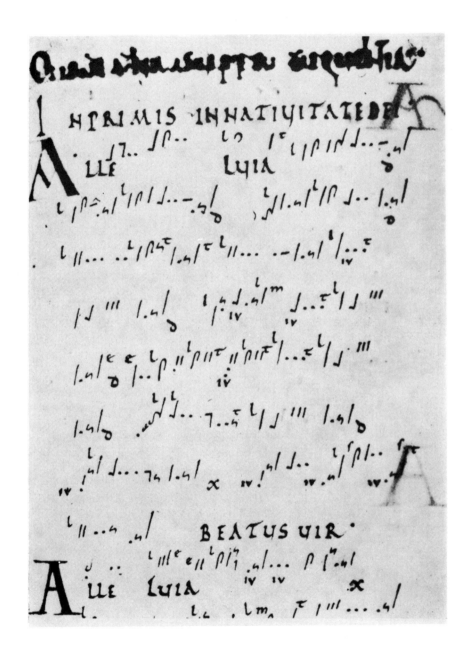

Abb. 4: Organalstimmen »In primis in nativitate dei« und »Beatus vir« (Ausschnitt) aus dem
        Winchester Tropar, 1. Viertel 11. Jahrhundert. Cambridge, Corpus Christi College 473,
        fol. 153

praktische Repertoire abendländischer Mehrstimmigkeit in Neumenschrift: rund 170 zweistimmige Organa. Die aus dem gregorianischen Choral entliehenen Cantus, die voces principales, sind dabei in zügig-gestaltorientierten, kurrenten Neumen verfaßt (Abb. 3).

Die neuerfundenen voces organales hingegen erscheinen in einer geradezu penetrant punktuellen Schrift (Abb. 4).

Mehr noch: Sie sind so eindrucksvoll segmentiert, daß man hinter ihnen einen Schaffensprozeß vermuten kann[103], der punctum für punctum, virga für virga sich vortastete, endgültige Entscheidungen über Tonhöhenwahlen erst beim Schreiben, an Ort und Stelle traf – und eben vielfach sich übte, wie Guido es verlangt. Zugleich finden sich im »Winchester Tropar« auch Spuren jener Ästhetisierung ex post facto, die sich der visuellen Entscheidungsbildung anzuschließen hat: An den Rändern des Schriftblockes sind zahlreiche Marginalien eingefügt; unter anderem sorgen sie dafür, daß das, was zunächst punktuell fixiert wurde, im Nachtrag wieder Gestaltqualität erlangt – und zurückgeleitet wird in einzügige Schreibformen: in die Kurrenz als Re-Kurrenz (Abb. 5, vgl. die Einrandungen).

Ähnliches Schwingen zwischen einer analytischen und einer synthetischen Graphie begegnet, um 1100, im Manuskript Chartres 130 (Abb. 6). Wieder sind die Prinzipalmelodien flüssig-fließend, die Organalmelodien in einer eckig-ungelenken Neumierung ausgeführt. Während die einen das oral Geläufige zügig dokumentieren, im Wortsinne, entspringen die anderen – obwohl aus der gleichen Hand – einem langsameren, suchend-vorsichtigen Schreibtemperament.

Noch eindrucksvollere Konsequenzen zeitigt die Verschriftlichung in der Mehrstimmigkeit von St. Martial.[104] Denn hier leitet die Bevorzugung punktueller Neumen sogar eine Umschichtung der melodischen Stilistika ein. Elementarisierte Schriftzeichen werden, entsprechend den Regeln des aquitanischen Notationssystems, besonders für absteigende Melodiefloskeln eingesetzt. Und tatsächlich beherrschen exakt diese deszendenten Wendungen den ›neuen Stil‹ von St. Martial, seit etwa der zweiten Hälfte des 11. Jahrhunderts. Kurz gesagt, markieren sie jene musikalischen Formulierungen, die sich beim Schreiben mühelos kontrollieren lassen, einer Komposition die geringstmögliche Fehlerquote bieten: Sie sind die *visuell effizientesten Tongebilde*. Neue Klanglichkeit – in neuer Künstlichkeit.

Die Organumtraktate von Mailand und Montpellier[105] entlassen denn auch endgültig das Musizieren aus seiner ›natürlichen‹ Abfolge: vom einen Ton zum nächsten, vom Anfang eines Stücks zu dessen Ende, von ›links‹ gleichsam nach ›rechts‹. Stattdessen seien mehrstimmige Fügungen – so lehren sie – *rückläufig* zu entwickeln: vom Schlußklang eines Abschnittes über dessen Initium, und erst

[103]Andreas Holschneider: Die Organa von Winchester, Hildesheim 1968, S. 28f.

[104]Christian Kaden: Musiksoziologie, Berlin/Wilhelmshaven 1984, Kap. 6; ders. (Anm. 58), S. 89ff.

[105]Biblioteca Ambrosiana M 17 sup. bzw. Bibliothèque de l'Université, Section de médicine H 384; beide um 1100.

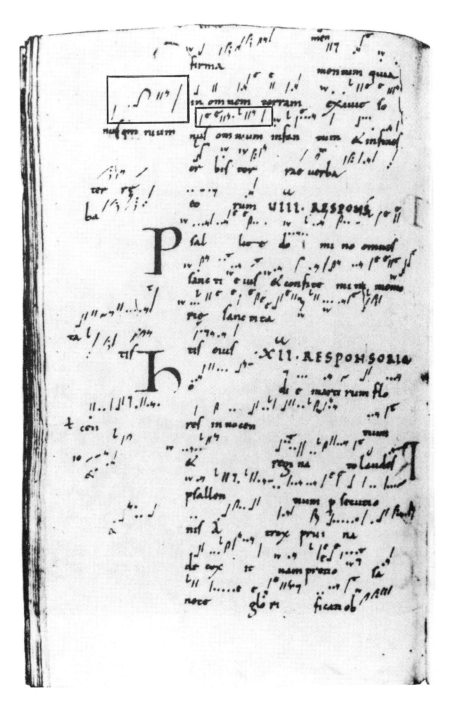

Abb. 5: Organalstimmen »Psallite domino« und »Hodie martirum flores« aus dem Winchester Tropar, 1. Viertel 11. Jahrhundert. Cambridge, Corpus Christi College 473, fol. 177ᵛ

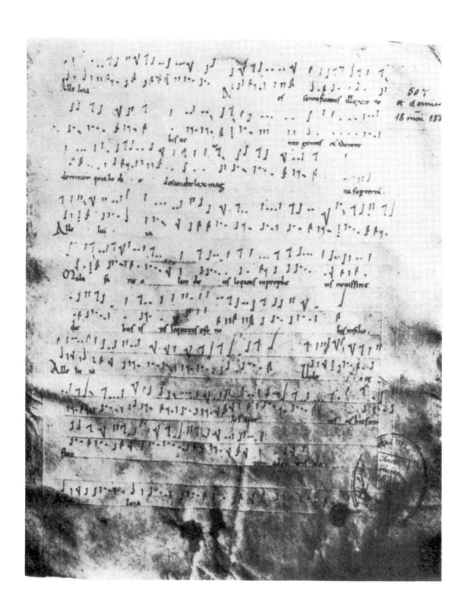

Abb. 6: Organa aus Chartres, 2. Hälfte 11. Jahrhundert. Chartres, Bibliothèque municipale 130, fol. 50 (Kriegsverlust), Faksimile in: Paléographie Musicale Bd. 1, Planche 23

dann weiterschreitend zur Ausfüllung der Mittelpositionen.[106] Da der Krebsgang jedoch von Abschnitt zu Abschnitt neu zu vollziehen ist, entzieht sich Komponieren dem Zeitstrom mit größter Zwangsläufigkeit – was paradoxerweise erst die Voraussetzung geschaffen haben mochte für die Konstruktion jener unnachsichtig vektoriellen Gebilde, die Konstruktion der ›Zentralperspektive‹, von der oben die Rede war.

Hier ist der Ort, um nun doch die Begriffe ›Mediatisierung‹ und ›Medialität‹ einzuführen. Ich beschreibe mit ihnen eine mehrfach gestufte Abhebung, Entfernung des Handelns von primärer Lebenswirklichkeit.

In den ersten Teilen dieser Studie hatte das Augenmerk kultischer Musikübung gegolten, dem Choral als Engelsgesang, der Vergegenwärtigung des Christ-Königtums in der Polyphonie. Gewiß ist auch solch rituellem Musizieren aufgegeben, sich zu befreien, sich zu er-lösen aus der alltäglichen Leiblichkeit. Aber es sucht die Verwandlung, um in einem neuen Leib ans Körperliche sich zurückzubinden. Der Ritus schafft Distanz zum Lebendigen – um diese wieder abzuschaffen. Seine Semiotisierung, die Erhöhung von Zeichenhaftigkeit, bleibt temporär; und sie hebt sich buchstäblich auf: in der Verkörperung der anderen Wirklichkeit. Ekstatische, orgiastische Besessenheitskulte aus aller Welt verfügen präzis über diese Prozeßstruktur: eine Struktur der Semiotisierung *und* der De-Semiotisierung.

Hochgradig mediatisierte Verfahrensweisen dagegen, wie die graphisch gelenkte Komposition, bieten für die Rückkehr zum Leiblichen nur sehr bedingt noch die Gewähr. Sie schreiben dem Kreislauf von Distanzierung und De-Distanzierung eine zusätzliche Distanzierungsstufe ein. Entfernt sich das rituelle Singen vom realen Leben, um in neuer Gestalt zu ihm heimzufinden, so entfernt sich die Komposition – Guido spricht es aus – *erst einmal vom Gesang.* Und sie tut dies tiefenstrukturell: durch die Umstülpung von Zeitmustern, kognitive Elementarisierungen usf. Komposition ist *Distanzierung der Distanzierung,* verbunden mit einem sprunghaften Anwachsen von Semiotizität. Im Augenblick ihrer Entstehung wird Musik dabei freigegeben für jedes nur denkbare – auch das visuelle – Experiment. Aber: während Sehen und Hören, Singen und Spielen in oraler Tradition weitgehend gleichzeitig, in ›Realzeit‹ zusammentreten, werden sie im componere, wie gezeigt, auseinandergelegt. Auch wenn sie intermodal einander rückkoppeln sollten, ist ihre Einheit eine gebrochene, zerbrochene. Pointiert ausgedrückt: Daß das Wort Fleisch werde, rationale Vermittelung sich wandle in Unmittelbarkeit, wird durch Komposition unverhältnismäßig erschwert, in den Hintergrund gedrängt. Bis zur Gegenwart ist es daher das Problem aller Aufführungspraxis, Musik zu beleben, sie wieder-zubeleben. Intersensualität, Intermodalität schlechthin ist der Bürge für die Vergegenwärtigung alternativer Daseinsentwürfe nicht. Der Umgang mit den Sinnen enthüllt sein telos erst in ›guten‹ oder ›bösen‹ Taten: im Zauber der Verkörperung – oder in deren virtueller Negation.

---

[106] Vgl. Hans Heinrich Eggebrecht/Frieder Zaminer: Ad organum faciendum. Lehrschriften der Mehrstimmigkeit in nachguidonischer Zeit, Mainz 1970; Kaden (Anm. 58), S. 74.

So werden wir also zu bedenken haben, daß das Mittelalter *zwei kontrastie-rende Wahrnehmungsweisen* von Kunst, von Musik sich erschloß: eine ganzheit-lich-körperfreundliche, getragen von Sehnsüchten nach Verleiblichung des Himm-lischen im Irdischen, und eine analytisch-technomorphe Wahrnehmung, die zwar Neuheiten und Neuigkeiten die Fülle fand, immer weiter aber sich entfernte von deren Verkörperbarkeit, deren Lebbarkeit. Insoweit behält, wer in mediävaler Kultur den Ursprung moderner Medienkonzepte sieht: menschen-entfremdet, prädestiniert fürs Instrumentell-Zeichenhafte, am Ende recht. Entscheidend ist freilich, daß das Mittelalter trotz alledem in der Mitte steht, daß es janusköpfig nach beiden Seiten schaut, uns gestattet, Selbst-Verständliches in ihm wiederzu-entdecken, aber auch das, was unserer Vorstellungs-, unserer Einbildungskraft längst entfallen ist.

›New Historicism‹ und die Geschichte von Martin Guerre

von C. Stephen Jaeger (Seattle)

Der New Historicism ist innerhalb der neueren Literaturtheorien einzigartig: eine Schule ohne explizite theoretische Fundierung und ohne Meister, aber mit vielen Schülern und vielen Kritikern. Sein Begriffsapparat wird von Stephen Greenblatts Essays abgeleitet, der es jedoch ablehnt, als Wortführer eines neuen Historismus angesehen zu werden. Die Versuche, den New Historicism ideologisch und theoriegeschichtlich einzureihen, gehen so weit auseinander, daß sie nur verdeutlichen, wie uneinheitlich bzw. ideologisch undefinierbar er ist.[1]

Aber auch ohne Theorie und bekennende Anhänger ist eine neue Hinwendung zur Geschichte in der Literaturwissenschaft und zu literarischen Denk- und Darstellungsformen in der Geschichtstheorie bemerkbar.[2] Sie beruft sich auf Greenblatt, Hayden White und Clifford Geertz[3], steht im Verhältnis einer dialektischen Antithese zum Dekonstruktivismus[4] und einer Synthese zur ›Annales‹-Schule. Es lassen sich hier wenigstens einige Grundtendenzen dieser Entwicklung skizzieren und an Hand von einzelnen Texten veranschaulichen. Als Beispiel habe ich die Geschichte von Martin Guerre gewählt.

Doch zuerst zu vier Grundtendenzen[5]:

1. Der New Historicism befaßt sich mit literarischen Themen, vornehmlich in der Literatur früherer Epochen, die eine deutliche Resonanz in aktuellen Themen und

---

[1] Der Marxismus Greenblatts legt eine ideologische Einordnung nahe; vgl. den Aufsatz von Edward Pechter: The New Historicism and its Discontents. Politicizing Renaissance Drama, in: PMLA 102, 1987, S. 292–303, sowie die Antwort auf Pechter von Louis Montrose: Professing the Renaissance. The Poetics and Politics of Culture, in: The New Historicism, hg. von H. Aram Veeser, New York/London 1989, S. 15–36, und von Catherine Gallagher: Marxism and the New Historicism, ebd., S. 37–48: »Critics of the ›new historicism‹ have given wildly different accounts of its political implications, but they are generally agreed that its politics are obnoxious« (S. 37).

[2] Vgl. Peter Johanek: Die Schreiber und die Vergangenheit. Zur Entfaltung einer dynastischen Geschichtsschreibung an den Fürstenhöfen des 15. Jahrhunderts, in: Pragmatische Schriftlichkeit im Mittelalter. Erscheinungsformen und Entwicklungsstufen, hg. von Hagen Keller/ Klaus Grubmüller/Nikolaus Staubach, München 1992, S. 195–209: »Klio ist eine Muse, und es scheint, als schickten sich die Historiker an, diese alte Wahrheit wieder zu entdecken« (S. 195).

[3] Über den Einfluß von Geertz siehe Vincent Pecora: The Limits of Local Knowledge, in: The New Historicism (Anm. 1), S. 243–276.

[4] Siehe Gayatri Spivak: The New Historicism. Political Commitment and the Postmodern Critic, und Richard Terdiman: Is there Class in this Class?, in: The New Historicism (Anm. 1), S. 277–292 und S. 225–230.

[5] Im allgemeinen zum New Historicism, neben den Aufsätzen im Band »The New Histori-

Problemen der Gegenwart haben. Die Analyse der Literatur der englischen Renaissance etwa wird zugleich zur Analyse unserer Gesellschaft, unserer Mentalitäten. Der New Historicism ist also im Gegensatz zur textimmanenten oder dekonstruktivistischen Literaturanalyse engagierte Kritik. Ein gutes Beispiel dafür ist die Entdeckung und Wahrnehmung des Fremden. Nach Stephen Greenblatt steht Prospero, der verbannte Magier-Herzog in Shakespeares »Sturm«, im gleichen Verhältnis zum Monstrum Caliban wie die Entdecker Amerikas zu den Eingeborenen der neuen Welt. Die Analyse eines Schauspiels aus dem späten 16. Jahrhundert wird zur Analyse des imperialistischen Rassismus und der Mentalität des Rassenhasses überhaupt. Mit einem vergleichbaren kritischen Ansatz hat der französische Historiker Alain Boureau neulich das vermeintliche alte Königsrecht des ›ius primae noctis‹, das Recht des Königs auf die Jungfernschaft einer Braut, auf dem Hintergrund des besonders in den USA brisanten Themas ›sexual harassment‹ dargestellt und analysiert.[6]

Vor allem wegen solchen Engagements waren Mitglieder der konservativ-republikanischen Regierung in den USA Greenblatt nicht gewogen. Aktiv beteiligt an der Bekämpfung des New Historicism waren Lyn Cheney, National Endowment for the Humanities, und William Bennett, Secretary of Education, die in dem New Historicism eine Herabsetzung der Schönheit klassischer Werke feststellen wollten.

Der New Historicism geht davon aus, daß Literatur zentral an der Formung und Neuformung von sozialen Wertvorstellungen beteiligt ist, und will diesen Prozeß in der Breite seiner Auswirkung zeigen. Er sucht Konfliktzonen, in denen Ideen miteinander konkurrieren, beobachtet die Rolle der Literatur in dieser Konkurrenz und prüft die Beobachtungen durch Vergleich mit verwandten Problemen in der Literatur der Vergangenheit. Die Literatur ist für einen solchen Ansatz wenigstens in ihrer Entstehung nicht primär ›Denkmal‹ (Monument), das in Isolierung von Zeitereignissen und herrschenden Mentalitäten entsteht; sie ist vielmehr ›Gedächtnis‹ (memoria), *ein* besonders mächtiges und eloquentes Medium unter vielen anderen, in denen soziale, psychische und politische Probleme erörtert und ausgefochten werden. Greenblatt richtet sein Augenmerk besonders auf das, was er das ›Zirkulieren sozialer Energie‹ nennt.[7] Diese Energien besitzen und vermitteln aktuell brisante Themen und Probleme. Sie kommen in den verschiedensten Medien, in Zeitungen, in Flugblättern, im Film und Fernsehen, in der Werbung und auf Plakaten, zum Ausdruck und erfahren in Romanen,

cism« (Anm. 1), siehe Louis Montrose: New Historicisms, in: Redrawing the Boundaries. The Transformation of English and American Studies, hg. von Stephen Greenblatt/Giles Gunn, New York 1992, S. 393–418; Annette Simonis: New Historicism und Poetics of Culture. Renaissance Studies und Shakespeare in neuem Licht, in: Literaturwissenschaftliche Theorien, Modelle und Methoden. Eine Einführung, hg. von Ansgar Nünning, Trier 1995.

[6] Alain Boureau: Droit de cuissage. La fabrication d'un mythe (XIIIᵉ–XXᵉ siècle), Paris 1995.

[7] Bei Greenblatt: »the circulation of social energy«; Stephen Greenblatt: Shakespearean Negotiations. The Circulation of Social Energy in Renaissance England, Berkeley/Los Angeles 1988, S. 1–20.

Schauspielen und Gedichten eine Darstellung, die gegenüber den Massenmedien größere Überlebenschancen hat. Indem aber die Themen im Lauf der Zeit ihre Brisanz, ihre ›Energie‹ verlieren, tritt der gegenwartsbezogene Charakter der Literatur in den Hintergrund und ihr Denkmalcharakter in den Vordergrund. Die ›soziale Energie‹ verflüchtigt sich, und es bleiben Handlung, Charakter, Darstellung, Stil, die ästhetischen Elemente des Kunstwerks, die die literarische Kritik alter Schule beschäftigten.

2. Der Beschreibungsmodus des New Historicism ist ›dicht‹, nicht ›dünn‹. ›Dünne‹ Beschreibung betrachtet Gegenstände und Handlungen für sich, in Isolierung von ihrem Kontext. ›Dichte‹ Beschreibung berücksichtigt alle Komplexe von Motivationen und alle Zusammenhänge, in denen einzelne Handlungen, Gegenstände oder Kunstwerke eingebettet sind. Clifford Geertz erklärt das Gegensatzpaar an folgendem Beispiel: Bei einer Abendgesellschaft sehen sich zwei Männer aus einiger Entfernung an; der eine blinzelt einmal mit dem Auge. Der Gegenstand der Beschreibung ist hier das Augenblinzeln. Eine ›dünne‹ Beschreibung erzählt von Muskel- und Nervenaktionen, die zum raschen Schließen und Öffnen des Augenlids führen. Eine ›dichte‹ Beschreibung stellt fest, daß es sich um zwei Spione handelt, die in einem Attentatsplan verschworen sind, wobei einer durch das vereinbarte Zeichen, ein Augenblinzeln, bestätigt, daß alles nach Plan verlaufen ist. Das heißt in der trivialen, aber gängigen Formulierung: der New Historicism betrachtet Literatur in ihrem Kontext.

3. Der New Historicism überwindet ›monologische‹ Erklärungsweisen (z. B. ›wie es eigentlich gewesen ist‹) zugunsten der Komplexität, der multikausalen Erklärung, der Mehrstimmigkeit hinter der literarischen Aussage. Verzichtet man auf monokausale Erklärungen, dann werden historische Darstellung und literarische Analyse von ihrer Grundprämisse einer ontisch fundierten Wahrheit und einer werkimmanenten Bedeutung losgelöst, und an die Stelle der *einen* Erklärung tritt ein Spektrum von Deutungsmöglichkeiten. Geschichte, Ereignisse und Erfahrungen sind polyvalent, ein Kern oder Kerne, um die sich Geschichten (stories) gruppieren und um Erklärungsautorität konkurrieren. Geschichtsschreibung nähert sich der Geschichtenerzählung, ›history‹ wird ›story‹. ›Überzeugend‹ erzählte Geschichts-Geschichten erzwingen durch Stil, Anspruch, Sympathielenkung, Interesse einen Konsens und können vorübergehend den Status der ›Wahrheit‹ beanspruchen.

Insofern nähern sich historische Analyse und Literaturkritik. Beide gehen davon aus, daß kein Wesensunterschied zwischen Literatur und Geschichtsschreibung besteht. Beide analysieren Erzählschemata, ›Handlungslinien‹, ›narrative Rhythmen‹, ›Themen‹.

Für den alten Historismus hatten die Ereignisse, die den Inhalt der erfahrbaren Wirklichkeit bildeten, den Charakter von Daten in einem naturwissenschaftlichen Experiment: Das richtige Messen und Beurteilen, das Aufdecken und Analysieren der grundliegenden Gesetzmäßigkeiten ergab eine Erklärung. Der neue Historismus sucht Ereignisse, die kunstwerkartig in ein breites und komplexes

Beziehungsgeflecht eingewoben sind. Die Analyse dieses Geflechtes betrachtet auch ästhetische Konstrukte nicht abgekapselt von ihrer Umgebung, sondern berücksichtigt auch politische, soziale, anthropologische ›Drähte‹, die in sie und durch sie hindurch verwoben sind.

4. Der New Historicism sucht in historischen Situationen Strukturen der Erfahrung, die wie literarische Strukturen sind, wobei Erfahrung Ereignis und zugleich auch Ausdruck ist und Geschehen sich dem Mythos, wenigstens bedeutsamen Erzählschemata, annähert, in denen aktuelle Themenkomplexe einer Gesellschaft zu einem gegebenen Zeitpunkt sich konfigurieren. Eine ›Poetik der Kultur‹ ist nicht nur möglich, weil die Kultur in Zeichensystemen mit einer vorgegebenen Ausdruckskraft und Bedeutung organisiert ist, sondern auch, weil Grundanliegen, Konflikte, Vorurteile der Gesellschaft sich u. a. in Ereignissen niederschlagen.[8]

Die Vorstellung von narrativen Tiefenstrukturen in den Ereignissen selbst hebt scheinbar die fundamentale Scheidung von Wirklichkeit und Kunst auf, denn sie postuliert eine Erfahrung, die als Repräsentation in die Welt tritt, als gelebtes Kunstwerk sozusagen. ›Neuhistorisches‹ Verstehen und Interpretieren hat demgemäß ein anderes Objekt als ›althistorisches‹. Ihm wird der sichere Boden der Tatsachen entzogen, die Exaktheit einer naturwissenschaftlichen Methode verweigert. Und an die Stelle des empirischen Verstehens tritt die kritische Phantasie (critical imagination). Die wissenschaftliche Darstellung wird selbst zu einer Art Dichtung, wie denn auch die stilistische Feinheit und Eleganz hervorstechende Züge von Stephen Greenblatts Essays sind. Die kritische Phantasie greift auf Gebiete über, die sonst der Dichtung vorbehalten waren: Gefühle, das private Leben, die Kindheit, das Sterben, die Sexualität, die Psychologie des Ichs in der Gesellschaft, die Psychologie des Hasses, der Angst, des Antisemitismus und der Misogynie. In solchen Themen begegnen, ergänzen und beleuchten sich Historie und Fiktion.

Die Geschichte von Martin Guerre und das gegenwärtige intensive Interesse an diesen Inhalten veranschaulichen einige zentrale Tendenzen des New Historicism:

Im Jahre 1548 verließ Martin Guerre, Sohn eines Großbauern in dem Dorf Artigat, südlich von Toulouse in der Grafschaft Foix, seine junge Frau Bertrande de Rols nach zehnjähriger Ehe, die in seinem vierzehnten und in ihrem zehnten Lebensjahr begann – und verschwand. Acht Jahre später präsentierte sich ein Mann namens Arnaud du Tilh als der heimgekehrte Martin Guerre, wurde von Frau und Dorf als solcher anerkannt und lebte drei Jahre lang als Gatte der Bertrande. Von mißtrauischen Verwandten Martin Guerres vor Gericht gezogen, hätte der falsche Martin sich beinahe durchgesetzt, als sein Betrug durch die

---

[8] Zum Zusammenhang zwischen Narration und Geschichtsschreibung im Kontext der Geschichte Martin Guerres und in der neueren Diskussion siehe Carlo Ginzburg: Proofs and Possibilities. In the Margins of Natalie Zemon Davis' The Return of Martin Guerre, in: Year Book of Comparative and General Literature 37, 1988, S. 113–127.

Rückkehr des echten Ehemannes dramatisch enthüllt wurde. Die junge Frau mußte den Pseudo-Martin vom Anfang an als Betrüger erkannt haben, aber er war als Ehemann, Liebhaber, Vater und Bauer dem echten Martin so sehr überlegen, daß sie ihn wohl in Anbetracht dieser Vorteile zunächst nicht verriet.

Die Geschichte des sich unterschiebenden Ehemanns und der Ehefrau, die den neuen zeitweise dem echten Ehemann vorzieht, hat schon bedeutende Gestalten des 16. und frühen 17. Jahrhunderts fasziniert. Michel de Montaigne führte sie in einem Essay (»Des boyteux«, »Über die Lahmen und Krüppel«) als Beispiel der Unzulänglichkeit juristischer Beweise an. Aber erst recht ist die Geschichte im 20. Jahrhundert ins Rampenlicht gerückt. Ihre Wiederentdeckung begann mit dem populären Roman der Amerikanerin Janet Lewis, »The Wife of Martin Guerre«.[9] 1983 erschien die bedeutende Monographie von Natalie Zemon Davis, »The Return of Martin Guerre«[10], und fast gleichzeitig der in Zusammenarbeit mit Zemon Davis entstandene Film von Daniel Vigne und Jean-Claude Carrière, »Le retour de Martin Guerre«. Einige Jahre nach dem Erfolg des französischen Films erschien ein Hollywood-Remake, verpflanzt in den Süden der USA während des Bürgerkriegs (»Sommersby«, 1993). Ein Musical am Broadway und in London über Martin Guerre ging letzten Sommer über die Bühne.

Die Faszination dieser Geschichte hängt sicher zum Teil damit zusammen, daß sie, so wie sie sich ereignete, schon dramatische Erzählung war; sie hebt den Unterschied zwischen Geschichte/Geschehen und Kunst auf. Sie macht den Historiker zum Erzähler. Als Natalie Zemon Davis sich zuerst mit der Episode beschäftigte, fiel ihr die dramatische Struktur gleich auf: »Rarely does a historian find so perfect a narrative structure in the events of the past or one with such dramatic popular appeal«, und als Mitarbeiterin am Vigne-Film fand sie in der Art, wie der Schauspieler Gérard Depardieu sich in die Rolle des Arnaud du Tilh einfühlte, sogar eine Hilfe bei der Analyse der historischen Gestalt – eine merkwürdige Zusammenarbeit von Geschichtsschreibung und Geschichtsdarstellung.[11]

Aber diese Wirkung hätte sie schon im 18. oder 19. Jahrhundert haben können. Es fragt sich, warum die Wiederentdeckung unserer Generation vorbehalten war. Ein wichtiger Aspekt ist die Rolle der Frau. Sicher, der Betrüger Pansette/ Arnaud du Tilh steht im Mittelpunkt, und die Franzosen und Amerikaner haben eine besondere Vorliebe für Hochstapler- und Betrügergestalten – aber das ist ein verhältnismäßig trivialer Aspekt der Geschichte. Das entscheidende dramatisch-moralische Dilemma ist das der Frau: Sie muß die rein private Entscheidung treffen, ob der gesetzliche Bund mit einem unangenehmen und impotenten Mann, der sie einmal verlassen hat, ihr wertvoller ist als der falsche Bund mit einem charmanten Betrüger.

Die verschiedenen Stimmen der Geschichts- und Geschichtenschreiber äußern sich zu den Motivationen der Ehefrau sehr unterschiedlich.

---

[9] Janet Lewis: The Wife of Martin Guerre, Chicago 1981 [zuerst 1941].
[10] Natalie Zemon Davis: The Return of Martin Guerre, Cambridge, Mass. 1983.
[11] Ebd., S. VIIf.

In den Ereignissen, wie der Richter des Martin-Guerre-Prozesses, Jean de Coras, ein berühmter und vielschreibender Jurist der Epoche[12], sie berichtete, bleibt das Verhalten der Bertrande de Rols inkonsequent: Sie lebte drei Jahre lang mit dem Pseudo-Martin Guerre, verbündete sich dann im Konflikt mit Martins Onkel zunächst mit ihrem mutmaßlichen Mann, dann, in einer nicht leicht erklärbaren Kehrtwendung, mit seinem Feind Pierre Guerre, um den angeblichen Ehemann dann als Betrüger zuzückzuweisen. Gegenüber ihrem mitten im Prozeß aufgetauchten echten Mann gibt sie sich selbst die ganze Schuld. Sie fleht den Heimgekehrten um Vergebung an, anstatt ihm etwa vorzuwerfen, er habe das Ganze dadurch, daß er seine Frau und seinen Sohn im Stich ließ, erst eigentlich verursacht. So lautet der Bericht des Richters.

Für de Coras ist die Erklärung des Verhaltens der Bertrande nachtragend klar: Sie habe sich von einem Mann nach dem anderen einschüchtern lassen, sich jeweils dem Mann angepaßt, der gerade Autorität über sie hatte. Ihr Charakter und ihre Motivationen waren für ihn kein Thema; er ging von ihrer Schwäche aus, die mit ihrer ›Tugendhaftigkeit‹ und ›Ehrbarkeit‹ (die oft wiederholten Worte der Zeugenaussagen im Prozeß des Martin Guerre) durchaus vereinbar schien.

Nicht so die modernen Interpreten, die Geschichten erzählende Janet Lewis und die Geschichte schreibende Natalie Zemon Davis: Beide rücken die Frau in den Mittelpunkt der Ereignisse, machen ihr Dilemma zum dramatischen Problem, und beide ›konstruieren/produzieren Bedeutungen‹:

Janet Lewis gibt die folgende Deutung in »The Wife of Martin Guerre«: Eine Frau in einem autoritären, paternalistischen Bauernmilieu läßt sich aus Einsamkeit und Verzweiflung verführen, die Partei des attraktiven Pseudo-Ehemannes zu ergreifen, bald aber setzt ein starkes, selbst- und pflichtbewußtes katholisches Gewissen ein, und sie tritt unbeugsam gegen den Verführer auf, der ihre Ehe geschändet hat. Seine Verdammung und der Gehorsam gegenüber dem echten Ehemann sind ihr eine unausweichliche Pflicht, der sie heroisch nachkommt. In Lewis' Version ist der alte Guerre eine düstere Autoritätsfigur, und sein Sohn Martin, der Ehemann der Bertrande, die Wiederholung seines Vaters. Autorität, Gesetz und Religion binden die Frau viel stärker als das sinnliche Glück, das sie mit dem charmanten Betrüger erfährt.[13]

---

[12] Zu Coras und den Quellen des Prozesses gegen Martin Guerre: ebd., S. 94–103; zu anderen Reaktionen im 16. Jahrhundert S. 104–122.

[13] Vgl. die Schlußszene vor Gericht bei Lewis (Anm. 9), S. 107 (der heimgekehrte Martin Guerre spricht): »›You, and you only, Madame, are answerable for the dishonor which has befallen me.‹ Bertrande did not protest. Rising to her feet, she gazed steadily into the face of her husband and seemed there to see the countenance of the old Monsieur, the patriarch whose authority had been absolute over her youth and over that of the boy who had been her young husband.« – Zuvor heißt es über den alten Guerre: »The safety and prosperity of all his household depended largely upon the strict obedience and reverence which he could demand from his children, his wife and his servants« (S. 18). – Bertrande fühlt sich »calm in the assurance of authority« (S. 22); sie fühlte auch »the great peace which his authority created for his household« (S. 23).

Die Bertrande de Rols des französischen Films »Le retour de Martin Guerre« bekennt sich, nach kurzem Schwanken wegen ihrer moralischen Bedenken und der Einschüchterung durch ihren Onkel, eindeutig zu dem falschen Martin, wendet sich aber sofort und ohne Überlegen von ihm ab, sobald der echte Ehemann erscheint, und wirft sich vor dem letzteren auf die Knie, mit inständigen Bitten um Vergebung. Die Gestalt, wie die Schauspielerin Nathalie Baye sie darstellt, liebt zwar den Pseudo-Martin und genießt das Leben mit ihm, erkennt aber ohne weiteres die Priorität des gesetzlichen Bundes mit dem ungeliebten Ehemann an.

Nicht so die Bertrande de Rols bei Nathalie Zemon Davis. Sie beginnt ihre Monographie mit einem Sprichwort, »Femme bonne qui a mauvais mary, a bien souvent le cœur marry« (›Eine gute Frau mit einem schlechten Mann hat oft ein trauriges Herz‹), das die Weichen für ihre Deutung setzt: eine ›femme mal mariée‹ im Mittelpunkt, ein schlechter Ehemann. Bertrande ist eine leidenschaftliche und selbstbewußte Frau. Das Auftauchen des mutmaßlichen Ehemanns nach acht Jahren sei der Einsamen wie ein ›verwirklichter Traum‹ gewesen: »What Bertrande had with the new Martin was her dream come true, a man she could live with in peace and friendship [...] and in passion« (S. 44). Das Gesetz, die Ehe und die Autorität der Familie – entscheidende Faktoren im Roman von Lewis – spielen bei Davis nur eine negative Rolle. Ihre Bertrande wehrt sich hartnäckig gegen die Familie Guerre, als diese auf die Enthüllung des Hochstaplers drängt. Sie sucht, ›mit der Phantasie und der ganzen Freiheit einer Frau ihr eigenes Leben zu gestalten‹ (S. 60). Sie liebt den falschen Ehemann und willigt in die Anklage aufgrund einer schlauen Strategie ein: ›Sie hoffte, den Fall zu verlieren‹, d. h. der Richter sollte den falschen, den sie sehr wohl als solchen erkannte, als den echten Ehemann anerkennen. Damit wahrt sie auch den Ruf ›ehrbar, tugendhaft und gottesfürchtig‹ zu sein – aber nur zum Schein. Wichtiger als Ehre, Tugend und Gottesfurcht ist ihr, den Geliebten zu retten, um dem falschen Ehemann auf immer den legitimen Platz zu sichern, d. h. um den Betrug bis zu ihrem Lebensende fortzusetzen. Die Ehe als Sakrament und das Gewicht des katholischen Gewissens spielen in diesem Szenario so gut wie keine Rolle. Davis überlegt sogar, ob das Paar nicht in einer Bekehrung zum Protestantismus vielleicht seinen Vorteil hätte suchen wollen. Sie gibt also der romantischen Bindung die Priorität vor der religiösen (sie vermutet diese Priorität jedenfalls).[14]

Zemon Davis' Idee einer Verschwörung zwischen Liebenden, die die gesetzliche Bindung gering achten, wird zum zentralen Gedanken des Filmes »Sommersby«. Die Einseitigkeit der Interpretation hier gegenüber dem französischen Film ist evident in der Darstellung des falschen Ehemanns durch den Schauspieler Richard Gere, der sich in Liebhaber-Rollen profiliert hat. Verschwunden ist das Doppelgesicht Gerard Depardieus, der sich mit leicht verzerrten Lippen, vorgebeugtem Kopf und gerundeten Schultern vom Teddybären und Charmeur in eine fast diabolische Gestalt verwandelt, d. h. das Doppelleben des Arnaud/

---

[14] Siehe die Kritik dieser Interpretation von Robert Finlay: The Refashioning of Martin Guerre, in: American Historical Review 93, 1988, S. 553–571.

Martin wunderbar wiedergeben konnte. Der Pseudo-Jack Sommersby strahlt eine
beglückende Kombination von Sexualität und genialem kapitalistischen Unter-
nehmergeist aus. Der Betrüger Arnaud du Tilh, der Gesetze und Religion verach-
tet, hat sich in einen liebenswürdigen Scharlatan und Heilsbringer verwandelt,
der an »The Rain Maker« und »Harold Hill the Music Man« erinnert. Er erfüllt
die Träume der einsamen, verlassenen Ehefrau (Jodie Foster), schwängert sie und
befruchtet die Felder ihrer Baumwollplantage, die im Bürgerkrieg verdorrt ist. Er
bringt der Frau Glück und dem Tal Wohlstand. Von Widerstand oder Unsicherheit bei der verlassenen Ehefrau ist keinen Augenblick lang die Rede. Sie lieben
sich auf den ersten Blick, und Laura Sommersby verwickelt sich in eine Verschwörung, um den Betrüger um jeden Preis vor dem Gericht zu retten. Die
Opposition wird ausgeschaltet: Ein Ehemann in spe, der lange vor dem Erscheinen des falschen Ehemanns geduldig um die Frau geworben hatte, ist ein Krüppel, der sich durch maliziöse Eifersucht weiter diskreditiert; der härteste Zeuge
im Prozeß gegen den guten, aber falschen Sommersby entpuppt sich als Rassist
und Ku-Klux-Klan-Angehöriger; der echte Jack Sommersby war ein nichtswür-
diger Mensch, der schon am Anfang der Geschichte tot ist.

Die Ehe als Gesetz oder Sakrament spielt überhaupt keine Rolle. Diese Frau
hat eine klare Idee ihrer Identität und ihrer Würde als Mensch, und das dazu
Erforderliche hat Vorrang vor allen Ansprüchen der rechtlichen Bindungen. Auf
den dramatischen Höhepunkt des Prozesses fragt der falsche Ehemann Laura
Sommersby vor Gericht, »Bin ich dein Ehemann?«, und sie antwortet nach
langem Zögern »Ja« und definiert damit die Ehebindung affektiv, nicht gesetz-
lich.

Dieser Gedanke wird im Musical »Martin Guerre« von Claude-Michel Schön-
berg und Herbert Kretzmer (1996) ad absurdum geführt. Am Ende willigt sogar
der echte Martin Guerre in die Liebe seiner Frau zum Betrüger ein, verzichtet auf
sie, befreit Pseudo-Martin aus dem Gefängnis (er wird in dieser Version nicht
hingerichtet sondern zu acht Jahren Haft verurteilt), damit er mit Bertrande
davonlaufen und woanders ein neues Leben aufbauen kann. Die Flucht wird
jedoch durch katholische Randalierer verhindert, die den Fliehenden, einen Protestanten, erschlagen. Bertrande wiegt den sterbenden Liebhaber in ihren Armen
und singt eine Arie gegen die religiöse Intoleranz. Der Konflikt zwischen Liebe
und Ehe wird hier also durch den extremen Vorrang der Liebe gekennzeichnet –
und geschwächt.[15]

Über die verschiedenen neueren Versionen der Geschichte des Martin Guerre
entwickelt sich die ›Story‹ von der Selbstverwirklichung einer Frau, die sich
durch selbstbewußtes Handeln aus dem Netz einer gesetzlichen Verpflichtung
und einer unglücklichen Ehe zu befreien sucht, um trotz Betrug und Verbrechen
den für sie richtigen Mann an sich zu binden.

Diese agressive Gestalterin ihres eigenen Glücks ist bei Jean de Coras nicht
vorhanden. Die Geschichtenerzähler im 20. Jahrhundert ›korrigieren‹ die Quelle.

---

[15] Die Autoren ließen die Geschichte des Martin Guerre mit dem Modell »Romeo und Julia«
oder »West Side Story« zusammenfließen und verwässerten so die Identitätsproblematik durch
einen anachronistischen Konflikt zwischen Katholiken und Protestanten.

Sie sind sich darin einig, daß die Frau einen starken Charakter besaß, nicht die passive, labile, schwankende Frau der älteren Quelle war.

Eine Frau mit Leidenschaft und ausreichendem Mut, um einen solchen Identitätsschwindel aufrechtzuerhalten, hat es in der Vorstellungskraft eines männlichen Richters im 16. Jahrhundert wohl gar nicht gegeben, und so müssen die modernen Erzähler seinen Vorrat an Frauenrollen ergänzen. So entsteht die Geschichte einer Frau, die hinter dem Anschein der Labilität das eigene Schicksal mit Entschiedenheit in die Hände genommen hat.

Aber Martin Guerre ist keine Fiktion, sondern eine Begebenheit, die sich ereignet hat. Der Reiz und die Provokation der Geschichte liegen auch darin, daß sie, ganz so, wie sie sich ereignete und vor jeder Interpretation, das Problem der Identität so klar thematisierte. Es ist ein Erbe der sogenannten ›linguistischen Wende‹, zu glauben, daß kritisches Verstehen der Gesellschaft, der Kultur und der Rolle des Menschen darin nur über Sprache, Zeichensysteme und vorkonstruierte Bedeutungen vermittelt werden können. Das ist wohl im großen und ganzen auch kaum zu bestreiten. Aber es ist mit der Wirklichkeit wie mit Romanen: Es gibt auch Werke und Ereignisse, die Strukturen von Grundproblemen der Existenz bieten und denen keine Interpretation, keine Erklärung inhärent ist, nur eine Problematik. Die Entscheidung der Bertrande de Rols, den falschen Ehemann anzuerkennen, mag wohl auf ihren persönlichen Wünschen, Träumen und ihrem Interesse basieren, aber sie impliziert auch einen größeren Entscheidungsspielraum über Identität. Sie erkennt die Möglichkeit an, daß Identität nicht nur angeboren ist, sondern durch Verdienst erworben werden kann. Der falsche Martin Guerre ist durch diese Ausweitung des Begriffs berechtigt, Anspruch auf das Gut und die Frau des richtigen zu erheben. Die Berechtigung beruht auf dem Gedanken, daß die Dinge denen gehören, die gut für sie sind.

Es ist die Logik des Richters Azdak in Brechts »Der Kaukasische Kreidekreis«. Er entscheidet in einem Fall, in dem zwei Mütter auf ein Kind Anspruch erheben, zugunsten der falschen Mutter, weil sie für das Kind besser ist als die Mutter, die es geboren hat. Damit setzt er sich über ein Gesetz hinweg, das fast die Macht eines Naturgesetzes hat. Es ist eine Frage, verwandt der Frage nach der Konstituierung des Adels: Erbe oder Verdienst, Blut oder Geist? Oder nach der Konstituierung der nationalen Identität: Ist man deutsch, weil deutsches Blut in den Adern fließt, oder kann man eine nationale Identität erwerben? Können sogar Nicht-Deutsche durch Verdienst ›deutscher‹ werden als die gebürtigen? Es sind Fälle, in denen Naturgegebenheiten mit menschlicher Urteilskraft und Ideen der Menschlichkeit in Konflikt kommen.

Wenn wir uns in diese Problematik hineindenken, befinden wir uns im Bereich der Literatur und des Mythos. Es gibt einen Erzähltypus, der sich mit dieser Situation auseinandersetzt, zu dem Geschichten nach dem Typ ›Salomonisches Urteil‹ gehören. Beispiele wären: das Urteil Salomos im Alten Testament, Brechts »Kaukasischer Kreidekreis«, Lessings Ringparabel, die Volkssage von den drei Söhnen.[16] Neben diesem Erzähltypus gibt es auch den Mythos vom

---

[16] Hinweis bei Davis (Anm. 10), S. 40.

378 C. Stephen Jaeger

untergeschobenen Ehemann, der vor dem echten Ehemann Vorzüge besitzt: Jupiter, Amphitryon, Alkmene – der Mythos wurde von Zeitgenossen des Martin Guerre (Guillaume le Sueur) schon zum Vergleich zitiert.[17]

Die Identitätsproblematik zu entwickeln ist nicht mein Anliegen. Worauf ich hinaus will, ist: Die Geschichte von Martin Guerre läßt sich auf Grund des Vergleichs mit einer Reihe von Parabeln, Mythen, Erzählungen analysieren. Aber die Geschichte war keine Geschichte im Sinne eines Kunstkonstrukts, von Menschengeist ausgedacht; sie war Ereignis. Zwar wurde sie durch Berichte – und das heißt: Sprache, Zeichensysteme und Deutungen – vermittelt, aber die Art der Überlieferung macht es möglich, auch hinter der Sprache und den Konstrukten ein Drama menschlicher Identität zu erkennen. Die Ereignisse selbst hatten eine literarische Struktur, die Jean de Coras, Natalie Zemon Davis und die anderen gesehen, aber nicht erst geschaffen haben.

Wer war der Dichter dieses ›Werkes‹? Es ist ein Kunstwerk ohne Künstler, ein Drama ohne Dichter und Regisseur. Es ist das Phänomen des Ereignisses, das schon an sich Mythos und Dramenhandlung ist. Die Aporie zwischen Ereignis und Sprache scheint damit überwunden. Auch – oder besonders – Mythen müssen sich verkörpern, sich ereignen. Sonst sind sie nicht Mythos, sondern Folklore. Der sich ereignende Mythos ist ein Weg zurück zum sozialen und historischen Kontext der Literatur, zurück zum literarischen Charakter der Geschichte – nach der ›linguistischen Wende‹.[18] Das erklärt zum Teil das Interesse an der Geschichte Martin Guerres, da sie ›die Geschichtlichkeit der Texte und die Textualität der Geschichte‹ veranschaulicht (»The historicity of texts and the textuality of history«, eine oft wiederholte Formulierung von Louis Montrose).[19] Aber die intensive Rezeption im späten 20. Jahrhundert deutet auch auf eine soziale Energie, die in der Geschichte von Martin Guerre zirkuliert. Das ist die Energie der Frauenbewegung. Die Geschichte der Bertrande de Rols dramatisiert die selbstbewußte Ablehnung traditionsgeheiligter Bindungen, sofern sie die Menschlichkeit der Frau auslöschen. Die Rezeption der Geschichte ist somit an einem für unsere Generation bedeutenden sozio-kulturellen Unternehmen beteiligt: an der Konstruktion positiver Frauenrollen, der Überwindung eines im Grunde antifeministischen Konsenses der Männer über den Charakter von Frauen.

Diese Diskussion der Geschichte von Martin Guerre war im Hinblick auf ihre Rezeption im 20., nicht auf ihren Kontext im 16. Jahrhundert, eine ›neuhistorische‹ Interpretation. Im neuhistorischen Ansatz Greenblattscher Prägung wird

---

[17] Eine verwandte Geschichte: die Zeugung des König Artus mit Igraine durch Uther Pendragon in der Gestalt ihres Ehemannes Herzog Galoes von Cornwall.

[18] Gabrielle M. Spiegel: History, Historicism, and the Social Logic of the Text in the Middle Ages, in: Speculum 65, 1990, S. 59–86; siehe auch die Auseinandersetzung mit Spiegel bei Peter Strohschneider: Situationen des Textes. Okkasionelle Bemerkungen zur ›New Philology‹, in: ZfdPh 116, 1997, Sonderheft: Philologie als Textwissenschaft. Alte und neue Horizonte, hg. von Helmut Tervooren/Horst Wenzel, S. 62–86; zur Situierung des New Historicism an der ›linguistischen Wende‹: John E. Toews: Stories of Difference and Identity. New Historicism in Literature and History, in: Monatshefte 84, 1992, S. 193–211.

[19] Louis Montrose: Professing the Renaissance. The Poetics and Politics of Culture, in: The New Historicism (Anm. 1), S. 15–36, hier S. 20.

eine Reihe von synchronen Texten verschiedenster Gattungen angeführt, um einen verklungenen Dialog zu einem jetzt aktuellen Thema erneut anklingen zu lassen. In der vorliegenden Analyse dagegen hat sich der Dialog unter verschiedenen modernen Rezipienten eines multivalenten Geschichtsereignisses wiederherstellen lassen. Die Geschichte realisiert ihre Textlichkeit nicht nur in der historischen Analyse, sondern auf breiter Basis erst recht in der Rezeption in Roman, Drama, Film. Die Rezeption der Martin-Guerre-Geschichte in der Gegenwart ist also das ›neuhistorische‹ Problem, nicht die historischen Ereignisse und ihr Kontext im 16. Jahrhundert. Erst im 20. Jahrhundert wird die Identitätsproblematik der Frau gewürdigt und gedeutet. Die Ereignisse boten den Kern, um den sich eine mehrstimmige Diskussion eines gegenwärtig aktuellen Themas anstimmen konnte. Verschiedene Gesichtspunkte, verschiedene ›Deutungen‹ der Geschichte, schlagen sich in verschiedenen Gattungen nieder. Das Ziel dieser Diskussion ist keine alleinseligmachende ›Wahrheit‹ der Ereignisse, was ein verhältnismäßig banales Ergebnis der Analyse wäre, sondern das Umprägen einer Sach- und Bewußtseinslage gegenüber einer sozialen Frage, der Frauenfrage. Hierin zeigt sich das Engagement, das diese Methode anstrebt und die Analyse der Martin-Guerre-Geschichte veranschaulicht.

Aber die Geschichte von Martin Guerre und seiner Frau ist auch ein auffallendes Beispiel geschichtlicher Ereignisse als Proto-Kunstwerk, Ereignis als Drama, und diese Vorstrukturiertheit der Erfahrung schafft die Möglichkeit der literarischen Analyse des wirklich Geschehenen.